Edition Maritim

Tom Cunliffe

Der Kanal

Englische Südküste:
Ramsgate-Isles of Scilly
Französische Küste:
Dünkirchen-L'Aber-Wrac'h

Edition Maritim

Autor und Verlag übernehmen für Irrtümer, Fehler oder Weglassungen keinerlei Gewährleistung oder Haftung. Die Pläne dienen zur Orientierung und nicht zur Navigation; sie ersetzen also keineswegs Seekarten oder Seehandbücher.

Impressum

Die Deutsche Bibliothek – CIP-Einheitsaufnahme

Cunliffe, Tom:
Der Kanal : englische Südküste: Ramsgate – Isles of Scilly, französische Küste: Dünkirchen – L'Aber Wrac'h / Tom Cunliffe. – Hamburg : Ed. Maritim 1997
(Nautischer Reiseführer)
Einheitssacht.: The Shell Channel pilot <dt.>
ISBN 3-89225-345-5

Titel der englischen Originalausgabe:
The Shell Channel Pilot
© Tom Cunliffe
Published by Imray, Laurie, Norie & Wilson Ltd.,
St. Ives

Umschlag: Buchholz/Hinsch/Hensinger, Hamburg
Übersetzung: Eva Grieger, Hamburg
Satz: Utesch Satztechnik GmbH, Hamburg
Druck und Bindung: pdc Paderborner Druck Centrum, Paderborn
Titelfoto: Holger Rosencrantz, Neumünster

Titelbild zeigt: Polperro

Printed in Germany 1997
1. Auflage
ISBN 3-89225-345-5

Inhalt

Vorwort ... 7

Einführung ... 9
Segelanweisungen ... 9
Befahren des Englischen Kanals ... 11

Die englische Südküste ... 18
Wichtige Landspitzen und Huken ... 18

Hafenbeschreibungen ... 30
Ramsgate ... 30
Sandwich ... 33
Dover ... 34
Folkstone ... 37
Rye ... 39
Eastbourne ... 43
Newhaven ... 45
Brighton ... 46
Shoreham ... 48
Littlehampton ... 51
Chichester ... 53
Langstone Harbour ... 61
Portmouth ... 64
Bembridge ... 71
Ryde ... 74
Fishbourne – Wootton Creek ... 75
Cowes ... 77
Hamble River ... 81
Southampton ... 85
Beaulieu River ... 90
Newton River ... 92
Yarmouth Harbour ... 95
Lymington ... 97
Keyhaven ... 100
Christchurch ... 103
Poole ... 105
Swanage ... 112
Lulworth Cove ... 113
Weymouth ... 114
Portland Harbour ... 116
Bridport ... 118
Lyme Regis ... 119
Axmouth und Beer ... 122
Exmouth ... 122
Teignmouth ... 127
Torquay ... 130
Paignton ... 130
Brixham ... 131
Dartmouth ... 133
Salcombe ... 138
Der Yealm ... 141
Plymouth ... 144
Looe ... 153
Polperro ... 154
Fowey ... 156
Charlestown ... 159
Mevagissey ... 159
Portmellon ... 161
Falmouth und die Fal-Mündung mit Truro,
St. Mawes und Penryn ... 161
Helford River ... 166
Coverack ... 169
Pothleven ... 170
St. Michael's Mount ... 171
Penzance ... 172
Newlyn ... 174
Mousehole ... 175
Isles of Scilly ... 177

Die französische Küste ... 183
Wichtige Landspitzen und Huken ... 183

Hafenbeschreibungen ... 186
Dunkerque (Dünkirchen) ... 186
Gravelines ... 188
Calais ... 190
Boulogne ... 191
Le Toupet/Etaples ... 193
Le Crotoy ... 195
St. Valéry-sur-Somme ... 196
Le Tréport ... 197
Dieppe ... 198
St. Valéry-en Caux ... 200
Fécamp ... 202
Le Havre ... 203
Honfleur ... 205
Deauville/Trouville ... 207
Dives-sur-Mer/Port Guillaume ... 209
Ouistrham/Caen ... 212
Caen ... 213
Courseulles ... 215
Arromanches ... 216
Port-en-Bessin ... 216
Grandcamp-Maisy ... 218
Isigny-sur-Mer ... 219
Carentan ... 220
St. Vaast-la-Hougue ... 221
Barfleur ... 224
Cherbourg ... 226
Ormonville-la-Rogue ... 229

Diélette 230
Alderny/Braye 231
Carteret 234
Portbail 236
Guernsey 237
Jersey/St. Helier 241
Iles Chausey 246
Granville 248
Cancale 250
St. Malo/St. Servan/Dinard 250
La Rance 254
St. Briac 257
St. Cast 259
Dahouet 260
Le Légué (St. Brieuc) 260
Binic 262
St. Quay-Portrieux 264
Paimpol 266
Ile de Bréhat 268
Lézardrieux/Pontrieux 270
Pontrieux 273
Tréguier 274
Port Blanc 278
Perros-Guirec 279
Ploumanac'h 281
Trébeurden 282
Lannion 285
Primel 286
Morlaix 288
Roscoff/Port Bloscon 290
L'Aber-Wrac'h 294

Anhang 297
Register 297

Vorwort

Widmung

Dieses Buch ist dem Gedenken an Capt. John Coote, RN, gewidmet, einem großartigen Seemann.

Der Englische Kanal gehört zu den schönsten Segelrevieren der Welt. Die Küstenformen sind sehr vielfältig und reichen von felsigem Granit in der Bretagne bis hin zu den Watten-Regionen im Solent und den weißen Kalk-Klippen von Sussex.

Seebäder, Marinestützpunkte und große Handelshäfen säumen die Küsten des Kanals, der aber auch Inseln und stille Ankerplätze zu bieten hat. Für englische und französische Yachtsportler hat dieses Revier seinen zusätzlichen Reiz darin, daß fremde Häfen in wenigen Stunden oder an einem Tag zu erreichen sind. Fahrtenseglern, die von weiter her kommen, bietet sich die Gelegenheit, die Kultur zweier Nationen auf eigenem Kiel zu erkunden – was, wie alle Yachties wissen, die beste Art ist, ein Land kennenzulernen.

Von größter Bedeutung für Yachten und Motorboote mit geringer Motorenleistung sind die Gezeiten im Englischen Kanal. Es gibt Bereiche an der bretonischen Küste, in denen der Tidenhub 12 m beträgt; die Gezeitenströme setzen entsprechend hart!

Aber eben diese Besonderheit, die leicht beängstigend wirken kann, macht das Kreuzen mit kleinen Booten in diesem Revier so spannend. In einem Zeitraum von beispielsweise 6 Stunden kann eine Yacht 30 sm zurücklegen, und die Gezeiten fügen als kleine „Liebenswürdigkeit" noch weitere 15 sm gratis dazu. Das verlängert die Strecke einer durchschnittlichen Tagesetappe und macht auch ehrgeizige Planungen möglich.

Das Zusammenspiel des stets wechselhaften Wetters mit den Gezeiten hat eine solche Fülle an unterschiedlichen Bedingungen zur Folge, daß viele Segler, die dieses Revier genau kennen, behaupten, kein Tag wäre jemals wie der andere.

Seit 1937 hat der „Shell Pilot" – wie dieser Führer in England heißt – ebenso wie sein unmittelbarer Vorgänger „Sailing on the South Coast" aus der Feder des großen K. Adlard Coles versucht, Skipper in die Freuden des Kanal-Reviers einzuführen. Ursprünglich erschien das Buch in jenem berühmten plumpen Format, und bald schon übernahm Shell die Schirmherrschaft für dieses Projekt. Der ursprüngliche Verlag Faber & Faber gab das Werk in mehreren Auflagen heraus. Capt. John Coote, RN – ein famoser Seemann und U-Bootfahrer, der gleichermaßen aber auch als Navigator bei Hochsee-Regatten erfolgreich war – wurde schon bald der Herausgeber des „Shell Pilot", wie wir ihn heute kennen. Johnnie Coote war ein Freund all jener, die das Meer lieben. Er hatte großen Einfluß, und Skipper aus allen Bereichen dieser Sportart haben von seinem Werk profitiert.

Unter Fahrtenseglern ist er jedoch hauptsächlich wegen seiner unermüdlichen Arbeit am „Shell Pilot" unvergessen. 1985 erweiterte er seine Arbeit, indem er einen neuen Band -im ursprünglichen Format- mit einer Auswahl französischer Kanalhäfen herausgab. Ergänzend zu den üblichen nautischen Hinweisen enthielt der Band hilfreiche Tips zum Landgang, wie z.B. Restaurant-Empfehlungen. Zudem informierte er über Ereignisse des Zweiten Weltkriegs und gab entsprechende Hinweise zur Landung der Alliierten in der Normandie. Kurz vor dem Erscheinen einer neuen Auflage des „Shell Pilot" verstarb Johnnie Coote 1993 – von seiner Familie und einem großen Freundeskreis tief betrauert. Kurz vor seinem Tod hatte er das Ruder an mich übergeben. Zur gleichen Zeit verhandelte der Verlag Faber & Faber über den Verkauf der Verlagsrechte seines einzigen nautischen Titels an Imray, einem Fachverlag für nautische Publikationen. Die Voraussetzungen für eine vollständige Erneuerung dieses Titels waren also gegeben. Die Segelgewohnheiten hatten sich seit den Zeiten von Adlard Coles geändert, und weit mehr Yachten kreuzten ganz selbstverständlich im Kanal. So kam es zu dem Entschluß, die unkomplizierten Segelanweisungen ebenso wie die übersichtlichen Pläne und zweckdienlichen Fotos beizubehalten, das Format der beiden „kleinen" Bände aber auf die DIN A4-Standardgröße solcher Werke zu bringen. Die Küsten beiderseits des Englischen Kanals konnten nun in einem Band beschrieben werden; eine spannende Entwicklung, die zum ersten Mal das gesamte Revier des Kanals in einem nautischen Reiseführer vereint vorstellt. Ich bin sicher, Adlard Coles hätte dieses Projekt begrüßt!

Auch wenn der Text des Buches vollständig neu verfaßt wurde, so basiert er doch auf dem Werk von John Coote, das seinerseits wiederum von Adlard Coles inspiriert wurde. Auf diese Weise bleibt die Kontinuität erhalten.

Der Imray-Verlag und der Autor haben alle Anstrengungen unternommen, um sicherzustellen, daß die gegebenen Informationen bei Erscheinen auf dem aktuellen Stand sind. Alle Hinweise zu den englischen Häfen wurden von

den zuständigen Hafenmeistern überprüft. Sind keine Hafenbehörden vor Ort, haben Yachtclubs diese Aufgabe übernommen. Offizielle wie inoffizielle Stellen waren überaus hilfsbereit. Dafür möchten wir uns herzlich bedanken.
Die französischen Häfen wurden – wenn irgend möglich – persönlich besucht, was meine Erfahrungen mit dem Revier des Englischen Kanals sehr erweitert hat. Die Idee von Capt. Coote, gute Restaurants oder interessante Besonderheiten zu erwähnen, wurde beibehalten. Außerdem habe ich versucht, auf nahegelegene Waschsalons hinzuweisen, da ich selbst Segler mit Familie bin und durchaus weiß, wie wichtig dies für einen Törn ist, der länger als nur ein paar Tage dauert.
Diese Ausgabe enthält nun auch Luftaufnahmen, die größtenteils von Patrick Roach gekonnt auf Platte gebannt wurden. Seine Fotos bieten eine unschätzbare Hilfe und ergänzen sinnvoll die Pläne. Die meisten S/W-Fotos wurden von John Coote aufgenommen und großzügigerweise von Mrs. Coote und dem Verlag Faber & Faber zur Verfügung gestellt.
Bevor ich zum Ende komme, möchte ich aber noch allen Skippern den Gebrauch von Ferngläsern sowie die zusätzliche Sicherheit eines wachsamen Steuermanns ans Herz legen. Durch die Aufmerksamkeit meiner Frau Ros, die ihre scharfen Augen von ihrem Vater, einem Jagdflieger, geerbt hat, wurde schon so manches Mal drohendes Unheil von unserer Crew abgewendet.
Ohne sie – und das gilt auch für den Verleger Willie Wilson – wäre diese neue Version des Kanalführers möglicherweise irgendwo vor den Needles über Bord gegangen oder in irgendwelchen geheimen Winkeln meines Computers verschwunden.
Tom Cunliffe

Einführung

Hinweis
Jeder Leser dieses nautischen Reiseführers sollte sich stets der Tatsache bewußt sein, daß zwar alle erdenklichen Anstrengungen unternommen wurden, um die Richtigkeit der Informationen sicherzustellen. Die Erfahrung zeigt aber, daß gelegentliche Irrtümer bei Büchern dieser Art nicht vollständig auszuschließen sind. Im allgemeinen haben sie ihre Ursache darin, daß sich Hafenanlagen oder Navigationseinrichtungen nach Redaktionsschluß ändern; es ist aber auch nichts Ungewöhnliches, daß ein Kurs oder eine Peilung falsch notiert wurden, oder sich später beim Redigieren oder im Satz ein Fehler eingeschlichen hat. Wenn ein Schiff einen Lotsen an Bord nimmt, bleibt der Kapitän trotzdem in der Verantwortung für Schiff und Sicherheit der Fahrt. Dasselbe gilt auch für Segler, die dieses Werk benutzen. Man sollte stets sicherstellen, daß die benutzten Seekarten auch auf den aktuellen Stand sind und mit Umsicht navigieren.

Segelanweisungen

Seekarten
Es kann gar nicht oft genug betont werden, daß dieser nautische Reiseführer – wie alle anderen nautischen Reiseführer auch – die Informationen, die die offiziellen Seekarten wie die der British Admiralty, SHOM, Imray etc., geben, erweitert bzw. näher erläutert. Die Pläne in diesem Buch wurden zur Illustration des Textes eingefügt und dienen zur Orientierung und nicht zur Navigation.
Zur Planung und Vorbereitung einer Fahrt empfiehlt sich eine Übersichtskarte des gesamten Englischen Kanals. Sie kostet übrigens auch nicht mehr als ein Dutzend Austern und eine Flasche Muscadet-Wein am Kai von St.Vaast. Was man sonst noch benötigt, hängt im wesentlichen davon ab, wie unternehmungslustig man sein möchte – natürlich auch vom Inhalt der Geldbörse.
Viele Segler finden die BA-Seekarten am übersichtlichsten. Ich neige dazu, dem zuzustimmen, muß aber sagen, daß die Hafenpläne und anderen zusätzlichen Informationen, die auf den Imray-Karten enthalten sind, eine ganz erhebliche Ersparnis bei der Zahl der benötigten Seekarten darstellen.
Die französischen „Navicartes“ sind in ihrer Darstellung etwas gewöhnungsbedürftig; hat man sich aber erst einmal in sie „eingelesen“, sind sie eine ganz hervorragende Navigationsgrundlage. Die französischen Seekarten (SHOM) sind optisch wunderschön; manche betrachten sie gar als Kunstwerke. Wenn man aber mit ihrer Darstellung nicht so vertraut ist, sollte man das „Opfer“ bringen und die sehr viel prosaischeren Karten der Britischen Admiralität benutzen – sie sind einfacher zu lesen.

Bezugssystem
Nach dem Einzug der exakten elektronischen Navigationssysteme sollte man stets daran denken, daß die Positionsangaben des GPS-Gerätes von den in der Seekarte errechneten abweichen können. Daher sollte man sich als erstes über das Bezugssystem des Kartennetzes bzw. das Kartendatum (dieses Angabe steht normalerweise beim Titel der Seekarte, den Warnhinweisen oder anderen derartigen Angaben) informieren und es mit dem des GPS-Empfängers vergleichen. Eventuell müssen Korrekturwerte eingegeben werden. Solche kleinen Korrekturen mögen vor dem Einzug elektronischer Navigationsgeräte unerheblich erschienen sein; für den Navigator jedoch, der die exakte Punktnavigation, die nun möglich ist, nutzen möchte, kann das sehr wichtig sein.
Der englische Begriff „Datum“ (Bezugssystem) sollte in diesem Zusammenhang nicht mit dem Begriff „Chart Datum“ (Kartennull) verwechselt werden; die beiden Bezeichnungen sind sich sehr ähnlich.

Wegepunkte
In diesen nautischen Führer wurde darauf verzichtet, Wegepunkte anzugeben. Die Gründe liegen darin, daß sich erfahrungsgemäß die Koordinaten der gewünschten Wegepunkte je nach Windrichtung oder Tidenstand ändern können. Darüber hinaus machen beispielweise vertriebene Ansteuerungstonnen die Verwirrung nur größer. Es ist daher zu empfehlen, daß sich jeder seine Wegepunkte selbst zusammenstellt, so wie er sie benötigt.

Wassertiefe
Die Tiefen sind in Metern bei niedrigstmöglichem Niedrigwasser (LAT – Lowest Astronomical Tide) angegeben, das gleichzeitig auch Kartennull ist. Folglich ist es sehr unwahrscheinlich, wenn auch unter Ausnahmebedingungen möglich, geringere Wassertiefen als angegeben anzutreffen.

Höhen
Die Höhe von Leuchttürmen etc. sind in Metern über mittlerem Springhochwasser angegeben. Bei ungewöhnlich hoch aufgelaufener Tide verringert sich die Höhe dementsprechend.

Entfernungen
Die Entfernungen auf See sind in Seemeilen und Kabellängen angegeben. Eine Kabellänge (kbl) entspricht

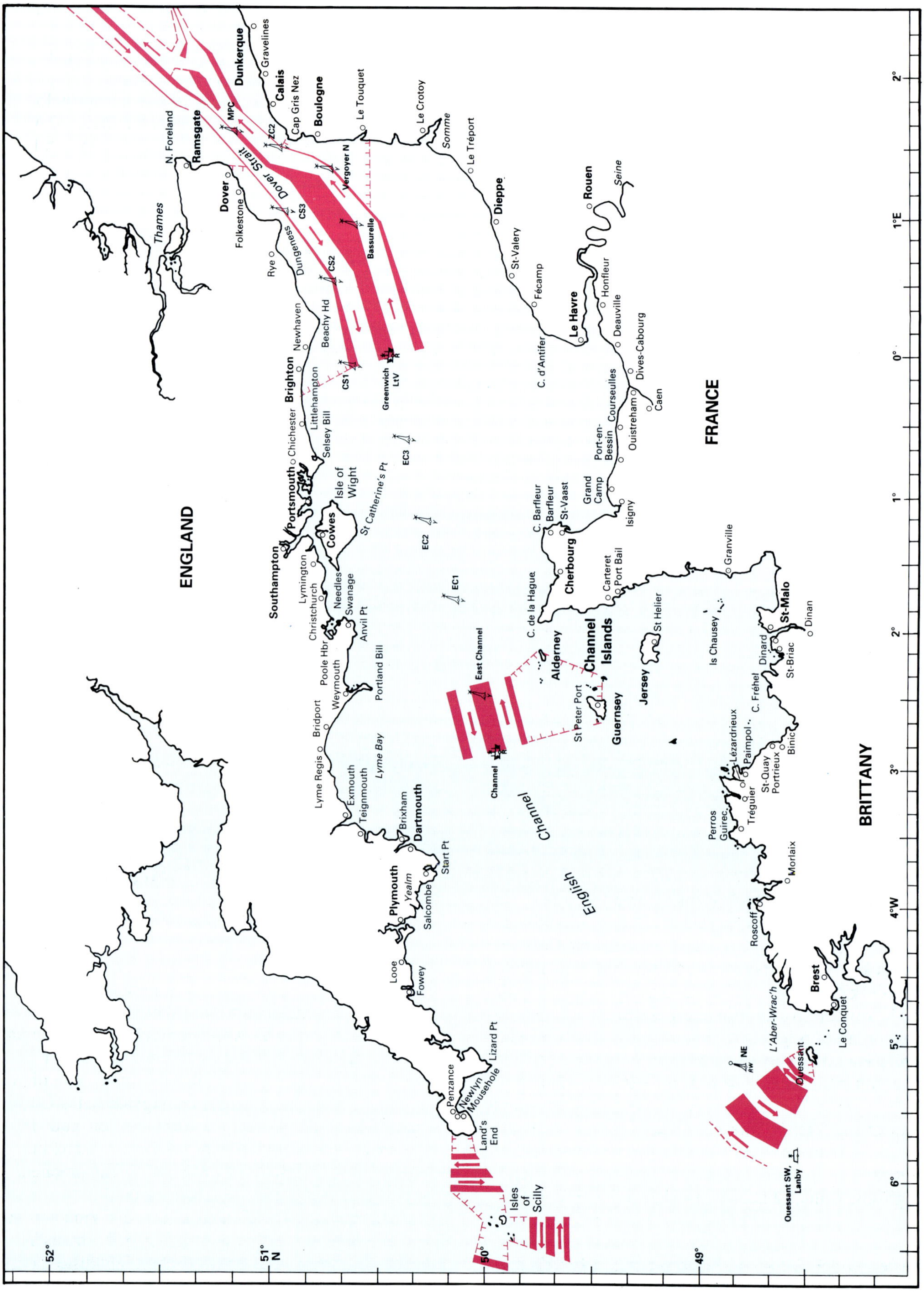
ENGLAND
FRANCE
BRITTANY
English Channel
Dover Strait
Thames
Seine
Somme
Dunkerque
Gravelines
Calais
Cap Gris Nez
Boulogne
Le Touquet
Le Crotoy
Le Tréport
Dieppe
Rouen
St-Valery
Fécamp
Le Havre
Honfleur
Deauville
Dives-Cabourg
C. d'Antifer
Caen
Ouistreham
Courseulles
Port-en-Bessin
Grand Camp
Isigny
St-Vaast
Barfleur
C. Barfleur
Cherbourg
C. de la Hague
Carteret
Port Bail
Granville
Is Chausey
St-Malo
Dinan
Dinard
St-Briac
C. Fréhel
Binic
St-Quay Portrieux
Paimpol
Lézardrieux
Tréguier
Perros Guirec
Morlaix
Roscoff
L'Aber-Wrac'h
Brest
Le Conquet
Ouessant
Ouessant SW. Lanby
NE
Channel Islands
Alderney
Guernsey
St Peter Port
Jersey
St Helier
East Channel
Channel
EC1
EC2
EC3
CS1
CS2
CS3
ZC2
MPC
Vergoyer N
Bassurelle
Greenwich LtV
N. Foreland
Ramsgate
Dover
Folkestone
Rye
Dungeness
Beachy Hd
Newhaven
Brighton
Littlehampton
Selsey Bill
Chichester
Portsmouth
Southampton
Isle of Wight
Cowes
St Catherine's Pt
Lymington
Needles
Christchurch
Swanage
Poole Hbr
Anvil Pt
Weymouth
Portland Bill
Bridport
Lyme Regis
Lyme Bay
Exmouth
Teignmouth
Brixham
Dartmouth
Start Pt
Salcombe
Yealm
Plymouth
Looe
Fowey
Lizard Pt
Mousehole
Newlyn
Penzance
Land's End
Isles of Scilly
52°
51° N
50°
49°
2°
1°E
0°
1°
2°
3°
4°W
5°
6°

185,2 m. 1 Seemeile besteht aus 10 kbl. Als Faustregel kann man sich merken, daß eine Kabellänge etwas weniger als 200 m beträgt.

Gezeiten
Gezeiteninformationen, die bei jeden Hafen angegeben sind, beziehen sich auf den Bezugsort Dover. Folglich können die errechneten Daten manchmal notgedrungen nur Schätzwerte sein. Jedem Skipper sei daher dringend empfohlen, selbst exakte Berechnungen anhand von Gezeitentafeln oder einem nautischen Almanach anzustellen. Die Angaben in diesen Buch dienen nur als Hinweis bei der Planung einer Fahrt.
Man sollte sich auch stets der Tatsache bewußt sein, daß die Angaben in den Gezeitentafeln Vorausberechnungen sind. Die tatsächlichen Gegebenheiten können am entsprechenden Tag durch Wind und Wetter spürbar beeinflußt werden.
Das Phänomen des „doppelten Hochwassers" im und um den Solent herum ist schwer vorherzusagen. In diesem Gebiet sind die o. a. Vorsichtsmaßnahmen besonders streng zu beachten.

Deckpeilungen
Auch wenn Deckpeilungen in aller Regel sicher sind, so führen manche doch sehr dicht an Gefahrenstellen vorbei. Es empfiehlt sich also, die Seekarte genau zu studieren, um gegebenenfalls zur einen oder anderen Seite „ausweichen" zu können.

Peilungen und Kurse
Peilungen, Kurse und Richtlinien werden rechtweisend in Grad angegeben, so daß der Kurs um Mißweisung und Deviation korrigiert werden muß. Falls nicht ausdrücklich anders angegeben, sind alle Peilungen von Landmarken sowie Kursrichtungen der Ansteuerungsfahrwasser rechtweisend von See her bzw. von der Yacht aus angegeben.

Symbole
Im Text sind die Symbole der Feuer, Schallsignale sowie vieler anderer Informationen einer Seekarte generell genauso wiedergegeben wie auf einer Seekarte. Ein Beispiel: Fort Gilkicker (Oc.G.10s7M) wird folgendermaßen gelesen: Fort Gilkicker, unterbrochenes grünes Feuer, Wiederkehr 10 Sekunden, Nenntragweite 7 Seemeilen.
Das Ankersymbol zeigt in den Plänen lediglich allgemeine Ankerplätze an. Die genaue Lage muß nicht notwendigerweise auch der beste Platz sein. Den bestmöglichen Platz für seine Yacht zu finden, ist die Sache jeden einzelnen Skippers sowie guter Seemannschaft.

Betonnung
Der Englische Kanal ist nach den IALA-System A betonnt.

Zoll
Seit Bestehen der EU sind die Formalitäten für Yachten aus deren Mitgliederstaaten denkbar gering geworden. Bei Yachten, die aus Nicht-EU-Staaten kommen, fällt selbstverständlich das übliche Prozedere an. Dementsprechend müssen sich solche Yachten so schnell wie möglich in einem Einlaufhafen (Port of Entry) zum Einklarieren melden.
Bedauerlicherweise gibt es aber auch für Europäer immer noch verschiedene unsinnige Vorschriften.
Bei der Ansteuerung der Kanalinseln ist die gelbe Quarantäneflagge „Q" zu setzen, sobald man in die 12 Meilen-Zone vor der Küste eingelaufen ist. Sie muß gehißt bleiben, bis die Einklarierung vorgenommen ist.

UKW-Sprechfunk
Um sich einen Liegeplatz reservieren zu lassen, meldet man sich vor dem Einlaufen in einen englischen Hafen vorab auf UKW. Die entsprechenden UKW-Kanäle sind im Text angegeben. In Frankreich können sich Funkgespräche mit französischen Hafenmeistern gelegentlich etwas schwierig gestalten, wenn man der Sprache nicht perfekt kundig ist.
Während die meisten englischen Häfen – zumindest während der Dienstzeiten – auf UKW-Kanal hörbereit sind, ist das Frankreich beileibe nicht so. Im Zweifelsfall macht man zunächst am Ankunftsschlengel oder einem Gastliegeplatz fest und meldet sich dann im Hafenbüro, um sich einen Liegeplatz zuweisen zu lassen.

Uhrzeit
In Frankreich (wie in Belgien, den Niederlanden und Deutschland) gilt als gesetzliche Zeit (GZ) die Mitteleuropäische Zeit (MEZ), die sich von der Weltzeit (UTC) um + 1 Stunde unterscheidet; nach MEZ ist es 1 Stunde später als nach UTC. Im Sommer gilt die Mitteleuropäische Sommerzeit (MESZ), die wiederum 1 Stunde später als MEZ ist.
An der englischen Kanalküste muß für die Zeitangabe GZ nur im Sommer der UTC-Zeit 1 Stunde hinzugefügt werden.

Befahren des Englischen Kanals

Ich kann mich erinnern, daß mein Herz bei der Rückkehr von einem Langtörn aus wunderschönen tropischen Revieren einen Sprung tat, als mein alter Kasten endlich wieder in die heimischen Gewässer einlief und ich Stromatlas und Gezeitentafel aufschlagen konnte. Schließlich bedeutet die Navigation hier mehr, als nur das Boot in die richtige Richtung zu steuern. Mein navigatorisches Geschick würde also wieder herausgefordert werden und die Zufriedenheit mit meiner Leistung wieder im Verhältnis zum Erfolg stehen, der Natur des Meeres zu entsprechen: Der Kanal wird von den Gezeiten beherrscht.
Während der Sommermonate kann der Wind aus allen Quadranten wehen, zumeist kommt er jedoch aus W. Das macht es Skippern von der englischen Südküste natürlich leicht, Frankreich einen Besuch abzustatten. Für niederländische Yachten, die einen Törn zu den Isles of Scilly unternehmen möchten, ist es allerdings höchst unbequem. Nun kann man das Wetter halt nicht ändern, und was den

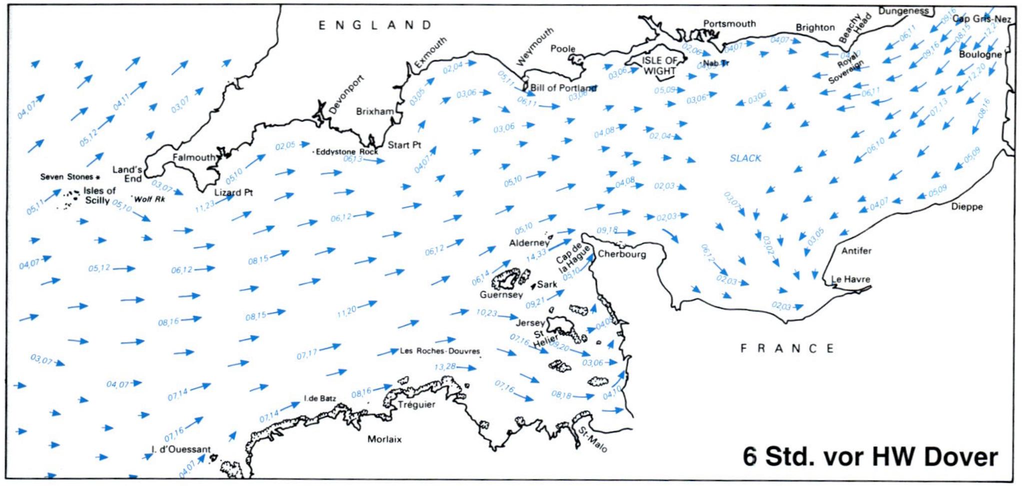

6 Std. vor HW Dover

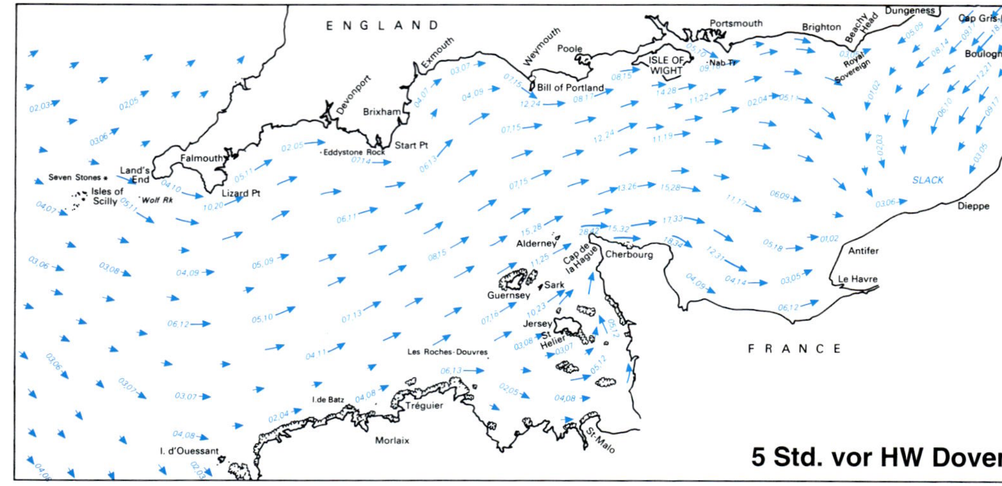

5 Std. vor HW Dover

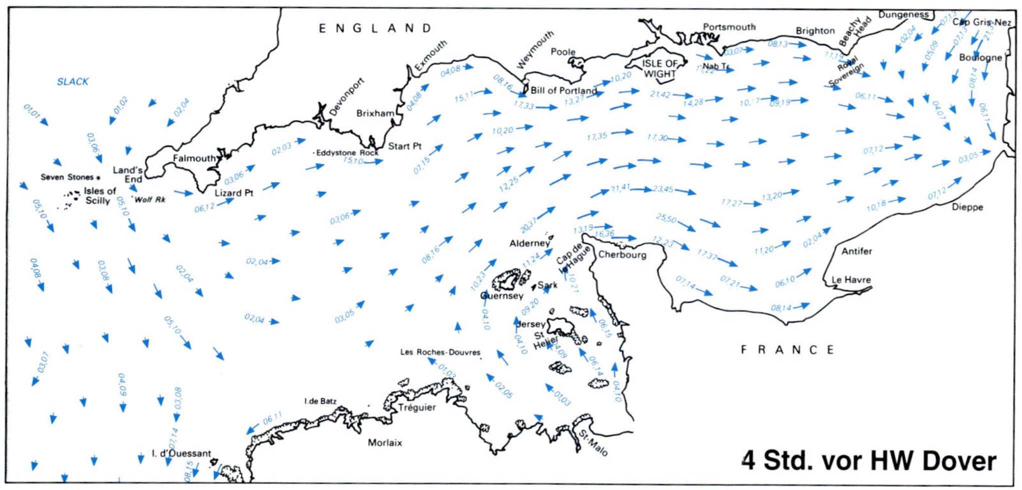

4 Std. vor HW Dover

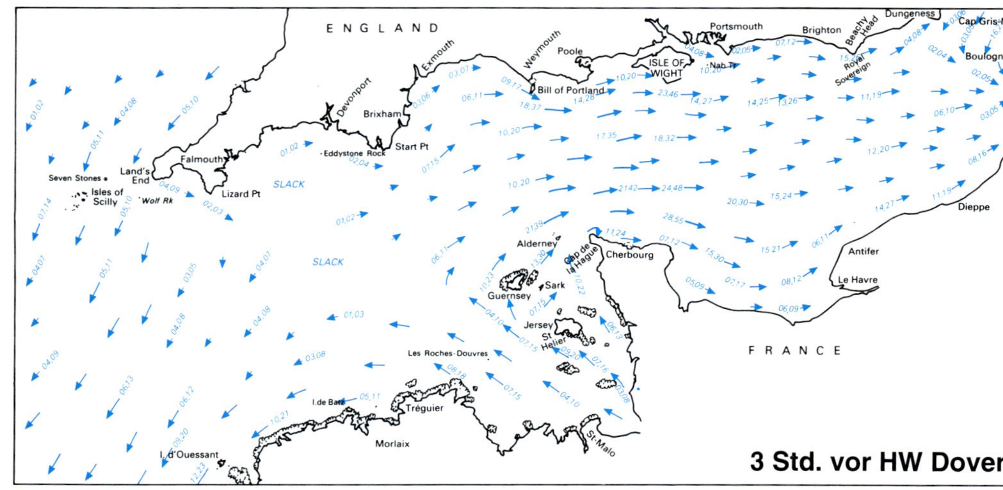

3 Std. vor HW Dover

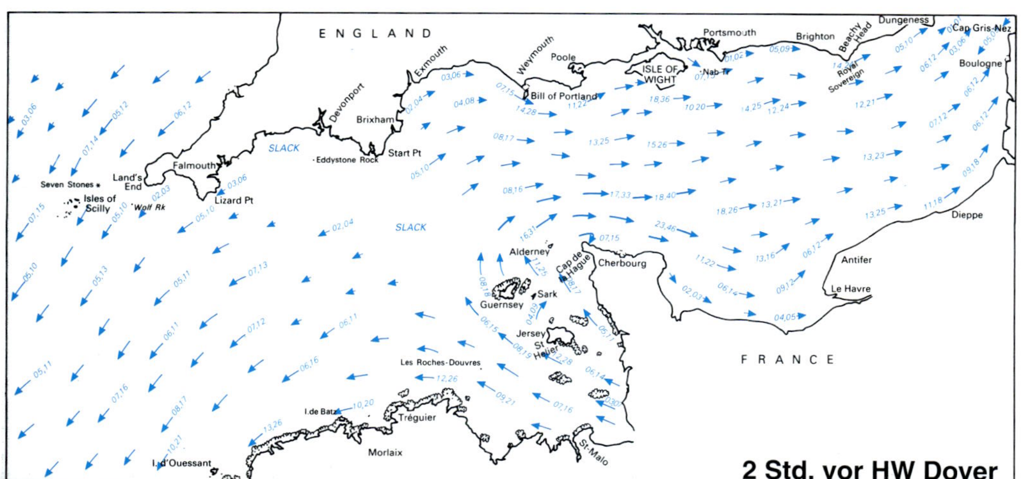

2 Std. vor HW Dover

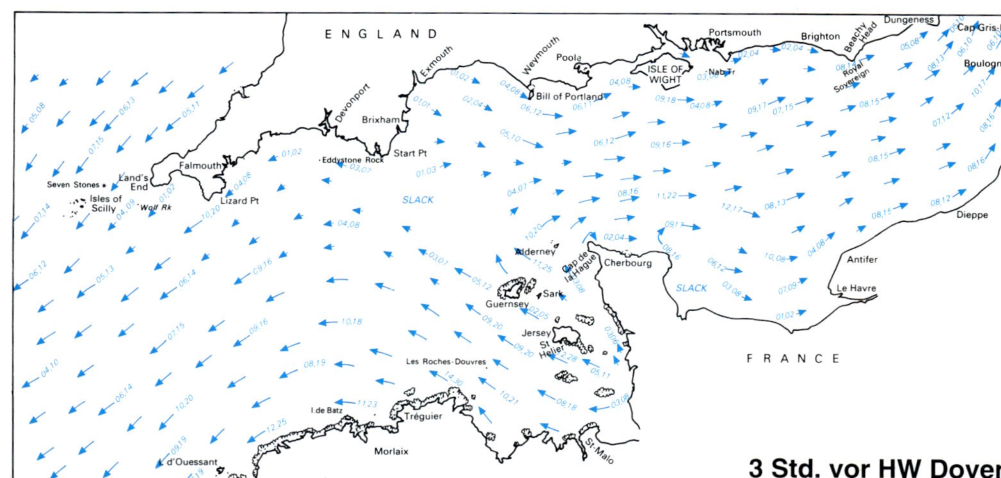

3 Std. vor HW Dover

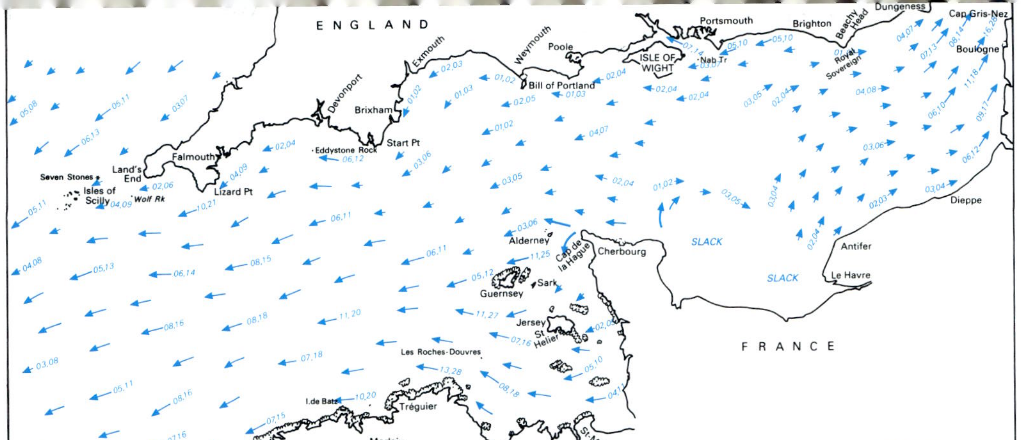

HW Dover

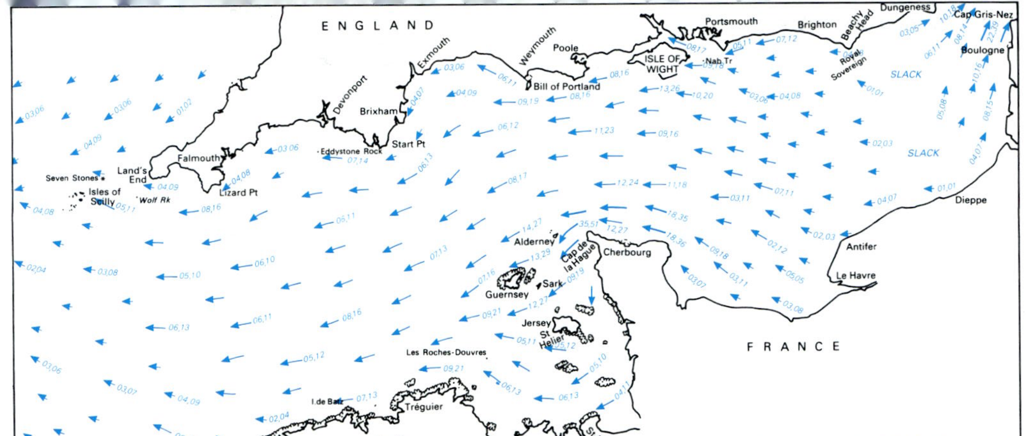

1 Std. nach HW Dover

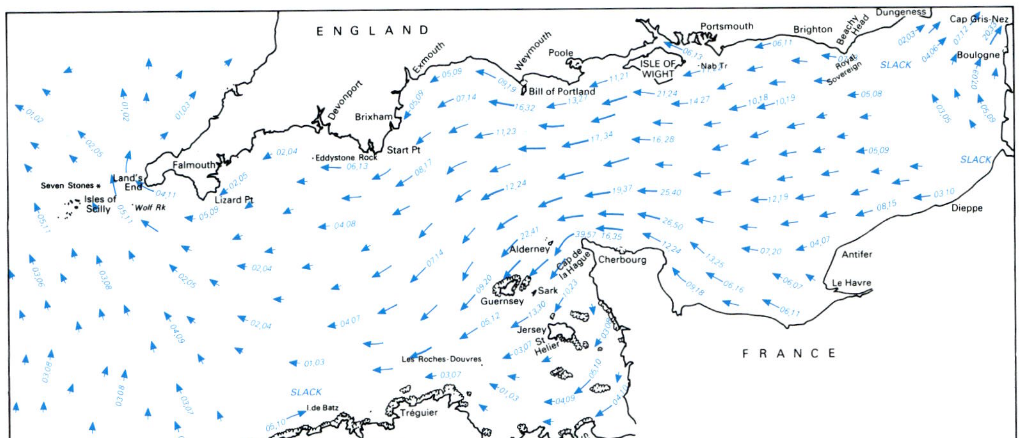

2 Std. nach HW Dover

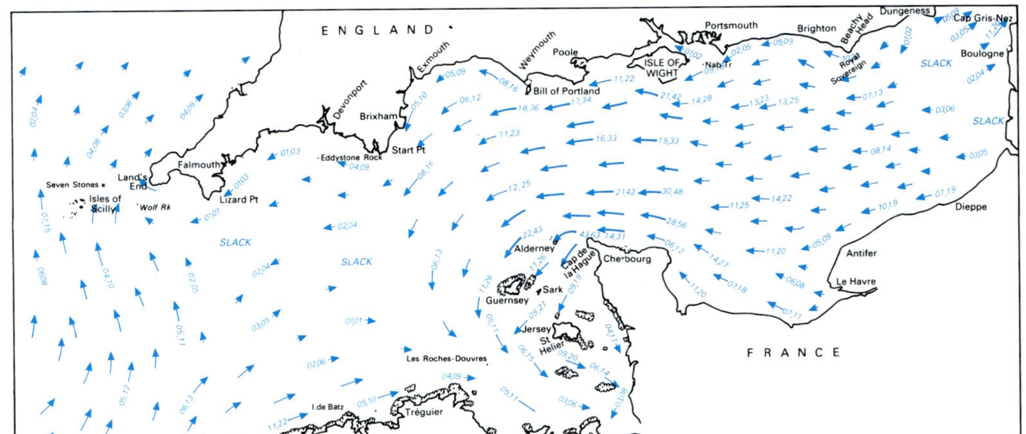

3 Std. nach HW Dover

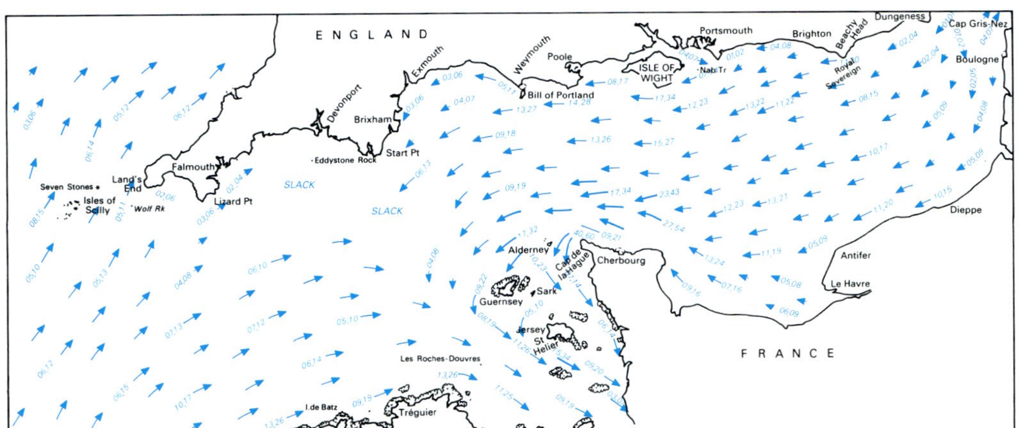

4 Std. vor HW Dover

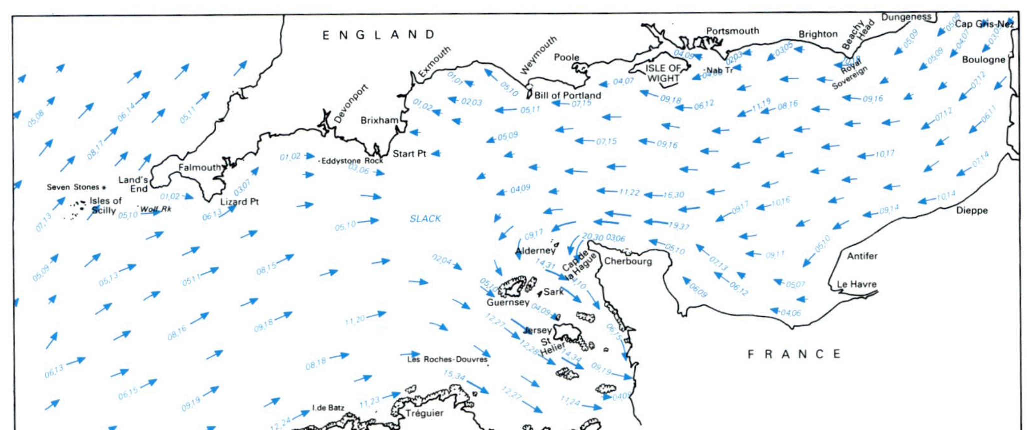

5 Std. nach HW Dover

Wind betrifft, ist es immer ein Lotteriespiel. Ein anderes Kapitel dagegen sind die Gezeiten. Tidenhöhen und -ströme können über Jahre hinaus mit überrascher Genauigkeit berechnet werden. Diese wichtigen Information erlauben es, ganz gleich wo, die günstigsten Ströme zu nutzen und die negativen Auswirkungen der Gezeiten zu umgehen. Manchmal läßt sich, egal wie man es dreht und wendet, kein Vorteil entdecken. Aber selbst dann bleiben die Gezeitenströme wichtig für die Navigation, da man, ohne den genauen Stromverlauf zu kennen, die eigene Position nicht exakt bestimmen kann. Ansonsten bleibt nur noch die Hoffnung auf die Bordelektronik, die – sollte das Bordnetz zusammenbrechen und mit ihm die so wichtige Elektronik – einen dann durchaus „im Regen stehen" lassen kann.

Gezeitenströme

Die Karten mit den Gezeitenströmen, die diesem Buch beigefügt sind, beziehen sich alle auf HW Dover. Die Pfeile zeigen die Richtung der Ströme an und erklären sich von selbst. Die Stromgeschwindigkeit wird durch zwei Zahlen angegeben, die durch einen Punkt getrennt sind.
Ein Beispiel: 21.42 bedeutet, daß die Stromgeschwindigkeit zu Nippzeiten 2,1 kn beträgt, während der Strom zu Springzeiten eine Stärke von 4,2 kn erreicht. Selbstverständlich kann man Tabellen für dazwischenliegende Werte bekommen; in der Praxis reicht aber meist das überschlägige Bestimmen von Zwischenwerten im Kopf. Beim Studium der verschiedenen Stromkarten läßt sich eine Reihe brauchbarer Tiden-Erscheinungen feststellen:
– Die Gezeitenströme setzen um Kaps herum am stärksten.
– Im allgemeinen sind die Gezeitenströme im SW der Britischen Inseln schwächer als in anderen Bereichen.
– Wild und ungestüm setzen die Gezeiten um das Cap de la Hague (Race von Alderney) zwischen der Insel Alderney und der französischen Küste. Im allgemeinen setzen die Gezeitenströme vor der französischen Kanalküste zwischen Barfleur und der Insel Ouessant sehr stark.
- Im Solent, insbesondere im W-Teil sowie in der W-lichen Einfahrt, setzen die Gezeitenströme sehr hart. Der Strom kentert hier rund 1 Stunde früher als der Hauptstrom im Kanal.
– Ziemlich übel sind die Gezeitenströme auch in der Umgebung von Portland Bill. Genaueres siehe „Wichtige Kaps".
– Der Flutstrom setzt von W den Kanal hinauf, entsprechend treten die HW-Zeiten schrittweise später ein, je weiter man nach E kommt. So ist es möglich, mit Mitstrom vom Hamble River bis nach Dover zu gelangen; vorausgesetzt man läuft – abhängig von der Tide – eine Geschwindigkeit von 7 bis 8 kn. Hat man die Tidenkabbelungen vor der N-Küste des Solent hinter sich gebracht und das Looe-Fahrwasser passiert, erreicht man bei Selsey Bill den Flutstrom und bekommt so „sein Stück vom Kuchen" ab.
– Für die Reise vom W-Solent nach Guernsey den passenden Gezeitenstrom zu finden, ist trotz der Entfernung von rund 90 sm kein Problem. Die Needles werden mit dem letzten Ebbstrom erreicht, und dann muß nur noch sichergestellt werden, daß man um bzw. 1 oder 2 Stunden nach HW Dover im 60 sm entfernten Race von Alderney ankommt. Stimmt das „Timing", bekommt man einen „Schubs" von 3 bis 7 kn, der einen nach St. Peter Port bringt. Falls man das Race von Alderney zu spät erreicht, kann man ebensogut einen Übernachtungsstopp in Alderney einlegen und einen netten Abend in „The Diver's Bar" verbringen.
– In diesem Revier ist der ständige kreative Gebrauch von Gezeitentafeln und Stromatlanten der Schlüssel zum Gelingen eines Törns.

Tidehäfen

Der größte Teil der Häfen, die in diesem Buch beschrieben werden, kann unter den meisten Wetterbedingungen sowie bei fast allen Tidenständen angelaufen werden. Es gibt aber gezeitenabhängige Ausnahmen. Die Ansteuerung dieser Häfen bedarf sorgfältiger Planung. Zu beiden Seiten des Kanals gibt es eine Reihe von Häfen, die bei Ebbe im wahrsten Sinne des Wortes trockenfällt. Manche sind nur bei Mittelwasser oder darüber durch eine Schleuse zu erreichen. Tidehäfen stellen für Yachten, die trockenfallen können, eine recht bequeme Liegemöglichkeit dar; von Ortsunkundigen verlangen solche Häfen besondere Vorsicht.
Im allgemeinen ist es günstiger, diese Häfen mit entsprechender Tide aus W her anzulaufen, da der Flutstrom nach E setzt. Aus dieser Methode ergeben sich aber naturgemäß eigene Schwierigkeiten für das Verlassen des Hafens, weil der Strom nach HW kentert und nun wieder nach W setzt. Zum Glück ist es in der Praxis aber nicht immer der Fall, daß das HW mit dem Kentern des E-setzenden Stroms zusammenfällt. Wohlüberlegte Planungen werden auch hier zufriedenstellende Ergebnisse zeitigen.

Fahrten im Kanal

Mit einer Fahrt im Englischen Kanal verbindet sich eine Vielzahl von Möglichkeiten und Problemen, die zum größten Teil davon abhängen, wie weit E-lich oder W-lich der Hafen liegt, von dem aus man startet. Hauptsächlich drehen sich die Probleme um die Erscheinung großer, sich überlagernder oder gegenläufiger Gezeitenströme, den dichten Verkehr der Berufsschiffahrt oder den Wunsch, den Landfall im Morgengrauen zu machen. Letztgenannter Punkt ist in den schmalen Gewässern am E-lichen Ausgang des Kanals weniger wichtig; schließlich ersetzt die elektronische Navigation für viele Segler den Reiz, einen Blick auf die vorhandenen Leuchtfeuer zu werfen, bevor sie ihr Gerät abschalten. Auf längeren Passagen ist das anders, nämlich so, wie es früher einmal war.

Verkehrstrennungsgebiete

Diese Gebiete sind auf den Seekarten deutlich verzeichnet. Sinn und Zweck von Verkehrstrennungsgebieten ist es, die Kollision großer Schiffe in dicht befahrenen Revieren zu verhindern. Yachten müssen im begrenzten Schiffahrtsweg in die Richtung fahren, die als Verkehrsrichtung festgelegt ist. In jedem Fall ist man als Sportschiffer besser beraten, sich vom Trennungsgebiet – wenn irgend möglich – fernzuhalten. Das Befahren der Trennzone, die die beiden Schiffahrtswege voneinander trennt, ist verboten. Diese

Zone sollte nur im rechten Winkel gequert werden. Muß das gesamte Verkehrstrennungsgebiet gequert werden, ist dies im rechten Winkel zum Verkehrsfluß sowie mit größtmöglicher Geschwindigkeit zu tun. Setzt ein starker Gezeitenstrom, sollte man nicht einen Kurs über Grund dazu verwenden, um das Gebiet im rechten Winkel zu queren: man passiert das Gebiet sehr viel schneller, indem man einfach im rechten Winkel zum Verkehrsfluß steuert. Außerdem entspricht man auf diese Weise den hier geltenden Verkehrsbestimmungen.

Wenn man auf einen der Schiffahrtswege eindrehen möchte, so ist dies in einer engen Kurve zu tun.

In der Straße von Dover werden die Verkehrsvorschriften sehr streng überwacht, und Yachten, die sich nicht daran halten, müssen mit empfindlichen Geldstrafen rechen. Glücklicherweise gibt es die Küstenverkehrszonen, die man benutzen kann, wenn man die Küste entlang von einem Hafen zum nächsten segelt. Diese Zonen wurden extra für die Küsten- und Sportschiffahrt eingerichtet. In diesen Bereichen kann man in beide Richtungen fahren, wobei die Kollisionsverhütungsregeln ebenso sorgsam zu beachten sind wie der Verkehr in den Schiffahrtswegen des Trennungsgebietes.

Ein weiteres Verkehrstrennungsgebiet besteht zwischen Casquets und der NW-Spitze von Alderney. Dieses Gebiet ist zu beachten, sollte der Törn in seine Nähe führen. Auch wenn dieses Gebiet keine Gefahrenstellen aufzuweisen scheint, ist es trotzdem zu beachten.

Eine weitere Zone, die für den Sportschiffer im Kanal noch von Interesse ist, befindet sich zwischen Land's End und den Isles of Scilly. Dieses Gebiet ist weniger dicht befahren und muß sowieso im rechten Winkel gequert werden; ausgenommen man läuft luvwärts, dann ist allerdings erhöhte Aufmerksamkeit nötig.

Stromdreiecke

Quert man den Kanal an seiner schmalsten Stelle – eine Fahrt von 4 bis 5 Stunden –, kann man den Stromversatz über eine Flutdauer oder eine Ebbdauer (Diagramm 1) berücksichtigen, vorausgesetzt man kommt nicht unklar mit einem Verkehrstrennungsgebiet. Wenn man den Kanal in der Mitte quert, sollte man sehr vorsichtig sein. Falls eine Yacht nicht außergewöhnlich schnell ist, benötigt man

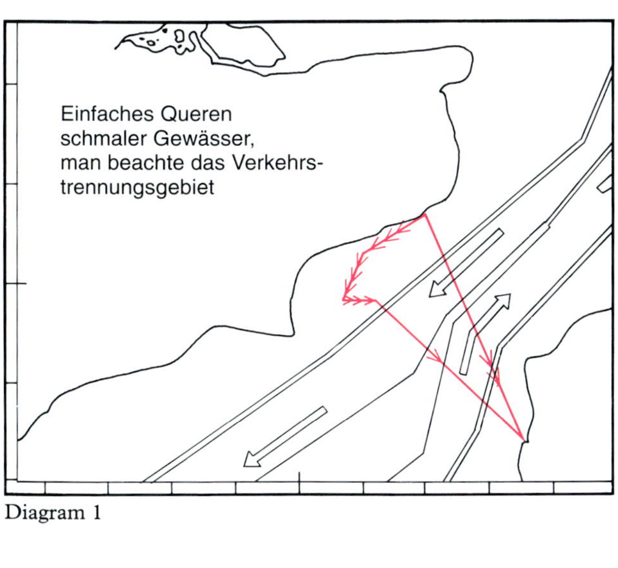

Diagram 1

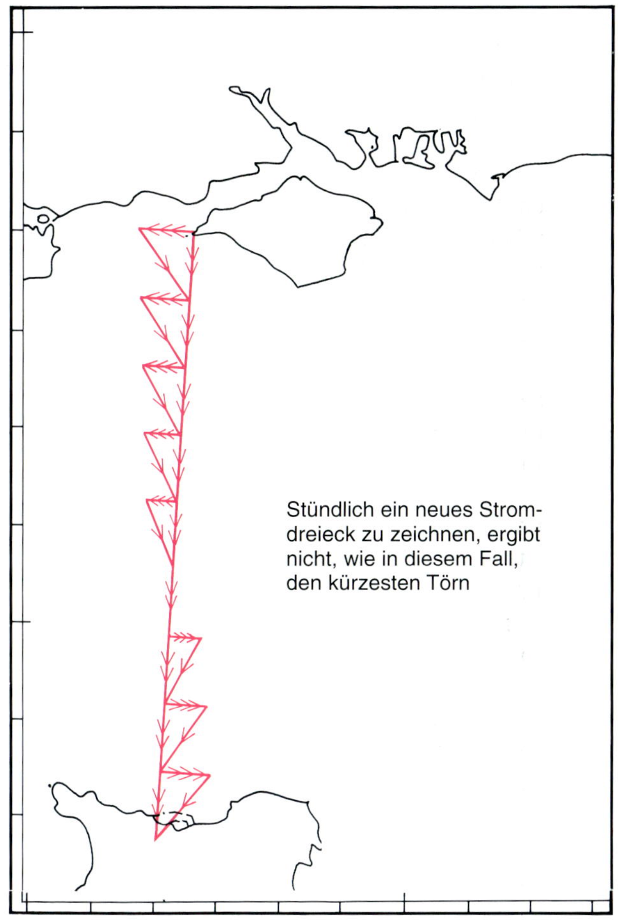

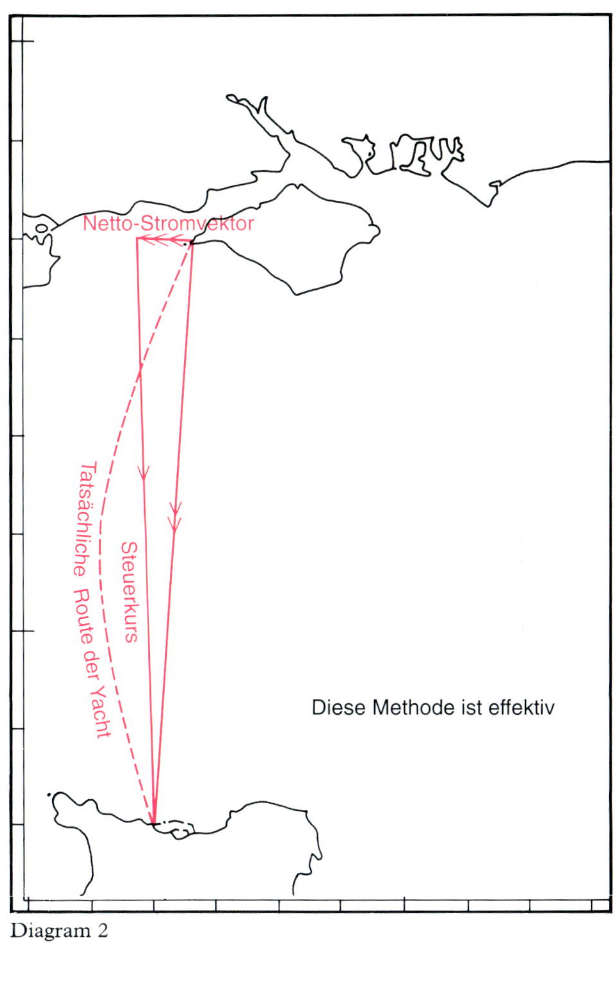

Diagram 2

für die Fahrt länger als eine Gezeit. Das bedeutet, daß man während der Fahrt nach E und nach W versetzt wird. Es ist ein bedauerlicher Irrtum zu glauben, man könnte für jede Stunde der Tide ein einzelnes Stromdreieck zeichnen, wie im Diagramm 2 zu sehen. Täte man dies, müßte man eine erheblich größere Strecke zurücklegen, als es tatsächlich der Fall ist. Im Extremfall kann das bedeuten, daß man aus einer Strecke von 15 sm eine 60 sm-Fahrt macht. Statt dessen ermittelt man die Summe des E-setzenden Stroms sowie die Summe des W-setzenden Stroms für die geplante Zeit auf See. Subtrahiert man nun den geringeren Betrag vom größeren, erhält man den „Netto-Stromvektor". Aus dem nun gebildeten Stromdreieck erhält man die gesuchte Kurs-durchs-Wasser-Linie. Der erhaltene KdW ist mit der Gesamtberichtigung zum Magnetkompaß-Kurs zu beschicken (s. Plan). Die Yacht wird zwar von der Kurslinie (Loxodrome) abgetrieben, was aber absolut nichts ausmacht, da der Gezeitenstrom sie sicher wieder zurückschiebt, bevor man sein Ziel erreicht hat. Daran sollte man stets denken, wenn man einen Navigationscomputer benutzt. Dies hat nichts mit einem Kursabweichungsfehler zu tun.

Vorhalten gegen den Strom

Man steuert immer einen Punkt an, der gegen den Gezeitenstrom (stromaufwärts) des eigentlichen Ziels liegt; selbst dann, wenn sich dieser – ausgenommen bei schwerstem Wetter – etwas leewärts befindet. Ein paar Seemeilen mit dem Gezeitenstrom zu laufen, ist die einfachste Sache der Welt. Dagegen kann es äußerst ermüdend werden, wenn man zum gewünschten Hafen gegen den Gezeitenstrom aufkreuzen muß.

Seegang

Man sollte immer daran denken, daß der Kanal eine „windige Ecke" ist, die noch sehr viel rauher werden kann, wenn der Wind gegen den Strom steht. Das kann gelegentlich ziemlich dramatisch werden. Ich kann mich daran erinnern, wie ich als junger Mann – der es nicht besser wissen konnte – einmal um Mitternacht von Cherbourg bei Sturm aus NE ausgelaufen bin, weil wir den sechsstündigen E-setzenden Strom einer Springtide ausnutzen wollten. Eine Stunde, nachdem wir Fort de l'Ouest passiert hatten, waren die Gläser sämtlicher Öllampen an Bord (daran sieht man mal, wie lange das schon her ist) aus ihren Halterungen gesprungen, und wir waren zu Tode verängstigt. Wir machten zwar Fahrt nach Luv, aber das war die Sache nicht wert.

Trotz der dringenden Warnungen ist der Kanal das lohnendste Revier, das ich mir zum Segeln vorstellen kann. Nimmt man sich Zeit zum Planen, bezieht man Wind und Gezeiten mit ein, wird man dafür über die Maßen belohnt.

Erklärung der englischsprachigen Begriffe in den Karten

Die Karten dieses Buches enthalten u. a. englischsprachige Begriffe, die nachfolgend erklärt werden. Weiterhin verweisen wir auf den Gebrauch der Karte 1 (INT 1) vom Bundesamt für Seeschiffahrt und Hydrographie. Diese enthält alle in den internationalen Seekarten benutzten Begriffe, Abkürzungen und Zeichen in deutscher und englischer Sprache. Daneben findet man die in älteren deutschen Seekarten gedruckten Zeichen und Abkürzungen.

Airport	Flughafen
Anchorage	Ankerplatz
Beach	Strand
Beacon	Bake
Belfry	Glockenturm
Berth	Liegeplatz
Boat House	Bootshaus
Boulders	Fels-/Geröllblöcke
Breakwater	Wellenbrecher, Hafendamm
Bridge	Brücke
Building (bldg.)	Gebäude
Buoy	Tonne
buoyed	betonnt
Cable	Unterwasserkabel
Car Ferry	Autofähre
Castle	Burg, Schloß
Cathedral	Kathedrale, Dom
Causeway	Damm
Chain Ferry	Kettenfähre
Chandlery	Schiffsausrüster
Chimney (Chy.)	Schornstein
Commercial Quay	Handelskai
conspicuous	auffällig
covered	überspült, bedeckt
covered at half-tide	bei Mittelwasser überspült
Cooling Tower	Kühltürme
Current	Strom, Strömung
Daymark	Tagmarke
Depth (in meters)	Tiefe (in Metern)
Dock	Hafenbecken
Dome	Kuppel
dredged	gebaggert
dries	trockenfallend
Firing Range	Schießgebiet
Fishing Harbour	Fischereihafen
foul	unrein
Fuel	Treibstoff
Fun Fair	Jahrmarkt
Groyne	Buhne, Stack
Gravel	Kies, Schotter
Grid	Kielbank
Harbour Master	Hafenmeister
Hard	Stellplatz an Land
Holding Area	Ankergebiet
Holiday Village	Feriensiedlung
Inner Harbour	Innenhafen
Jetty	Anleger
Landing	Landeplatz, Landestelle
Lighthouse	Leuchtturm
Local Boats	einheimische Boote
Lock	Schleuse
marked by	bezeichnet mit
marked Channel	bezeichnetes Fahrwasser
Marker	Sichtzeichen
Marsh	Marsch, Vorland
Mast	Mast
Mud	Schlick
Not navigable	nicht schiffbar
Navigation prohibited	Befahren verboten
Nuclear Power Station	Atomkraftwerk
Obstruction (Obstn.)	Schiffahrtshindernis
Oil Refinery	Ölraffinerie
Oil Tanks	Öltanks
Outer Harbour	Außenhafen
Oyster Bed	Austernbank
Pile	Pfeiler
Point	Punkt, Landspitze
Pontoon	Schwimmsteg, Schlengel
Power Station	Kraftwerk
Prohibited Area	Sperrgebiet
Racon	Radarantwortbake
Railway	Eisenbahnlinie
Recommended Track	empfohlener Kurs
Restricted Area	Gebiet mit Schiffahrtsbeschränkungen
Rock	Fels
Ro Mast	Funkmast
Ruin	Ruine
Salting	Salzmarsch
Sand Dunes	Sanddünen
Scrubbing Berth	Kielbank, Balkenrost
Sewer	Abwasserrohr
Shallow	Untiefe
Sill	Süll
Slipway	Sliprampe
sloping wall	schräg abfallende Mauer
Sluice	Schleuse, Schleusenkanal
Spire	Kirchturmspitze
Station	Bahnhof
Steepbank	Steilufer
Step	Landungsstufe
submerged	überspült, unter Wasser
Swing Bridge	Drehbrücke
Tidal Harbour	Tidenhafen
Tidal Barrage	Gezeitenwehr
Tide Gauge	Pegel
Tower	Turm
Training Wall	Leitdamm
unmarked	unbezeichnet
Visitor	Besucher, Gast
Waiting Berth	Warteplatz
Water-Skiing Area	Wasserski-Gebiet
Wharf	Ladeplatz
Wooded	bewaldet

Französischsprachige Begriffe in den Karten

Arrière-Port	Innenhafen
Avant-Port	Vorhafen, Außenhafen
Bassin à Flot	Schleusenhafen
Chenal	Fahrwasser
Dique	Damm, Mole
Darse	Binnenhafen
Jetée	Anlegebrücke, Mole
Dôme	Kuppel
Mouillage	Ankerplatz
Plage	Strand
Port de Pêche	Fischereihafen
Port de Plaisance	Yachthafen
Vieux Port	alter Hafen

Die englische Südküste
Von Ramsgate bis zu den Scilly Islands

Wichtige Landspitzen und Huken

North Foreland
Gezeitenströme 3,2 sm in 141° von der Huk
N-setzender Strom beginnt -0120 Dover
S-setzender Strom beginnt +0440 Dover
Stromgeschwindigkeit zu Springzeiten: 2,75 kn
Auffälliger 26 m hoher weißer achteckiger Leuchtturm (Fl(5)WR.20s57m19/15M), der sich spektakulär auf fast senkrecht abfallenden Klippen erhebt.

South Foreland
Gezeitenströme zwischen South Foreland und Deal
N-setzend ungefähr -0145 Dover
S-setzend ungefähr +0415 Dover
Stromgeschwindigkeit zu Springzeiten: 2,25 kn
Die unregelmäßigen Kalk-Klippen, die diese Huk bilden, sind über 90 m hoch. Auf ihrer Spitze stehen zwei Leuchttürme, die aber nicht mehr in Betrieb sind. Der W-liche Leuchtturm ist ein 21 m hoher, rechteckiger weißer Turm mit Zinnen, der sich 114 m über dem Meeresspiegel erhebt.

Der Leuchtturm North Foreland.

Dungeness
Gezeitenströme auf der Position 2,4 sm in 140° vom Leuchtturm Dungeness High
E-setzender Strom beginnt -0200 Dover
W-setzender Strom beginnt +0400 Dover
Die Stromgeschwindigkeit erreicht zu Springzeiten bis zu 2 kn, dichter unter Land kann der Strom stärker sein. Die angegebenen Zeiten der Ströme sind nur ungefähre Angaben, weil Dungeness eine Art „Gezeiten-Wasserscheide“ darstellt, die erfahrungsgemäß etwas Verzögerung erzeugt, wenn die Gezeiten der Nordsee durch die Straße von Dover in den Kanal laufen.
Auf den flachen Küstenvorland W-lich davon steht ein Leuchtturm, der nicht mehr in Betrieb ist, sowie ein Atomkraftwerk. Der schwarze runde Leuchtturm mit seinen weißen Bändern (Fl.10s40m27M + F.RG.37m11M Horn (3)60s) bildet eine gute Landmarke. Der Leuchtturm zeigt außerdem ein rotes Festfeuer, das verhältnismäßig untiefes Wasser vor der Küste bezeichnet. Für die meisten Yachten ist das aber kaum von Interesse.
Zu beiden Seiten von Dungeness findet man je nach Windrichtung Ankerplätze, die aber nicht sehr sicher sind.

Beachy Head
Gezeitenströme 2 sm S-lich des Leuchtturms
E-setzender Strom beginnt -0520 Dover
Stromgeschwindigkeit zu Springzeiten: 2,6 kn
W-setzender Strom beginnt +0015 Dover
Stromgeschwindigkeit zu Springzeiten: 2 kn
Eine außergewöhnlich markante Huk aus Kalk-Klippen. 1,5 sm W-lich des Kaps steht ein Leuchtturm, der aber erloschen ist. Der derzeitige Leuchtturm (Fl(2)20s31m25M Horn 30s) steht unmittelbar vor Beachy Head auf einer Felsklippe. SE-lich vor Beachy Head liegen Riffe, die als Head Ledge bekannt sind und sich etwa 0,5 sm von den Klippen erstrecken. Der weiße Leuchtturm trägt ein breites rotes Band und hat eine Höhe von 43 m. Beachy Head sollte bei schwerem Wetter, wenn sich hier überbrechende Seen bilden und S-lich der Huk eine schwere See steht, mit einem Mindestabstand von 2 sm passiert werden.
7 sm E-lich von Beachy Head erstrecken sich die Untiefen Royal Sovereign, über denen mindestens 3,5 m Wasser stehen. Darüber kann sich aber eine häßliche See bilden. An ihrer S-Seite sind sie mit einem sehr markanten Leuchtturm (Fl.20s28m12M Horn(2)30s) bezeichnet.

Beachy Head: der 31 m hohe weiße Turm mit rotem Band aus SW.

Selsey Bill und The Owers
Gezeitenströme im Looe Channel
E-setzender Strom beginnt +0445 Dover
W-setzender Strom beginnt -0120 Dover
Stromgeschwindigkeit zu Springzeiten: 2,6 kn; zwischen dem Malt Owers und der Boulder Bank setzt der Strom stärker. 3 sm S-lich der befeuerten Tonne Owers setzt der Strom mit einigen örtlichen Abweichungen:
ENE-setzender Strom beginnt +0540 Dover
WSW-setzender Strom beginnt -0050 Dover
Stromgeschwindigkeiten zu Springzeiten: 2,5 bis 3 kn.
Bei schlechter Sicht ist das flache Kap Selsey Bill nur schwer auszumachen. An der W-Seite der Huk steht ein Hotel. S-lich der Bill erstrecken sich Felsgruppen und Riffbänke, zwischen denen das Fahrwasser Looe Channel hindurchführt. Die befeuerte Bakentonne *The Owers* (Q(6) + LFl.15sWhis) ist 7 sm SE-lich der Selsey Bill ausgelegt. S-lich dieser Tonne bleibt man von den Gefahrenstellen frei. Bei klarem Wetter und leichten Winden bietet der Looe Channel, der mit Tonnen bezeichnet ist, jedoch eine „Abkürzung", die unter Verwendung einer großmaßstäbigen Seekarte benutzt werden kann. Aus der Entfernung sind die Tonnen nur schwer auszumachen, weshalb man sich vorsichtig nähern und nicht zu schnell aufgeben sollte.

St. Catherine's Point
Gezeitenströme zwischen St. Catherine's Point und Dunnose
E-setzender Strom beginnt +0515 Dover
W-setzender Strom beginnt -0015 Dover

St. Catherine's Point: Der achteckige weiße Turm mit Zinnen erhebt sich 36 m über dem Meer. Am Tag ist er schwer auszumachen.

Zu Springzeiten kann die Stromgeschwindigkeit unmittelbar vor der Huk bis zu 5 kn betragen, weiter seewärts ist der Strom schwächer.
St. Catherine's Point ist die S-Spitze der Isle of Wight. Das flache Kap erstreckt sich am Fuß einer Erhebung, die zu den höchsten der Insel gehört. Der 26 m hohe Leuchtturm (Fl.5s41m27M), ein weißer Turm mit Zinnen, steht oberhalb eines sehr flachen Kliffs. Im Bereich von 099° – 116° wird ein rotes Festfeuer gezeigt, das die Gefahrenstelle Rocken End abdeckt, die nur 2 kbl W-lich des Kaps lauert. Der unebene Meeresgrund und die starken Strömungen bedingen vor St. Catherine's Point typische, gezeitenbedingte überbrechende Seen. Dieser Bereich sollte gemieden werden, inbesondere, wenn der Wind gegen den Strom steht. Bei schwerem Wetter können diese Seen gefährlich werden; ihre Stärke ist von Wind, Gezeiten und Seegang abhängig, so daß es mal rauher, mal etwas ruhiger sein kann. Vor Dunnose, E-lich von St. Catherine's Point, sind die überbrechenden Seen gemäßigter; es gibt aber eine ganze Reihe von Tidenkabbelungen sowie Stromwirbel, die in manchen Bereichen fast ebenso rauh sein können wie die stärksten Strömungen vor St. Catherine's Point.

The Needles Rocks
Bei der Ansteuerung des Solent aus W ist es unbedingt erforderlich, den Atlas der Gezeitenströme vorab genau zu studieren, da die Ströme in diesem Bereich sehr hart setzen.
Gezeitenströme vor Hurst Point
NE-setzender Strom beginnt +0505 Dover
SW-setzender Strom beginnt -0055 Dover
Stromgeschwindigkeit zu Springzeiten: 4 bis 5 kn.
Vor den Needles kann der Strom früher einsetzen.
Im Needles Channel setzt der Strom in beide Richtungen sehr hart über die Shingles. Daher ist äußerste Vorsicht geboten, daß man nicht durch den Strom auf die Gefahrenstellen versetzt wird.
An den Needles teilt sich der Hauptflutstrom: Der stärkere Teil setzt nach NE in den Needle Channel, während der Strom weiter S-lich vor der Isle of Wight-Küste E bis SE-wärts setzt. In umgekehrter Richtung vereinigen sich die örtlichen Ebb-Ströme W-lich der Needles und setzen dann W-wärts auf Durlston Head zu.
Die scharfen weißen Spitzen der Needles mit dem Leuchtturm (Oc(2)WRG.20s24m17/14M), einen weißen Turm mit rotem Band, der an ihrer Seeseite steht, sind unverwechselbar. Bei der Ansteuerung aus W oder SW sind sie aber

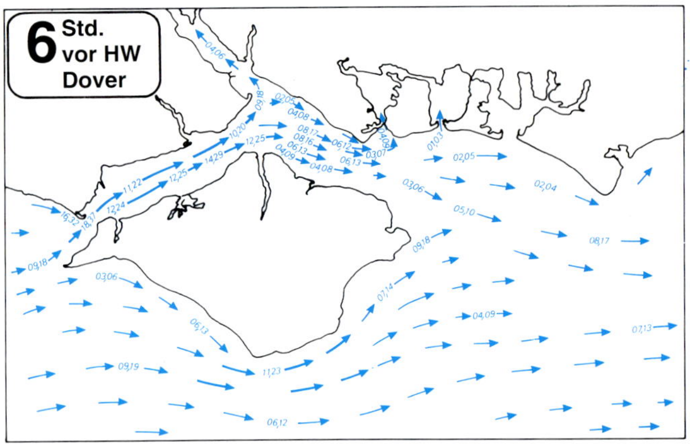
6 Std.
vor HW
Dover

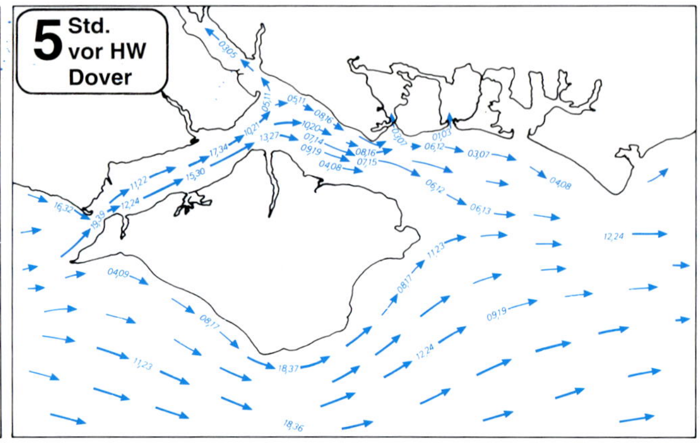
5 Std.
vor HW
Dover

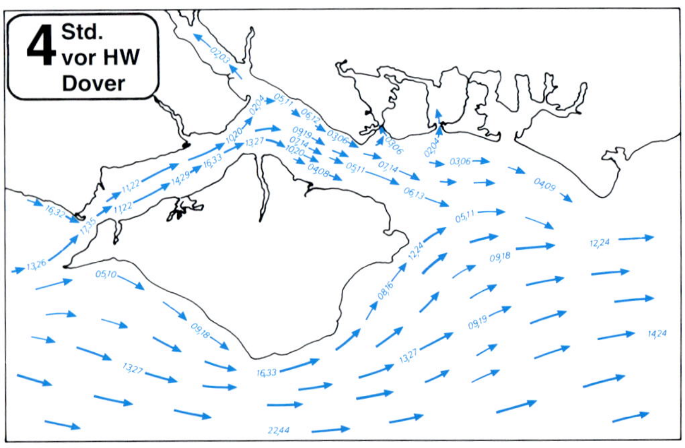
4 Std.
vor HW
Dover

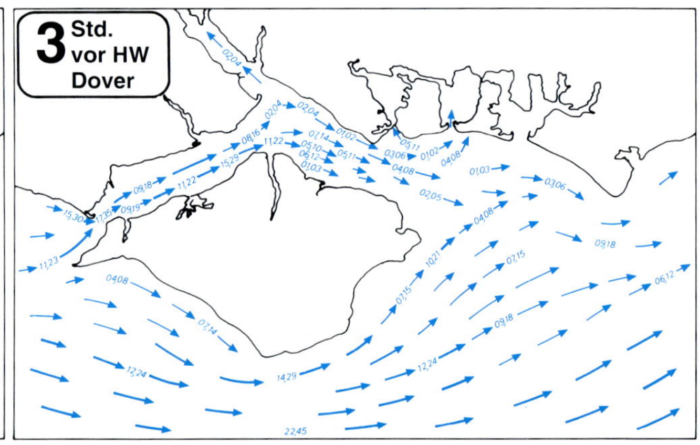
3 Std.
vor HW
Dover

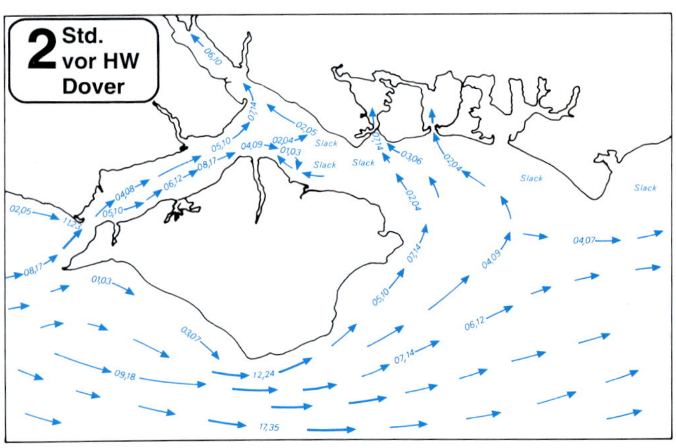
2 Std.
vor HW
Dover

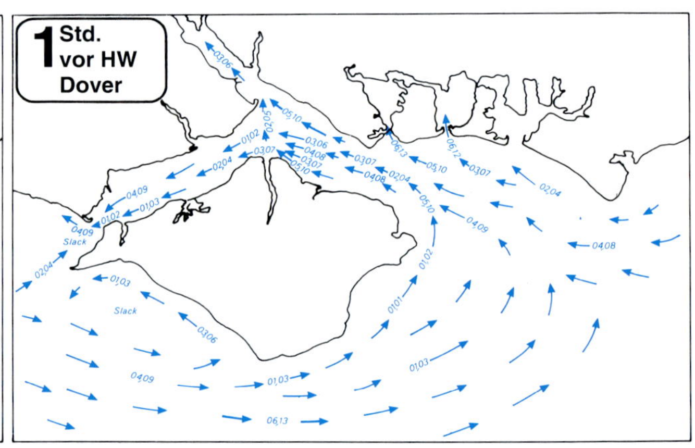
1 Std.
vor HW
Dover

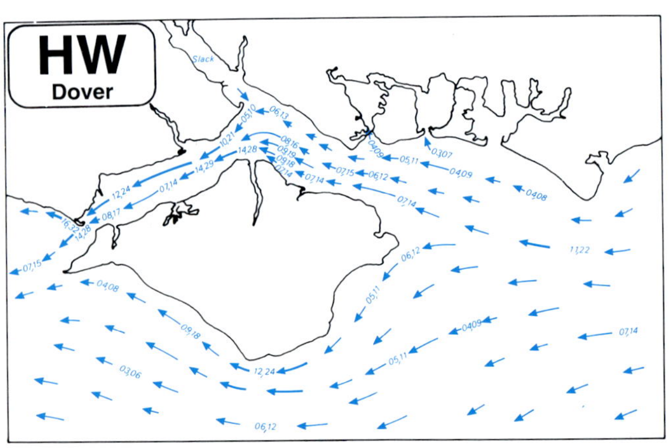
HW
Dover

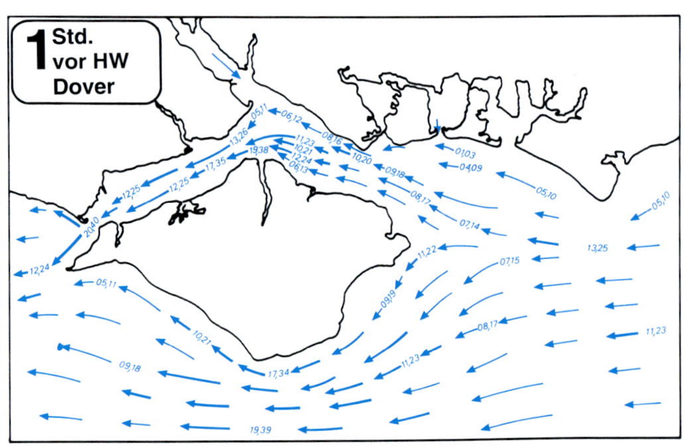
1 Std.
vor HW
Dover

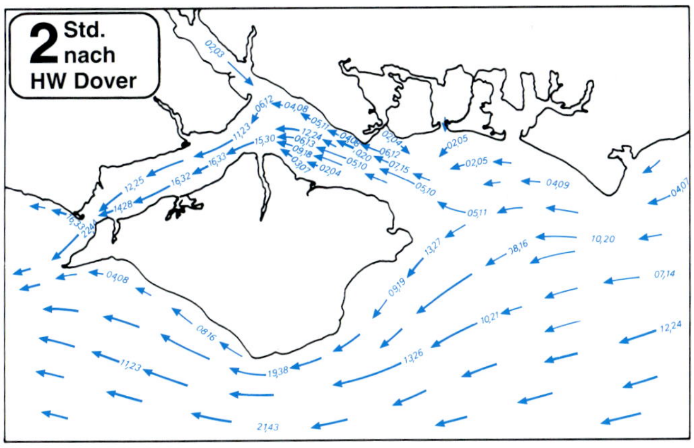
2 Std. nach HW Dover

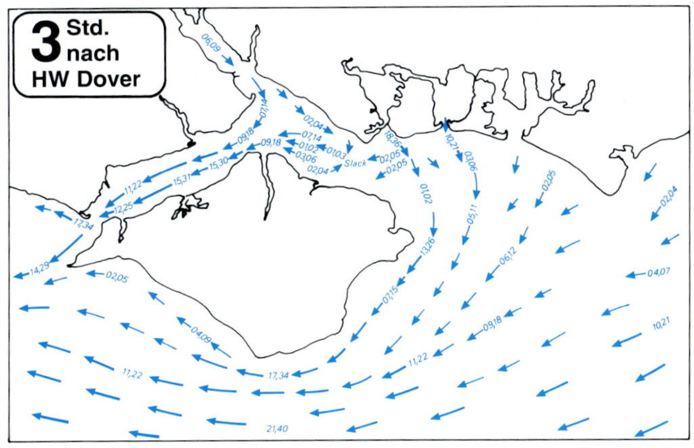
3 Std. nach HW Dover

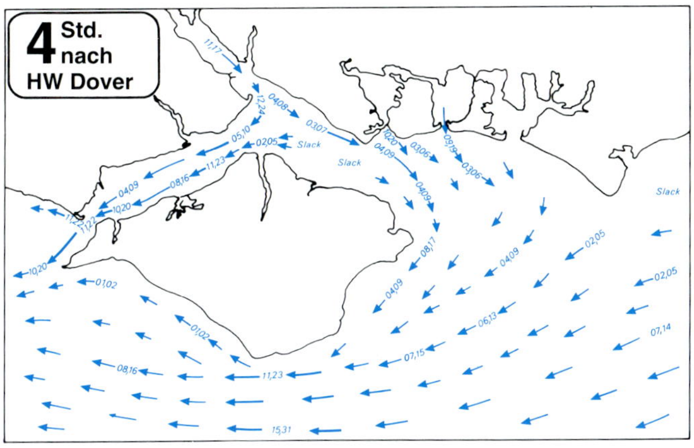
4 Std. nach HW Dover

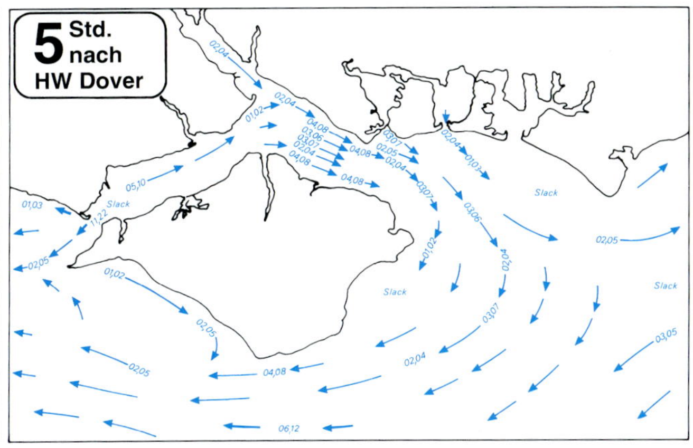
5 Std. nach HW Dover

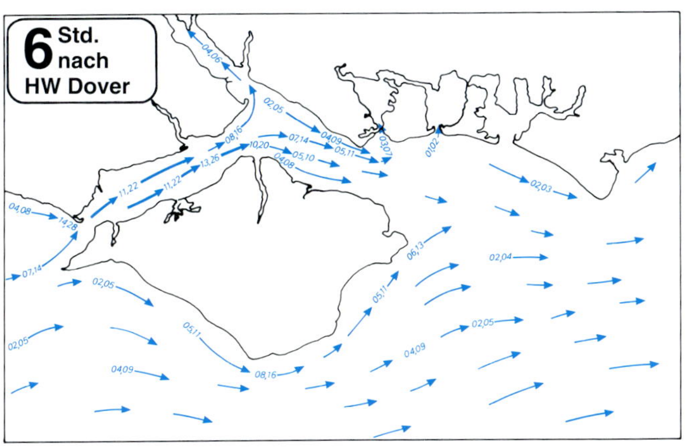
6 Std. nach HW Dover

auch bei diesigem Wetter ohne jede Frage äußerst markant. Aus diesen Richtungen kommend, sind zunächst die weißen Klippen oberhalb von Scratchell's Bay unmittelbar SE-lich der Needles sowie 3 sm E-lich davon die Anhöhe, auf dem das Tennyson-Kreuz steht, auszumachen.
Bei schwerem Wetter oder Nebel sollte man die W-Küste der Isle of Wight möglichst meiden. Winde aus SW können die Lage noch weiter verschlechtern, wenn man spät dran ist und die Ebbe bereits eingesetzt hat. Unter solchen Bedingungen sollte in den Solent nur durch den North Channel eingesteuert werden, der N-lich der Shingles verläuft.
Wenn sich eine solche Fahrt denn gar nicht vermeiden läßt, ist dies – von der Nähe der Lee-Küste einmal abgesehen – eine realistische Möglichkeit, um Hurst Castle anzusteuern. Bei Sturm ist es aber sicherer, nach Poole abzulaufen oder gleich im Hafen zu bleiben!

Hengistbury Head

In der Nähe der Huk können die Gezeitenströme zu Springzeiten recht stark sein, und über den Riffen können sich bei einsetzendem Ebbstrom mäßige überbrechende Seen bilden. In der Churchbay selbst sind die Ströme vergleichsweise schwach.
Das unbefeuerte flache Kap, das wie eine lange flache Käseecke geformt ist, erstreckt sich 5 sm E-lich der Bournemouth Pier sowie 1 sm SW-lich der Einfahrt in den Hafen von Christchurch; es ist das einzige Kap zwischen den Needles und Handfast Point S-lich von Poole. Der dunkle rötliche Eisenstein der Huk, die von See her auch gelblich wirken kann, ist gut auszumachen.
Vor dem Kap erstrecken sich Riffe, und die Wassertiefe ist bis zur Christchurch Ledge, die sich bis zu 2,5 sm SE-lich erstreckt, vergleichsweise gering. In diesem Bereich ist – insbesondere bei Dunkelheit – auf ausgelegte Reusen zu achten. In jedem Fall ist es besser, daß Kap S-lich zu passieren.

Peveril Point bis St. Alban's Head

Offiziell gibt es in diesem Bereich zwei Gezeitenströme: ein kleiner, aber gefährlicher vor Peveril Point und ein großer vor St. Alban's Head. Örtlich treten Tidenkabbelungen auf, und unter bestimmten Umständen gibt es praktisch auf der gesamten Strecke zwischen Handfast Point und den Old Harry Rock bis St. Alban's Head Bereiche mit überbrechenden Seen.

Peveril Ledges

Gezeitenströme 3 kbl E-lich von Peveril Point
NNE-setzender Strom beginnt +0500 Dover mit weniger als 1,5 kn. SSW-setzender Strom beginnt -0215 Dover mit weniger als 3 kn.
Die Geschwindigkeit kann bei Springniedrigwasser größer sein.
Der Peveril Race erstreckt sich bei schwerem Wetter vom Kap nach seewärts bis zu den Tonnen, inbesondere nach SE während des W-setzenden Stroms.
Vom flachen felsigen Peveril Point an der S-Seite der Swanage Bay erstrecken sich die Ledges etwa 3 kbl. Nach S hin nehmen die Wassertiefen nach seewärts etwas zu. Das Ende des Riffs ist mit einer unbefeuerten roten Stumpftonne bezeichnet.

Durlston Head

Gezeitenströme
NE-setzender Strom beginnt +0530 Dover
SW-setzender Strom -0030 Dover
Stromgeschwindigkeit zu Springzeiten: bis zu 3 kn.
Das zerklüftete steilwandige Kap mit seiner charakteristischen Kontur ist leicht an dem burgähnlichen Gebäude auf seiner Kuppe zu erkennen.
Neerstrom
W-lich von Durlston Head bis oberhalb von Lulworth kentert der Gezeitenstrom dicht unter der Küste von Dorset schon sehr früh; gelegentlich bis zu 90 Minuten eher und setzt dann gegen den Hauptgezeitenstrom weiter seewärts.

Hengistbury Head aus SE, rechts die Einfahrt nach Christchurch.

Der Leuchtturm Anvil Point: ein weißer 12 m hoher Turm mit seinen gedrungenen Gebäuden, der sich 45 m über dem Meer erhebt. Rechts Durlston Head.

St. Alban's Head aus SSE: Keine auffälligen Landmarken bis auf eine winzige Aussichts-Hütte.

Anvil Point

Das Kap Anvil Point, das leicht an dem markanten weißen Leuchtturm (Fl.10s45m24M) auf der grünen Kuppe der Huk zu erkennen ist, befindet sich knapp 0,5 sm SW-lich von Durlston.

St. Alban's Head

Gezeitenströme

E-setzender Strom beginnt schätzungsweise +0545 Dover
W-setzender Strom beginnt -0015 Dover
Stromgeschwindigkeit zu Springzeiten: mehr als 3 kn.

Das Kap ist sofort an den überhängenden Klippen zu erkennen: Die fast senkrechte, der See zugewandte Seite der Huk bröckelt unterhalb der Kuppe fast unablässig ab; die Gesteinsbrocken sammeln sich am Fuß der Klippen.

Es gibt einen beachtlichen Gezeitenstrom, der bei auflaufendem Wasser E-lich von St. Alban's Head, bei Ebbstrom W-lich davon auftritt. Die Lage und Stärke des Stroms können erheblich variieren. Der Strom ist bis zu 3 sm seewärts spürbar. Bei S-lichen Winden setzt er dichter unter der Küste. Um dem Strom zu entgehen, hält man einen Abstand von 3 sm zur Küste.

Zwischen St. Alban's und dem Race gibt es eine Passage, die fast 0,5 sm breit ist. Bei auflandigen Winden kann sie jedoch schmaler sein, außerdem ist sie nicht ganz frei von gezeitenbedingten Störungen.

Nach Phasen langanhaltender auflandiger Winde kann hier eine schwere Grundsee stehen. Bei vernünftigem Wetter können Yachten aber die schlimmsten Brecher vermeiden, indem sie im Tiefwasserbereich dicht unter dem Kap bleiben.

Im Fahrwasser unter Land treten früh Tidenkabbelungen, auf, und es ist zu bedenken, daß die örtlichen Tidenkabbelungen, der W-Seite des Kaps St. Alban's Head folgend, nach SE setzen.

Portland Bill und Race

Egal, ob man von E oder W kommt, Portland Bill wirkt wie eine Insel, mit ihrer höchsten Erhebung an der N-Spitze, die sich gegen die flache Chesil Beach (Kiesküste) abhebt. Zur S-Spitze hin, wo der runde weiße Leuchtturm mit weißem und rotem Band (Fl(4)20s43m25M Dia 30s) steht, flacht das Land allmählich ab. Für Schiffe, die aus E ansteuern, wird die Untiefe Shambles von einem roten Festfeuer (F.R.13M) bezeichnet, das im Sektor 271° – 291° sichtbar ist. 4 kbl weiter NNE-lich steht noch ein weiterer Leuchtturm, der aber nicht mehr in Betrieb ist.

Im Englischen Kanal stellt das Portland Race mit seinen ausgedehnten Stromkabbelungen und Brechern das gefährlichste Gebiet dar. Selbst verhältnismäßig große Schiffe, die hier hineingerieten, sind schon spurlos verschwunden. Das Race erstreckt sich S-lich von Portland Bill, bei Ebbstrom verlagert es sich etwa nach W, bei Flutstrom etwas nach E. Dafür sind offensichtlich zwei Faktoren verantwortlich: der unebene Grund sowie zwei starke S-setzende Ströme, die zu beiden Seiten der Huk jeweils 10 von 12 Std. setzen und im Race aufeinandertreffen. Hier wiederum stoßen sie auf den Hauptstrom, der je nach Gezeitenstand im Kanal E- oder W-wärts setzt. Bei schwerem Wetter bildet sich eine gefährliche Kreuzsee, die sich bis zum E-Ende der Shambles erstreckt.

Die übelste Stelle des Race liegt 2 sm von der Huk entfernt und ist leicht an den überbrechenden Seen zu erkennen. Zu Springzeiten kann die Stromgeschwindigkeit im Race bis zu 7 kn erreichen. Genaue Einzelheiten zu Stärke und möglicher Richtung sind dem Atlas der Gezeitenströme zu entnehmen.

Der Leuchtturm Portland Bill aus SE. Runder weißer Turm mit rotem Band, Höhe 43 m.

Portland Bill aus E. Auffällig ist das keilförmige Kap, rechts The Varne. Aus der Entfernung erscheint Portland Bill wie eine Insel.

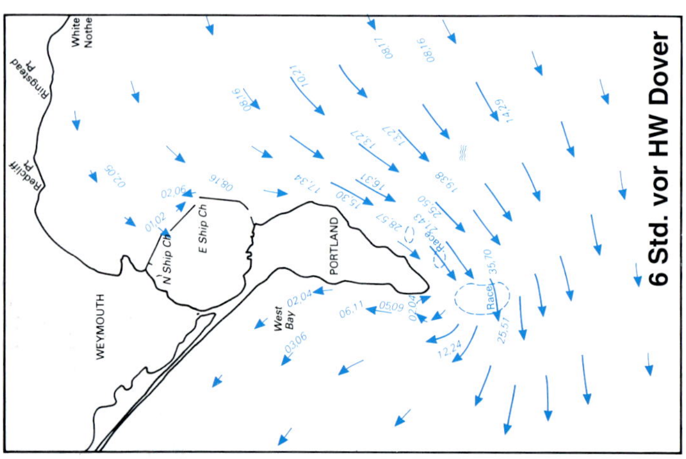
6 Std. vor HW Dover
WEYMOUTH
PORTLAND
West Bay
N Ship Ch
E Ship Ch
Race
Redcliff Pt
Ringstead Pt
White Nothe

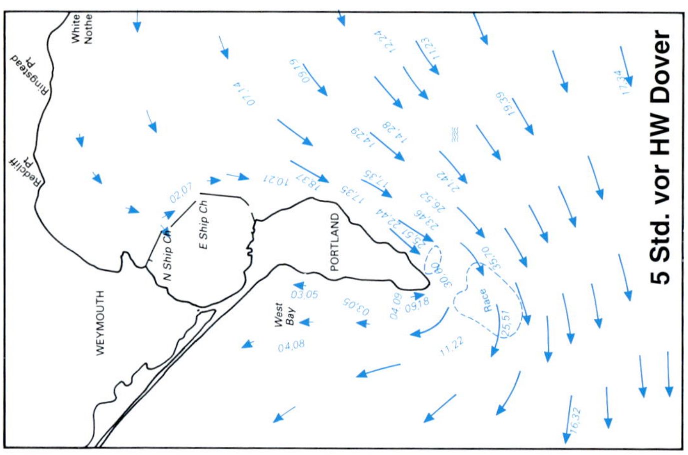
5 Std. vor HW Dover
WEYMOUTH
PORTLAND
West Bay
N Ship Ch
E Ship Ch
Race
Redcliff Pt
Ringstead Pt
White Nothe

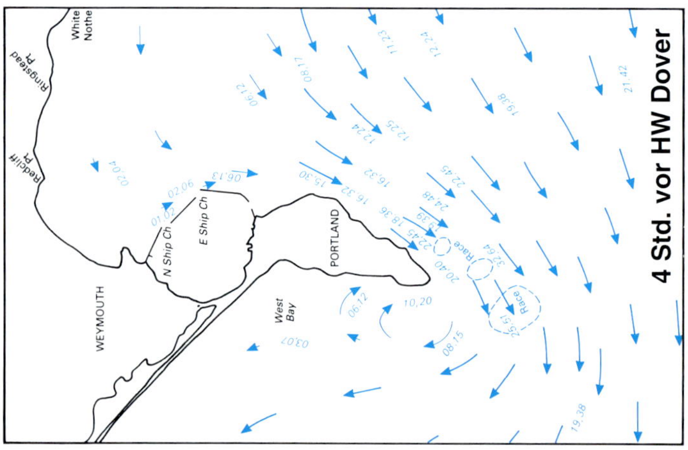
4 Std. vor HW Dover
WEYMOUTH
PORTLAND
West Bay
N Ship Ch
E Ship Ch
Race
Redcliff Pt
Ringstead Pt
White Nothe

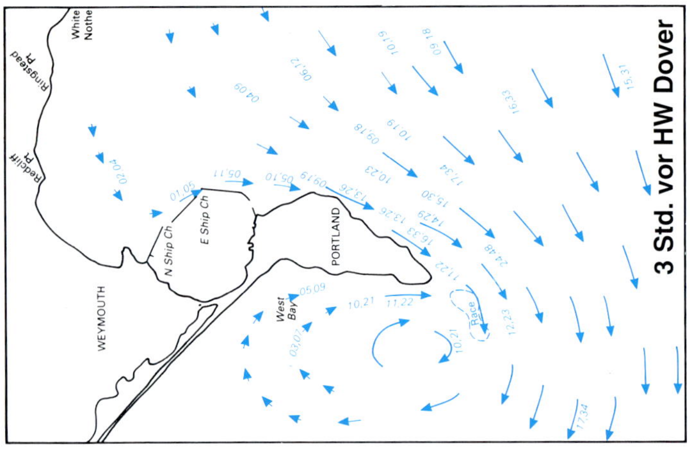
3 Std. vor HW Dover
WEYMOUTH
PORTLAND
West Bay
N Ship Ch
E Ship Ch
Race
Redcliff Pt
Ringstead Pt
White Nothe

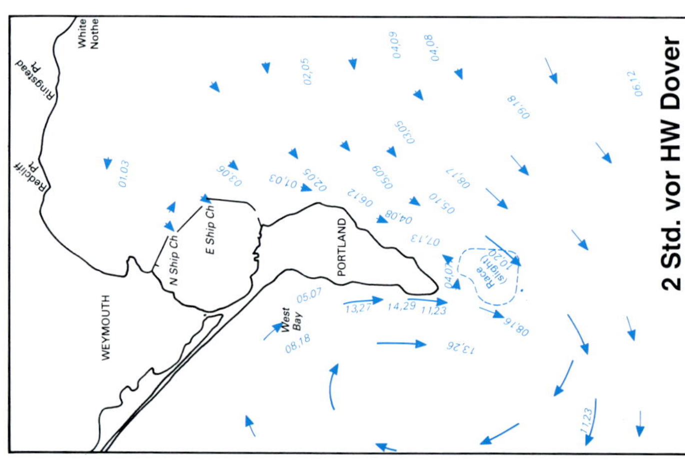
2 Std. vor HW Dover
WEYMOUTH
PORTLAND
West Bay
N Ship Ch
E Ship Ch
Race (slight)
Redcliff Pt
Ringstead Pt
White Nothe

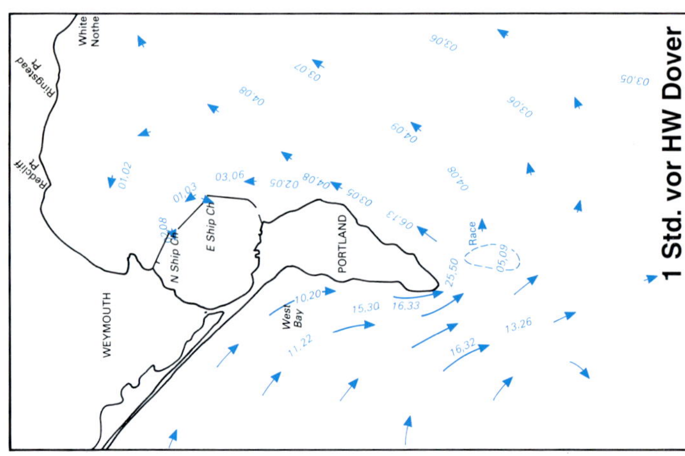
1 Std. vor HW Dover
WEYMOUTH
PORTLAND
West Bay
N Ship Ch
E Ship Ch
Race
Redcliff Pt
Ringstead Pt
White Nothe

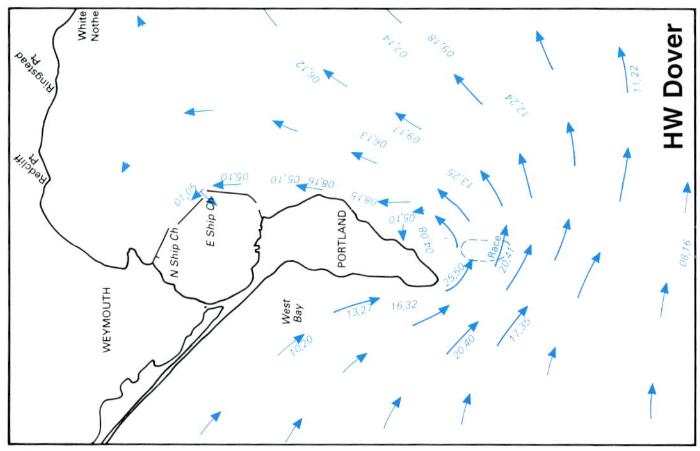
HW Dover
WEYMOUTH
PORTLAND
West Bay
N Ship Ch
E Ship Ch
Race
Redcliff Pt
Ringstead Pt
White Nothe

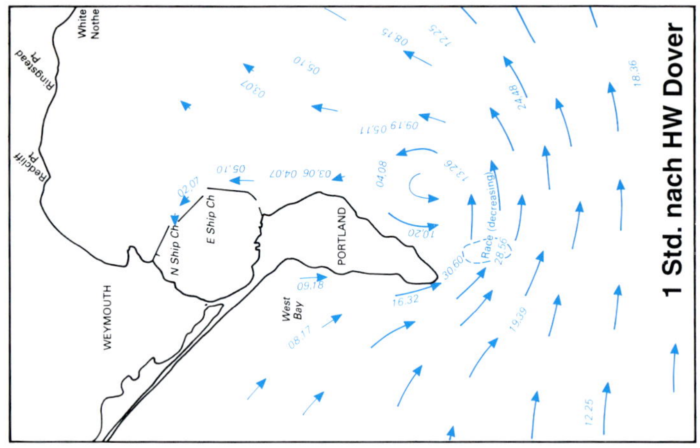
1 Std. nach HW Dover
WEYMOUTH
PORTLAND
West Bay
N Ship Ch
E Ship Ch
Race (decreasing)
Redcliff Pt
Ringstead Pt
White Nothe

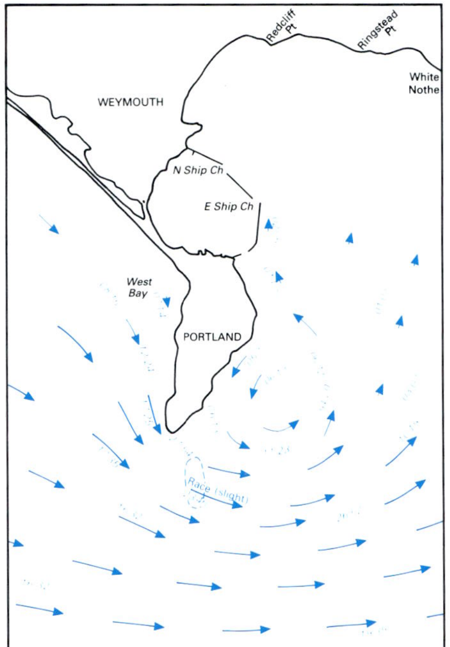

2 Std. nach HW Dover

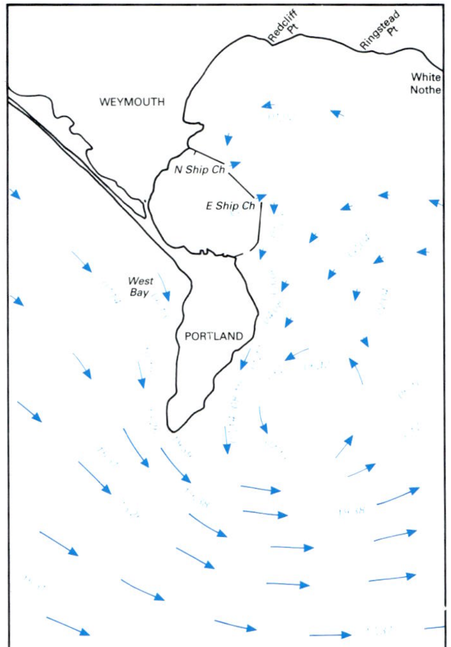

3 Std. nach HW Dover

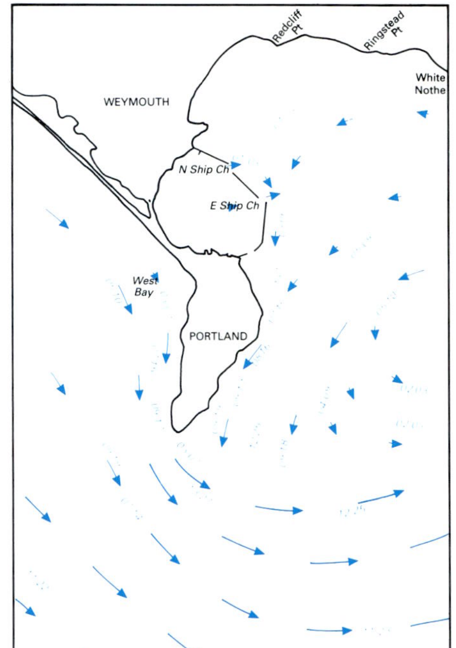

4 Std. nach HW Dover

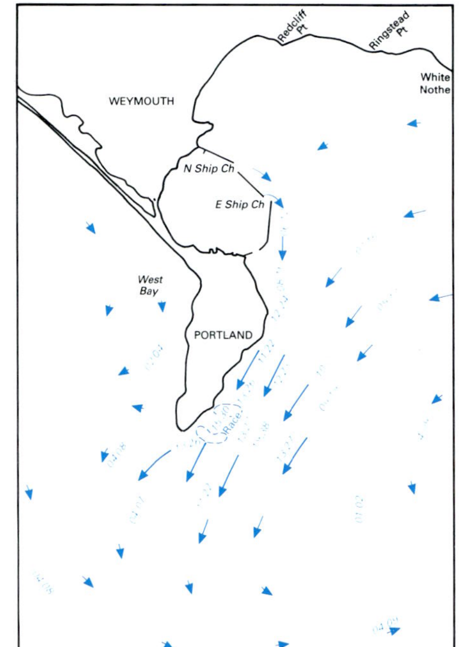

5 Std. nach HW Dover

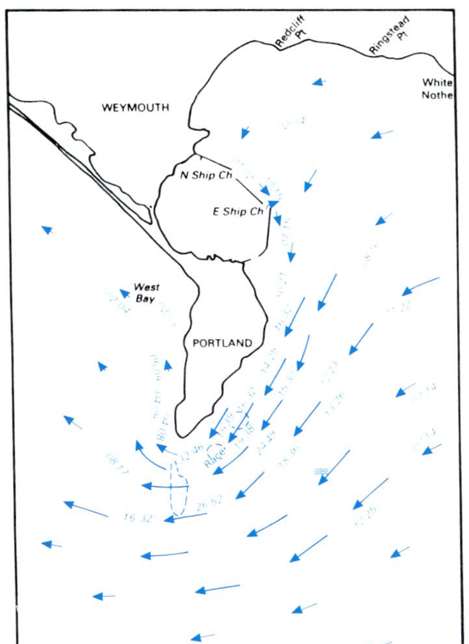

6 Std. nach HW Dover

Während des W-setzenden Stroms tritt SW-lich der Portland Bill ein N-setzender Strom in die West Bay auf, der zeitweise recht stark sein kann.
Beim Runden der Portland Bill hat der Navigator grundsätzlich zwei Möglichkeiten, zwischen denen er wählen kann. Die einfachere Variante besteht darin, die Bill außerhalb des Race zu passieren, also mit einem Abstand von etwa 3 sm von der Küste; bei schwerem Wetter sollten es mindestens 5 sm sein, insbesondere bei Springtiden, wenn der Wind gegen den Strom steht. Aber selbst soweit von der Küste entfernt ist die See noch sehr rauh.
Für die zweite Möglichkeit wird das Fahrwasser dicht unter Land benutzt, das etwa eine viertel Seemeile (abhängig von der Windrichtung) breit ist und zwischen der Bill und dem Race verläuft. Dieses Fahrwasser sollte auf gar keinen Fall nachts benutzt werden und tagsüber auch nur bei entsprechenden Wetterbedingungen: Denn auch wenn das Fahrwasser vergleichsweise ruhig ist, setzt der Strom hier sehr stark, und die Brecher sind nicht vollständig zu umgehen; je nach Windrichtung weder vor Grove Point noch unmittelbar W-lich der Bill. Außerdem sind hier dicht unter Land zahlreiche Hummer-Reusen ausgelegt, und so manche Markierungsboje wird vom Strom unter die Wasseroberfläche gedrückt. Die exakte zeitliche Abstimmung der Passage ist von größter Wichtigkeit.
Auf der Fahrt nach W rundet man die Bill am besten zwischen 1 Std. vor und 2 Std. nach HW Dover. Ist man auf dem Weg nach E, rundet man die Bill in der Zeit zwischen 5 Std. nach und 4 Std. vor HW Dover, auch wenn man zum Ende dieses Zeitabschnitts an der E-Seite der Bill auf Gegenströmung trifft.
In der Passage unter der Küste ist es – egal, ob man nach E oder W fährt – wichtig, Portland mit einem Mindestabstand von 1 sm N-lich der Bill zu passieren, um sicher zu gehen, daß man vom Race nicht nach S versetzt wird. Man kann dann S-wärts laufen, um mit günstigem Tidenstand zum richtigen Zeitpunkt vor der Bill anzukommen.

Golden Cap

Diese Huk, 3,5 sm E-lich von Lyme Regis sowie 3 sm W-lich von Bridport gelegen, bildet eine gute Landmarke. Das Kap steigt zum „Golden Cap" an, einer kegelförmigen Erhebung von 187 m Höhe, deren Klippen nahe der Kuppe gelb schimmern. Wenn sie von der Sonne beschienen werden, sind sie selbst bei diesigem Wetter schon aus großer Entfernung auszumachen. Unter der Küste sind die Gezeitenströme schwach.

Beer Head

Gezeitenströme
E-setzender Strom beginnt etwa +0600 Dover
W-setzender Strom beginnt um HW Dover
Unter der Küste sind die Gezeitenströme schwach.
Diese 130 m hohe Huk aus Kalkstein ist (auf dem Weg nach W) das letzte weiße Kliff an der Küste, bevor die roten Klippen von Devon das Bild prägen. Die Huk ist überraschend auffällig, wenn man die Lyme Bay mit gutem Abstand seewärts passiert.

Berry Head

Gezeitenströme
N-setzender Strom beginnt +0540 Dover
S-setzender Strom beginnt -0100 Dover
Stromgeschwindigkeit: maximal 1,5 kn.
Dieses steile Kalksteinkliff mit seiner langen flachen Hochebene fällt mit ca. 45° jäh zur See hin ab. Auf der Kuppe steht ein Leuchtturm (Fl(2)15s58m14M), dessen Feuerhöhe 58 m beträgt.

Start Point

Gezeitenströme 3 sm S-lich der Huk
ENE-setzender Strom beginnt +0455 Dover
WSW-setzender Strom beginnt -0120 Dover
Stromgeschwindigkeit zu Springzeiten: 2 kn.
Unter der Küste beginnen die Ströme bereits jeweils 1 Std. früher zu setzen; zu Springzeiten erreichen sie eine Stärke bis zu 4 kn, zu Nippzeiten ist die Stärke unterschiedlich.
Die lange, scharf geformte Huk trägt einen unverwechselbaren runden weißen Leuchtturm (Fl(3)10s62m25M Horn 60s). Ein rotes Festfeuer aus 55 m Höhe deckt die Skerries Bank zwischen 210° und 255° ab. Vor Start Point lauern Riffe, die bei HW überspült werden und die sich fast 3 kbl nach S erstrecken. Die Strömungen vor Start Point sind fast bis zu 1 sm seewärts der Huk spürbar. Die Stärke des Race ist hauptsächlich vom Wind, den Gezeiten und dem Seegang abhängig. Am Tag lassen sich überbrechende Seen am besten umgehen, indem man dicht unter den Riffen passiert. Wahrschau: ein Felsen ist weit nach S vorgelagert. Ohne genaue Ortskenntnisse ist es sicherer, das Kap mit einem Mindestabstand von 1 sm zu passieren.

Berry Head aus S. Etwas abgesetzt von der Abbruchkante (rechts) steht die Coastguard-Station.

Der Leuchtturm Start Point aus SW, die vorgelagerten Riffe sind nicht bezeichnet; der weiße 28 m hohe Leuchtturm erhebt sich 62 m über dem Meer. Im Hintergrund rechts: Berry Head.

Prawle Point aus SE. Auffällig: die alte Hütte der Coastguard auf der Spitze der Klippen, 50 m über dem Meer. Im Hintergrund links: Bolt Head.

Bolt Head aus SW, rechts Starehole Bay.

Bolt Tail aus SW, links Hope Cove.

Prawle Point

Diese Huk liegt SE-lich der Salcombe Bar, 3,5 sm W-lich von Start Point. Auf seiner Kuppe steht eine markante weiße Station der Coastguard.

Bolt Head und Bolt Tail

An der W-Seite der Einfahrt von Salcombe erhebt sich Bolt Head. Die spitze Silhouette ist einmalig am Englischen Kanal. Auch der zerklüftete dunkle Felsrücken, der sich bis nach Bolt Tail hinzieht, ist sehr auffällig. Zwischen den beiden Huken ist die See oft bis zu 1 oder 2 sm seewärts noch sehr rauh.

Rame Head aus SE. W-lich des Plymouth Sound gelegen, erhebt sich diese Huk 102 m hoch. Auf ihrer Spitze trägt sie die Ruine einer Kapelle. Wegen ihrer markanten, symmetrischen Form ist die Huk schon von weitem eine gute Landmarke.

Dodman Point aus SSW. Das steinerne Kreuz auf der Spitze erhebt sich 111 m über dem Meer. Kein Leuchtturm. Von See her wirkt die Huk oft dunkel.

Der Leuchtturm St. Anthony Head bezeichnet die E-Seite der Einfahrt nach Falmouth. Der weiße achteckige Turm ist 19 m hoch.

Rame Head
Diese geradezu klassisch gerundete Huk, auf deren Spitze die Ruine einer Kapelle thront, ist bei der Ansteuerung aus dem Plymouth Sound sehr markant.

Dodman Point
Dieses bemerkenswerte unbefeuerte Kap erhebt sich etwa auf halbem Weg zwischen Fowey und Falmouth. Es ist 110 m hoch und fällt zum Meer hin jäh ab. Nahe seiner SW-Spitze steht ein steineres Kreuz. Da der Grund vor dem Kap uneben ist, bilden sich hier Tidenkabbelungen, die bis zu 1,5 sm seewärts reichen können.

St. Anthony Head
Diese Huk, 9 sm SW-lich von Dodman Point, bildet die W-Seite der Einfahrt nach Falmouth und trägt einen achteckigen weißen Leuchtturm (Oc.WR.15s22m22M). Bei Nebel wird alle 30 s ein Schallsignal gegeben. Unmittelbar ESE-lich der Landzunge liegt die Huk Zone Point, auf der eine alte, nicht mehr benutzte Coastguard-Station steht.

Lizard Point
Dies ist das W-lichste der markanten Kaps an der englischen Südküste. In gewissem Sinn stellt diese Huk eine Trennlinie dar: W-lich von Lizard Point bietet nur noch die Penzance Bay bedingten Schutz; E-lich davon gibt es jedoch zahlreiche Häfen, die bei schwerem Wetter Schutz bieten.
Gezeitenströme vor Lizard Point
E-setzender Strom beginnt +0330 Dover
W-setzender Strom beginnt -0245 Dover

Der Leuchtturm Lizard Point: der weiße achteckige 19 m hohe Turm an der E-Seite mehrerer Gebäude erhebt sich 70 m über dem Meer. Die der Küste vorgelagerten Gefahrenstellen sind nicht bezeichnet.

Stromgeschwindigkeit zu Springzeiten: 2 bis 3 kn, gelegentlich stärker.
Lizard Point ist ein steiles Kap mit dem klassischen markanten Leuchtturm auf der Kuppe. Der achteckige weiße Leuchtturm (Fl.3s70m25M) erhebt sich an der E-Seite mehrerer dazugehöriger weißer Gebäude; das gesamte Ensemble wird von einer Mauer umschlossen. 6 kbl E-lich davon stehen eine Coastguard-Station sowie eine Lloyd's-Signalstation.
Mehr als 0,5 sm S-lich von Lizard Point erstreckt sich eine Felsgruppe namens „Stag Rocks", von der einige Felsen überspült werden, andere bis zu 4 oder 5 m trockenfallen. Am Tag sind diese Felsen meist auszumachen, aber 1 sm E-lich von Lizard Point lauern vor Bass Point die Vrogue Rocks, über denen bei NW weniger als 2 m Wasser steht. NNE-lich von Bass Point erstrecken sich die Craggan Rocks, über denen nur 1,5 m Wasser steht. Diese Gefahrenstellen liegen aber abseits der Kurse von Schiffen, die nach W oder E fahren.
Das Lizard Race reicht 2 bis 3 sm seewärts; gelegentlich treten auch SE-lich der Huk Strömungen auf. Je nach Windrichtung und Gezeiten kann der Seegang sehr unterschiedlich sein. Wenn W-liche Starkwinde gegen den Strom stehen, kann es ziemlich rauh werden, insbesondere dann, wenn der Wind gegen eine Springtide steht. Yachten sollten dann zu Lizard Point einen Mindestabstand von 3 sm halten.
3 sm NNW-lich von Lizard Point verläuft das Boa Race; bei schwerem Wetter entstehen hier üble Brecher.

Land's End

Gezeitenströme

Unmittelbar vor der Huk beginnt der Ebbstrom 3 Std. vor HW Dover für die folgenden 9,5 Std. mit bis zu 2,5 kn nach NW zu setzen. Der E-setzende Flutstrom beginnt 6 Std. vor HW Dover und dauert lediglich 3 Std. an.
Das Kap Land's End, das sich 20 sm WNW-lich von Lizard Point in den Atlantik erstreckt, ist zwar höher als letzteres, aber nicht so auffällig. Die S-lichste Spitze ist die unbefeuerte Huk Gwennap Head, vor der sich das gefährliche Riff Runnel Stone Rocks bis zu 1 sm seewärts erstreckt. Das Riff wird durch eine befeuerte Kardinaltonne S bezeichnet, die bei schwerem Wetter schon öfter vertrieben worden ist. Bei ruhigem Wetter und mit Ortskenntnissen soll man sie angeblich binnenwärts passieren können, die Ersparnis ist das Risiko allerdings nicht wert!
Der W-lichste Punkt der Britischen Inseln – die Scilly Islands 20 sm weiter W-lich einmal ausgenommen – wird 1 sm W-lich von Land's End vom Leuchtturm Longships (Iso.WR.10s35m19/15M Horn 10s) bezeichnet. Um die drohenden Riffe, die vom Leuchtturm Longships markiert werden, steht ständig eine Kreuzsee. Yachten sollten einen Mindestabstand von 1 sm zur Küste halten.

Hafenbeschreibungen

Ramsgate

Gezeiten

HW + 0020 Dover

MSpHW	MSpNW	MNpHW	MNpNW
4,9 m	0,4 m	3,8 m	1,2 m

Gezeitenströme
Quer zum Einsteuerungsfahrwasser in den Hafen von Ramsgate setzt ein Strom von beachtlicher Stärke. Eine Stunde vor HW Dover beginnend setzt er 6 Stunden lang nach NNE, kentert 5 Stunden nach HW Dover und setzt bis 1 Stunde vor dem nächsten HW Dover nach SSW. Das Feuer auf dem Kopf der W-Mole an der Einfahrt zum Royal Harbour zeigt ein rotes Festfeuer, wenn die Wassertiefe in der Hafeneinfahrt mehr als 3 m über Kartennull (KN) beträgt; sind es weniger, wird ein grünes Festfeuer gezeigt.

Wassertiefen
Das Ansteuerungsfahrwasser ist auf 7,5 m Tiefe ausgebaggert, der äußere Fährhafen auf 6,5 m. In der Einfahrt zum Royal Harbour beträgt die ausgebaggerte WT mindestens 2,5 m, wobei die größten Tiefen normalerweise an der W-Seite liegen. Am West Gully (Schwimmsteg für Gastlieger) sowie im Royal Harbour, wo sich die Stege mit den Gastliegeplätzen an der E-Seite der Schleuse befinden (s. Plan), beträgt die WT 2,1 m (LAT). Die neue Marina bietet 500 Liegeplätze, davon 100 für Gäste und ist auf 3 m WT ausgebaggert. Der gezeitenunabhängige Innenhafen (Dockhafen) bietet, mit Ausnahme jener Bereiche, die auf dem Plan verzeichnet sind, größtenteils 3 m WT.

Lage und Umgebung
Für Yachten, die den Englischen Kanal in Richtung Themse oder Nordsee passieren, gilt Ramsgate als wichtiger Fluchthafen bei der Törnplanung. Der Royal Harbour ist gut geschützt, wenn auch nicht immer gemütlich, und kann doch bei fast jedem Wetter – nur bei Stürmen aus E wird es schwieriger – angelaufen werden. Ungewöhnlich für diese „Ecke“ von Britannien ist, daß die meisten Yachten unabhängig vom Gezeitenstand einlaufen können.
Ramsgate kann auf eine recht wechselvolle Geschichte zurückblicken. 1940 war es einer der Haupthäfen bei der Evakuierung von Dünkirchen. Von hier erfolgte aber auch die Einschiffung von Wellingtons Armee vor der Schlacht von Waterloo.
Die künstlich geschaffenen Hafenanlagen tragen der bedeutenden Lage von Ramsgate Rechnung. Während der Segelschiffszeit pflegten die Schiffe in den „Downs“ auf Reede zu liegen, um auf günstige Winde für die Fahrt kanalabwärts oder die Themse aufwärts zu warten.

Ansteuerung
Bei der Ansteuerung von Ramsgate ist es äußerst wichtig, daß man in bestimmten Bereichen unbedingt dem ausgebaggerten Fahrwasser folgen muß, das von der Kardinaltonne E *Gull* (VQ(3)5s) genau nach W 3,7 sm leicht NE-lich zur Hafeneinfahrt führt. Dieses Ansteuerungsfahrwasser ist gut betonnt (s. Plan); zusätzlich gibt es ein Richt-

Der Hafen von Ramsgate.

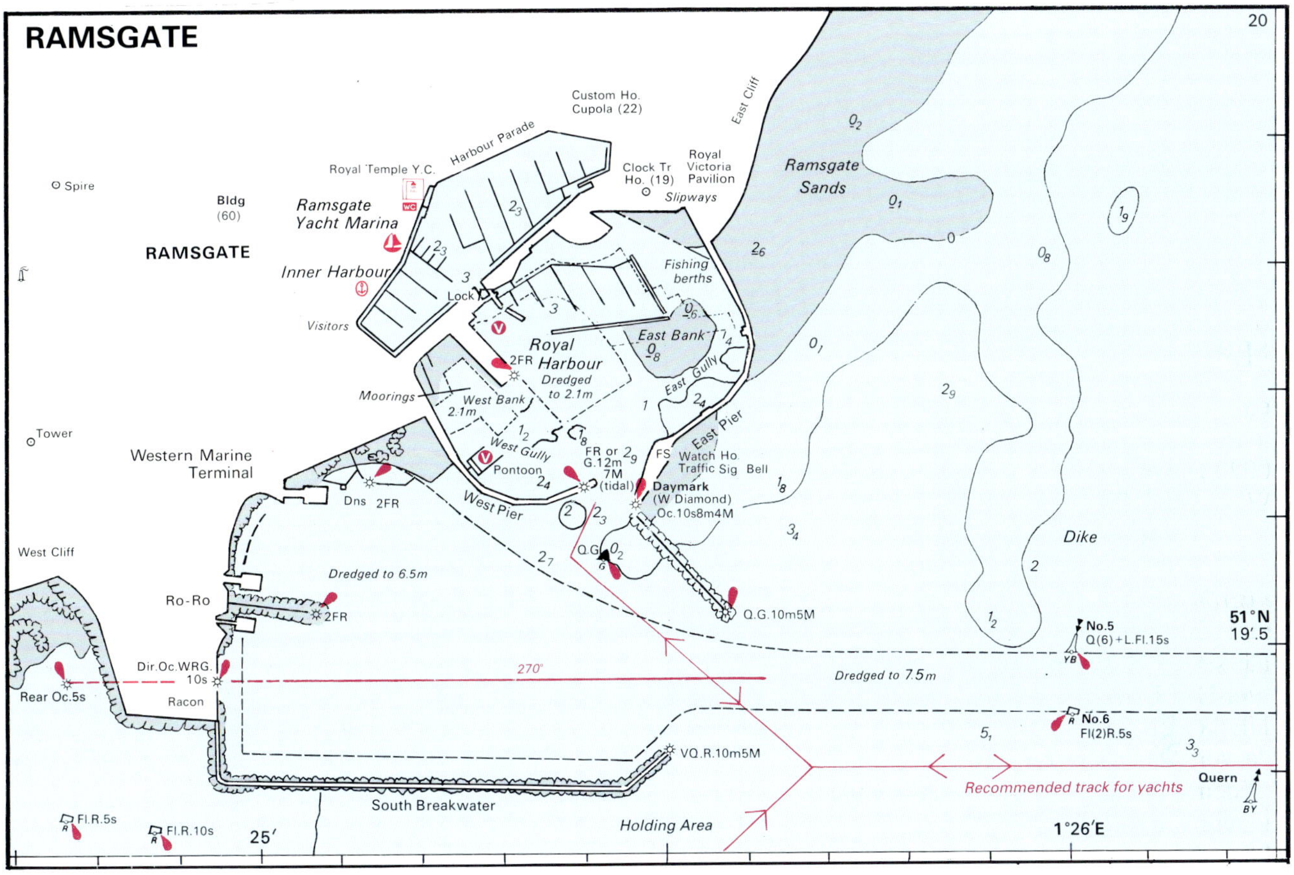

feuer (Oberfeuer: Oc.5s, Unterfeuer: DirOc.WRG.10s5M). Am Tag sind die Richtbaken wie folgt zu erkennen: Oberbake: schwarz/weiß, Kegelspitze nach unten; Unterbake: schwarz mit weißem Streifen, Kegelspitze nach oben.

Parallel zum Hauptfahrwasser verläuft unmittelbar S-lich davon eine empfohlene Route für Yachten, die die Quern Bank, die durch eine Kardinaltonne N (Q) bezeichnet wird, an der N-Seite passiert.

Bei der Ansteuerung aus N sollte man das Hauptfahrwasser W-lich der grünen. Tonne *No. 3* (Fl.G.2,5s) im rechten Winkel queren, dann nach Stb. eindrehen und der empfohlenen Yachtroute folgend in den Hafen einlaufen (s. Plan).

Bei der Ansteuerung aus E gibt es keine Schwierigkeiten, da man auf die für Yachten empfohlene Route bereits nahe der vierten roten Stumpftonne (Fl.R.5s) stößt.

Aus S kommend, hält man sich dicht an den Gull Stream-Tonnen. Es ist zwar nicht nötig, dem Gull Stream bis zur Tonne *Brake* (rote Stumpftonne; Fl(4)R.15s, Glocke) zu folgen, aber solange man diesem Fahrwasser etwa 0,5 sm folgt, bleibt man gut frei von der Untiefe Brake. Danach kann man Kurs auf das Ansteuerungsfahrwasser von Ramsgate nehmen, wobei man darauf achten muß, daß die unbefeuerte Turmbake E-lich der Quern Bank mit gutem Abstand an Bb. bleibt. Das ist leicht zu erreichen, indem man die dritte rote Tonne (Fl(2)R.10s) von der Hafeneinfahrt aus mit dem Leuchtturm North Foreland (Fl(5)WR.20s) zur Deckung bringt. Bei dieser Peilung hält man sich im weißen Sektor des Leuchtturms.

Einlaufen

Ist die Yacht mit UKW-Sprechfunk ausgerüstet, sollte man sich stets auf UKW-Kanal 14, Ruf: *Ramsgate Port Control,* bei der Hafenbehörde melden, um die Genehmigung zum Einlaufen in den Vorhafen (s. unten) oder den Royal Harbour zu bekommen. Auf der West-Pier eben küstenwärts des Leuchtturms werden Verkehrssignale angezeigt. Drei grüne feste Lichter senkrecht übereinander: Ein- und Auslaufen gestattet oder Einsteuern in das Fahrwasser von See her. Drei rote feste Lichter übereinander: Ein- und Auslaufen nicht gestattet, kein Einsteuern in das Fahrwasser. Ankergebiete für kleine Yachten gibt es S-lich des E-Teils des South Breakwater sowie N-lich der grünen Tonne *No.3.* Für alle Yachten unter 27,4 m Lüa gibt es im Vorhafen genügend Platz zum Aufschießen und Segelbergen; was sehr angenehm sein kann, weil vor dem Hafen oft eine schwere See steht.

Die beiden Köpfe der äußeren Wellenbrecher sind mit je einer 10 m hohen rot-weißen bzw. grün-weißen Bake gekennzeichnet: VQ.R an Bb., Q.G an Stb. Man steuert zwischen diesen beiden Baken in den Hafen, wobei man an der N-Seite des Fahrwassers bleibt und die kleine grüne. Tonne (Q.G) passiert, die etwa 1 kbl WNW-lich vom Kopf des N-Wellenbrechers ausgelegt ist. Diese Tonne bleibt an Stb., während man mit einem Kurs von etwa 015° in den Royal Harbour einsteuert. Zu beachten sind die East und die West Bank (s. Plan).

Liegeplatz

Mit Ausnahme von sehr großen Yachten gibt es im Royal Harbour drei Liegemöglichkeiten: Man kann zum Gast-Ponton im West Gully fahren und hier gegen eine Liegegebühr bis zu 24 Std. festmachen. Eventuell muß man im Päckchen liegen; unter Umständen darf man auch länger bleiben.

Ramsgate: Der E-Wellenbrecher (A) sowie die Einfahrt in den Royal Harbour. Liegeplatz der RoRo-Fähre (B).

Ramsgate: Einfahrt zur Marina (A): Die Brücke ist geöffnet, die Schleusentore sind geschlossen. Schleusenmeister (B). Royal Temple Yacht Club (C).

Möchte man in die Marina einlaufen und die Schleusentore des Dockhafens sind noch nicht geöffnet, kann man an einem Warte-Schlengel (April – Oktober) unmittelbar E-lich der Tore festmachen, oder falls Platz ist, auch in der neuen Marina. Die beiden erstgenannten Liegemöglichkeiten können Schwell ausgesetzt sein. Will man nicht nur einen kurzen Zwischenstopp einlegen, um auf günstigere Tide zu warten oder einen Sturm vorbeiziehen zu lassen, liegt man am besten hinter der Schleuse im Innenhafen, wo sich auch die Marina befindet. Die Schleuse wird von 2 Std. vor bis 2 Std. nach HW geöffnet. An der Einfahrt werden Verkehrssignale gezeigt, die nach dem gleichen Prinzip arbeiten wie die auf der West-Pier.
In der Schleuseneinfahrt wird der Liegeplatz zugewiesen (sonst UKW-Kanal 14 rufen), der sich zumeist im W-lichen Teil des Hafenbeckens befindet. Nach Absprache können hier auch recht große Yachten liegen. Will man nicht durch die Schleuse oder die Yacht ist zu groß, sollte man fragen, ob man an der Innenseite der West-Pier festmachen kann.
In der Ramsgate Marina liegt man vollkommen geschützt, und die Liegegebühren sind realistisch. Ein ausgezeichneter Platz, wenn man sein Boot für eine gewisse Zeit zurücklassen möchte.

Ruhige Nächte an Bord sollte man hier aber nicht erwarten, weil LKWs aus ganz Europa die ganze Nacht vorbeidonnern, um Fähren oder sonstige Ziele zu erreichen. Das Dröhnen der Fahrgeräusche wird durch die hohen Backsteinmauern im Hafengebiet noch verstärkt.

Versorgung
Treibstoff von einem Bunkerboot in West Gully, täglich von 0830 – 1730 Uhr. Falls niemand an Bord ist, ruft man auf UKW-Kanal 14 *Foy Boat* (Tel.: 01843-592662). Wasser in der Marina und an den Schlengeln. Ausrüstung und technisches Zubehör (Camping GAZ und Butangas). Reparaturen und Motorenservice. Taucher. Duschen, Toiletten und Waschsalon nahe der Marina stehen jedem offen. Die Hafenverwaltung unterhält mehrere Sliprampen. Sämtliche Versorgungs- und Unterhaltungsmöglichkeiten in der Nähe, da der Hafen direkt im Stadtzentrum liegt. Vom Royal Temple Yacht Club aus hat man einen wunderbaren Blick über den Hafen (Tel.: 01843-591766).

Tollwut-Kontrolle
Hinweis: Im Hafen werden Tiere an Bord von Yachten unter keinen Umständen geduldet; selbst wenn die Tiere die Yacht nicht verlassen.

Sandwich

Gezeiten

HW Flußmündung/Barre +0015 Dover
HW in Sandwich +0100 Dover
Die Gezeitenhöhen für den Unterlauf des River Stour betragen:

MSpHW	MSpNW	MNpHW	MNpNW
3,3 m	0,1 m	2,6 m	0,3 m

Gezeitenströme
Im Frühjahr kann im Fluß ein sehr starker Strom setzen. Das HW tritt in Sandwich erst 45 Min. später als über der Barre ein. Zum Höhepunkt einer Flut hin kann der Strom erstaunlich kräftig setzen, was vielleicht in ihrer kurzen Steigdauer von 3 – 5 Std. begründet ist und von den Gezeiten sowie vom Süßwasserstand des Flusses bestimmt wird. Dementsprechend setzt der Ebbstrom bis zu 9 Stunden.

Wassertiefen

Die Barre fällt trocken: 0,3 m – 0,9 m über LAT. Im Fluß variieren die Tiefen, betragen im allgemeinen aber zwischen 0,5 m – 1 m (LAT). Bei mittlerem Springhochwasser können Yachten mit 2 m Tiefgang Sandwich sicher erreichen.

Lage und Umgebung

Der Hafen von Sandwich ist einer der ursprünglichen „Cinque Ports", die seit normannischer Zeit mit der Verteidigung des Reiches gegen Invasoren betraut waren. Er liegt etwa 4,5 sm stromaufwärts des Flusses Stour, der sich in Mäandern durch die Landschaft windet. Bevor der Hafen versandete, war hier der Stützpunkt großer Kriegsflotten. Heute liegen nur noch Yachten am Stadtkai.
Im 18. Jh. erfand der Graf von Sandwich das „Fast Food"-Geschäft, indem er belegte Brote -Sandwiches- verkaufte, die während langer Sitzungen am Spieltisch verspeist werden konnten.
Übrigens inspirierte der Golfplatz von Sandwich den Schriftsteller Ian Fleming zu einigen der rauhen Golfpartien von James Bond.

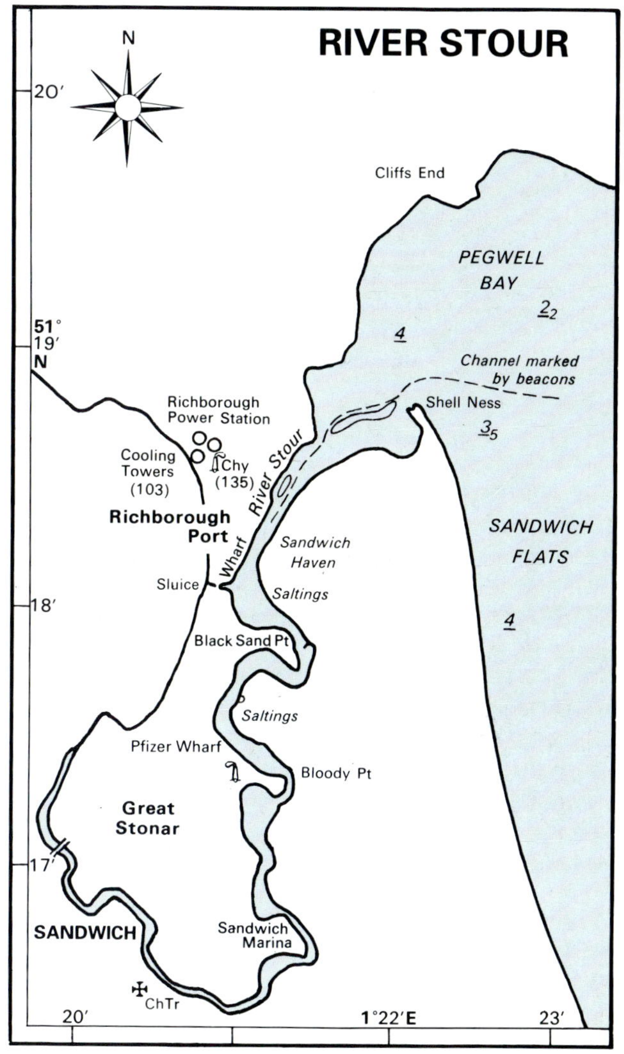

Ansteuerung

Die Ansteuerung der Flußmündung des Stour sowie des Hafens von Sandwich beginnt etwa 1,1 sm E-lich des Kardinalzeichens E *West Quern* (Q(9)15s) SW-lich vor Ramsgate ausgelegt ist. Es ist jedoch leichter zu finden, wenn man den 135 m hohen Schornstein landeinwärts in der Pegwell Bay mit dem linken von drei Kühltürmen zur

Die Mündung des River Stour (A). Liegeplätze der Handelsschiffahrt (B). Fahrwasser-Baken mit Toppzeichen.

Stadtkai und Straßenbrücke in Sandwich.

Deckung bringt. Diese Landmarken sind alle so markant, daß man sie nicht verfehlen kann. Die Deckpeilung führt direkt in die Nähe der Tonne.

Man behält den Kurs der Deckpeilung, etwa 260°, bei, der einen zum ersten Tonnenpaar des Fahrwassers führt. Zwischen den beiden unbefeuerten Spitztonnen steuert man in das bezeichnete Fahrwasser ein und folgt ihm nach SW, bis die einzige befeuerte Fahrwassermarkierung, eine Spindeltonne (Fl.R.10s), erreicht ist. Der gegenüberstehende Pfahl trägt ein grünes Kegeltoppzeichen. Von hier bis zur Flußmündung bei Shell Ness ist das Fahrwasser mit Stangen bezeichnet: an Bb. mit roten Zylindertoppzeichen, an Stb. mit grünen Kegeln. Nun verläuft die Fahrrinne mehr in W-licher Richtung, wobei der tiefere Teil an der N-Seite liegt. Direkt voraus ist die Landspitze von Shell Ness auszumachen; sie ist aber nicht sehr markant.

Man folgt den Stangen in den Fluß hinein; im Zweifelsfall hält man sich in der Flußmitte, bis das obere Ende von Richborough New Wharf erreicht ist. Danach sind die größten Wassertiefen zumeist dichter unter dem W-Ufer zu finden – falls die Flußbreite die Wahl läßt. Man passiert die winzige Sandwich Marina und rackert sich die letzte halbe Seemeile flußaufwärts nach Sandwich.

Es sei nachdrücklich betont, daß Ortsunkundige den Fluß Stour nur bei auflaufendem Wasser befahren sollten. Ansteuerungen bei Nacht ohne genaue Ortskenntnisse sind ohnehin nicht zu empfehlen.

Liegeplätze

Im Stour ist Ankern praktisch unmöglich. Man kann am Kai von Sandwich festmachen und sich anschließend zum Zeitungskiosk in der Quay Street Nr. 4 begeben, wo man den Kaimeister, Mr. Grout, findet. Er gibt jeden gewünschten Ratschlag.

Langkieler sollten sich am oberen Ende des Kais gegen die Mauer gelehnt (dünne Schlammschicht über Kreidefelsen) trockenfallen lassen. Kimmkieler können im weichen Schlamm am Kai stromabwärts trockenfallen. Eventuell hat auch die Sandwich Marina weiter stromabwärts Platz für Gäste (max. 18 m Lüa, 2,10 m Tiefgang).

Versorgung

Wasser und Toiletten am Kai von Sandwich. Treibstoff in Kanistern von einer nahen Tankstelle. Mittwoch nachmittag haben die Geschäfte geschlossen. Yachtwerft mit Bootszubehör oberhalb der Brücke, Butangas und Motorenservice. Weitere Versorgungsmöglichkeiten wie Pubs, Restaurants und Banken im Ort.

Yachtclub: Sandwich Sailing and Motor Boat Club.

Dover

Gezeiten

MSpHW	MSpNW	MNpHW	MNpNW
6,7 m	0,8 m	5,3 m	2,0 m

Hinweis: Unregelmäßig, abhängig von Windrichtung und -stärke.

Gezeitenströme

Vor dem Hafen setzt der Strom sehr unterschiedlich. Zu Springzeiten kann die Stärke 3 kn erreichen. Der Flutstrom setzt 1 Std. vor bis 3 Std. nach HW nach NE.

Wassertiefen

Die Wassertiefen im Außenhafen sind überwiegend groß, nehmen aber zum Ufer hin ab. Zu beachten ist eine einzelne Sandbank etwas N-lich der Mitte. Der seeseitige Teil des Innenhafens, der von der Prince of Wales-Pier umschlossen wird, weist mindestens 4 m WT auf. Weiter binnen nehmen die Tiefen ab, und einzelne Bereiche fallen trocken, obwohl die Fahrrinne vom Inner Harbour zum Tidal Basin zwischen der N- und der S-Pier auf eine durchschnittliche Tiefe von 5 m unter KN ausgebaggert ist. Ein ausgebaggertes Fahrwasser (1,5 m) führt von hier zum Wellington Dock mit seinen Warteschlengeln. Im Schleusenhafen selbst beträgt die WT zu Springzeiten 4,5 m, bei Nippzeiten 3,3 m. Größere WT findet man im Granville Dock, wo größeren Yachten gelegentlich Liegeplätze zugewiesen werden. Die Drempelhöhe entspricht der Höhe des Kartennulls oder 1,83 m weniger als der des Wellington Dock.

Lage und Umgebung

Dover ist der lebhafteste Hafen Englands und seine wirtschaftliche Bedeutung jedem Seemann bekannt.

Der Außenhafen wird oft für Regatten kleiner Yachten benutzt, und die Schleuse zur Wellington Dock Marina wird nur 1,5 Std. vor bis 1,5 Std. nach HW geöffnet. Trotzdem hat sich Dover in den letzten Jahren zu einem „yachtfreundlichen“ Hafen entwickelt. Bei beständigem Wetter ist es kein Problem, im Außenhafen zu ankern, um auf die nächste Tide zu warten. Bei starkem Sturm oder längerer

Der Hafen von Dover.

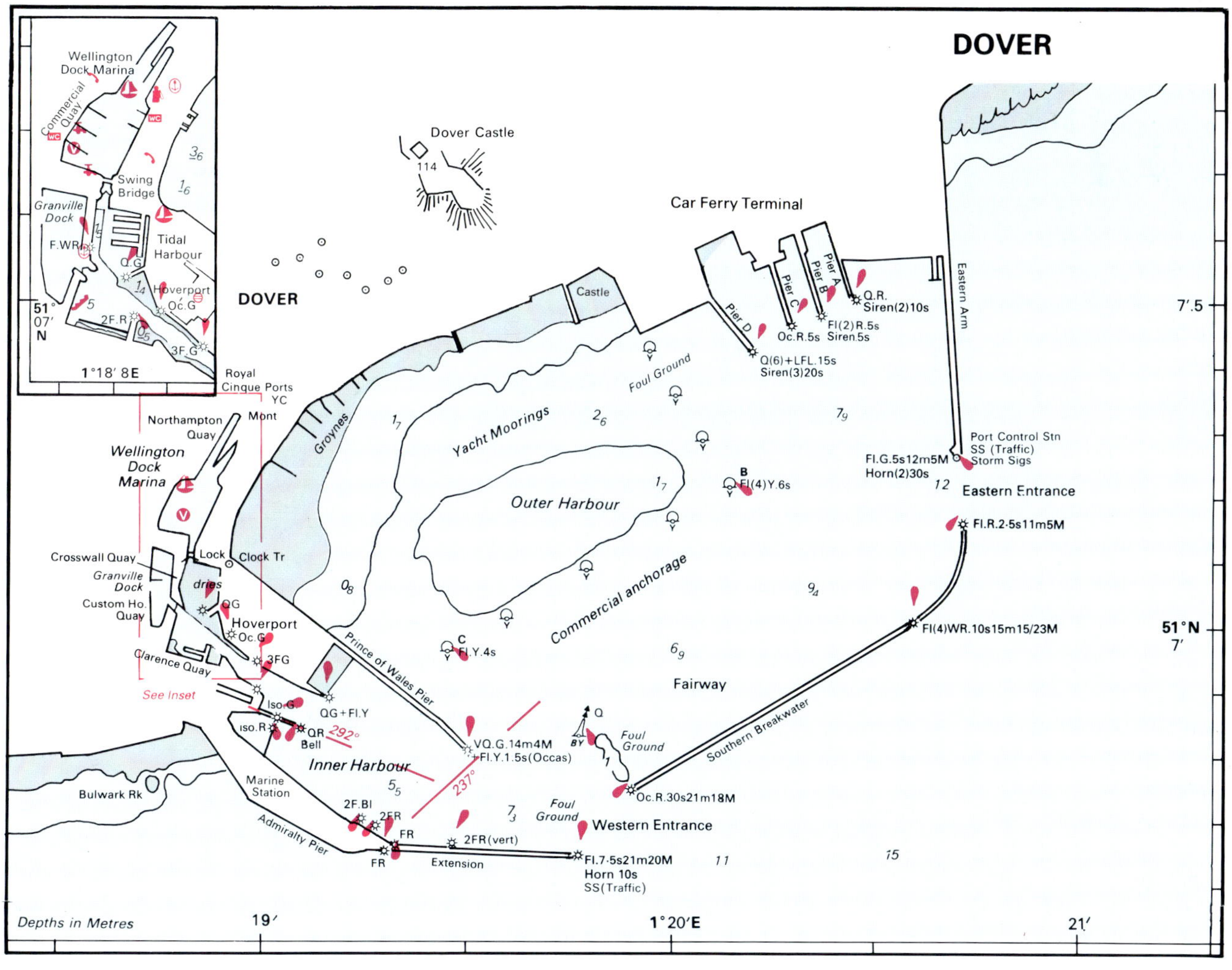

Verweildauer bietet das Wellington Dock nicht nur perfekten Schutz, sondern auch jede erdenkliche Versorgungsmöglichkeit.

Ansteuerung und Einlaufen

Der Hafen von Dover befindet sich etwa 2 sm SW-lich des Kaps South Foreland. Am Tag ist der Hafen leicht an seinem langen Wellenbrecher, der von dem berühmten Burgkomplex überragt wird, zu erkennen. Nachts sind die Einfahrten wie folgt befeuert: Westeinfahrt – der seeseitige Kopf der Admiralty Pier zeigt Fl.7,5s21m5M, der Kopf des Southern Breakwater Oc.R.30s21m18M. Auf diesem Wellenbrecher steht an der Biegung nach N das Knuckle-Feuer mit Fl(4)WR.10s15m15/13M.

Osteinfahrt – der Kopf des Southern Breakwater zeigt Fl.R.2,5s11m5M und der Kopf des Eastern Arm Fl.G.5s12m5M. Hier steht auch der Kontrollturm und das Nebelhorn (2)30s. Die Befeuerung des Hafens selbst ist im Plan verzeichnet.

Bei SW-Stürmen kann sich eine steile grobe See vor der W-Einfahrt aufbauen. In einem solchen Fall ist extreme Vorsicht angebracht, inbesondere wenn der Sturm mit einem Springhochwasser zusammenfällt.

Yachten können beide Einfahrten benutzen; sie sollten die Einfahrtssignale genaustens beachten. Die Erlaubnis zum Einlaufen kann man auch mittels Lichtsignalen nach dem Internationalen Signalbuch (SV – Ich möchte einlaufen; SW – Ich möchte auslaufen) erbitten. Yachten, die mit UKW-Sprechfunk ausgestattet sind, rufen *Dover Port Control* auf Kanal 74 oder 16, um den Arbeitskanal (meistens Kanal 12) zu erfragen.

Das Lichtsignal mit einer Folge von Blitzen von der Station der Port Control auf dem Kopf des Eastern Arm oder der Barkasse der Port Control bedeutet: STOP – WARTEN!

Um großen Schiffen Raum zum Manövrieren zu lassen, sollten Yachten sich gut frei von den Einfahrten halten, bis ihnen Signale zum Ein- oder Auslaufen gegeben werden. Falls möglich sollte man unter Maschine einlaufen und Ausschau nach der Barkasse der Port Control halten, die Yachten stets mit freundlichen Ratschlägen zur Seite steht. Falls man sich unsicher ist oder Verhaltensmaßregeln im oder in der Nähe des Hafens benötigt, sollte man nicht zögern, sich auf UKW bei der Port Control zu melden.

Verkehrssignale

Die Feuer auf den Köpfen des Eastern Arm und der Admiralty Pier zeigen die Verkehrssignale für beide Einfahrten an. Der Schiffahrtsverkehr wird Tag und Nacht durch IALA-Hafensignale geregelt, die durch sehr starke Lichtsignale entweder seewärts oder hafenwärts gezeigt werden. Folgende Signale werden übereinander gezeigt: 3 rote Blinklichter – Notfall; Einfahrt geschlossen,

3 rote feste Lichter – Ein- oder Auslaufen verboten; je nachdem, in welche Richtung das Signal gezeigt wird.

Grün-weiß-grün – je nachdem, in welche Richtung das Signal gezeigt wird, können Schiffe ein- bzw. auslaufen.

Dover: Warte-Bereich vor dem Wellington Dock. Büro den Hafenmeisters (A), Warte-Schlengel (B), Schleuse geöffnet, Brücke geschlossen (C).

Dover: Wellington Dock – die meisten Liegeplätze sind langfristig belegt. Die Büros des Dover Harbour Board (A). In der Zwischenzeit sind weitere Schwimmstege ausgelegt worden.

Navigation im Außenhafen
Im Zweifelsfall ruft man die Port Control oder meldet sich bei der Barkasse der Harbour Patrol (zeigt nachts blaues Funkellicht), wo man Anweisungen erhält.
Yachten sollten insbesondere auf Luftkissenboote (Hovercraft) und Katamaranfähren (Seacats) achten, die beide Einfahrten benutzen und mit einer Geschwindigkeit von rund 40 kn einlaufen. Gut frei sollte man sich auch von den Kanalfähren und Frachtschiffen halten, die in der Fahrrinne manövrieren.
Der beste Ankerplatz für Yachten befindet sich E-lich der Prince of Wales-Pier und W-lich bzw. NW-lich der gelben Kugeltonne (Fl.Y), die die W-liche Grenze des gebaggerten Ankerbereichs der Handelsschiffahrt (s. Plan) bezeichnet. Im Hafen gibt es reichlich Platz, und der Schutz ist der beste, den man finden kann. Da die Hovercraft-Boote gleich gegenüber an der anderen Seite der Mole an- und ablegen, sind Ohropax zu empfehlen. Als Alternative bietet sich für Gastyachten das Festmachen an den weißen Mooringtonnen an, die N-lich der Handelsreede ausgelegt sind und an denen man seine Yacht auch unbewacht zurücklassen kann. Unter gar keinen Umständen jedoch sollte eine ankernde Yacht unbeaufsichtigt gelassen werden!

Innenhafen
Hat man die Erlaubnis zum Einlaufen erhalten, ist die Einsteuerung kein Problem. Der Innenhafen ist gut befeuert (s. Plan); Ankern ist hier strikt verboten. Wie bereits beschrieben, führt eine gebaggerte Fahrrinne zum Ankunftsschlengel vor dem Wellington Dock. Bei Niedrigwasser ist es wichtig, unverzüglich die Tore des Granville Docks anzusteuern. Ein Leitfeuer (324° – 330°) führt sicher vom Hauptfahrwasser zum Warteschlengel.
Am Empfangssteg bekommt man einen Liegeplatz zugewiesen. Die Öffnung des Dockhafens kündigen ein gelbes Blinklicht und ein Glockensignal an. Anschließend regeln Verkehrssignale den Schiffsverkehr: mit drei festen roten Lichtern übereinander wird jeglicher Verkehr gestoppt, mit Grün-weiß-grün die Fahrt freigegeben. Aus der Schleuse auslaufender Verkehr hat grundsätzlich Vorfahrt.

Abreise
Alle Yachten müssen sich vor dem Auslaufen beim Marina-Personal abmelden. Führt die Weiterfahrt in E-liche Richtung, läuft man gewöhnlich bei der ersten Schleusenöffnung aus, um eine günstige Tide zu erwischen. Will man in W-liche Richtung, erhält man vom Marina-Personal eventuell die Erlaubnis, am Empfangsschlengel festzumachen, bis der Gezeitenstrom günstig setzt. Bevor man jedoch den Innenhafen verläßt, muß man sich bei der Port Control melden, um Anweisungen zu erhalten – ganz gleich in welche Richtung man weitersegeln will.

Versorgung
Hafenamt (Tel.: 01304-240400) und Zoll (Tel.: 01304-202441). Am Wellington Dock gibt es Wasser, Duschen, Toiletten, Waschsalon und einen kleines Geschäft. Freundlicherweise stellt auch der Yachtclub, der auch zeitlich begrenzte Mitgliedschaften für Gastyachten bietet, Duschen und Toiletten zur Verfügung. Yachtausrüstung und Proviant erhältlich. Waschsalon im Stadtzentrum. Butangas und Camping GAZ beim Ausrüster. Taucher. Segelmacher. Alle Reparaturen bei der Dover Yacht Company möglich. Diesel vom Bunkerboot, das E-lich der Prince of Wales Pier verankert ist; außerdem von der Zapfsäule an der Außenseite der Tore zum Granville Dock. Benzin per Kanister von der Tankstelle. Für ankernde Yachten stehen Wasser-Taxis zur Verfügung, die man über Port Control (Ruf: Port Control, UKW-Kanal 74) anfordern kann. Die Stadt bietet sämtliche Versorgungsmöglichkeiten, zu denen u.a. Lebensmittel, Banken, gute Restaurants, Cafés und Imbißstände gehören.

Folkstone

Gezeiten

MSpHW	MSpNW	MNpHW	MNpNW
7,1 m	0,7 m	5,7 m	2,0 m

Gezeitenströme
Folgende Gezeitenströme setzen mit bis zu 2 kn vor dem Molenkopf: von 2 Std. vor HW Dover setzt ein Strom ENE, der 3,5 Std. nach HW Dover kentert und dann WSW setzt. Beim E-setzenden Strom entstehen Tidenkabbelungen.

Wassertiefen
Der Outer Harbour ist auf eine Mindesttiefe von 4,5 m ausgebaggert und wird von einem Wellenbrecher geschützt, der sich bis in die Tiefwasserzone erstreckt. Die WT in der Einfahrt zum Inner Harbour beträgt bei MSpHW 5,5 m; im Hafen selbst sind es bei MSpHW 3,3 m – 4,2 m. Bei Nippzeiten ist es mindestens 1 m weniger. Bei NW fällt der gesamte Innenhafen trocken.

Lage und Umgebung
Folkstone ist mit seinen RoRo-Fährterminals in erster Linie ein Handelshafen. Der Innenhafen ist nur für Yachten

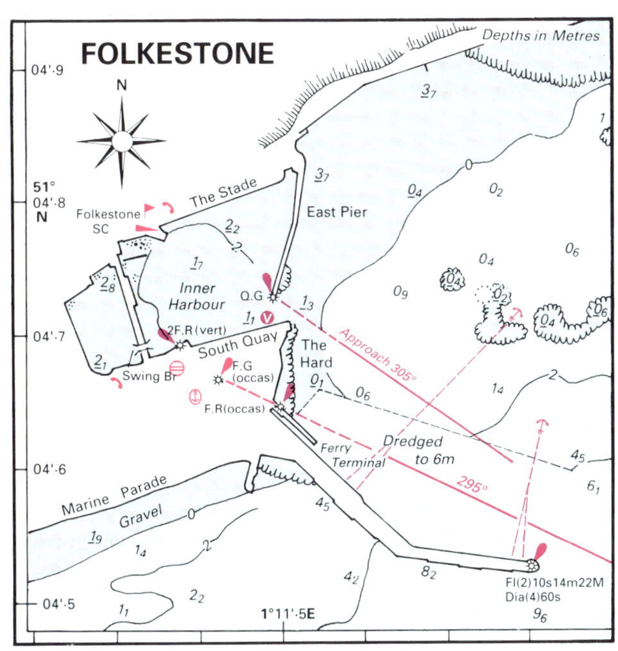

Der Hafen von Folkstone bei NW. Der untiefe Bereich außerhalb der gebaggerten Zone hinter dem Wellenbrecher ist rechts deutlich zu erkennen.

mit Wattstützen oder flachgehenden Booten, die sich an der Mauer des South Quay trockenfallen lassen können, benutzbar. Bei schwerem Wetter ist der Hafen kein geeigneter Zufluchtsort, und Yachten sind nur für gelegentliche Übernachtungsstopps willkommen, da die Plätze im Innenhafen stets belegt sind. Die Einfahrt zum Innenhafen, der sich nach E erstreckt, ist zusätzlich nach W durch einen langen Wellenbrecher (für Eisenbahn-Fähren gebaut) geschützt, der den Outer Harbour bildet. Größtenteils wird der Innenhafen von Fischerbooten benutzt, die mit Wattstützen ausgerüstet sind. Folkstone bietet alle Versorgungsmöglichkeiten einer Stadt.

Ansteuerung und Einfahrt

Der Port of Folkstone ist auf UKW-Kanal 15 zu erreichen und sollte auf jeden Fall vor dem Ein- oder Auslaufen gerufen werden.

Folkstone, eine leicht zu erkennende größere Stadt, liegt etwa 5,5 sm W-lich von Dover. Der Hafen, der von einem auffälligen Wellenbrecher geschützt wird, liegt mehr zum S-lichen Rand der Stadt hin.

W-lich des Wellenbrechers sowie E-lich der Einfahrt zum Innenhafen erstrecken sich Felsriffe. Von diesen abgesehen, stellen die Mole Head Rocks weniger als 2 kbl E-lich vom Fuß des äußeren Wellenbrechers zusammen mit den Riffen vor Copt Point die größeren Gefahrenstellen dar. Bei der Ansteuerung von E hält man sich von diesen Gefahren frei, indem man das Kap South Foreland klar von den Dover-Klippen hält. Peilt das S-liche Ende der East Pier des Inner Harbour (Q.G) in rw 305°, ändert man den Kurs und läßt den äußeren Wellenbrecher dicht an Bb.

Berücksichtigen sollte man, daß die WT bereits 2 kbl vor dem Inner Harbour abnehmen, der Grund zur Einfahrt hin beständig bis 1 m über KN ansteigt. Wassertiefen im Hafen siehe unter „Ankerplatz und Hafen“.

Verkehrssignale

Richtfeuer in Linie 295° (zeitweise): Oberfeuer F.G, Unterfeuer F.R, führt zum Fährterminal.

An einem Gittermast, der neben dem Leuchtfeuer auf dem Molenkopf steht, werden folgende Signale gezeigt, die das Ein- und Auslaufen regeln: 3 grüne Lichter übereinander – Einlaufen gestattet; 3 rote Lichter übereinander – der Hafen ist geschlossen, Einlaufen verboten.

Beim Auslaufen gestatten 3 grüne Lichter übereinander das Verlassen des Hafens; 3 rote Lichter übereinander bedeuten: Auslaufen verboten.

Das Einlaufen in den Inner Harbour ist verboten, wenn ein einzelnes rotes Licht gezeigt wird, während ein einzelnes grünes Licht die Erlaubnis zum Einlaufen gibt. Beim Auslaufen gibt ein grünes Licht die Fahrt frei, ein rotes zeigt an, daß die Hafeneinfahrt geschlossen ist.

Ankerplatz und Hafen

Außerhalb des Inner Harbour vor Anker zu gehen, ist nicht ratsam. Zum einen wegen des Fährverkehrs selbst, zum zweiten wegen der Gefahr, daß sich der Anker in den Grundketten vertörnt, die zum Festmachen der Fähren benutzt werden. Außerdem ist man kaum geschützt, und der Halt des Grundes ist nur mäßig. Mit Ausnahme dringender Notfälle sollten Yachten niemals entlang des Fährkais festmachen. Falls Platz vorhanden ist, können Yachten im Inner Harbour liegen; entweder an der Innenseite der East Pier oder entlang des South Quay. Bei LAT fällt der Hafen trocken, in der Einfahrt 1 m über KN , in der Mitte 2,2 m über KN, zum N-lichen Ende der East Pier hin bis zu 3,7 m über KN.

Der Innenhafen von Folkstone bei NW.

Bei der Berechnung des Wasserstandes sind die Höhen über Kartennull (s. unter „Gezeiten") zu berücksichtigen. Yachten mit einem Tiefgang von bis zu 2,5 m können jeweils 3 Std. vor bis 3 Std. nach HW einlaufen.
Die Drehbrücke an der W-Seite des Inner Harbour bleibt stets geschlossen, so daß das seichte Hafenbecken dahinter nur mit Booten zu erreichen ist, die unter der Brücke passieren können.
Die Wahl des Liegeplatzes sollte stets mit den Hafenbehörden abgestimmt werden, wenn man sich nicht bereits vorab auf UKW-Kanal 15 dort gemeldet hat.

Versorgung
Wasser am Kai. Gutes Einkaufszentrum. Bahnhof. Busverbindungen in alle Richtungen. Yachtclub: Folkstone Yacht and Motor Boat Club (Tel.: 01303-251574) nahe der Sliprampe im Inner Harbour bietet Duschen, wenn das Clubhaus geöffnet ist. Ausrüstung bei Bosun's Locker. Hafenmeister (Tel.: 01303-220544), Diesel von der Zapfsäule bei HW an The Stade.

Rye

Gezeiten

HW + 0002 Dover

Rye Harbour

MSpHW	MSpNW	MNpHW	MNpNW
5,3 m	fällt trocken	3,6 m	fällt trocken

Ansteuerungen

MSpHW	MSpNW	MNpHW	MNpNW
7,7 m	6,0 m	– keine NW-Daten –	

Wassertiefen
Die Barre fällt trocken (1,5 m über KN), die Tiefe im Fluß Rother beträgt bei MSpNW kaum mehr als 0,3 m, nach starken Regenfällen kann es etwas mehr sein. Der Tidenhub ist erheblich, und an den Gastliegeplätzen am Strand Quay beträgt die WT bei MSpHW rund 4 m, bei MNpHW sind es 2,3 m.

Lage und Umgebung
Rye ist ein uralter Hafen, dessen Geschichte bis in die Eisenzeit zurückreicht. Durch Kieselbänke, die an der Küste entlang wandern, wurde die Einfahrt des Hafens schon häufig verlegt, trotzdem hat Rye seine wirtschaftliche Bedeutung nie verloren; nicht einmal angesichts der trockenfallenden Barre und einem Fahrwasser im Fluß, das bei NW zu Springzeiten gerade 0,5 m Tiefe bietet. Wöchentlich erhalten durchschnittlich 10 Schiffsbewegungen den Hafen am Leben. Außerdem haben eine Fischereiflotte ansehnlicher Größe sowie zahlreiche Yachten hier ihre Heimat.
Ist man erst einmal im Hafen, ist der Schutz hervorragend, auch wenn sämtliche Liegeplätze trockenfallen. Gäste sind hier herzlich willkommen.
Die ausgesprochen malerische Stadt, die ebenfalls zu den Cinque Ports gehörte, erhebt sich stolz auf einem Hügel, von dem aus sie die Vorbeifahrenden grüßt, wie sie es schon seit eh und je getan hat.
Ablandigen Wind, gutes Wetter und einen geeigneten Tidenstand vorausgesetzt, sollte die gut bezeichnete Einfahrt auch für Revierunkundige kein Problem darstellen. Bei auflandigem Wind der Stärke 5 ist es ungemütlich, möglicherweise zuviel für ein erstes Einlaufen. Wünschenswert ist eine Maschine, weil der Strom im schmalen Fahrwasser recht hart setzt; der Flutstrom ist stärker als der Ebbstrom, was in Flußlmündungen recht ungewöhnlich ist.

Ansteuerung und Einlaufen
Der Hafen von Rye liegt im Scheitel der Rye Bay, einer flachen Bucht W-lich von Dungeness. Bis auf den Tower Knoll (2,2 m) 2,5 sm W-lich und die Boulder Banks (3 m) gibt es in der Ansteuerung, von der allgemein geringen WT in der Bucht selbst einmal abgesehen, keine Gefahrenstellen. Bei Grundberührung dämpft der Sandboden den Stoß ab, trotzdem sollte man vorsichtig navigieren. Um sich von Gefahren freizuhalten, genügt die aufmerksame Beobachtung der WT.
Die Fahrwassertonne *Rye Fairway* (LFl.10s) liegt etwa 5° S zu W in einem Abstand von 7 sm von Dungeness. Bei der Ansteuerung von W stellt die Kirche von Fairlight, die rund 5 sm weiter E-lich an der Küste steht, die auffälligste Landmarke dar. In dem berühmten Shantie „Spanish Ladies" wurde sie unter ihrem alten Namen verewigt: „We bore away up-Channel past Fairlee and Dungeness..."
Von diesen Punkt an sollte man auf die Gefahrenstellen Boulder Banks oder Tower Knoll (s. oben) achten.
Von der Tonne *Fairway* führt ein Kurs mit rw 329° nach

Ansteuerung des Hafens Rye. Die Leitdämme werden bei HW überspült.

1,8 sm vor die markante W-Mole mit ihrer typischen dreibeinigen roten Bake (Fl.R.5s7m6M). An der Bake sind drei waagerechte Balken angebracht, die einen Pegel bilden, von dem die WT abgelesen werden kann. Der mittlere zeigt 3 m , der obere 4,5 m WT über KN an. Nachts werden die Wasserstände durch Lichter am Hafenamt angezeigt: F.G – 2,1 m bis 3 m über der Barre, F.R – mehr als 3 m.

Die Einfahrt in das Fahrwasser, das 30 – 45 m breit ist, öffnet sich zwischen der E- und der W-Mole. Der lange Leitdamm, der an der W-Seite verläuft, hat ein Stack, das sich seeseitig vor der Hafeneinfahrt erstreckt. Bei halb aufgelaufener Flut bis HW ist der Leitdamm überspült (WT etwa 2,4 m). Er wird dann von Stangenbaken mit Toppzeichen markiert; einige davon sind auf Dalben angebracht. Bis zum Hafen von Rye gibt es drei Feuer Q.R, die in unregelmäßigen Abständen auf dem Leitdamm stehen. Weitere Feuer werden an der Biegung flußaufwärts gezeigt. Die E-Mole ist ebenfalls sehr lang, auch wenn sie sich nicht ganz so weit seewärts erstreckt wie ihr Gegenstück. Auf ihrem Kopf steht ein ungewöhnliches, viereckiges grünes Leuchthaus auf vier Pfählen (Q(9)15s5M). Ein Feuer (Q.G) steht 2 kbl NW-lich am Beginn der E-Bank. Bei MSpHW werden die oberen Teile der E-Mole überspült, sie ist aber mit Stangen mit Kegeltoppzeichen markiert.

Yachten, die nach Rye einlaufen möchten, sollten auf die Tonne *Rye Fairway* zusteuern, dann ihren Kurs auf etwa 335° ändern, so daß die dreibeinige Bake auf der W-Mole gut offen an Bb. bleibt. Quer zur Hafeneinfahrt setzt immer ein Strom nach E, insbesondere bei auflaufendem Wasser. Hat man die Hafeneinfahrt passiert, ist es immer am besten, wenn man sich in der Mitte des Fahrwassers hält, auch wenn die WT an der W-Seite größer ist. Bei Flut setzt eine Querströmung über den Leitdamm, die das Steuern erschwert. Die Baken, die den Leitdamm bezeichnen, sind – mit Ausnahme derjenigen vor dem Büro des Hafenmeisters – an seiner Innenseite angebracht. Das Büro befindet sich in einem markanten einzelnen Haus am E-Ufer des Rother gegenüber der Sliprampe des Rettungsbootes.

Yachten mit einem Tiefgang von 2 m sollten Rye frühestens 3 Std. vor HW anlaufen; die beste Zeit zum Einlaufen ist 1 Std. vor HW. Die günstigste Zeit zum Auslaufen ist 1 Std. nach HW. Für Yachten mit geringem Tiefgang ist die Zeit von 2,5 Std. vor bis 2,5 Std. nach HW kein Problem; Vorsicht bei Springzeiten! Am seeseitigen Kopf des E-Leitdamms ist der übliche Pegel angebracht.

Nachts bezeichnet der weiße Sektor 326° – 331° eines Leitfeuers (Oc.WG) die sichere Einfahrt in das innere Fahrwasser. Auf der E-Mole steht ein Nebelhorn (7s).

Der Leitdamm an der W-Seite des Ansteuerungsfahrwassers führt eben unterhalb der Ortschaft Rye Harbour in das Fahrwasser im Fluß Rother, das ebenfalls bis zur Stadt Rye gut bezeichnet ist.

1 sm flußaufwärts der Ortschaft Rye Harbour zweigt das Fahrwasser Rock Channel nach W ab. N-lich dieser Abzweigung ist der Fluß nur noch ein kurzes Stück schiffbar. Man hält Ausschau nach den Feuern 2F.R, die erst spät an der N-Seite der Einfahrt zum Rock Channel auszumachen sind. Im Fahrwasser hält man sich an die kleinen roten und grünen Tonnen, dreht aber erst nach Bb. ein, wenn man gut frei von ihnen ist, da die Flußbiegung an ihrer Innenseite untief ist. Nun fährt man für etwa 0,5 sm in der Mitte des Fahrwassers weiter, bis man das Schleusentor zum River Brede querab an Bb. hat. In diesem Bereich müssen die hier an Moorings festgemachten Yachten sehr dicht an Bb. passiert werden, da die andere Flußseite sehr seicht ist. Hat man nach Stb. eingedreht, steuert man anschließend wieder in der Mitte des Fahrwassers, bis der Strand Quay erreicht ist und man sich einen Liegeplatz an der Stadtseite an Stb. sucht. An manchen Stellen besteht der Grund aus tiefem weichem Schlick, an anderen wird grober Kies nur von einer Schicht Schlick bedeckt. Wenn man einen Langkieler segelt, sollte man sich darauf einstellen, daß man die Yacht gegen Duckdalben lehnen muß.

Militärisches Übungsgebiet

Das militärische Übungsgebiet bei Lydd reicht 2 sm auf See hinaus und erstreckt sich E-lich der Tonne *Rye Fairway* bis zu einer N-S führenden Linie, die etwa 1,5 sm W-lich des Leuchtturms Dungeness verläuft. An rund 300 Tagen im Jahr finden die Schießübungen in der Zeit

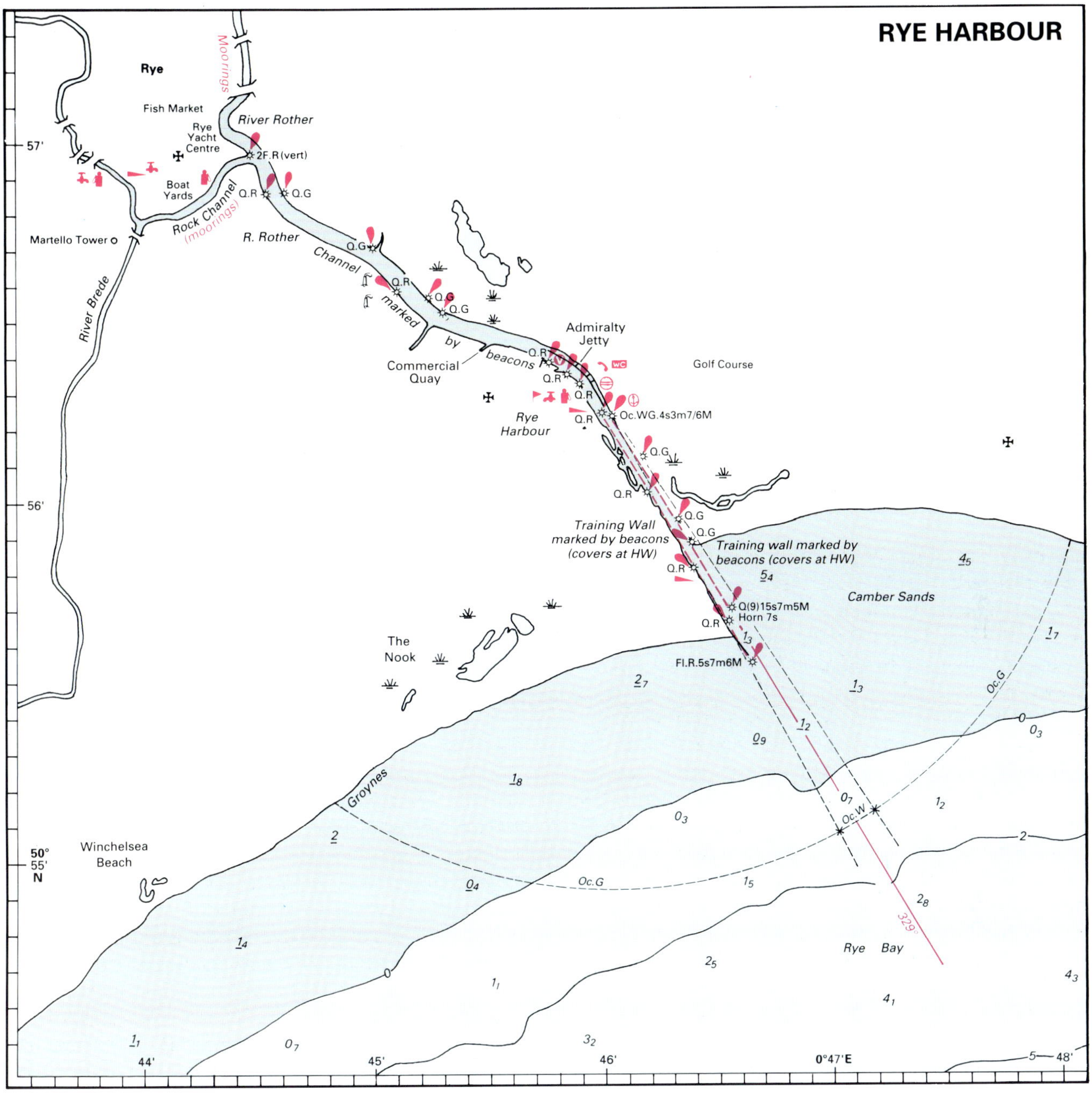

Rye: W-Pier und dreibeinige Bake aus SE bei Ebbe.

Rye: Die roten Bb.-Seezeichen mit den Zylindertoppzeichen bezeichnen den überspülten Leitdamm vor dem W-Ufer innerhalb der Einfahrt.

Gegenüber von Rye Harbour Village: Blick flußabwärts bei NW. Das Büro des Hafenmeisters befindet sich am Ende der Buhnen. Sehr viel bessere Gastliegeplätze findet man flußaufwärts in der Stadt Rye.

zwischen 0830 – 1630 (gelegentlich auch bis 2300) Uhr Ortszeit statt. An der Küste werden rote Flaggen oder Feuer gezeigt, wenn das Übungsgebiet benutzt wird, eventuell liegt auch ein Wachboot auf Position. Genauere Informationen erhält man auf den UKW-Kanälen 06, 13, 16, 72 und 73 (Tel.: 01679-20203 oder 01303-249541 bzw. 8518).

Verkehrssignale
Am Büro des Hafenmeisters am Admiralty Jetty werden folgende Verkehrssignale angezeigt:
1 schwarzer Ball – Frachtschiff(e) läuft ein
2 schwarze Bälle – Frachtschiff(e) läuft aus
3 schwarze Bälle im Dreieck – ein- und auslaufender Verkehr.
Zusätzlich wird ein Feuer (Q.Y) gezeigt. Berufsschiffahrt hat grundsätzlich Vorrang vor der Sportschiffahrt.

Festmachen
Bei ausreichendem Tidenhub sollten Gastyachten zunächst an einem speziell dafür vorgesehenen Liegeplatz an Dalben in Rye Harbour, etwa 1 sm von der Einfahrt entfernt an der E-Seite des Flusses gegenüber dem Büro des Hafenmeisters, festmachen. Dieser Platz ist etwa 2 sm von der Stadt Rye entfernt. Nachts sind diese Liegeplätze beleuchtet. Das Ausbringen eines zweiten Ankers ist verboten. Bei Springzeiten ist Vorsicht geboten, wenn man in Rye Harbour dreht.
Der hohe Tidenhub verlangt sorgfältiges Festmachen. Yachten bleiben etwa 4 Std. aufgeschwommen, bevor sie auf schlammigem Kies trockenfallen. Der Hafenmeister, der auf UKW-Kanal 14 oder 16 bzw. in seinem Büro erreichbar ist, sollte stets um Rat gefragt werden.
Für eine längere Verweildauer sind die Liegeplätze am Admiralty Jetty nicht geeignet. Flußaufwärts lockt das bezaubernde Rye; zunächst aber muß man sich beim Hafenbüro melden, das Anweisungen erteilt, wie man zum Strand Quay kommt. Es werden Liegegebühren erhoben, und man erhält eine sehr hilfreiche und informative Broschüre über den Hafen und die Stadt Rye. Eventuell bleibt Multihulls die Zufahrt zum Strand Quay untersagt.

Versorgung
Duschen und Toiletten am Strand Quay und beim Hafenbüro am Admiralty Jetty. Diesel bei HW in der Sandrock Marina im Rock Channel. Diesel gibt es auch in Selbstbedienung 24 Std. lang an einem tidenabhängigen Schlengel. Wertmarken zum Tanken bekommt man beim Hafenmeister. Tankstelle am Strand Quay. Am W-Ufer des Flusses liegt ein Bunkerboot. Wasser per Schlauch am Admiralty Jetty oder per Kanister aus Zapfstellen am Strand Quay. Ausrüster in Rye (Rock Channel) mit Butan- und Camping GAZ. Reparaturen, auch an der Elektronik, im Rock Channel bei Phillips Yard. Sliprampe in Rye Harbour (2 bis 3 Std. um HW) mit Zufahrt zur Straße. Hervorragende Versorgungsmöglichkeiten aller Art in der Stadt Rye.

Verkehrsverbindungen
Von Rye Harbour aus (mit dem Dingi vom Admiralty Jetty zu erreichen) verkehren Busse in die Stadt Rye, von dort Bahn- und Busverbindungen.

Eastbourne (Sovereign Yacht Harbour)

Gezeiten

HW -0005 Dover

MSpHW	MSpNW	MNpHW	MNpNW
7,4 m	0,7 m	5,5 m	2,2 m

Wassertiefen

In der gebaggerten Fahrrinne sowie im Außenhafen beträgt die max. WT 2,4 m, über dem Schleusendrempel 2,9 m, und im Innenhafen sind es 4,0 m.

Lage und Umgebung

Der Sovereign Harbour, der großzügig und modern angelegt wurde, befindet sich im SW der Pevensey Bay, etwa 2 sm NE-lich der Eastbourne Pier. Gäste sind willkommen. Die Liegeplätze sind hinter der Schleuse im Innenhafen und vollkommen geschützt. Das Ansteuerungsfahrwasser ist gebaggert und gut bezeichnet, so daß es unter normalen Umständen keine Schwierigkeiten bereitet. Für Ortsfremde kann der Versuch einer Ansteuerung bei Starkwinden aus ENE bis ESE jedoch unklug sein.

Nur eine kurze Taxifahrt entfernt, bietet Eastbourne ein vielfältiges Angebot an Annehmlichkeiten. Unschlagbar für die vollkommene Entspannung ist ein Bummel auf der Edwardian Promenade, dem ein Nickerchen in einem Liegestuhl am Musikpavillon folgt. Die Möwen schreien, und es hat den Anschein, als würde die Sonne immer scheinen, während ältere Gentlemen mit Panama-Hüten und Leinenjackets sanft den Takt zu den Klängen von „Soldiers of the Queen“ klopfen.

Ansteuerung und Einfahrt

Abgesehen von den küstennahen Riffen Bexhill Reef, Oyster Reef und Codheath Shoals 4 sm kanalaufwärts, stellen bei der Ansteuerung von E oder SE lediglich die Stromkabbelungen, die unter bestimmten Bedingungen über den Royal Sovereign Shoals entstehen, eine Gefahr dar. Glücklicherweise können diese bei umsichtiger Navigation leicht umfahren werden.

Vom W kommend, hält man nach dem Runden von Beachy Head etwa 1 sm Abstand zur Küste. Dieser Kurs hält einen von der Holywell Bank sowie jeglichen kleinen Booten

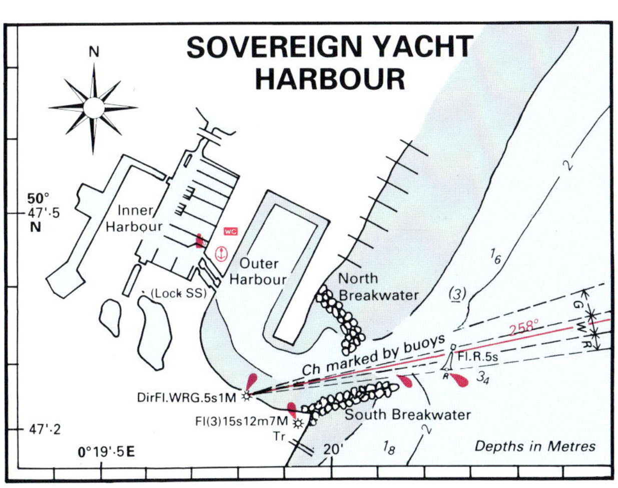

oder Schwimmern frei, die ehrgeizig genug sind, den Kurs zu kreuzen.

Ist die Yacht mit UKW ausgestattet, ruft man Sovereign Harbour auf Kanal 15, 16 oder 17, wenn man nur noch 1 oder 2 sm entfernt ist.

Der Martello-Turm auf Langney Point dient nun als Leuchtturm, der die Ansteuerung von Sovereign Harbour erleichtert. Das Xenon-Feuer (Fl(3)15s), das auch am Tag sichtbar ist, ist leicht zu erkennen, inbesondere, weil der Turm außerdem mit drei senkrechten fluoreszierenden Streifen gekennzeichnet ist.

Die Einfahrt in den Außenhafen zwischen den beiden Wellenbrechern ist deutlich betonnt; eine davor ausgelegte Spierentonne (Fl.G.5s) bezeichnet den Beginn der gebaggerten Fahrrinne. Sie bleibt an Stb. Nachts führt ein Sektoren-Leitfeuer (Dir.Fl.WRG.3s) in den Hafen, man steuert im weißen Sektor mit 258°. Zwei grüne Tonnen (Fl.G) küstenwärts der grünen Spierentonne liegen außerhalb der Fahrrinne und bezeichnen ein Wrack. Beim Einlaufen zwischen den beiden Wellenbrechern bleibt die rote Stumpftonne (Fl.R) an Bb., eine grüne Tonne (Fl.G) anschließend an Stb., dann eine weitere rote (Fl.R) an Bb. An der zweiten roten Tonne verläßt man den weißen Leitsektor und nimmt Kurs auf die zweite befeuerte grüne Tonne, die eigentlich die dritte Grüne ist, weil die zweite nicht befeuert ist. Sie bleibt dicht an Stb., nachdem man eine unbefeuerte rote Stumpftonne passiert hat und hält nun auf die Schleusen mit einem Kurs von 325° zu, wobei die letzte befeuerte rote Tonne (Fl.R) an Bb. bleibt.

Im Außenhafen ist ausreichend Platz vorhanden, um aufzuschießen und die Segel zu bergen.

Für genaue Anweisungen meldet man sich vorher bei den Schleusen, die täglich 24 Std. auf UKW-Kanal 17 zu erreichen sind. Auch die Verkehrssignale sind zu beachten. Grün bedeutet, daß man einlaufen kann; Rot Einfahrt unklar oder auslaufenden Verkehr passieren lassen. Vor dem Einlaufen Fender ausbringen und Leinen bereithalten! Springs sind ratsam. In die Schleusen, die 45,75 m lang und 15,25 m breit sind, läuft man so weit wie möglich hinein und macht für die Schleusung an Schwimmstegen fest. Die Schwimmstege in der Schleuse haben eine Freibordhöhe von 1,2 m.

Via computergestütztem System bekommt man im Innenhafen einen Liegeplatz zugewiesen. Nach dem Festmachen meldet man sich im Büro des Hafenmeisters, wo man eine Sicherheitskarte erhält, die den Zutritt zum Hafen ermöglicht.

Versorgung

Die meisten Reparaturen können vor Ort bei der Firma Hedley Marine Services ausgeführt werden. Es gibt einen 50 t-Kran. Der SB-Tanksteg hat 24 Std. geöffnet; Preisnachlässe bei Mengenabnahme. Wasser an den Liegeplätzen. Hervorragende Duschen, Toiletten und Waschsalons. Frühstücksbuffet und Bankschalter im Asda Superstore. Kino, Ausrüster, Pizzeria, Friseur, Apotheke und sogar eine Reinigung. Absauganlage für Fäkalientanks.

Ein umgebautes Fährschiff aus den 30er Jahren, The Earl of Zetland, bietet Club-Einrichtungen sowie ein französisches Restaurant und einen Pub.

Eastbourne: der Sovereign Harbour.

Newhaven Harbour: Hinter dem Wellenbrecher hat sich eine ausgedehnte Untiefe in der Bucht gebildet (s. Plan).

Verkehrsverbindungen
Taxi nach Eastbourne, von dort Bahnverbindungen nach London, Victoria Station (85 Min.) via Flughafen Gatwick (45 Min.).

Newhaven

Gezeiten

HW + 0004 Dover

MSpHW	MSpNW	MNpHW	MNpNW
6,7 m	0,4 m	5,1 m	2,0 m

Wassertiefen
Hafen und Einfahrt sind bis zum Sleeper's Hole auf 5,5 m Wassertiefe ausgebaggert. Von dort bis zur Rettungsstation beträgt die WT 3 m; bis zur Brücke, die über den Fluß Ouse führt, ist die WT nicht geringer als 1,2 m. Die Tiefe am Gäste-Schlengel in der Marina wird mit 1,5 m angegeben, kann aber, je nachdem ob gerade gebaggert wurde oder nicht, variieren. Der Grund ist weich. Wegen der ständigen Versandungen wird häufig gebaggert.

Ansteuerung und Einlaufen
Auf halbem Weg zwischen dem Solent und Dover gelegen, gilt Newhaven traditionell als Fluchthafen.
Die Stadt Seaford befindet sich 5 sm W-lich von Beachy Head; Burrow Head erhebt sich am W-lichen Ende der flachen, steinigen Bucht Seaford Bay. Unmittelbar E-lich davon, am Fuß von Burrow Head, liegt Newhaven. Der große Wellenbrecher mit seinem schönen klassischen Leuchtturm auf dem Kopf bildet eine leicht zu erkennende Landmarke.
Von E kommend, hält man sich gut frei von Seaford Head und hält auf einen Punkt E-lich vor Burrow Head zu. Man ändert den Kurs erst, wenn das Kap in N peilt und hält dann auf die E-Mole zu, die etwa 3 kbl landeinwärts der W-lichen beginnt. Bei schlechtem Wetter und auflandigem Wind bildet sich S-lich des Wellenbrechers vor der Einfahrt eine grobe See. Man hält sich in der Mitte des Fahrwassers und achtet auf die Verkehrssignale, wie nachfolgend beschrieben.
Von W kommend, hält man von Burrow Head einen Mindestabstand von 0,5 sm. Bei starken auflandigen Winden sollte man dem Kopf des Wellenbrechers nicht zu nahe kommen, da dort eine sehr grobe See stehen kann.
In der küstennahen Zone von 0,5 sm setzt etwa 1,5 bis 2 Std. vor HW ein schwacher Strom nach W. In der Hafeneinfahrt kann der Strom bei Springzeiten 2 kn erreichen, bei denen er mit Flut- und Ebbstrom in den Hafen setzt.

Verkehrssignale
An der W-Seite der Einfahrt zum Hafen steht der Turm der Harbour Control. Der Schiffsverkehr wird durch folgende Verkehrssignale geregelt.
Einlaufen erlaubt:
Am Tag: roter Kegel über rotem Ball
Bei Nacht: grünes Licht
Auslaufen erlaubt:

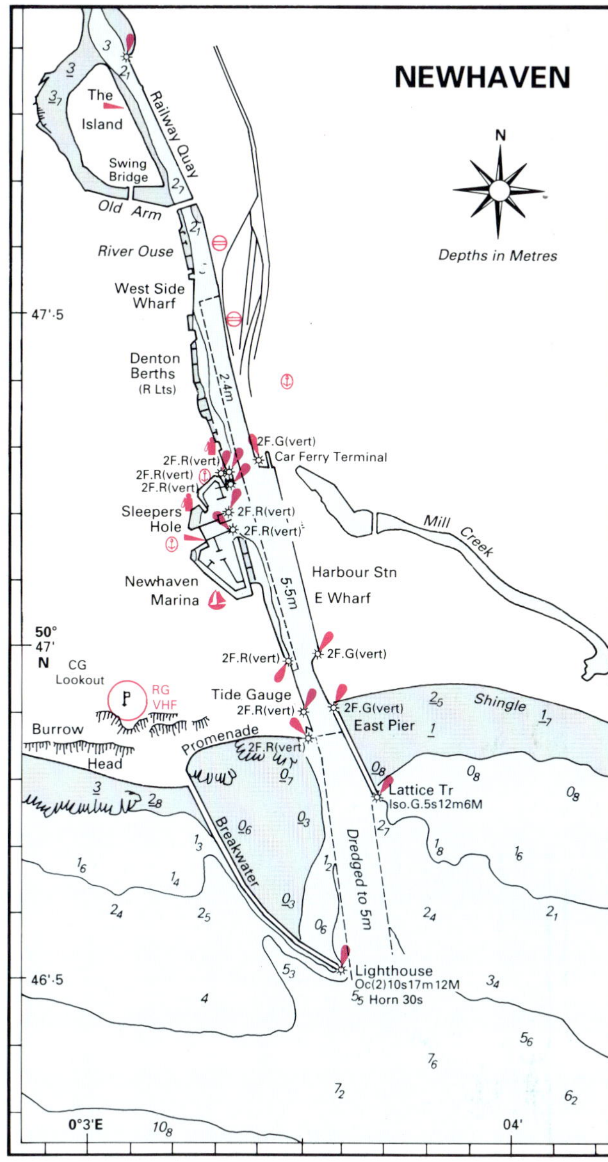

Am Tag: roter Ball über rotem Kegel
Bei Nacht: rotes Licht
Schiffe unter 15 m Länge dürfen ein- und auslaufen:
Am Tag: roter Ball
Bei Nacht: grünes Licht über rotem Licht
Kein Schiffsverkehr erlaubt:
Am Tag: roter Ball über rotem Kegel über rotem Ball
Bei Nacht: rotes Licht über grünem Licht über rotem Licht
Verkehrssignale an der Drehbrücke über den Ouse:
grünes Blinklicht – Brücke wird geöffnet oder geschlossen
rotes festes Licht – Schiffe können flußabwärts fahren
grünes festes Licht – Schiffe können flußaufwärts fahren.

Anker- und Liegeplätze
Alle Yachten, die in den Hafen einlaufen, sollten sich von der Harbour Control Anweisungen auf UKW-Kanal 12 oder 16 einholen. Der Platz ist begrenzt.
Normalerweise macht man in der Marina in Sleeper's Hole fest, die 3 kbl hinter der Einfahrt an Bb.-Seite liegt und 355 Liegeplätze bietet. Das Büro der Marina ist auf UKW-Kanal 37 oder 80 zu erreichen, wobei ersterem der Vorzug zu geben ist, da Kanal 80 häufig von der Dover Coastguard benutzt wird.

Versorgung
Wasser und Treibstoff in der Marina. Alle Reparaturmöglichkeiten inkl. Segelmacher. Elektronik (Tel.: 01273-586179) nahe der Marina. Die Geschäfte sind am Mittwochnachmittag geschlossen. Yachtwerft. Balkenroste und Kielbank vorhanden. Taucher (in der Marina fragen). Aufschlepp-Möglichkeiten in der Marina.
Gute Restaurantauswahl, vom Imbiß an aufwärts. Im Café bei der Marina verkehren hauptsächlich Fischer.
Ablaufbahn in Sleeper's Hole nach Anmeldung in der Marina. Yachtclub: Newhaven and Seaford Sailing Club. Zoll. Wegen Glyndebourne der ideale Hafen für Opernliebhaber.

Verkehrsverbindungen
Bahnhof und zahlreiche Busverbindungen.

Brighton

Gezeiten

HW schätzungsweise +0004 Dover

MSpHW	MSpNW	MNpHW	MNpNW
6,6 m	0,5 m	5,0 m	2,0 m

Wassertiefen
Im unmittelbaren Ansteuerungsbereich mindestens 2,7 m. Die Einfahrt ist auf 2,5 m WT ausgebaggert. Die Tiefen im tidenabhängigen Außenhafen variieren an einigen der inneren Schlengel zwischen 3 m und 1,6 m. Der durch Schleusen abgeschlossene Innenhafen bietet 2,7 m WT.

Lage und Umgebung
Die Brighton Marina befindet sich nur etwa 1 sm E-lich der Palace Pier und stellt den brauchbarsten Zwischenstopp für Yachten dar, deren Kurs kanalabwärts führt. Der Hafen, vollständig künstlich geschaffen, wurde an der Seeseite des sogenannten Black Rocks gebaut. 1979 wurde die Marina feierlich von der Queen eröffnet. Der Hafen bietet Liegeplätze für nahezu 2000 Boote, obwohl ein Teil des Innenhafens wieder zugeschüttet wurde, um Platz zu schaffen für weitere Service-Einrichtungen: ein Erholungszentrum und ein Warenhaus.
Der Hafen wird von dem langen geschwungenen E-Wellenbrecher sowie dem kürzeren seewärts verlaufenden W-Wellenbrecher gebildet. Eine Schutzmole und die Spending Beach bilden eine zweite Einfahrt, so daß kein Schwell in den Hafen steht. Der Schutz im Hafen ist hervorragend.

Ansteuerung und Einfahrt
Von der Palace Pier (2F.R) selbst einmal abgesehen, die aber außer bei allerdickstem Nebel kaum zu übersehen ist, gibt es bei der Ansteuerung aus W keine erwähnenswerten Gefahrenstellen. Von E kommend, muß man dicht unter der Küste auf die stark frequentierten Hummerfang-Gründe achten, die sich N-lich der Tonne (Fl.Y.5s), die den Ausfluß des Abwasserrohrs von Portobello bezeichnet, befinden. Die Hummerreusen sind recht heimtückisch, insbesondere bei einer Nachtfahrt unter Maschine.
Bringt man das hohe Krankenhausgebäude, an dessen seewärts gelegener Wand ein breiter senkrechter weißer Streifen ein markantes Merkmal bildet, mit dem Feuer auf der waagerecht weiß-rot-weiß gestreiften Bake (Q.R.7M) auf dem Kopf des W-Wellenbrechers zur Deckung, hat man den besten Einsteuerungskurs von See her. Die Deckpeilung ist rw 330°. Bei der Einfahrt sollte man keinem der beiden Wellenbrecher zu nahe kommen, weil die zurückgeworfene Brandung beachtlich sein kann und Versandungen auftreten können. Auf dem Kopf des E-Wellenbrecher steht ein grün-weißer Pfeiler (Fl(4)WR.20s10/8M) und ein kleinerer Pfahl (Q.G) auf dem äußeren Ende. Der weiße Sektor des Feuers ist zwischen 100° – 295° sichtbar.
Unmittelbar hinter dem E-Wellenbrecher schwenkt das Fahrwasser, das mit 3 roten und 3 grünen Tonnen gut bezeichnet ist, nach Stb. Die erste und letzte rote Tonne zeigen alle 3 Sekunden ein Blitzfeuer, ebenso die erste grüne. Die beiden inneren Wellenbrecher sind nachts mit 2F.R und 2F.G befeuert. Im Hafen ist ausreichend Platz, um aufzuschießen und die Segel zu bergen.

Brighton: Ansteuerung aus SE. Gute Landmarken bilden der senkrechte weiße Streifen am hohen Gebäude des Krankenhauses sowie der weiße Leuchtfeuerträger mit dem roten Band auf dem Kopf des W-Wellenbrechers (ganz links).

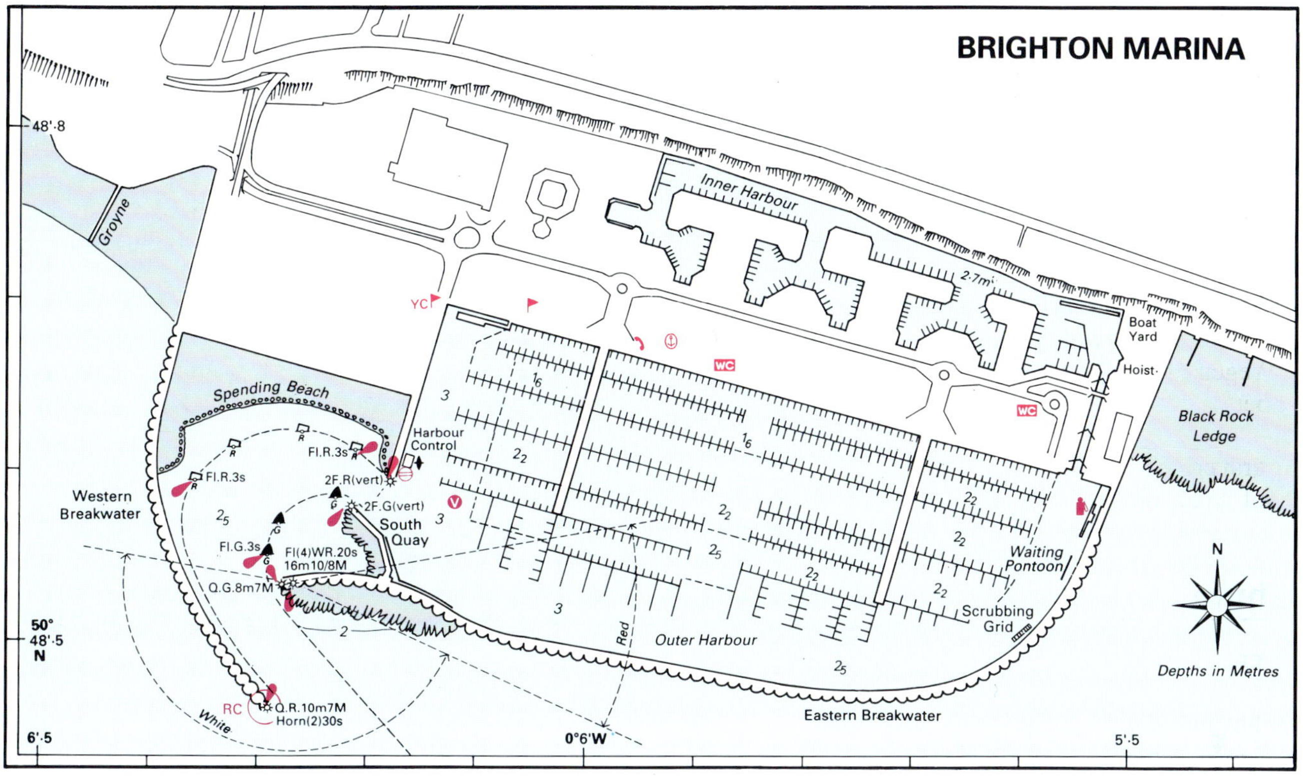

Die Brighton Marina, der Ankunftssteg (A).

Der Ankunftsschlengel befindet sich an Bb. Wenn man noch keinen Liegeplatz zugewiesen bekommen hat, macht man hier fest und erkundigt sich bei Kaimeister. Auf jeden Fall ist es zu empfehlen, sich kurz vor dem Eintreffen telefonisch (Tel. 01273-693636) oder auf UKW-Kanal 11, 37, 68 oder 80 anzumelden. Das Hafenbüro ist rund um die Uhr besetzt. Es stehen Liegeplätze für Yachten bis zu 30 m Lüa mit WT von 1,6 m bis 3,0 m zur Verfügung. Für Gäste ist immer Platz.
Bei starken auflandigen Winden ist die Einfahrt in die Brighton Marina schwierig; bei Stürmen aus SE wird das Einlaufen unmöglich. Bei solchen Wetterbedingungen sollte man eine Ansteuerung des Hafens gar nicht erst in Betracht ziehen. Newhaven stellt eine sicherere, wenn auch immer noch sehr rauhe Alternative dar.

Nebelsignal
Auf dem W-Wellenbrecher steht ein weittragendes Nebelhorn (Horn (2)30s). Auch das Seefunkfeuer (295,5 kHz / A1A / Kennung: BM) mit einer Reichweite von 10 sm kann sehr hilfreich sein.

Versorgung
Wasser und Strom an den Stegen. Treibstoff (wie auch Butangas und Camping GAZ) nahe der Schleuse zum Innenhafen, wo sich eine Bootswerft und ein Travellift befinden. Alle Reparaturmöglichkeiten vor Ort. Taucher. Schickes Restaurant, ein Fischer-Café sowie ein Supermarkt, in dem man sich selbst für eine Weltreise verproviantieren könnte, auf dem Marinagelände. Ein Bankschalter im Supermarkt hat in der Saison 7 Tage die Woche geöffnet.
Im Schutz der Wellenbrecher gibt es außerdem eine Kielbank, wo Yachten sich die großen Tidenhübe zunutze machen können. Altöl-Entsorgungstank hinter der Werkstätte.
Gäste sind im Brighton Marina Yacht Club (Tel. 01273-697049) willkommen, sowohl in den Versorgungseinrichtungen an Land wie auch bei Regattaveranstaltungen.
Das Stadtzentrum von Brighton mit seinen zahlreichen Anziehungspunkten ist nur rund 1,5 km die Promenade entlang entfernt. Vom Bahnhof, der an einer Hauptstrecke liegt, verkehren regelmäßig Schnellzüge nach London und anderen Orten an der Südküste Englands.

Shoreham

Gezeiten

HW + 0010 Dover

MSpHW	MSpNW	MNpHW	MNpNW
6,3 m	0,6 m	4,9 m	2,0 m

Gezeitenströme
W-setzender Strom vor der Einfahrt beginnt etwa 2 Std. vor HW, E-setzender 6 Std. später. In der Einfahrt entsteht während des W-setzenden Stroms ein Gegenstrom, der vom E-Wellenbrecher SW-wärts auf den W-Wellenbrecher zu setzt, von wo er teilweise in die Einfahrt abgelenkt wird. Der Tidenstrom biegt nach NE herum auf den Kopf der E-Mole zu. 1 Std. vor bis 1 Std nach HW erreichen die Tidenkabbelungen ihre größte Stärke.
In der Einfahrt beträgt die größte Stärke des Hauptstroms rund 3 kn. Im Fluß Adur jedoch, der den W-Teil (Western Arm) des Hafens bildet, kann der Flutstrom 4 kn, der Ebbstrom zu Springzeiten 5 kn erreichen. Im Eastern Arm setzt praktisch kaum Strom; Yachten sollten jedoch in der Nähe der Teilung beider Arme mit größter Vorsicht vor der Middle Pier gesteuert werden.

Wassertiefen
In der Ansteuerung beträgt die WT mindestens 1,7 m, in der Hafeneinfahrt sind es 2,1 m. Der Hafen ist größtenteils ausgebaggert, WT sind dem Plan zu entnehmen. Die Liegeplätze, die für Gäste zur Verfügung stehen, befinden sich im Western Arm und fallen trocken.
Im Eastern Arm beträgt die WT 2 m. Im Southwick Canal hinter der Schleuse betragen die WT 5 m bis 7 m, so daß sie für die Küstenschiffahrt ausreichend sind.

Lage und Umgebung
Die Hafenanlagen von Shoreham liegen am gut geschützten Western Arm, der die Mündung des Flusses Adur darstellt, sowie dem kurzen Eastern Arm, der zu den Schleusen des Southwick Canal führt. Wenn nicht gerade ein Liegeplatz hinter der Schleuse zu bekommen ist, hat Shoreham für Gastyachten eigentlich wenig zu bieten. Am besten vereinbart man den Liegeplatz vorab mit dem Hafenmeister auf UKW-Kanal 14 oder 16 bzw. telefonisch (01273-592366). Der Verkehr von Handelsschiffen (Bauholz, Koks, Flüssiggas), die den Großteil der Kaianlagen am N-Ufer des River Adur beanspruchen, hat Vorrang.

Ansteuerung und Einfahrt
Die Hafeneinfahrt von Shoreham öffnet sich etwa 4 sm W-lich der Brighton Palace Pier. Von See her ist Shoreham leicht an dem gewaltigen Schornstein zu erkennen, der etwa 1 sm ENE-lich der Hafeneinfahrt steht und nachts mit festen roten Warnfeuern bezeichnet ist. Die Einfahrt selbst befindet sich zwischen zwei markanten Beton-Wellenbrechern. Die unbefeuerte Kardinaltonne S, die fast 3 kbl ESE-lich der Einfahrt ausgelegt ist, bezeichnet den Ausfluß eines Abwasserrohrs.
Bei starken auflandigen Winden kann über dem Flachwasserbereich vor der Einfahrt eine recht grobe See

Shoreham: Vorn der Kontrollturm auf der Middle Pier, im Hintergrund der Leuchtturm (rechts) sowie der auffällige Sendemast (links).

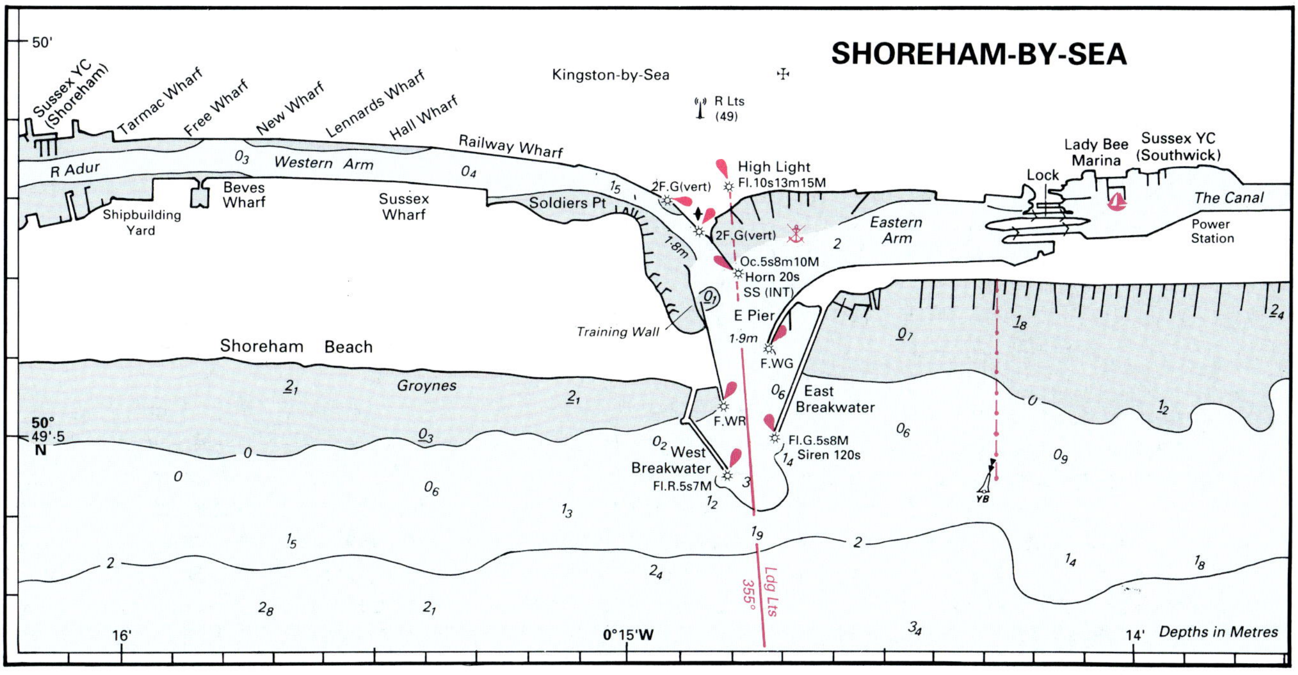

Die Hafeneinfahrt von Shoreham aus SE.

stehen, die insbesondere bei ablaufendem Wasser gefährlich werden kann. Im allgemeinen ist Newhaven als Fluchthafen die bessere Wahl.
Die Einfahrt befindet sich zwischen zwei Beton-Wellenbrechern (Fl.R.5s7m und Fl.G.5s7m), hinter denen die W- und die E-Mole (F.WR.6m und F.WG.7m) liegen. Etwas weiter N-lich erstreckt sich die Middle Pier, die die beiden Hafenarme, Western Arm und Eastern Arm, trennt.
Das Unterfeuer des Richtfeuers steht auf dem Dach des Wachhäuschens auf dem Kopf der Middle Pier (Oc.5s10M), das Oberfeuer (Fl.10s 13m15M) auf dem grauem Leuchtturm dahinter. Die Richtfeuer in Linie führen mit 355° in den Hafen und bilden auch bei Tag gute Landmarken. Etwas links der Deckpeilung steht ein Sendemast (rote feste Warnfeuer, 49 m hoch).
Die Liegeplätze im Western Arm sind nur für Yachten geeignet, die unbeschadet trockenfallen können. Die ausgebaggerte Fahrrinne im Eastern Arm führt durch eine Schleuse in den Southwick Canal. Die Verkehrssignale, die nachfolgend beschrieben werden, sind zu beachten. Die Schleuse ist tidenabhängig in der Zeit von 4 Std. vor bis etwa 3 Std. nach HW besetzt und wird jede Stunde einmal für ein- und auslaufenden Verkehr geöffnet.
Es wurde eine Sportbootschleuse eingerichtet, die am Ober- wie am Unterhaupt der Prince George Lock ein einzelnes Schleusentor besitzt. Sie erleichtert kleineren Booten die Zufahrt, die Bootsbreite ist auf 6,10 m begrenzt.

Verkehrssignale

Auf der Schleuse
3 rote feste Feuer übereinander – Einlaufen in die Schleuse verboten
Grün-weiß-grün übereinander – Einlaufen in die Schleuse erlaubt.
Kontrollzentrum auf der Middle Pier
Oc.Or.3s – Schiffe, die in den Hafen einlaufen, um in den Eastern oder Western Arm zu gelangen, dürfen nicht einlaufen. Schiffe, die sich vor der Hafeneinfahrt befinden, dürfen auslaufenden Verkehr nicht behindern.
Rettungsstation (Eastern Arm)
Oc.R.3s – Auslaufen, Verholen oder Fahrt in Richtung Western Arm im Eastern Arm verboten.
Rettungsstation (Western Arm)
Oc.R.3s – Auslaufen, Verholen oder Fahrt in Richtung Eastern Arm im Western Arm verboten.

Nebelschallsignale

E-Wellenbrecher – Sirene 120s.
Middle Pier – Horn 20s. Ist nur bei einlaufendem Verkehr in Betrieb.

Anker- und Liegeplätze

Bei ablandigem Wind, beständigem Wetter und gutem Abstand zur Fahrrinne kann man vor dem Hafen ankern. Der Grund besteht größtenteils aus Sand, der über Ton und Kalkstein liegt. Im Hafen ist Ankern verboten.
Anweisungen zum Festmachen werden jederzeit vom diensthabenden Beamten auf der Schleuse oder vom Büro der Port Control erteilt.
Im Western Arm (River Adur) fallen alle verfügbaren Liegeplätze trocken; zudem liegt hier bereits eine ganze Anzahl von Hausbooten. Das Clubhaus von Shoreham gehört dem Sussex Yacht Club.
Yachten, die auf eine Schleusung warten, werden normalerweise vorübergehend N-lich des Fahrwassers festgemacht. In der Lady Bee Marina (UKW-Kanal 14 oder Tel. 01273-593801) hinter der Schleuse können Gastyachten bis zu 30 m Lüa Platz finden. Auch die Aldrington Quay Marina am E-Ende des Kanals bietet Liegemöglichkeiten. Hinter der Schleuse oberhalb der Lady Bee Marina hat der Sussex Yacht Club Schwimmstege ausgelegt. Gelegentlich ist auch dort mal ein Plätzchen frei (Tel. 01273-494868).
Ohne die ausdrückliche Genehmigung des Hafenmeisters, bei dem man sich am Ankunftstag melden muß, sollte man nicht weiter E-lich als bis zum Southwick Clubhaus fahren, es sei denn, man möchte in die Aldrington Quay Marina einlaufen. Hafenbüro und Zoll sind von beiden Marinas aus in wenigen Minuten zu Fuß zu erreichen.

Versorgung

Toiletten und Duschen in beiden Marinas sowie im Sussex Yacht Club. In der Shoreham High Street gibt es einen Waschsalon.
Wasser ist in den Marinas erhältlich. Treibstoff an der örtlichen Tankstelle in Southwick; Diesel bei Corral's (Mo – Fr 0700 – 1730, von 3 Std. vor bis 2 Std. nach HW) im Western Arm.
Ausrüstung bei Muggeridge Ltd., 378 Brighton Road und in der Lady Bee Marina, wo man auch Butangas und Camping GAZ erhält. Im Eisenwarengeschäft Southwick Hardware bekommt man immer noch Paraffinöl. Banken und Lebensmittelgeschäfte in der Stadt; ein Gemischtwarengeschäft mit Wein und Spirituosen in Marinanähe. In der Lady Bee Marina können die meisten Reparaturen ausgeführt werden; im Zweifelsfall fragt man bei Sussex Yacht Club nach.
In Shoreham Pubs und Restaurants. Mit Ausnahme von Montag kann man während der Woche im bezaubernden Shoreham Clubhaus des Sussex Yacht Clubs zu Mittag essen, am Freitag und Samstag auch abends.

Verkehrsverbindungen

Shoreham verfügt über ganz ausgezeichnete Bus- und Bahnverbindungen nach Brighton und London. Vom örtlichen Flughafen kann man nach Frankreich und zu den Kanalinseln fliegen. Von hier starten auch Charterflüge.

Littlehampton

Gezeiten

HW an der Einfahrt +0015 Dover
Gezeitenhöhen an der Einfahrt

MSpHW	MSpNW	MNpHW	MNpNW
5,9 m	0,4 m	4,5 m	1,8 m

(MSpNW an der Norfolk Wharf 0,8 m)

Littlehampton.

Gezeitenströme
In der Einfahrt kann ein recht starker Strom setzen; zu Springzeiten kann der Ebbstrom bis zu 6 kn laufen. In der Ansteuerung kentert der Strom fast 2 Std. vor HW nach W. Auf heftige gegenläufige Tidenkabbelungen hinter dem Leitdamm sollte man vorbereitet sein.

Wassertiefen

Die Barre fällt mit 0,6 m theoretisch trocken. In der Praxis wird sie aber bei NW fast immer überspült. Trotz alledem müssen die Gezeitenhöhen nach diesen Angaben berechnet werden. Im Fluß variieren die Tiefen um etwa 1 m, an der zu öffnenden Fußgängerbrücke sind es 2,4 m. Bei MSpHW hat die Brücke eine lichte Höhe von 3,6 m. Sie wird nur für Gastyachten geöffnet, die sich am Vortag bis 1630 Uhr angemeldet haben. Selbst wenn man unter dieser Brücke passieren kann, folgen bis Arundel noch zwei weitere Brücken, von denen die niedrigere der beiden bei MSpHW nur eine Höhe von 3 m hat. Auf der gesamten Strecke bis nach Arundel beträgt die WT bei MSpNW mindestens 1,3 m. Die Autobahnbrücke kurz vor dem Ort ist deutlich höher. Mit dem Dingi kann man im Hinterland oberhalb dieser historischen Stadt ausgesprochen schöne Ausflüge unternehmen.

Lage und Umgebung

Für Yachten ist der Hafen von Littlehampton mit seiner freundlichen Atmosphäre recht bequem, da sich die Liegemöglichkeiten in der Nähe der Stadt befinden.
Hier ist die berühmte Hillyard Werft beheimatet. Den passenden Tidenstand vorausgesetzt, ist Littlehampton für Yachten, die den Kanal passieren – egal in welcher Richtung –, ein geeigneter Zwischenstopp. Außer bei Starkwinden aus S und SE, die Schwell im Hafen verursachen können, ist der Schutz im Hafen gut.

Ansteuerung und Einfahrt

Littlehampton ist schon frühzeitig von See her auszumachen, im Zweifelsfall bilden ein freistehendes hohes Gebäude sowie ein Jahrmarkt unmittelbar E-lich der Einfahrt gute Landmarken.
Bei der Ansteuerung von W durch das Looe Fahrwasser sollte man nach dem Passieren der Bake Mixon nicht zu schnell nach Bb. eindrehen. Im Hafen gibt es noch genug Schwierigkeiten.
Es ist ratsam, den Kurs noch etwa 1 sm weiter beizubehalten und dann auf einen Kurs von 065° zu gehen, bis entweder die Richtbaken von Littlehampton in Sicht kommen oder der Kopf der 275 m langen West Pier in 346° peilt. Ca. 1sm7kbl SE-lich der Einfahrt steht ein Leuchtpfahl (Fl(5)Y.20s5M). Der Kopf der West Pier besteht aus einem großen „Käfig" aus Pfählen. Beim Näherkommen ist dann das Feuer darauf (2F.R) zu sehen.
Die Barre erstreckt sich von der West Pier 3 kbl nach seewärts. Richtbaken, die in Linie mit 346° die günstigste Passage darüber anzeigen, sind folgende: ein weißer Leuchtturm (Oc.WY.7,5s9m10M), der die Form einer Pfeffermühle hat, steht am Fuß des E-Wellenbrechers, das Unterfeuer trägt eine schwarze Stahlsäule (F.G.6m7M) auf dem seeseitigen Kopf des Wellenbrechers. Bei Tag ist die

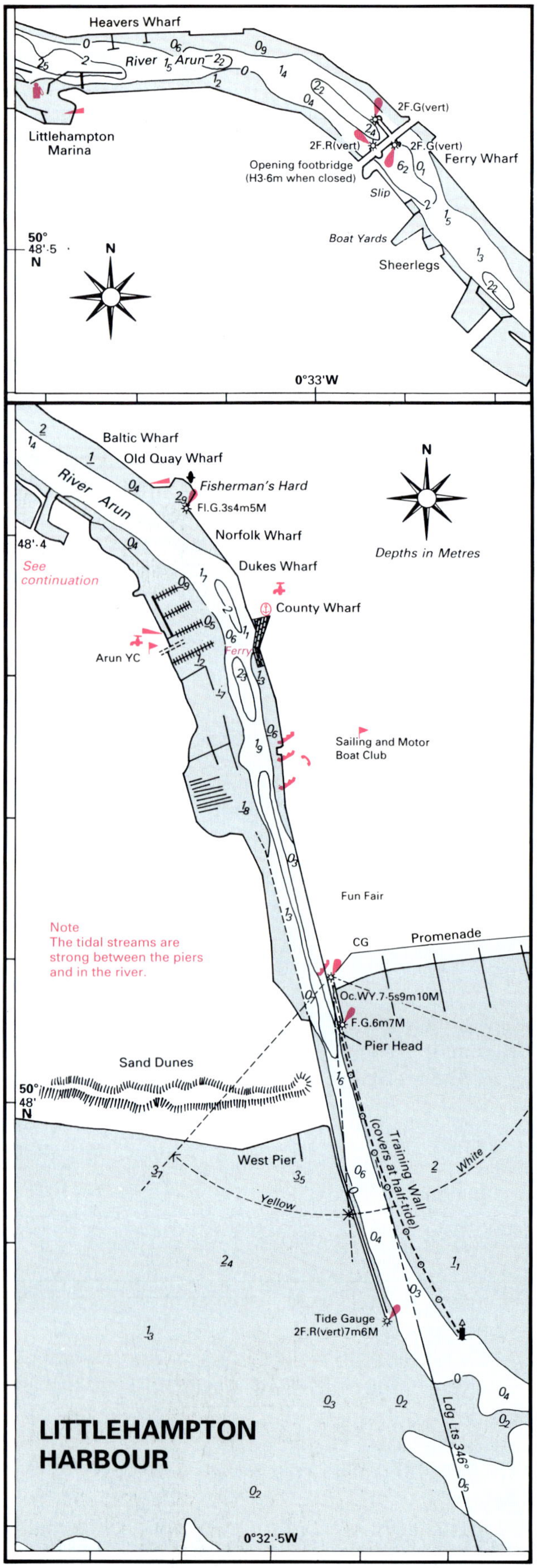

schwarze Säule schwer auszumachen, bevor sie sich vor dem weißen Leuchtturm abhebt. Steuert man auf diesem Kurs über die Barre, kann praktisch nichts passieren. Dann läuft man zwischen dem Kopf der West Pier und der Bake East mit ihrem grünen Rautentoppzeichen ein. Der E-Wellenbrecher wird seewärts durch einen Leitdamm fortgeführt, über dem bei Flut 3 m Wasser stehen. Wenn der Leitdamm überspült ist, wird er durch eine Reihe von Stangen markiert, die dann die E-Seite des Fahrwasser binnenwärts der Bake *East* bezeichnen.

Am Kopf der West Pier ist ein Pegel angebracht, der die WT in Metern über KN anzeigt. Von See her kann der Pegel mit einem guten Fernglas abgelesen werden.

Bei der Ansteuerung von E behält man einen vernünftigen Abstand zur Küste bei, bis die Barre erreicht ist.

Bei starken auflandigen Winden kann die Einsteuerung nach Littlehampton gefährlich werden. Unter solchen Bedingungen sollte, inbesondere wenn der Ebbstrom mit aller Kraft setzt, von einem Anlaufen abgesehen werden.

Verordnungen

Von der Berufsschiffahrt sollte man sich gut frei halten, insbesondere wenn ein Schiff das Schallsignal einmal lang und dreimal kurz gibt. Schiffe, ein- wie auslaufend, haben grundsätzlich Vorrang vor Fahrzeugen, die den Wasserweg kreuzen.

Eine Ausnahme bildet die Fähre, die vor allen anderen Fahrzeugen Vorrang hat. Fahrzeuge, die gegen den Strom fahren, müssen sich von jenen freihalten, die mit der Tide laufen.

Liegeplätze

Ankern ist im Hafen verboten. Gastyachten können vorübergehend eventuell am Kai County Wharf, unmittelbar oberhalb der Fähre, festmachen, wo sich auch das Büro des Hafenmeisters (ein gut sichtbar bezeichneter Bürocontainer) befindet. Der Ladekai ist leicht an einem grauen Kran, der auf drei Beinen steht, zu erkennen. Da der Kai aus Holzpfählen besteht, muß man gut abfendern. Nach dem Festmachen sollte man sich unverzüglich im Hafenbüro melden, um einen Liegeplatz zugewiesen zu bekommen.

Am W-Ufer gibt es Liegeplätze an Schlengeln, wo man auf keinen Fall anlegen sollte, weil diese im Privatbesitz sind, viele davon von Mitgliedern des angrenzenden Arun Yacht Clubs. Gelegentlich kann einer dieser Liegeplätze für Yachten unter 8,5 m Lüa zur Verfügung stehen; man sollte sich jedoch vorab beim Club erkundigen (Tel. 01903-714533 oder Sekretariat 716016). Hafenmeister: Tel. 01903-721215. Littlehampton Marina, die auf UKW-Kanal 37 oder 80 zu erreichen ist (Tel. 01903-713553), bietet 30 Gastliegeplätze für Yachten mit bis zu 2,5 m Tiefgang und 18 m Lüa. Die Höhenbeschränkungen durch die Fußgängerbrücke sind zu beachten (siehe oben).

Versorgung

Treibstoff, Wasser und Reparaturen bei allen vier Bootswerften am Fluß oder in der Marina, die auch Slip, Lift und Ausrüstung bietet. Alle Einkaufsmöglichkeiten, Banken etc. in der Stadt. Duschen und Toiletten am County Wharf und in der Marina.

Hafeneinfahrt Littlehampton: Die Baken, die den überspülten Leitdamm bezeichnen, an Stb.-Seite.

Auf dem E-Ufer nahe der Einfahrt steht dieser ungewöhnliche Leuchtturm. Von See her ist der Jahrmarkt gut zu erkennen.

Chichester

Gezeiten

HW +0027 Dover

MSpHW	MSpNW	MNpHW	MNpNW
4,9 m	0,9 m	4,0 m	1,9 m

Im Hafen gibt es kleinere Abweichungen, die Unterschiede sind jedoch nie größer als die NW-Stände für Itchenor, wo Nipptiden 0,2 m niedriger ausfallen als in der Einfahrt.
Es ist daran zu denken, daß die Chichester Barre, wie die meisten anderen Barren auch, zum Versanden neigt. Im Sommer 1996 betrug die WT an manchen Stellen nur noch 1 m (LAT). Im Frühjahr 1997 sollen Baggerarbeiten für die in den Seekarten angegebenen Tiefen sorgen. An der Bake *Bar* ist ein Pegel angebracht.

Wassertiefen

In den Ansteuerungsbereichen zur Barre gibt es verschiedene Untiefen; SSW-lich der Bake *Bar* ist die WT mit 0,3 m am geringsten, E-lich und W-lich davon trockenfallende Bereiche. Die Barre ist auf eine WT von 1,5 m ausgebaggert. Nach schwerem Wetter können sich diese Tiefen jedoch verändern. Dichter unter der Küste nehmen die Tiefen in die Einfahrt hinein, wo sich ein Becken von 26 m WT befindet, wieder erheblich zu. Danach beträgt die Tiefe bis zur Emsworth Kardinalbake S mindestens 2,4 m, ebenso bis hinauf nach Itchenor. Weiter hinauf verringern sich die Tiefen im Hafen in beiden Fahrwassern (siehe Plan).

Lage und Umgebung

Chichester Harbour ist ein ideales Jollen-Revier, das aber

Die rot-weiße Bake „Chichester Bar“.

Einfahrt Chichester Harbour aus SW.

auch ausgedehnte Tiefwasserrinnen für tiefgehende Yachten bietet. Mehr als 10000 Boote über 3 m Lüa sind hier beheimatet, 2000 Yachten haben ihre Liegeplätze in der Marina. Bosham, Emsworth, Birdham und Itchenor sind alle hübsche Ortschaften, und der Ankerplatz in East Head ist die reinste Freude – wenn er nicht überfüllt ist. Die umgebende Landschaft ist im allgemeinen flach, die Ufer sind schlammig und mit Schilf bestanden, obwohl es auch einige wunderschöne Sand- und Kiesstrände gibt.

Wenn heutzutage nur noch in den Geschichtsbüchern etwas davon zu finden ist, so reicht die Handelsgeschichte des Hafens doch bis in die Römerzeit zurück. Wie auch immer, als Erholungsgebiet gibt es zu diesen Gewässern kaum Vergleichbares!

Die Beaufsichtigung des Hafens obliegt der Chichester Harbour Conservancy, vertreten durch einen Manager/Hafenmeister, der seinen Stützpunkt in Itchenor hat (Tel. 01243-512301). UKW-Kanal 14, Ruf: *Chichester Harbour Radio*, seine Barkasse „Regnum" hört ebenfalls auf UKW-Kanal 14. Während der Bürozeiten ist die Station besetzt; das Personal ist gern bereit, Liegeplätze zu empfehlen oder bei Problemen behilflich zu sein.

Es gelten eine strikte Geschwindigkeitsbeschränkung auf 8 kn und die Kollisionsverhütungsregeln.

Ansteuerung und Einfahrt

Die Einfahrt von Chichester Harbour öffnet sich etwa 7 sm W-lich von Selsey Bay. Zu beiden Seiten der Einfahrt erstrecken sich Sandbänke seewärts, namentlich West Pole, Middle Pole und East Pole. Und die Chichester Barre fordert jedes Jahr ihre Opfer unter denjenigen, die ihr Glück herausfordern. Der Ebbstrom setzt mit aller Kraft, die Gewässer sind untief und nach SW bis SE ungeschützt, so daß SE die schlechteste Windrichtung zum Ansteuern ist. Bei starken auflandigen Winden und halb abgelaufenem Wasser sollte man nicht einmal daran denken, in den Hafen einzulaufen! Auch bei auflandigen Stürmen muß eine Ansteuerung unterbleiben. Diese Warnungen können gar nicht genug betont werden!

Bei der Ansteuerung aus E, entwerder durch das Looe Fahrwasser oder von den Outer Owers, sollte man nicht zu früh in die Einfahrt eindrehen. Die auffällige rot-weiße Bake *Bar* besteht aus 4 großen Dalben, auf denen ein Gittermast steht. Ist man etwa 1 sm oder mehr von der Küste entfernt, läuft man den sicherstens Kurs, wenn diese Bake in 005° peilt, dann steuert man so, daß die Bake ein paar Bootslängen an Stb. bleibt; beim Passieren ist der Wasserstand an einem Pegel abzulesen, der an einem der Dalben angebracht ist (um die WT über der Barre zu ermitteln, addiert man 1,5 m). Etwa 2 kbl S-lich der Bake ist eventuell die rote Stumpftonne *Chi Spit* auszumachen, die aber nur während der Sommermonate ausgelegt ist. Diese bleibt an Bb., egal, was passiert. Sie bezeichnet nämlich die S-liche Grenze des trockenfallenden Sandes West Pole, der stetig S-wärts wandert.

Ist die Bake *Bar* von See her nicht auszumachen, ist es klug, einen Kurs zu laufen, auf dem der markante Nab Tower in rw 184° achteraus peilt und diesen beizubehalten, bis die Bake in Sicht kommt.

Die East Pole Sands erstrecken sich von der Bake weit nach seewärts, und man hält sich nur dann von ihnen frei, wenn die Bake 325° oder mehr peilt. Falls man also zu früh einsteuert und feststellt, daß der Kurs zur Bake weniger als 325° beträgt bzw. in den roten Sektor führt, sollte man

Hayling Island Sailing Club auf Sandy Point, rechts im Bild das Fahrwasser, das W-wärts zum Sparke's Yacht Harbour führt.

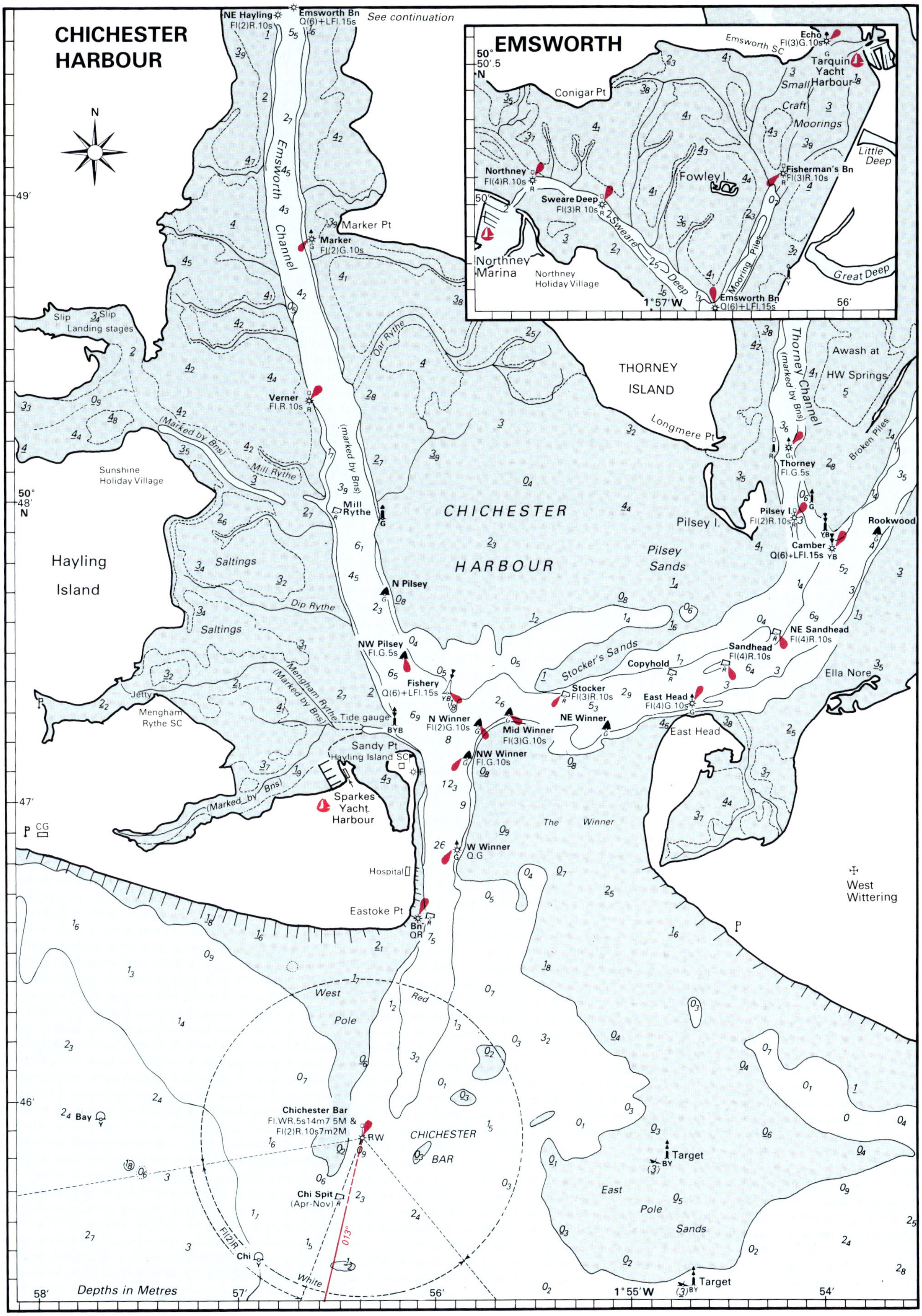
CHICHESTER HARBOUR
EMSWORTH
NE Hayling Fl(2)R.10s
Emsworth Bn Q(6)+LFl.15s
See continuation
Emsworth Channel
Marker Pt
Marker Fl(2)G.10s
Verner Fl.R.10s
Mill Rythe
Oar Rythe
Mill Rythe
Dip Rythe
Mengham Rythe (Marked by Bns)
Saltings
Hayling Island
Sunshine Holiday Village
Slip
Landing stages
Jetty
Mengham Rythe SC
Tide gauge
Sandy Pt
Hayling Island SC
Sparkes Yacht Harbour
Hospital
Eastoke Pt
Bn QR
N Pilsey
NW Pilsey Fl.G.5s
Fishery Q(6)+LFl.15s
N Winner Fl(2)G.10s
Mid Winner Fl(3)G.10s
NW Winner Fl.G.10s
W Winner Q.G
NE Winner
The Winner
CHICHESTER HARBOUR
THORNEY ISLAND
Longmere Pt
Pilsey I.
Pilsey Sands
Stocker's Sands
Stocker Fl(3)R.10s
Copyhold
East Head Fl(4)G.10s
East Head
Sandhead Fl(4)R.10s
NE Sandhead Fl(4)R.10s
Ella Nore
Thorney Channel (marked by Bns)
Thorney Fl.G.5s
Pilsey I. Fl(2)R.10s
Camber Q(6)+LFl.15s
Rookwood
Awash at HW Springs
Broken Piles
West Wittering
West Pole
Red
CHICHESTER BAR
East Pole Sands
Chichester Bar Fl.WR.5s14m7.5M & Fl(2)R.10s7m2M
Chi Spit (Apr-Nov)
Chi
Bay
Target
White
013°
Depths in Metres
49′
50° 48′ N
47′
46′
58′
57′
56′
1°55′W
54′
Emsworth SC
Echo Fl(3)G.10s
Tarquin Yacht Harbour
Small Craft Moorings
Little Deep
Conigar Pt
Northney Fl(4)R.10s
Sweare Deep Fl(3)R 10s
Fowley I.
Fisherman's Bn Fl(3)R.10s
Mooring Piles
Great Deep
Northney Marina
Northney Holiday Village
Emsworth Bn Q(6)+LFl.15s
1°57′W
56′
50° 50′.5 N

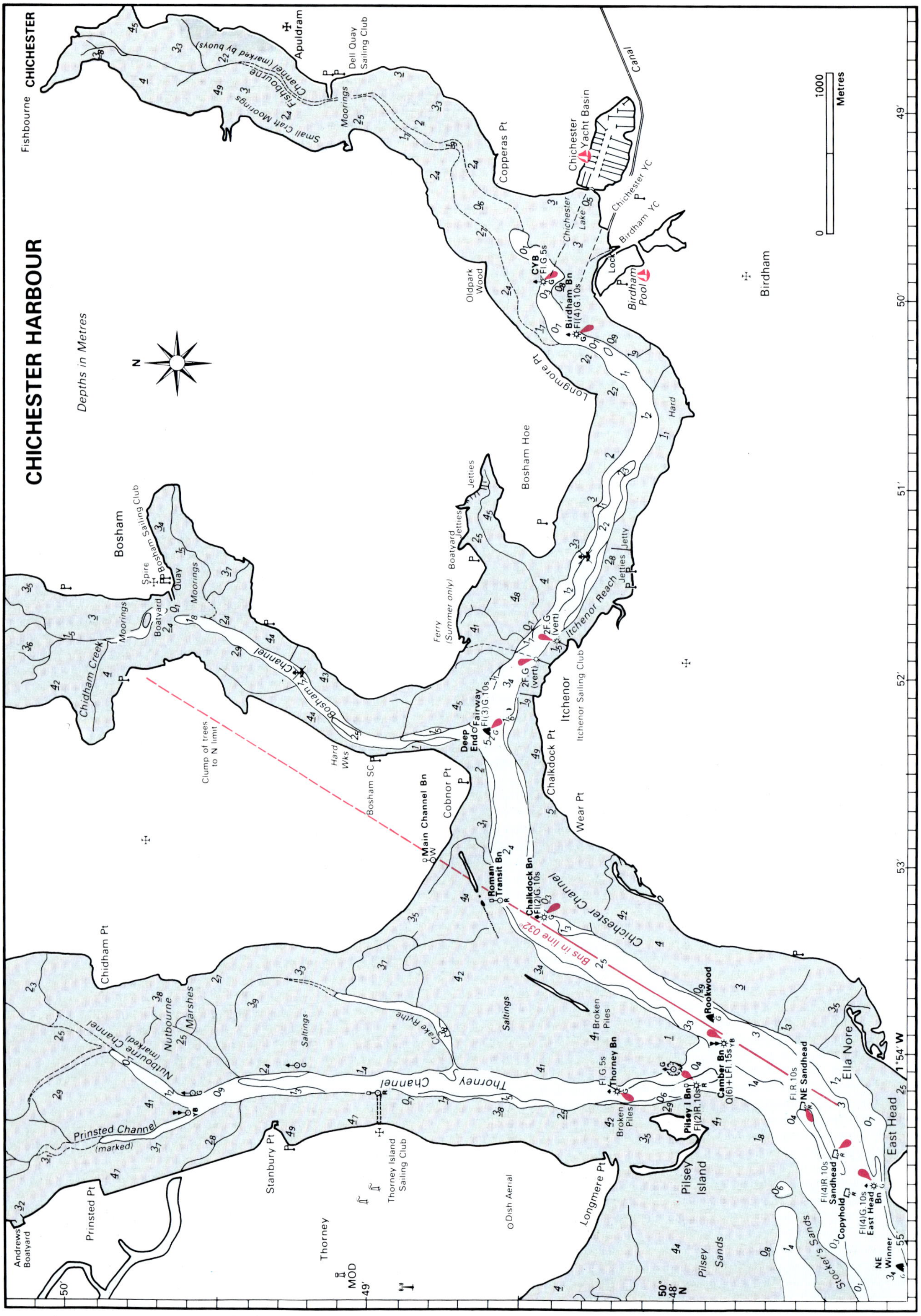
CHICHESTER HARBOUR
Depths in Metres
Fishbourne
CHICHESTER
Apuldram
Dell Quay Sailing Club
Fishbourne Channel (marked by buoys)
Small Craft Moorings
Copperas Pt
Chichester Yacht Basin
Chichester YC
Canal
Chichester Lake
Birdham YC
Lock
Birdham Pool
Birdham
CYB
Birdham Bn
Oldpark Wood
Longmore Pt
Hard
Bosham Hoe
Jetties
Jetty
Itchenor Reach
Boatyard
Ferry (Summer only)
Itchenor
Itchenor Sailing Club
Chalkdock Pt
Wear Pt
Bosham
Bosham Sailing Club
Spire
Quay
Moorings
Chidham Creek
Bosham Channel
Clump of trees to N limit
Hard Wks
Bosham SC
Deep End
Fairway
Cobnor Pt
Main Channel Bn
Roman Transit Bn
Chalkdock Bn
Bns in line 032°
Chichester Channel
Chidham Pt
Nutbourne Marshes
Nutbourne Channel (marked)
Saltings
Cake Rythe
Broken Piles
Thorney Bn
Thorney Channel
Rookwood
Camber Bn
Pilsey I Bn
Pilsey Island
Ella Nore
NE Sandhead
Sandhead
Copyhold
East Head
East Head Bn
Stocker's Sands
Pilsey Sands
Winner
Longmere Pt
Dish Aerial
Thorney Island Sailing Club
Stanbury Pt
Prinsted Channel (marked)
Prinsted Pt
Andrews Boatyard
Thorney
MOD
1000 Metres
50°48′N
1°54′W

Der Flußarm Itchenor.

nach seewärts abdrehen und einen neuen Versuch starten. Die Kennung des Feuers *Bar* ist (Fl.WR.5s7/5M und Fl(2)R.10s2M), das Nebenfeuer (Fl(2)R) deckt die Untiefe West Pole ab.

Bei der Ansteuerung aus SW kann es passieren, daß man sowohl das Nebenfeuer (Fl(2)R) als auch den sicheren weißen Sektor des Feuers Bar ausmachen kann. Dann sollte man nach Stb. halten, bis man den Sektor des roten Nebenfeuers bei einer Peilung von etwa 020° verlassen hat. Bei Tageslicht bleibt die Tonne *Chi Spit* an Bb. (im Winter, wenn die Tonne eingezogen ist, steuert man die Bake *Bar* mit einer Peilung von 020° an), um sich von West Pole freizuhalten.

Von einem Punkt, der etwa 0,5 kbl E-lich der Bake liegt, führt ein Kurs mit ungefähr 013° sicher vor die Hafeneinfahrt in schnell tieferwerdenden Wasser. Die rote Bake *Eastoke* (Q.R) bleibt an Bb. und die grüne Bake W *Winner* (Q.G), 2,5 kbl weiter an Stb., wobei darauf zu achten ist, daß die kleinen unbefeuerten roten Stangen auf den Köpfen der Buhnen um Eastoke Point herum an Bb. bleiben. In diesem Fahrwasser kann der Strom extrem stark setzen; bei ausgeprägtem Springniedrigwasser mit mehr als 6 kn! Man läuft parallel zum steilen Kiesstrand, den man an der Stb.-Seite hat, bis man das Clubhaus des Hayling Island Sailing Clubs auf Sandy Point an Bb. und die grüne Tonne *NW Winner* (Fl.G.10s) querab an Stb. hat. Hier hat man nun zwei Möglichkeiten: den Emsworth Channel im N und den Chichester Channel im E.

Der Emsworth Channel

Von der Einfahrt Sandy Point/NW Winner steuert man mit 335°, wobei das befeuerte Kardinalzeichen S *Fishery* mit gutem Abstand an Stb. bleibt, gefolgt von der grünen Tonne *NW Pilsey*. Das Fahrwasser ist nun den fast geraden 2 sm langen Schlag N-wärts gut bezeichnet und entsprechend befeuert; es endet an der befeuerten Kardinalbake S *Emsworth* und der roten Bake *NE Hayling* (Fl(2)R.10s). Ist man auf dem Weg durch das *Sweare Deep* zur Northney Marina, läßt man die Bake *NE Hayling* an Bb. und folgt den roten Pfählen, die an Bb. bleiben, nach NW das Fahrwasser hinauf, bis die Bake *Sweare Deep* (Fl(3)R.10s) erreicht ist. Sie bleibt an Bb.; ein Kurs von rund 290° führt zur Bake *Northney* (Fl(4)R.10s). Rundet man diese Bake, sind SW-lich davon rote und grüne Pfähle auszumachen, die zur Marinaeinfahrt führen. Bei Mittelwasser können Yachten mit einem Tiefgang bis zu 2 m in die Marina einlaufen.

Das andere Fahrwasser führt von der Bake *Emsworth* NNE-lich zur Ortschaft Emsworth selbst und dem Tarquin Yacht Harbour, ehemals Emsworth Yacht Harbour, hinauf. Im unteren Teil der Fahrrine bis hinauf zur Bake *Fisherman's* (Fl(3)R.10s) sind Mooringpfähle gesetzt. Oberhalb der Bake läßt man eine Reihe roter Pfähle an Bb. und folgt dem trockenfallenden Fahrwasser (0,5 m), bis es sich am ersten befeuerten grünen Pfahl (Fl(3)G.10s) zwischen einem zweiten grünen und weiteren roten Pfahl nach Stb. zur Marina hinauf wendet, vor der ein Süll dafür sorgt, daß die WT 1,5 m beträgt. Die Marina ist nur flachgehenden Booten für 1 bis 2 Std. vor sowie nach HW zugänglich.

Es gibt noch eine ganze Reihe weiterer Fahrwasser in der Umgebung von Emsworth: Alle fallen trocken, manche sind mit Pfählen und Pricken bezeichnet.

Der Chichester Channel

Dieses Fahrwasser führt zum Thorney Channel, Bosham Channel, nach Itchenor und von dort zum Birdham Pool, Chichester Yacht Basin und trockenfallenden Orten weiter landeinwärts.

Hat man den Hayling Island Sailing Club passiert, steuert man nach E, wobei folgende grüne Spitztonnen an Stb. bleiben: *NW Winner* (Fl.G.10s), *N Winner* (Fl(2)G.10s), *Mid Winner* (Fl(3)G.10s) und die Bake *East Head* (Fl(4)G.10s) mit dem Pegel. An Bb. bleiben folgende rote Stumpftonnen: *Stocker* (Fl(3)R.10s), *Copyhold* (unbefeuert) und *Sandhead* (Fl(4)R.10s).

Was die Untiefe „The Winner" betrifft, sollte man nichts riskieren. „Abkürzungen" führen meistens zu langen und bangen Wartezeiten auf die nächste Flut. Kommen womöglich noch heftige Windböen auf, während man dort festsitzt, kann die Situation gefährlich werden. Da die Bank gut bezeichnet ist, sollte es aber keine Probleme geben.

Nachdem man *NE Sandhead* (Fl.R.10s) an Bb. gelassen hat, verläuft das Fahrwasser in NE-licher Richtung. Nach ca. 2300 m erreicht man die Bake *Roman Transit* (rotes Zylindertoppzeichen), die in Linie mit der am Strand stehenden sogenannten *Main Channel* Bake (weißes Zylindertoppzeichen) in 032° peilt. Beide Richtmarken stehen in Linie mit der auffälligen Baumgruppe, Stoke Clump, die in einiger Entfernung landeinwärts steht. Falls geringe Sichtweiten die Orientierung an diesen Landmarken unmöglich machen, braucht man sich trotzdem nicht zu beunruhigen, weil das Fahrwasser deutlich be-

Birdham Pool.

Bosham Reach: der Yachtclub.

zeichnet ist: an der Bb.-Fahrwasserseite mit der befeuerten Kardinalbake S Camber an der Einfahrt des Thorney Channel und mit der unfeuerten grünen Tonne Rookwood, die an Stb. bleibt. Es gibt auch noch eine ganze Reihe von Stangen, die aber hoch auf dem Schlick stehen, so daß man gut daran tut, wenn man bei NW guten Abstand zu ihnen hält. Ist die Bake *Chalkdock* (Fl(2)G.10s) passiert, dreht man nach Stb. und auf die grüne Spitztonne an der Stb.-Seite *Fairway* (Fl(3)G.10s) zu, die die Abzweigung des Bosham und des Chichester Channels bezeichnet. Dicht NE-lich davon ist die Kardinalbake S *Deep End* ausgelegt, die sowohl eine unbefeuerte Stb.-Marke des Bosham Channel sowie eine Bb.-Markierung des Itchenor Reach darstellt. Letzterer ist fast bis hinauf nach Longmore Point, etwa 1 sm E-lich von Itchenor, ausreichend tief. Danach nimmt die Tiefe der Fahrrinne, die weiterhin mit Tonnen bezeichnet ist, ab. Der Zugang zum Birdham Pool und dem Chichester Yacht Basin hängt vom Tidenhub ab.
Birdham Pool ist zu erreichen, indem man einer Reihe von grünen Pfählen folgt, nachdem die Bake *Birdham* (Fl(4)G.10s) gerundet ist, dann wird eine Schleuse passiert, die im Winter 3 Std. vor bis 3 Std. nach HW geöffnet wird; während der Saison wird sie in der Zeit von 0700 bis 2200 Uhr bedient. Wenn der Tidenstand es erlaubt, können Yachten mit einem Tiefgang bis zu 2 m hierher gelangen, auch wenn die Ansteuerungen trockenfallen (1 m über KN) und man sich daher vorsichtig vorantasten muß. Die Bake *Chichester Yacht Basin* (CYB, Fl.G.5s) ist ein paar kbl ENE-lich von der von Birdham ausgelegt. Von hier bezeichnet eine Reihe grüner Pfähle den ESE-lichen

Dell Quay: öffentliche Sliprampe (A), Pub (B) und Segelclub (C).

Verlauf des Fahrwassers, das bis zur Schleuse etwa 0,5 m WT (LAT) bietet. Im Sommer sind diese am Wochenende in der Zeit von 0700 bis 2359 Uhr, Mo-Do von 0700 bis 2100, im Winter von 0800 bis 1700 Uhr besetzt.
Der *Bosham Channel* ist mit roten und grünen Pfählen bezeichnet und bietet 1,8 m WT bis zu den Kais der Ortschaft. Entlang der Kais können Yachten mit bis zu 1,8 m Tiefgang längsseits festmachen und bei mittleren Springtiden trockenfallen.
Den *Thorney Channel* erreicht man, indem man die befeuerte Kardinalbake S *Camber* an Stb., anschließend die rote Bake *Pilsey Island* (Fl(2)R.10s) an Bb. und einen grünen Pfahl an Stb. läßt; diese Seezeichen sollte man mit genügend Abstand passieren. Dann steuert man zwischen einem Bakenpaar, hinter dem das Fahrwasser geradeaus verläuft und mit roten und grünen Stangen markiert ist. Die Wassertiefen variieren zwischen 3,7 m und 1,8 m NE-lich von Stanbury Point. Im oberen Teil des Fahrwassers sind Moorings ausgelegt.

Anker- und Liegeplätze

N-lich von Sandy Point, unmittelbar hinter der Einfahrt an der W-Seite ist eine Anzahl von Moorings ausgelegt. Gelegentlich kann man hier eine freie Mooringtonne für einen Mittagsstopp nutzen. Der Hayling Island Sailing Club unterhält einen Anleger, der sich W-lich der clubeigenen Dingi-Slipanlage befindet und dessen äußeres Ende im Tidenbereich liegt. Man kann hier maximal 20 Minuten festmachen, um Mitsegler an Bord zu nehmen oder abzusetzen.
East Head Oberhalb der Bake gibt es einen schönen Ankerplatz über Sandgrund, der bei beständigem Wetter herrlich ist. Im Sommer ist er stets überfüllt; außer nach S und E ist er außerdem recht ungeschützt. Ein schmaler flacher Creek, der mit Pfählen markiert ist, führt zur Roman Landing und zum West Wittering Sailing Club.
Itchenor Unterhalb des Hafenbüros gibt es einen langen flachen Anleger und an dessen Kopf einen Schwimmsteg. Hier kann man 15 Minuten festmachen, und das auch nur, um Wasser zu bunkern, Proviant oder Crewmitglieder aufzunehmen. Stromaufwärts sind 6 große Festmachetonnen für Gastyachten ausgelegt. Es kann passieren, daß man im Päckchen mit bis zu 6 anderen Booten liegen muß. Noch etwas weiter stromaufwärts ist ein Schlengel für Gastyachten an der S-Seite des Fahrwassers ausgelegt. Im Zweifelsfall setzt man sich auf UKW-Kanal 14 mit dem Hafenmeister in Verbindung. Eine hübsche Ortschaft mit wenig Versorgungsmöglichkeiten, sieht man von dem Pub einmal ab. Immerhin gibt es eine Bootswerft und ein kleines Geschäft mit Ausrüstung.
Birdham Pool Die Einsteuerung erfolgt wie im Abschnitt „Ansteuerung und Einfahrt" beschrieben. Yachten bis zu 15 m Lüa und 2 m Tiefgang können in Birdham, einem besonders zauberhaften Fleckchen, festmachen. Hier findet man eine Werft mit Reparaturmöglichkeiten, Duschen, Toiletten, Treibstoff, Segelmacher, Bootszubehör und Elektriker. Die Geschäfte sind zu Fuß in 25 Minuten zu erreichen. Den Anruf auf UKW-Sprechfunk kann man sich sparen, er wird ohnehin nicht abgehört. Man läuft einfach mit der Tide ein.
Chichester Yacht Basin Anmeldung auf UKW-Kanal 37. Der Hafen ist von 2 Std. vor bis 2 Std. nach HW zu erreichen, je nach Tiefgang der Yacht und Tidenhub.
Verkehrssignale
Q.R – Das Fahrwasser ist weniger als 1 m tief.
Q.Y – Die Schleusentore sind geöffnet.
Schleusensignale
R – Halt, warten
G – Einlaufen.
Wenn die Schleuse offen steht, ist Vorsicht bei der Passage geboten, weil die Gezeitenströme mit großer Geschwindigkeit hinein- bzw. herauswirbeln. Gastyachten bis zu 20 m Lüa und 1,8 m Tiefgang können beherbergt werden. Die landschaftliche Umgebung ist wunderschön, und die Versorgungseinrichtungen inklusive Waschsalon bieten alles, was man von einer größtenteils modernen Marina erwarten kann. Lebensmittel, Zeitschriften, Ausrüster, Bar/Restaurant, Takel- und Segelmacher sowie Techniker – alles vor Ort. Gäste dürfen sämtliche Einrichtungen des Chichester Yacht Clubs benutzen.
Thorney Channel ist ein wunderschöner, gut geschützter Ankerplatz. Vor der Insel Pilsey findet man oft viel Platz zum Ankern und kann mit dem Dingi an Land rudern, wo es jedoch keinerlei Versorgungsmöglichkeiten gibt.
Northney Marina hat normalerweise Platz für Gastyachten mit bis zu 2 m Tiefgang. Anmeldung auf UKW-Kanal 37 oder 80 oder telefonisch (01705-466321). Alle Versorgungsmöglichkeiten; Geschäfte sind zu Fuß in 15 Minuten zu erreichen.
Tarquin Yacht Harbour unterhält lediglich 4 Gastliegeplätze; durch die Abwesenheit von Dauerliegern können es eventuell mehr sein.
Da der Platz ausgesprochen begrenzt ist, sei nachdrücklich

Ansteuerung des Tarquin Yacht Harbour.

empfohlen, sich auf UKW-Kanal 37 oder 80 anzumelden. Wasser, Toiletten, Duschen und Münzfernsprecher sind vorhanden. Der Emsworth Shipyard, der bei den meisten Problemen behilflich sein kann, ist gleich nebenan.

Die Ortschaft Emsworth, wo es Geschäfte, Pubs, Bistros etc. gibt, ist mit einem Spaziergang von 10 Minuten zu erreichen. Der Emsworth Slipper Sailing Club und der Emsworth Sailing Club freuen sich über Besucher.

Emsworth Channel Boote bis zu 12 m Lüa können an einer Dalbenreihe im Fahrwasser festmachen. Die ersten 5 sind dazu mit 2 m WT (LAT) geeignet.

In Emsworth wurde 1997 ein neuer Anleger gebaut, der von 4 Std. vor bis 4 Std. nach HW zu erreichen ist. Für einen Zeitraum von 2 Std. ist das Festmachen kostenfrei. Wasser und Müllcontainer am Anleger, der außerdem recht günstig gelegen ist, um in Emsworth Einkäufe zu tätigen oder einen Pub zu besuchen.

Sparke's Yacht Harbour Unmittelbar W-lich von Sandy Point gelegen, bietet der Hafen 400 Liegeplätze an Schlengeln sowie alle Möglichkeiten einer Yachtwerft. Zum Hayling Island Sailing Club führt dessen eigenes, auf 2 m WT ausgebaggertes Fahrwasser. Die unbefeuerte Kardinalbake E bleibt an Bb., während man aus der Fahrrine heraus nach Bb. eindreht und den gelben „x"-Richtmarken in W-licher Richtung folgt, bis die roten und grünen Fahrwasserstangen erreicht sind, die zur bequem gelegenen Marina, deren Einfahrt sich an Backbordseite öffnet, führen. Bei MSpNW beträgt die Tiefe an den Liegeplätzen bis zu 2,5 m. Anmeldung auf UKW-Kanal 37 oder telefonisch (01705-463572). Ausgezeichnete Versorgungseinrichtungen inklusive Treibstoff, Reparaturmöglichkeiten, Duschen, Waschküche, Bar/Restaurant, Ausrüster, wo auch Butangas und Camping GAZ -Flaschen ausgetauscht werden können, begrenztes Lebensmittelangebot.

Bosham Am Kai von Bosham kann man sich trockenfallen lassen. Wassertiefen/Tidenhübe siehe „Ansteuerung und Einfahrt – Chichester Channel". Nur dörfliche Versorgungsmöglichkeiten, dafür kann man aber wunderschöne Spaziergänge unternehmen. Zwei Pubs und ein Yachtclub. Mit seinem festen, sicheren Grund und einem Süßwasserstrom, der neben der Hafenmauer entlangrinnt, ist dies ein ausgezeichneter Platz, um seine Yacht zu schrubben. Außerdem gehört Bosham zu den schönsten Liegeplätzen an der englischen Südküste. Man läßt die Kardinalbake, die unterhalb des Kais ausgelegt ist, mit gutem Abstand an Stb.. Am Kopf eines hölzernen Leitdammes/Wellenbrechers, der parallel dicht zum Kai verläuft, steht ein Kardinalzeichen S. Dieses Seezeichen bleibt an Stb., während man sich dicht am Kai hält, der durch Pfähle verstärkt ist. Festmachen und den Sommertag genießen!

Sliprampen in Chichester Für kleine Yachten ist der Hafen ein Paradies, und daher ist es auch nicht verwunderlich, daß er mit Slipanlagen gut ausgestattet ist. Hier ein paar Beispiele:

Von öffentlichen Rampen an den Enden von Straßen in Itchenor, Bosham, Dell Quay, Thornham und Emsworth, Parkplätze sind in der Nähe.

An der NE-Seite der Hayling Bridge unterhält der Langstone Sailing Club um HW eine Slipanlage, ebenso beim Birdham Yacht Club und am Dell Quay.

Die Sliprampe am Sandy Point kann mit Genehmigung des Hayling Island Sailing Clubs benutzt werden.

In Emsworth gibt es eine öffentliche Rampe oder beim Tarquin Yacht Harbour.

Yachtclubs

Birdham Yacht Club, Bosham Sailing Club, Chichester Cruising Club (Itchenor), Dell Quay Sailing Club, Emsworth Sailing Club, Hayling Island Sailing Club, Itchenor Sailing Club, Langstone Sailing Club, Mengham Rythe Sailing Club, West Wittering Sailing Club, Thorney Island Sailing Club.

Langstone Harbour

Gezeiten

Ähnlich wie Portsmouth
HW +0014 Dover

MSpHW	MSpNW	MNpHW	MNpNW
4,8 m	0,8 m	3,9 m	1,9 m

Gezeitenströme
Zu Springzeiten setzt der Strom in der Umgebung der Einfahrt extrem stark. Vorsicht vor Mooringtonnen, die von der Flut unter Wasser gedrückt werden.

Wassertiefen

Bei umsichtiger Navigation kann man über der Barre mit wenigstens 2,1 m (LAT) rechnen. Auch wenn ein Großteil des Hafens trockenfällt, führen die Hauptfahrwasser fast über ihre gesamte Länge mehr als 2 m Tiefe. Vollständig trocken fällt die kurze Fahrrinne, die zur Langstone Marina führt.
Das automatisch betriebene Süll „öffnet" sich, wenn 1,6 m Wasser darüber stehen und gibt den Zugang zur Marina frei, die an den tiefsten Stellen 2,4 m Tiefe bietet. Am außerhalb der Marina gelegenen Warteschlengel beträgt die WT 2,5 m (LAT).

Lage und Umgebung

Auch wenn Langstone Harbour die Naturschönheit von Chichester im E oder die historischen Attraktionen von Portsmouth im W fehlen, bieten die ausgedehnten flachen, von den Gezeiten geprägten Watten einen ganz eigenen Charme, der sich nicht jedem erschließt. Die Landschaft, die von manchem als „trostlos" und „öde" empfunden wird, vermittelt das Gefühl eines „Außenpostens" in einem Gebiet, in dem viele Orte ihren ursprünglichen Charakter fast vollständig verloren haben.

Ansteuerung und Einfahrt

Die Einfahrt nach Langstone Harbour ist an einem hohen Schornstein auf dem W-Ufer zu erkennen. Wie auch in Chichester wird das Einsteuerungsfahrwasser zu beiden Seiten von gefährlichen Kies- und Sandbänken flankiert, in diesem Fall dem West und dem East Winner.
Bei der Ansteuerung von E ist es klug, wenn die unbefeuerte Kardinaltonne S an Stb. bleibt, und man danach mit genau W-lichem Kurs läuft, bis die rot-weiße Mitte-Fahrwassertonne in Linie mit dem inneren Ende der W-Seite der Einfahrt peilt. Die Tonne ist im tiefsten Teil der Fahrrinne ausgelegt, so daß man selbst dann, wenn die Sände ihre Lage verändern, frei von ihnen bleibt. Von dieser Fahrwassertonne steuert man die Einfahrt mit einem Kurs von 353° an, indem man die roten Einfahrtsdalben (Bb.-Toppzeichen), die den Ausfluß einer Abwasserleitung be-

Einfahrt zum Langstone Harbour (Foto: Portsmouth City Council).

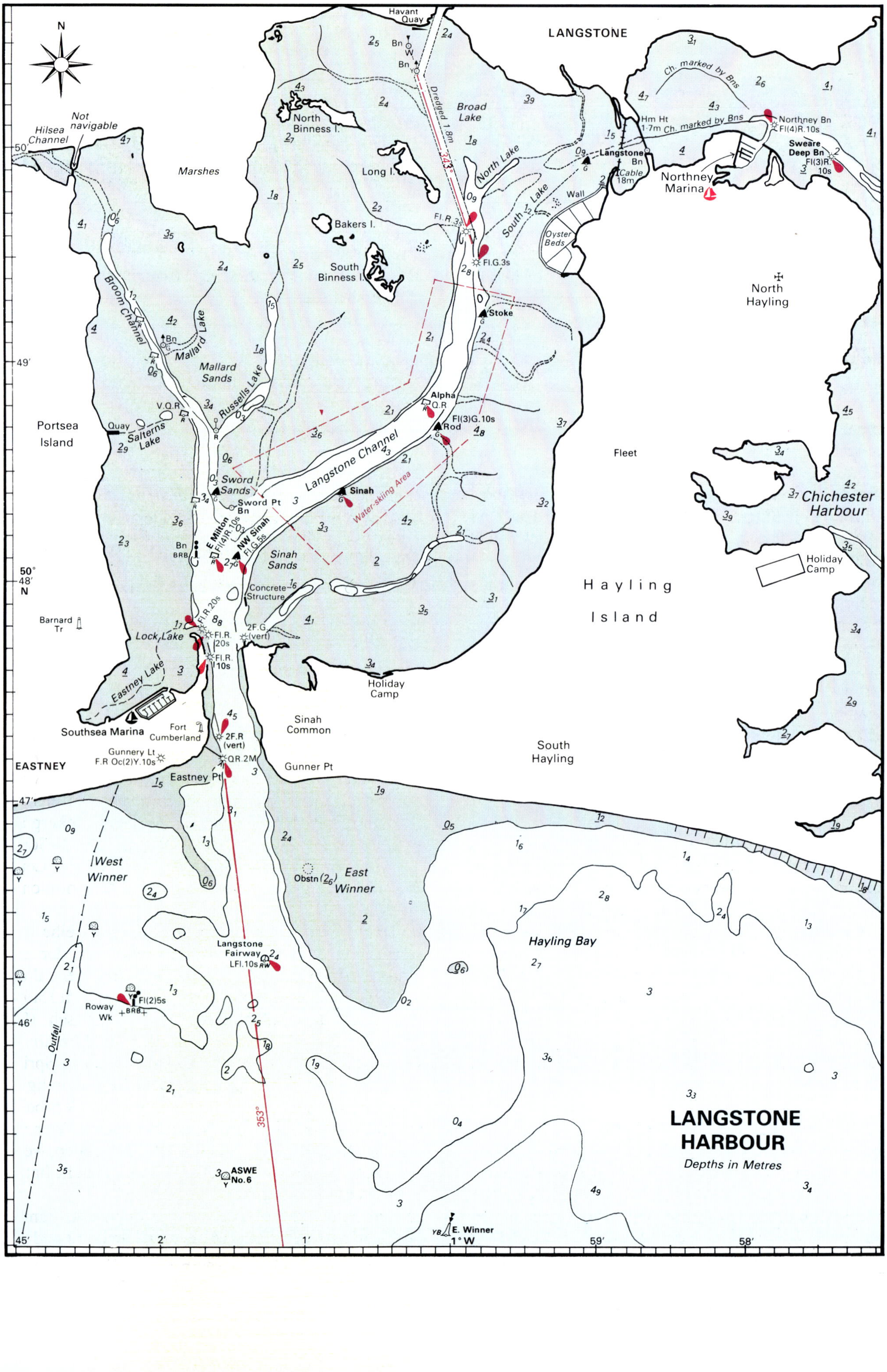
LANGSTONE HARBOUR
Depths in Metres
LANGSTONE
Havant Quay
Broad Lake
North Binness I.
Long I.
Bakers I.
South Binness I.
Marshes
Hilsea Channel
Not navigable
Broom Channel
Mallard Lake
Mallard Sands
Russells Lake
Portsea Island
Salterns Lake
Sword Sands
Sword Pt
Langstone Channel
Water-skiing Area
Sinah Sands
Concrete Structure
Lock Lake
Eastney Lake
Southsea Marina
Fort Cumberland
Gunnery Lt F.R Oc(2)Y.10s
EASTNEY
Eastney Pt
Gunner Pt
Sinah Common
Holiday Camp
South Hayling
Hayling Island
Fleet
North Hayling
Chichester Harbour
Northney Marina
Northney Bn Fl(4)R.10s
Sweare Deep Bn Fl(3)R.10s
Ch. marked by Bns
Hm Ht 1·7m
Cable 18m
Oyster Beds
Wall
North Lake
South Lake
Dredged 1.8m
Stoke
Alpha Q.R
Rod Fl(3)G.10s
Sinah
E Milton Fl(4)R.10s
NW Sinah Fl.G.5s
Barnard Tr
West Winner
East Winner
Obstn
Hayling Bay
Langstone Fairway LFl.10s
Roway Wk Fl(2)5s
ASWE No.6
E. Winner
Outfall
353°
343°
1°W
50° 48' N

Die rot-weiße Mitte-Fahrwassertonne „Langstone Fairway".

zeichnen, mit der Uferkante der W-Seite der Einfahrt zur Deckung bringt. Bei der Einsteuerung in die Einfahrt selbst ist zu beachten, daß jeglicher quersetzender Strom von einem sehr starken ein- oder auslaufendem Strom ersetzt wird. Bei heftigen auflandigen Winden oder gegen Ende eines Springniedrigwassers kann sich dadurch eine rauhe See aufbauen.

Aus SW kommend, steuert man einen Kurs von 235°, indem man das Horse Sand Fort in Linie mit dem No Man's Land Fort bringt. Dieser Kurs führt zur schwarz/rot/schwarzen Einzelgefahrbake, die das Roway Wrack bezeichnet. Bevor man diese Bake erreicht, ist die rot-weiße Langstone-Mitte-Fahrwassertonne an Stb. gut auszumachen. Bei der Ansteuerung der Tonne ist zu beachten, daß es auf dem Weg dorthin eben N-lich des Kurses eine untiefe Stelle gibt, über der nur 1,3 m (LAT) Wasser stehen. Neben der Peillinie Bake – Tonne beträgt die WT mindestens 1,8 m, was bei MSpNW etwa 2,6 m bedeutet.

Von W kommend, sollte man sich dafür entscheiden, die Rinne in der überspülten Barre zu benutzen, die man findet, indem man Horse Sand Fort zur Deckung mit dem Hampshire-Ufer bringt. Die Passage liegt etwa 1 sm S-lich des Lumps Fort am Strand und ist an ihrer S-Seite mit einem Dalben (Q.R) bezeichnet, dessen Feuer äußerst schwach ist. Man hält sich dicht am Dalben (1,2 m LAT) und steuert einen E-lichen Kurs, bis die beiden Forts wie bereits beschrieben in Linie peilen.

Ist man erst im Hafen, läuft man den gewünschten Liegeplatz an, sollte sich aber darauf einstellen, daß im Bereich des Hauptfahrwassers starke Ströme setzen.

Fraser Gunnery Range (Schießgebiet)

Die gelegentliche Benutzung des Schießgebietes in der Zeit von Mo – Fr (0800 – 1800) wird über BBC Radio Solent oder telefonisch (01705-822351) bekanntgegeben. Das Gebiet umfaßt einen Radius von 1 sm Durchmesser, dessen Mittelpunkt auf der Position 50°47´03 N 001°01´09 E liegt. Es gibt auch einen Sektor 120° – 155°, der sich 9 sm seewärts erstreckt. Wenn Schießübungen stattfinden, wird das Gebiet am Tag mit 2 roten Flaggen,

Das Clubhaus der Eastney Cruising Association am W-Ufer der Einfahrt.

E-Seite der Hafeneinfahrt Langstone Harbour.

nachts mit 2F.R und Oc(2)Y.10s eben W-lich der Hafeneinfahrt bezeichnet.

Liegeplätze

Ohne die Erlaubnis des Hafenmeisters, der auf UKW-Kanal 12 und 16, Ruf: *Langstone Harbour Radio,* während der Dienststunden (auch an Wochenenden) erreichbar ist, ist Ankern im Hafen verboten. Der beste Ankerplatz für tiefgehende Yachten befindet sich an der N-Seite des Langstone-Fahrwassers über reinem Sandgrund. Leider ist dieser Platz ungeschützt und fernab der Annehmlichkeiten an Land.

Im Hauptstrom in der Einfahrt gibt es eine Reihe von Gästemoorings. Die an der W-Seite werden von der Eastney Cruising Association (Tel. 01705-734103) verwaltet. Die Moorings E-lich des Fahrwassers gehören dem Hafenamt. Das Büro des Hafenmeisters ist telefonisch (01705-463419) oder auf UKW, Ruf: *Langstone Harbour Radio,* zu erreichen. Man sollte daran denken, daß zu Springzeiten der Strom mit außergewöhnlicher Geschwindigkeit an diesen Mooringplätzen setzt; daher ist besonders bei Fahrten mit dem Dingi größte Vorsicht geboten. Wer also in dunkler Nacht das Pech hat, über Bord zu fallen, wenn der Ebbstrom gerade seine größte Stärke erreicht hat, kann ganz leicht verlorengehen.

Hat man an diesen Moorings festgemacht, kann man den Service der Hayling Fähre, einen an Land und zurück an Bord zu bringen, in Anspruch nehmen. Die Fähre ist auf UKW-Kanal 10, Ruf: *Pride of Hayling,* zu erreichen.

Die Tiefwasser-Moorings hinter der Einfahrt sind privat, und die außerhalb des Fahrwassers fallen weitgehend trocken.

Langstone Marina bietet 30 Gastliegeplätze. Zwischen 2 großen gelben runden Tonnen inmitten der Moorings an Bb.-Seite läuft man in das schmale Fahrwasser unmittelbar hinter der Hafeneinfahrt ein. Vorsicht, quer setzender Strom. Die Fahrrine ist nun mit roten und grünen Pfählen markiert, die Hauptpfähle sind befeuert. Das erscheint umständlich, wenn man sich aber erst die 0,5 sm lange Passage vorankämpft, wird es nur allzu bald klar. Unmittelbar vor dem Süll ist ein Warteschlengel mit Landzugang ausgelegt. Das Süll selbst ist automatisiert und arbeitet durch Wasserdruck. Wenn also 1,6 m Wassertiefe darüber sind, klappt ein Gegengewicht das Süll herunter und gibt so den Zugang zur Marina frei. Wenn dies geschieht, wechselt das rote Licht in ein grünes, und Yachten mit 1,6 m Tiefgang oder weniger können einlaufen. Hat die Yacht mehr Tiefgang, ist der Pegel nahe der Tore zu beachten, der die Wassertiefe über dem Süll anzeigt. In der nur 7 m breiten Einfahrt hat auslaufender Verkehr Vorrang.

Die Langstone Marina ist rund um die Uhr auf UKW-Kanal 37 und 80 zu erreichen oder telefonisch unter der Nr. 01705-822719.

Versorgung

Hayling Island Telefon, Treibstoff, Wasser am Hayling-Schlengel nahe beim Büro des Hafenmeisters. Die Wassertiefe beträgt hier bei MSpNW nur wenig mehr als 0,3 m. Es ist auch zu bedenken, daß es an diesem Liegeplatz äußerst betriebsam zugeht und man daher nicht ohne ausreichende Crew hier festmachen sollte, damit notfalls die Yacht sofort verholt werden kann – es sei denn, man hat eine spezielle und ausdrückliche Genehmigung vom Hafenbüro, dann aber auch nur für den zugewiesenen Liegeplatz. Sollte man diese Warnung ignorieren, kann es passieren, daß die Yacht kostenpflichtig abgeschleppt wird.

Der „Ferry Boat Inn“ mit Bar bietet kleine Gerichte, ein Café sowie einen kleinen bescheidenen Laden. Sliprampe. Busverbindung nach Hayling Island und Havant. Im Sommer verkehren Fähren nach Eastney, von dort kommt man nach Portsmouth mit dem Bus oder nach einem belebenden Spaziergang.

Eastney Cruising Association ist eine gastfreundliche Organisation, deren schönes Clubhaus Duschen, Bar und Restaurant beherbergt. Die Mitglieder sind freundlich und hilfsbereit – kein geringerer als Sir Alec Rose gehörte zu ihnen –, und Besucher sind gern gesehen.

Langstone Marina bietet Treibstoff, Wasser, Duschen und einen Ausrüster. Grundnahrungsmittel. Besucher haben Zutritt zum Marina-Clubhaus mit Balkon, Bar und gutem Essen. Waschsalon und erstklassiger Lebensmittelladen beim Campingplatz, der bequem zu Fuß zu erreichen ist.

Verkehrsverbindungen

Busverbindung nach Portsmouth.

Portsmouth

Gezeiten

HW + 0029 Dover

MSpHW	MSpNW	MNpHW	MNpNW
4,7 m	0,8 m	3,8 m	1,9 m

Wassertiefen

Die Einfahrt und die Hauptfahrwasser sind tief, ebenso die Ansteuerungen zu Camper & Nicholson's Marina (Gosport) und Haslar Marina. Die Tiefen im Portchester Lake, der bis zur Schleuse Port Solent auf 1,5 m ausgebaggert ist, nehmen zum Scheitel hin ab. Der Hauptarm des Fareham Lake bietet fast auf der gesamten Länge 5 m WT, vor Wicor Hard sind es jedoch nur 3 m. Oberhalb dieser Stelle nehmen die Tiefen weiter ab. Der Bereich vor dem Lower Quay in Fareham fällt 0,9 m trocken; dicht unter den unbebauten Ufern fällt man früher trocken. Die WT im äußeren Camber Dock beträgt 2,2 m, am Town Quay selbst sind es um die 1,6 m (siehe „Ansteuerung, Einfahrt und Navigation“).

Lage und Umgebung

Portsmouth ist untrennbar mit der Geschichte der Royal Navy verbunden. Wo man auch hinsieht, hat der Senior Service seine Spuren hinterlassen. Der Royal Dockyard wird von der „HMS Victory“ überragt, über der sich wiederum die „HMS Warrior“ emporreckt. Trotz der vergleichsweise bescheidenen Abmessungen sind die Überreste der „Mary Rose“ von Heinrich VIII. nicht weniger bedeutsam. In Haslar, auf der anderen Seite des Ufers, gibt es ein U-Boot-Museum, wo die „HMS Alliance“ hoch und trocken aufgebockt ist. Die derzeitigen Schiffe der Navy, die in Fahrt ebenso wie die „eingemotteten“, sind überall zu sehen, ebenso die zahlreichen Gebäude der Marine.

Die Reduzierung der Seestreitkräfte brachte der Stadt wirtschaftliche Einbußen, die zum Teil durch die Kanalfähren, die in Fountain Lake unmittelbar an der Autobahn M27 ihre Anleger haben, ausgeglichen werden konnten.

Die inneren Bereiche des Portsmouth Harbour sind ein Eldorado für Jollensegler und Segelschulen. Im „Hoheitsbereich“ des „QHM“ (Queen's Harbour Master) von Portsmouth, der diesen riesigen Hafen mit erstaunlich wenig Aufhebens managed, ist Wasserskilaufen verboten.

Ansteuerung, Einfahrt und Navigation

Yachtfahrwasser

Yachten mit weniger als 20 m Lüa, die in den Hafen einlaufen wollen, sollten entweder das Yachtfahrwasser an der W-Seite der Einfahrt benutzen oder dicht unter Land am E-Ufer halten. Boote dieser Größe sollten aber ausschließlich im Yachtfahrwasser auslaufen. Yachten, die mit einer Maschine ausgerüstet sind, müssen diese zwischen der roten Tonne *No. 4* (Q.R, dem letzten Bb.-Seezeichen vor der Einfahrt) und der roten Tonne *Ballast* (Fl.R.2,5s), dem ersten Bb.-Zeichen etwa 1 kbl hinter der Einfahrt, benutzen. Der Boat Channel (Yachtfahrwasser) verläuft eben außerhalb des Hauptfahrwassers, bis die Einfahrt erreicht ist. An diesem Punkt müssen Yachten, die

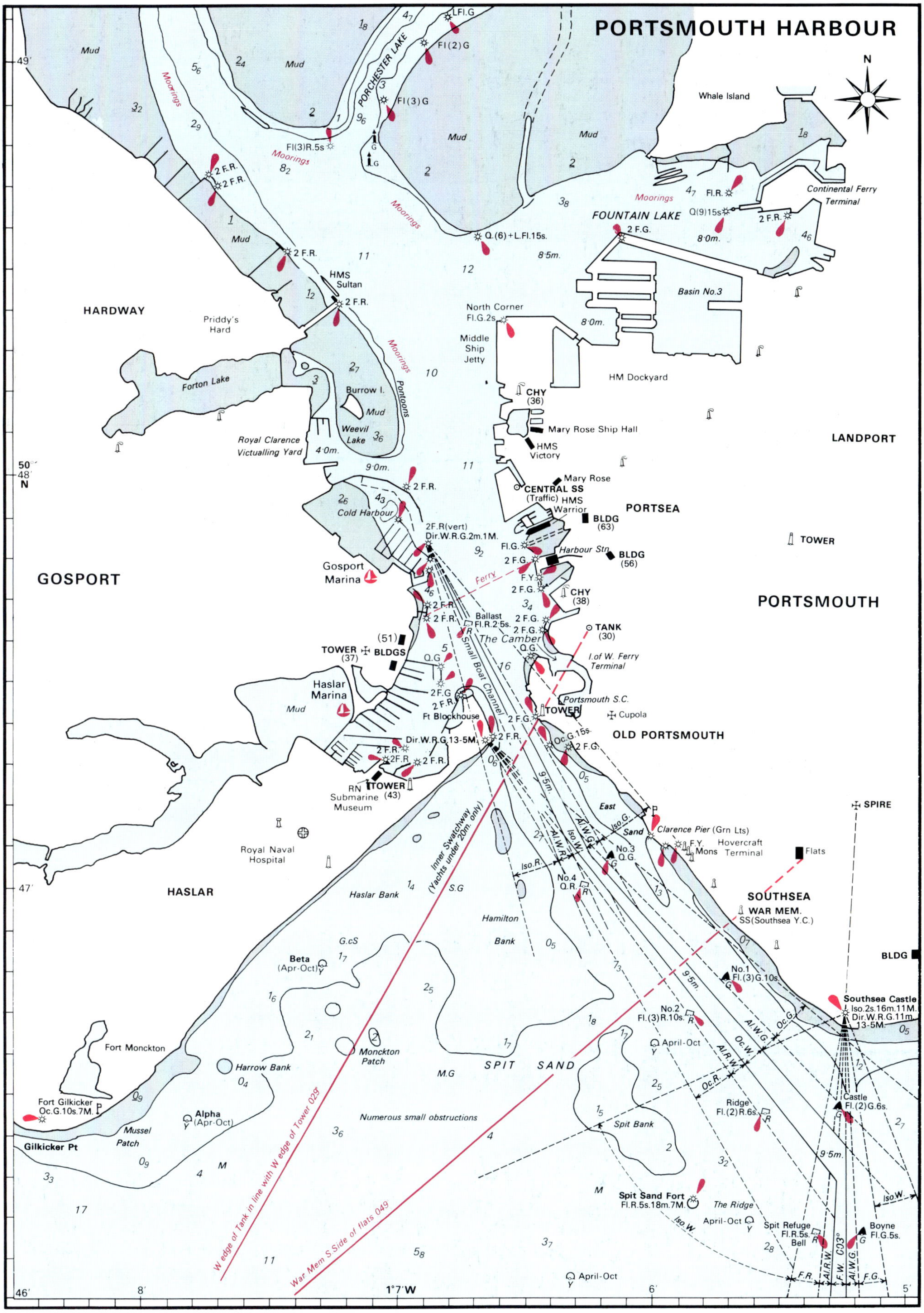
PORTSMOUTH HARBOUR
GOSPORT
PORTSMOUTH
HARDWAY
PORTSEA
LANDPORT
OLD PORTSMOUTH
HASLAR
SOUTHSEA
FOUNTAIN LAKE
HM Dockyard
Whale Island
Basin No.3
Continental Ferry Terminal
Gosport Marina
Haslar Marina
Royal Naval Hospital
Royal Clarence Victualling Yard
Forton Lake
Burrow I.
Weevil Lake
Cold Harbour
Priddy's Hard
HMS Sultan
Middle Ship Jetty
North Corner Fl.G.2s.
Mary Rose Ship Hall
HMS Victory
Mary Rose
CENTRAL SS (Traffic)
HMS Warrior
The Camber
I.of W. Ferry Terminal
Portsmouth S.C.
Ft Blockhouse
RN Submarine Museum
Clarence Pier (Grn Lts)
Hovercraft Terminal
Southsea Castle Iso.2s.16m.11M. Dir.W.R.G.11m 13-5M.
Spit Sand Fort Fl.R.5s.18m.7M.
Fort Gilkicker Oc.G.10s.7M.
Gilkicker Pt
Fort Monckton
Harrow Bank
Monckton Patch
Mussel Patch
Haslar Bank
Hamilton Bank
SPIT SAND
Spit Bank
The Ridge
Numerous small obstructions
Inner Swatchway (Yachts under 20m only)
Small Boat Channel
W edge of Tank in line with W edge of Tower 029°
War Mem S.Side of flats 049
PORCHESTER LAKE
Moorings
Pontoons
Mud
Ferry
Beta (Apr-Oct)
Alpha (Apr-Oct)
April-Oct
Spit Refuge Fl.R.5s. Bell
Boyne Fl.G.5s.
Ridge Fl.(2)R.6s.
Castle Fl.(2)G.6s.
No.1 Fl.(3)G.10s.
No.2 Fl.(3)R.10s.
No.3 Q.G.
No.4 Q.R.
Ballast Fl.R.2·5s.
Dir.W.R.G.13-5M.
2F.R(vert) Dir.W.R.G.2m.1M.
Fl(3)R.5s
Q.(6)+L.Fl.15s.
Q(9)15s
TANK (30)
TOWER (37)
TOWER (43)
CHY (36)
CHY (38)
BLDG (63)
BLDG (56)
BLDGS (51)
WAR MEM.
SS(Southsea Y.C.)
SPIRE
Flats
Cupola
1°7'W
49'
48'
47'
46'
50°
N

Das Krieger-Denkmal peilt in 049°.

Im Boat Channel: Die Tonne „No. 4" bleibt dicht an Stb.

Portsmouth: Einfahrt zwischen Fort Blockhouse zur linken und Old Portsmouth rechter Hand. Der Small Boat Channel verläuft links dicht unter dem W-Ufer, die roten Baken bleiben an Bb.

Die roten Baken vor Fort Blockhouse, die von kleinen Yachten dicht an ihrer Außenseite passiert werden müssen.

Ansteuerung Gosport Marina mit dem Bunkerponton am Ende der Wellen-Schutzwand.

Die rote Tonne „Ballast" vor der Einfahrt zum Haslar Creek. Kleine Yachten müssen einlaufend an ihrer W-Seite passieren.

den Boat Channel benutzen, die beiden roten Pfähle mit Zylindertoppzeichen, die wenige Meter vor der Bank stehen, so dicht wie irgend möglich passieren.

Bei der Ansteuerung aus E folgt man von Horse Sand und No Man's Land Fort einfach dem betonnten Fahrwasser, passiert *Saddle* (VQ.G), *Horse Sand* (Fl.G.2,5s) etc., bis der Boat Channel erreicht ist. Es ist wichtig, guten Ausguck zu halten, da Yachten stets bereit sein sollten, in schiffbare Bereiche außerhalb des Fahrwassers auszuweichen, wenn sich ein Handelsschiff nähert. Aus Richtung Langstone und Chichester Harbour kommend, steuert man entlang der Küste und wird sich eventuell, ausreichender Tidenhub vorausgesetzt, für die Passage über den Horse Sand, eine überspülte Barre, entscheiden.

Von W kommend, bleibt Fort Gilkicker (Oc.G.10s7M) 1 kbl an Bb. Nun gibt es drei Möglichkeiten: Entweder steuert man mit einem Kurs von 110° die Kardinaltonne S *Outer Spit* an und benutzt das Hauptfahrwasser, wobei S-lich von Spit Sand Fort unter Berücksichtigung des Tiefgangs der Yacht nach Bb. eingedreht wird. Die WT S-lich des Forts beträgt immer mindestens 2,1 m. Diese Ansteuerung ist leider zeitraubend und umständlich. Die weit

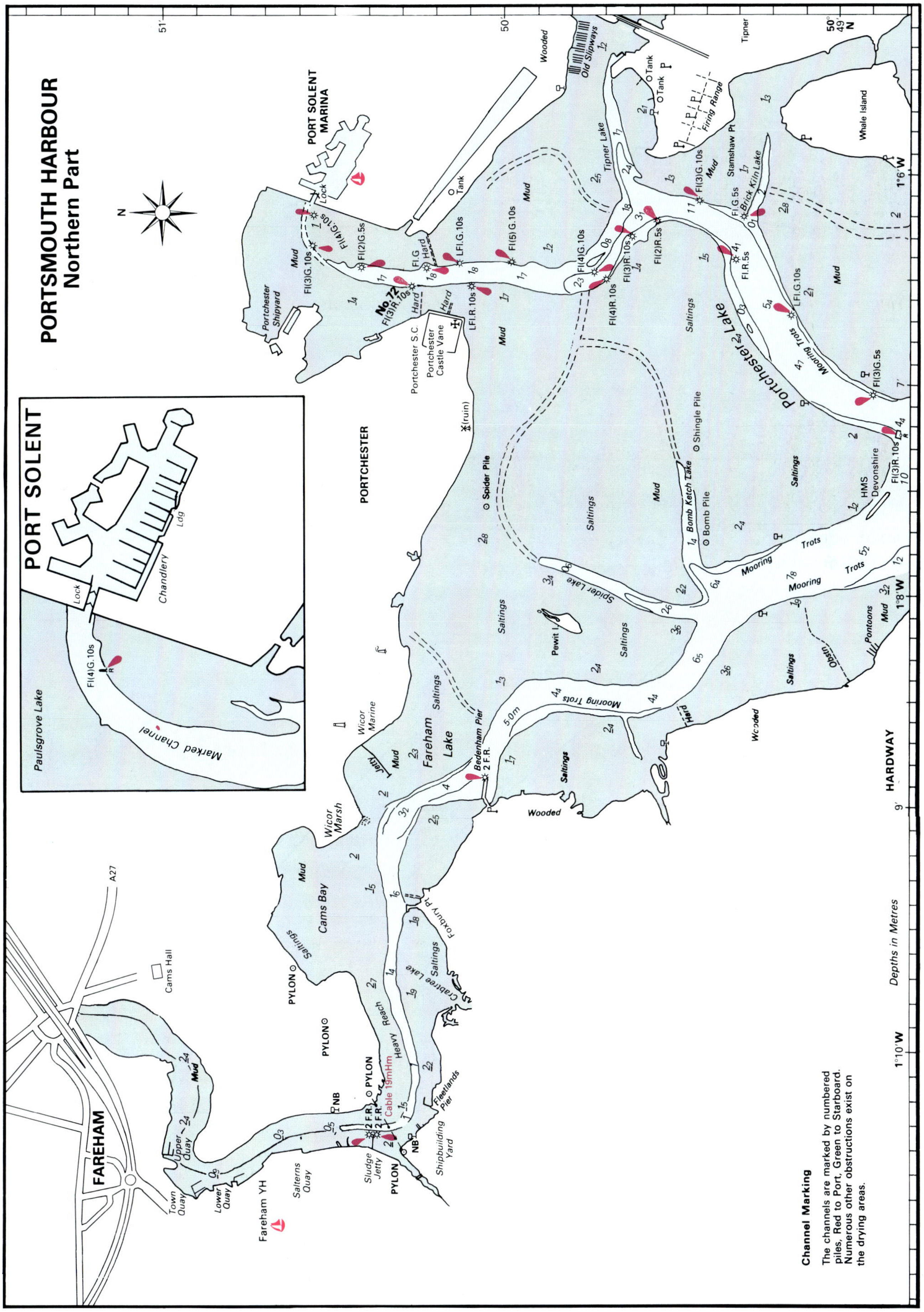
PORTSMOUTH HARBOUR
Northern Part
PORT SOLENT
PORT SOLENT MARINA
PORTCHESTER
FAREHAM
HARDWAY
Portchester Lake
Fareham Lake
Cams Bay
Whale Island
Depths in Metres
Channel Marking
The channels are marked by numbered piles, Red to Port, Green to Starboard. Numerous other obstructions exist on the drying areas.

Haslar Marina.

Die Einfahrt zum Port Solent.

bessere Route, Swashway genannt, verläuft quer über den Spit Sand, über dem die Mindesttiefe 1,8 m beträgt, wenn das Kriegsdenkmal am Ufer von Southsea in Linie mit der rechten Seite des gelben Appartementhauses dahinter peilt (049°). Bei der Passage über die Barre sollte man das Echolot nicht aus den Augen lassen, sobald der Grund auf 5 m Tiefe oder mehr abfällt, dreht man in die Hafeneinfahrt ein, wobei die roten Tonnen des Hauptfahrwassers dicht an Stb. bleiben.

NW-lich der Deckpeilung erstreckt sich die Hamilton Bank, deren landseitiges Ende trockenfällt (0,6 m über KN). Im trockenfallenden Bereich gibt es eine Fahrrinne mit 0,6 m Tiefe, die von Yachten mit einem Tiefgang von 1,8 m oder weniger zu fast jedem Tidenstand vorsichtig benutzt werden kann – selbst gegen NW zu Nippzeiten. Dieses Fahrwasser, Inner Swashway, liegt in einer Deckpeilung von 029°: die W-Seite eines gedrungenen Turms an der E-Seite der Einfahrt in Linie mit der W-Seite des Wasserturms, der wie ein Schuppen auf Stelzen aussieht, in einiger Entfernung dahinter. Ortsfremde können oft nicht herausfinden, welches nun der Wasserturm ist; im Zweifelsfall hält man sich auf den letzten 2 kbl im Bereich mit 100 m Abstand von der Mauer (nachdem der 43 m hohe weiße Turm 100 m hinter der Einfahrt passiert ist) und läuft bei der „HMS Dolphin" in großem Stil ein.

Die beiden letztgenannten Ansteuerungen sind unbefeuert und sollten nachts nur mit äußerster Vorsicht oder bei einer überdurchschnittlich hohen Tide benutzt werden. Hat man sich dazu entschlossen, Spit Sand oder Hamilton Bank nach Einbruch der Dunkelheit zu passieren, muß guter Ausguck nach den unbefeuerten Tonnen gehalten werden.

Nachts weist das Leitfeuer bei Fort Blockhouse auf der W-Seite der Einfahrt den Weg. Innerhalb des unterbrochenen weißen Sektors führt der feste weiße Sektor mit 320° direkt in die Mitte des Fahrwassers auf Höhe der Tonne *No. 4*.

Von der Tonne *No. 4* an führt der weiße Sektor des Leitfeuers (Dir.WRG.2m1M), das etwa 0,5 sm binnenwärts der Einfahrt bei der Camper & Nicholson's Marina steht, mit etwa 335° in den Hafen. Im Fahrwasser für die Schifffahrt ist in der Mitte der weiße Gleichtaktsektor zu sehen, an Bb. ein Al.WR und ein Al.WG an Stb. Ist das weiße Gleichtaktfeuer zu sehen, befindet man sich weder im Yachtfahrwasser noch ausreichend dicht an der E-Seite; entsprechend reagieren!

In der Einfahrt setzen die Gezeitenströme sehr stark, bei Springniedrigwasser bis zu 5 kn. Bei Flut kann, insbesondere an der W-Seite des Fahrwassers eben hinter der Einfahrt, Neerstrom auftreten. Ist man im Hafen, fährt man wie folgt weiter:

The Camber

Unmittelbar N-lich der Halbinsel Old Portsmouth mit ihren markanten Pubs, die einlaufend an Stb.-Seite liegt, öffnet sich die Einfahrt zu The Camber. Erst wenn man die Tonne *Ballast* querab hat, wird nach Stb. eingedreht, es sei denn, man ist die E-Seite entlang eingelaufen. Der Terminal der Fähre zur Isle of Wight bleibt danach an Bb., während man dem Verlauf des Hafenbeckens folgt.

Old Portsmouth: Einfahrt zum Camber. Links der Fähr-Terminal. Nach Passieren des Fischerbootes dreht man nach Stb. in das Hafenbecken.

Nach dem Runden der Bridge Tavern findet man rechts einige Yachtliegeplätze.

Haslar Creek

Der Haslar Creek, der sich in unmittelbarer Nähe der Haupteinfahrt des Hafens, eben N-lich des Forts Blockhouse, nach SW hin erstreckt, ist seit langer Zeit die Heimat der „HMS Hornet" und des Joint Services Sailing Club. Dessen Marina, die ein gutes Stück den Creek hinauf liegt, ist privat. Hinweise zur öffentlich zugänglichen Haslar Marina siehe unten.

Fareham Lake

Der obere Hafenbereich, etwa 1,5 sm binnenwärts der Einfahrt, teilt sich in zwei Fahrwasser, dessen W-licher Arm Fareham Lake genannt wird. Im unteren Teil sind Reedetonnen für Handels- und „eingemottete" Kriegsschiffe ausgelegt. Oberhalb von Bomb Ketch und Spider Lake sind dann vorwiegend private Mooringtonnen ausgelegt. Von hier an ist das Fahrwasser mit grünen und roten Pfählen, von denen einige befeuert sind, bezeichnet.

Der rote Pfahl *No. 57* (Fl(3)R.5s) am Beginn des Fahrwassers an der Stb.-Seite bezeichnet die Einfahrt zum Portchester Lake, für das er eine Bb.-Markierung ist.

Am trockenfallenden Fareham Quay können Yachten mit einem Tiefgang bis zu 2 m von 2 Std. vor bis 2 Std. nach HW festmachen. Auf dem Weg dorthin ist eine Hochspannungsleitung (19 m Höhe) zu passieren.

Portchester Lake

Einsteuerung wie bereits beschrieben, zwischen dem roten Pfahl *No. 57* und dem grünen *No. 95*. Das Fahrwasser ist hinreichend befeuert, so daß eine vorsichtige Einsteuerung bei Nacht möglich ist. Am Tag bereitet es keine Schwierigkeiten; nachdem sich das Fahrwasser bei Brick Kiln

Lake nach NNE gewandt hat, schwenkt es nun nach NW auf den grünen Pfahl *No. 85* zu. Die Pfähle *No. 83* (rot) und *No. 84* (grün) sollten nicht mit den Fahrwasserbezeichnungen des Portchester Channel verwechselt werden: Sie zeigen die Einfahrt in den Tipner Lake an.
Wenn Portchester Castle querab an Bb. peilt, läuft man in das ausgebaggerte (1,5 m) Fahrwasser ein, das mit befeuerten grünen und unbefeuerten roten Pfählen bezeichnet ist – Ausnahme: *No. 72,* mit (Fl(3)R.10s) – und vor die Schleuse der Port Solent Marina führt.
Fountain Lake
Dies ist der E-liche Arm des Hafens der Großschiffahrt; vom E-lichen Ende verkehren die Kanalfähren. Bis auf Boote, die auf dem Weg zum oder vom Naval Sailing Centre auf Whale Island sind, ist Yachten davon abzuraten, diesen Teil des Hafens zu befahren.

Anker- und Liegeplätze
Ist man nicht sicher, ob und wo man einen Liegeplatz finden kann, ruft man den QHM (siehe oben) auf UKW-Kanal 11.
Gosport Cruising Club, Weevil Lake
Einige Mooringtonnen sind zeitweise verfügbar.
Hardway Sailing Club
0,5 sm genau W-lich der Abzweigung von Portchester und Fareham Lake gibt es eine Anzahl von roten Pfählen mit orangefarbenen Toppzeichen, an denen Gastyachten bis 10,6 m Lüa festmachen können. Der Club ist sehr rege und bietet an Land die üblichen Einrichtungen. In der Nähe können Lebensmittel eingekauft werden, ebenso Bootszubehör. Auffüllmöglichkeit für Butan- und Camping GAZ-Flaschen. Der Club unterhält ein Restaurant, und in den Straßen dahinter findet man verschiedene gastronomische Möglichkeiten inklusive einem chinesischen Imbiß.
Wicor Marine
Weiter den Fareham Lake hinauf, immer noch mit gut 3 m WT (LAT), liegt Wicor Marine. Hier kann man bei einer gut ausgestatteten, freundlichen Yachtwerft an jeder freien Mooringtonne festmachen und deren Duschen benutzen. Ausrüstung und Austausch von Butan- und Camping GAZ-Flaschen. Alle Reparaturmöglichkeiten. Wasser und Diesel (3 Std. vor bis 3 Std. nach HW).
The Camber
In der Nähe der Bridge Tavern, die trotz Verschönerungskur und neuem Mobiliar immer noch weit von dem entfernt ist, was sie einmal war, macht man an der Hafenmauer längsseits fest. An der Mauer gibt es ein paar hinterhältige Stahlträger und Pfähle, so daß beim Anlegen Vorsicht geboten ist.

Marinas
Haslar Marina
Eine hervorragende neue Marina mit exzellentem Schutz und tiefem Wasser. Sie gehört einem Unternehmen, das die Liegegebühren an der englischen Südküste wieder auf ein normales Maß zurückgeführt hat. An den großzügig bemessenen Gastliegeplätzen können selbst Yachten mit 45 m Lüa untergebracht werden.
Die Ansteuerung durch den Haslar Creek ist denkbar einfach, die WT beträgt 8 m und mehr. Bei der Einsteuerung meldet man sich auf UKW-Kanal 37 oder 80; das Büro ist rund um die Uhr besetzt. Die Einrichtungen sind erstklassig: Jedes Sanitärkabinett ist mit Toilette, Waschbecken und Dusche ausgestattet. Waschsalon, Eis, Münzfernsprecher, anständig sortierter Schiffsausrüster, der bei Bedarf jederzeit öffnet. Taucher, Mechaniker für Dieselmotoren und Außenborder sind vor Ort.
In der Marina liegt ein Feuerschiff, auf dem der Royal Albert Yacht Club eine Bar und ein Restaurant unterhält. Besucher sind willkommen.
Die Kaimeister sind gern bereit, Tips zu geben, wo in der unmittelbaren Umgebung bessere, meist aber weniger bekannte Pubs zu finden sind. Gosport selbst und die Fähre nach Portsmouth sind zu Fuß in 2 Minuten zu erreichen.
Gosport Marina
Hierher zu gelangen, ist kein Problem. Anmeldung auf UKW-Kanal 37 oder 80 (24 Std. hörbereit, Ruf: *Camper Base*). Die Marina, in der die Wassertiefen variieren, ist den Gezeitenströmen ausgesetzt. Für tiefgehende Yachten gibt es aber ausreichend Plätze. Bei der Anmeldung informiert man den Hafenmeister gleich über Länge und Tiefgang der Yacht.
Die Werft Camper & Nicolson's, zu der die Marina gehört, kann Yachten bis zu 180 t kranen und sämtliche Reparaturen und Notfälle bewältigen. Außerdem gibt es hier eine Kielbank, Ausrüstung, Diesel, Wasser, Waschsalon und einen Marina Club mit allen üblichen Einrichtungen.
Die äußeren Liegeplätze der Gosport Marina können Schwell und Wellenschlag ausgesetzt sein.
Port Solent Marina
Diese große moderne Marina-Anlage, die durch eine Schleuse zu erreichen ist, liegt im Scheitel des Portchester Creek, am oberen Ende des auf 1,5 m Tiefe ausgebaggerten Fahrwassers. Den Schleusenwärter erreicht man auf UKW-Kanal 37 oder 80, Ruf: *Port Solent.* Die Schleuse wird rund um die Uhr bedient; um HW steht sie offen. Die Marina bietet alle üblichen Einrichtungen, zusätzlich viele Geschäfte und einen Supermarkt, der täglich von 0800 – 2200 Uhr geöffnet hat. Der Yachtclub steht auch Besuchern offen. 40 t-Kran, verschiedene Reparaturbetriebe.

Verkehrsverbindungen
Autofähre zur Isle of Wight, Kanalfähren, Bahnhof mit Zugverbindungen zu allen Teilen des Landes.

Bembridge

Gezeiten

Lange Stillwasserzeiten bei HW, dessen Beginn etwa bei +0014 Dover liegt.

MSpHW	MSpNW	MNpHW	MNpNW
3,1 m	0,2 m	2,3 m	0,5 m

Wassertiefen

Das Einsteuerungsfahrwasser kann im Bereich der beiden roten Tonnen *No. 6* und *No. 6a* trockenfallen. Die Bake an der Einfahrt trägt aber einen Pegel, der die WT an der flachsten Stelle anzeigt. Auch ein Großteil des Hafens selbst fällt trocken. In der Fahrrinne verbleibt aber genug Wassertiefe, so daß Yachten, die die Barre passieren können, auch hier ausreichend Tiefe vorfinden. Selbst bei LAT können Boote mit bis zu 1,8 m Tiefgang aufgeschwommen am Gästeschlengel liegen. Unmittelbar hinter der Einfahrt

Die Leuchtbake „Bembridge". Der Pegel zeigt die Wassertiefe über der untiefsten Stelle des Fahrwassers an.

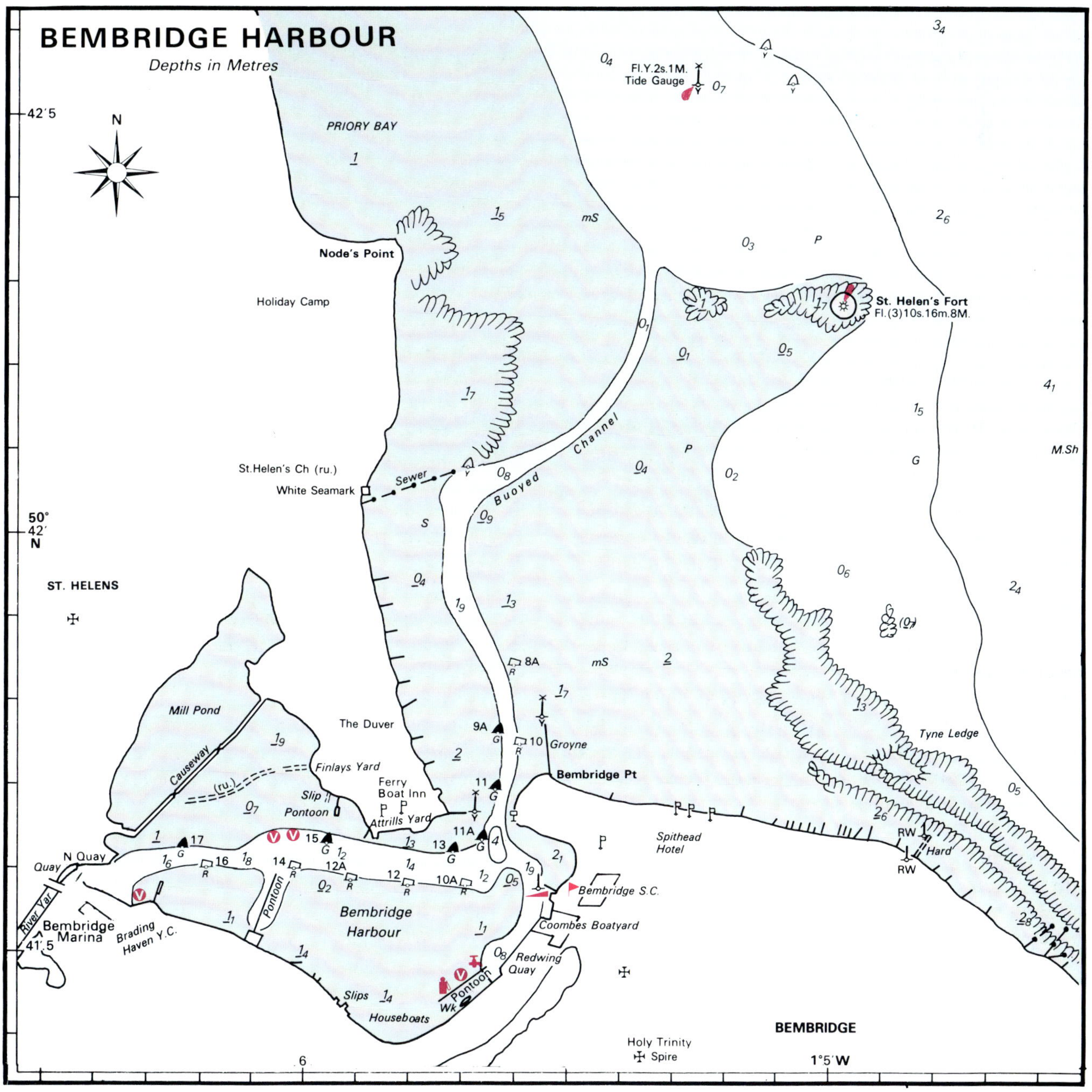

Bembridge Point: In der Zwischenzeit wurden diese Hinweisschilder abgebaut. Links der Bembridge Sailing Club.

Brading Haven: Das Fahrwasser zum St. Helen's Quay und zur Marina (rechts außen).

gibt es ein Becken, das größere Tiefen bietet. Nach Absprachen mit den Yachtwerften Attrill's oder Coombes können hier gelegentlich freie Mooringtonnen genutzt werden.

Lage und Umgebung

Brading Haven, mit Bembridge im E an der Küste und St. Helen's landeinwärts im W, war zu römischer Zeit ein betriebsamer Hafen. Seit langer Zeit jedoch ist der Hafen verlandet; geblieben sind nur eine enge Zufahrt und ein Mooringbereich für Yachten. Seit den Zeiten Königin Elizabeth I. haben die St. Helen's Roads Schutz geboten, solange W-liche Winde vorherrschten. Dieser Ankerplatz ist heute immer noch gut, auch wenn beachtliche Mengen an Seetang eventuell mehrere Anläufe nötig machen, um den Anker so auszubringen, daß man mit seinem Halt zufrieden sein kann.

Das St. Helen's Fort, das sich ungefähr 0,75 sm NE-lich der Einfahrt erhebt, wurde 1860 von Palmerston zum Schutz gegen eine französische Invasion erbaut, die aber nie stattfand. Die zweite gut sichtbare Navigationshilfe, die heutzutage nur noch geringere Bedeutung hat, ist die markante, weiß getünchte Landmarke am Strand von Duver, S-lich von Node's Point. Es ist die Ruine einer Kirche aus dem 13. Jh., deren größter Teil 1550 von der See fortgerissen wurde. Zum Scheuern der hölzernen Decks wurden vielfach Steine der Kirchenruine benutzt, weshalb sie im Volksmund als „Holystones"(heilige Steine) bekannt wurden.

Die Zufahrt nach Bembridge wird naturgegeben auf die Fahrrinne beschränkt, deren Tiefe und ungefähre Lage durch wandernde Sände veränderlich ist. Da das Fahrwasser betonnt ist, können auch Ortsunkundige, auflaufende Flut, genügend Wasser unter dem Kiel und seemännische Vorsicht vorausgesetzt, unbesorgt einlaufen.

Ansteuerung und Einfahrt

Von W kommend, hält man auf die gelbe Bake (Toppzeichen: liegendes Kreuz) mit dem Pegel (Fl.Y.2s) zu. Vorsicht vor den Untiefen und ausgedehnten Riffen vor Nettlestone und Horestone Points. Von E kommend, bleibt das St. Helen's Fort mit einem Abstand von mindestens 1 kbl an Bb., bevor man auf den Pegel zuhält. Bei der Ansteuerung aus NE bringt man die rechte Kante des St. Helen's Fort in Linie mit der weißen Kirchenruine, dann steuert man auf die gelbe Bake zu. Da das Fahrwasser nicht befeuert, aber gewunden ist, ist eine Ansteuerung bei Nacht ohne genaue Ortskenntnisse nicht zu empfehlen. Außerdem ist das gelbe Feuer recht schwach.

Von der gelben Bake aus steuert man zwischen der roten und grünen Tonne *No. 01* und *No. 02* ein und folgt im weiteren einfach der Betonnung. Von See her wirkt das betonnte Fahrwasser beim ersten Mal ausgesprochen verwirrend. Solange man aber die numerierten Tonnen der Reihe nach passiert und der Pegel zufriedenstellende Tiefen anzeigt, kann gar nichts schiefgehen.

Ist die Einfahrt passiert, hält man nach den grünen Spitztonnen *No. 11A* und *No. 13* Ausschau. Hinter den Moorings dreht man nach Stb. ein, wobei die roten Stumpftonnen *No. 10A* und *No. 12* an Bb. bleiben. Nun fährt man in W-liche Richtung, passiert den Gästeschlengel, der N-lich der grünen *No. 15* ausgelegt ist, weiter zwischen den Tonnen *16* (rot) und *17* (grün), bis die Bembridge Marina erreicht ist.

Liegeplätze

Ankern ist im Hafen verboten (und nebenbei bemerkt auch innerhalb eines Bereichs von 200 m um St. Helen's Fort), mit Ausnahme vor dem Sandstrand vor dem Bembridge Sailing Club und dem Büro des Hafenmeisters. Flachgehende Yachten können hier mit Bug- und Heckleinen festmachen und sich trockenfallen lassen.

Tiefwasserliegeplätze (bei LAT nicht weniger als 1,5 m) findet man in der Bembridge Marina (UKW-Kanal 37 oder 80, während des Tages von 3 Std. vor bis 3 Std. nach HW). Die Gastliegeplätze befinden sich am 1. und 2. Schwimmsteg (Nr. 5 und 6). Vor dem Auslaufen sollte man den Pegel in der Marina studieren, der die Mindesttiefe im Einsteuerungsfahrwasser anzeigt.

Besucher können auch an einem einzelnen Schlengel festmachen, der SW-lich der Tonne *No. 15* ausgelegt ist; bis zu zwei Yachten nebeneinander an jeder Seite.

Versorgung

Der Brading Haven Yacht Club (Tel.: 01983-872289), ein aktiver Segelclub mit 1500 Mitgliedern, befindet sich gleich E-lich der Marina. Gäste sind hier willkommen und werden mit warmen Mahlzeiten versorgt. Die Öffnungszeiten der Bar sind großzügig. Duschen und Toiletten. Der private Steg kann zum Anlegen mit dem Dingi benutzt werden.

Die Bembridge Marina hat einen eigenen Parkplatz, Toiletten, Duschen, Wasser und Müllcontainer.

Den SW-Teil des Hafens hat der Bembridge Sailing Club mit einer Vielzahl privater Mooringtonnen mit Beschlag belegt. Besucher auf Einladung.

Die Werft Attrill's Yard, gegenüber der Tonne *No. 13* (Tel.: 01983-872319), bietet Treibstoff und Reparaturarbeiten an; ebenso Stratton's nahe der Tonne *17*.

Ausrüstung, Mechaniker für Schiffsmotoren und Segelmacher sind in der Nähe des Bembridge Sailing Clubs (Tel.: 01983-872686) zu finden.

Bembridge selbst bietet alle Versorgungsmöglichkeiten, zwei Restaurants und einen Pub, in dem auch Mahlzeiten serviert werden; leider hat man einen recht langen Weg von der Marina aus. St. Helen's Green mit Supermarkt und zwei weiteren Restaurants sowie der Gaststätte „The Vine", in der man einheimische Küche und thailändische Gerichte bekommt, ist zu Fuß gemütlich in 10 Minuten zu erreichen. Noch näher an der Marina gelegen ist der „Old Mill Caravan Shop", ein Gemischtwarenladen, wo man die meisten Dinge des täglichen Bedarfs inklusive Zeitung und Milch erstehen kann. Öffnungszeiten: vormittags und am späten Nachmittag, 7 Tage die Woche.

An der seewärts gelegenen Hafenseite gibt es einen geschützten Sandstrand, wo man ganz hervorragend schwimmen gehen kann. Zahlreiche erstklassige Wandermöglichkeiten. An der Fishermen's Wharf kann man Captain Stan bewundern, der dort Fisch und frische Meeresfrüchte direkt von seinem Schiff verkauft.

Verkehrsverbindungen

Nach Sandown und Ryde verkehren Busse, von dort kann man nach Southsea mit einem Katamaran oder Hovercraftboot übersetzen. In Flint of Bembridge gibt es Taxis (Tel.: 01983-872133 oder 874132.)

Bembridge um Niedrigwasser: Warum es ratsam ist, dem betonnten Fahrwasser zu folgen, ist deutlich zu erkennen.

Ryde

Gezeiten

Ähnlich wie Portsmouth
HW Dover + 0015

MSpHW	MSpNW	MNpHW	MNpNW
4,5 m	0,9 m	3,7 m	1,9 m

Wassertiefen

Der Hafen fällt 1,3 m trocken. Das betonnte Fahrwasser verflacht auf ähnliche Höhen; nahe der Einfahrt gibt es eine trockenfallende Stelle mit 1,5 m über KN.

Lage und Umgebung

Seit Raddampfer-Fähren von Southsea aus das Haupteisenbahnnetz mit allen Teilen der Isle of Wight verbanden, ist Ryde die größte Stadt der Insel. Die Zahl der Einwohner, die im Winter 34 000 beträgt, schwillt in den Sommermonaten durch Schwärme von Besuchern stark an.

Etwa 2 kbl E-lich der Ryde Pier befindet sich der künstlich angelegte Yachthafen, der von einem starken Wellenbrecher umschlossen wird und 150 Liegeplätze bietet. Bei NW fällt der Hafen komplett trocken; flachgehende Boote können sich auf dem Sandgrund getrost trockenfallen lassen. Bis auf Winde aus NW, bei denen um HW Brandung in den Hafen stehen kann, ist man hier gut geschützt.

Seit 1993 werden in Ryde – recht erfolgreich – Regatten organisiert. Detaillierte Informationen beim Hafenmiester (Tel.: 01983-613879).

Ansteuerung

Von See her ist die Ryde Marina an der Eisbahn sowie dem Bowling-Gebäude, das unmittelbar E-lich davon steht, zu erkennen. Unter Berücksichtigung der ausgedehnten Ryde Sands hält man zunächst auf einen Punkt 600 m E-lich der Ryde Pier zu. Am Rande der 1 m-Linie erreicht man mit einem Kurs von 197° das erste Paar der kleinen unbefeuerten roten und grünen Fahrwassertonnen. Von hier bis zur NW-gerichteten Einfahrt sind es weniger als 0,5 sm. Ein einzelnes, seewärts gerichtetes bernsteinfarbenes Leitfeuer zeigt eine WT von 1 m in der Marina an; brennt oberhalb davon ein zweites Feuer, bedeutet dies nicht weniger als 1,5 m. Es gibt auch einen Pegel. Der Wellenbrecher trägt ein Feuer 2F.R; ein zweites Feuer an Stb.-Seite der Einfahrt zeigt 2F.G. Ein landeinwärts gerichtetes Flutlicht, das auf dem Kopf des Wellenbrechers steht, erleichtert eine nächtliche Ansteuerung. Gäste sollten daran denken, daß das betonnte Fahrwasser nicht ausgebaggert ist. Es dient lediglich dazu, Yachten von der Hovercraft-Fähre freizuhalten, die ihren Terminal ganz in der Nähe hat. Bleibt man im Fahrwasser, gibt es keine Schwierigkeiten; weicht man davon ab, wird man unter Umständen für die Folgen haftbar gehalten.

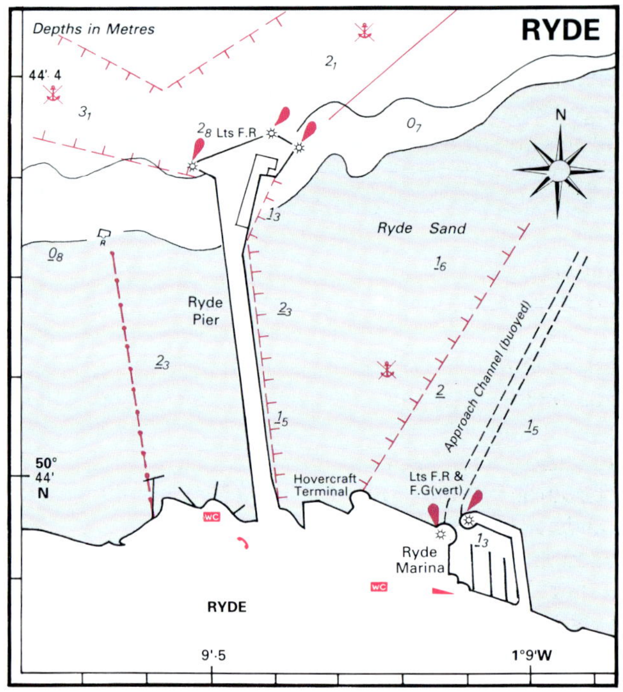

Liegeplätze

Bis zu 70 Gastliegeplätze stehen zur Verfügung. Man macht entweder am E-lichen Arm des Wellenbrechers längsseits oder am davon nächstgelegenen Schlengel fest. Im SW des Hafens gibt es eine Sliprampe. Langkielige Yachten können, gegen die hölzernen Pfähle an der Innenseite des Wellenbrechers gelehnt, auf dem festen Sand trockenfallen; Fenderbretter werden zur Verfügung gestellt. Das Büro des Hafenmeisters befindet sich in einem Bürocontainer im SE des Hafens (Tel.: 01983-613879 oder UKW-Kanal 80, Ruf: *Ryde Harbour*).

Im Hafen ist das Auspumpen von Fäkalientank und Bilge strikt untersagt.

Versorgung

Wasser, Toiletten, Duschen, Parkplatz und Müllcontainer. Im Hafen gibt es keinen Treibstoff und keine Reparaturmöglichkeiten. Ohnehin findet man in Ryde für Yachten kaum technische Hilfe. Diesel und Benzin ist an einer Tankstelle, die zu Fuß zu erreichen ist, zu bekommen, und es gibt eine ganze Reihe von Pubs, Bars, Restaurants, Hotels und Pensionen sowie Banken und andere „Großstadt-Segnungen".

Verkehrsverbindungen

Zum Bahnhof von Portsmouth und damit zur Hauptlinie der Bahn per Katamaran oder mit Hovercraft nach Southsea. Busse verkehren zu allen Teilen der Insel. Bahnverbindung nach Shanklin.

Fishbourne – Wootton Creek

Gezeiten

Lange Stillwasserzeiten zu HW.
HW schätzungsweise + 0014 Dover

MSpHW	MSpNW	MNpHW	MNpNW
4,5 m	0,7 m	3,7 m	1,9 m

Wassertiefen

In der ausgebaggerten Fahrrinne bis zum Fährterminal 3 m, dahinter fällt der Creek mit Ausnahme eines Fahrwassers von 0,3 – 0,6 m sowie einem gebaggerten Becken von 2 m Tiefe am Quay von Fishbourne trocken.

Lage und Umgebung

Fishbourne ist nicht nur von außergewöhnlicher Naturschönheit, sondern hat auch an Land attraktive Einrichtungen zu bieten. Leider stehen für tiefgehende Gastyachten nur begrenzte Liegemöglichkeiten zur Verfügung, obwohl der Hafen für flachgehende Boote und solche, die trockenfallen können, hervorragenden Schutz bietet. Das E-Ufer an der Einfahrt zum Wootton Creek wird weitgehend von einem Terminal für RoRo-Fähren beansprucht, die die Insel mit Old Portsmouth verbinden.

Ansteuerung und Einfahrt

Bei der Ansteuerung von Wootton sind die vorgelagerten Gefahrenstellen zu beachten, ganz gleich ob man aus E oder W kommt. Von E kommend, bleibt man außerhalb der Peillinie zwischen den Kopf der Ryde Pier und der Bake mit dem Kardinalzeichen N *Wootton* (Q.1M), die etwa 1,5 sm W-lich und 0,5 sm seewärts der Ryde Pier ausgelegt ist und das seewärtige Ende der auf 3 m Tiefe gebaggerten Fahrrinne bezeichnet. Von W kommend, muß man sich vom Peel-Wrack freihalten, das mit einer unbefeuerten roten Stumpftonne markiert ist, und dicht vor der Einfahrt lauern die Wootton Rocks, deren Position von einem Pfahl oder einer Pricke mit Toppzeichen angezeigt wird.

Das Einsteuerungsfahrwasser (224°) wird deutlich von 4 Baken an Stb.-Seite sowie 2 an Bb. bezeichnet: *No. 1* (Fl(2)G.5s), *No. 2* (Fl.R.5s), *No. 3* (Fl.G.3s), *No. 4* (Fl.R.2,5 s), *No. 5* (Fl.G.2,5 s) und *No. 7* (Q.G). Ein Leitfeuer landeinwärts des Fähranlegers zeigt einen 1,5° schmalen, weißen Sektor, wenn man auf korrektem Kurs ist. Auf dem Kopf der Pier an der E-Seite des Fähranlegers brennt ein Feuer (2F.R). Küstenwärts der beiden Baken *No. 2* und *No. 3* ist das Wasser rechts und links der Fahrrinne sehr untief, so daß man das Fahrwasser nicht gleichzeitig mit der Fähre benutzen sollte. Bei Nebel

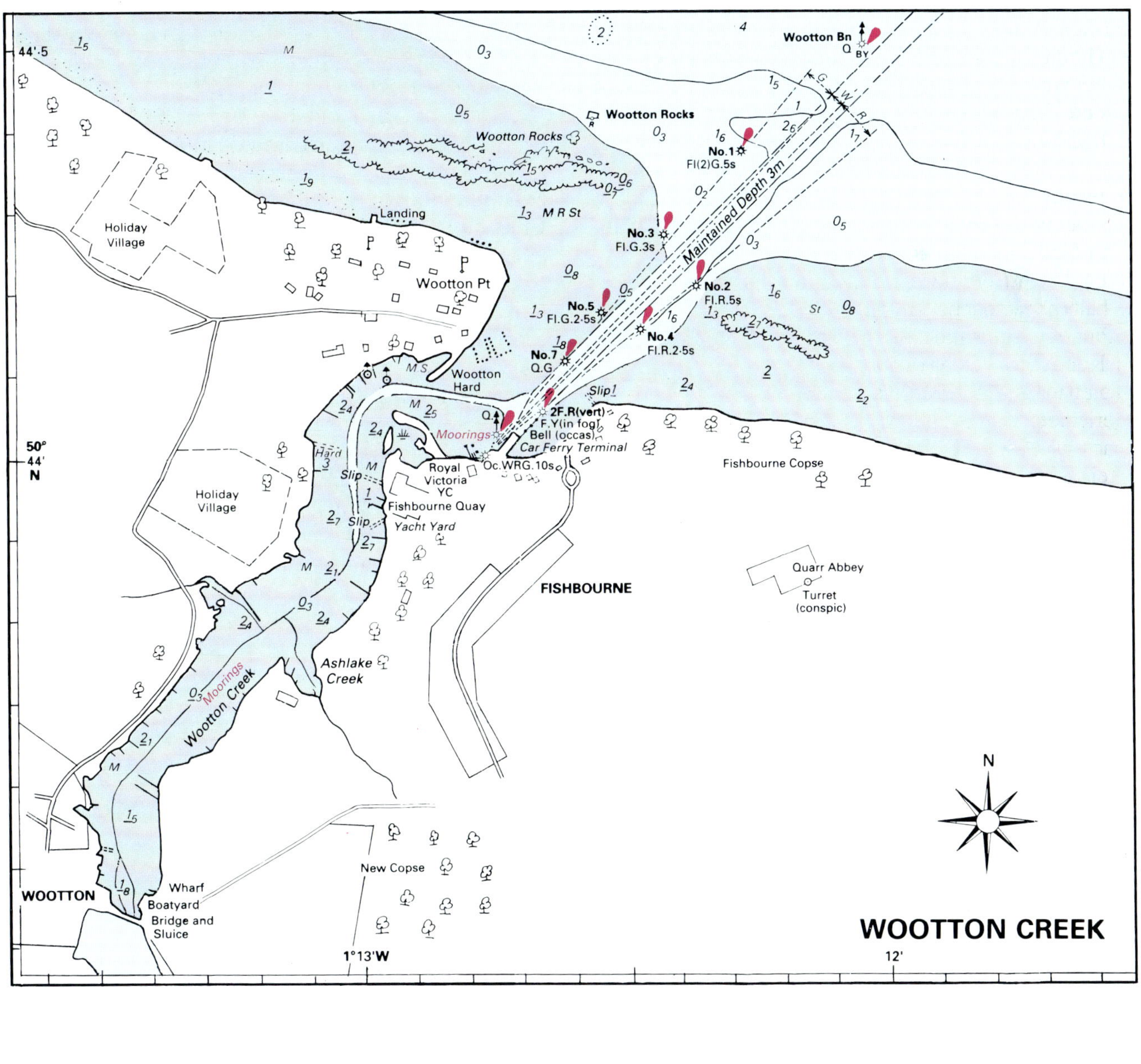

wird dann auf dem Fähranleger ein Glockensignal gegeben. Gleich oberhalb der Bake *No. 7* dreht man nach Stb. auf einen W-lichen Kurs ein, wobei die beiden Richtbaken mit dreieckigem Toppzeichen zur Deckung gebracht werden. Diese Deckpeilung bezeichnet das günstigste Fahrwasser aus dem tieferen Hafenteil vor dem Fähranleger in den Creek, auch wenn dabei auf die ausgelegten Mooringtonnen zu achten ist. Bei der Weiterfahrt hält man nach einer kleinen grünen Tonne vor einem Anleger Ausschau, die eine Tafel mit der Geschwindigkeitsbegrenzung trägt. Sie bleibt ganz dicht an Stb., da man sich so von einer Kieszunge freihält, die sich von Bb. in den Creek hinein erstreckt. Die nun folgende kleine rote Tonne bleibt ebenso an Bb. wie eine Reihe alter Pfähle, hinter denen dann gleich der Fishbourne Quay erreicht ist. Für die Weiterfahrt oberhalb dieses Punktes hält man sich an Stb.-Seite und folgt einer Reihe von vermoorten Booten, um im günstigsten Fahrwasser zu bleiben.

Liegeplätze und Moorings

Kostenlose Ankerplätze findet man an der N-Seite der Fahrrinne gegenüber dem Yachtclub. Hier fällt man vermutlich schon bei halbabgelaufenem Wasser trocken; was man aber auch tut, wenn man weiter oberhalb im Creek ankert. Der Grund besteht aus weichem Schlick. In der Fahrrinne selbst sollte man nicht ankern. Es ist ratsam, eine Ankerboje auszubringen – ganz gleich, für welchen Ankerplatz man sich entschieden hat.
Von einigen privaten Moorings abgesehen, unterhält auch der Royal Victoria Yacht Club (Tel. 01983-882325) für Besucher einige Festmachetonnen und 4 Dalben, zwischen denen man mit Bug- und Heckleinen festmachen kann. Diese Liegeplätze fallen ebenfalls trocken. Die Bootswerft am Fishbourne Quay hat eigene Schwimmstege in einem ausgebaggerten Bereich mit 2 m WT, an denen Gastyachten anlegen dürfen. Tiefgehende Yachten können diese Liegeplätze um HW herum erreichen; Ankunft oder Abfahrt sollten jedoch frühestens bei halb aufgelaufenem Wasser stattfinden.
In Wootton Bridge gibt es einen öffentlichen Landungsplatz, der mit dem Dingi zu erreichen ist.

Versorgung

Vor dem Krieg besaß der Royal Victoria Yacht Club ein eindrucksvolles Anwesen an der Strandpromenade von Ryde, von dem aus Regatten für alle Bootsklassen, inklusive Yachten der J-Klasse, geleitet wurden. Das eher bescheidene Clubhaus in Wootton Creek ist Besuchern von anderen Clubs gegenüber immer noch sehr gastfreundlich und bietet alle Versorgungsmöglichkeiten. In der Nähe gibt es zwei Pubs, in denen kräftige Mahlzeiten serviert werden: das „Fishbourne Inn“ bei der Fähre und „The Sloop“ in Wootton Bridge.
Die Yachtwerft bietet alle Reparaturmöglichkeiten, ebenso Toiletten, Wasser, Telefon und Ausrüstung. Außer dem Sloop Inn gibt es in der Nähe von Wootton Bridge noch zwei Supermärkte; bei Flut sind diese bestens mit dem Dingi zu erreichen – es sei denn, man zieht einen langen Spaziergang vor.

Verkehrsverbindung

Die Autofähre nach Portsmouth verkehrt während der Saison stündlich, manchmal auch halbstündlich, vom ersten Morgengrauen bis Mitternacht. Von Wootton Bridge gibt es Busverbindungen nach Ryde und Newport.
Taxis (Tel. 01983-884345 oder 883421).

Fahrwasser zum Fähranleger von Fishbourne und in den Wootton Creek.

Cowes

Gezeiten

Zu Springzeiten doppeltes HW, ansonsten 2 Stunden Stillwasser
HW schätzungsweise + 0021 Dover

MSpHW	MSpNW	MNpHW	MNpNW
4,2 m	0,8 m	5,0 m	1,8 m

Wassertiefen

Im Fahrwasser beträgt die Tiefe mindestens 2,2 m (LAT) bis etwa 1 kbl S-lich der Kettenfähre (örtlich bekannt als Pontonbrücke). Nach einer untiefen Stelle, über der 1,5 m Wasser (LAT) stehen, ist der Fluß bis auf 0,5 sm vor dem Pub „The Folly Inn", mindestens 2,5 m tief. Von hier bis zur Bake *Medham* beträgt die WT mindestens 1,2 m (LAT), danach ist die Tiefe bis zur Bake *South Folly,* etwa 2 kbl oberhalb des Pubs, schätzungsweise wenigstens 1 m. Anschließend wird der Fluß allmählich untief und fällt trocken; bei MSpHW beträgt die WT am Gästeschlengel in Newport mindestens 2,5 m, bei MNpHW sind es wenigstens 1,7 m. Es sei daran gedacht, daß das scheinbar untiefe Fahrwasser, das zum „The Folly Inn" führt, in der Praxis den meistens Yachten kaum Probleme bereitet; selbst bei MSpNW können Yachten mit einem Tiefgang von 1,5 m vorsichtig einsteuern. Tiefergehende Yachten, deren Skipper etwas zu ehrgeizig waren, erleiden jedoch keinen Schaden, wenn ihre Kiele mit dem weichen Schlick in Berührung kommen.

Lage und Umgebung

Cowes liegt an der Mündung des Flußes Medina, der bei günstiger Tide die 4 sm bis hinauf nach Newport, der Haupstadt der Insel, schiffbar ist. Von Winden aus N oder NE abgesehen, ist Cowes gut geschützt, und wenn der Wind aus diesen Richtungen einmal tüchtig bläst, können Gastyachten, die im äußeren Hafen liegen, Schutz oberhalb der Kettenfähre finden.

Cowes ist zu Recht in England als das Mekka des Segelsports bekannt. Clubs und Versorgungsmöglichkeiten jeglicher Art sind im Überfluß vorhanden, und das Castle auf der W-lichen Einfahrt ist seit viktorianischer Zeit Sitz der Royal Yacht Squadron. In der Stadt ist jegliche Unterstützung zu bekommen. Man sollte jedoch daran denken, daß die Insel dafür bekannt ist, daß hier Samstage und Sonntage als „Ruhetage" gelten.

Cowes hat zwar seine ganz eigene charakteristische Ausstrahlung, ist aber nicht das, was der uninformierte Besucher erwartet. Gegen Ende der 80er Jahre wurde die Hauptstraße herausgeputzt, und für den aufmerksamen Betrachter gibt es eine Fülle faszinierender Aus- und Anblicke. Die Stadt, die vielen Einwohnern Arbeitsplätze bietet, entwickelte sich um Schiffs- und Yachtwerften herum. Die meisten Straßen werden von Häusern gesäumt, die mehr zu viktorianischen Kaufleuten als zu Seglern zu passen scheinen. Man sollte sich davon nicht täuschen lassen. Erst wenn man hier etwas Zeit verbringt, läßt sich das großartige Wesen der Stadt erfassen. Wenn man sich nicht mit der Alltagsatmosphäre von Cowes anfreunden kann, sollte man einen Spaziergang am Castle vorbei zum Cowes Green unternehmen, wo die „Gentlemen" ihre Villen haben. Hier taucht man in eine gänzlich andere Welt ein, und es drängt sich das Gefühl auf, daß man jeden Moment auf den Geist von Uffa Fox stoßen könnte, der das Treiben auf der Squadron Line kritisch beobachtet.

Cowes, am E- und am W-Ufer der Mündung des River Medina gelegen.

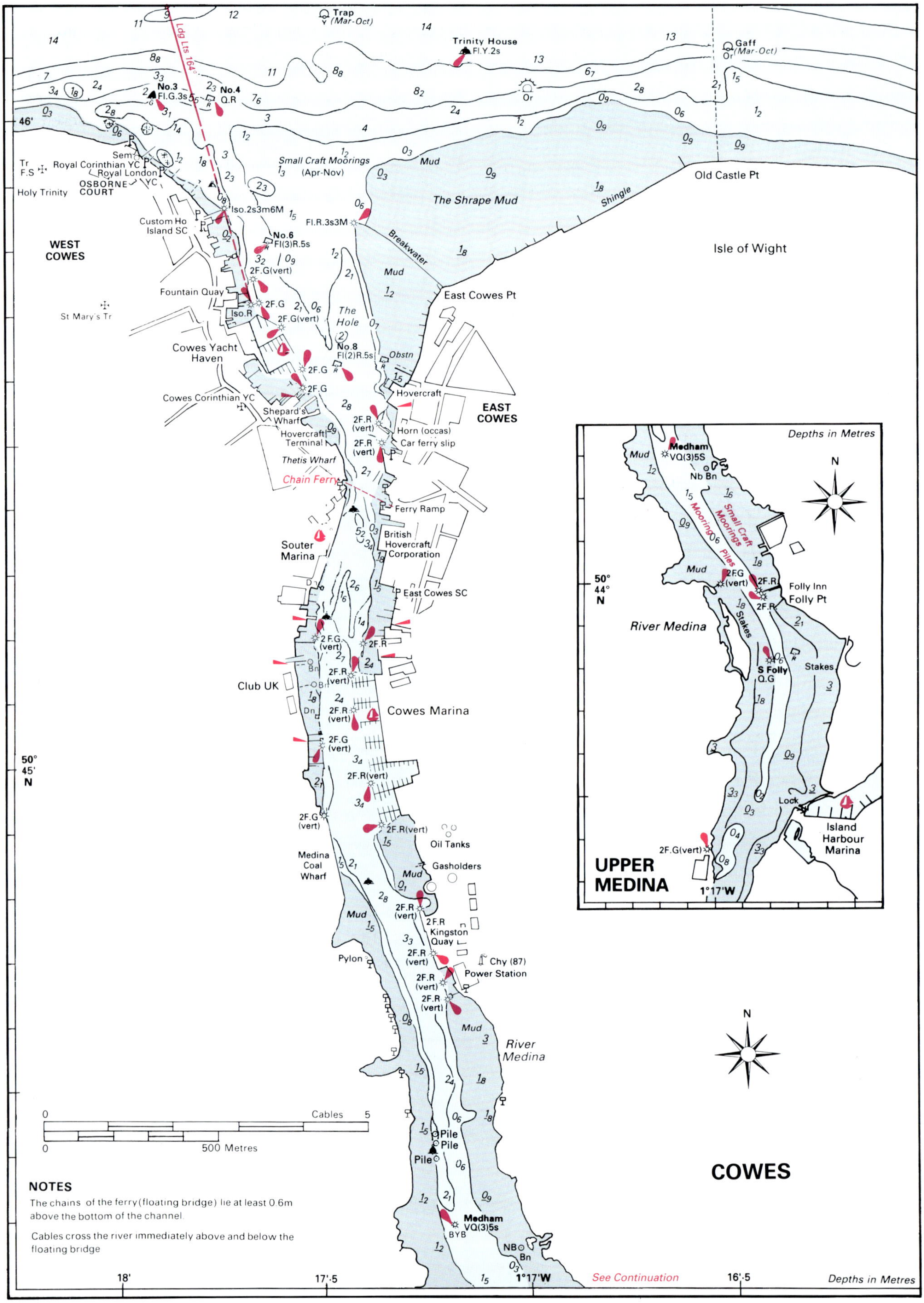
COWES
Depths in Metres
Ldg Lts 164°
Trap (Mar-Oct)
Trinity House Fl.Y.2s
Gaff (Mar-Oct)
Or
No.3 Fl.G.3s
No.4 Q.R
46'
Sem
Tr F.S
Royal Corinthian YC
Royal London YC
OSBORNE COURT
Holy Trinity
Iso.2s3m6M
Small Craft Moorings (Apr-Nov)
Mud
The Shrape Mud
Shingle
Old Castle Pt
Fl.R.3s3M
Breakwater
Isle of Wight
Custom Ho
Island SC
WEST COWES
No.6 Fl(3)R.5s
2F.G(vert)
Fountain Quay
2F.G
Iso.R
2F.G(vert)
St Mary's Tr
The Hole
East Cowes Pt
Cowes Yacht Haven
No.8 Fl(2)R.5s
Obstn
2F.G
Hovercraft
Cowes Corinthian YC
Shepard's Wharf
Hovercraft Terminal
Thetis Wharf
2F.R (vert)
Horn (occas)
Car ferry slip
EAST COWES
Chain Ferry
Ferry Ramp
Souter Marina
British Hovercraft Corporation
East Cowes SC
2 F.G (vert)
2F.R
Bn
Club UK
Dn
2F.R (vert)
Cowes Marina
2F.G (vert)
2F.R(vert)
50° 45' N
2F.G (vert)
Oil Tanks
Medina Coal Wharf
Gasholders
2F.R (vert)
Kingston Quay
Pylon
Chy (87)
Power Station
River Medina
Pile
Medham VQ(3)5s
BYB
NB Bn
1°17'W
See Continuation
18'
17'.5
16'.5
Cables 5
0
500 Metres
NOTES
The chains of the ferry (floating bridge) lie at least 0.6m above the bottom of the channel.
Cables cross the river immediately above and below the floating bridge.
Depths in Metres
Medham VQ(3)5S
Nb Bn
Small Craft Moorings
Moorings
Piles
Stakes
2F.G (vert)
2F.R
Folly Inn
Folly Pt
50° 44' N
River Medina
S Folly Q.G
Lock
Island Harbour Marina
2F.G(vert)
UPPER MEDINA
1°17'W
N

Ansteuerung

Egal aus welcher Richtung man Cowes ansteuert, es ist stets daran zu denken, daß die Tidenströme in diesem Teil des Solents sehr stark sind. Von W kommend, lauern Felsriffe dicht unter Land zu beiden Seiten des Egypt Point. Die Schlickfelder „The Shrape" schnappen sich viele Skipper, die vom Old Castle Point im E ihren Kurs einfach direkt abgesteckt haben. Außerdem sollte man nie, ganz gleich bei welchem Tidenstand, zwischen den dicht belegten Mooringfeldern der Regatta-Kielyachten, die sich zu beiden Seiten des Wellenbrechers ausdehnen, hindurchfahren. Einer der meistbefahrenen Schiffahrtswege der britischen Inseln führt am Hafen von Cowes vorbei. Schiffahrtspolizeiliche Verordnungen für den Solent geben der Berufsschiffahrt Yachten gegenüber jederzeit Wegerecht. Nebenbei bemerkt kann die Behinderung eines Supertankers, der gerade ein enges Wendemanöver um die Bramble Bank herum macht, gravierende ökologische Folgen haben. Auch der Hafen selbst dient der Handelsschiffahrt; Küstenmotorschiffe verkehren bis hinauf zur Medina Wharf und darüber hinaus. Dazu kommen außerdem Autofähren und Tragflügelboote, so daß ein wachsamer Ausguck sowohl voraus wie achteraus angebracht ist.

Die Kardinaltonne N *Prince Consort* (VQ), die 4 kbl NE-lich der Fahrwassertonne *No. 4* (rote Stumpftonne, Q.R) ausgelegt ist, ist vor Cowes das auffälligste Seezeichen. Ab der roten Stumpftonne und ihrer Partnerin, der grünen Spitztonne *No. 3* (Fl.G.3s), hält man sich die Richtfeuer (Iso.2s) in Linie rw. 164°. Das weiße Unterfeuer steht auf einem Pfahl vor dem Slip der Zollstation, die flußabwärts des Schlengels des Island Sailing Clubs steht; das rote Oberfeuer, ebenfalls auf einem Pfahl, steht am Jubilee-Fähranleger. An beiden Pfählen sind Pegel angebracht, die die WT im Fahrwasser über KN anzeigen. Beim Einlaufen am Tag sind die beiden Richtmarken leicht zu übersehen, aber der Fluß verläuft so gerade, daß das kein Problem ist. Folgt man dem Fahrwasser flußaufwärts, kommen an Bb.-Seite zwei rote Stumpftonnen: *No. 6* (Fl(2)R.5s) dicht am East Cowes Fährterminal, der *No. 8* (Fl(2)R.5s) folgt. Die Jubilee Pier, der Katamaran-Anleger West Cowes, liegt neben dem Old Town Quay und ist mit 2F.G(vert) an beiden Seiten bezeichnet; ebenso wie der Bereich des Cowes Yacht Haven. Der Kopf des Wellenbrechers vor East Cowes Point trägt ein Feuer (Fl.R.3s3M).

Oberhalb der Tonne *No. 8* führt der Fluß bis zum „The Folly Inn" ausreichend Wasser (Tiefen s.o.). Im Zweifelsfall hält man sich in der Mitte. Auch wenn oberhalb der Kettenfähre die befeuerten Seezeichen nicht sehr zahlreich sind, ist eine Nachtansteuerung kein Problem: der Verlauf des Flusses ist gerade, und an beiden Uferseiten stehen beleuchtete Gebäude, auch wenn deren Anzahl oberhalb der Medina Wharf langsam abnimmt.

Die Gezeitenströme setzen im Bereich der Kettenfähre sehr hart, insbesondere bei Springniedrigwasser. Große Yachten könnten beim Manövrieren unter diesen Umständen Schwierigkeiten bekommen und sollten die Kettenfähre auf UKW-Kanal 69, Ruf: *Cowes Chain Ferry,* rufen und sich beraten lassen.

Die Geschwindigkeit ist auf 6 kn über Grund begrenzt.

Liegeplätze und Moorings

Cowes ist mit Liegeplätzen bestens ausgestattet, muß es auch: wegen der Cowes Week oder der Round the Island-Regatta, die an einem Wochenende Anfang Juni stattfindet und zu der oft bis zu 1500 Yachten an den Start gehen.

Liegeplätze können vom Hafenmeister zugewiesen werden; er ist entweder auf seiner Barkasse oder in seinem Büro, das sich zwischen der Jubilee Pier und dem Cowes Yacht Club befindet, anzutreffen. Während der Bürostunden ist er auf UKW-Kanal 69 oder telefonisch (Tel. 01983-293952) zu erreichen. Unmittelbar flußaufwärts des Island Sailing Clubs sind 5 Festmachetonnen für Gäste ausgelegt, und nahe der Kettenfähre an der Thetis Wharf gibt es einen Schwimmsteg mit Landzugang, an dem man für einen kurzen Aufenthalt festmachen kann. Weiter flußaufwärts hat der Hafenmeister noch Liegeplätze, an denen man längsseits festmachen kann. Die Liegeplätze der Yachtclubs sind deutlich gekennzeichnet. Weitere Mooringtonnen sind privat. Im Hafen von Cowes ist das Ankern verboten. Flußaufwärts ist das Ankern S-lich der letzten Moorings und außerhalb des Fahrwassers erlaubt; aber wenn man nicht gerade trockenfallen möchte, ist das unpraktisch.

Gastyachten können auch 1,5 sm flußaufwärts der Kettenfähre vor dem berühmten „Folly Inn" an Dalben festmachen. Das „Folly Inn" ist vielleicht nicht jedermanns Geschmack, aber wie auch an Cowes selbst kann man sich daran gewöhnen.

Der Autoritätsbereich des Hafenmeisters erstreckt sich 2 sm stromaufwärts bis zum Pub „The Folly Inn"; oberhalb davon werden die Liegeplätze im Fluß von der Medina Borough Council's Marine Authority verwaltet. Auf dem Kopf der Pier neben dem „Folly Inn" befindet sich das Büro des Hafenmeisters. UKW-Kanal 69, Ruf: *Folly Launch* oder Tel. 01983-295722.

In Newport findet man kurz vor Ende der Schiffbarkeit trockenfallende Liegeplätze beim Odessa Yard am W-Ufer sowie am Town Quay gegenüber. Der Hafenmeister ist auf UKW-Kanal 69 oder telefonisch (Tel. 01983-525994) zu erreichen.

Marinas

Cowes Yacht Haven (ehemals Groves and Gutteridge, Ancasta and West Cowes Marina) ist nun auf eine Tiefe von 3 m an der Fahrrinne sowie dicht unter Land bis zum S-lichen Becken auf 2,5 m ausgebaggert worden. Die Marina verfügt über 220 Liegeplätze an Schwimmstegen, von denen ein erheblicher Teil Gastyachten zur Verfügung steht. In der Hochsaison kann es aber passieren, daß man sich im Päckchen liegend auf der Flußseite des langes Schlengels wiederfindet, wo man dem Schwell des vorbeifahrenden Verkehrs und auflandigen Winden ausgesetzt ist. UKW-Kanal 80, Ruf: *Cowes Yacht Haven.*

Shepard's Wharf, flußabwärts der Kettenfähre gelegen, bietet einige Liegeplätze an Schwimmstegen. Tel.: 01983-297821.

Das *UK Sailing Centre* (ehemals National Sailing Centre) unterhält etwa 3 kbl oberhalb der Kettenfähre am W-Ufer eine kleine Marina. Gastliegeplätze sind in begrenzter Zahl verfügbar; Motto: Wer zuerst kommt... Nicht auf UKW zu erreichen. Dafür ist diese Marina in jeder Bezie-

Die Burg am W-Ufer ist der Sitz der Royal Yacht Squadron.

Einfahrt zum Island Harbour; die Schleuse steht offen.

Blick über den Medina flußabwärts: Cowes Yacht Haven (A), Souter's Yard (B), Cowes Marina (C), UK Sailing Centre (D), Kettenfähre (E), Wellenbrecher East Cowes (F), Pfahl-Moorings sowie die Schlengel der Squadron (G).

Einfahrt zum Cowes Yacht Haven flußaufwärts der Red Funnel Pier.

Blick flußabwärts auf den Cowes Yacht Haven.

Treibstoff-Schlengel der Lallow's Werft flußaufwärts des UK Sailing Centre.

hung ein Schmuckstück. Duschen und Toiletten. Über die Arctic Road hinweg gelangt man zum Strand, und zum Zentrum von Cowes benötigt man zu Fuß 15 Minuten. „Fish & Chips“ gibt es bei „Arctic Fisheries“ 200 m die Arctic Road hinauf, und im Eckladen gleich auf der anderen Straßenseite findet man gute Versorgungsmöglichkeiten.
East Cowes Marina bietet 300 Liegeplätze für Boote mit einem Tiefgang von bis zu 4 m. UKW-Kanal 80 oder Tel. 01983-293983. Hervorragender Schutz, die Einrichtungen an Land sind jedoch begrenzt und schlechter zugänglich als in West Cowes, wohin man nur mit dem Wassertaxi oder einem beachtlichen Fußmarsch über die Pontonbrücke gelangt. Das Wassertaxi ist auf UKW-Kanal 08 oder unter Tel. 01831-325928 zu erreichen.
Der *Island Harbour* (früher: Medina Marina), 0,5 sm flußaufwärts vom „Folly Inn“, ist ein Dockhafen mit 180 Liegeplätzen für Yachten bis zu 15 m Lüa und von halber Flut an durch ein deutlich betonntes Fahrwasser, das außerhalb der Fahrrinne liegt, zu erreichen. An einem auffälligen weißen Kontrollturm zeigen rote und grüne Verkehrssignale Schiffsbewegungen in der Schleuse an. Alle Marina-Einrichtungen inklusive Restaurant mit Alkoholausschank vorhanden; ganz in der Nähe liegt die umgebaute Raddampfer-Fähre „Ryde Queen“.
UKW-Kanal 80 oder Tel. 01983-526020. Vor den Schleusentoren ist ein Warteschlengel ausgelegt.

Versorgung

Cowes kann Seglern wirklich alles bieten. Kräne gibt es am Kai Thetis Wharf und Souter's, einen Travellift im Cowes Yacht Haven, und auf dem Lallow's Slip können fast alle Bootsgrößen abgefertigt werden. Groves und Gutteridge sowie Shephard's Wharf, um nur einige der Betriebe zu nennen, können die meisten Probleme an Maschine, Elektronik und Rumpf beheben. Letztgenannter Betrieb vermietet auch Werkzeug an Eigner, die gern selbst Hand anlegen wollen.
Yachtclubs: Island Sailing Club, Cowes Corinthian, Royal Corinthian, Royal London und Royal Yacht Squadron.
Die Auswahl an Restaurants und Pubs wird jedem Geschmack und jedem Geldbeutel gerecht. Treibstoff ist außerhalb des Yacht Haven am Lallow's Pier sowie von einem Bunkerboot, das vor Souter's von Marine Support Bunkering betrieben wird und wo man auch Butangas bekommt, erhältlich. Island Harbour hat eine eigene Bunkerstation in der Marina.
Verschiedene Ausrüster im Stadtzentrum. Der Zoll befindet sich in der Wache neben dem Island Sailing Club, Tel. 01983-293132. Außerhalb der Bürozeiten: Tel. 01703-827350.

Verkehrsverbindungen

Vom East Cowes Terminal verkehren regelmäßig Autofähren; Southampton kann man alle halbe Stunde zwischen 0630 – 2230 Uhr vom Jubilee Pier mit Katamaranen erreichen. Für beide Fähren gibt es Busanschlüsse zum Bahnhof Southampton, der an einer Hauptstrecke der Bahn liegt. Verbindungen nach Waterloo/London oder nach Westen. Häufige Busverbindungen nach Newport, von wo aus man Anschlüsse zu allen Teilen der Insel hat. An jedem Fährterminal gibt es einen Taxistand. Tony's Taxi, Tel. 01836-248679 oder Russell's unter Tel. 01983-292083.

Island Harbour: 0,5 sm flußaufwärts vom Folly Inn. Hafenbüro (A), Bunkersteg (B), Medway Queen Restaurant (C).

Hamble River

Gezeiten

Doppeltes HW. Das erste HW etwa Dover -0020

MSpHW	MSpNW	MNpHW	MNpNW
4,5 m	0,8 m	3,8 m	2,0 m

Wassertiefen

Bis zum Port Hamble beträgt die WT 3 m (LAT). Von dort bis zur Bake *Crableck* oberhalb des Mercury Yacht Harbour sind es mindestens 2,8 m. 0,5 kbl oberhalb der Bake nimmt die WT für ein paar Meter abrupt auf weniger als 2 m ab; danach sind es bis zur Werft „The Elephant Boatyard“ wieder 2 m und mehr. Zwischen The Elephant und der Brücke Bursledon Bridge können die Tiefen auf 1,5 m (LAT) abnehmen.

Lage und Umgebung

Der Hamble bietet bei jedem Wetter guten Schutz, die Mooringplätze dicht an der Einfahrt ausgenommen, wenn Starkwinde aus S oder SW wehen. Es gibt genügend Gastliegeplätze, die zu einem interessanten Zwischenstopp einladen. Die große Zahl privater Moorings und Marinas am Hamble sowie die Vielfältigkeit der hier beheimateten Yachten machen den Besuch des Flusses zu einem „Muß“

für jeden Segelbegeisterten. Mit entsprechender Vorsicht ist eine Nachtansteuerung auch beim ersten Besuch möglich, zumindest bis zum Port Hamble.
Der Zauber, den der Fluß und seine Ufer einst gehabt haben müssen, bevor der Yachtsport Einzug hielt, ist kaum noch zu spüren, auch wenn es ausgedehnten Schlickbänken und breiten Schilfgürteln immer noch gelingt, die Bagger der Stadtplaner fernzuhalten. Die Ortschaft Hamble bietet an der Hauptstraße eine bunt zusammengewürfelte Mischung mit Pubs und anderen Verlockungen. Warsash hat für Vergnügungssuchende nur wenig parat. Kenner berühmter Yachtwerften können in Old Bursledon The Elephant Boatyard besuchen, wo neben modernsten Arbeitsweisen immer noch auf traditionelles Handwerk gesetzt wird. Außerdem kann man hier interessante Wanderungen unternehmen, nette Pubs besuchen und wunderschöne Ausblicke genießen. Die riesige Swanwick Marina am E-Ufer wird all jenen gefallen, die den vollständigen Triumph des Menschen über die Natur lieben; Crableck jedoch, etwas flußabwärts am E-Ufer gelegen, bietet einen Hafen, der völlig unberührt ist. Keine Investorengruppe hat es je erwogen, diese Wiesen zuzubetonieren, um neue Anlageprojekte zu schaffen. Hier zwitschern noch die Vögel, und weniger begüterte Skipper können ihre Boote im weichen Hampshire-Schlick trockenfallen lassen.

Ansteuerung und Einfahrt

Vom W-Solent kommend, setzt man seinen Kurs auf die Kardinaltonne S *Hamble Point* (Q(6)+LFl.15s) ab, wobei man sich von der Berufsschiffahrt, die von und nach Southampton und den großen Fawley-Ölterminals unterwegs ist, gut freihalten muß. Vom E-Solent kommend, hält man ebenfalls auf *Hamble Point* zu; in diesem Fall ist auf die vor Anker liegenden Küstenfrachter zwischen den Tonnen *Hook* (grün) und *Coronation* (gelb) zu achten. Abgesehen davon, daß das Wasser an Stb.-Seite generell untief ist, ist der Meeresboden in diesem Bereich eben wie ein Billardtisch, weshalb man sich das Studium von Seekarten ersparen kann und statt dessen besser das Echolot im Auge behält – in der Gewißheit, daß unter dem Kiel ohnehin nichts Überraschendes passiert.
Bei der Ansteuerung von Southampton aus sollte man sich nicht dazu verführen lassen, den Kurs W-lich an der Innenseite des „Spit-Pfahls" (*No. 2* Kardinalzeichen E, Q(3)10s3M) „abzukürzen". Zwischen diesem Pfahl und der Tonne *Hamble Point* beträgt die geringste Tiefe anfangs nur 0,8 m, während die WT in einem Bereich von 100 m um die Tonne herum mehr als 2,5 m beträgt; höchste Zeit also, den Kurs entsprechend zu korrigieren.
Nach Passieren der Einfahrt folgt man dem Fahrwasser, das mit roten und grünen Pfählen deutlich bezeichnet ist (Achtung: die Leuchtbake No. 6 (rot) bezeichnet eine Steilkante), bis nach Warsash und der Hamble Point Marina. Oberhalb davon sollte man sich zwischen den Moorings in der Mitte des Flusses halten, auch wenn es eine ganze Reihe von befeuerten Pfählen gibt. Oberhalb der Mercury Marina nimmt die Anzahl der Mooringpfähle deutlich ab, und hier wird es wichtig, die Bake *Crableck* mit dem Pegel auszumachen und mit gutem Abstand an Stb.-Seite zu passieren. E-lich der Bake wird der Fluß sehr schnell untief.
Nun folgt man bis hinter Crableck und der Universal Werft an Stb.-Seite wieder dem Fahrwasser zwischen den Pfählen in NE-licher Richtung. Am Ende dieser Flußstrecke ist darauf zu achten, daß der rote Pfahl an Bb., der grüne an Stb. bleibt, wenn man Richtung Bursledon ein-

Die Mündung des Hamble River bei Niedrigwasser.

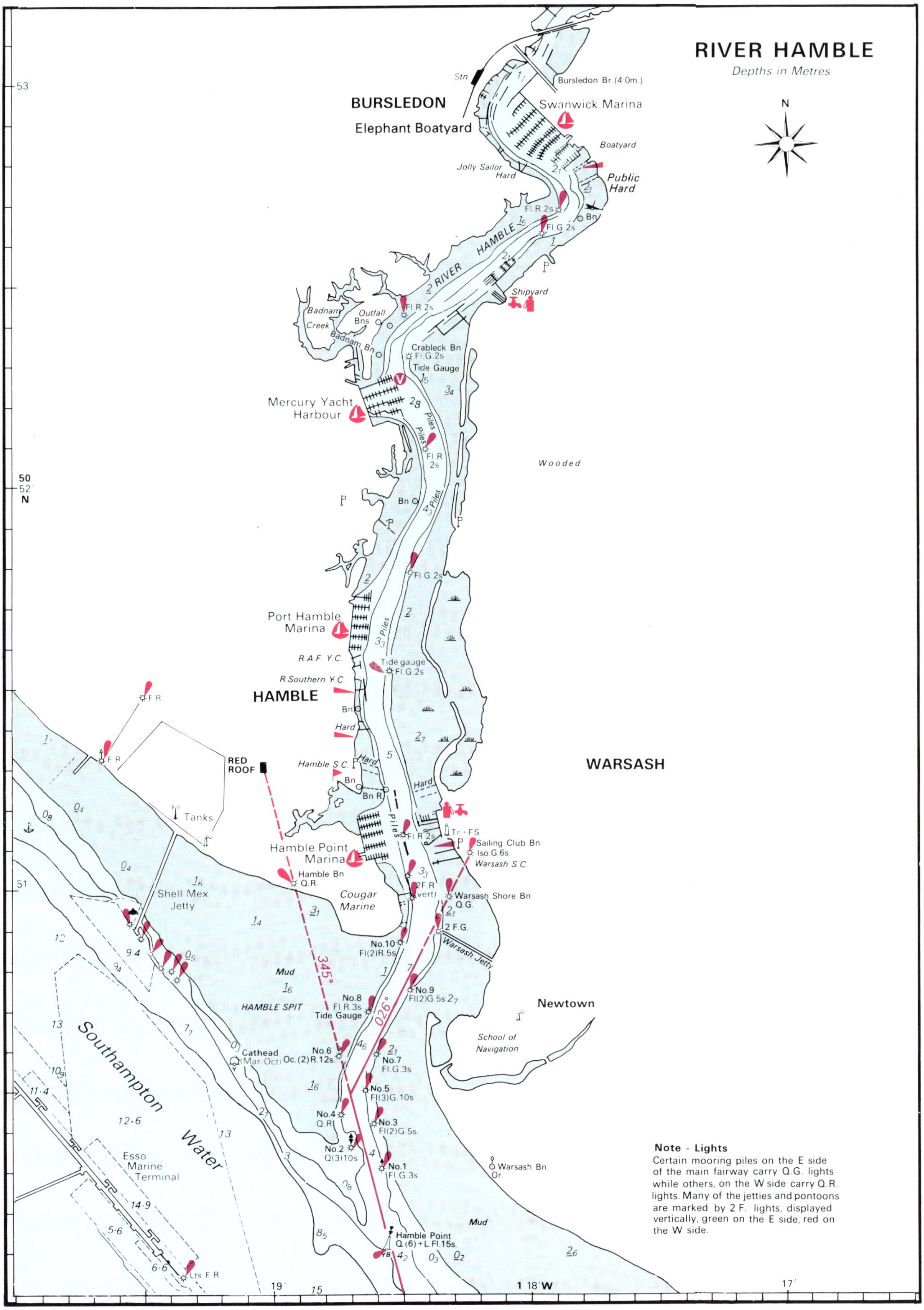
RIVER HAMBLE
Depths in Metres
N
BURSLEDON
Elephant Boatyard
Swanwick Marina
Bursledon Br.(4·0m.)
Stn
Boatyard
Jolly Sailor Hard
Public Hard
Fl.R.2s
Fl.G.2s
Bn
RIVER HAMBLE
Shipyard
Badnam Creek
Outfall Bns
Badnam Bn
Fl.R.2s
Crableck Bn
Fl.G.2s
Tide Gauge
Mercury Yacht Harbour
Piles
Wooded
50 52' N
53'
51'
Bn
Fl.G.2s
Port Hamble Marina
R.A.F. Y.C.
R.Southern Y.C.
Tide gauge
Fl.G.2s
HAMBLE
Hard
WARSASH
RED ROOF
Hamble S.C.
Bn R
Tanks
F.R
Hamble Point Marina
Fl.R.2s
Tr - FS
Sailing Club Bn
Iso.G.6s.
Warsash S.C.
Hamble Bn
Q.R.
Shell Mex Jetty
Cougar Marine
2F.R (vert)
Warsash Shore Bn
Q.G.
2 F.G.
Warsash Jetty
No.10
Fl(2)R.5s
Mud
No.9
Fl(2)G.5s
HAMBLE SPIT
No.8
Fl.R.3s
Tide Gauge
345°
026°
Newtown
School of Navigation
Southampton Water
Cathead (Mar-Oct)
No.6
Oc.(2)R.12s
No.7
Fl.G.3s
No.5
Fl(3)G.10s
No.4
Q.R.
No.3
Fl(2)G.5s
No.2
Q(3)10s
No.1
Fl.G.3s
Esso Marine Terminal
Warsash Bn
Or.
Mud
Hamble Point
Q.(6)+L.Fl.15s.
Lts F.R
19'
1 18'W
17'
Note - Lights
Certain mooring piles on the E side of the main fairway carry Q.G. lights while others, on the W side carry Q.R. lights. Many of the jetties and pontoons are marked by 2 F. lights, displayed vertically, green on the E side, red on the W side.

dreht. Nach der Fahrwasserbiegung sind zwei Gruppen Festmachetonnen mit Ankerketten voraus auszumachen. Man passiert zwischen diesen und der Marina und fährt dann in der Mitte des Flusses weiter bis zu den Schlengeln von The Jolly Sailor und dem Elephant Boatyard, die an Bb.-Seite ausgelegt sind.
An der Bursledon Bridge ist für Segelyachten das Ende der Schiffbarkeit erreicht; aber falls die lichte Höhe des Bootes weniger als 4 m beträgt, kann man auch noch die nachfolgenden Auto- und Eisenbahnbrücken unmittelbar flußaufwärts passieren. Hier läuft man in eine völlig andere Welt ein: Felder und Wiesen wechseln sich ab, und die WT vor dem Pub „Horse and Jockey“ reicht für flachgehende Boote vielleicht gerade lange genug aus, um in der Brauerei eine kleine Pause einzulegen.
Bei der Nachtansteuerung läuft man den Fluß mit einem Kurs von 345° an, wobei die Leuchtbake *No. 6* (Oc(2)R.12s4m2M) und die Bake Hamble Point (Q.R.12m) landeinwärts dahinter zur Deckung gebracht werden. Bevor man auf diesem Kurs an Stb. die Leuchtbake *No. 5* (Fl(3)G.10s) querab hat, dreht man in die Richtfeuerlinie 026° (U-F. Q.G, Ob-F. Iso.G.6s). Zwischen den Lichtern an Land sind die beiden leider nur schwer auszumachen. Nicht die Nerven verlieren, wenn man dicht genug herangekommen ist, sind die Richtfeuer klar zu unterscheiden. Nach dem Einlaufen in den Fluß achtet man auf die an Moorings liegenden Boote und folgt einfach den zahlreichen roten und grünen Feuern. Sollte man die Absicht haben, sich weiter als bis zum Port Hamble vorzuwagen, sind extreme Vorsicht und helles Mondlicht dringend angeraten, wenn man den Fluß bei Tageslicht noch nie gesehen hat.

Liegeplätze

Mit Ausnahme für flachgehende Yachten, die außerhalb der Fahrrinne trockenfallen können, ist das Ankern im Fluß unpraktisch. Für die Reservierung eines Liegeplatzes des Hafenmeisters ruft man seine Barkasse oder meldet sich bei ihm in Warsash auf UKW-Kanal 68, Ruf: *Hamble Harbour Radio* oder Tel. 01489-576387. Besucher können an seinem Schlengel vor dem Pub „Rising Sun“ in Warsash festmachen, um seinen Rat einzuholen oder am öffentlichen Landungsplatz in Hamble anlegen. Eventuell bekommt man einen Tiefwasserliegeplatz eben oberhalb des Schlengels des Hafenmeisters an Dalben *(B4 – B7)* in der Flußmitte, die deutlich mit dem Hinweis „Visitor“ gekennzeichnet sind, zugewiesen. Bis zu fünf Yachten können hier nebeneinander im Päcken liegen. Weiter flußaufwärts, eben oberhalb von Port Humble, gibt es weitere ausgewiesene Gastliegeplätze an Dalben (*No. 9* bis *16*), an denen die WT 2 m (LAT) beträgt. Zur Ortschaft Hamble liegen sie vergleichsweise bequem.
Gelegentlich ist es nach Absprache auch möglich, einen Liegeplatz bei The Elephant Boatyard oder beim Universal Shipyard am E-Ufer oberhalb von Crableck zu finden.

Marinas

Heute gehören die meisten Liegeplätze am Hamble River zu den großen Marinas, die die gängigen Versorgungsmöglichkeiten bieten und alle eine Anzahl von Gastliegeplätzen bereit halten. Die Marinas sind auf UKW-Kanal 37 und 80 zu erreichen.
Hamble Point Marina: Einige Tiefgangsbeschränkungen für tiefgehende Yachten. Im Zweifelsfall mit Kaimeister klären. Für Skipper, die zwar gern gute Restaurants besuchen, aber am Taxi sparen wollen, ist die Lage der Marina etwas problematisch.
Port Hamble: Tiefes Wasser und bequeme Entfernung zur Ortschaft Hamble.
Mercury Yacht Harbour: Ruhige Marina, die allerdings in beträchtlicher Entfernung zum Ort Hamble liegt.
Swanwick Marina: Große Marina, die dem Moody's Yard angeschlossen ist. Waschsalon und direkter Anschluß an Bahn und Autobahn A27. Zum Pub „The Jolly Sailor“ am Hafen von Old Bursledon ist es nur ein ganz kurzer Trip mit dem Dingi. Ohne Boot benötigt man zum Pub 20 Minuten zu Fuß.

Versorgung

Am Fluß stehen alle möglichen Einrichtungen zur Verfügung. Zahlreiche Bootswerften, einige davon mit Travelliften, die selbst Maxis aus dem Wasser heben können. Die meisten Marinas haben Geschäfte mit Ausrüstung. Treibstoff an verschiedenen, naheliegenden Stellen, Wasser in den Marinas oder am Schlengel des Hafenmeisters. Zoll in Port Hamble. Der Warsash Nautical Bookshop, eine wahre Fundgrube, befindet sich an der Straßenkreuzung auf dem Hügel, zu Fuß vom Public Hard aus etwa 10 Minuten. Dafür sind die Pubs in Warsash enttäuschend, auch wenn den Crews, die mit ihren Yachten am Warsash Public Hard trockengefallen sind und sich von der Arbeit matt und kraftlos fühlen, „The Rising Sun“ wie ein Geschenk des Himmels vorkommen kann. Hamble, auf der anderen Uferseite, ist dagegen gut ausgestattet. Man geht nur die Straße geradeaus bis hinter dem Platz hinauf und trifft auf den Pub „The White Hart“. Im Untergeschoß des Pubs „The King and Queen“, auf der Mitte der High Street, gibt es einen Waschsalon speziell für Segler. Der berühmte „Jolly Sailor“ in Bursledon serviert hervorragendes Bier und gutes Essen. Falls möglich, sollte man sein Essen auf der Terrasse einnehmen.
Unterhalb von „The Rising Sun“ beim Warsash Public Hard sowie beim Land's End Hard gegenüber der Swanwick Marina und bei Mercury gibt es Kielbänke an Dalben. Sliprampen am Warsash Public Hard, Hamble Public Hard, Swanwick Shore Public Hard sowie Land's End Hard (ohne Parkplatz) in Bursledon. Banken sind in Warsash und Hamble.
Yachtclubs: The Royal Southern Yacht Club, RAF Yacht Club, Hamble River Sailing Club und Warsash Sailing Club – alle liegen am Fluß.

Verkehrsverbindungen

Die Anbindung des Hamble River an das öffentliche Verkehrsnetz ist nicht gerade überwältigend, was allerdings nicht bedeutet, daß man hier von der Außenwelt abgeschnitten ist. Von Hamble, Warsash und Swanwick verkehren Busse. In Bursledon gibt es eine Bahnstation, von der man nach Southampton oder Portsmouth kommt. Der Bahnhof Hamble ist (gleiche Strecke wie Bursledon) nur eine Taxifahrt vom Ort oder den Marinas entfernt.

Southampton

Gezeiten

Doppeltes HW. Erstes HW etwa -0013 Dover
Stillwasser bei halb aufgelaufener Flut, Beginn ca. NW +1,5 Std., Ende ca. NW + 3 Std.

MSpHW	MSpNW	MNpHW	MNpNW
4,5 m	0,5 m	3,7 m	1,8 m

Wassertiefen
Das Hauptfahrwasser Southampton Water ist auf 10 m Tiefe gebaggert.
Der Fluß Itchen hat bis hinauf nach Ocean Village eine WT von 6 m und mehr; danach wird er flacher; bis zum Shamrock Quay nehmen die Tiefen auf 2 m über KN ab.
Im Fluß Test beträgt die WT bis in die Town Quay Marina hinein mindestens 2,5 m, größere Tiefen findet man am Town Quay selbst.
Von Untiefen entlang des S-Ufers sowie der gut bezeichneten Untiefe vor Marchwood abgesehen, ist der Fluß Test bis hinauf zum oberen Ende der Containerschiffsanleger auf eine Tiefe von 10,2 m gebaggert. Oberhalb dieses Punktes wird der Fluß schnell flacher und fällt bis zum Eling Channel und dem gut geschützten Eling Basin trocken.

Lage und Umgebung
Southampton liegt im Scheitel des 6 sm langen Southampton Water. Der Hafen wurde bereits 50 v.Chr. vom römischen Eroberer Vespasian gegründet, der befahl, am River Itchen eine befestigte Siedlung zu bauen. Nach dem Niedergang des Römischen Reiches nahm das Schicksal der Stadt den üblichen Verlauf zwischen Wohlstand und kleineren Plünderungen, bis 1338 Spanier, Genuesen und Franzosen diesen „Job" gründlicher erledigten. Aus manchen Quellen geht hervor, daß dieses beklagenswerte Ereignis stattfand, derweil die Einwohner von Southampton in der Kirche waren, anstatt Wache zu halten. 1620 machten sich die Pilgrim Fathers (die ersten Auswanderer) von hier aus mit ihrer „Mayflower" auf den Weg in die Neue Welt. Und später verbrachten die legendären Ozeanriesen entlang der Kais von Southampton ihre schönsten Stunden. 1944 wurden hier 3 Millionen Soldaten für die Landung in der Normandie eingeschifft.
So lange, wie es den populären Yachtsport gibt, ist Southampton immer ein Zentrum einheimischer Enthusiasten gewesen. Aber erst in den letzten Jahren hat sich der Hafen auch für Gastyachten geöffnet, und so kann Southampton nun mit vier Marinas „angeben", die exzellenten Schutz bieten, bei jedem Tidenstand zugänglich sind und über sämtliche, wenn auch unterschiedliche Einrichtungen verfügen.
Wie viele andere Hafenstädte auch hat Southampton durch die Bombardierungen im Zweiten Weltkrieg viel von seinem ursprünglichen Erscheinungsbild verloren. Zum Glück wurden die einheimischen Kahnschiffer nicht ausgebombt, so daß sich in den Werften und Creeks von Test und Itchen der Charakter dieser Landschaft erhalten hat. In diesem „summenden Bienenkorb der Seefahrt" gibt es

Signal- und Radarstation auf Dock Head an der Spaltung des Southampton Waters: links der River Test, rechts der Itchen.

buchstäblich nichts, was nicht an einem Boot getan werden könnte.

Ansteuerungen
Bei der Ansteuerung von Southampton, und das schließt auch Southampton Water mit ein, sollte berücksichtig werden, daß die Berufsschiffahrt grundsätzlich Vorrang hat. Wann immer es möglich ist, sollte man daher in den größtenteils schiffbaren Bereichen außerhalb des Fahrwassers bleiben. Insbesondere ist daran zu denken, daß große Schiffe, die Southampton von E her anlaufen und die Bramble Bank in der Mitte des Solents an Stb. lassen, Platz zum Manövrieren benötigen. Wie wichtig es ist, sich von diesen Schiffen insbesondere im Bereich zwischen der Kardinaltonne N *Prince Consort* (vor Cowes) und Calshot freizuhalten, kann gar nicht genug betont werden. Man kann nicht auf seinem Wegerecht als Segelfahrzeug bestehen – in den örtlichen Hafenregeln gibt es nichts dergleichen!
Der Schiffsverkehr wird vom „Vessel Traffic Service" (VTS, UKW-Kanal 12) überwacht, der bei jedem möglichen Problem, das sich bei der Ansteuerung von Southampton Harbour ergeben könnte, behilflich ist. Ausguck halten nach blauen Hafendienstbarkassen mit gelbem Balken quer über den Bug (nachts blaues Licht). Sollte man allzu dicht neben einem Schiff manövrieren, kann der Besuch einer solchen Hafenbarkasse drohen, und man wird aufgefordert, Platz zu machen.
Zwischen dem Leuchtfloß *Calshot Spit* (Fl.5s) und der Glockentonne mit Kardinalzeichen N (VQ) läuft man in das Southampton Water ein. Calshot Castle und sein markanter Radarturm bilden gute Landmarken.
Bei der Fahrt das Southampton Water hinauf findet man bis nach Weston Shelf zu beiden Seiten des gebaggerten Fahrwassers gute Tiefen. Oberhalb der beiden auffälligen Baken, die 6 kbl NW-lich des Hamble BP-Bunker-Anlegers ausgelegt sind, ist es vor dem NE-Ufer generell untief, was bei der Navigation aber keine Probleme macht, weil etwa auf der 5 m-Linie außerhalb des Fahrwassers eine Reihe grüner Tonnen ausgelegt ist. Befindet man sich außerhalb der Fahrrinne, ist Vorsicht bei der Ansteuerung der Tonnen *Weston Shelf* (Fl(3)G.15s) sowie der *No. 1* (Oc.G.4s) vor der Abzweigung des Itchen geboten. Untiefen erstrecken sich sehr viel dichter an diese beiden Seezeichen heran als an die grünen Tonnen des Hauptfahrwassers im unteren Bereich von Southampton Water.

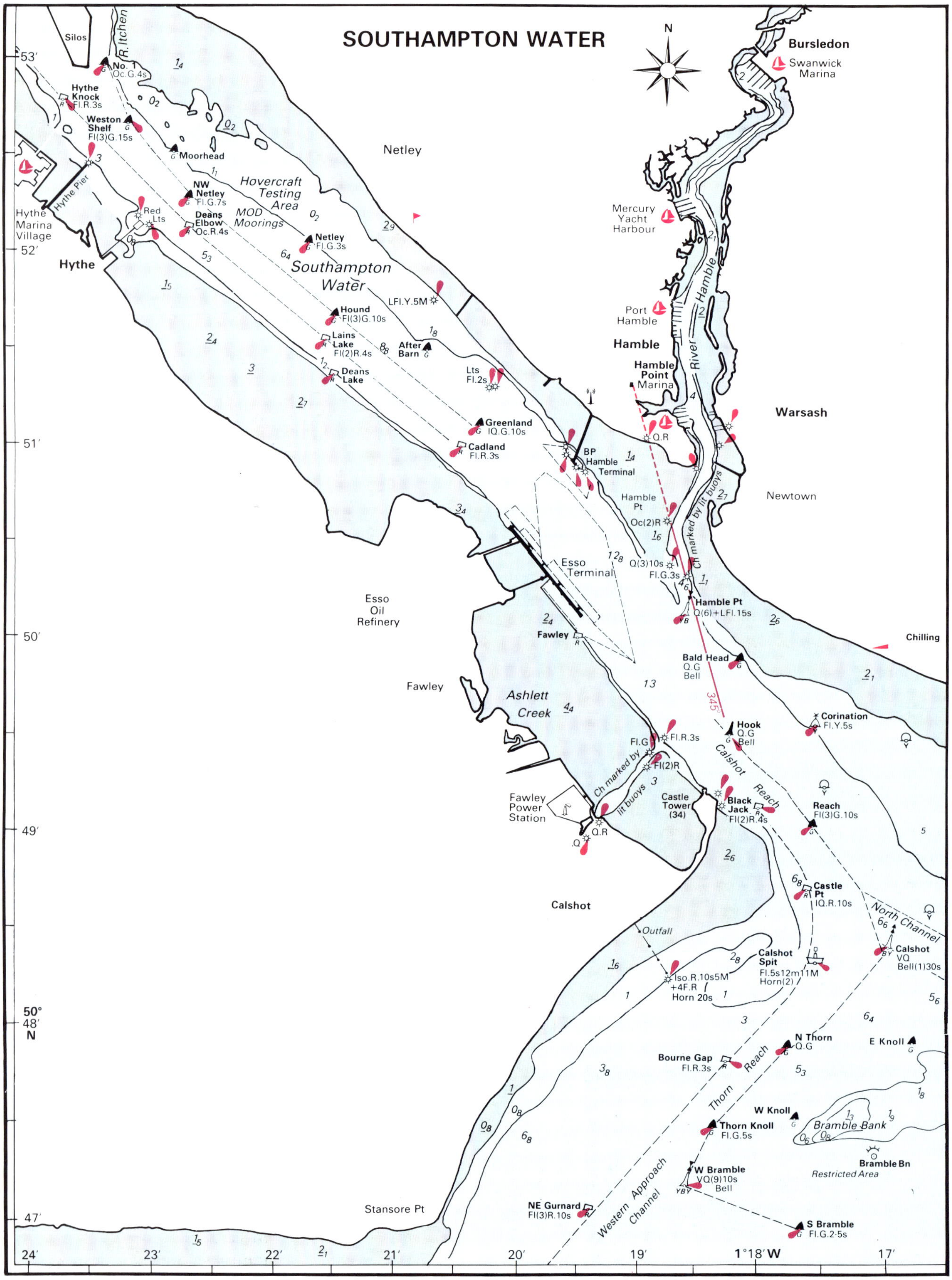
SOUTHAMPTON WATER
N
Bursledon
Swanwick Marina
Netley
Mercury Yacht Harbour
Port Hamble
Hamble
Hamble Point Marina
Warsash
Newtown
Silos
R. Itchen
No. 1 Oc.G.4s
Hythe Knock Fl.R.3s
Weston Shelf Fl(3)G.15s
Moorhead
Hythe Pier
Hythe Marina Village
Hythe
NW Netley Fl.G.7s
Red Lts
Deans Elbow Oc.R.4s
Hovercraft Testing Area
MOD Moorings
Netley Fl.G.3s
Southampton Water
LFl.Y.5M
Hound Fl(3)G.10s
Lains Lake Fl(2)R.4s
After Barn
Deans Lake
Lts Fl.2s
Greenland IQ.G.10s
Cadland Fl.R.3s
BP Hamble Terminal
Hamble Pt Oc(2)R
Q.R
River Hamble
Ch marked by lit buoys
Esso Terminal
Q(3)10s
Fl.G.3s
Hamble Pt Q(6)+LFl.15s
Esso Oil Refinery
Fawley
Bald Head Q.G Bell
Chilling
Fawley
Ashlett Creek
345°
Hook Q.G Bell
Corination Fl.Y.5s
Fl.G
Fl.R.3s
Fl(2)R
Calshot Reach
Fawley Power Station
Castle Tower (34)
Black Jack Fl(2)R.4s
Reach Fl(3)G.10s
Q.R
Q
Calshot
Castle Pt IQ.R.10s
North Channel
Outfall
Calshot Spit Fl.5s12m11M Horn(2)
Calshot VQ Bell(1)30s
Iso.R.10s5M +4F.R Horn 20s
N Thorn Q.G
E Knoll
Bourne Gap Fl.R.3s
Thorn Reach
W Knoll
Bramble Bank
Thorn Knoll Fl.G.5s
Bramble Bn
Restricted Area
W Bramble VQ(9)10s Bell
Western Approach Channel
NE Gurnard Fl(3)R.10s
Stansore Pt
S Bramble Fl.G.2·5s
53′
52′
51′
50′
49′
50° 48′ N
47′
24′
23′
22′
21′
20′
19′
1°18′W
17′

Ansteuerung Hythe Marina Village: Die Schleusentore sind geschlossen.

Der Itchen führt zur Einfahrt der Ocean Village Marina, im Foto unmittelbar rechts voraus der Segelyacht.

Einfahrt

River Itchen

Der Fluß, in den man zwischen der auffälligen Port Signal- und Radarstation sowie der grünen Tonne *Swinging Ground No. 1* (Oc.G.4s) an der Verzweigung der beiden Fahrwasser einläuft, ist gut bezeichnet. Nun läßt man die Docks (steil aufragend) an Bb. und eine Reihe großer befeuerter grüner Baken an Stb. Die Ocean Village Marina öffnet sich an Bb. gegenüber der Bake *No. 4* (Q.G) und ist leicht an ihrem neuen „Planungsbüro" mit rotem Dach zu erkennen.

Oberhalb von Ocean Village hält man sich an der E-Seite des Flusses, bis die Itchen-Brücke (Höhe 24,4 m) passiert ist, anschließend fährt man wieder in der Mitte des Itchen, wobei die die grüne Bake *Chapel* (Fl.G.3s) an Stb. bleibt. Das E-Ufer ist nun untief, es macht aber keine Schwierigkeiten, sich W-lich der zahlreichen Mooring zu halten, die in der Strommitte ausgelegt sind. Bis die Shamrock Quay Marina an Bb., gegenüber von Pfahl *No. 5* (Fl.G.3s) erreicht ist, sind die Kaianlagen am W-Ufer recht steil. Oberhalb des Shamrock Quay bleibt die WT bis zur Northam Bridge (Höhe 4,7 m), die das Ende der Schiffbarkeit für den normalen Yachtsport darstellt, konstant um die 2 m.

River Test

Port Signal- und Radarstation bleiben an Stb., dann steuert man einen Kurs von etwa 325°, wobei die Kaimauern der Docks an Stb., die große rote Ansteuerungstonne an Bb. bleiben.

Man passiert den Town Quay (weißer Gebäudekomplex mit grauen Dächern) und den Royal Pier (Red Funnel Terminal der Autofähren zur Isle of Wight) an Stb.-Seite. Bis zum Ende der Containerschiffsanleger bietet das Hauptfahrwasser reichlich Tiefe.

Einfahrt der Ocean Village Marina aus dem Itchen: Signale regeln den Schiffsverkehr.

Wenn man zum Marchwood Basin fahren möchte, läuft man zwischen der roten Tonne *No. 2* (Oc.R.4s) und der Tonne *Crackmore* (Oc.R.8s) in den Marchwood Channel ein. Die Richtbaken in Linie geben einen Kurs von 298° an, die vordere zeigt ein weißes Dreieck auf einem Dalben, die hintere eine weiße Raute, ebenfalls auf einem Dalben. Auf diesem Kurs beträgt die WT 2,4 m bis 0,5 kbl vor der ersten Bake. Dicht an Stb. lauert eine Untiefe. Fast bis zum Husband's Jetty ist das Wasser an Stb.-Seite untief, danach nimmt die Tiefe für die nächsten 3 kbl auf mindestens 2 m zu. Hält man die Kardinaltonne N *Dibden Bay* (Q) eben SW-lich der Tonne *No. 2*, bleibt man sicher im Fahrwasser. In diesem Bereich wimmelt es von ausgelegten Moorings. Etwa 0,5 kbl SE-lich der ersten Bake bis zur oberen Richtbake erstreckt sich im Marchwood Channel eine Untiefe; beide Baken sollten dich an Bb. passiert werden. In diesem Bereich ist auf Tiefen zwischen 0,5 und 0,9 m eine Unzahl von Moorings für kleine Boote ausgelegt. Gleich nach

Der Shamrock Quay am W-Ufer des Itchen.

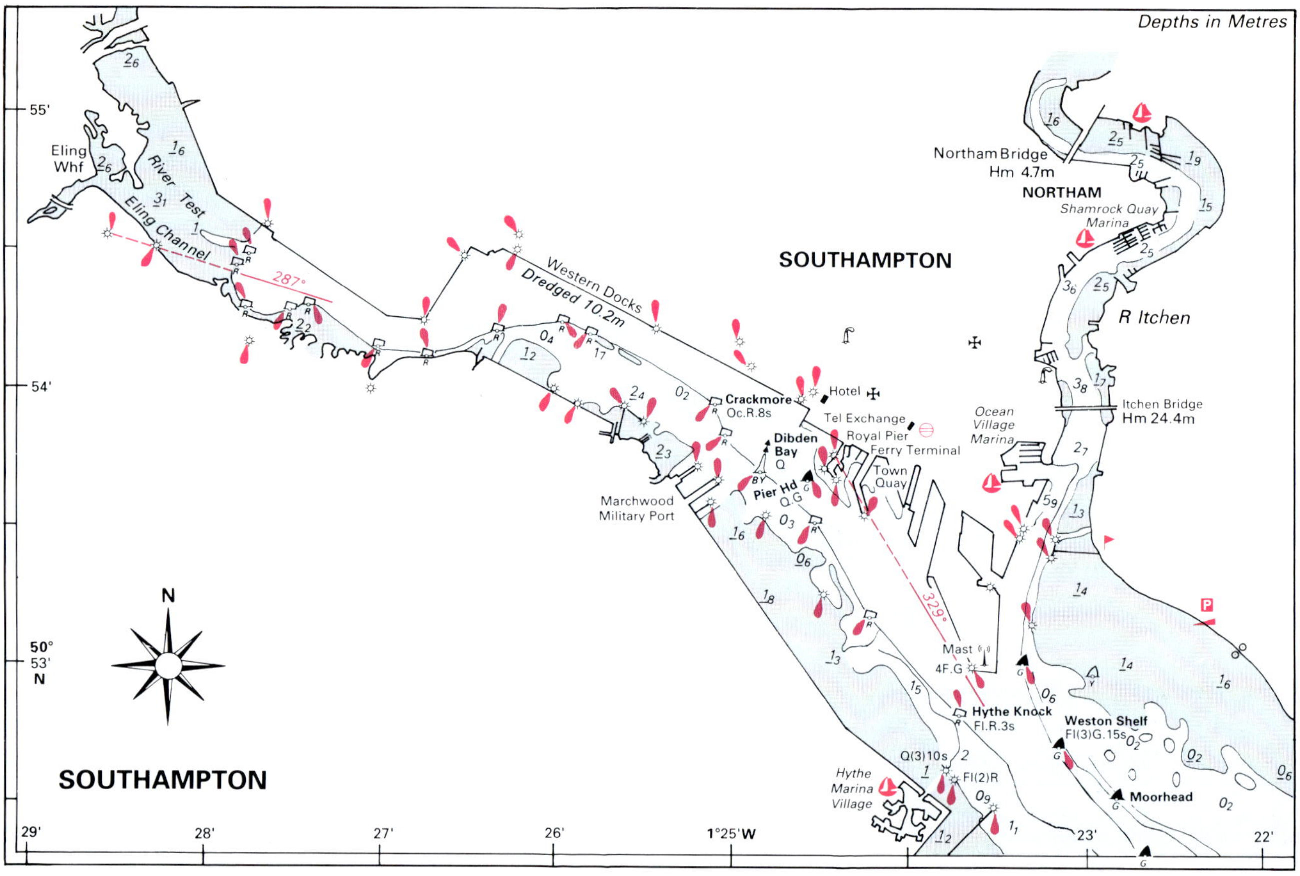

dem Passieren der oberen Richtbake ist man wieder im tiefen Wasser der Hauptfahrrinne, die auf 10,2 m ausgebaggert ist und die an den Containerschiffsanlegern vorbei über den Swinging Ground führt.

In das Fahrwasser Eling Channel, das sehr schmal ist und trockenfällt, läuft man eben S-lich der NW-lichen Tonne *Eling Ground* (Eling) ein. An Stb.-Seite ist es mit Baken mit dreieckigem Toppzeichen markiert, ausgenommen an der Abzweigung des Redbridge Channel, die mit Kardinalbaken S bezeichnet ist. Nahe der Einfahrt in den Eling Channel stehen an Bb. zwei Baken; S-lich davon gibt es auf einer WT von 0,3 m Moorings für kleine Boote. Das Fahrwasser wird von Hochspannungsleitungen (Höhe 36 m) überquert.

Ankerplätze und Moorings

Wenn das Wetter nicht gerade das beste ist, kann das Festmachen an Moorings oder Ankern recht ungemütlich werden, weil das Revier so weitläufig ist. Solange man sich aber von den Sperrgebieten, Moorings, Fahrrinnen und Hafenanlegen fernhält, ist es durchaus möglich, in den Southampton Waters zu ankern. Mancherorts kann man nach Absprache aber auch einen Liegeplatz an einer Mooring bekommen.

Oberhalb von Calshot Castle: Gelegentlich ist eine Mooring verfügbar. Guter Schutz vor Winden aus SW. Beim Ankern sollte eine Trippleine verwendet werden.

Hythe: S-lich der Hythe Pier können große Yachten ankern. Kleinere Boote wenden sich wegen eines Mooring-Liegeplatzes an die Yachtwerft oder den Club. Yachtwerft, Geschäfte, Banken, Treibstoff etc. Mittwoch nachmittag geschlossen. Von der Hythe Pier Fährverbindung nach Southampton.

Southampton: Für große Yachten sind ein oder zwei Moorings vor der Royal Pier vom Hafenamt ausgelegt.

Marchwood: Moorings sind S-lich des Marchwood Channels ausgelegt. Für Nachfragen wendet man sich an den Husband's Yard oder den gastfreundlichen Marchwood Yacht Club. Treibstoff und Wasser am Anleger der Werft. Vom Town Quay verkehren Barkassen nach Southampton.

Eling Channel: Zu Nippzeiten kann man eben außerhalb des Schwojraumes der Containerschiffe ankern.

River Itchen: Für große Yachten hat das Hafenamt ein paar Moorings ausgelegt. Wenn man sorgsam auf die WT achtet, kann man außerhalb der Fahrrine vor dem E-Ufer des Flusses ankern.

Netley: Der Ankerplatz ist nur bei schönem Wetter oder ablandigen (NE-lichen) Winden zu benutzen.

Marinas

Um Southampton einen Besuch abzustatten, ist es am besten, wenn man in eine der hervorragend ausgestatteten Marinas einläuft.

Town Quay Marina: Diese Marina liegt hinter dem Ocean Dock. Zum Einlaufen wird der Kopf des Quay selbst (F.Y) an Bb. gelassen. Voraus ist dann ein Wellenbrecher auszumachen, dessen E-licher Kopf die Einfahrt überlappt.

Die Marina ist verhältnismäßig klein; Besucher sind aber willkommen und die Entfernung zur Stadtmitte von Southampton mit all ihren Möglichkeiten sehr bequem.

Die Reservierung eines Liegeplatzes kann telefonisch (Tel. 01703-234397) oder auf UKW-Kanal 80 erfolgen. Von Spitzenzeiten während der Hochsaison einmal abgesehen, hat man meist aber auch Glück, wenn man unangemeldet kommt. Yachten, die mehr als 15 m Lüa und 2,5 m Tiefgang haben, sollten sich unbedingt vorher anmelden. Town Quay bietet Duschen, Toiletten sowie einen Waschsalon und wird rund um die Uhr bewacht.

Hythe Marina Village: Diese Marina ist durch ein kurzes gerades Fahrwasser zu erreichen, das auf 2 m WT ausgebaggert und mit roten und grünen Pfählen bezeichnet ist. Die äußere Bake mit Kardinalzeichen E (Q(3)10s) bleibt an Stb., eine Bake mit quadratischen rotem Toppzeichen an Bb. Die eigenwillige Architektur des Hythe Marina Village ist ähnlich wie die des Ocean Village das augenfälligste Kennzeichen. Besucher sind willkommen und können bei jedem Tidenstand in das ausgebaggerte Marinabecken, dessen Tiefe auf 2,5 m gehalten wird, geschleust werden. Anmeldung auf UKW-Kanal 37 oder telefonisch (Tel. 01703-207073); insbesondere wenn die Yacht größer als 16 m Lüa ist.

Treibstoff, Wasser, Strom, Duschen, Toiletten, Waschsalon etc. Restaurant und Pub in der Marina. Hythe, mit weiteren hervorragenden Versorgungsmöglichkeiten, liegt ganz in der Nähe. Regelmäßige Fährverbindung zum Southampton Town Quay.

Die Schleuse wird rund um die Uhr bedient. Sie zeigt an Bb. ein rotes Feuer (2F.R), an Stb. ein grünes (2F.G). Folgende Verkehrssignale werden am Kontrollturm angezeigt:

3 rote feste Lichter – Warten
3 rote Blitzfeuer – jeglicher Schiffsverkehr untersagt
3 grüne feste Lichter – freie Fahrt voraus
2 grüne feste Lichter über 1 weißen – Schleuse steht offen (mit Ausnahme von Nippzeiten um HW).

Der Warteschlengel vor der Schleuse hat Landzugang.

Ocean Village Marina

Die Gebäude und das große Emblem sind auffällig. Besucher sind in der Marina willkommen; während der Hochsaison sollte man sich jedoch vorab anmelden (UKW-Kanal 37 und 80 oder Tel. 01703-229385), da es hier sehr lebhaft zugeht. Toiletten und Duschen sowie der Royal Southampton Yacht Club. Bequeme Lage zum Stadtzentrum, gut geschützt und mit exzellentem Personal versehen, das sich um Crew und Yacht kümmert. Auf dem N-lichen Ansteuerungsdamm werden folgende Verkehrssignale gezeigt: 3 feste rote Lichter – Halt, warten; 2 grüne über 1 weißen Licht – freie Fahrt.

Shamrock Quay

Hier stand früher die Werft von Camper & Nicolson's, auf der die berühmte Yacht des America's Cup-Herausforderers Sir Thomas Lipton „Shamrock V" gebaut wurde, die dem Quay ihren Namen gab. Shamrock Quay bietet alle Reparaturmöglichkeiten, und nach wie vor werden hier Yachten jeder Größe überholt. Gastliegeplätze sind vorhanden; hat man einen Innenplatz zugewiesen bekommen, ist das Anlegen bei auflaufender Flut aber nur mit größter Vorsicht möglich, weil der Strom, insbesondere bei Springniedrigwasser, sehr hart setzen kann. Gut sortierter Ausrüster, Duschen, Toiletten und Waschsalon. Hervorragendes Café „Yellow Welly". Falls der Pub auf dem Marinagelände nicht dem eigenen Geschmack entspricht, kann man „Cooper's Arms", eine nette traditionelle Hafenkneipe, besuchen, die nur 100 m von der Marina entfernt ist. Das Stadtzentrum ist mit dem Taxi zu erreichen.

Treibstoff

Im Hafen von Southampton kann man Diesel von mobilen Bunkerbooten bekommen, von denen „Mr.Diesel" zu nennen wäre. Anruf auf UKW-Kanal 08, und er kommt mit einem der bestgeführten kleinen Schlepper der gesamten Südküste längsseits. Ein charmanter Mann, der den Treibstoff zu korrekten Preisen verkauft.

Slipanlagen

- am Strand N-lich des Hythe Pier
- Sliprampe im Scheitel des Ashlett Creek, S-lich der Öl-Raffinerien
- Landestelle am N-Ufer des Eling Creek
- Itchen River: Landestelle am E-Ufer in Woolston oder in beiden Marinas
- öffentlicher Landeplatz Netley.

Yachtclubs

Royal Southampton Yacht Club, Southampton Sailing Club, Eling Sailing Club, Weston Sailing Club, Hythe Sailing Club, Marchwood Yacht Club, Esso Sailing Club, Netley Cliff Sailing Club.

Verkehrsverbindungen

Autofähren und schnelle Katamaranboote verkehren nach Cowes/Isle of Wight. Hauptstrecke der Bahn nach Waterloo Station/London (70 Minuten) und in den Westen.

Einfahrt in den Beaulieu River. Links die befeuerte Dalbenbake; im Vordergrund die Untiefen vor Stone Point.

Beaulieu River

Gezeiten

Doppeltes HW. Das erste HW erreicht die Mündung etwa -0030 Dover.

MSpHW	MSpNW	MNpHW	MNpNW
3,7 m	0,6 m	3,1 m	1,6 m

Gezeitenströme

In der Zeit zwischen 2 Std. nach NW bis 4 Std. danach setzt im allgemeinen ein träger Flutstrom, der zu Springzeiten stärker ist und als „Young flood stand" bekannt ist. Der allgemeine HW-Stand entspricht dem im mittleren Solent, und auch der Ebbstrom setzt bis auf die letzten 3,5 Std. nicht so hart. Zu Nippzeiten sind diese Ströme noch schwächer.

Wassertiefen

Der Beaulieu River hat eine Barre, über der die Tiefen von Jahr zu Jahr variieren; im allgemeinen können 0,9 m über KN aber als Anhaltswert gelten. Es ist daran zu denken, daß langanhaltende Winde aus N bis E die Tidenhöhen im Solent senken können. Ein großzügiger Spielraum von 2 Std. vor bis nach NW sollte bei auflandigem Wind einkalkuliert werden. Im Fluß beträgt die WT bis hinauf nach Buckler's Hard wenigstens 1,8 m; ausgenommen eine untiefe Stelle von 1,2 m gegenüber einem kleinen Bootshaus etwa 3 kbl stromabwärts der Marina. Bei HW ist der Fluß bis nach Beaulieu schiffbar; im oberen Flußlauf können Bereiche außerhalb des Fahrwassers bis zu 2,6 m trockenfallen.

Lage und Umgebung

Der Beaulieu River, der sich bis in den New Forest erstreckt, ist zweifelsfrei der schönste Hafen an der Festlandsseite des Solent. Ankert man in einer mondhellen Nacht im Schutz der Insel Gull Island, kann man die Natur in einer Intensität erleben, wie es sonst in diesen vielbefahrenen Gewässern kaum möglich ist. Oberhalb von Gins Farm reichen Eichenwälder bis an den Fluß. Von hier stammte das Holz, aus dem Schiffe für Nelson's Kriegsflotte gebaut wurden; viele davon in der kleinen Ortschaft Buckler's Hard flußaufwärts. Der gesamte Fluß, inklusive seines Bettes, gehört Lord Montagu, dessen umsichtige Verwaltung sich ausgezahlt hat. Jeder Versuch einer zerstörerischen Nutzung wurde unterbunden.

Ansteuerung und Einfahrt

Zwei orangefarbene Gittertafeln in Linie führen mit rw 324° Kurs über die Barre. Die untere trägt ein dreieckiges Toppzeichen und ist auf dem ersten Pfahl an Bb. (*No. 2*) binnenwärts der Leuchtbake in der Einfahrt angebracht. Die obere Tafel, die in der Mitte einen senkrechten schwarzen Balken trägt, ist hoch oben in den Kiefern auf dem flachen Kliff N-lich des Flusses angebracht. Beim Verfassen dieses Buches sowie auch einige Jahre davor lag das tiefste Wasser E-lich der Richtlinie. Da der Grund hier sehr sanft ansteigt, gibt es keine Überraschungen.

Bei der Ansteuerung aus E bleiben die drei roten Baken (Q.R) vor Stansore Point an Stb, dann hält man etwa WSW, bis man in der Nähe der gelben Regatta-Kugeltonne ist, die etwas E-lich der Richtlinie liegt, bevor man in die Flußmündung eindreht. Ist die Tonne, die nur

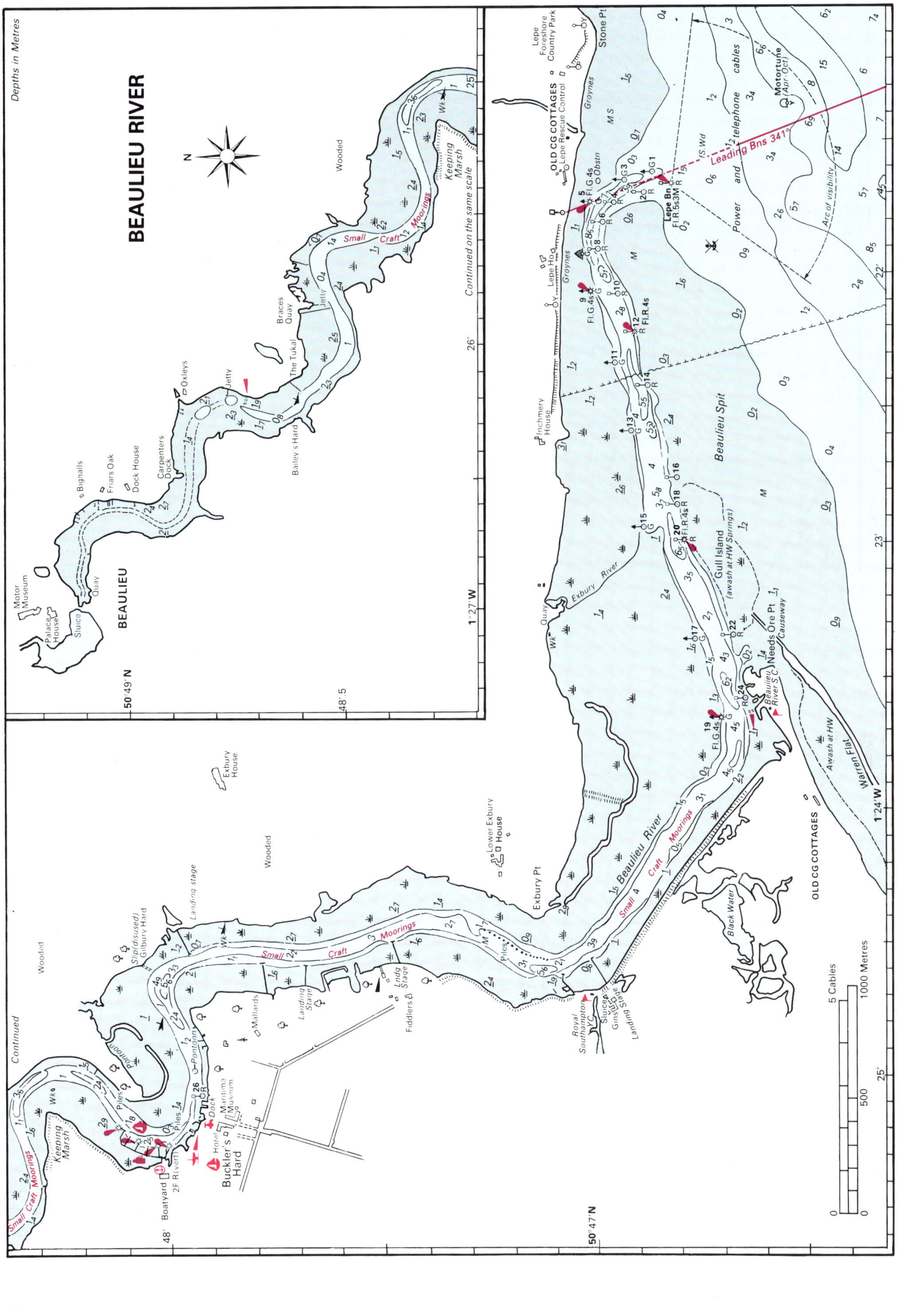
BEAULIEU RIVER
Depths in Metres
Continued on the same scale
Continued
BEAULIEU
Palace House
Motor Museum
Sluice
Quay
Bignalls
Friars Oak
Dock House
Carpenters Dock
Oxleys
Jetty
Bailey's Hard
The Tukal
Braces Quay
Wooded
Keeping Marsh
Small Craft Moorings
Boatyard
2F R(vert)
Buckler's Hard
Hotel
Maritime Museum
Dock
Pontoon
Piles
Slip (disused)
Gilbury Hard
Landing stage
Mallards
Fiddlers
Exbury House
Lower Exbury House
Exbury Pt
Beaulieu River
Royal Southampton Y.C.
Sluice
Ginns
Landing Stage
Black Water
OLD CG COTTAGES
Warren Flat
Awash at HW
Causeway
Needs Ore Pt
Beaulieu River S.C.
Gull Island (awash at HW Springs)
Beaulieu Spit
Exbury River
Inchmery House
Lepe Ho
Groynes
Lepe Rescue Control
Lepe Foreshore Country Park
Stone Pt
Lepe Bn Fl.R.5s3M
Leading Bns 341°
Power and telephone cables
Motortune (Apr-Oct)
Arc of visibility
5 Cables
1000 Metres
50°49'N
50°47'N
1°27'W
1°24'W

während der Saison ausgelegt ist, nicht an ihrem Platz, dreht man rechtzeitig ein, ehe die Richtlinie überlaufen wird und die Badehäuschen am Strand von Gurnard (Isle of Wight) recht achteraus peilen. Etwa zwei kbl seewärts der rot-weißen Bake liegt die flachste Stelle der Barre. Wenn man es geschafft hat, diese Stelle ohne Grundberührung zu passieren, ist die Strecke bis hinauf nach Buckler's Hard kein Problem mehr; es sei denn, man muß mühsam gegen den Rest eines starken Ebbstroms ankämpfen.
Von W kommend, muß man sich von den Schlickbänken Beaulieu Spit und Warren Flat gut freihalten. Die Einfahrt ist an einem auffälligen weißen Bootshaus und einem ebenfalls weißen Cottage am W-lichen Ende einer Reihe alter Gebäude der Küstenwache zu erkennen. Wie bei der Einsteuerung aus E, hält man sich E-lich der Deckpeilung, bevor man eindreht. Nachts hält man die Leuchtbake (Fl.R.5s3M) in einer Peilung von 315°, bis man in der Einfahrt ist.
Nach dem Einlaufen in den Fluß fährt man zwischen den roten und grünen Baken weiter, bis sie oberhalb von Needs Ore Point aufhören. Danach ist das Fahrwasser mit Pricken bezeichnet, die am oder nahe des Tidensaums stehen. Das Fahrwasser ist an den Moorings leicht zu erkennen. Eine erste Ansteuerung bei Nacht erfordert allerdings reichlich Mondlicht und die allergrößte Vorsicht, wenn man nicht eine kostspielige Havarie mit einem vermoorten Boot riskieren möchte. Bis zum ersten Mooringliegeplatz sorgen die befeuerten Pfähle für eine entsprechend sichere Passage; alle Pfähle tragen Reflektoren. Danach ist man auf sich selbst gestellt, sieht man von dem befeuerten grünen Pfahl, der die Schlickbank gegenüber der Marina bezeichnet, einmal ab.
Zu beachten sind die Untiefen, die, an der N-Seite des langen „Meeresarms" liegend, in der Seekarte verzeichnet sind; sie haben schon viele Heimkehrer, die sich um NW herum in den Fluß schleichen wollten, vorübergehend festgehalten.

Liegeplätze
Ankern ist in den äußeren Bereichen unterhalb von Needs Ore gern gesehen. Kleine Yachten können in die Bucht gesteuert werden, die der Damm, der Gull Island mit dem Festland verbindet, bildet. Ansonsten ankert man an der S-Seite des Fahrwassers. Der Halt des Ankers im Schlick ist gut und der Schutz bei W-lichen Winden bestens. Auch bei E-lichen Winden liegt man hier sicher genug, allerdings können Starkwinde aus diesem Quadranten Seegang verursachen, der bei Springniedrigwasser gegenläufig ist. Von ganz kleinen Yachten abgesehen, sind andere Ankerplätze wegen der Gefahr schlecht vermoorter Boote unpraktisch.
Sowohl ober- wie unterhalb von Buckler's Hard ist der Fluß gut mit Hafen-Moorings ausgestattet, die an Dauerlieger vermietet sind. Jede passende Mooring kann aufgenommen werden, vorausgesetzt, man legt die übliche Höflichkeit an den Tag, wenn der Eigner zurückkehrt. Gastliegeplätze vor der Ortschaft zwischen Pfählen. Sollten diese belegt sein, gibt es gleich oberhalb der Marina noch weitere. Falls Liegeplätze vorhanden sind und die Yacht nicht mehr als 23 m Lüa mißt, sind Gäste in der Marina gern gesehen. Das Marina-Personal weist den Liegeplatz an und kassiert die Gebühren. Der Hafenmeister ist nicht über Funk erreichbar.

Versorgung
Beaulieu ist nicht gerade preiswert, dafür sind die Einrichtungen Spitzenklasse. Wasser und Treibstoff, Telefone, wunderbare Duschen und ein Waschsalon stehen im Yachthafen bereit. Gleich daneben ist der Agamemnon Boatyard mit Yachtausrüstung. Exzellente Reparaturmöglichkeiten für Außenborder bietet die Buckler's Hard Garage, die im Sommer 7 Tage die Woche geöffnet hat. In Buckler's Hard gibt es einen recht ordentlichen Balkenrost, der für Yachten mit bis zu 2 m Tiefgang bei MSpHW zu benutzen ist. Es gibt auch eine Sliprampe mit öffentlichem Parkplatz.
Der Royal Southampton YC unterhält in Gins Farm eine Niederlassung, in der Mitglieder angeschlossener Clubs willkommen sind, wenn sie geöffnet hat.
Der Zoll kommt in regelmäßigen Abständen vorbei. Von der Marina aus kann man das Maritime Museum besuchen oder wunderschöne Spaziergänge nach Beaulieu machen, wo sich das National Motor Museum befindet. Buckler's Hard hat einen brauchbaren Dorfladen mit Alkoholverkauf, der während der Saison täglich geöffnet hat. Das Master Builder's House bietet sowohl eine Bar wie auch ein Restaurant. Außer Taxis ist es um öffentliche Verkehrsmittel schlecht bestellt. Der Bahnhof von Brockenhurst ist fast 10 km entfernt.

Newton River

Gezeiten

Doppeltes HW. Erstes HW tritt etwa -0030 Dover auf.

MSpHW	MSpNW	MNpHW	MNpNW
3,4 m	0,5 m	2,8 m	1,5 m

Gezeitenströme
7 Std. Flutstrom, etwa 2 Std. Stillwasser bei HW. Die restliche Zeit einer Tidenperiode setzt ein sehr kraftvoller Ebbstrom.

Wassertiefen
1,5 m über KN über der Barre, Tiefwasser in der Einfahrt. An den Gastliegeplätzen in Newton River bis zu 2,5 m. Am unteren Ende des Clamerkin Lake beträgt die Ankertiefe 1,8 m.

Lage und Umgebung
Ein ahnungsloser Besucher wird kaum vermuten, wie wechselhaft und lang die Geschichte des Newton River ist, die angeblich bis in römische Zeit zurückreicht. Der Hafen von Newton River war immerhin wohlhabend genug, um im Jahr 1001 plündernde Wikinger anzulocken. Mitte des 14. Jh. wurde die Stadt doppelt so hoch besteuert wie Newport, und 1377 unternahmen Franzosen einen

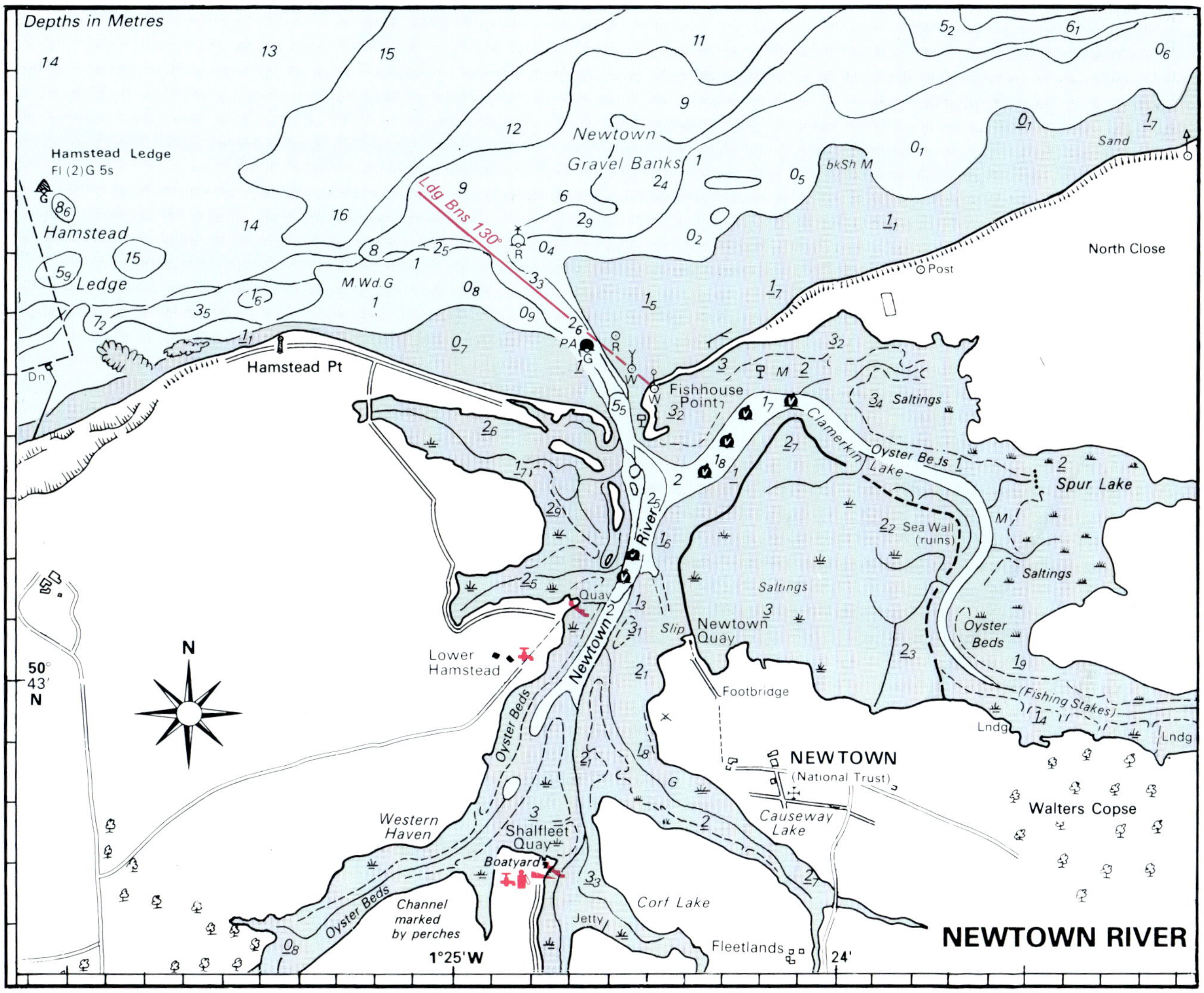

Raubzug hierher und ließen die Stadt brennend zurück. Heute herrscht die Natur mit ihren Eichenwäldern und Salzwiesen wieder unangefochten, und von den einst so betriebsamen Straßen sind nur noch überwucherte Pfade sichtbar. Mehr als 150 Vogelarten machen hier im Lauf des Jahres Rast, darunter seltene Arten von Seeschwalben und Fischadlern.

Newton River gehört dem National Trust, von dem er auch verwaltet wird. Für Liebhaber unberührter Küstenstriche offenbart sich hier außerhalb der Saison ein kleines Paradies. An Sommerwochenenden jedoch kann die Vielzahl der lieben Mitmenschen die eigene Geduld zuweilen auf eine harte Probe stellen.

Ansteuerung und Einfahrt

Die Einfahrt in den Newton River ist schmal und von See her schwer auszumachen. Wenn man von W kommend an der grünen Spitztonne *Hamstead Ledge* scharf Ausguck nach ESE hält, sollten die Tonnen und Richtmarken des Flusses auszumachen sein. Von E kommend, hält man sich in etwa auf der Linie zwischen den beiden grünen Tonnen *Salt Mead* und *Hamstead Ledge,* bis der Rowridge TV-Mast in ungefähr 150° peilt. Dieser Mast ist der nähere von zweien, die man ein Stück landeinwärts auf der Insel ausmachen kann. Mit dem Fernglas kann man unterhalb des Turms die Einsteuerungstonnen erkennen. Zu beiden Seiten der Ansteuerung erstrecken sich Untiefen, hält man sich jedoch an die exzellenten Richtmarken (ein weiß/schwarzer „Ziel"-Kreis, den man im „V" der Y-förmigen Richtmarke davor hält) und den von ihnen bezeichneten Kurs von 130°, hat man mindestens 1,5 m WT über KN unter dem Kiel. Die Richtlinie führt vor eine kleine rote Kugeltonne, die von See her schwer auszumachen ist. Diese Tonne bleibt an Bb., es sei denn, es ist ausreichend Tidenhub vorhanden. Sobald man eine noch kleinere Tonne, diesmal in grün, an Stb., passiert hat, verläßt man diesen Kurs und steuert geradewegs auf die Mitte der Einfahrt zu, die durch stark setzenden Strom auf eine beachtliche Tiefe ausgewaschen wurde. An Stb. erstreckt sich eine steile Kiesbank mit Schlick darüber. Vor Fishhouse Point an Bb. nehmen die WT ebenfalls schnell ab.

Nach dem Einlaufen ist genaustens auf die Farben und die grob gestalteten Toppzeichen der Pricken zu achten; es ist leider kein Problem, vom Kurs abzukommen, insbesondere weil die Farben der Pricken verwittert sind. Es ist deshalb sehr wichtig, daß man sich mit dem Verlauf des Fahrwassers vor dem Einlaufen vertraut gemacht hat.

Die Fahrrinne windet sich zunächst nach Bb. Für die Fahrt in den Clamerkin Lake sollte man nicht zu früh eindrehen;

Newton River und der Shalfleet Quay. Die Yachten unmittelbar hinter der Einfahrt liegen an Gast-Moorings.

wenn Shalfleet das Ziel ist, muß man sich von einer trockenfallenden Bank an Stb. freihalten. Sind die Gefahrenstellen erst gemeistert, tut ein wachsamer Blick auf Seezeichen, Moorings und Echolot sein Übriges.

Anker- und Liegeplätze

Besucher können an jeder freien Mooring, die ihnen passend erscheint, festmachen. Die großen weißen Tonnen im Hauptfahrwasser Richtung Shalfleet Creek sind ebenso wie jene im Clamerkin Lake offiziell; alle anderen sind privat, was aber nicht bedeutet, daß man sie nicht benutzen darf. Der Kaimeister gibt Auskunft.

Da die besten Stellen mit Moorings belegt sind, findet man Ankerplätze hauptsächlich im Clamerkin Lake. Im Bereich zwischen der Einfahrt und der ersten Mooring kann man auf 1,8 m über KN ankern. Je nach Tide und Schwojkreis kann man auch flußaufwärts zwischen den Moorings und Austern-Zuchtanlagen einen „kuscheligen" Ankerplatz finden. Letztere sind deutlich gekennzeichnet und dürfen auf keinen Fall gestört werden.

Im Schlick ist der Halt des Ankers gut, und das gesamte Revier der Creeks ist bestens geschützt – von den äußeren Bereichen, die bei Starkwinden aus N sehr ungemütlich werden, einmal abgesehen. Sind die Ankerplätze belegt, das Wetter unbeständig und sitzt einem zudem eine Springtide im Genick, sollte man sich in aufgeräumter Stimmung darauf einstellen, an der Newton „Pyjama Party" teilzunehmen.

Anlegeplätze

Vom Newton Quay (tidenabhängig) aus kann man das alte Rathaus besuchen oder zahlreiche schöne Wanderungen unternehmen. Shalfleet Quay befindet sich bei der Yachtwerft am Creek gleichen Namens. Von der Werft führt ein unbefestigter Weg zur Ortschaft, die zu Fuß in etwa 10 Minuten zu erreichen ist. An der Landzunge, die zum Fishhouse Point führt, sollte man zwischen April und September nicht anlegen, weil dies dann Vogelschutzgebiet ist.

Versorgung

Wasser bekommt man aus einem Hahn am S-lichen Ende der Fußgängerbrücke beim Newton Quay. Treibstoff an der Shalfleet Service Station an der Hauptstraße gleich E-lich des Ortes. In „Eddy's Farm Shop" bekommt man Lebensmittel (den Pfad neben der Kirche entlang, an der Warlands Lane links); Mittwoch und Sonntag nachmittag sowie jeden Mittag geschlossen. Im „New Inn", Shalfleet, werden hervorragende Fischgerichte und gutes Bier serviert. Der Landgang sollte entsprechend geplant werden, ansonsten kann es tatsächlich passieren, daß man noch ein oder zwei Gläser mehr trinken muß, bis das Dingi wieder aufgeschwommen ist.

Yarmouth Harbour

Gezeiten

Lange Stillwasserzeiten um HW. Das erste HW tritt etwa -0050 Dover ein.

Tidenhub

MSpHW	MSpNW	MNpHW	MNpNW
3,1 m	0,8 m	2,5 m	1,5 m

Gezeitenströme

Je nach Tidenstand setzt im Hafen Strom, was bei Hafenmanövern zu berücksichtigen ist. Besondere Aufmerksamkeit ist bei Springniedrigwasser in der Umgebung der Einfahrt angebracht.

Wassertiefen

Von der Einfahrt bis zur Brücke ist der Hafen auf 2 m unter KN gebaggert, so daß Yachten, deren Tiefgang nicht mehr als 2 m beträgt, an einigen Stellen festmachen können. Die Mindesttiefe in der Einfahrt beträgt 2 m, in der Richtfeuerlinie der Ansteuerung mehr.

Lage und Umgebung

Wegen seiner Lage eben innerhalb des Needle Channel, der von den Gezeiten durchbraust wird, ist Yarmouth ein äußerst sinnvoller Anlaufhafen. Außerdem ist Yarmouth ein beliebtes Ziel zahlreicher Yachten, die das Segeln im geschützten Solent genießen und daher gut mit netten Unterkunftsmöglichkeiten ausgestattet. Bis auf NE-liche Winde ist der Hafen gut geschützt.

Yarmouth ist der Autofährhafen zur Isle of Wight, was den Charme der Stadt aber nicht verdorben hat. Im Gegenteil, das zusätzliche Getümmel während der Sommermonate erhöht das Vergnügen in diesem betriebsamen kleinen Hafen. Man sollte nicht enttäuscht sein, wenn man bei der Ankunft am späten Nachmittag während eines Urlaubswochenendes wieder weggeschickt wird; Liegeplätze stehen zwar in großer, aber eben nicht unendlicher Zahl zur Verfügung.

Ansteuerung und Einfahrt

Yarmouth ist von See her leicht auszumachen. Die Pier und der Kirchturm sind am Tag nicht zu verwechseln, und nachts weisen die Lichter der Stadt, der Fährhafen und insbesondere die Feuer (2F.R) auf den Kopf der Pier den Weg. Von der einzigen Gefahrenstelle, dem Black Rock, der mit einer unbefeuerten grünen Tonne bezeichnet ist, muß man sich bei der Ansteuerung aus W gut freihalten. Von E-lich der Pier kommend, ist auf die großen unbefeuerten Mooringtonnen zu achten, die glücklicherweise deutlich in den Seekarten verzeichnet sind. Eine weitere Mooringtonne, die noch näher an der Einfahrt ausgelegt ist, ist zwar befeuert (Fl.Y), das Feuer aber leicht zu übersehen.

Außerhalb des Hafens setzen die Tidenströme sehr hart im Solent, so daß insbesondere bei nächtlichen Einsteuerungen Vorsicht wegen möglicher Stromversetzung geboten ist.

Die Hafeneinfahrt von Yarmouth befindet sich unmittelbar W-lich der Pier. Richtmarken (weiße Rauten mit zwei waagerechten schwarzen Balken, jeweils mit F.G befeuert) führen mit 187° hinein. Beim ersten Mal sind sie nicht immer leicht zu erkennen. Sind die Richtmarken nicht auszumachen, bleibt man ca. 0,5 kbl W-lich des Kopfs der Pier und steuert dann mit 185° die Mitte der Einfahrt an. Hinter dem Kopf des Wellenbrechers kommt dann ein Leuchtpfahl (Fl.G.5s1M) in Sicht. An Bb.-Seite ist der kurze Fähranleger (2F.R auf dem Kopf); dicht daneben gibt es eine öffentliche Treppe am Kai (nur zum Anlanden, Dingis dürfen hier nicht zurückgelassen werden), die vom Wassertaxi benutzt wird. An die Treppe schließt sich die Hafenmauer des Town Quay an, an dem Yachten eventuell festmachen können. Am Town Quay sowie am Dalben *A1* sind Pegel angebracht, die die Höhe der Tide über KN anzeigen. In der Hafeneinfahrt besteht die Gefahr von Wellenschlag, den die Schrauben der Fähren verursachen; diese drehen sich ständig, auch wenn die Fähre festgemacht und am Laden ist.

Hat man den Dalben *A1* passiert, hält man nach Stb. auf eine Reihe von Festmachepfählen zu, es sei denn, man möchte am Town Quay liegen. Für Unerfahrene können die Pfähle recht verwirrend sein, aber keine Angst, der Hafenmeister und seine Helfer sind meistens mit einem Dory zur Stelle, um die Besucher an einen Liegeplatz zu bringen. Yarmouth ist eine wichtige Rettungsboot-Station, daher sollte man bei der Wahl des Liegeplatzes darauf achten, daß dieses nicht behindert wird. Wenn man nicht gerade eine sehr kleine oder sehr handige Yacht besitzt, sollte man es nicht einmal erwägen, unter Segeln in den Hafen einzulaufen! Für Segelmanöver ist einfach kein Platz vorhanden.

Ist der Hafen voll belegt, wird auf dem Kopf der Pier eine rote Flagge gehißt, und an der Einfahrt verkündet eine Leuchttafel die düstere Nachricht „Harbour Full" – Hafen voll.

Bei der Nachteinsteuerung folgt man dem Feuer auf dem Kopf der Pier (2F.R), auf dem bei Nebel ein zusätzliches sehr starkes Festfeuer brennt; man achte auf das grüne Feuer auf einem Pfahl sowie auf ein weiteres (2F.R) auf dem Autofähr-Terminal. Wenn das letztere querab peilt, kann man allmählich nach Stb. eindrehen. Der Anleger an der E-Seite des Fähr-Terminals trägt ein Feuer (F.R.4m2M) und bei Nebel zusätzlich ein sehr starkes gelbes Festfeuer (F.Y). Durch die Peitschenlaternen auf dem Fähr-Terminal wird die Hafeneinfahrt hell erleuchtet, was schon ganz hilfreich ist. Es ist jedoch stets daran zu denken, daß starker Strom quer zur Einfahrt setzt; besonders nach Einbruch der Dunkelheit kann das sehr trügerisch sein.

Liegeplatz

Wer zuerst kommt, mahlt zuerst! Der Hafenmeister ist nicht auf UKW-Sprechfunk zu erreichen. Yachten mit mehr als 15 m Lüa oder 2,4 m Tiefgang sollten sich vor dem Einlaufen unbedingt telefonisch anmelden (Tel. 01983-760321).

Die Liegeplätze zwischen Pfählen (alle numeriert und beschriftet) werden vom Hafenmeister zugewiesen, falls nicht anders möglich, muß man im Päckchen liegen. Dabei ist stets darauf zu achten, daß zwischen den Liegeplätzen Fahrwasser freibleiben. Festmachen ist auch entlang des Town Quay möglich, der auf seiner gesamten Länge gebaggert ist und in Notfällen als Fähranleger dient. Bei Winden aus NE kann es hier aber ungemütlich werden. Auch wenn die Straßenbrücke über den Yar geöffnet wird, sind die Gewässer oberhalb davon für Gastyachten nicht zugänglich.

Ist der Hafen voll belegt, kann man an einer der zwölf Gastmoorings, die auf der 3 m-Linie an der Außenseite des Wellenbrechers ausgelegt sind, festmachen. Wegen des Schwells und des gelegentlichen Wellenschlags der Schifffahrt ist das Liegen im Päckchen hier verboten. Ein Ankerlicht zu setzen, ist eine kluge Vorsichtsmaßnahme.

Seewärts der Gastmoorings befindet sich der Ankerplatz für tiefgehende Yachten, der aber, von allerbestem Wetter abgesehen, meistens recht ungemütlich ist. Die WT nimmt binnenwärts der Moorings schnell ab.

Der Hafen von Yarmouth: ganz rechts im Bild die Straßenbrücke. Fähr-Terminal mit Fähre. Gastliegeplätze auf dieser Seite des Pierkopfes. Weitere Gastliegeplätze im Hafeninneren.

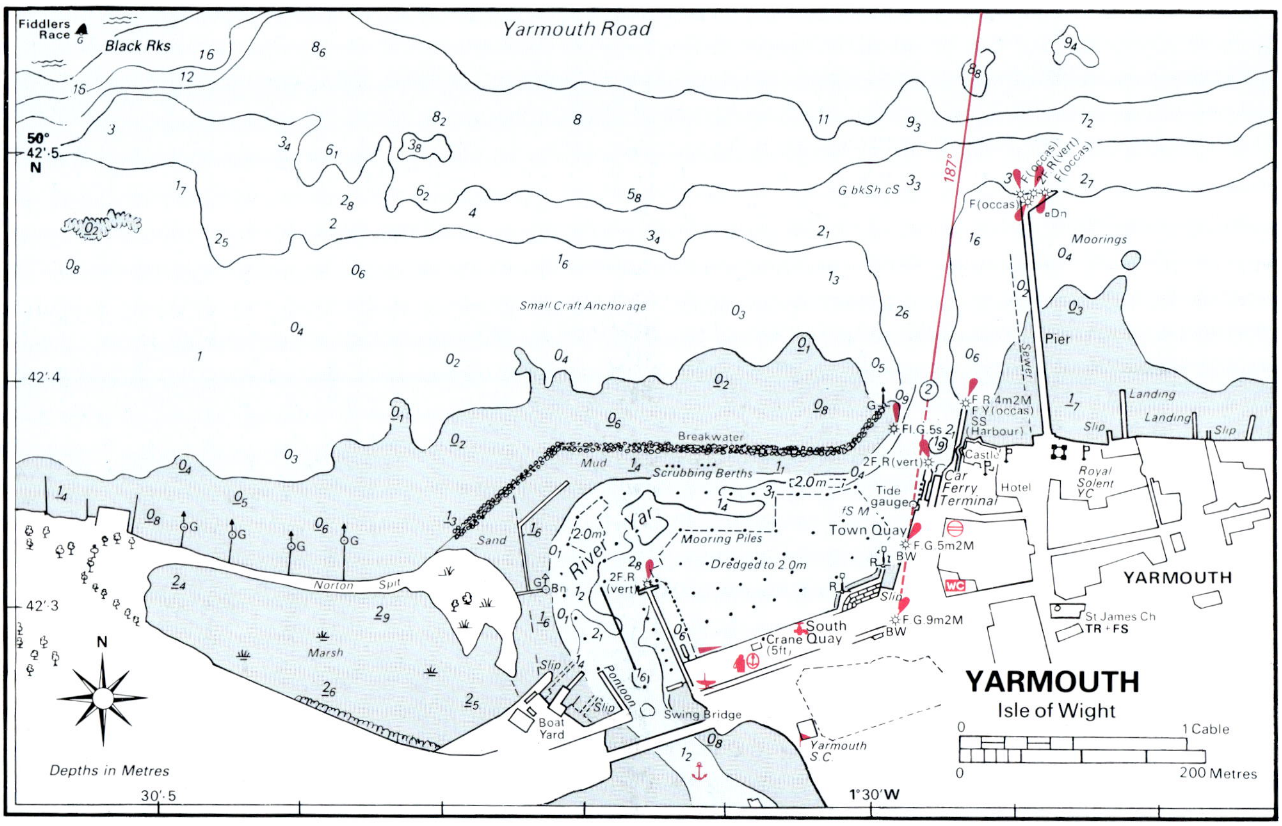

Versorgung
Es gibt drei Yachtwerften, inklusive der von Harold Hayles, der auch eine Sliprampe sowie einen Mechaniker hat und wo die meisten Reparaturen ausgeführt werden können. Der Hafenmeister hat einen 5 t-Selbstbedienungs-Kran am South Quay. Das Personal des Hafenmeisters ist für 1,- Pfund pro Fuß beim Heben der Yacht behilflich, und für weitere 10,- Pfund kann man einen Hochdruckreiniger entleihen. Viele Yachten bis zu 9,7 m sind leichter als 5 t und können so Gebrauch von dieser ungewöhnlichen Einrichtung machen. Am South Quay gibt es erstklassige Duschen sowie einen Waschsalon.
Hervorragend sortierter Ausrüster am Marktplatz. Erstklassige Pubs, ein gutes Hotel. Die allerbesten Blätterteigpasteten im Südwesten Englands gibt es bei „The Wheatsheaf“. Verschiedene Einkaufsmöglichkeiten für Lebensmittel. Mittwoch nachmittag geschlossen. Wasser und Treibstoff am Town Quay. Nach Absprache mit dem Hafenmeister können Boote von Slipanlagen am Kai oder Fährslip zu Wasser gelassen werden. Wassertaxi. Royal Solent Yacht Club. Busverbindung nach Newport.

Lymington

Gezeiten

Doppeltes HW zu Springzeiten, sonst lange Stillwasserzeiten um HW.
HW etwa Dover -0045 zu Springzeiten, +0010 zu Nippzeiten.

MSpHW	MSpNW	MNpHW	MNpNW
3,0 m	0,7 m	2,6 m	1,4 m

Wassertiefen
Bis zum Lymington Yachthafen hinauf mindestens 2,4 m bezogen auf KN, bis zur Berthon’s Lymington Marina ist die Mindesttiefe 2,2 m. Anschließend sind es nicht weniger als 1,1 m bis zum Town Quay hinauf, an dem die WT 1,5 m beträgt.

Lage und Umgebung
Lymington, am Rand des New Forest gelegen, ist eine sehr reizvolle Stadt. Auf ihrem 1,5 sm langen Fluß herrscht reger Fährverkehr zum Eisenbahn- und Autofähr-Terminal am E-Ufer, der Yarmouth bedient. Am W-Ufer gibt es zwei der größten Marinas im Solent-Revier, die mit umfassendem Service für Yachten und Motorboote prahlen können: Konstrukteure, Techniker für Bootsmotoren, Spezialisten für Elektronik, Segelmacher, Bootsbauer und Reparaturwerften.
Die Flußmündung ist nur 2 sm vom Needles Channel, dem „Tor zur offenen See“, entfernt.

Ansteuerung
In der unmittelbaren Umgebung des Lymington River gibt es keine Gefahrenstellen. Zu beiden Seiten dehnen sich jedoch Flachs. Vom veritablen Mastenwald flußaufwärts einmal abgesehen, ist die Startplattform des Yachtclubs die erste Landmarke, die von See her auszumachen ist. Sie sieht aus wie ein Schuppen auf Stelzen und erhebt sich eben E-lich des Fahrwassers.
Beim Näherkommen ist die rote Bake *Jack in the Basket* (Fl.R.2s9m) auszumachen, die wegen ihres schwarzen Korbes (Basket) als Toppzeichen besonders markant ist. Einer alten Quelle zufolge soll der Name daher stammen, daß Fischerfrauen hier ihren hart arbeitenden Männern Stiefel oder einen Imbiß in einem Korb hinterließen, der an einem äußeren Dalben aufgehängt war. Eine etwas derbere Erklärung besagt, daß hier früher Missetäter in einem Käfig auf den Dalben eingekerkert wurden, als Alternative zum Gefängnis in der Stadt. Die Gefangenen durften mit Fischabfällen oder ähnlich passenden Dingen beworfen werden, um sie an ihre Untaten zu gemahnen. Man läßt *Jack* an Bb. und dreht in die Richtfeuerlinie 319°, indem man zwei Metallsäulen zur Deckung bringt. Nachts sind ihre Feuer (F.R.8M) schon frühzeitig zu erkennen, bei Tag folgt man einfach nur den auffälligen roten und grünen Baken, die das Fahrwasser bezeichnen; zwischen der *No. 2* (Fl.R.2s) mit rotem Zylindertoppzeichen und der *No. 1* (Fl.G.2s) mit grünem Kegeltoppzeichen läuft man von See in die Fahrrinne ein. Bake *No. 1* sollte nicht mit der nahen Startplattform verwechselt werden.
0,5 sm stromaufwärts, die grüne Bake *Tar Barrel* (Fl.G.2s) peilt querab, ändert man den Kurs nach Stb. auf 007°, wobei die roten Leitfeuer für die Fähren am Ende dieses kurzen Arms gepeilt werden müssen.
Beim Auslaufen führen die entsprechenden rot/weißen Richtmarken, die auf den Wattbänken S-lich der roten Bake *Seymour's Post* (Fl.R.2s) aufgestellt sind, in Linie mit 187°.
An der roten Bake *No. 10*, gegenüber der grünen *No. 9 Cage Boom* (Fl.G.2s), schwenkt das Fahrwasser nach W; die gut bezeichnete Einfahrt in den Lymington Yacht Haven peilt mit etwa 282° voraus.
Von der Kardinalbake E *Harper's Post* (Q(3)10s) nimmt man Kurs auf den Fährterminal, vorbei am bekannten Lymington Yacht Club (mit eigener Anlegestelle und Schlengeln). Lymington Marina und Berthon Yard bleiben an Bb. Zusätzlich zu den zahlreichen Schwimmstegen gibt es gegenüber der Treibstoffpier der Marina Liegeplätze an Dalben, die an beiden Seiten sicher passiert werden können. Danach wird der Fluß in der Ansteuerung des Town Quay langsam flacher.
Die Fahrwasserbiegung in der Mündung hat schon viele Skipper bei Mondschein zu einem „Stelldichein“ im Schlick verführt. Alle Leuchtpfähle haben dieselbe Kennung (Fl.R.2s oder Fl.G.2s). Wenn die Einsteuerung nicht ein vorzeitiges Ende finden soll, heißt es kühlen Kopf bewahren! Die Geschwindigkeit ist auf 6 kn begrenzt, und die Fähren haben Wegerecht. Zum Glück ist fast immer ausreichend Platz vorhanden, um den Fähren freie Fahrt zu lassen und selber nicht „aufzubrummen“. Bei NW zu Springzeiten kann der Wellenschlag der Fähren tiefgehende Yachten allerdings in Bedrängnis bringen; zum Glück besteht der Grund aus weichem Schlick.

Liegeplätze und Moorings
Ankern ist auf dem gesamten Fluß verboten.
Die Harbour Commissioners (Hafenbevollmächtigten) ha-

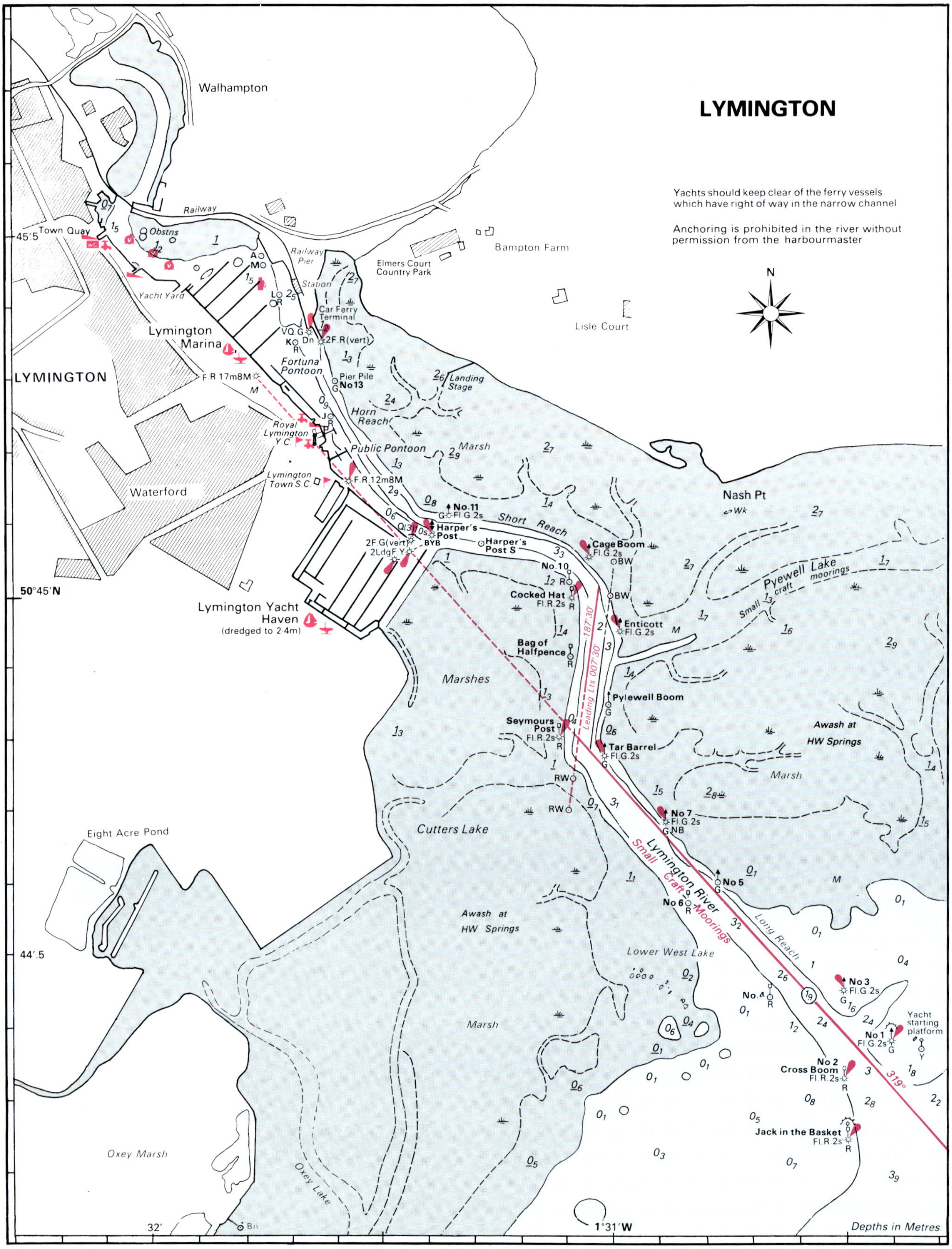
LYMINGTON
Yachts should keep clear of the ferry vessels which have right of way in the narrow channel
Anchoring is prohibited in the river without permission from the harbourmaster
N
Walhampton
Railway
Town Quay
Obstns
Yacht Yard
Railway Pier
Station
Elmers Court Country Park
Bampton Farm
Lisle Court
Car Ferry Terminal
Lymington Marina
LYMINGTON
F.R.17m8M
Fortuna Pontoon
Pier Pile No13
Landing Stage
Horn Reach
Royal Lymington Y.C.
Public Pontoon
Marsh
Lymington Town S.C.
F.R.12m8M
Waterford
No.11 Fl.G.2s
Harper's Post
Harper's Post S
Short Reach
Nash Pt
Cage Boom Fl.G.2s
Pyewell Lake
Small craft moorings
2F.G(vert)
2LdgF.Y
No.10
Cocked Hat Fl.R.2s
Enticott Fl.G.2s
50°45′N
Lymington Yacht Haven
(dredged to 2·4m)
Bag of Halfpence
Leading Lts 007°30′
187°30′
Marshes
Pylewell Boom
Seymours Post Fl.R.2s
Awash at HW Springs
Tar Barrel Fl.G.2s
Marsh
No 7 Fl.G.2s
Cutters Lake
Eight Acre Pond
Lymington River
Small Craft Moorings
No 5
No 6
Long Reach
Awash at HW Springs
Lower West Lake
44′.5
No 3 Fl.G.2s
No.4
Yacht starting platform
No 1 Fl.G.2s
Marsh
No 2 Cross Boom Fl.R.2s
319°
Jack in the Basket Fl.R.2s
Oxey Marsh
Oxey Lake
32′
Bn
1°31′W
Depths in Metres

ben 200 Liegeplätze, größtenteils flußaufwärts, zu vergeben. Bei günstigen Tidenverhältnissen sollten Yachten, die weniger als 2 m Tiefgang haben, den Town Quay anlaufen, wenn ihnen die Marina-Preise nicht zusagen. In der Hochsaison kann es aber auch hier voll sein, so daß dann bis zu 6 Boote im Päckchen am Schwimmsteg liegen. Der Hafenmeister (Tel. 01590-672014), der mit seiner Barkasse meist zur Stelle ist, kann Gastyachten einen Platz an einer Boje zuweisen. Der Liegeplatz am Town Quay hat nicht nur den Vorteil, daß er halb so teuer ist wie in der Marina, sondern auch den, daß man von seiner Yacht direkt in die kopfsteingepflasterten Straßen gelangt, die zwischen den alten Cottages am Hafen und kleinen Geschäften hindurch direkt zur High Street führen.
Lymington Yacht Haven hat 600 Liegeplätze an Schlengeln. UKW-Kanal 80 oder 37 oder Telefon 01590-677071. Beim Einlaufen bleibt die Kardinalbake E *Harper's Post* dicht an Stb., ein künstlicher Wellenbrecher an Bb. Richtbaken führen mit 244° in den Hafen: am Tag zwei rote Dreiecke auf Stangen, nachts jeweils ein F.Y auf jeder Stange. Man folgt dem Hinweis „Visitors" zum Schlengel C, der nahe der Bunkerstation und dem Marina-Büro ausgelegt ist. Ein Platz an diesen Schlengel ermöglicht den Zugang zum nahen, äußerst gastfreundlichen Lymington Town Sailing Club.
Die Berthon's Lymington Marina, wo Yachten jeder Größe unterkommen können, öffnet sich gegenüber dem Autofähr-Terminal. UKW-Kanal 37 oder 80 oder Tel. 01590-673312. Beide Marinas bieten sämtliche Versorgungsmöglichkeiten.

Versorgung

Im Royal Lymington Yacht Club sind Besucher nur auf Einladung willkommen, dagegen steht der Lymington Town Sailing Club allen „echten" Seglern offen. Beide Clubs sind sehr gastfreundlich; von beiden hat man eine fantastische Aussicht über den Solent.
Es gibt zahlreiche Pubs und Restaurants, die allen Geschmäckern, Nationalitäten und Brieftaschen gerecht werden. Der „Ship Inn" am Town Quay bietet Duschen, riesige Frühstücksportionen und andere Speisen. Das Railings Restaurant im Stanwell House Hotel verdiente sich im Michelin-Führer zwei Sterne.
Alle Geschäfte, Banken etc., die man in einer wohlhabenden ländlichen Kleinstadt von 36000 Einwohnern erwartet, sind in der High Street zu finden. Am Samstag findet auf der High Street ein erstklassiger Wochenmarkt statt.
Treibstoff und Wasser in beiden Marinas. Am Town Quay gibt es Wasser nur dort, wo die Kielbank ist.

Verkehrsverbindungen

Je nach Jahreszeit verkehrt die Fähre nach Yarmouth in regelmäßigen Abständen vom frühen Morgen bis in die späte Nacht. Nach Brockenhurst, wo Anschluß an die Hauptstrecke der Bahn besteht, verkehren Züge.

Lymington: Town Quay (A), Berthon Boat Co. & Marina (B), Lymington Yacht Haven (C), Royal Lymington Y.C. (D), Fähre (E) etwa in gleicher Höhe wie die Regatta-Startplattform linker Hand.

Einfahrt Keyhaven.

Keyhaven

Gezeiten

Lange Stillwasserzeiten um HW (doppeltes HW zu Springzeiten)
Erstes HW tritt etwa -0055 Dover ein.
NippHW +10 m Dover

MSpHW	MSpNW	MNpHW	MNpNW
2,7 m	0,7 m	2,3 m	1,4 m

Wassertiefen

An der seichtesten Stelle der Einfahrt, in der Nähe der roten Tonne vor North Point, beträgt die WT 0,3 m über KN. Eben hinter der Einfahrt sind es 6 m, am Ankerplatz W-lich von North Point knapp 3 m. Vor Mount Lake sind es etwa 1,5 m. Danach nimmt die WT bis auf 0,2 m am Kai ab; bis auf den Priel fällt der größte Teil des Creeks trocken.

Lage und Umgebung

Die Einfahrt nach Keyhaven ist E-Winden ausgesetzt. Für kleine Yachten stellt der Creek aber unter normalen Bedingungen einen erfreulichen, wenn auch gelegentlich überfüllten Hafen dar.

Ansteuerung und Einfahrt

Keyhaven liegt an der N-Küste des Solent, 4 kbl NNW-lich von Hurst Point. Bei der Ansteuerung sind die starken Tidenströme zu berücksichtigen, die hier zwischen 1 Std. vor bis 5 Std. nach HW Dover mit maximal 2,5 kn S-wärts setzen. Die Einfahrt öffnet sich NW-lich des North Point, der recht auffällig ist, weil er sich wie ein flaches Kap aus Sand und Kies vor dem Hintergrund der Watten abhebt. Es gibt zwei sehr unauffällige Richtbaken mit jeweils einem rot-weißen senkrechten Toppzeichen, die im Watt aufgestellt sind und in Linie 297° peilen. Feuer sind nicht vorhanden.
Man steuert einen Kurs, der etwa 0,25 sm NE-lich vor die alte Pier am Fuß des Leuchtturms Hurst High Light führt, von wo die Richtbaken auszumachen sind. Eine kleine grüne Tonne, die knapp 1 kbl E-lich der Einfahrt ausgelegt

Richtbaken in Linie 297°. Normalerweise sind sie schwer auszumachen.

ist, bleibt an Stb., eine rote an Bb. Von diesem Tonnenpaar hält man auf eine rote Bb.-Tonne zu, die 15 m NNW-lich vor North Point liegt, anschließend bleibt eine Reihe grüner Spitztonnen an Stb. Man muß darauf achten, daß man von den Bugs der hier vermoorten Boote Abstand hält, zumal die in einer Linie ausgelegten Mooringtonnen jeweils an der tiefsten Stelle im Fahrwasser verankert sind. Zunächst verläuft die Fahrrinne, die im ersten Abschnitt mit Stb.-Tonnen deutlich bezeichnet ist, nach SW, macht dann eine Biegung und verläuft bis zum Mount Lake in NW-licher Richtung. Oberhalb davon, etwa 3 kbl vor Keyhaven, wo das Fahrwasser sich nach N wendet, ist am Ende des Long Reach eine grüne Spitztonne ausgelegt. Der Verlauf der Fahrrinne ist an der Reihe der in der Mitte an Moorings liegenden Yachten zu erkennen; weiter flußaufwärts, wo es sehr flach ist, erkennt man den Verlauf an einer Doppelreihe kleiner Boote. Um HW herum ist es möglich, durch den Hawkers Lake einzulaufen, wobei man sich dicht neben den ausgelegten Moorings halten muß.

Ankerplatz

Der einzige Ankerplatz im Keyhaven Lake befindet sich zwischen North Point und den ersten privaten Moorings, die den Fluß ein Stück aufwärts vollständig belegen. Wegen zeitweiliger Liegemöglichkeiten kann man sich an den Aufseher (Tel. 01590-645696) neben dem Yachtclub wenden. Vor der alten Pier am Leuchtturm Hurst High Light gibt es eben außerhalb von Keyhaven eine offene Reede, auf der man bei leichten W-lichen Winden geschützt ist. N-lich davon nehmen die Wassertiefen schnell ab, nahe der alten Pier jedoch sind sie ganz passabel. Bei wechselhaftem Wetter und hochaufgelaufener Tide ist man hier zwar sicher, aber die Yacht kann etwas rollen.

Versorgung

Am Ende des Keyhaven Old Quay gibt es eine Treppe; an einer weiteren unterhalb des Yachtclubs am New Quay ist es bei NW sehr seicht. Reparaturen und Auflege-Möglichkeiten bei West Solent Boat Builders. Zum Schrubben gibt es einen Stellplatz, der bei MSpHW 1,8 m WT hat.
Wasser, Treibstoff und etwas Ausrüstung auf der Yachtwerft. In Keyhaven ist der „Gun Inn" sehr gastlich. Alle Versorgungsmöglichkeiten eines kleinen Seebads in Milford-on-Sea, das rund 1,5 km entfernt ist. Mittwoch nachmittag haben die Geschäfte geschlossen.
Sliprampen an den Landestellen in Keyhaven mit dazugehörigem Parkplatz.
Yachtclubs: Hurst Castle Sailing Club am North Point; der freundliche Keyhaven Yacht Club (Tel. 01590-642165) befindet sich im Scheitel des Sees.

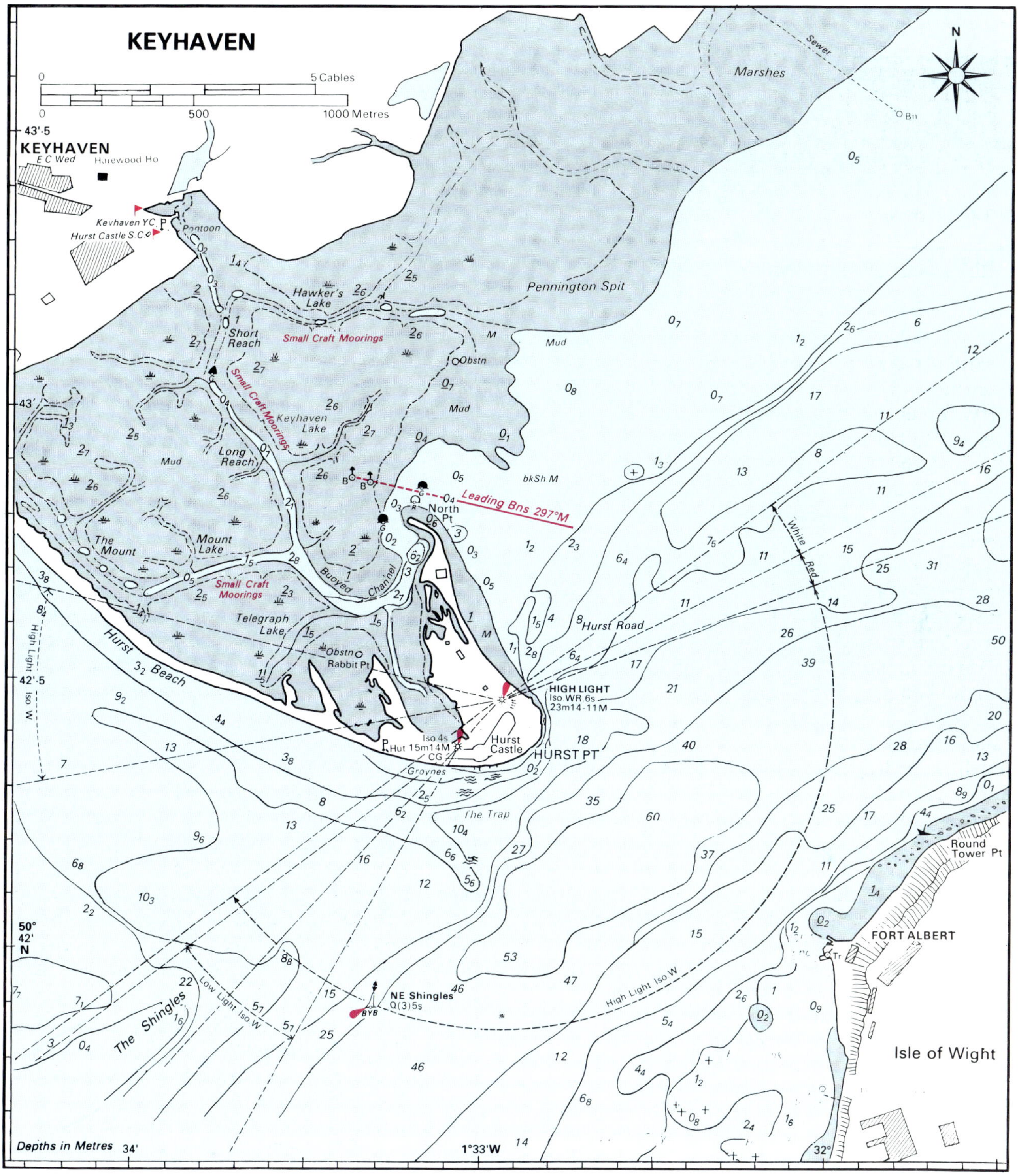

Keyhaven: Blick nach E auf den Solent. Leuchtturm Hurst Point (A), Wachhäuschen (B), North Point (C), die erste einer Reihe grüner Tonnen (D).

Christchurch

Gezeiten

HW zu Springzeiten -0210 Dover
HW zu Nippzeiten -0140 Dover
Einfahrt

MSpHW	MSpNW	MNpHW	MNpNW
1,8 m	0,6 m	1,4 m	0,7 m

Tuckton

MSpHW	MSpNW	MNpHW	MNpNW
1,7 m	0,9 m	1,3 m	0,9 m

Christchurch hat ein doppeltes HW, und die Höhe des Tidenhubs, die vorrausgesagt wird bezieht auf den höchsten Stand. Zu Nippzeiten überlagern sich die doppelten HW zu einer langen Stillwasserzeit. Für die Tiefen im Hafen ist das Flußwasser ein entscheidender Faktor. In der Hafeneinfahrt setzt ein Strom regelmäßig mit bis zu 5 kn, der um die Höhe eines Springniedrigwassers herum aber gelegentlich beträchtlich stärker sein kann.

Wassertiefe

0,1 m über der Barre, bei anhaltenden E-lichen Winden weniger. Vor dem Mudeford Quay sind es 2 m. Die Tiefe des Fahrwassers nach Christchurch hinauf ist sehr unterschiedlich, zwischen 0,1 m und 3 m. Allgemein läßt sich feststellen, daß Boote mit bis zu 1,40 m Tiefgang bei Springhochwasser einlaufen können. Aber nur flachgehende Yachten mit einem Tiefgang von 1,10 m oder weniger können bis zum Hafen fahren.

Lage und Umgebung

Falls der Tiefgang der Yacht es erlaubt, ist Christchurch ein interessanter Ort, den zu besuchen es sich lohnt. Die Stadt bietet allerlei Versorgungsmöglichkeiten; außerdem gibt es hier ein sehr schönes altes Münster, das von Gärten und Ruinen umgeben ist. Die Natur mit ihren Salzwiesen, Klippen, Dünen und Waldgebieten ist um den Hafen herum überraschend unberührt, und bis zum Zusammenfluß von Stour und Avon am Christchurch Quay windet sich der Fluß dahin.

Ansteuerung und Einfahrt

Die Einfahrt in den Hafen von Christchurch liegt etwa 1 sm N-lich des unverwechselbaren Kaps Hengistbury Head. Von E kommend, steuert man mit einem Kurs von ca. 285°, wobei der markante Turm des Münsters ein gutes Stück rechts von Hengistbury Head bleibt. Man hält diesen Kurs, bis im ständig flacher werdenen Wasser die Reihe kleiner roter und grüner Tonnen, die das Einsteuerungsfahrwasser markieren, voraus sichtbar wird. Es ist unmöglich, ihre genaue Lage anzugeben, da sich diese ständig ändert, genauso wie die Richtung und Tiefe des Flusses selbst.
Diese Tonnen sowie die im Hafen werden von einer örtlichen Fischer-Vereinigung betreut, die wiederum von einer Gruppe Freiwilliger unterstützt wird, die mit dem Befahren dieser Gewässer zu tun hat.
Man passiert die Barre und bleibt im Fahrwasser, wobei die roten Tonnen an Bb., die grünen an Stb. bleiben, bis man The Run erreicht hat, der an seiner N-Seite vom Mudeford Quay, an der S-Seite von einer Nehrung aus Kieselstrand gebildet wird. Die Einfahrtsbetonnung führt sehr dicht an die Mauer des Kais, bevor hart Bb. eingedreht werden muß. Die Gezeitenströme setzen hier derart stark, daß das Fahrwasser ausgewaschen und tief ist. Das Feuer 2F.G (vert) am seeseitigen Ende des Mudeford Quay ist das einzige, ansonsten ist die Passage unbefeuert.
Im Run wird der Kurs nach Bb. geändert, und man folgt dem Verlauf der sandigen Landzunge (mit auffälligem schwarzen Haus und Strandhütten), wobei grüne Tonnen und ein paar kleine Moorings an Stb. bleiben. Dann folgt man dem mit roten und grünen Tonnen bezeichneten Fahrwasser so weit, wie man möchte; falls gewünscht bis hinauf nach Christchurch. Der Plan zeigt den ungefähren Verlauf des Flusses, der, wie die Einfahrt auch, veränderlich ist. Außerhalb der betonnten Rinne fällt der Hafen weitgehend bis zu 1 m trocken.
Vor dem Schwimmsteg 300 m hinter dem schwarzen Haus ändert das Fahrwasser seine Richtung nach Stb. Man folgt den grünen Tonnen an Stb., wobei drei Mooringfelder an Bb. bleiben. Nach der Hälfte dieses Abschnitts kann man sich vorsichtig zu einem einzelnen „Wasserloch" mit 0,5 m Tiefe vortasten, das genau N-lich von Hengistbury Head liegt.
Die Ansteuerung aus W wird durch die unbezeichneten Beerpan Rocks erschwert, die 1 kbl SSE-lich der Bake vor Hengistbury Head lauern. Dazu kommen noch ein weiterer Felsen und diverse Flachs (bis 1,2 m Tiefe) weiter E-lich, die sich bis zu 6 kbl seewärts erstrecken. Bei beständigem Wetter und ausreichend Tidenhub für die Passage der Barre ist das alles, bis auf die Beerpan Rocks, kein Problem. Bei jeglicher Dünung aus SW wäre eine Ansteuerung jedoch unklug. Es ist sicherer, wenn man

Ansteuerung Christchurch von See her. Das Fahrwasser verläuft dichter unterhalb des Mudeford Haven Quay und ist bezeichnet.

Christchurch: The Run mit Hengistbury Head im Hintergrund.

Keyhaven mit dem auffälligen Hurst Castle und dem weißen Leuchtturm High Light auf Hurst Point.

Einfahrt zum Hafen Christchurch; links Mudeford, auslaufend gesehen.

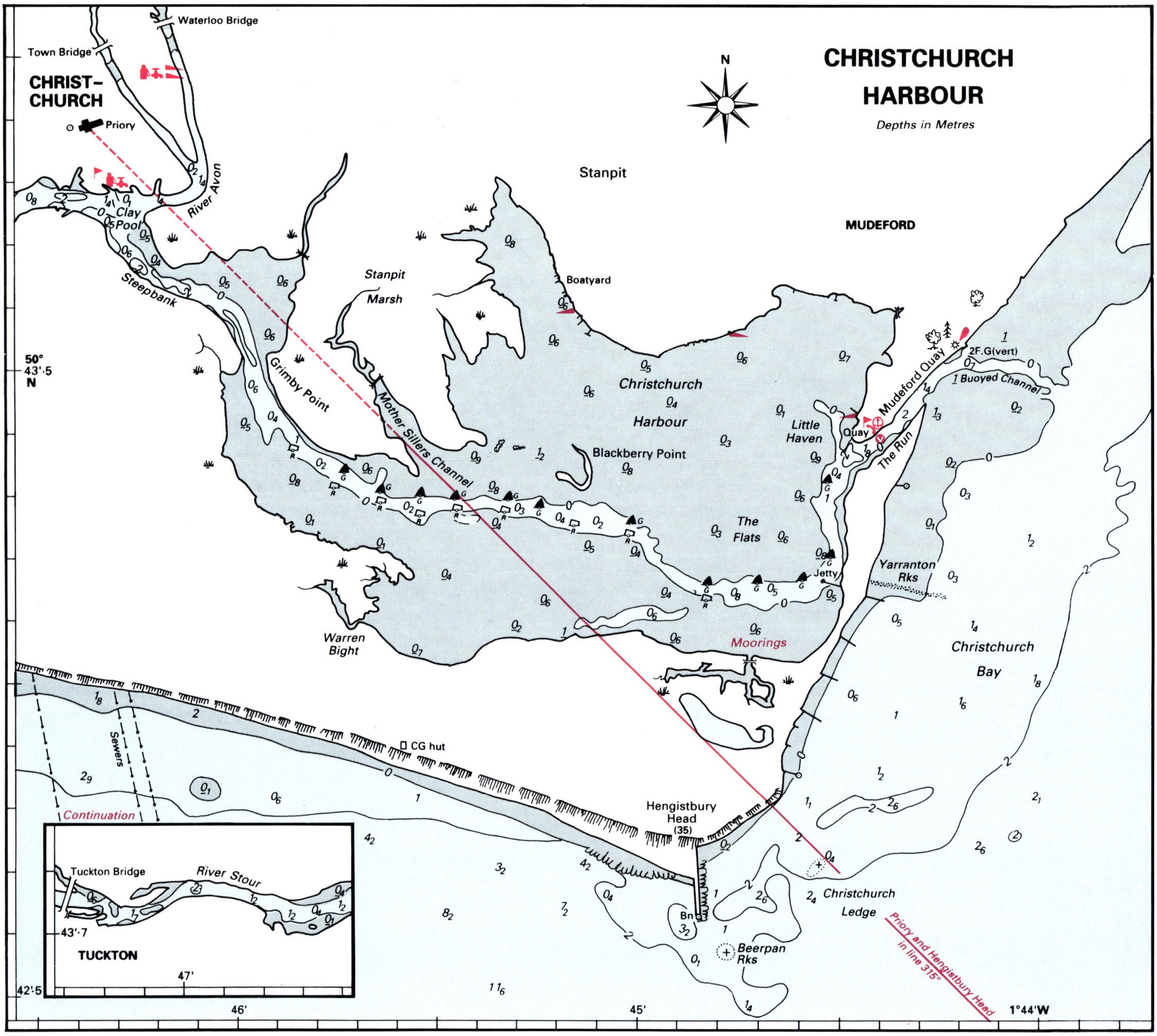

zum Kap guten Abstand (mindestens 1 sm) hält, bis die linke äußere Kante 010° peilt, bevor man auf die Einfahrt zuhält.

Moorings und Ankerplätze

Am Rand der betonnten Rinne kann man ankern, sollte aber keinen perfekten Schutz erwarten. Es ist nicht einfach, einen Platz zum Ankern zu finden, weil die Fahrrinne so schmal ist und die Moorings so zahlreich sind.

Abgesehen von dem Becken hinter Hengistbury Head, wo man zwischen den Moorings (etwa 1 m bei Nippniedrigwasser) ankern sollte, gibt es noch einen ähnlichen Platz gegenüber von Grimbury Point eben N-lich der letzten Bb.-Tonne; einen weiteren findet man 200 m NW-lich von Grimbury Point, dicht unter dem W-Ufer.

Der Christchurch Sailing Club (Tel. 01202-483150) unterhält einen Schlengel, an dem Gastyachten festmachen können, eventuell gibt es auch eine freie Mooringtonne. Bei Rossiter Yachts im rechten Arm des Avon stehen ein paar Moorings für Gäste zur Verfügung (Tel. 01202-483250).

Versorgung

Drei Yachtwerften. Treibstoff und Wasser am Anleger von Rossiter Yachts. Christchurch bietet alle Versorgungsmöglichkeiten, Banken und Hotels.

Slipmöglichkeiten

Sliprampen: am Christchurch Quay; mit Erlaubnis beim Segelclub, bei einer der Werften.

Am Strand: An der Hafenseite des Mudeford Quay, wo es bequemerweise einen Parkplatz gibt.

Verkehrsverbindungen

Häufige Busverbindungen und Hauptstrecke der Bahn. Der Flughafen Hurn Airport ist ganz in der Nähe.

Poole

Gezeiten

Im Hafen von Poole sind die Tidenhübe eher gering, für die Navigation jedoch von Bedeutung. In der schmalen Einfahrt setzt der Strom besonders stark; zu Springzeiten kann der Ebbstrom bis zu 4,5 kn erreichen. Die Zeiten sind schwer vorherzusagen, und jeder, der eine Gezeitentafel benutzt, wird feststellen, daß lediglich die NW-Zeiten zutreffen. Die lange Stillwasserzeit beim doppelten HW läßt sich am besten durch die Höhe (in den Gezeitentafeln angegeben) und die Gezeitenkurve berechnen. Die nachfolgend aufgeführten Höhen sind Richtwerte:

Einfahrt

MSpHW	MSpNW	MNpHW	MNpNW
2,9 m	0,3 m	1,6 m	1,1 m

Town Quay

MSpHW	MSpNW	MNpHW	MNpNW
2,1 m	0,6 m	1,6 m	1,2 m

Wareham

MSpHW	MSpNW	MNpHW	MNpNW
2,3 m	0,9 m	1,7 m	1,2 m

Wassertiefen

Die Tiefwasserfahrrinne, die über die Barre in den Swash Channel und weiter durch den Middle Ship Channel bis zum Fähranleger führt, ist auf 6,2 m Tiefe gebaggert. Das Fahrwasser für kleinere Schiffe, der Middle Ship Small Craft Channel, ist zwar auf 2,0 m gebaggert, die Tiefe kann aber in der Nähe der Pfähle nur 1,5 m betragen.

Der alte Main Channel (heute: North Channel), der immer noch zu benutzen ist, bietet mindestens 3,6 m WT.

3,5 m ist die geringste Tiefe am Poole Quay, und bis hinauf zum Poole Yacht Club Haven sind es etwa 2,5 m zuzüglich Tidenhub. Die Fahrrinne nach Wareham hat eine Mindesttiefe von 0,1 m unter KN, was einer Tiefe von mehr als 1 m bei MNpNW entspricht. Die Tiefe in der Holes Bay beträgt bis hinauf zum Cobb's Quay mindestens 0,3 m.

Lage und Umgebung

Poole ist ein sehr großer Naturhafen, der Tag und Nacht sowie bei jedem Tidenstand angelaufen werden kann. Ein großer Teil des Reviers ist untief, trotzdem gibt es für die zahlreichen Schiffe und Yachten genügend tiefes Wasser. Poole ist einer der Haupthäfen der im Kanal kreuzenden RoRo-Fähren. Für Yachten gibt es hier jeden erdenklichen Service und eine ganze Reihe von Yachtclubs. Bei den Liegeplätzen kann man zwischen Marinas, Festmachen an Pfählen sowie Mooringtonnen und Ankerplätzen wählen. Für flachgehende Kreuzer gibt es viele Möglichkeiten, sich über Nacht ungestört in interessanter Umgebung trockenfallen zu lassen; die allgegenwärtigen Festmachetonnen kleiner Boote sind dabei das einzige Hindernis.

Ansteuerung und Einfahrt

Swash Channel

Für die Einsteuerung in den Poole Harbour wird überwiegend der Swash Channel benutzt, der im wesentlichen zwischen einem Leitdamm an seiner W-Seite sowie dem Hook Sand im E verläuft. Auch wenn manche Yachten die SE-Spitze des Hook Sand bei HW überqueren können, sollte diese Sandbank mit Respekt behandelt werden. Bei der Ansteuerung von E oder S bilden die weißen Kreidefelssäulen „Old Harry Rocks" vor Handfast Point die markanteste Landmarke. Dort baut sich bei Starkwind gegen stark setzenden Gezeitenstrom schnell eine grobe See auf. Die Fahrwassertonne *Poole Fairway* (rot-weiß, LFl.10s) ist 6,5 kbl NE-lich dieser Kreideklippen ausgelegt. Die Tonne *Bar No. 1* (Q.G) liegt 0,5 sm NNE-lich der *Fairway*-Tonne; zwischen ihr und der roten Stumpftonne *No. 2* (Fl.R.2s) beginnt die Einfahrt in den Swash Channel mit einem Kurs von 335°. Das Fahrwasser ist gut betonnt und befeuert (s. Plan), trotzdem muß man nachts scharf Ausguck nach unbefeuerten Tonnen halten.

Vor dem Kopf des Leitdamms (wenn er überspült ist, wird der Verlauf durch rote Baken bezeichnet) kann man an Bb.-Seite eine Tonne ausmachen (Q.R), bevor man die rote Tonne *No. 10* (Fl.R.4s) und die grüne Tonne *No. 9* (Fl.G.5s) erreicht. An dieser Stelle macht das Fahrwasser einen Schwenk nach Bb. auf die rote Stumpftonne *Channel No. 12* (Fl.R.2s) und die grüne Tonne *Hook Sand No. 11* (Fl.G.3s) zu. Nach Passieren dieses Tonnenpaars wird der Kurs auf 315°, Richtung Hafeneinfahrt mit der Kettenfähre und dem auffälligen Haven Hotel an der NE-Seite, geändert. Es ist auf die Kettenfähre zu achten, die in der lebhaften Hafeneinfahrt mit den extrem hart setzenden Strömen ohnehin keinen leichten Job hat. Bevor sie sich in Bewegung setzt, zeigt die Fähre ein weißes Funkellicht.

Hinter der Einfahrt teilt sich das Fahrwasser, der Hauptarm schwenkt vor North Haven Point um eine befeuerte Kardinalbake W nach Stb., das andere verläuft um die rote Stumpftonne *No. 18* (Fl.R.5s) herum genau entgegensetzt nach Bb. Die Gezeitenströme im Swash Channel, die bei Stürmen aus SE-lichen Richtungen und ablaufendem Was-

Die markanten Klippen bei Handfast Point, „Old Harry" genannt, 0,75 sm SW-lich der Tonne „Poole Fairway".

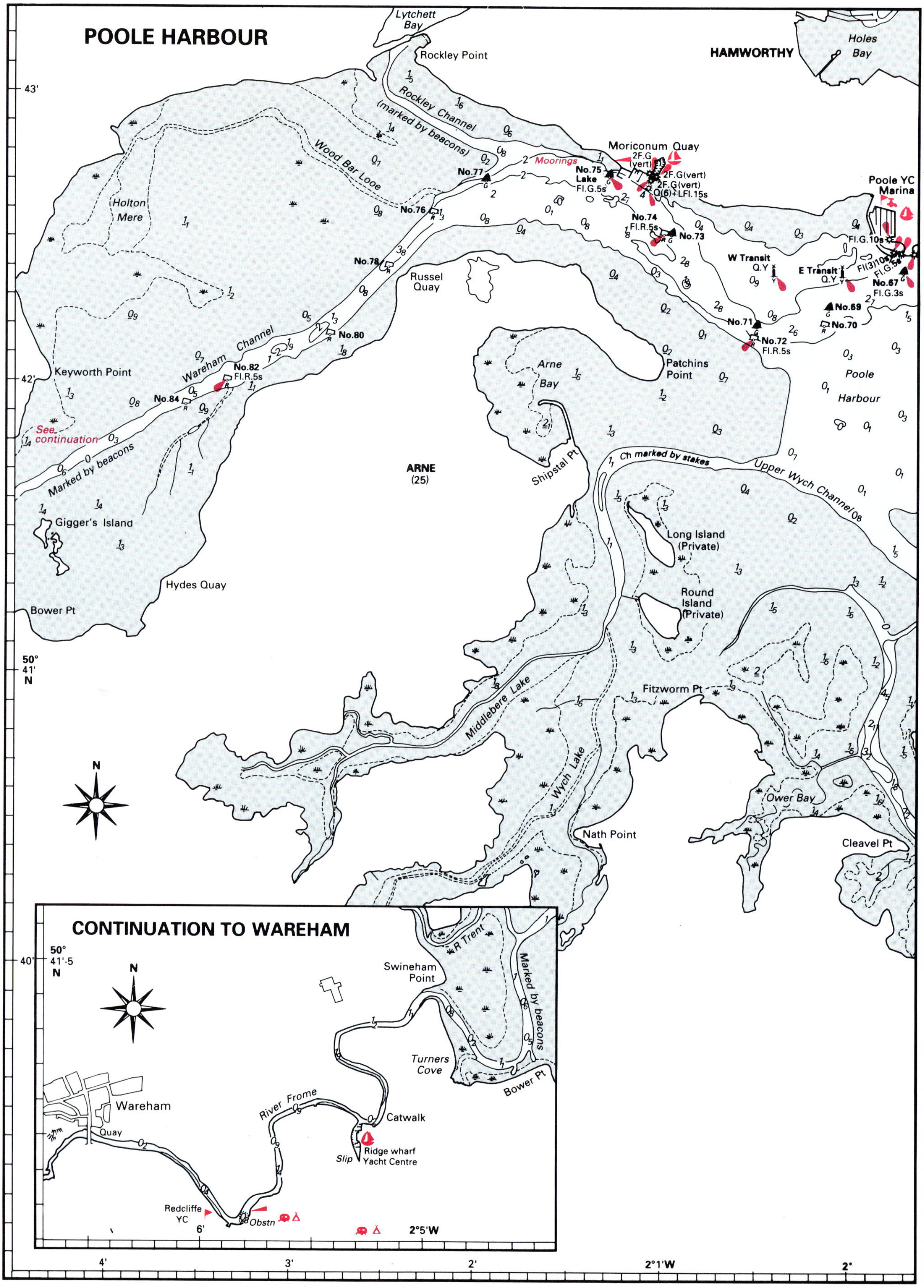
POOLE HARBOUR
Lytchett Bay
Rockley Point
HAMWORTHY
Holes Bay
Rockley Channel
(marked by beacons)
Wood Bar Looe
Moriconum Quay
Moorings
No.75
Lake
Fl.G.5s
2F.G (vert)
2F.G(vert)
Q(6)+LFl.15s
No.77
No.76
Poole YC Marina
Fl.G.10s
No.74
Fl.R.5s
No.73
W Transit
Q.Y
E Transit
Q.Y
Fl(3)10s
Fl.G.5s
No.67
Fl.G.3s
No.69
No.70
No.71
No.72
Fl.R.5s
Holton Mere
No.78
Russel Quay
No.80
Wareham Channel
No.82
Fl.R.5s
No.84
Keyworth Point
See continuation
Marked by beacons
Arne Bay
Patchins Point
Poole Harbour
ARNE
(25)
Shipstal Pt
Ch marked by stakes
Upper Wych Channel
Long Island (Private)
Round Island (Private)
Gigger's Island
Hydes Quay
Bower Pt
Fitzworm Pt
Middlebere Lake
Wych Lake
Ower Bay
Nath Point
Cleavel Pt
N
43'
42'
50° 41' N
40'
4'
3'
2'
2°1'W
2°
CONTINUATION TO WAREHAM
50° 41'·5 N
N
R Trent
Marked by beacons
Swineham Point
Turners Cove
Bower Pt
Wareham
Quay
River Frome
Catwalk
Ridge wharf Yacht Centre
Slip
Redcliffe YC
Obstn
6'
2°5'W

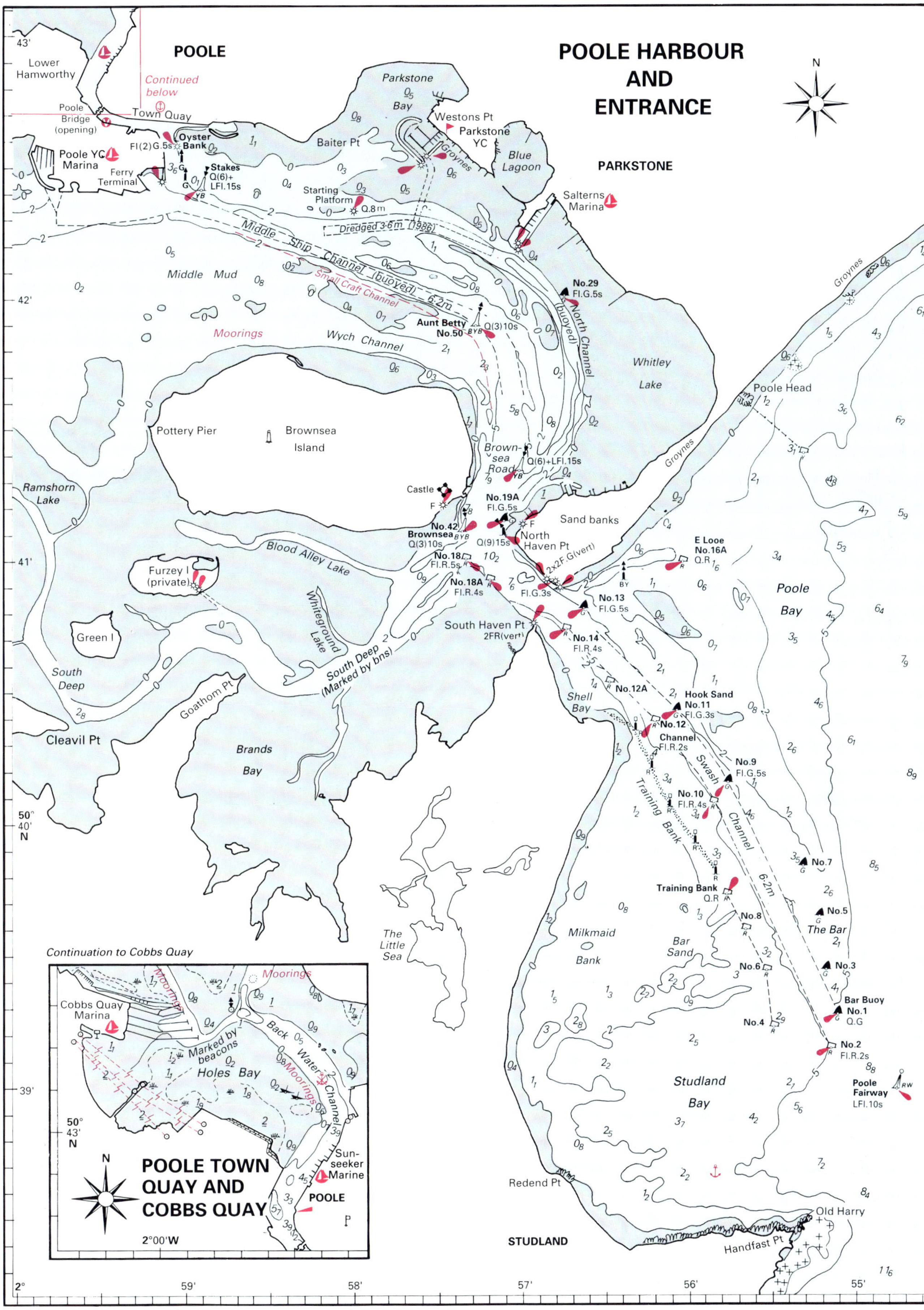
POOLE HARBOUR
AND
ENTRANCE
POOLE
Lower Hamworthy
Continued below
Poole Bridge (opening)
Town Quay
Poole YC
Marina
Ferry Terminal
Fl(2)G.5s
Oyster Bank
Stakes
Q(6)+LFl.15s
Baiter Pt
Parkstone
Bay
Westons Pt
Parkstone YC
Groynes
Blue Lagoon
PARKSTONE
Salterns Marina
Starting Platform
Q.8m
Dredged 3·6m (1986)
Middle Ship Channel (buoyed)
Small Craft Channel
6·2m
Middle Mud
Moorings
Wych Channel
Aunt Betty
No.50
Q(3)10s
No.29
Fl.G.5s
North Channel (buoyed)
Whitley
Lake
Poole Head
Pottery Pier
Brownsea
Island
Brownsea Road
Q(6)+LFl.15s
Castle
No.19A
Fl.G.5s
No.42
Brownsea
Q(3)10s
Q(9)15s
North Haven Pt
Sand banks
Ramshorn Lake
Blood Alley Lake
No.18
Fl.R.5s
No.18A
Fl.R.4s
2x2F.G(vert)
Fl.G.3s
E Looe
No.16A
Q.R
Furzey I (private)
Whiteground Lake
No.13
Fl.G.5s
Poole
Bay
Green I
South Haven Pt
2FR(vert)
No.14
Fl.R.4s
South Deep
South Deep (Marked by bns)
Goathorn Pt
Shell Bay
No.12A
Hook Sand
No.11
Fl.G.3s
No.12
Channel
Fl.R.2s
Cleavil Pt
Brands
Bay
Swash
Channel
No.9
Fl.G.5s
Training Bank
No.10
Fl.R.4s
No.7
Training Bank
Q.R
No.5
The Bar
No.8
The Little Sea
Milkmaid
Bank
Bar Sand
No.3
No.6
Bar Buoy
No.1
Q.G
No.4
No.2
Fl.R.2s
Poole Fairway
LFl.10s
Studland
Bay
Redend Pt
Old Harry
Handfast Pt
STUDLAND
Continuation to Cobbs Quay
Cobbs Quay Marina
Moorings
Marked by beacons
Holes Bay
Back Water Channel
Sun-seeker Marine
POOLE
POOLE TOWN QUAY AND COBBS QUAY
2°00'W
50° 43' N
43'
42'
41'
50° 40' N
39'
2°
59'
58'
57'
56'
55'
N

Ansteuerung von Poole. Blick vom seewärtigen Ausläufer des Leitdammes.

ser in der Umgebung der Poole Barre eine grobe See erzeugen, sind für die Navigation von äußerster Wichtigkeit. Bei Berufsschiffsverkehr in der Ansteuerung müssen kleinere Schiffe mit bis zu 3 m Tiefgang ein gesondertes Fahrwasser benutzen, das unmittelbar W-lich der betonnten Fahrrinne verläuft.

East Looe Channel

Bei der Ansteuerung aus E bietet dieses Fahrwasser eine gute Alternative zur Schinderei die Barre hinunter und wieder zurück, inbesondere dann, wenn der Ebbstrom stark im Swash Channel setzt. Etwa 1 kbl ESE der Tonne *East Looe No. 16 A* (Q.R), die 2 kbl seewärts und etwas mehr als 4 kbl NE-lich des Haven Hotels ausgelegt ist, beträgt die WT mindestens 1,6 m. Will man in dieses Fahrwasser einsteuern, hält man auf diese Tonne so zu, daß man gut frei von Hook Sand bleibt. Nachdem die Tonne dicht an Bb. passiert ist, steuert man einen Kurs von etwa 260°, wobei eine unbefeuerte Kardinalbake N an Bb. bleibt. Anschließend fährt man in tieferem Wasser parallel zum Strand, bis der Swash Channel vor der Hafeneinfahrt erreicht ist. Ortsfremden ist der East Looe Channel bei Dunkelheit nicht zu empfehlen.

Hafenfahrwasser

Wer den Town Quay zum Ziel hat, hält zunächst auf die befeuerte Kardinaltonne E *Brownsea* zu, ändert dann den Kurs nach NNE auf die befeuerte Glockentonne *No. 2* mit Kardinalzeichen S; sie zeigt die Gabelung der beiden Hauptfahrwasser an.

Der Middle Ship Channel

Dieses Fahrwasser, das gut betonnt und befeuert ist (s. Plan), führt zur Kardinaltonne E *Aunt Betty*, die gerundet wird, bevor ein Kurs von 293° zur 1 sm entfernten Kardinaltonne S *Stakes* führt. An Bb.-Seite verläuft ein Fahrwasser für kleine Boote bis zu 1,5 m Tiefgang, das diese, falls erforderlich, benutzen müssen. Ist der Town Quay das Ziel, steuert man von *Stakes* mit 343° den Little Channel hinauf, passiert zwei unbefeuerte grüne Pfähle sowie die Bake *Oyster Bank* (Fl(2)G.5s), bis der Quay im W sichtbar wird, an dessen N-Seite man festmacht.

Der North Channel

Der North Channel, der ebenfalls gut betonnt und befeuert ist, war bis zum Ende 80er Jahre, als der Middle Ship Channel ausgebaggert wurde, das Hauptfahrwasser. Er führt zur Salterns Marina, in die man oberhalb der grünen Tonne *No. 29* (Fl.G.5s) und der unbefeuerten grünen Tonne *No. 31* einsteuert, und in die Parkstone Bay. Die Einfahrtsrinne verläuft in etwa auf 033°, dabei werden eine kleine unbefeuerte rote Tonne (bleibt an Bb.) sowie drei kleine grüne Tonnen (bleiben an Stb.) passiert. Die Einfahrt, die mit 2F.R an Bb. sowie 2F.G an Stb. befeuert ist, öffnet sich dann an Bb.-Seite. Bei der Weiterfahrt oberhalb der Marina bleibt man im betonnten North Channel, bis man an der Kardinaltonne W *Diver* wieder auf den Middle Ship Channel trifft.

Wych Channel

Nahe des Bunkerbootes, das bei der Tonne *Aunt Betty* vermoort ist, beginnt das Fahrwasser „The Wych", das dicht unter dem N-lichen Ufer der Insel Brownsea verläuft und mit roten und grünen Pfählen markiert ist. Die Fahrrinne, die bis zur Potter Pier eine Mindesttiefe von 2,2 m bietet, windet sich um die W-Spitze der Insel herum.

An der N-Seite von „The Wych" gibt es noch ein untiefes Fahrwasser, „Wills Cut" genannt, das von einer Kardinalbake E bezeichnet wird. Es verläuft ein oder zwei Grad W zu N auf eine zweite Kardinalbake E zu. Wenig später ist dann wieder der Little Channel mit seinem tiefem Wasser erreicht, der bis zum Poole Quay führt.

Der obere Abschnitt, der Upper Wych Channel, macht an der Kardinalbake S einen Schwenk und windet sich anschließend durch die Marschen, die sich hinter Round Island erstrecken. Das Fahrwasser ist durchgehend bezeichnet und fällt nicht trocken, auch wenn die Tiefen erheblich variieren.

South Deep

SW-lich der roten Stumpftonne *No. 18* (Fl.R.5s) und dem grünen Pfahl *No. 1* (Fl.G.5s) verläuft das South Deep, das bis zu den Ölförderanlagen auf der Insel Furzey befeuert ist (s. Plan). Oberhalb davon sind die Baken und Pfähle bescheidener. Durch Ramshorne Lake ist das South Deep mit dem Wych Channel verbunden, den es an der Kardinalbake W erreicht.

Wareham Channel

Um in dieses Fahrwasser zu gelangen, läßt man den Little Channel an der Tonne *Stakes* „links liegen" und fährt in W-licher Richtung weiter, bis der Fährterminal passiert ist (zwei Richtfeuer Q.Y weisen den Weg). Anschließend verläuft die Fahrt zwischen roten und grünen Tonnen

Einfahrt Poole: Kettenfähre (A), Brownsea Island (B), Sandbanks Hotel (C). Das Fahrwasser Looe verläuft hier dicht unter der Küste.

Die Hafeneinfahrt von Poole aus SE (oben), Salterns Marina (Mitte).

Rechts vorn der Poole Town Quay, oben Cobbs Quay Marina.

Cobbs Quay Marina.

(s. Plan). Oberhalb der Lake Pier ist eine Reihe von Festmachetonnen für die Großschiffahrt ausgelegt, die an Bb. bleiben. Flußaufwärts dieser Moorings sind während der Saison ein paar rote Tonnen ausgelegt, bevor die Fahrrinne mit roten und grünen Stangen mit Toppzeichen gekennzeichnet ist. Sie windet sich nach SW, S und schwenkt dann hinter Bower Point nach NW herum. Hier liegen die Fahrwassermarkierungen in größeren Abständen aus; vom letzten Seezeichen aus steuert man einen Kurs von etwa 325° und hält auf einen Punkt unmittelbar W-lich von Swineham Point zu. Ist dieser Punkt erreicht, und die Flußmündung öffnet sich, dreht man ein und fährt in der Mitte des Flusses weiter, in den Biegungen vorzugsweise an den Außenseiten. Vor Redcliffe, wo der Grund zudem ungemütlich hart sein kann, liegt die seichteste Stelle (0,1 m über KN). Von dort geht es weiter nach Wareham.

Holes Bay

Um in die Holes Bay zu gelangen, muß oberhalb des Town Quay die Poole Town Bridge passiert werden, die an Wochenenden zwischen 0730 und 2130 Uhr etwa alle 2 Std. geöffnet wird; an Werktagen zwischen 0930 und 2130 Uhr.

Verkehrssignale:

Rot – Brücke ist geschlossen

Grün – Brücke ist geöffnet

Fl.G – Brücke öffnet sich, Vorsicht bei der Ansteuerung.

Ist die Sunseeker Marina passiert, hält man sich am E-Ufer, bis der Backwater Channel, der 3 kbl nach NW führt und mit roten und grünen Stangen bezeichnet wird, erreicht ist. An der Stange mit Kardinalzeichen E macht das Fahrwasser einen scharfen Schwenk nach Bb. und führt geradewegs zur Cobb's Quay Marina; die Stange bleibt an Stb.

Anker- und Liegeplätze

Studland Bay ist ein hervorragender Ankerplatz mit gut haltendem Grund und phantastischem Schutz vor Winden aus W und SW. Man hat hier wunderschöne Ausblicke und eine kleine Ortschaft (400 m landeinwärts) mit Lebensmittelgeschäft, Hotel und Post. Donnerstag nachmittag geschlossen. Studland gehört zu den beliebtesten Ankerplätzen an der englischen Südküste, der ohne Schwierigkeiten anzulaufen ist. Um einen Ankerplatz auf passender Tiefe zu finden, muß gelotet werden. Der Ankerhalt ist gut.

Vor *Brownsea Island* ankert man entweder in der Abzweigung des South Deep, gut frei von der Fahrrinne, vor Goathorn Point gut frei von den Moorings, oder aber weiter oberhalb in einem der tiefen Becken. Zu beachten sind

Poole Yacht Club Yacht Haven.

die deutlich gekennzeichneten Austern-Zuchtanlagen, denen man auch beim Ankern nicht zu nahe kommen sollte. Vor Goathorn Point sind einige Mooringtonnen ausgelegt, von denen die eine oder andere frei sein könnte. Der beste Ankerplatz befindet sich vermutlich SW-lich des Green Island in einem „Pool" auf 3 m WT, frei von Unterwasserleitungen, Kabeln und Austernbänken. Um hierher zu gelangen, bedarf es allerdings eines ordenlichen Tidenhubs und vorsichtiger Navigation.

N-lich der Tonne *South Middle Ground (No. 20)*, E-lich des Middle Ship Channel, sind zahlreiche Mooringtonnen ausgelegt, von denen gelegentlich welche frei sind.

Salterns Marina (300 Liegeplätze) hat meistens Platz für Gastyachten. Zum Manövrieren ist kaum Raum vorhanden, und wenn man sich nicht im voraus auf UKW-Kanal 80 oder 37 angemeldet hat, macht man zunächst am Kopf des Schlengels B fest, um nähere Anweisungen einzuholen. Sämtliche Marina-Einrichtungen vorhanden, inklusive Waschsalon und der Benutzung der gepflegten Bar des Poole Yacht Club. Bei örtlichen Ausrüstern können Butan- und Camping GAZ-Flaschen getauscht werden. Die Marina ist leider von der Stadt etwas entfernt, so daß man kaum um eine Taxifahrt herumkommt.

Blick flußabwärts über den River Frome: Die letzte Flußbiegung vor Wareham (Redcliffe Yacht Club), die Ridge Wharf Marina oben im Bild.

Am *Town Quay* gibt es 100 Liegeplätze im Päckchen. Anmeldung auf UKW-Kanal 14, Ruf: *Poole Quay* oder *Poole Harbour Control* außerhalb der Dienstzeit. Mißt die Yacht weniger als 12,5 m Lüa, kann die Anmeldung unterbleiben. Man wartet einfach vor dem auffälligen Marina-Büro, bis man bemerkt wird, macht an einem passenden Platz fest oder geht bei einem Boot passender Größe längsseits. Am Quay sind deutliche Markierungen angebracht, die die Plätze für die unterschiedlichen Yachtgrößen bezeichnen. Man darf mit bis zu sechs Booten im Päckchen liegen. Vorsicht, um die Brücke herum setzt starker Strom.

Nahe der Brücke gibt es Münz-Duschen, am E-lichen und W-lichen Ende des Kais öffentliche Toiletten.

Cobb's Quay Marina bietet 600 Liegeplätze mit 1,2 m WT bei MSpNW. Der Grund besteht aus weichem Schlamm, so daß Eigner von Kielyachten nicht zu verzweifeln brauchen. Brückenöffnungszeiten s.o. Anmeldung auf UKW-Kanal 14.

Poole Yacht Club Yacht Haven ist privat; Yachten anerkannter Yachtclubs, die auf eigenem Kiel anreisen, werden jedoch willkommen geheißen. Die Einrichtungen sind exzellent, Gastliegeplätze können jedoch nicht reserviert werden; sie werden nach dem Prinzip „Wer zuerst kommt…“ vergeben. Tel. 01202-672687, UKW-Kanal 37 oder 80 Ruf: *Pike* (Mai bis September: 0800 – 2200 Uhr). Es können Yachten bis zu 11,5 m Lüa und 2,5 m Tiefgang untergebracht werden.

River Frome An den Liegeplätzen im untiefen Wasser (0,2 m MSpNW) am Wareham Quay stehen alle Versorgungsmöglichkeiten der Stadt zur Verfügung. Das Ridge Wharf Yacht Centre, das sich etwas mehr als 1 sm flußaufwärts von Swineham Point am S-Ufer befindet, hat eine überraschende Vielfalt an Einrichtungen zu bieten und meistens auch Platz für Gastyachten.

Ortsunkundigen, deren Yacht mehr als 1,3 m Tiefgang hat, ist im allgemeinen ein Besuch in Wareham nicht zu empfehlen.

Versorgung

Yachtwerften mit Reparaturmöglichkeiten gibt es in Sandbanks, Parkstone, Cobb's Quay, Salterns Marina und vielen anderen Orten. Treibstoff von einer Barge bei der Tonne *Aunt Betty*, Ruf: *Poole Bay Fuels*, UKW-Kanal 37 während der Dienststunden. Diesel bei Corral's (gegenüber dem Town Quay) während der Öffnungszeiten. Wasser in den Marinas, am Town Quay per Schlauch vom Hafenbüro.

Treibstoffversorgung auch in der Salterns Marina, Cobb's Quay Marina, Ridge Wharf Yacht Centre, Dorset Yacht Co. und Sandbanks Yacht Centre möglich. Es gibt eine ganze Reihe von Ausrüstern, darunter sehr gut sortierte am Poole Quay und in der Salterns Marina. Allerlei Pubs und Restaurants, erstklassige Einkaufsmöglichkeiten, verschiedene Segelmacher und zahlreiche Sliprampen, darunter die in Baites, E-lich vom Fishermen's Dock, Lilliput Yacht Services, Sandbanks Road, Cobb's Quay, Poole Harbour Yacht Club, Ridge Wharf Yacht Centre und Sunseeker Marina.

Verkehrsverbindungen

Hauptstrecke der britischen Eisenbahn nach Waterloo Station/London.

Swanage.

Swanage

Gezeiten

HW zu Springzeiten -0235 Dover
HW zu Nippzeiten +0120 Dover
Diese Zeitunterschiede sind nur als Schätzwerte anzusehen.

MSpHW	MSpNW	MNpHW	MNpNW
2,0 m	0,5 m	1,6 m	1,2 m

Gezeitenströme

Die Gezeitenströme wirbeln derart stark in der Swanage Bay herum, daß man mit Versatz rechnen sollte. Vorsicht vor den Stromkabbelungen vor Peveril Point (zu Springzeiten bis zu 3 kn), s. unten.

Lage und Umgebung

Bei günstigem Wetter bietet Swanage einen schönen, aber etwas ungeschützten Ankerplatz. Die Bucht ist zwar nach NNW bis SSW hin geschützt, wenn aber auflandiger Wind hineinsteht, wird der Platz schnell unhaltbar.

Der Grund besteht aus einer dünnen Sandschicht über Fels, und zu allem Überfluß sind einige Stellen noch mit Seegras bewachsenen, der Halt des Ankers ist entsprechend schlecht. Bei beständigem Wetter aber ist dieser Ankerplatz mit der wunderschönen Aussicht hervorragend für einen „Kaffee-Stopp“ geeignet. Für einen Übernachtungsstopp sollte man lieber nach Studland Bay (s. Poole) verholen, wo der Schutz und der Ankerhalt besser sind. Außerdem liegt es dichter an Poole Harbour, dem letzten Zufluchtsort, falls unerwartet Winde aus E auftreten sollten. Die Einsteuerung aus E ist simpel. Die aus N ebenfalls, vorausgesetzt, man hält sich ein paar kbl gut frei von den Old Harry Rocks und Handfest Point. Von S kommend, sollte man der nicht geringen Versuchung widerstehen, die unbefeuerte rote Tonne vor Peveril Point landseitig zu passieren: Die Gezeiten fegen wie ein reißender Gebirgsbach über die Peveril Ledge hinweg. Auch seeseitig der Tonne treten Stromkabbelungen auf, die aber weit weniger gefährlich sind.

Mit eingeschaltetem Echolot tastet man sich bis zum Ankerplatz in der Nähe des Pierkopfes vor. Ideal ist der Platz 1 kbl WNW-lich davon auf etwa 2 m WT, wo man sich seewärts der Moorings Einheimischer hält.

Versorgung

Hervorragende Hotels und Geschäfte. Donnerstag nachmittag geschlossen. Netter Segelclub, Sliprampe nahe der Pier mit angrenzendem Parkplatz. Busverbindungen.

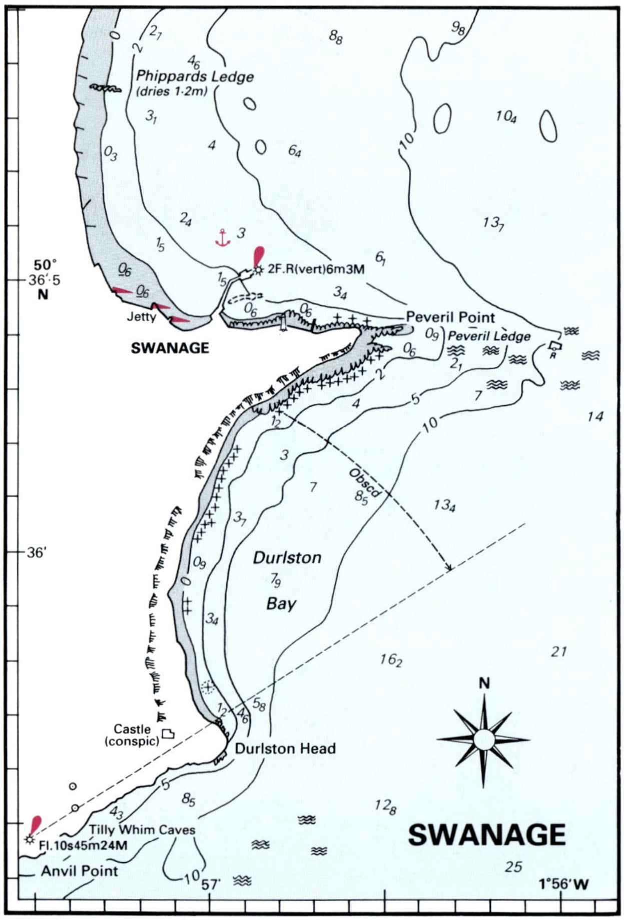

Lulworth Cove

Lulworth Cove.

Gezeiten

HW etwa -0450 Dover

MSpHW	MSpNW	MNpHW	MNpNW
2,3 m	0,3 m	1,5 m	0,9 m

In Lulworth ist doppeltes NW zu beobachten. Die Vorhersagen beziehen sich jeweils auf der erste NW.

Wassertiefen

Die WT beträgt in der Mitte der Einfahrt 5 m, dann steigt der Grund allmählich an; etwa 100 m vor dem Strand sind es dann noch 2 m unter KN. An der E-Seite hinter der Einfahrt liegen Felsen (s. Plan), und W-lich der Einfahrt lauert seeseitig auf der 2 m-Linie eine Felsbank.

Lage und Umgebung

Lulworth ist ein wirklich schönes Fleckchen Erde, für das auch hinreichend Werbung gemacht wurde. Die unterschiedlichen Schichten der Felsen sind selbst für laienhafte Betrachter faszinierend. Auf der Seekarte wirkt die Bucht sehr geschützt, und bei beständigem Wetter mit N-lichen Winden kann man hier auch eine ruhige Nacht verbringen. Wenn der Wind jedoch dreht und auflandig wird, sollte der Ankerplatz schleunigst verlassen werden. Es sind Fälle bekannt geworden, in denen Yachten, die hier ankerten, so stark rollten, daß die Reling zu Bruch ging. Die Probleme verstärken sich noch, wenn man womöglich die ersten Anzeichen des Wetterumschwungs verpaßt hat: Bläst es nämlich erst so richtig aus S oder SW, kommt man eventuell gar nicht mehr aus der Mausefalle heraus.

Ansteuerung und Einfahrt

Von See her ist Lulworth nur schwer auszumachen, auch wenn es beiderseits der Einfahrt charakteristische Felsklippen gibt. Eben W-lich davon ist außerdem ein zuckerhut-förmiger Hügel, auf dem eine ehemalige Hütte der Coastguard steht. In der Nähe von Lulworth ist es zum Glück nicht gefährlich, dicht unter dem Felsufer zu steuern, so daß man den Spalt in den Felswänden ausmachen kann. Um sich von den Riffen, die sich vor der West Point erstrecken, freizuhalten (in den Sommermonaten mit einer unbefeuerten roten Tonne bezeichnet), steuert man etwas E-lich der Einfahrtsmitte. Der Wind ist unstet und böig, insbesondere aus den ersehnten N-lichen Richtungen, so daß das Einsegeln in die Bucht zu einer echten

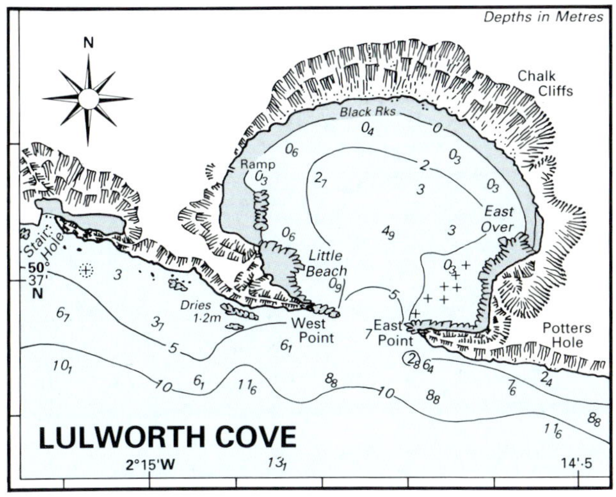

Herausforderung werden kann. Wenn man beim Einlaufen also aufkreuzen muß, sollte man an die felsigen Untiefen hinter East Point im SE der Bucht denken.

Ankerplätze

In der Bucht ankert man genau N-lich von East Point auf etwa 2,5 m WT über Lehmgrund, der mit etwas Sand und Seegras bedeckt ist. Bei leichten SW-lichen Brisen ankert man in der NW-Ecke. Von den Moorings der Einheimischen sollte man sich freihalten und auch nicht versuchen, im Fahrwasser nahe der Landestelle am Strand vor der Ortschaft Lulworth zu ankern.

Versorgung

Wasser auf dem Parkplatz, Benzin und Öl von der Tankstelle. Kleine Hotels, Pub und einfache Geschäfte. Mittwoch und Samstag nachmittag geschlossen. Ablaufbahn am Straßenende am Strand. Im Sommer verkehren regelmäßig Busse.

Schießgebiet Lulworth

S-lich von Lulworth und Kimmeridge gibt es zwei Gefahrenbereiche für die Schiffahrt. Das eine Gebiet, das normalerweise benutzt wird, erstreckt sich 6 sm weit seewärts, während das äußere, selten benutzte, 13 sm hinaus-

Blick aus SE auf Lulworth Cove. Die Ortschaft liegt im Scheitel der Bucht.

reicht. Die Schießzeiten werden in der Lokalpresse veröffentlicht sowie den benachbarten Hafenmeistern und Yachtclubs mitgeteilt, bei denen man genauere Informationen erhalten kann. Diese Details sind auch telefonisch vom „Range Office“ unter der Nr. 01929-462721, 4819 oder 4859 einzuholen. Auch BBC Radio Solent (96,1 MHz) sendet diese Informationen Mo – Fr um 0535, 0635 und 0745 Uhr (GZ) sowie Sa und So um 0633 und 0745 Uhr (GZ).

Bei laufenden Schießübungen sind tagsüber rote Flaggen gehißt; nach Einbruch der Dunkelheit brennen rote Feuer auf den Hütten unmittelbar E-lich der Bucht auf den Bergrücken von Bindon Hill und auf dem St. Alban's Head. Schiffe können diese Gebiete passieren, müssen dies aber so schnell wie möglich tun. Ankern, Fischen oder Stoppen sind verboten.

Während der Übungen liegen schnelle Sicherungsboote auf Position, die Yachten aus dem Schießgebiet fernhalten. Bei laufenden Übungen sollte man auf UKW-Kanal 08 hörbereit sein. Portland Operations Room gibt die Feuerzeiten auf den UKW-Kanälen 67 und 16 um 0645 und 1645 Uhr durch. Im August finden keine Übungen statt.

Weymouth

Gezeiten

HW etwa -0440 Dover

MSpHW	MSpNW	MNpHW	MNpNW
2,1 m	0,4 m	1,4 m	0,8 m

In Weymouth sind die Gezeiten etwas exzentrisch: 4 Std. Flut, 4 Std. Ebbe und 4 Std. träge Strömungen um NW herum, die durch einen geringen Tidenhub von 0,2 m („The Gulder“) bedingt werden, der etwa eine dreiviertel Std. nach NW einsetzt.

Wassertiefen

Die Einfahrt, das Fahrwasser und der Bereich um den Fährterminal, inklusive dem Liegeplatz No. 4 (gehört zum Pavilion Theatre), sind auf 5,2 m gebaggert. Die WT an den Liegeplätzen No. 5 und 6 (gegenüber der Weymouth Rettungsboot-Station und der -Sliprampe) beträgt 4,8 m. Zwischen Liegeplatz No. 7 (bei der Toiletten-Anlage für Yachten am Custom House Quay No. 13) und der Brücke beträgt die WT mehr als 3 m. Die Liegeplätze in der Bucht bieten mindestens 2 m Tiefe, oft jedoch mehr.

Lage und Umgebung

Für Yachten, die auf dem Weg nach W oder E sind, ist Weymouth ein sinnvoller Stopp. Vom Solent aus ist Weymouth ein nettes Ziel für einen Wochenendausflug. Der hübsche Hafen ist bei jedem Wetter geschützt und kann bei jedem Tidenstand angelaufen werden, auch wenn Stürme aus E in der Einfahrt eine recht rauhe See erzeugen können.

Die Stadt selbst ist die entzückende Miniatur eines englischen Seebades. Schlendert man auf der Promenade entlang, fühlt man sich in die Zeit zurückversetzt, als Gentlemen in gestreiften Jacketts und mit steifen Strohhüten weibliche Schönheiten in langen Kleidern und mit Sonnenschirmen bewaffnet begleiteten. Aber auch ohne diese Pärchen auf der Promenade gibt es immer noch echte Schiffsschaukeln, Esel zum Reiten, Sandfiguren und Kasperletheater.

Ansteuerung und Einfahrt

Bei der Ansteuerung aus W erhebt sich die Frage, ob Portland Race (s. „Die wichtigsten Kaps“) besser land- oder seeseitig passiert werden sollte. In jedem Fall aber wird man schließlich aus der näheren Umgebung der beiden Wellenbrecher des Portland Harbour einsteuern. Sie bleiben an Bb., während man jeglichem Schiffsverkehr, der in den Einfahrten auftauchen könnte, mit angemessener Rücksicht begegnet. Der Einsteuerungskurs wird auf die South Pier von Weymouth mit ihrem markanten weißen Leuchtturm (Q.10m9M) abgesetzt.

Von E kommend, ist zunächst die hohe felsige Isle of Portland auszumachen; beim Näherkommen wird der bewaldete Hügel von Nothe eben S-lich der Einfahrt sichtbar. Erst relativ spät kommen die Häuser, die sich hinter dem perfekt geformten Halbmond des Strandes erheben, in Sicht. Eine gute Landmarke bildet der Uhrenturm „Jubilee Clock“, der etwa 0,5 sm N-lich der Hafeneinfahrt steht.

Zwischen Portland und Weymouth Harbour sind zahlreiche Tonnen ausgelegt; einige davon sind befeuert und bezeichnen ein Entmagnetisierungsgebiet (Outer Degaussing Range), für die Yachtnavigation ist jedoch keine der Tonnen wichtig. Das Riff, The Mixen Rocks, das sich S-lich der South Pier erstreckt, wird bei halber Tide überspült.

Weymouth: rechts die Liegeplätze der Berufsschiffahrt. Links am Ufer die beiden Richtfeuer in Linie 237°.

Einfahrt in den Hafen von Weymouth.

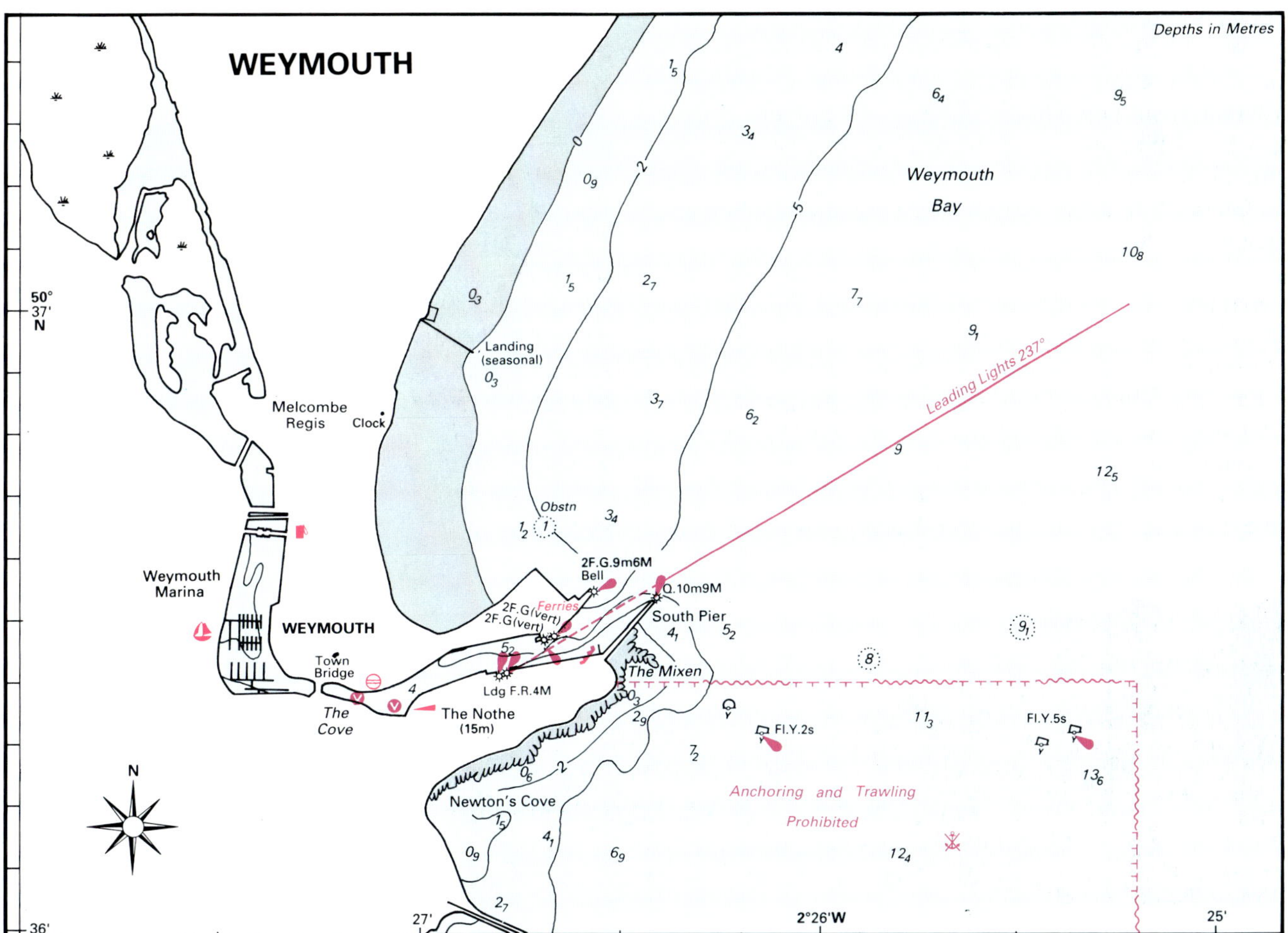

Ausgenommen von allgemein untiefen, mit Felsen durchsetzten Bereichen in Richtung Newton's Cove, das für Fahrtensegler kaum von Bedeutung ist, gibt es im Ansteuerungsbereich keine Gefahrenstellen.
Beim Einlaufen wird zur South Pier ein Abstand von 0,5 kbl gehalten, und während man auf Angelschnüre achtet, läuft man zwischen der North Pier (2F.G) und der South Pier (Q.9M) in den Hafen ein. Nachts führt die Richtfeuerlinie zweier F.R mit 239°38' hinein. Die Richtmarken bestehen aus weißen Pfählen und tragen offene Rauten als Toppzeichen; von Yachten werden sie in der Praxis kaum benötigt.
Der Hafen wird von einer aktiven Fischereiflotte, Handelsschiffen bis zu 130 m Lüa sowie Fähren, die regelmäßig zu den Kanalinseln verkehren, angelaufen. Die Fähren sind große wellendurchpflügende RoRo-Katamarane sowie konventionelle RoRo-Schiffe. Der Fähranleger, den man großzügig umsteuern sollte, liegt am binnenseitigen Kopf der North Pier.
An einem Mast auf der Mitte der South Pier werden Verkehrssignale angezeigt, deren Befolgung aus Sicherheitsgründen obligatorisch ist.
Während der Dienstzeiten (im Sommer 0700 – 2230 Uhr) kann man auf UKW-Kanal 12 und 16 Informationen bei Weymouth Harbour Radio einholen.

Verkehrssignale

RRR (Blinkfeuer) – Notfall, Hafen geschlossen
RRG – Einfahrt unklar; Ein- oder Auslaufen untersagt
RRR (Festfeuer) – auslaufender Verkehr, Einlaufen verboten
GGG – einlaufender Verkehr, Auslaufen verboten
GWG – freie Fahrt wie vom Hafenmeister angewiesen
Wird kein Verkehrssignal angezeigt, fährt man nach eigenem Ermessen.

Liegeplätze

Gastyachten kann es passieren, daß sie aus den oberen Fenstern des Hafenbüros, das gegenüber der Rettungsboot-Station steht, die ihrerseits an die Liegeplätze No. 5 und 6 angrenzt, angepreit werden. Alternativ kann man, wie oben beschrieben, Weymouth Harbour Radio rufen. Dies ist insbesondere für größere Yachten ratsam. Kleinere Boote können vom Kaimeister zu Liegeplätzen in der Cove an der S-Seite dirigiert werden, wo man entweder längsseits an Schlengeln oder im Päckchen mit Booten ähnlicher Größe festmacht. Die Mooringtonnen, die entlang der S-Seite des Fahrwassers ausgelegt sind, sind privat. Die Pfahl-Moorings an der E-Seite der Cove gehören dem Weymouth Sailing Club. Liegeplätze für größere Yachten stehen am Kai gegenüber der Rettungsboot-Station (Plätze No. 5, 6, 7) zur Verfügung, und wenn es im Hafen zu betriebsam wird, verholt man Richtung Hafeneinfahrt und macht längsseits am Kai nahe des Fähranlegers fest, wobei man darauf gefaßt sein sollte, daß man mit einer Yacht ähnlicher Größe im Päckchen liegen muß. Im Büro des Kaimeisters, Custom House Quay No. 13, können Fenderbretter entliehen werden. Die Sanitäranlagen neben dem Büro dürfen von allen Hafenliegern benutzt werden. Die Marina oberhalb der Brücke N-lich der Municipal Pontons ist für Gastyachten zugänglich. Auf 2,5 m WT stehen ca. 100 Liegeplätze bereit. Die Durchfahrtshöhe der Brücke beträgt 3,13 – 5,22 m; ein Pegel zeigt die jeweils aktuelle Höhe an. Im Sommer gibt es feste Brückenöffnungszeiten: 0800, 1000, 1200, 1400, 1600 und 1800 Uhr; zusätzlich von April bis September: 1930, Mai und August: 2030, Juni und Juli: 2130 Uhr. Außerdem muß die Öffnung bei Weymouth Town Bridge auf UKW-Kanal 12 voher angemeldet werden, und die Yacht muß sich 5 Minuten vor der Öffnungszeit vor der Brücke bereithalten. Oberhalb der Brücke können die WT variieren: zwischen trockenfallend bei 0,5 m bis zu 1,8 m bei MSpNW.

Ankerplätze

Bei beständigem Wetter ist es nicht nur möglich, NW-lich der North Pier auf unterschiedlichen WT zu ankern, es schont zudem die Bordkasse. Dabei muß man allerdings E-lich einer Linie zwischen dem Turm der St. John's Church und der Hafensignalstation bleiben. Etwa 350 m von der Signalstation entfernt, mit dem Kirchturm in Linie, ist eine gelbe Stumpftonne, die mit „Fool" (unrein) bezeichnet ist, ausgelegt. Nach seewärts nehmen die WT zu. Gut haltender Grund; bei E-Winden jedoch muß der Ankerplatz verlassen werden.

Versorgung

Die meisten Reparaturen können bei Kingfisher Marine (Tel. 01305-766595) ausgeführt werden. Mechaniker für Bootsmotoren bei Rover Marine Service (Tel. 781612), MPI Engineers (Tel. 821862) und Cosens & Co. (Tel. 822922). Duschen und Toiletten neben dem Büro des Kaimeisters, Custom House Quay No. 13, sowie am North Quay hinter der Bar des Royal Dorset YC können von jedem benutzt werden. Waschsalon in der Stadt. Wasser an den Kais; es ist aber immer bequemer, wenn man einen Schlauch an Bord hat. Diesel vom Tankwagen (Mindestabnahme 25 l, täglich 0700 – 1900 Uhr), der direkt ans Boot liefert. Ruf: *Raybar Fuels*, UKW-Kanal 06 oder Tel. 01860-912401. Benzin von den Tankstellen. Slipmöglichkeit an Wyatt's Wharf, der an die Rettungsboot-Station anschließt. Gut sortierter Ausrüster. Alle Versorgungsmöglichkeiten einer Stadt mit Banken, Restaurants etc. Hervorragende Pubs am Hafen, inbesondere auf der Cove-Seite.

Verkehrsverbindungen

Haupstrecke der Bahn mit direkter Verbindung nach London und Southampton; ebenso Busverbindungen. Expressfähre zu den Kanalinseln.

Portland Harbour

Gezeiten

HW etwa -0430 Dover

MSpHW	MSpNW	MNpHW	MNpNW
2,1 m	0,2 m	1,4 m	0,7 m

Wassertiefen

Im allgemeinen tief, nach W hin jedoch abnehmend (s. Plan).

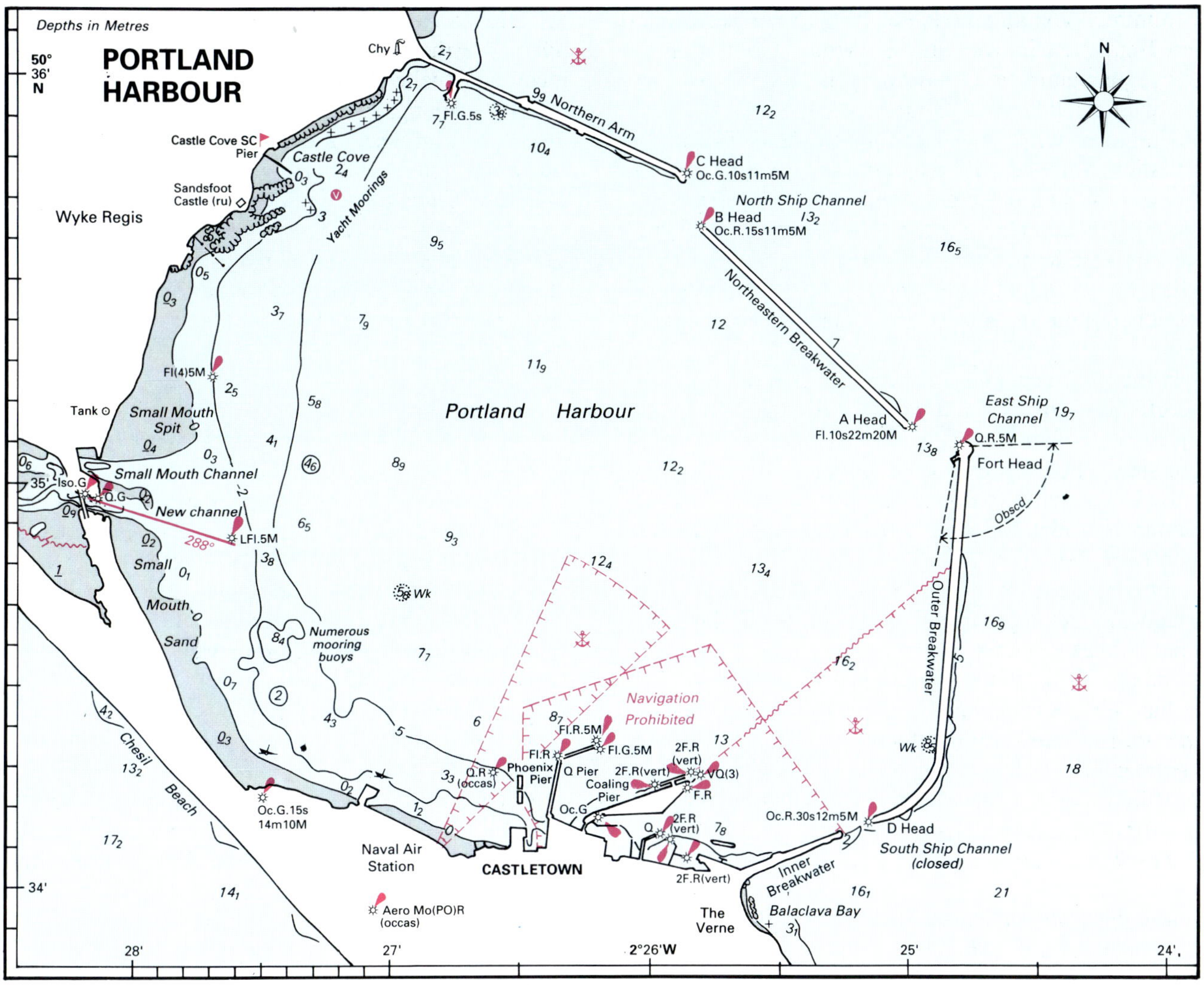

Lage und Umgebung

Portland Harbour ist für einen Zwischenstopp nicht sonderlich geeignet. Der Hafen ist so groß, daß man bei Starkwinden ungeschützt ist, es sei denn, man hat das Glück, vor der Luvküste zu ankern. Es ist schon öfter vorgekommen, daß Yachten und kleine Boote sich von ihren Moorings losgerissen haben und am steinigen Wellenbrecher wrack wurden.

Obwohl die Schiffe der Royal Navy abgezogen wurden, hat der Queen's Harbour Master hier immer noch das Kommando. Es gibt einige Yachtmoorings, allesamt privat, und nur begrenzte Ankermöglichkeiten. Der Hafen wurde Mitte des 19. Jh. von den Strafgefangenen des Gefängnisses, das sich noch immer über dem Hafen erhebt, aus hiesigem Gestein gebaut. Alles in allem ein trostloser Anblick!

Ansteuerung, Einfahrt und Liegeplatz

Portland ist ohne Schwierigkeiten zu erkennen, ganz gleich, aus welcher Richtung die Ansteuerung erfolgt. Portland Race (s. „Die wichtigsten Kaps") und die Shambles sind gute Landmarken. Auf die häufigen Übungen der Marine, deren Warnungen täglich um 0645 und 1645 Uhr auf UKW-Kanal 67 und 16 von Portland Operations Room gesendet wird, sind zu beachten.

Das Einlaufen erfolgt entweder vor dem Molenkopf A oder zwischen den Molenköpfen B und C. Die Befeuerung ist dem Plan zu entnehmen. Der South Ship Channel kann nicht benutzt werden, weil er durch das Wrack der alten „HMS Hood", die 1914 versenkt wurde, blockiert wird.

Die Erlaubnis zum Einlaufen erhält man beim QHM (Queen's Harbour Master) auf UKW-Kanal 13, Ruf: QHM Portland. Nicht die Marine-Basis ansteuern! Eventuell kann man an einer der Yachtmoorings, die entweder dem Castle Cove Sailing Club (Tel. 01305-783708) oder dem Royal Dorset Yacht Club (Tel. 01305-786258) gehören, festmachen. Es ist dringend zu empfehlen, vorab entsprechende Vereinbarungen zu treffen. Die Festmachetonnen befinden sich im Bereich der Castle Cove.

Der QHM kann aber auch die Erlaubnis erteilen, E-lich von Small Mouth zu ankern, wo eine Brücke die Isle of Portland mit dem Festland verbindet. W-lich von Small Mouth liegt der East Fleet, der erste einer Reihe von Seen, die durch den Strand, Chesil Beach, vom Meer getrennt sind.

E-lich der 2 m-Linie sind die WT – ausgenommen für ganz große Yachten – ausreichend. Der empfehlenswerte Ankerplatz befindet sich 2 kbl NE-lich der Bake *New Channel*, die 4 kbl E-lich der Small Mouth Ferry Bridge ausgelegt ist. Keine Slipgelegenheiten, die Versorgungsmöglichkeiten sind begrenzt. Von Castle Cove aus ist Weymouth aber zu Fuß zu erreichen.

Portland Harbour aus NW: Blick hinüber zur Halbinsel Portland.

Bridport

Gezeiten

HW -0500 Dover

MSpHW	MSpNW	MNpHW	MNpNW
4,1 m	0,6 m	3,0 m	1,6 m

Die Stromstärke der auflaufenden Flut wird nach der ersten Stunde schwächer, um nach ca. 90 Minuten wieder mit normaler Stärke aufzulaufen. Um HW beträgt die Stillwasserzeit etwa 1,5 Std.

Wassertiefen

Im unmittelbaren Einsteuerungsbereich vor der Einfahrt beträgt die WT 1,2 m, der Einfahrtskanal fällt nach halber Strecke bis zu 0,6 m trocken. Der E-liche Teil des Hafens fällt ca. 0,9 m trocken; im W-lichen Teil variieren diese Werte zwischen 0,7 m in der Mitte und 2,7 m am West Quay. Am Liegeplatz der Küstenfrachter an der E-Seite des Hauptfahrwassers gibt es entlang des Kais ein Tiefwasserbecken mit ca. 3,3 m Tiefe.

Lage und Umgebung

West Bay, der Hafen von Bridport, hat für Yachten und deren Crews wenig zu bieten. Bei starken auflandigen Winden kann die Einfahrt äußerst gefährlich werden, und es gibt kaum Liegeplätze, an denen Yachten nicht trockenfallen. Trotzdem hat dieser Hafen seinen ganz besonderen Reiz. Mutige Abenteurer-Naturen sollten selber ausprobieren, ob er einen Besuch wert ist.

Ansteuerung und Einfahrt

Abgesehen von einem Bereich mit 4 m Tiefe, The Pollock, 7 kbl SSW-lich der Einfahrt sowie einer Stelle mit 3,7 m innerhalb davon, gibt es im Ansteuerungsbereich keine Gefahrenstellen. Die befeuerte gelbe Tonne (Fl.Y.5s), die 1 kbl SE-lich von The Pollock ausgelegt ist, bezeichnet den Ausfluß einer Abwasserleitung. Die Einsteuerung in den Hafen ist nur 2 Std. um HW zu empfehlen.

Bringt man den Kopf der W-Pier mit dem Flaggenmast des Rathausturms in Bridport (1 sm landeinwärts) zur Deckung, hat man den günstigsten Einsteuerungskurs von 011°. Die Hafeneinfahrt öffnet sich zwischen den beiden Molenköpfen. Vorsicht! Die Molen erzeugen rücklaufenden Strom. Das Fahrwasser zwischen den beiden Molen ist sehr schmal und nur etwa 12 m breit. Man sollte die Möglichkeit, in den Hafen einzusegeln, gar nicht erst in Betracht ziehen! Unter Maschine kann man seinen Weg unbeirrt machen, und bei Brandung ist man ohnehin über jedes bißchen Steuerkraft froh, das verfügbar ist.

Die Hafenfeuer, die auf dem Plan verzeichnet sind, brennen nur dann, wenn Berufsschiffahrt erwartet wird. Für ortsunkundige Yachtskipper ist eine Nachtansteuerung schlichtweg eine Katastrophe.

Ist der Hafen geschlossen, wird das durch einen schwarzen Ball am Signalmast beim Büro des Hafenmeister angezeigt.

Liegeplätze

Der Hafenmeister ist auf UKW-Kanal 11 oder 16, Ruf:

Die Einfahrt zum Hafen Bridport um HW.

Bridport Harbour Radio, oder telefonisch (01308-423222) zu erreichen. Ein rechtzeitiger Anruf ist vernünftig, damit ein Liegeplatz in diesem engen kleinen Hafen sichergestellt ist.
Kleine Yachten können im W-Teil des Hafens im weichen Schlick oder an die Kaimauer gelehnt trockenfallen. Der Liegeplatz der Küstenfrachter, der im Plan eingezeichnet ist, wurde vom Fluß, der gelegentlich durch die Schleuse abgelassen wird, ausgespült. Ist dieser Platz frei, kann man eventuell die Erlaubnis erhalten, hier festzumachen.

Versorgung

Wasser in der Nähe des Kais. Es gibt ein paar Geschäfte (Donnerstag nachmittag geschlossen), aber kaum Reparaturmöglichkeiten für Yachten. Sliprampe mit Parkplatz.
Regelmäßige Busverbindungen nach Bridport, einer hübschen „West Country"-Stadt, die ca. 2,5 km entfernt ist.

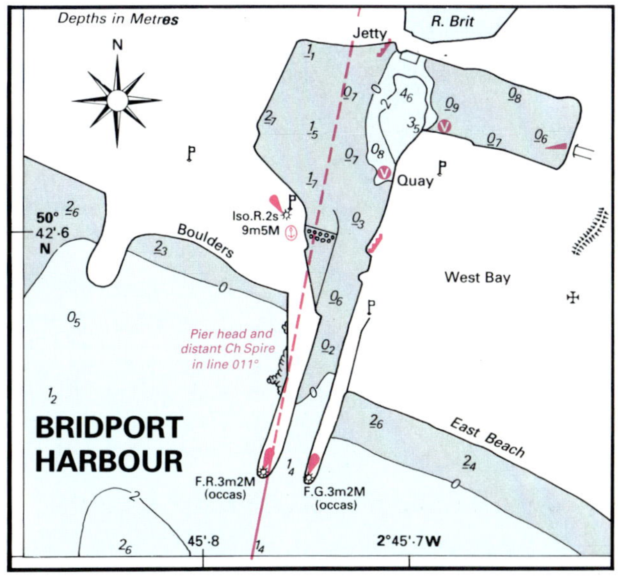

Bridport.

Lyme Regis

Gezeiten

HW -0455 Dover

MSpHW	MSpNW	MNpHW	MNpNW
4,3 m	0,6 m	3,1 m	1,7 m

Der Tidenstieg ist ähnlich wie der in Bridport (s. S. 118).

Wassertiefen

Der gesamte Hafen fällt bis zu 2 m trocken, die Einfahrt fällt ca. 0,3 m trocken, die Liegeplätze an der Mauer des Segelclubs zwischen 0,3 m bis 1,3 m. Etwas mehr als 1 kbl E-lich der Hafeneinfahrt gibt es einen Ankerplatz auf 1-2 m Wassertiefe.

Lage und Umgebung

Lyme Regis ist eine bezaubernde Stadt, deren besondere Atmosphäre aus der einzigartigen Mischung schöner alter Häuser im West Country Stil herrührt, die aber das irgendwie aufregende Gefühl vom „Außenposten" nicht ganz zerstreuen. Das ist besonders dann spürbar, wenn von See schweres Wetter heraufzieht, die Hafeneinfahrt gefährlich wird und all jene, die sonst im Schutz der Hafenmauern trockenfallen, nun die Erfahrung machen, wie Yachten an ihren Liegeplätzen ins „Reiten" kommen. Bei beständigem Wetter bietet sich der Ankerplatz außerhalb des Hafens für einen verlockenden Besuch an, und ein Liegeplatz bei dem sehr gastfreundlichen Segelclub im Hafen kann zu einem unschätzbaren Erlebnis werden.

Lyme Regis: Die lange Steinmole „The Cobb“ erstreckt sich seewärts der tatsächlichen Hafeneinfahrt.

Ansteuerung und Einfahrt

Lyme Regis liegt ungefähr 22 sm W-lich von Portland Bill; die Ansteuerung ist einfach und unkompliziert. Der Hafen liegt unmittelbar S-lich eines auffälligen grünen Parks, der unterhalb eines Steilhangs liegt. Nach W hin wird der Hafen durch „The Cobb“ geschützt, eine lange Steinpier, die sich an ihrem E-lichen Ende in zwei Arme gabelt. Am seeseitigen Kopf des äußeren Arms steht ein Pfahl mit einem roten Zylindertoppzeichen, der einen großen Haufen Portland-Steine bezeichnet, die bei halber Flut überspült werden. Vor der W- und S-Seite von The Cobb liegen Felstrümmer und Sandbänke.

Die schmale Hafeneinfahrt befindet sich zwischen dem inneren Arm von The Cobb und dem S-lichen Kopf des North Wall, einem Wellenbrecher, der dem Hafen teilweise Schutz nach E hin bietet.

Hat man seine Tidenberechnungen abgeschlossen, steuert man auf den Pfahl mit Toppzeichen vor dem äußeren Arm von The Cobb zu und läßt ihn dann mit einem Abstand von ca. 50 m an Bb. Der Kurs wird solange beibehalten, bis sich die Hafeneinfahrt öffnet und man einsteuern kann.

Richtfeuer

Richtfeuer in Linie führen mit 296° vor die Hafeneinfahrt. Das Oberfeuer F.G steht auf einem Haus am NW-Ufer im Hafen und das Unterfeuer Oc.WR auf dem N-Arm von The Cobb bzw. dem S-lichen Wellenbrecher. Der Grenzbereich des weißen und roten Feuersektors liegt genau auf der Deckpeilung; ist also das rote Feuer zu sehen und das grüne nicht auszumachen, hält man nach Bb., bis der weiße Sektor sichtbar wird. Jetzt ist man exakt in der

Lyme Regis: Hafeneinfahrt aus E gesehen.

Lyme Regis: dicht vor der Einfahrt. Der Segelclub ist in der ersten Etage des Gebäudes an der Einfahrt untergebracht.

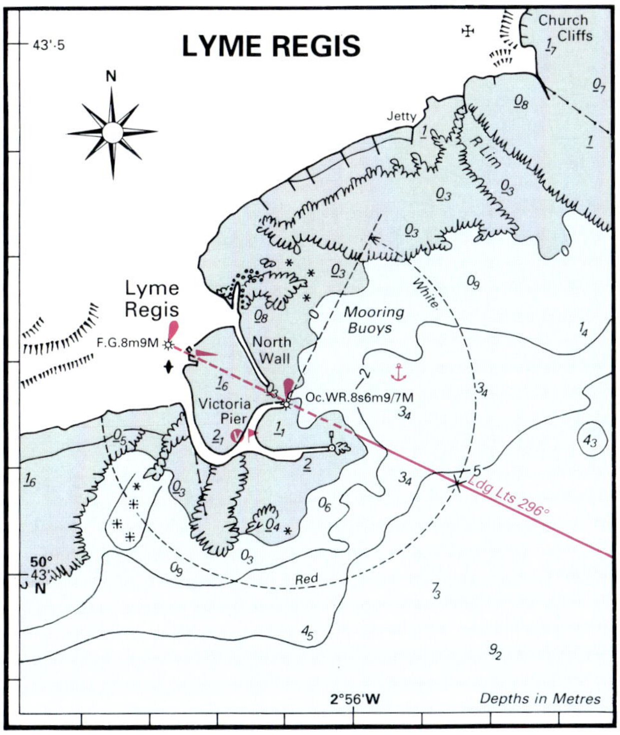

Richtfeuerlinie. „Zuviel weiß" am Ende der Einsteuerung bringt einen ungemütlich dicht an die Riffe heran.

Anker- und Liegeplätze

Hat man sich entschieden, außerhalb des Hafens zu ankern, was bei beständigem Wetter und keinerlei auflandiger Brise durchaus etwas für sich hat, tastet man sich mit NW-lichem Kurs vorsichtig auf einen Punkt N-lich des Molenkopfes zu, bis die geeignete Wassertiefe gefunden ist. Flachgehende Boote können sehr dicht unter Land gehen, insbesondere bei Nipptiden. Tiefergehende Boote können leicht das Gefühl bekommen, ziemlich „weit draußen" zu ankern, wenn sie beabsichtigen, ein Springniedrigwasser abzuwarten. Der Halt des Grundes ist unterschiedlich, so daß man eventuell mehr als einen Versuch machen muß, bevor der Anker gefaßt hat.

Für Besucher sind am Ankerplatz 5 rote Tonnen ausgelegt, die deutlich gekennzeichnet sind.

Freie, trockenfallende Liegeplätze im Hafen haben Seltenheitswert, weil der Hafen stark frequentiert wird. Es gibt aber rund ein Dutzend Gastliegeplätze entlang der Kaimauer neben dem Segelclub (s. „Wassertiefen"), wo man auf reinem Sand trockenfallen kann.

Egal, welchen Liegeplatz man gern hätte, es ist in jedem Fall sinnvoll, sich vorab beim Hafenmeister zu melden: entweder auf UKW-Kanal 14 oder telefonisch unter der Nr. 01297-442137.

Versorgung

Der Lyme Regis Sailing Club (Tel. 01297-442800) ist in einem Gebäude auf The Cobb beheimatet; eine Etage über dem Aquarium. Ein grünes Licht zeigt an, ob die Bar geöffnet ist. Die Duschen sind im Bootshaus. Wasser am landseitigen Ende von The Cobb. Treibstoff kann gegen eine geringe Gebühr geliefert werden. Hotels und Geschäfte, Donnerstag nachmittag geschlossen.

Kielbank nach Absprache, Reparaturmöglichkeiten für kleine Yachten. Ablaufbahn, Slip und dazugehöriger Parkplatz. Jollen-Stellplatz.

Verkehrsverbindungen

Busverbindungen in alle Richtungen. Der Bahnhof von Axminster ist rund 10 km entfernt.

Axmouth: Man steuert auf den Molenkopf zu, dreht dann dicht unter der Mauer nach Bb. und ist im Fahrwasser.

Axmouth und Beer

Beer

Beer ist ein ungeschützer Ankerplatz, den man nur bei beständigem Wetter und ablandigem Wind aufsuchen sollte. Bei geeigneten Bedingungen kann dies ein wunderschöner Platz sein. Die nächst erreichbaren Allwetter-Zufluchtshäfen sind Torquay und Brixham.

Die Bucht, in der Yachten ankern können, bietet tatsächlich etwas mehr Schutz, als es ein Blick auf die Seekarte vermuten läßt. Von See her ist sie am Beer Head zu erkennen. Dieses mächtige, 130 m hohe Kap ist das letzte weiße Kliff an der Küste, bevor die Kreide den roten Klippen von Devon weicht. Die Bucht öffnet sich E-lich der Landspitze.

Bei der Ansteuerung aus W rundet man Beer Head, folgt dann den Klippen N-wärts und segelt am Fuß der Felsen die Küste entlang, bis die Straße, die von der Ortschaft zum Strand hinunter führt, querab peilt. Die Dorfkirche bildet eine gute Landmarke – das weiße Festfeuer in der Nähe nicht.

Bei der Ansteuerung aus E gibt man dem Kap E-lich der Bucht viel Raum, weil sich vorgelagerte Riffe bis zu 1 kbl seewärts erstrecken.

Durch Loten tastet man sich vorsichtig in die Bucht und ankert so dicht unter dem Strand, wie es vertretbar ist. Von den Moorings der Fischer freihalten. Anlanden mit dem Dingi am steilen Strand.

Beer bietet die üblichen Versorgungsmöglichkeiten einer mittleren Kleinstadt sowie den Beer SC, einen aktiven Club, der Jollen- und Kuttersegeln veranstaltet. Donnerstag nachmittag geschlossen.

Axmouth

E-wärts von Beer Roads, etwa 2,5 km entfernt auf der anderen Seite der Bucht, Seaton Bay, liegt der interessante Hafen von Axmouth. Bis zum Bau der Eisenbahn, die dem Seehandel den Rang ablief, war Axmouth ein blühender kleiner Hafen. 1869 und 1875 zerstörten Stürme die Hafenanlagen an der Einfahrt. Im Inneren des Hafens ist der Schutz für Kimmkieler, Yachten mit Hubkiel oder Booten, die mit Wattstützen ausgerüstet sind, ganz hervorragend. Gastyachten sind gern gesehen, aber bei stärkeren auflandigen Winden wird die Einfahrt gefährlich.

Die Einfahrt in den Hafen befindet sich am Ende einer kiesigen Landspitze unmittelbar W-lich des Haven Cliff, dort wo der Fluß Axe ins Meer mündet. Die Barre fällt 1 m trocken, und die Lage des unbezeichneten Fahrwassers ist veränderlich, auch wenn es normalerweise ENE-lich verläuft. Ortsfremden ist es daher zu empfehlen, 2 kbl W-lich der Einfahrt zu ankern und sich dann von Einheimischen beraten zu lassen oder die Fahrrinne mit dem Dingi auszuloten. In der Zeit zwischen einer halben Std. vor bis einer halben Std. nach HW kann man einlaufen (Dover -0433). Bei Springniedrigwasser kann der Ebbstrom, wenn er seine volle Stärke erreicht hat, bis zu 6 kn setzen.

Die Fahrrinne ist sehr schmal, trotzdem können Yachten bis zu 8,5 m Lüa und 1,5 m Tiefgang sicher einlaufen. Die Einfahrt wird von einer Stb.-Bake (Fl.G) auf der Mole bezeichnet. Gleich hinter der Einfahrt dreht man hart nach Bb. ein und hält anschließend in Richtung auf die Kaimauer zu, wo man auf die Fahrrinne trifft.

Der Axe SC (Tel. 01297-20742) hat Moorings, eine Bootswinde und eine Sliprampe, außerdem eine Bar und Duschen. Bootsbauer und verschiedene maritime Dienstleistungen. 400 m oberhalb der Einfahrt ist das Ende der Schiffbarkeit an niedrigen Brücken (DFH 2 m) erreicht.

Die benachbarte Stadt Seaton hat fast alle „Zivilisations"-Einrichtungen zu bieten.

Exmouth

Gezeiten

HW Exmouth Dock -0455 Dover
HW Topsham ca. eine Viertelstunde später

Exmouth Ansteuerungsbereich

MSpHW	MSpNW	MNpHW	MNpNW
4,6 m	0,5 m	3,4 m	1,7 m

Gezeitenströme

In der Einfahrt setzen sehr starke Ströme; zu Springzeiten können Ebbströme bis hinter die Tore des Exmouth Dock bis zu 5 kn erreichen.

Wassertiefen

Die Sände in den Ansteuerungsbereichen verändern ständig ihre Lage, aber über der Barre beträgt die WT meistens 1,5 m (KN), wenn man von einer WT von 2 m bei MNpNW ausgeht. Im Fluß ist der Grund uneben, es gibt ebenso viele tiefe wie untiefe Stellen. Letztere befinden sich vornehmlich W-lich und N-lich der Bull Hill Bank, über der 1,5 m (KN) Wasser stehen. Weiter flußaufwärts nehmen die Wassertiefen bis Topsham Lock allmählich ab; die geringste Tiefe in diesem Bereich beträgt 0,4 m.

Oberhalb der Schleuse fällt der Fluß vollständig trocken. Der Kanal bietet zwar große WT, die Höhe wird jedoch von einer Autobahnbrücke mit einer DFH von 11 m begrenzt.

Lage und Umgebung

Wenn man eine Segelreise entlang der Küste des West Country unternimmt, ist der Fluß Exe durchaus einen Abstecher wert. Der kleine Tidenhafen von Exmouth selbst ist zwar für Yachten nicht zugänglich, dafür gibt es aber eine ganze Reihe brauchbarer Ankerplätze. Außerdem hat man die Möglichkeit, durch die Schleuse Turf Lock in den Exeter Canal zu gelangen, wo man vollständig geschützt ist und es zudem einen guten Pub gibt.

Mit flachgehenden Yachten oder bei passender Tide ist ein Besuch in Topsham zu empfehlen, wo man interessante Vogelbeobachtungen machen kann. Für Geschichtsbewußte und alle, die es interessiert: Hier wurden jene Galeonen gebaut, mit denen die Spanische Armada so vernichtend geschlagen wurde.

Die Barre mit ihren ständig wandernden Sänden zu queren, ist nicht leicht. Tatsächlich kann es unter den „falschen" Voraussetzungen ausgesprochen ungemütlich werden. An „normalen" Tagen stellt die Passage aber keine ernsten Probleme dar – sie ist gut betonnt.

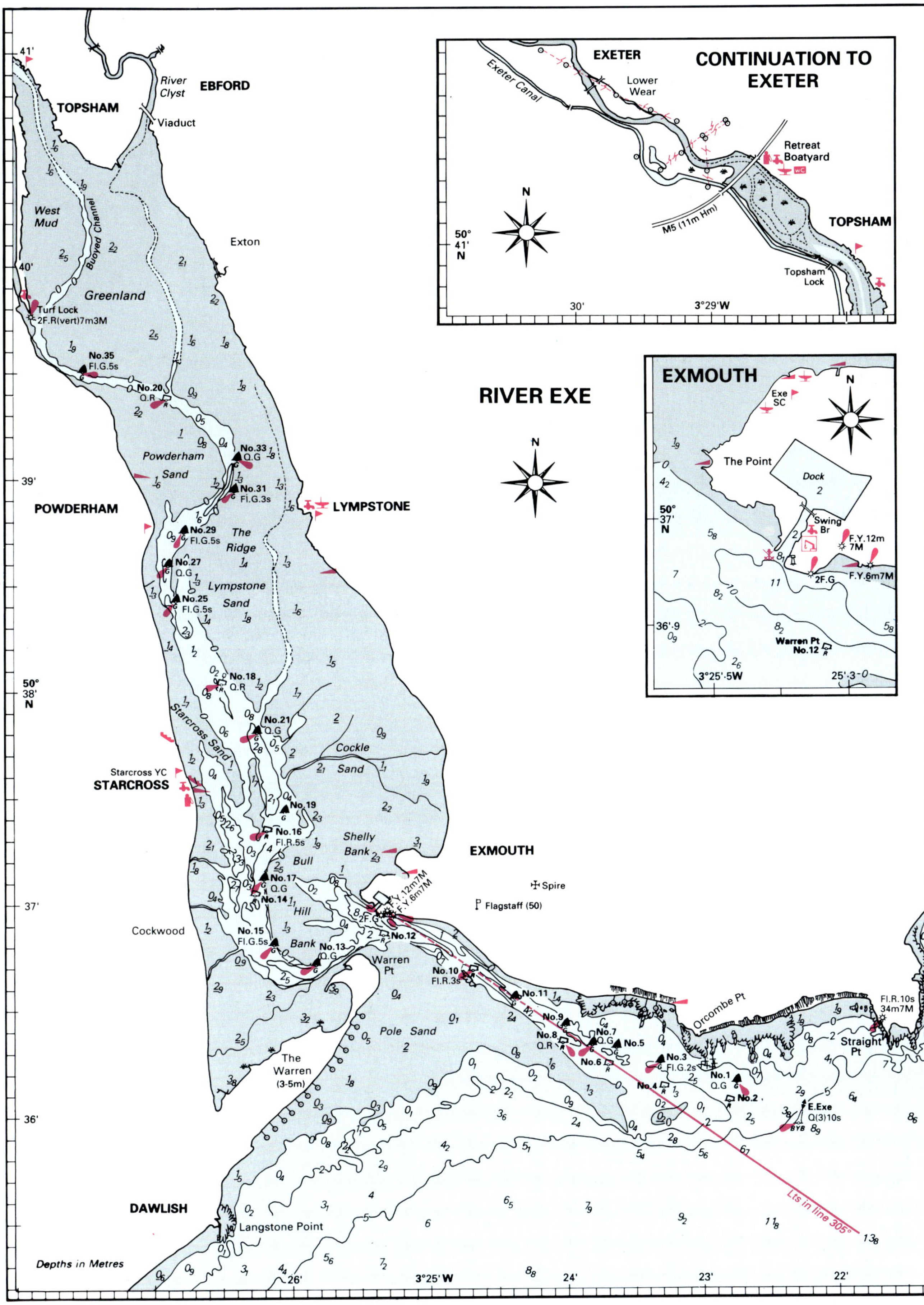

RIVER EXE
CONTINUATION TO EXETER
EXETER
Exeter Canal
Lower Wear
Retreat Boatyard
TOPSHAM
Topsham Lock
M5 (11m Hm)
50° 41' N
30'
3°29'W
EXMOUTH
Exe SC
The Point
Dock
Swing Br
F.Y.12m 7M
2F.G
F.Y.6m7M
Warren Pt No.12
50° 37' N
36'.9
3°25'.5W
25'.3
River Clyst
EBFORD
TOPSHAM
Viaduct
West Mud
Buoyed Channel
Exton
Greenland
Turf Lock
2F.R(vert)7m3M
No.35 Fl.G.5s
No.20 Q.R
Powderham Sand
No.33 Q.G
No.31 Fl.G.3s
LYMPSTONE
POWDERHAM
No.29 Fl.G.5s
The Ridge
No.27 Q.G
Lympstone Sand
No.25 Fl.G.5s
No.18 Q.R
Starcross Sand
No.21 Q.G
Cockle Sand
Starcross YC
STARCROSS
No.19
No.16 Fl.R.5s
Shelly Bank
Bull Hill
No.17 Q.G
No.14
Cockwood
No.15 Fl.G.5s
Bank
No.13 Q.G
No.12
Warren Pt
F.Y.12m7M
F.Y.6m7M
2F.G
Spire
Flagstaff (50)
No.10 Fl.R.3s
No.11
Pole Sand
The Warren (3-5m)
No.9
No.8 Q.R
No.7 Q.G
No.5
No.6
Orcombe Pt
No.3 Fl.G.2s
No.4
No.1 Q.G
No.2
E.Exe Q(3)10s
Fl.R.10s 34m7M
Straight Pt
Lts in line 305°
DAWLISH
Langstone Point
Depths in Metres
41'
40'
39'
50° 38' N
37'
36'
26'
3°25'W
24'
23'
22'

Ansteuerung der Flußmündung Exe. Man beachte die ausgedehnten Untiefen an Bb.

Blick flußaufwärts: Exmouth am rechten Ufer. Das Hauptfahrwasser verläuft dicht unter Warren Point (untere Mitte des Bildes).

Ansteuerung Exe: Die Hafenzeile von Exmouth rechts im Bild.

Ansteuerung Exe, Blick auf Straight Point.

Ansteuerung und Einfahrt

Die äußerste Fahrwassertonne (Kardinalzeichen E, *East Exe*, Q(3)10s) ist 6 kbl SW-lich von Straight Point, einer flachen Huk, ausgelegt. Auf dem Kap stehen zwei Flaggenmasten, den Hintergrund bilden rote Kliffs. Es sollte nicht mit Orcombe Point verwechselt werden, das 1 sm weiter W-lich liegt. Zwischen diesen beiden Landspitzen erheben sich hohe rote Klippen, davor sind Riffe.

Zunächst hält man auf die Tonne *East Exe* zu, egal aus welcher Richtung man einsteuert. Erfolgt die Ansteuerung von Torbay aus, ist darauf zu achten, daß man sich von den gefährlichen Sänden, Pole Sands, gut freihält. Bei auflandigen Starkwinden und ablaufendem Wasser sollte man gar nicht erst den Versuch unternehmen, in den Exe einzulaufen. Unter Berücksichtigung der hier setzenden Ströme ist die günstigste Zeit für das Einlaufen bei halber Tide.

Wegen der ständig wandernden Sände ist es geradezu lebenswichtig, daß man den numerierten roten (gerade Zahlen) und grünen (ungerade Zahlen) Tonnen exakt folgt. Ist die rote *No. 6* erreicht, führen Richtmarken in Linie mit 305° (Obermarke: Flaggenmast auf dem Zollhaus, Untermarke: schwarzer Pfahl auf dem Deich); sie sind allerdings schwer auszumachen. Nachts besteht die Gefahr, daß die beiden Richtfeuer (Unterfeuer: Iso.2s7M; Oberfeuer: Q.7M) vor der beleuchteten Stadt nicht zu erkennen sind. Die Bb.-Betonnung sollte man mit gutem Abstand passieren, da diese oft sehr dicht an Gefahrenstellen ausgelegt ist. Nach Passieren der Tonne *No. 10* (Fl.R.3s), die die trügerische Felsbank Checkstone Ledge markiert, setzt der Gezeitenstrom spürbar stärker.

Der Fluß Exe

Vor dem Exmouth Dock, gleich hinter der unbefeuerten roten Tonne *No. 12,* macht das Fahrwasser eine scharfe Biegung nach SW, weicht so den Untiefen aus, die sich E-lich der Bull Hill Bank erstrecken und führt einen an den Warren Sands vorbei. Da der Hauptflutstrom in NW-liche Richtung setzt, muß man, bevor sich das Dock öffnet, beizeiten eindrehen und den Querversatz berücksichtigen, wenn man in den Strom zwischen Bull Hill Bank und Warren Point gelangen will. Dieser Teil des Flusses wird „Bight" genannt. Die beiden grünen Tonnen (*No. 13*, Q.G und *No. 15*, Fl.G.5s) beiben an Stb. An Bb.-Seite sind Moorings ausgelegt. Das Fahrwasser wendet sich nun N-wärts, und man passiert die grüne *No. 17.*

Hat man die Absicht, vor Starcross zu ankern, passiert man W-lich von Shaggles Sand, die rote *No. 14* bleibt an Stb. Bis Starcross betragen die Tiefen zwischen 0,9 m und 2,1 m. Bis auf eine rote Bake an Bb.-Seite ist das Fahrwasser unbezeichnet, der Verlauf ist aber anhand einer Reihe an Moorings festgemachter Langkieler leicht zu erkennen.

Von der roten Tonne *No. 16* (Fl.R.5s) und der unbefeuerten grünen Tonne *No. 19* strebt die Hauptfahrrinne nun in NNW-liche Richtung. Nach der grünen *No. 21* (Q.G), die beim Passieren an STb. bleibt, sind weitere Moorings an Bb. ausgelegt.

Hat man die rote *No. 18* (Q.R) dicht an Bb. passiert und nimmt Kurs auf die *No. 25* (Q.G), kommt der Kirchtum von St. Clement's Church in Sicht. *No. 25* und *No. 27* (Q.G) bleiben an Stb., dann wendet sich das Fahrwasser nach NE, und die *No. 29* (Q.G) wird an Stb. gelassen. Die nachfolgenden Markierungen sind grün (s. Plan), bis sich die Fahrrinne erneut nach NW auf die rote *No. 20* (Q.R) zu wendet. Man folgt der Betonnung bis zur Schleuse Turf Lock, danach ist das Fahrwasser bis nach Topsham mit Tonnen und Pricken bezeichnet.

Shelley Gut

An der E-Seite der Bull Hill Bank verläuft ein unbezeichnetes seichtes Fahrwasser, das für Yachten, die flußaufwärts nach Exmouth möchten, eine erhebliche Zeitersparnis bedeutet. Die Kanten der Sandbänke rechts und links des Fahrwassers sind steil, der Verlauf des Fahrwassers recht kompliziert. Ohne Ortskenntnisse ist das Befahren nicht zu empfehlen.

Ankerplätze und Moorings

Exmouth

Gut frei von den Moorings (der Platz ist nicht besonders groß) und dem Rettungsboot kann man außerhalb der Einfahrt zum Exmouth Dock vor The Point auf 3 m unter KN ankern. Wenn der Wind gegen die Tide steht, die hier mit bis zu 5 kn setzen kann, kann dieser Ankerplatz recht ungemütlich werden.

Bull Hill

Zwischen Warren Point und Bull Hill Sands oder W-lich

Der Hafen von Exmouth.

von Bull Hill außerhalb des Mooringbereichs kann man im Bight ankern, wobei man das Fahrwasser freihalten muß.

Starcross

Falls erforderlich, kann man SE-lich der Pier auf 0,6 m bis 2,1 m WT ankern. Die besten Stellen werden leider von Moorings belegt. Ist eine davon frei, an der man gerne festmachen würde, kann man im Club nachfragen. Starcross ist nach W hin gut geschützt und hat einige Versorgungseinrichtungen zu bieten; auch einen Bahnhof an einer Haupstrecke.

Turf Lock

S-lich der Landungsbrücke kann man gut frei vom Fahrwasser auf 1,5 m Tiefe ankern.

Topsham

N-lich des Kais am Rand des Fahrwassers ankert man gegenüber der Yachtwerft Trout's Boatyard. Es gibt hier einen Anlegeplatz, der nach Absprache benutzt werden darf. Der Grund, der aus Kies besteht, hält schlecht; die WT beträgt 1 m unter KN; besonders ideal ist dieser Platz nicht. Man kann aber auch entlang des Topsham Quay festmachen, wo man bei NW im weichen Schlick trockenfällt. Hier liegt man sehr günstig zum Lighter Hotel, das neben herzlicher Gastfreundschaft exzellente Kost bietet. Verbringt man den Abend lieber an Bord, kann man sich mit „Fish & Chips" aus einem nahegelegenen Imbiß „verwöhnen".

Topsham: im Vordergrund der Exeter Canal.

Exeter Canal

Durch eine Schleuse kann man in das Turf Lock-Becken gelangen; der Preis dafür ist allerdings unangemessen. Im Kanal zu ankern, ist kein Problem, auch wenn es zufällige Besucher eher abschreckt. Yachten, deren lichte Höhe maximal 11 m beträgt, können die 5 sm lange Reise nach Exeter hinauf unternehmen. Vor dem Einlaufen in die Schleuse meldet man sich beim Schleusenwärter auf UKW-Kanal 12, Ruf: *Port of Exeter,* oder telefonisch (Tel. 01392-74306).

Der Pub an der Schleuse ist recht bemerkenswert und einen Besuch wert.

Versorgung

Hauptsächlich in Exmouth und Topsham. Bootsbauer und Reparaturmöglichkeiten. Duschen im Yachtclub. Die üblichen Möglichkeiten einer Stadt.

Yachtclubs: Exeter Sailing Club. Starcross Yacht Club am Powderham Point. Starcross Fishing and Cruising Club. Topsham Sailing Club. Lympstone Sailing Club.

Wassertaxi nach Exmouth, UKW-Kanal 37, Ruf: *Conveyance.*

Treibstoff bei der Werft The Retreat Boatyard (Tel. 01392-874720), die nahe der Autobahn M5 und um HW per Boot erreichbar ist.

An beiden Ufern des Flusses gibt es Bahn- und Busverbindungen zum Flughafen Exeter Airport, der ganz in der Nähe liegt.

Teignmouth

Gezeiten

HW -0450 Dover

Gezeitenhöhen in der Ansteuerung

MSpHW	MSpNW	MNpHW	MNpNW
4,8 m	0,6 m	3,6 m	1,9 m

Wassertiefen

Über der Barre stehen 0,3 m Wasser, die aber leicht zu verpassen sind. Beide Passagen sind von trockenfallenden Höhen von 0,3 m umgeben. Im Hafen beträgt die WT bis hinauf zum Old Quay mindestens 2,7 m. Danach nehmen die Tiefen allmählich bis auf 1,5 m eben unterhalb der Straßenbrücke ab.

Lage und Umgebung

Teignmouth ist ein „Arbeitshafen", der von Küstenfrachtern und Fischereifahrzeugen angelaufen wird. Für Gastyachten gibt es zum Festmachen nur einen ausgewiesenen Bereich auf tiefem Wasser. Wenn dieser belegt ist, der Besuch aber trotzdem länger als ein HW dauern soll, bleibt nichts anderes übrig, als auf dem Sandrücken „The Salty" trockenzufallen. Der Schutz im Hafen ist gut; bei auflandigen Winden und Schwell, inbesondere bei ablaufendem Wasser, kann die Barre gefährlich werden. Bei Tag und entsprechendem Tidenhub ist die Ansteuerung kein Problem. Ortunkundigen ist die Einsteuerung bei Nacht allerdings nicht zu empfehlen, obwohl der Fluß befeuert ist. Die Stadt ist recht hübsch; und auch Shaldon ist ganz bemerkenswert, auch wenn hier nicht sehr viel los ist.

Ansteuerung und Einfahrt

Das rote Kliff, The Ness, dessen Kuppe mit Kiefern bewachsen ist, ist von See her leicht zu erkennen. Die günstigste Ansteuerung des Flusses erfolgt aus SE, wenn der Molenkopf etwa mißweisend N peilt. Noch bevor das Kliff querab peilt, sind Feuer in Linie 334° auszumachen, hinter denen sich eine Reihe von Hotels erhebt. Das Oberfeuer steht auf einem langen schwarzen Pfeiler, das Unterfeuer auf einem grauen Steinturm. Beide zeigen blaue Festfeuer. Diese Richtlinie ist unbrauchbar. Man steuert sicherer in der u. a. Einsteuerung auf die Bake *Philip Lucette* zu. Die Barre ist mit größter Vorsicht zu passieren, da sie ihre Lage ständig verändert. Ohne Ortskenntnisse kann es unangenehme Überraschungen geben.

Man folgt dem Richtkurs, bis die gelbe Spitztonne

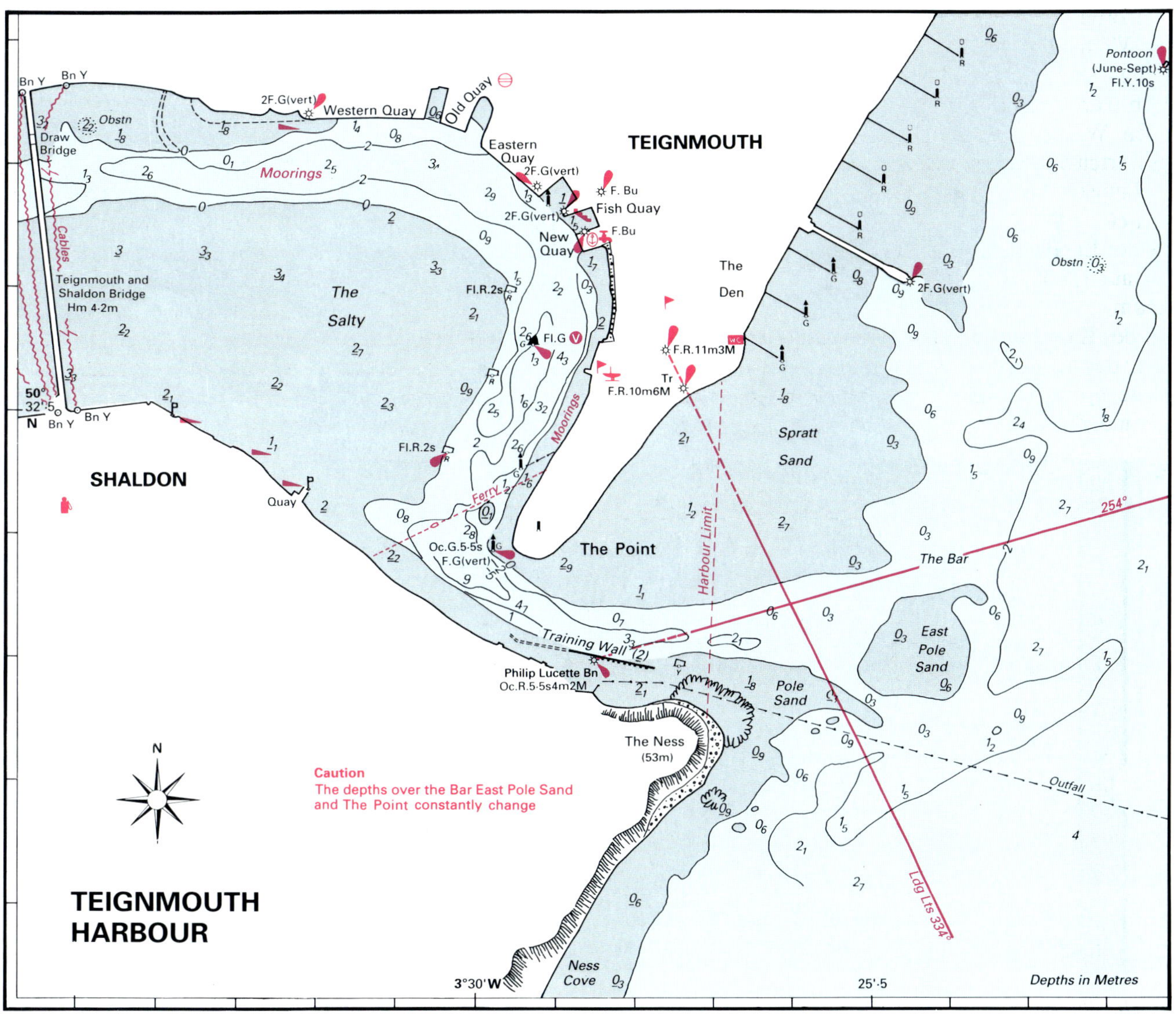

Teignmouth: Bei NW ist die Barre deutlich zu erkennen. Ganz links im Bild: The Ness.

Die Torquay Marina.

Teignmouth: Dicht vor der Barre auf WSW-lichem Kurs. Die Bake „Philip Lucette" in der Bildmitte, rechts davon Shaldon, links das Kliff „The Ness".

In der Einfahrt nach E gesehen: links die Mooring-Liegeplätze vor Teignmouth. Rechts die grüne Bake vor „The Point" und im Hintergrund die Seebrücke.

(Fl.Y.2s) an der S-lichen Kante von Spratt Sand fast erreicht ist, dann wird hart nach Bb. eingedreht und auf die deutlich sichtbare weiße Bake *Philip Lucette* an der NW-Seite des Kliffs Ness (Oc.R.5,5s2M) zugehalten, die nun in ca. 254° peilen sollte. Wenn es etwa 50 m voraus liegt, dreht man langsam nach Stb. ein und hält auf die grüne Bake mit Kegeltoppzeichen (Oc.G.5s und F.G vert) vor The Point zu. Die Gezeitenströme setzen hier sehr hart. Nachdem die grüne Bake mit gutem Abstand an Stb. passiert ist, ändert man den Kurs auf 021° und steuert auf den New Quay (2F.G vert) zu. Die drei roten Tonnen, die The Salty – eine trockenfallende Bank, die sich über den größten Teil des Hafens erstreckt – markieren, bleiben an Bb. Die Stb.-Seite des Fahrwassers ist größtenteils bis zum Ufer hin tief. Ist die Biegung des Flusses passiert, befindet man sich im E-W-Teil des Fahrwassers; hier erkennt man den Verlauf der tiefsten Rinne an den Moorings.

Es gibt noch eine zweite Passage über die Barre, die man bei der Ansteuerung aus E benutzen kann. Man steuert einen Kurs, auf dem die Bake *Philip Lucette* in 254° peilt, bis die Barre passiert ist. Es sei noch einmal betont, daß beim Passieren der Barre größte Vorsicht nötig ist.

In der Nähe der Bake sind eventuell kleine orangefarbene Tonnen mit quadratischem Toppzeichen auszumachen, die die Lotsen zur Navigation benutzen. Falls man nicht gerade das Glück hat, einem Schiff oder Lotsenboot folgen zu können, wird man in die Bedeutung dieser Tonnen nicht eingeweiht. Vorsicht, möglicherweise benötigt die eigene Yacht mehr Wassertiefe als das Lotsenboot.

Ankerplätze und Moorings

Vor der Stadt, noch bevor sich das Fahrrinne nach W wendet, ist ein Paar großer roter Mooringtonnen mit einem Abstand von 15 m dazwischen ausgelegt, an denen Gastyachten – bis zu vier im Päckchen – mit Bug- und Heckleinen festmachen können. Das Hafenbüro (auf UKW-Kanal 12 zu erreichen, Mo – Fr 0800 – 1700, Sa 0900 – 1200 Uhr und wenn Schiffsverkehr erwartet wird) kann Informationen zu verfügbaren Liegeplätzen geben. Ansonsten macht man fest und meldet sich anschließend im Hafenbüro (Tel. 01626-773165). Die einzige Alternative ist – abgesehen vom Aufnehmen einer privaten Mooring –, sich durch die Moorings zu tasten, vor der Ortschaft Shaldon zu ankern (schlechter Halt) und auf steinigem Sandgrund trockenzufallen. Von Sheldon verkehrt eine Fähre nach Teignmouth.

Reviere flußaufwärts

Die Straßenbrücke ist so niedrig, daß sie für die meisten Boote das Ende der Schiffbarkeit darstellt. Man kann sie mit den Dingi passieren oder mit seiner Yacht, falls man es fertigbringt, unter einer Brücke mit der lichten Höhe von 3,5 m durchzufahren. Wenn man weiß, wie das Fahrwasser verläuft, kann man bis nach Newton Abbot fahren.

Versorgung

Wasser am Kai. Treibstoff von der Tankstelle. Butangas-Flaschen können beim Ausrüster in Sheldon getauscht werden. Keine Duschen. Waschsalon in Teignmouth. Mechaniker und Reparaturen an der Elektronik. Jede Menge Pubs und Restaurants, Imbisse etc. Gute Einkaufsmöglichkeiten.

Der Teign Corinthian Yacht Club ist in der Dawlish Road in Teignmouth.

Verkehrsverbindungen

Busse. Hauptstrecke der Bahn.

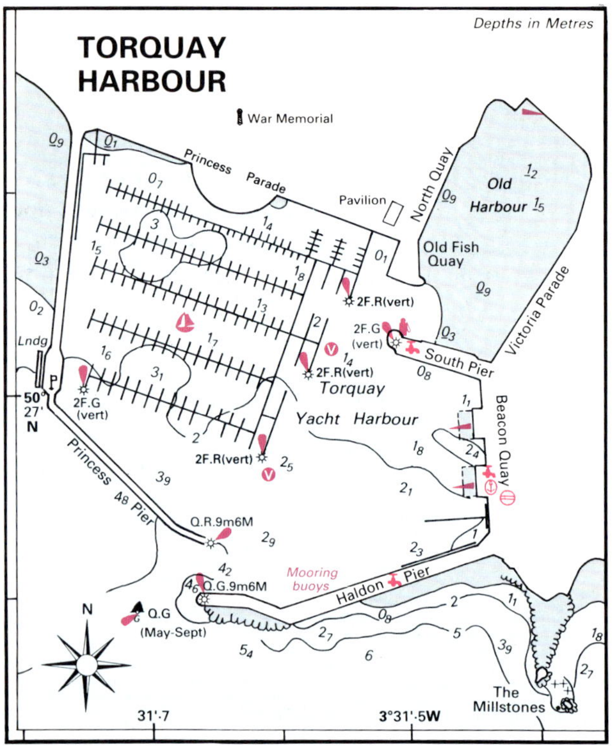

Torquay

Gezeiten

HW -0500 Dover

MSpHW	MSpNW	MNpHW	MNpNW
4,9 m	0,7 m	3,7 m	2,0 m

Wassertiefen

In der Einfahrt sind es 4,2 m; weitere Tiefen siehe Plan. An den Gastliegeplätzen beträgt die WT mindestens 2,0 m. Der Innenhafen fällt weitgehend trocken.

Lage und Umgebung

Bei W-lichen Winden ist Torquay ein guter Ankerplatz für große Yachten. Während der Napoleonischen Kriege war dies der bevorzugte Fluchthafen der Flotten, die sich an der Blockade von Brest beteiligten.

Bei Stürmen aus E war dieser Hafen noch nie ein geeigneter Aufenthaltsort.

Heute findet man in der neuen Marina von Torquay bei jedem Wetter Schutz, obwohl auch jetzt noch SE-Stürme einiges „Unbehagen" verursachen. Die Stadt ist berühmt für ihr mediterranes Flair, das an die Riviera denken läßt. Und obwohl es hier während der Hauptsaison stets überfüllt ist, genießen die meisten ihren Besuch.

Ansteuerung und Einfahrt

Wie schon zu Nelsons Zeiten macht die Ansteuerung von Torquay keinerlei Probleme. Auch der Hafen selbst stellt keine Schwierigkeiten dar. Bei Starkwinden aus SE jedoch wird die Einfahrt durch die von der Hafenmauer rücklaufende Strömung gefährlich. Während der Sommermonate ist 75 m SW-lich vor dem Kopf der Haldon Pier eine grüne Kegeltonne (Q.G) ausgelegt. Diese bleibt an Stb., während man zwischen Haldon Pier (Q.G.9m6M) an Stb. und Princess Pier (Q.R.9m6M) an Bb.-Seite einlauft. Vom Kopf der Princess Pier bis zur Marina sind es gerade mal 80 m; nicht sehr viel Raum also, für die meisten Yachten aber ausreichend, um im Schutz des Hafens die Segel zu bergen.

Die seeseitigen Köpfe der E-lichen Schwimmstege, alle Gastliegeplätze, sind mit 2F.R befeuert.

Marina

Es gibt insgesamt 60 Gastliegeplätze, die alle deutlich mit Schildern gekennzeichnet sind.

Bei der Ansteuerung des Hafens meldet man sich auf UKW-Kanal 14, Ruf: *Torquay Port*, anschließend bei der Marina auf UKW-Kanal 37 oder meldet sich nach dem Festmachen im Büro.

Man kann die Hafenbehörde auch anrufen (Tel. 01803-292429) und sich anschließend bei der Marina (Tel. 01803-214624, außerhalb der Dienstzeiten 01803-550405) melden. Unter Umständen sind auch Liegeplätze an der Haldon Pier verfügbar.

Bei W-lichen Winden können all jene, deren Herz mehr an historischer Authentizität als zeitgenössischem Luxus hängt, vor dem Hafen ankern. Vor der Princess Pier liegt man auf mindestens 3,6 m Tiefe über gut haltendem Grund.

Versorgung

Wasser, Duschen und Waschsalon in der Marina (Tel. 01803-214624/5). Wasser auch an den Marina-Liegeplätzen. Im alten Hafen sind entlang der South Pier Wasser und Treibstoff bequem erhältlich. Reparaturen mit kranen bis zu 20 t können vereinbart werden. Ausrüster und alle Versorgungsmöglichkeiten eines großen Badeortes. Zoll, falls benötigt, unter der Telefon-Nr. 01752-662091.

Bahnhof an der Hauptstrecke der Bahn mit zahlreichen Intercity-Verbindungen.

Gäste sind beim Royal Torbay Yacht Club (Tel. 01803-292006) willkommen und dürfen dessen Bar, Restaurant und Duschen benutzen.

Paignton

Gezeiten

HW -0500 Dover

MSpHW	MSpNW	MNpHW	MNpNW
4,9 m	0,7 m	3,7 m	2,0 m

Wassertiefen

Die Ansteuerungsbereiche fallen zu den Gastliegeplätzen am East Quay hin allmählich bis zu 1,8 m trocken. Bei MSpHW bis zu 3 m bzw. 1,9 m bei MNpHW.

Lage und Umgebung

Der ehemalige Fischerei- und Handelshafen ist nun offiziell zum Yachthafen erklärt worden, und die Stadt gehört zum Erholungszentrum Torbay. Es ist hier zwar ruhiger als in Torquay, aber im Sommer ist trotzdem einiges los.

Ansteuerung und Liegeplatz

Der Hafen von Paignton liegt an der N-Seite der Huk Roundham Head mit ihren berühmten roten Kliffs. E-lich

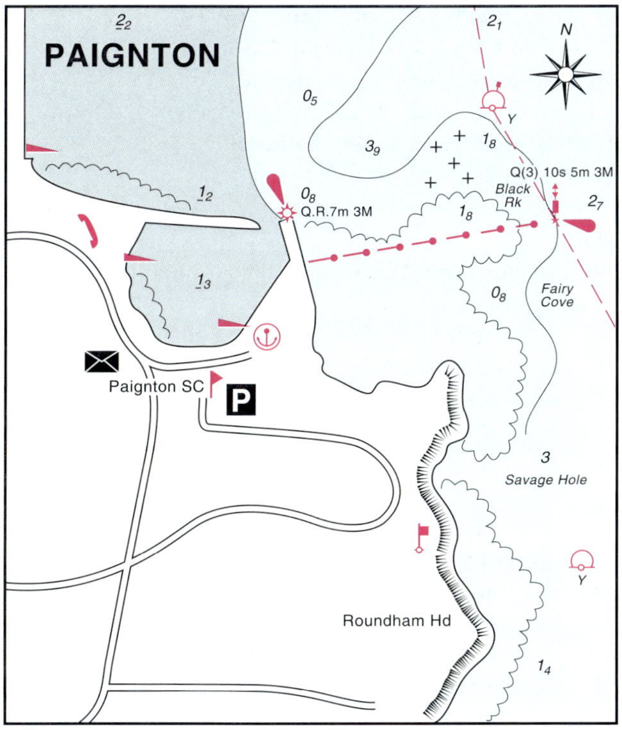

der Hafeneinfahrt erstreckt sich ein felsiges Riff, so daß die Einsteuerung am besten aus NE erfolgt. Auf dem Kopf des East Quay brennt ein Feuer (Oc.R.3M).

Man macht an der Innenseite des East Quay fest, wo man gegebenenfalls auf festem Sand trockenfällt. Der Kai ist zwar nicht befeuert, aber die hellen Straßenlaternen beleuchten die Umgebung hinreichend. Im Hafen sind 3 Gastmoorings ausgelegt, die trockenfallen. Yachten, die am East Quay oder an den Gastmoorings festmachen wollen, sollten nicht größer als max. 8,2 m Lüa sein.

Versorgung

Zu beiden Seiten der Sliprampe am East Quay gibt es Wasser. Toiletten sind in der NW-Ecke des Hafens. Schöne Strände und die üblichen Einrichtungen eines Badeortes.

Brixham

Gezeiten

HW -0505 Dover

MSpHW	MSpNW	MNpHW	MNpNW
4,9 m	0,7 m	3,7 m	2,0 m

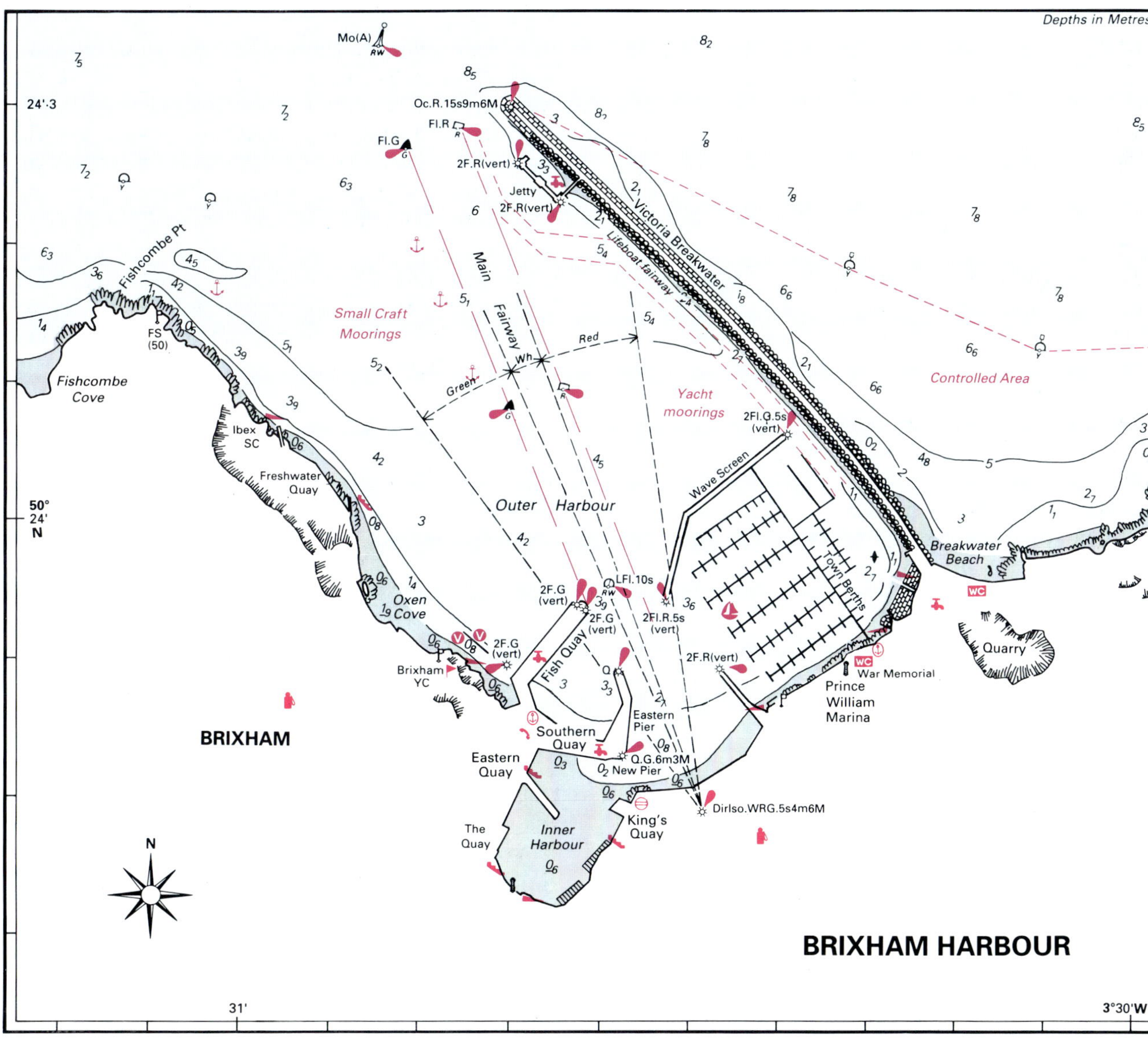

Die Hafenbecken und die Prince William Marina.

Wassertiefen
Im Außenhafen betragen die Tiefen bis zu 6 m (s. Plan), in der Prince William Marina 3 m und mehr. Der Tiefwasser-Fischereihafen ist für Yachten gesperrt, und der Innenhafen mit seinen Kielbänken fällt 0,6 m trocken (dazu muß man die Höhe der Bankschwellen berücksichtigen).

Lage und Umgebung
Die Fischereiflotte ist Brixhams ganzer Ruhm und Reichtum. Seit jenen Tagen der ebenso einfallsreichen wie äußerst erfolgreichen Segeltrawler hat die Stadt die Nation mit ihren Hochseefängen ernährt. Heute gehört der Hafen, nach einer schweren Rezession Anfang der 70er Jahre, wieder zu den führenden Fischereihäfen Englands. Mit Brixham verbindet sich aber nicht nur Fisch, sondern auch die aufdringliche Brixham-Möwe, die im gesamten W-lichen Bereich des Kanals für ihr impertinentes Benehmen berüchtigt ist. Macht nichts, Brixham ist trotzdem eine sehr hübsche Stadt und ein aufregender Anlaufhafen.
Der Hafen ist außerdem eine wichtige Station der Kanallotsen, die von hier aus an Bord der Schiffe gehen. Solange man ihnen aus dem Weg geht und die Fischereiflotte nicht behindert, wird man von der Geschäftigkeit der Stadt kaum berührt.
Außenhafen und Marina sind bei jedem Tidenstand und im Grunde genommen auch bei jedem Wetter anlaufbar. Bei NW-lichen Winden kann die Sache allerdings ungemütlich werden.

Ansteuerung und Einfahrt
Der lange Victoria-Wellenbrecher mit seinem weißen Leuchtturm (Oc.R.15s9m6M) erstreckt sich etwas mehr als 1 sm W-lich der markanten Silhouette von Berry Head. Eine kbl vor dem Kopf des Wellenbrechers ist die Mitte-Fahrwassertonne (Mo(A)) ausgelegt. Wenn die Hafeneinfahrt nicht vollständig ohne Schiffsverkehr ist, sollte sie aus Sicherheitsgründen an Bb. bleiben. Man steuert im Fahrwasser, wobei die grünen Tonnen dicht an Stb., die roten mit gutem Abstand an Bb. passiert werden. Das Einlaufen in die Marina stellt keine Probleme dar. Es ist jedoch empfehlenswert, sich vorab auf UKW-Kanal 37 oder 80, Ruf: *Prince William Marina* (oder Tel. 01803-882711), anzumelden.

Liege- und Ankerplätze, Moorings
Ankern
Nicht im Fahrwasser oder dicht unter dem Wellenbrecher ankern, weil dort eine unbezeichnete Fahrrinne für das Rettungsboot verläuft.
Bei ablandigen Winden ist es besser, wenn man in der Bucht Fishcombe Cove, unmittelbar W-lich des Außenhafens, ankert. Ein ausgesprochen schönes Plätzchen, an dem man zudem kostenlos ankern kann. Ein gutes Argument für sparsame Segler.
Moorings
Vor dem Yachtclub sind Schwimmstege ausgelegt, an denen Gastyachten festmachen können. Der Landeplatz des Clubs ist nur wenige Ruderschläge entfernt.
Trockenfallende Liegeplätze
Im Innenhafen gibt es eine ganze Reihe von Liegeplätzen, an denen Kielyachten mit Tiefgängen bis zu 3 m trockenfallen können. Sie können nach Absprache mit dem Hafenmeister benutzt werden (Tel. 01803-853321 oder UKW-Kanal 14).
Prince William Marina
Die Marina, die nach Wilhelm III. von Oranien benannt wurde, der hier 1688 landete, um sein neues Königreich zu übernehmen, ist eine große moderne Anlage, die nach NW hin von einem Wellenbrecher geschützt wird. Es gibt 30 Gastliegeplätze. Der Ankunftsplatz befindet sich unmittelbar hinter der Einfahrt an Bb.-Seite. Es ist jedoch klüger, wenn man sich vor dem Einlaufen auf UKW-Kanal 37 oder 80 anmeldet.

Versorgung
Alle Versorgungsmöglichkeiten einer Stadt; Banken, Pubs, Restaurants etc. Allgemeine Reparaturen und ein Segelmacher. Wasser in der Marina oder am New Pier (s. Plan), wo auch Diesel zu bekommen ist.
Slipmöglichkeiten an den öffentlichen Sliprampen an der W-lichen und E-lichen Seite des Außenhafens.
Gäste sind im Brixham Yacht Club gern gesehen. Dort gibt es Duschen etc. sowie ein ganz hervorragendes Restaurant. Waschsalon in der Stadt und in der Marina, in der es selbstverständlich auch Duschen gibt.

Verkehrsverbindungen
Busverbindungen nach Torquay und Paignton, von dort Anschluß an die Hauptstrecke der Bahn.

Dartmouth

Gezeiten

HW -0510 Dover

MSpHW	MSpNW	MNpHW	MNpNW
4,8 m	0,4 m	3,6 m	1,8 m

Wassertiefen

Tiefwasser bis nach Dittisham hinauf, mit Ausnahme einer Untiefe von 4,5 m 1 kbl SW-lich von Higher Noss Point. Oberhalb davon variieren die Tiefen, bis nach Totnes ist aber nur eine Stelle zu passieren, die trockenfällt.

Lage und Umgebung

Dartmouth ist der Archetypus eines West Country-Hafens. Die untere Flußstrecke wird von der hübschen Stadt Dartmouth selbst geprägt; die Ortschaft Kingswear am gegenüberliegenden E-Ufer zieht sich einen Hügel hinauf. Über dem Ankerplatz erhebt sich stolz das Royal Naval College. Das idyllische Dorf Dittisham, das Yachten bei jedem Tidenstand problemlos erreichen können, liegt weiter flußaufwärts. Oberhalb des Dorfes passiert man eine Reihe interessanter Creeks und Ortschaften, bevor man mit der Tide die bezaubernde Stadt Totnes erreicht.

Der Hafen von Dartmouth ist von bemerkenswerter Schönheit, gut geschützt und kann Tag und Nacht bei jedem Tidenstand angelaufen werden. Für Gastyachten findet sich immer ein Plätzchen.

Ansteuerung und Einfahrt

Von See her ist die Hafeneinfahrt von Dartmouth keineswegs eindeutig auszumachen, aber der 24 m hohe kegelstumpfförmige Obelisk auf einem Hügel (Höhe 53 m) hinter Froward Point E-lich der Einfahrt ist genau wie der zerklüftete Mewstone Rock (35 m) unverwechselbar.

Das Wasser in der Einfahrt ist tief und gut bezeichnet, es gibt aber eine Reihe von Gefahrenstellen. W-lich des Mewstone lauern folgende Riffe: die Verticals (fällt 1,8 m trocken), und der West Rock (über dem nur 0,9 m Wasser stehen) liegt 3 kbl WSW-lich des Mewstone. Der Bear's Tail (fällt 0,6 m trocken) befindet sich 175 m vor der Huk Inner Froward Point, während 2,25 kbl W-lich davon der Old Castle Rock (mit nur 1,8 m Wasser darüber) lauert, der von der grünen Spitztonne *Castle Ledge* (Fl.G.5s) bezeichnet wird. Etwa 3 Std. vor bis 3 Std. nach HW setzt der Gezeitenstrom auf diese Gefahrenstellen zu, die man mit respektvollem Abstand passieren sollte.

Von E kommend, steuert man so, daß der Blackstone Rock (eine kleine Ausgabe des Mewstone 0,5 sm E-lich davon) gut offen zum Mewstone bleibt, bis die Tonne *Castle Ledge* mit Blackstone Point an der W-Seite der Einfahrt in Linie peilt.

An der W-Seite, 1 kbl vor Combe Point, erstrecken sich trockenfallende Riffe; 3 kbl E-lich davon liegt der Homestone (mit 0,9 m), der mit einer roten Stumpftonne bezeichnet ist. Küstenwärts befinden sich außerdem die Meg Rocks (trockenfallende Höhe 3 m) sowie der 2 m hohe Western Blackstone Rock.

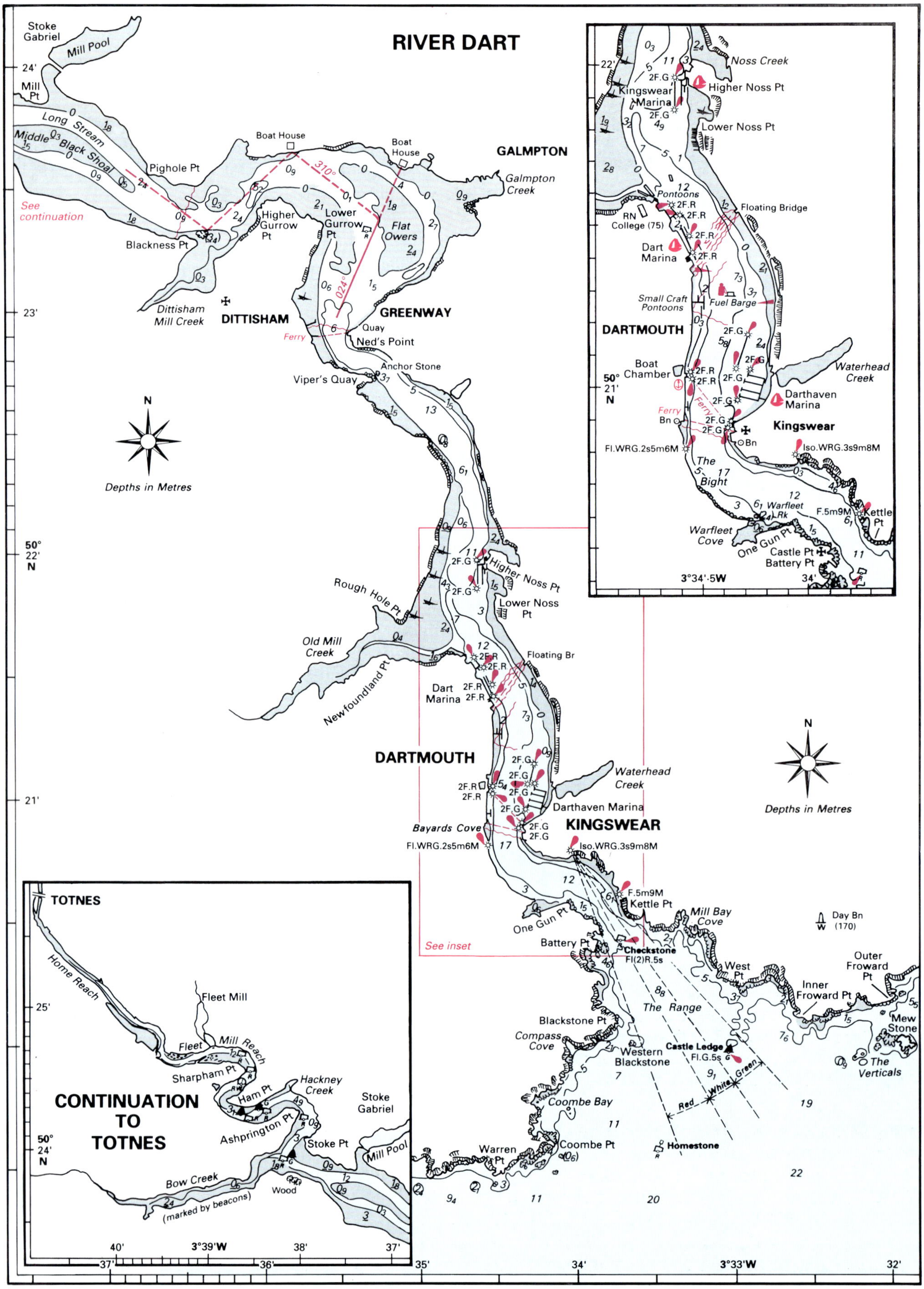

RIVER DART
Stoke Gabriel
Mill Pool
Mill Pt
Long Stream
Middle Black Shoal
Pighole Pt
See continuation
Blackness Pt
Boat House
Boat House
GALMPTON
Galmpton Creek
Higher Gurrow Pt
Lower Gurrow Pt
Flat Owers
310°
024°
Dittisham Mill Creek
DITTISHAM
GREENWAY
Quay
Ferry
Ned's Point
Anchor Stone
Viper's Quay
Depths in Metres
Rough Hole Pt
Higher Noss Pt
Lower Noss Pt
Old Mill Creek
Newfoundland Pt
Floating Br
Dart Marina
DARTMOUTH
Waterhead Creek
Darthaven Marina
KINGSWEAR
Bayards Cove
Fl.WRG.2s5m6M
Iso.WRG.3s9m8M
F.5m9M
Kettle Pt
One Gun Pt
Battery Pt
Checkstone
Fl(2)R.5s
See inset
Mill Bay Cove
West Pt
Day Bn (170)
Outer Froward Pt
Inner Froward Pt
The Range
Blackstone Pt
Compass Cove
Western Blackstone
Castle Ledge
Fl.G.5s
Mew Stone
The Verticals
Red
White
Green
Coombe Bay
Coombe Pt
Homestone
Warren Pt
DARTMOUTH
Noss Creek
Higher Noss Pt
Kingswear Marina
Lower Noss Pt
Pontoons
RN College (75)
Floating Bridge
Dart Marina
Small Craft Pontoons
Fuel Barge
Boat Chamber
Waterhead Creek
Darthaven Marina
Kingswear
Ferry
Bn
The Bight
Warfleet Rk
Warfleet Cove
One Gun Pt
Castle Pt
Battery Pt
Kettle Pt
3°34'·5W
TOTNES
Home Reach
Fleet Mill
Fleet Mill Reach
Sharpham Pt
Hackney Creek
Ham Pt
CONTINUATION TO TOTNES
Stoke Gabriel
Ashprington Pt
Stoke Pt
Mill Pool
Bow Creek
(marked by beacons)
Wood
3°39'W
3°33'W

Der Mewstone aus SW.

Der Obelisk E-lich Dartmouth, aus 1 sm Entfernung.

Die grüne Leuchttonne „Castle Ledge", 6 kbl SSE-lich der Hafeneinfahrt.

Zwischen diesen Gefahrenstellen ist die Einsteuerung einfach; schwere S- oder SE-Stürme erzeugen jedoch Schwell im Hafen, der manchmal bis zur unteren Fähre spürbar ist. Für kleinere Yachten kann dieser üble Seegang bedrohlich werden; inbesondere bei ablaufendem Wasser.

Im schmalen Fahrwasser lauern weitere Gefahrenstellen: WSW-lich der roten Stumpftonne *Checkstone* (Fl(2)R.5s), die vor den Riffen an der W-Seite ausgelegt ist, muß man sich vom Checkstone (mit 0,3 m Wasser darüber) und dem Kitten Rock (1,8 m) in acht nehmen. Beide Felsen liegen dem Kingswear Castle gegenüber. Der Kitten Rock liegt an der Fahrwasserkante, daher bleibt man bei der Ansteuerung der Enge E-lich davon und passiert die *Checkstone*-Tonne mit gutem Abstand.

Bei Dunkelheit bleibt man im weißen Sektor des Feuers (Iso.WRG.3s9m8M), das ein gedrungener weißer Leuchtturm am Kingswear-Ufer zeigt. Hinter den beiden Festungsanlagen und 1 kbl oberhalb der *Checkstone*-Tonne dreht man auf einen Kurs von 293° und hält sich in der Mitte des Flusses im weißen Sektor des Feuers Bayard's Cove (Fl.WRG.2s5m6M), das auf dem Dartmouth-Ufer steht. Am Tag unterstreicht ein weißer Streifen am Ufer die Position des Feuers.

Liegt der Flußverlauf offen voraus, fährt man in der Mitte des Flusses auf den Hafen zu. Ein festes weißes Leitfeuer eben flußaufwärts des Kingswear Castle deckt den Tiefwasserbereich zwischen dem Castle und Bayard's Cove ab, was für den auslaufenden Schiffsverkehr sehr hilfreich ist.

Liegeplätze in Dartmouth und Kingswear

Alle Liegeplätze werden von der DHNA (Dart Harbour and Navigation Authority) verwaltet, und es sind Liegegebühren zu entrichten, egal wo man festmacht.

Ankerplatz

Vor Kingswear ankert man zwischen einer Reihe großer Schwimmstege ohne Landzugang, an denen vorwiegend Fischerboote festgemacht sind und einer Reihe von Mooringtonnen für große Schiffe, die in der Flußmitte ausgelegt sind. Der Ankerhalt ist recht ordentlich; aber wenn der Wind gegen gegen den Gezeitenstrom steht, führt das bekanntermaßen immer wieder zu chaotischen Situationen, weil zu unterschiedliche Yachten zu eng nebeneinander festgemacht sind. Jedenfalls ist dies bei gutem Wetter ein wunderschönes Plätzchen mit hübscher Aussicht. Für Yachten, die mit gutem Grundgeschirr ausgerüstet sind, ist der Ankerplatz bei jedem Wetter perfekt geschützt. Man muß halt nur ein wachsames Auge auf seine Nachbarn haben.

Schwimmstege und Moorings

Die DHNA unterhält auch eine Reihe brauchbarer Schlengel, an denen Gastyachten festmachen können. Am Kingswear-Ufer eben unterhalb der Dart Marina sowie binnenwärts eines Trots (Mooringtonnen, die mit Ketten verbunden sind) für große Schiffe ist ein langer Schwimmsteg ausgelegt. Der Steg bietet gute Liegeplätze, von denen man mit dem Dingi oder dem Wassertaxi an Land kommt. Auch am Dartmouth-Ufer gibt es Schlengel (für Yachten mit max. 35 m Lüa), die deutlich mit „Visitors" gekennzeichnet sind. Größere Yachten können nach Absprache zwischen 1700 und 0900 Uhr, wenn die Ausflugsboote Feierabend machen, am Schwimmsteg Town Jetty festmachen. Eventuell ist es auch möglich, an der Innenseite dieses Schlengels für volle 24 Std. festzumachen.

Es gibt außerdem eine ganze Anzahl von Moorings für Gastyachten. Anmeldung bei der DHNA auf UKW-Kanal 11 oder Tel. 01803-832337.

Marinas

Darthaven Marina befindet sich am Kingswear-Ufer eben flußaufwärts des Bahnhofs (während der Saison bekannt

Dartmouth mit dem Royal Naval College (links) und Kingswear am E-Ufer (oben).
Dittisham: Greenway Quay (A), Anlegesteg und Jollenponton (B), Galmpton Creek (C) und Flat Owers (D).

für die Dampflokomotiven). Anruf auf UKW-Kanal 37 oder 80. Läuft man nach Dienstschluß des Hafenmeisters ein, wird zunächst an einem freien Liegeplatz festgemacht. Danach begibt man sich zum Marinabüro, wo eine Tafel aufgehängt ist, auf der mit Kreide die verfügbaren Liegeplätze ausgewiesen sind. Anschließend verholt man unverzüglich an einen dieser Plätze.

Dart Marina , unmittelbar oberhalb der Fähre, unterhält 36 Gastliegeplätze, an denen man gelegentlich mit bis zu 10 anderen Booten im Päckchen liegt. Man klariert also die längsten an Bord befindlichen Leinen und meldet sich auf UKW-Kanal 37 oder 80 an.

Embankment

Wenn die Tide es erlaubt, können Yachten vor der Ufer-Promenade der Stadt kurzzeitig festmachen. Es gibt hier eine gute Kielbank, die bei der DHNA zu buchen ist.

Flußaufwärts

In der Flußmitte fährt man bis nach Dittisham, wobei der Felsen Anchor Stone (rote Bake mit Zylindertoppzeichen) mit gutem Abstand an Bb. bleibt. 2,5 kbl oberhalb des Felsens erreicht man ein am W-Ufer gelegenes Dorf, das mit Pubs am Wasser und einer Fährverbindung zum unglaublich malerischen Greenway Quay aufwarten kann. Vor dem Dittisham-Ufer findet man eine Reihe von Moorings für Gastyachten, die der DHNA ausgelegt hat. Während der Saison wird man vermutlich im Päckchen liegen müssen. Im Zweifelsfall fragt man bei der Hafenbarkasse nach oder meldet sich auf UKW-Kanal 11. Die Moorings sind nur ein paar Ruderschläge vom Schlengel des Dorfanlegers entfernt.

Obere Flußabschnitte

1. Fährt man von Dittisham an der E-Seite der Untiefe Flat Owers Bank weiter flußaufwärts, bleiben die Mooringtonnen dicht an Stb., damit man der Schlickbank nicht zu nahe kommt. Im Galmpton Creek, wo viele der schönen Brixham-Segeltrawler (wie auch die „Provident") gebaut wurden, variieren die trockenfallenden Höhen zwischen 0,8 m und 1,5 m. Auf Gastyachten ist Galmpton nicht eingestellt.

2. Ist ausreichend Wassertiefe vorhanden, um an der W-Seite der Flat Owers Bank zu passieren, hält man mit einem Kurs von 024° auf das Bootshaus von Waddeton zu, bis die rote Tonne querab an Bb. liegt. Dann dreht man beständig nach Bb. ein und steuert mit etwa 310° auf das obere Sandridge-Bootshaus zu. Wenn das Bootshaus nur noch 0,5 kbl entfernt voraus ist, wird der Kurs flink auf Blackness Point geändert, der eben offen an Stb.-Bug gehalten wird bis man High Gurrow Point ziemlich nah an Bb. passiert hat. Danach kann man direkt auf Blackness Point zuhalten. Wenn man dicht herangekommen ist, wird der Kurs auf Pighole Point geändert; ist dieser passiert, bleiben die Moorings dicht an Stb.

Wenn man möchte, kann man in den Stoke Gabriel Creek einlaufen. Nachdem man die grüne Bake gerundet hat, folgt man dann dem kurzem Fahrwasser, das mit grünen Baken mit orangefarbenen Toppzeichen markiert ist, bis hinauf zum Anlegesteg. Es gibt aber auch einen winzigen Kai. Oberhalb dieser Stelle liegt ein Gezeiten-Fischwehr, das bei HW überspült wird und das das Ende der Schiffbarkeit darstellt.

3. Bei der Weiterfahrt über Stoke Gabriel hinaus, läßt man Mill Point querab und hält dann nach Stb. auf die Mitte des Waldes am S-Ufer des Flusses zu. Vor der Einfahrt in den Bow Creek sind rote und grüne Fahrwassertonnen ausgelegt. Nachdem man den Wald dicht unter dem Ufer passiert hat, steuert man zwischen den Fahrwassermarkierungen und dreht dann zur roten Tonne vor Duncannon nach Stb. ein. Die nachfolgende Flußbiegung nimmt man im weiten Bogen; anschließend ist der Fluß bis zum Ende des Fleet Mill Reach mit Tonnen und Baken bezeichnet. Oberhalb dieses Punktes findet man das günstigste Fahrwasser in der Flußmitte.

Nach der Ankunft in Totnes macht man am besten im Mill Tail, dem linken Fahrwasser, fest. Der Liegeplatz fällt trocken, der Grund besteht aus einer ca. 0,5 m dicken Schicht Schlick mit darunterliegendem Sand.

Versorgung

Totnes

Eine ungemein reizvolle historische Stadt mit einer Burg, Geschäften, Hotels, einer malerischen High Street und zahlreichen interessanten Pubs und Restaurants. Yachtwerft. Ausrüster.

Dartmouth, Kingswear und Dittisham

Das Wassertaxi ist auf UKW-Kanal 16 und 18 zu erreichen.

Wasser nach Absprache mit dem Hafenbüro oder einer der Marinas. In Dittisham gibt es vor dem „Ferry Boat Inn" einen Wasserhahn. Schwimmende Müllcontainer. Einfache Lebensmittelversorgung auf dem Hügel. Nur Diesel, kein Benzin gibt es in beiden Marinas sowie einem Bunkerboot, das in der Flußmitte zwischen der unteren und der oberen Fähre vermoort ist. Hotels und Restaurants, gutes Einkaufszentrum. Mittwoch nachmittag und teilweise auch samstags geschlossen. Zoll, Yachtwerft, Ausrüster und alle Versorgungseinrichtungen. Travellift in der Darthaven Marina. Yachtclubs: Royal Dart Yacht Club (Kingswear), Dartmouth Yacht Club, Dittisham Sailing Club. Anlegestellen: öffentliche Sliprampe (mit Ausnahme bei NW) nahe des Royal Dart Yacht Club in Kingswear. Slip im Jollenhafen von Dartmouth, jeweils 2 Std. um HW, Trailerbahn entlang der Anlegerampe der oberen Fähre bei jedem Tidenstand benutzbar – vorausgesetzt, die Fähre benötigt den Platz nicht selber.

Verkehrsverbindungen

Der nächstgelegene Bahnhof ist im 11 km entfernten Paignton, im Sommer per Dampfeisenbahn von Kingswear aus zu erreichen; eine ausnehmend vergnügliche Reise! Wenn man Glück hat, befördert einen keine geringere Lokomotive als die legendäre „Flying Scotsman". Busverbindungen in alle Richtungen.

Salcombe

Gezeiten
HW etwa -0523 Dover

MSpHW	MSpNW	MNpHW	MNpNW
5,3 m	0,7 m	4,1 m	2,1 m

Wassertiefen
Etwa 1 m WT über der Barre auf dem Richtkurs, eben E-lich davon nur noch 0,7 m. Die Tiefen können variieren. Binnenwärts der Barre führt eine Tiefwasserrinne bis nach Tosnos Point in the Bag. Oberhalb davon bis zu einem Punkt NW-lich von Salt Stone findet man mit sorgfältiger Navigation WT von 2 m. Anschließend nehmen die Tiefen stetig ab. Bei dreiviertel aufgelaufener Flut können Yachten mit 2 m Tiefgang jedoch bis nach Kingsbridge gelangen. WT in den Creeks siehe Plan.

Lage und Umgebung
Salcombe ist keine Flußmündung. Auch wenn es auf den Seekarten so wirkt, mündet kein Fluß durch diese Wasserarme ins Meer. Nichtsdestotrotz ist es ein hervorragender Hafen mit wenig Fischerei und überhaupt keiner Berufsschiffahrt. Auch wenn in den Sommermonaten die Ortschaft extrem überfüllt ist, ist es immer wieder ein Vergnügen, hier an einer Mooring festzumachen und die wunderschönen Salcombe Yawls um sich herum zu bewundern. Die Einfahrt ist sensationell, und ein gutes Stück von der See entfernt findet man abgeschiedene Ankerplätze. Bei auflandigen Starkwinden kann die Barre gefährlich werden, insbesondere bei ablaufendem Wasser. Tatsächlich ist auch schon ein Rettungsboot verlorengegangen. Unter solchen Bedingungen sollte man erst gar keinen Versuch unternehmen, einzulaufen, insbesondere dann nicht, wenn der Wind aus SE kommt.

Ansteuerung und Einfahrt
Bei beständigem Wetter und ausreichend WT über der Barre stellt die Ansteuerung von Salcombe für Gastyachten kaum ein Problem dar.
Die Einfahrt öffnet sich eben E-lich von Bolt Head, einem unverwechselbaren Kap mit steiler Silhouette. SE-lich von hier liegen gut sichtbar der Mewstone (19 m) und der Little Mewstone (5 m).
Zwischen Prawle Point und Bolt Tail ist die See oft sehr

Die Einfahrt nach Salcombe: Die Richtbaken sind fast zur Deckung gebracht mit der linken Seite des markanten Hauses mit dem rotem Dach und zwei Giebeln. An dieser Stelle dreht man nach Stb. in die Richtlinie 042° ein, um in den Hafen einzulaufen.

unruhig. Skipper, die Salcombe ansteuern, sollten also stur daran festhalten, daß alles besser wird, sobald man den Hafen erreicht hat. Wenn Starkwinde aus S bei Bolt Head auf den Ebbstrom treffen, können überbrechende Seen entstehen, die man am besten dadurch umgeht, indem man weiter E-lich einsteuert.
Die Riffe, Cadmus Rocks, nahe den Mewstones vor der NE-Ecke der Starehole Bay sind die einzige Gefahrenstelle an der W-Seite der Ansteuerung. Sehr viel weiter küstenwärts lauert vor Splat Point, etwa 100 m W-lich des Richtkurses, der Bass Rock. Nach dem Passieren von Prawle Point sollte man an der E-Seite nicht zu schnell in die Einfahrt eindrehen. Knapp 4 kbl von der Barre entfernt, liegt der Rickham Rock, über dem 2,7 m Wasser stehen.
Am besten ändert man den Kurs nach N, bis man etwa 0,25 sm E-lich von Bolt Head steht, dann steuert man an der Starehole Bay vorbei, wo die Überreste der Viermastbark „Herzogin Cecilie“ unterhalb hoher Klippen ruhen. Bei der Weiterfahrt werden die überspülten Cadmus Rocks passiert sowie der Great Eelstone, der ca. 1 kbl an Bb. bleibt. Die Barre erstreckt sich nun 2 kbl weiter N-lich.
Die untere Richtmarke steht auf dem Pound Stone Rock (fällt 4 m trocken), die obere, eine rot-weiße Bake mit rautenförmigem Toppzeichen, steht auf Sandhill Point (Dir.Fl.WRG.2s27m10/7M). Auch wenn es nicht immer leicht auszumachen ist, kann man sich damit weiterhelfen, daß es genau an der linken Kante eines unverwechselbaren Hauses mit rotem Dach und zwei Giebeln steht. Sind die Richtmarken noch immer nicht zu erkennen, hilft auch eine Kompaßpeilung auf die linke Hausecke. Nachts bleibt man innerhalb des 5° breiten weißen Sektor des Feuers. Es kann nicht oft genug davor gewarnt werden, wie gefährlich die Barre bei auflandigen Winden und ablaufendem Wasser werden kann.
N-lich der Barre folgt man dem Richtkurs, wobei der Wolf Rock (fällt 0,6 m trocken), mit grünen Spitztonnen (Q.G.3s) bezeichnet, an Stb. bleibt. Wenn die befeuerte Bake *Blackstone* (Q.(2)G.3s) querab an Stb. peilt, wird nach Stb. eingedreht; der Pound Stone und zwei rot-weiße Baken vor Sandhill Point bleiben an Bb., dann fährt man mit einem Kurs von 042° in der Mitte des breiten Fahrwassers weiter.
Nachts zeigen Richtfeuer diese Kursänderung sowie den nachfolgenden Kurs an. Ober- und Unterfeuer zeigen jeweils Funkelfeuer, das Oberfeuer ist auf einer Steinsäule in 45 m Höhe angebracht. Beide Feuer stehen N-lich von Scoble Point an der E-Seite der Bag und leiten bis zum Feuer (F.R) des Fähranlegers an Bb.-Seite. Falls das Mondlicht ausreichend ist, um nicht mit vermoorten Yachten zu kollidieren, kann man auf diesem Richtkurs weiter in The Bag einlaufen, wenn man vor Snapes Point das Oberfeuer leicht nach rechts offen vom Unterfeuer hält.
Auslaufende Schiffe werden von der *Blackstone*-Bake und der Tonne *Wolf Rock* vor den Untiefen am E-Ufer gewarnt.
Hat man die Absicht, bis nach Kingsbridge zu fahren, läßt man den Salt Stone mit gutem Abstand an Stb. und hält nach einer Reihe roter und grüner Stangen Ausschau. Diese bleiben an Bb. und führen die etwa 2 sm lange Strecke zum Kai hinauf. Die erste Stange ist etwa 1 kbl NE-lich von Heath Point ausgelegt. Von einer Reihe un-

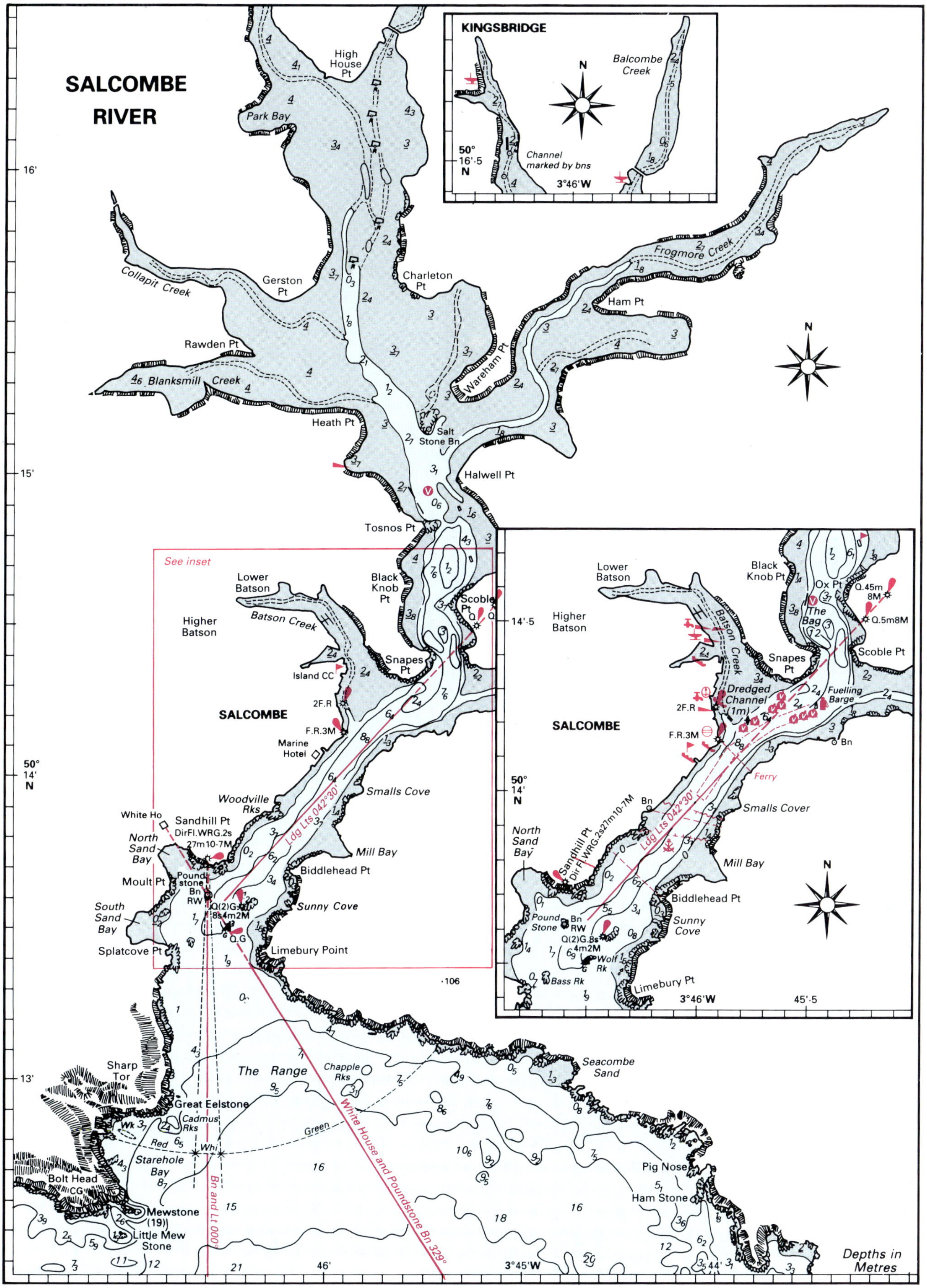
SALCOMBE RIVER
KINGSBRIDGE
Balcombe Creek
Channel marked by bns
High House Pt
Park Bay
Collapit Creek
Gerston Pt
Charleton Pt
Frogmore Creek
Ham Pt
Wareham Pt
Rawden Pt
Blanksmill Creek
Heath Pt
Salt Stone Bn
Halwell Pt
Tosnos Pt
See inset
Lower Batson
Higher Batson
Batson Creek
Black Knob Pt
Scoble Pt
Snapes Pt
Island CC
SALCOMBE
Marine Hotel
Woodville Rks
Smalls Cove
Mill Bay
Biddlehead Pt
Sunny Cove
Limebury Point
White Ho
Sandhill Pt
DirFl.WRG.2s 27m10-7M
North Sand Bay
Moult Pt
Pound stone Bn RW
South Sand Bay
Splatcove Pt
Ldg Lts 042°30'
Sharp Tor
The Range
Chapple Rks
Great Eelstone
Cadmus Rks
Starehole Bay
Bolt Head
Mewstone
Little Mew Stone
Seacombe Sand
Pig Nose
Ham Stone
White House and Poundstone Bn 329°
Bn and Lt 000°
Red
Green
Depths in Metres
Ox Pt
The Bag
Dredged Channel (1m)
Fuelling Barge
Ferry
Smalls Cover
Bass Rk
Wolf Rk
Limebury Pt
3°46'W
45'·5
3°45'W
46'
44'
50° 14' N
50° 16'·5 N
16'
15'
14'·5
13'

Der Hafen von Salcombe: Links im Bild sind die Richtbaken und das Haus mit den beiden Giebeln zu sehen. Der Blackstone mit Leuchtbake liegt mitten in der Einfahrt.

Die Ortschaft Salcombe: in der Bildmitte Snapes Point, oberhalb links The Bag, wo die Schwimmstege für Gastyachten ausgelegt sind.

feuerter roter Tonnen, die NW-lich von Charlton Point ausgelegt sind, sollte man sich nicht in Versuchung führen lassen: Sie führen zum Balcombe Lake hinauf, wohin man ja nicht möchte. Während man sie mit gutem Abstand an Stb. läßt, konzentriert man sich statt dessen auf die roten und weißen Stangen.

Ankerplätze und Moorings

Bei beständigem Wetter ist die ***Starehole Bay*** unmittelbar N-lich von Bolt Head ein angenehmer Stopp, aber Vorsicht: Im NW der Bucht liegt das Wrack der „Herzogin Cecilie", das mit einem rot-schwarzen Einzelgefahrzeichen markiert ist.

Sunny Cove, ein Schönwetterankerplatz an der E-Seite der Einfahrt binnenwärts des Blackstone, bietet Zugang zu einem sauberen Sandstrand und 2 m WT bei NW.
Unmittelbar NE-lich und SW-lich der Mill Bay ist das Ankern wegen Unterseekabeln verboten.
Bei ruhiger See ist ***Smalls Cove*** ein beliebter Ankerplatz; bei bewegter See ist der Schwell hier zu spüren. Gegenüber dem Marine Hotel beträgt die WT bei NW 2 m. Man kann auch vor dem Strand W-lich von Ditch End am Rand eines Flachwasserbereichs, der zur Fahrrinne hin schnell tiefer wird, ankern.
Wer Ruhe sucht, der findet sie – abhängig von Segelschulen und Regattaveranstaltungen – am Ende des Tiefwasserbereichs in der Nähe von Salt Stone. Einen guten Allwetterankerplatz findet man vor Halwell Point, wenn die Bake *Salt Stone* mißweisend N peilt. Hier ist genug WT vorhanden. Für flachgehende Yachten und alle, denen es möglich ist, trockenzufallen, bieten der Creek Abgeschiedenheit und vollkommenen Schutz.
Vor dem Marine Hotel eben unterhalb der Stadt am ***Salcombe***-Ufer sind orangefarbene Moorings für Gastyachten ausgelegt. Von diesen Tonnen sind anschließend noch einige zu finden. Von einer Barkasse aus weist das Hafenpersonal die Liegeplätze zu. UKW-Kanal 14, Ruf: Salcombe Harbour. Zwischen Ditch End und Scoble Point gibt es drei Moorings, an denen Yachten bis zu 100 t nach Absprache festmachen können.
In ***The Bag*** ist für Gastyachten gegenüber von Ox Point ein Schwimmsteg ausgelegt.
In Kingsbridge sollte man weder am New Quay noch am privaten Schlengel, der vor dem Kai an Bb.-Seite ausgelegt ist, festmachen. Man fährt weiter geradeaus bis zum Ende des Creeks, wo für Kimmkieler an Stb. ein Schwimmsteg ausgelegt ist; für Langkieler bis zu 12 m Lüa gibt es an der W-Seite eine gute Mauer zum Gegenlehnen. Beide Liegemöglichkeiten sind deutlich bezeichnet.

Versorgung
Salcombe kann die meisten Segler-Wünsche erfüllen. Treibstoff vom Bunkerboot (UKW-Kanal 06 oder Tel. 01836-775644). Wasser am Schlengel, an dem Gastyachten kurzzeitig festmachen können und zusammen mit den meisten anderen Versorgungsmöglichkeiten am Whitestrand Quay. Es gibt auch ein Bunkerboot für Wasser, das kommt, wenn ein Eimer am Mast hochgezogen wird und bei dem man auch Butangas- und Camping GAZ-Flaschen tauschen kann. Duschen und Toiletten im Salcombe Yacht Club oder nach Absprache beim Island Cruising Club in der Island Street. Vor der Stadt liegt eine Barge vermoort, die als Mülldeponie dient. Der Waschsalon in der Stadt ist im Sommer hoffnungslos überfüllt. In Salcombe und in Kingsbridge sind alle gängigen Lebensmittel erhältlich (in Kingsbridge Treibstoff nur per Kanister). Verschiedene Ausrüster, Reparaturservice und Mechaniker für Mechanik und Elektronik. Rettungsflöße können hier gewartet werden. Wassertaxi wird auf UKW-Kanal 12, Ruf: *Salcombe Harbour Taxis*, bei der Barkasse der Harbour Patrol bestellt (falls keine Antwort kommt, auf UKW-Kanal 14 versuchen). Yachtclubs: Salcombe Yacht Club und Island Cruising Club freuen sich über Gäste.

Verkehrsverbindungen
Es ist nicht gerade leicht, Salcombe mit öffentlichen Verkehrsmitteln zu erreichen. Immerhin verkehren Linienbusse nach Kingsbridge, und wenn es die Tide zuläßt, stellt die Fähre eine reizvolle Alternative dar. Von Kingsbridge hat man über Totnes Anschluß an die Hauptstrecke der Bahn.

Der Fluß Yealm

Gezeiten
HW etwa -0522 Dover

MSpHW	MSpNW	MNpHW	MNpNW
5,4 m	0,7 m	4,3 m	2,1 m

Wassertiefen
Die Richtlinie der Richtbaken oberhalb Cellar Bay führt über die S-Spitze der Barre in der Einfahrt, die 0,3 m trockenfällt. S-lich der Deckpeilung sind es zwischen der roten Tonne und der Bake an Stb.-Seite vor dem Strand jedoch bis zu 3 m. Die Lage der Sände ist veränderlich. Die WT zwischen der Oberbake *Cellar Bay* und Misery Point variiert um 1,5 m bei MSpNW. Anschließend sind es bis nach Yealm Pool 2,5 m und mehr. Der Abschnitt Newton Ferrers Arm fällt trocken (s. Plan), während der Yealm selber noch für 1 sm flußaufwärts unterschiedliche WT führt.

Lage und Umgebung
Der Yealm ist ein außergewöhnlich schöner Fluß, der bei jedem Wetter – außer bei auflandigen Starkwinden – guten Schutz bietet. Gastyachten sollten darauf gefaßt sein, daß es hier von Moorings nur so wimmelt und daß die Hafenbehörde die Besucherzahl zu Spitzenzeiten auf 90 Yachten pro Nacht begrenzt. An Ferienwochenenden und bei schönem Wetter kann es sehr eng werden, so daß man einen Besuch zu diesen Zeiten wenn irgend möglich vermeiden sollte. Die Hafenbehörden betonen aber ausdrücklich, daß diese Maßnahmen selbstverständlich nicht bedeuten, daß Yachten bei schwerem Wetter das Einlaufen in den Schutz des Hafens versagt wird.

Ansteuerung und Einfahrt
Bei auflandigen Starkwinden aus SW kann die Ansteuerung zwar recht rauh sein, stellt aber kein Problem dar. Die Ansteuerung erfolgt durch die Wembury Bay; wobei man sich von den Felsen und Riffen freihalten muß, die sich vor Wembury Point zum auffälligen Great Mewstone Island (59 m) erstrecken. Der kleine Mewstone Rock (15 m) liegt an der SW-Seite der Insel Mewstone. Rundet man diese in engem Bogen, muß der Felsen, der bei NW überspült ist, in gutem Abstand (50 m) bleiben. Zwei kbl SW-lich des Mewstone erstrecken sich weitere Felsen und Untiefen; bei Wind gegen Strom entstehen hier Stromkabbelungen. Der Inner Slimers (fällt 3 m trocken) und der Outer Slimers (1,5 m über KN) lauern 0,25 sm E-lich des Mewstone. Einlaufende Yachten, die aufkreuzen müssen, sollten sorgfältig darauf achten, daß der Mewstone mit gutem Abstand an ihrer Stb.-Seite bleibt.
Wenn sich die Mündung des Flusses öffnet, hält man nach einem weißen Cottage Ausguck, das zwischen den Bäu-

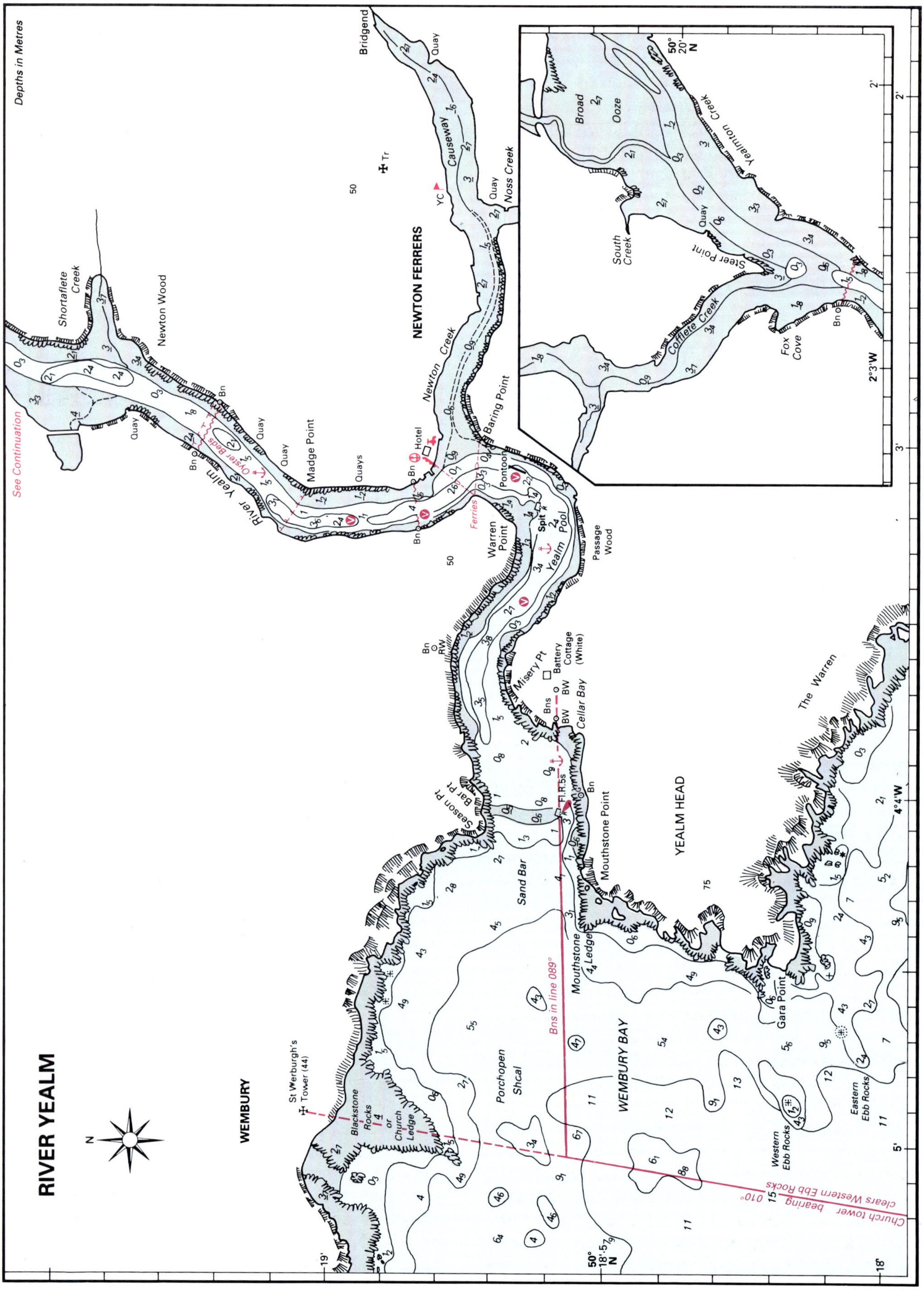
RIVER YEALM
Depths in Metres
WEMBURY
St Werburgh's Tower (44)
Blackstone Rocks
Church Ledge
Porchopen Shoal
Sand Bar
Season Pt
Bar Pt
WEMBURY BAY
Mouthstone Ledge
Mouthstone Point
Bns in line 089°
Fl.R.5s
YEALM HEAD
Gara Point
Western Ebb Rocks
Eastern Ebb Rocks
Church tower bearing 010° clears Western Ebb Rocks
The Warren
Cellar Bay
Misery Pt
Battery Cottage (White)
Passage Wood
Yealm Pool
Spit
Warren Point
Pontoon
Ferries
Baring Point
Hotel
Madge Point
Quays
Quay
Oyster Beds
River Yealm
See Continuation
Newton Wood
Shortaflete Creek
NEWTON FERRERS
Newton Creek
Noss Creek
Causeway
YC
Tr
Bridgend
Broad Ooze
Yealmton Creek
South Creek
Steer Point
Coffleete Creek
Fox Cove
Bn
50° 20' N
2°3'W
4°4'W
50° 18'.5 N
19'
18'
5'
2'
3'

men nahe des Gipfels von Misery Point am S-Ufer des Yealm steht. Unterhalb davon und oberhalb von Cellar Bay stehen zwei Richtbaken, die in Linie 089° peilen. Ihre Toppzeichen sind weiße Dreiecke mit senkrechten schwarzen Streifen. Nachdem Mouthstone Point an Stb. passiert ist, bringt man die Richtmarken zur Deckung und hält sich dann etwa 40 m S-lich davon und steuert dicht unter dem felsigen Ufer an Stb. Während der Saison ist hier eine rote Tonne (Fl.R.5s) ausgelegt, die das äußere Ende der Barre bezeichnet. Eine grüne Bake mit Kegeltoppzeichen markiert am S-lichen Ufer die Stb.-Seite des Fahrwassers, das an dieser Stelle 40 m breit ist.

Bei Mondlicht ist die Heckenreihe unmittelbar S-lich der Deckpeilung schon frühzeitig zu erkennen; sie verläuft parallel zu den Richtzeichen.

Bei der Ansteuerung aus S oder E hält man mindestens 3 kbl Abstand zum Gara Point, um von den Eastern und Western Ebb Rocks (überspült) freizubleiben. Wenn man die St. Werburgh's Church (etwa 1 sm E-lich von Wembury Point) in einer Peilung von 010° hält, bleiben die Ebb Rocks in sicherem Abstand an Stb. Bis die schwarz-weißen Richtbaken in der Cellar Bay ausgemacht sind, wird der Kurs beibehalten, danach dreht man auf die Richtlinie. Wenn die grüne Bake querab peilt, dreht man nach Bb. auf 047° ein und hält auf die nächste Richtbake zu, die NE-lich auf den Hügeln rechts neben einer Baumgruppe, etwa 3 kbl. E-lich von Season Point, steht. Sie besteht aus einer weißen Tafel mit senkrechtem roten Streifen und führt in den ersten Abschnitt des Fahrwassers. Der angezeigte Kurs sollte unbedingt eingehalten werden, da ein Teil einer Barre, über dem bei MSpNW nur 0,6 m Wasser stehen, sich dicht an Stb. erstreckt.

Danach ist der Fluß gut bezeichnet. Man fährt in der Fahrwassermitte, die roten Stumpftonnen an der N-Seite des Yealm Pool bleiben an Bb. Vor den E-Spitze von Warren Point ist die Tiefwasserrinne sehr schmal (50 m), mit nur 0,3 m WT am W- und 0,4 m amE-Ufer (s. Plan).

Der Newton Ferrers Arm öffnet sich am E-Ufer oberhalb von Warren Point. Auch wenn dieser Wasserarm recht breit ist, fällt er bei NW trocken. Oberhalb von Warren Point verläuft der Yealm zunächst in NNW-licher Richtung, bevor er sich über N nach NE wendet. Die WT variieren über 0,5 sm zwischen 3,4 m und 1,8 m. Bis zum Shortaflete Creek gibt es mehrere Untiefen. N-lich von Madge Point ist Ankern verboten.

Ankerplätze und Moorings

Wenn Misery Point querab peilt, trifft man bereits auf die ersten Besucher-Moorings, die für große Yachten gedacht sind: An der äußeren Mooring können Boote bis zu 25 m Lüa festmachen. Zwei kbl weiter binnenwärts einlaufend an Stb. ist ein 46 m langer Schlengel mit Gastliegeplätzen ausgelegt. Nach dem Runden vom Warren Point kommt an der W-Seite des Flusses eine Reihe von Trots in Sicht, an denen mit Bug- und Heckleinen festgemacht werden kann und die für Gastyachten reserviert sind. Eventuell muß man hier im Päckchen liegen. Man kann aber auch jede freie Mooringtonne aufnehmen, an der nicht gerade ein Dingi oder eine Notiz festgemacht sind. Kann man am gewählten Liegeplatz nicht bleiben, weist der Hafenmeister,

Der Mewstone aus SE, im Hintergrund links das Kap Rame Head.

Ansteuerung der Yealm-Mündung aus SSW.

Die Richtbaken der Cellar Bay führen mit 089° S-lich an der Barre vorbei.

wenn er mit seiner Barkasse vorbeikommt, einen Platz zu. Falls es nicht gelingt, mit ihm Kontakt aufzunehmen, meldet man sich im Hafenbüro (bequemer Dingi-Schlengel). Auch bei Ankerliegern werden Liegegebühren kassiert, so daß man sich die Sorgen um die Sicherheit der Yacht am Ankerplatz sparen kann – der Platz neben dem Fahrwasser ist nämlich sehr begrenzt.

Flachgehende Yachten, die trockenfallen können, dürfen dies nach ordnungsgemäßer Absprache vor Newton Ferrers oder Noss Mayo auch tun. Oberhalb von Noss Mayo gibt es in Bridgend einen öffentlichen Kai, an dem die WT bei Springhochwasser 2 m beträgt. Entlang des Kais gibt es Liegeplätze, die trockenfallen (nach Absprache mit dem Hafenmeister).

Versorgung

Wasser per Schlauch am Schlengel mit Treppe (Yealm Hotel). Kein Treibstoff. Auffüllen von Butangas- und Camping GAZ-Flaschen in Village Fayre, Newton Hill. Keine Bank. Duschen und Toiletten im Yealm Yacht Club. Nette Hotels und Pubs. Mahlzeiten im Yachtclub (nur werktags). Täglich verkehren sechs Busse nach Plymouth (am Wochenende weniger), wo man ebenso jeglichen Service wie auch weitere Verkehrsverbindungen hat.

Die Mündung des Yealm, die Sandbarre ist deutlich zu erkennen.

Plymouth

Gezeiten
HW –0540 Dover
Devonport

MSpHW	MSpNW	MNpHW	MNpNW
5,5 m	0,8 m	4,4 m	2,2 m

Wassertiefen
Tiefwasserhafen der Großschiffahrt. Das Fahrwasser im Fluß Tamar hat bis nach Neal Point (ca. 1,25 sm oberhalb der Tamar Brücke) 2,4 m Tiefe. Oberhalb davon ist der Fluß bei HW bis Gunnislake, 16 sm landeinwärts des Wellenbrechers, schiffbar. Allerdings sind die Höhen an verschiedenen Stellen begrenzt: die Tavy Bridge hat eine lichte Höhe von 7,6 m, die Masten einer Hochspannungsleitung, die den Tamar bei Weir Point queren 19 m, und 1,5 sm weiter flußaufwärts überspannt eine 16 m hohe Stromleitung den Fluß. Das grandiose Viadukt von Calstock ist 24 m hoch.

Lage und Umgebung
Der Plymouth bildet mit seinen dazugehörigen Flüssen und Creeks einen der größten Naturhäfen am Ärmelkanal. Jahrhundertelang war Plymouth' Ruhm eng mit dem der Royal Navy verbunden. Seit den Tagen von Drake und Hawkins bis in die Zeiten nukleargetriebener U-Boote hat die Stadt einen guten Teil ihres Reichtums aus dem Geschäft mit dem Krieg gezogen. Plymouth war aber auch Heimathafen großer Fischereiflotten sowie Ausgangshafen für Entdeckungs- und Auswanderungsreisen. Erst in den letzten Jahren wurde der Hafen auch für Gastyachten interessant. Nun gibt es zusätzlich zu den Möglichkeiten, flußaufwärts zu fahren oder anspruchslos wie die Fischer an Bord zu leben, drei moderne Marinas. Die Stadt, die nach dem Zweiten Weltkrieg wieder aufgebaut wurde, zieht immer noch seefahrendes Volk aller Art an, und für Entdecker haben die Flüsse und Creeks einiges zu bieten.

Ansteuerung und Einfahrt
Zwischen dem Penlee Point im W und dem Wembury Point mit dem Mewstone im E öffnet sich der Plymouth Sound. Der N-liche Teil des Sounds wird von einem langen flachen Wellenbrecher geschützt, der quer in der Mitte der Bucht gebaut wurde. Zu beiden Seiten des Wellenbrechers gibt es Fahrwasser, die von Yachten benutzt werden können.
Von W kommend, wird zunächst das unbefeuerte aber markante Kap Rame Head gerundet, eine fast kegelförmige Huk mit der Ruine einer Kapelle auf ihrer Kuppe. Penlee Point, ein ebenfalls unbefeuertes flaches Kap mit turmartiger Bake darauf, befindet sich 1, 25 sm weiter binnenwärts. 0,25 sm SE-lich von Penlee Point lauern die Draystone Rocks (über den meisten steht ca. 1,8 m Wasser), die mit einer roten Stumpftonne (Fl(2)R.5s) bezeichnet sind.
Ein auffälliger 23 m hoher Turm (Fl.WR.10s12/9M) markiert den W-lichen Kopf des Wellenbrechers, der nun etwa 1,5 sm voraus liegt. Der Leuchtturm zeigt außerdem ein

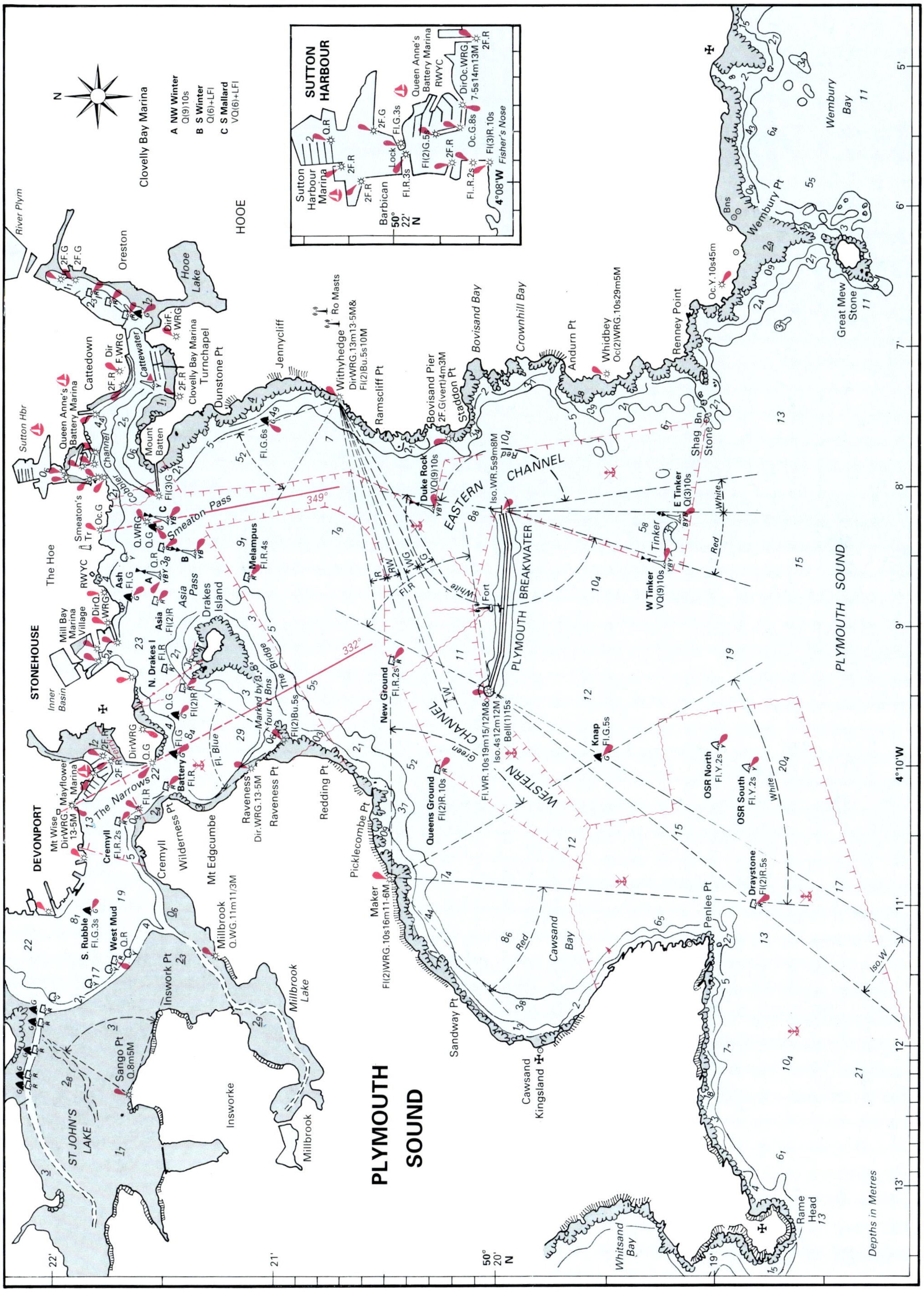
PLYMOUTH SOUND
SUTTON HARBOUR
Sutton Harbour Marina
Barbican
Queen Anne's Battery Marina
RWYC
Fisher's Nose
Clovelly Bay Marina
A NW Winter
Q(9)10s
B S Winter
Q(6)+LFl
C S Mallard
VQ(6)+LFl
River Plym
Oreston
HOOE
Hooe Lake
Cattedown
Cattewater
Turnchapel
Mount Batten
Dunstone Pt
Jennycliff
Withyhedge
Ro Masts
Ramscliff Pt
Bovisand Pier
Bovisand Bay
Staddon Pt
Crownhill Bay
Andurn Pt
Whidbey
Renney Point
Wembury Pt
Wembury Bay
Great Mew Stone
Shag Stone
Sutton Hbr
Smeaton's Tr
The Hoe
Smeaton Pass
Duke Rock
EASTERN CHANNEL
Melampus
Asia Pass
Drakes Island
Mill Bay Marina
Village
STONEHOUSE
Inner Basin
Ash
Asia
N. Drakes I
The Bridge
Marked by 3 Bns four Lt Bns
Fort
PLYMOUTH BREAKWATER
E Tinker
W Tinker
Tinker
New Ground
WESTERN CHANNEL
Knap
OSR North
OSR South
Draystone
Penlee Pt
Queens Ground
Mt Wise
DEVONPORT
Mayflower Marina
The Narrows
Cremyll
Battery
Wilderness Pt
Mt Edgcumbe
Raveness
Raveness Pt
Redding Pt
Picklecombe Pt
Maker
Millbrook
Millbrook Lake
S. Rubble
West Mud
Inswork Pt
Insworke
Sango Pt
ST JOHN'S LAKE
Cawsand Bay
Sandway Pt
Cawsand
Kingsland
Whitsand Bay
Rame Head
Depths in Metres
4°10'W
50° 20' N

Plymouth Sound, W-liches Fahrwasser: Der Wellenbrecher unten rechts, Drake's Island links und Mount Batten rechts im Bild. Die grüne Hoe am Ufer erstreckt sich etwas links der Bildmitte.

Das Cattewater aus E. Rechts im Bild Sutton Harbour und die Queen Anne's Battery.

Sutton Harbour: rechts Queen Anne's Battery (oben); die Mayflower Marina (Mitte); Hamoaze und der Tamar (unten).

Plymouth Sound: Die Kardinalbake N „Panther“ und die W-Einfahrt in den Plymouth Sound.

Plymouth Sound: Die rote Tonne „Melampus“, dahinter Drake's Island.

Die Hoe von links nach rechts: der Royal Western Yacht Club mit Flaggenmast, rechts davon das Naval War Memorial und rechts außen Smeaton Tower.

Bei der Ansteuerung von Sutton Harbour bleibt die Kardinaltonne S „South Mallard“ vor Mount Batten dicht an Bb.

Fl.WR.10s, das auf einem Kurs von 035° jeweils 4° zu beiden Seiten sichtbar ist; ein sicherer Kurs für große Schiffe, die von der *Draystone*-Tonne aus die W-liche Einfahrt anlaufen.

Die Insel Drake's Island liegt nun gut sichtbar im N. Das Hauptfahrwasser, das an Bb. mit den roten Tonnen *New Ground* (Fl.R.2s) und *Melampus* (Fl.R.4s) bezeichnet ist, führt NE-lich auf die Plymouth Hoe zu und von dort durch den Asia Pass (s. Plan). Yachten brauchen sich nicht strikt an die Fahrrinne zu halten und können die Tonnen beiderseits passieren.

Die schmale Durchfahrt zwischen Drake's Island und dem Ufer von Mount Edgcumbe, The Bridge genannt, stellt für die Fahrt nach Hamoaze eine Abkürzung dar. Dieses Fahrwasser hat eine Mindesttiefe von 2,1 m und ist mit roten und grünen Pfählen bezeichnet. Wird Devil's Point und ein auffälliges Haus mit drei Schornsteinen auf dem Dach zur Deckung gebracht, ergibt sich ein Kurs von 332°, der die sicherste Art darstellt, The Bridge anzulaufen. Auf diesem Kurs bleibt man auch von Unterwasserhindernissen frei. Hat man das Tonnenpaar auf The Bridge passiert, bleibt dieses etwa 1 kbl achteraus liegen, und bis man wieder tiefes Wasser unter dem Kiel hat, wird dieser Kurs beibehalten. Auch wenn die The Bridge-Tonnen unbefeuert sind, ist das Fahrwasser am Tag für kleine Yachten bei fast allen Tidenständen und einigermaßen gutem Wetter eine sinnvolle Route.

Bei der Ansteuerung des Plymouth Sound aus E ist das Schießgebiet bei Wembury Point zu beachten. Donnerstag und Freitag zwischen 0930 und 1630 Uhr können Schießübungen stattfinden. Während laufender Übungen sind zwei große Flaggen auf der Landspitze gehißt. Auskünfte auf UKW-Kanal 10, 11 und 16, Ruf: Wembury Range oder Tel. 01752-862799 (Tel. 553740, Nebenanschluß 77406 außerhalb der Dienstzeiten.). Steuert man den Plymouth Sound während einer Schießübung an, passiert man W-lich des Eddystone-Leuchtturms, der 10 sm vom Wellenbrecher entfernt steht, mit einem Kompaßkurs von 204°. Von E kommend, bleiben der Mewstone (57 m) und die Riffe, die sich 2 kbl SW-lich davon erstrecken, an Stb. Als nächstens kommt der Shagstone vor Renney Point (ein fast quadratischer Felsen von 1,2 m Höhe, der mit einer schwarz-orangefarbenen Bake mit Kegeltoppzeichen bezeichnet ist), dem man beim Passieren gut Raum geben sollte, weil die Gezeitenströme sowohl über den Felsen wie auch zwischen ihm und dem Ufer setzen können. Man fährt weiter N-wärts und passiert zwischen dem E-lichen Kopf des Breakwater (Iso.WR.5s) und der Huk Staddon Point. Der Felsen Duke Rock, der mit einer befeuerten Kardinaltonne W bezeichnet ist, kann an beiden Seiten passiert werden. Danach steuert man das breite Fahrwasser zwischen Drake's Island und Mount Batten an. Von hier aus fährt man nach Hamoaze weiter; tagsüber sollte Drake's Island mit gutem Abstand an Bb. bleiben, nachts sollte man sich für den gut befeuerten Asia Pass entscheiden. Sind Queen Anne's Battery, Sutton Harbour oder das Cattewater das Ziel, hält man auf den Kopf des Wellenbrechers (Fl(3)G.10s) von Mount Batten (bleibt an Stb.) und die befeuerte Kardinaltonne S *South Mallard* zu. Meistens stellt die Untiefe Mallard (3,6 m) für Yachten keine Gefahr dar und kann daher an beiden Seiten passiert und die grüne Tonne *West Mallard* (Q.G), die ca. 1 kbl NNW-lich davon ausgelegt ist, ignoriert werden. Wer sich um die Wassertiefe sorgt, läßt beide Seezeichen an Stb., bevor er in den Cobbler Channel eindreht. Nachts deckt der weiße (!) Sektor des Feuers auf der Mauer der Queen Anne's Battery (Oc.WRG) die Untiefe Mallard (3,6m WT) ab. Wem diese WT nicht genügt, dreht in den roten Sektor und hält sich davon frei.

Ankerplätze und Moorings

Die Cowsand Bay im Sound bietet gut haltenden Grund und sanft ansteigenden Boden, was die Bucht zu einem hervorragenden Ankerplatz bei Winden aus SW bis NW macht.

Der Platz NE-lich der Pier an der N-Seite von **Drake's Island** ist historisch interessant, schließlich soll Drake hier nach seiner Weltumseglung mit der „Golden Hind" geankert haben, während er ein „bißchen Politik schnupperte". Davon abgesehen, kann dies ein recht unruhiger Platz sein, der bei schlechtem Wetter etwas ungeschützt ist; der Halt des Grundes ist aber gut.

In **Barn Pool**, S-lich von Wilderness Point und genau W-lich von Drake's Island, ankert man dicht unter dem Ufer. Man tastet sich vorsichtig zum N-lichen Scheitel der Bucht vor; in der Bucht ist eine große Mooringtonne ausgelegt. Es ist empfehlenswert, eine Ankerboje auszuset-

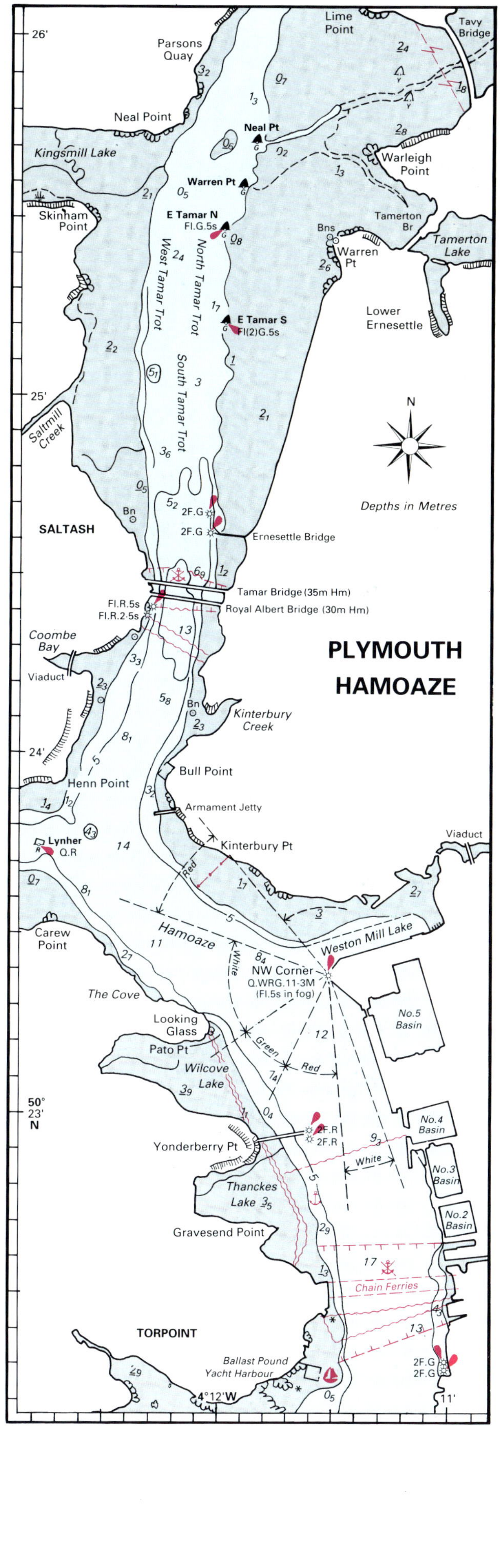

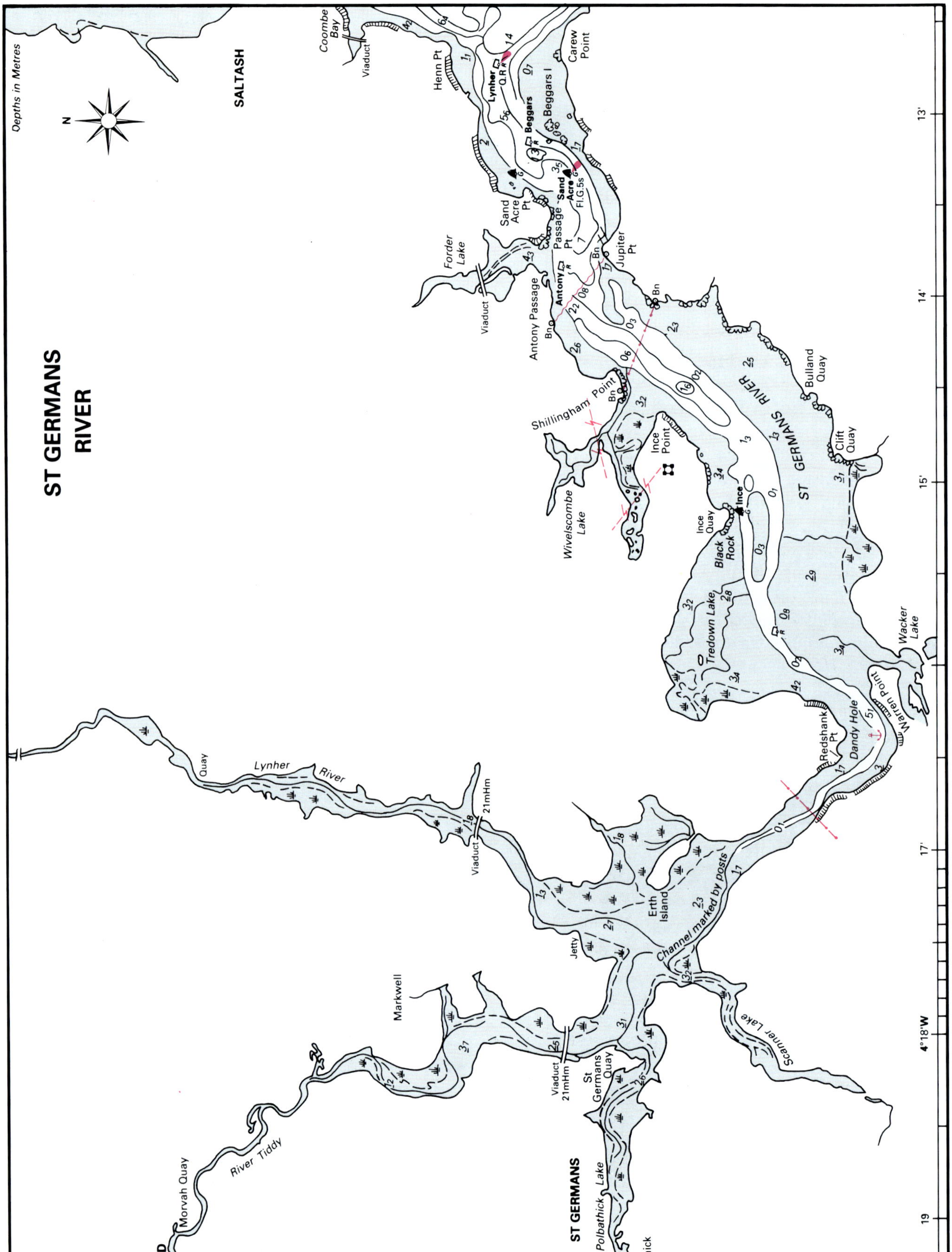
ST GERMANS RIVER
Depths in Metres
SALTASH
Coombe Bay
Viaduct
Henn Pt
Lynher
Q.R.
Beggars
Beggars I
Carew Point
Sand Acre Pt
Sand Acre
Fl.G.5s
Passage Pt
Jupiter Pt
Forder Lake
Antony Passage
Antony
Shillingham Point
Ince Point
Wivelscombe Lake
Ince Quay
Ince
Black Rock
Bulland Quay
Clift Quay
ST GERMANS RIVER
Tredown Lake
Wacker Lake
Warren Point
Redshank Pt
Dandy Hole
Lynher River
Quay
21mHm
Erth Island
Channel marked by posts
Jetty
Markwell
Viaduct 21mHm
St Germans Quay
Scanner Lake
ST GERMANS
Polbathick Lake
Polbathick
River Tiddy
Morvah Quay
TIDEFORD
50° 26' N
27'
25'
13'
14'
15'
17'
4°18'W
19

zen, da der Grund unrein sein kann. Auch auf tidenbedingten Neerstrom sollte man vorbereitet sein. Nach W hin ist der Platz gut geschützt, und man kann zu Fuß nach Cremyll laufen, von wo eine Fähre nach Stonehouse verkehrt. In Cremyll gibt es die berühmte Mashford's Werft und einen Pub.

Der „Sir Francis Drake"-Pub am Küstenabschnitt Hoe unterhält ein paar Moorings für Gäste. Man macht zunächst im kleinen Bootshafen nebenan fest und meldet sich an der Bar. Nach Absprache sind auch beim Royal Western Yacht Club, dem Royal Plymouth Corinthian Yacht Club und Queen Anne's Battery ein paar Gastmoorings zu bekommen, die im Cattewater ausgelegt sind.

Marinas

Mayflower International Marina

Die Ansteuerung erfolgt durch den Drake Channel und die Narrows oder falls Wetter und Tidenstand es zulassen, durch The Bridge, indem man Drake's Island an der W-Seite passiert. Sind die Narrows erst passiert, ist die Marina leicht zu erkennen. Für die Zuweisung eines Liegeplatzes meldet man sich auf UKW-Kanal 80 oder macht am äußeren Ankunftssteg zwischen zwei gestreiften Flaggen fest und meldet sich im Marinabüro. 30 Gastliegeplätze stehen zur Verfügung. Will man sein Boot für einen bestimmten Zeitraum zurücklassen, hat sich diese Marina bewährt. Es gibt hier alle Einrichtungen inklusive einem Clubhaus mit Bar, in dem Gäste willkommen sind.

Queen Anne's Battery

Die Ansteuerung erfolgt zwischen der Tonne *South Mallard* und dem Kopf des Mount Batten-Wellenbrechers (Fl(3)G.10s), dann ändert man den Kurs auf etwa 030°, um die Tonne *Fisher's Nose* (Fl(3)R.10s), an der eine Tafel auf die Geschwindigkeitsbegrenzung von 8 kn bei der Fahrt nach E hinweist, an Bb. zu lassen. Die Queen Anne's Battery Marina wird durch eine Spundwand geschützt, die an Stb. bleibt, während man einläuft. Nachts brennt ein Feuer (Oc.G) auf der Ecke der Spundwand, an der das Fahrwasser Richtung Einfahrt beginnt. Kurz danach bezeichnet ein Q.G den Kopf des Marina-Wellenbrechers, der an Stb. bleibt, dann dreht man ein und fährt auf die Gastliegeplätze am S-lichsten Schlengel zu. Anmeldung auf UKW-Kanal 80. Eventuell muß man im Päckchen liegen, sollte aber auf gar keinen Fall ohne ausdrückliche Erlaubnis an einem freien Anleger festmachen. Die sind reserviert!

Die Marina bietet alle Versorgungsmöglichkeiten inklusive Waschsalon, Clubhaus und Café. Der Royal Western Yacht Club of England hat hier sein Clubhaus, von dem aus viele der bekannten Blauwasser-Regatten organisiert werden. Großzügigerweise stellt der Club seine Räumlichkeiten auch Gästen zur Verfügung.

Das Wassertaxi der Marina bringt einen in die Stadt und erspart einem so einen langen, wenig begeisternden Fußmarsch. Man wird an den Mayflower Steps im Barbican, dem historischen Hafenviertel, abgesetzt; der Fahrpreis ist angemessen.

Bedauerlicherweise sind die Liegeplätze in der „QAB" bei schwerem Wetter aus S-lichen Richtungen nicht gerade gemütlich. Das Schlagen der Fallen und das Gepolter der Schwimmstege kann selbst dem erschöpftesten Nachtschwärmer auf die Nerven gehen.

Sutton Marina

Die Ansteuerung der Sutton Marina ist auf 2 m Tiefe gebaggert. Es gibt hier eine ganze Reihe von Gastliegeplätzen, vornehmlich für Yachten unter 10 m Lüa. Der Hafen ist durch eine Schleuse zu erreichen, an der die üblichen Verkehrssignale gezeigt werden. Die Schleuse kann jederzeit, Tag und Nacht, 365 Tage im Jahr bedient werden. Um HW herum steht sie offen.

Das Barbican mit seinem lebhaften Fischmarkt und der Hafenatmosphäre bleibt bei der Einsteuerung an Bb. Die Marina liegt voraus. Die Schleuse sollte stets vorab auf UKW-Kanal 12 gerufen werden, Ruf: Sutton Harbour.

Es gibt hier Duschen und Toiletten sowie einen Waschsalon. Im Sommer bekommt man Wasser und Treibstoff täglich zwischen 0730 und 2100 Uhr. Ganz in der Nähe liegt eine Yachtwerft mit umfassenden Reparaturmöglichkeiten. Die vielseitigen Annehmlichkeiten des Barbican sind auch von hier leicht zu erreichen.

Das Cattewater

Oberhalb von Queen Anne's Battery wird es sehr geschäftig. Ankern ist verboten, und für Sportboote ist es ohnehin nicht empfehlenswert, hierher zu kommen.

Versorgung in Plymouth

Plymouth bietet jegliche Versorgungsmöglichkeit, die ein Schiff – ob Jolle oder Kriegsschiff – nur irgend benötigen kann. Es gibt diverse Yachtwerften. Die Marinas bieten jeglichen Service, und es gibt eine ganze Reihe von Yachtclubs. Die Stadtverwaltung unterhält einen Parkplatz für Jollen sowie eine Sliprampe beim Mayflower Sailing Club im Barbican. Butangas- und Camping GAZ-Flschen können in allen Marinas getauscht werden.

Verkehrsverbindungen

Fährverbindungen nach Roscoff etc. Hauptstrecke der Bahn, Busse, Autovermietung. Alles was das Herz begehrt!

Oberhalb von Plymouth

St. Germans oder Lynher River

Der Springtidentub ist 0,5 m niedriger als in Plymouth, alle NW-Zeiten ca. 20 Minuten später.

N-lich der alten Devonport Dockyards, die heute privat bewirtschaftet werden und oberhalb der Moorings für Kriegsschiffe, mündet am W-Ufer des Tamar sein erster größerer Nebenfluß, der Lynher. Auch wenn die Fahrrinne des Lynher die ersten 1,5 sm noch gute WT aufweist, fällt der Fluß weitgehend trocken. Oberhalb dieser 1,5 sm können flachgehende Yachten aber mit der Flut bequem bis nach St. Germans hinauf gelangen.

Die erste rote Tonne *Lynher* (Q.R) bleibt an Bb. oder dicht an Stb., die nächste, *Beggars*, unbedingt an Bb., bevor man nach Bb. eindreht, um zwischen den Yachtmoorings und der grünen Tonne *Sand Acre* (Fl.G.5s) an Stb. zu passieren. Die nächste rote Tonne liegt dicht unter dem Ufer von St. Antony Passage; hier kann man ankern, an Land rudern und einen Pub besuchen. Auf den nächsten 0,5 sm verlaufen quer über den Grund des Flusses eine Strom- und eine Gasleitung. Hier also nicht Ankern! Man fährt bis Shil-

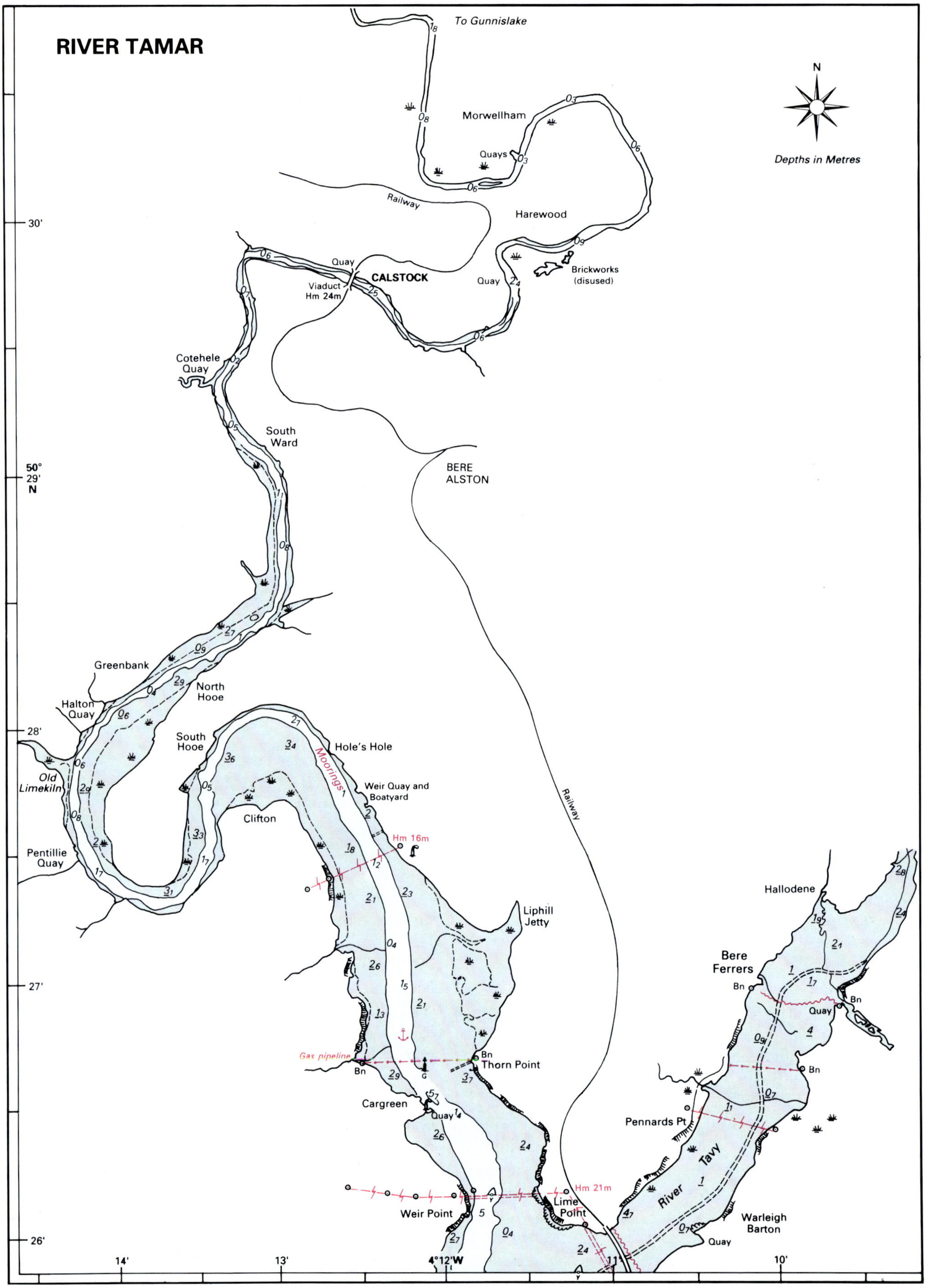

RIVER TAMAR
To Gunnislake
N
Depths in Metres
Morwellham
Quays
Railway
Harewood
Quay
CALSTOCK
Viaduct
Hm 24m
Quay
Brickworks
(disused)
Cotehele
Quay
South
Ward
BERE
ALSTON
50°
29'
N
30'
Greenbank
Halton
Quay
North
Hooe
28'
South
Hooe
Hole's Hole
Moorings
Weir Quay and
Boatyard
Old
Limekiln
Clifton
Pentillie
Quay
Hm 16m
Railway
Liphill
Jetty
Hallodene
Bere
Ferrers
27'
Gas pipeline
Bn
Thorn Point
Cargreen
Quay
Pennards Pt
River Tavy
Weir Point
Lime
Point
Hm 21m
Warleigh
Barton
Quay
26'
14'
13'
4°12'W
11'
10'

lingham Point weiter; die Fahrwasserrinne verläuft etwa 1 kbl vom Ufer entfernt. Man steuert einen Kurs von ca. 220°, bis das Ince Castle ein paar Grad W zu N peilt, dann ändert man den Kurs auf die grüne Tonne *Ince*, die dicht unter dem Ufer vor Black Rock Point ausgelegt ist. Der Ankerplatz vor Ince Point ist besonders für Ruhesuchende wärmstens zu empfehlen. Es muß aber sorgfältig gelotet und der Tidenhub genau berechnet werden.
Ist die Tonne *Ince* dicht an Stb. passiert, hält man auf die einzelne rote Stumpftonne in der Strommitte zu, wobei gelotet werden muß. Die Tonne bleibt dicht an Bb., anschließend dreht man sanft auf 220° ein und tastet sich mit eingeschaltetem Echolot zur Fahrrinne vor, die nun in die steile, von Bäumen gesäumte Enge zwischen Redshank und Warren Points führt. Hier befindet sich an der S-Seite das Dandy Hole, das 4 m WT und mehr bietet. Ein wundervoller Ankerplatz, an dem es – abgesehen von dem, was Mutter Natur zu bieten hat – keinerlei Versorgungsmöglichkeiten gibt.
Man hält sich in der Flußmitte, wobei man sich an der Biegung des Flusses nach NW mehr an der S-Seite hält; dann orientiert man sich an den roten und grünen Pfählen, die zwischen den trockenfallenden Schlickbänken hindurch zum privaten Kai in St. Germans führen. Im Club oberhalb des Kais fragt man nach einem trockenfallenden Liegeplatz zum Übernachten. Wasserhahn am Kai, einfache Versorgungsmöglichkeiten im Dorf, das ca. 800 m entfernt ist. Über dem Liegeplatz erhebt sich ein gewaltiges Eisenbahnviadukt, das aber den Zauber dieses Ortes eher noch vergrößert.
Was die anderen Creeks und Flüsse betrifft, möchte dieses Buch keine besonderen Empfehlungen geben. Sie warten darauf, von Seglern mit kleinen flachgehenden Yachten erkundet zu werden.

Der Fluß Tamar

Der Tamar, oberhalb des St. Germans River, wird zunächst von der Royal Albert- und den Tamar-Brücken überspannt, verläuft von dort N-wärts, wobei die WT kontinuierlich abnimmt. Das Fahrwasser ist oberhalb von Weir Point bis hinauf nach Cargreen gut bezeichnet.
Wer die Absicht hat, weiter als 0,5 sm flußaufwärts der Brücken zu fahren, muß zunächst Gezeitentafel und Seekarte studieren. Es gibt ESE-lich von Neal Point eine Untiefe, die trockenfällt (0,6 m). Sie ist am einfachsten zu umgehen, indem man ganz dicht unter den 3 grünen Spitztonnen gegenüber von Kingsmill Lake passiert; sie beginnen mit *E Tamar N* (Fl.G.5s) und enden mit *Neal Point*. So bleibt die Untiefe an Bb.
Oberhalb der roten Bake (an Bb. lassen) und der gelben Tonne (an Stb. lassen) vor Weir Point findet man das beste Fahrwasser auf einer Linie, die den Schornstein von Cargreen dicht an Bb. läßt. Cargreen bietet tiefes Wasser, und man kann gut frei von den Moorings ankern. Anlanden unmittelbar oberhalb des „Spaniards Inn“, nahe beim Cargreen Yacht Club.
Die Gewässer Tamerton Lake und der Fluß Tavy am E-Ufer unterhalb von Cargreen sind wegen ihrer Brücken für Yachten nicht zugänglich.
Unerschütterliche können sich mit der Flut von hier aus weiter flußaufwärts arbeiten; außer einem grünen Pfahl ein paar kbl oberhalb von Cragreen ist das Fahrwasser aber nicht mehr bezeichnet. An den Außenseiten der Flußbiegungen findet man die besten WT, und durch Lotungen sind auch ein paar „Pools“ zu finden, die tief genug sind, daß Yachten bis zu 2 m Tiefgang bis zur nächsten Flut aufgeschwommen ankern können. Dabei ist zu berücksichtigen, daß man inmitten eines Fahrwassers ankert, und Ausflugsboote wahrscheinlich nicht sonderlich erfreut sind, auf eine ankernde Yacht zu treffen.
In Calstock ist eine Reihe von Moorings ausgelegt, an denen die WT gut 1 m beträgt; eventuell ist eine davon frei. Tiefgehende Yachten können sich an den Kai gelehnt trockenfallen lassen. Wasser und Treibstoff ist erhältlich. Unter dem Viadukt ist Ankern zwar nicht zu empfehlen, aber eine kbl oberhalb davon gibt es einen Pool mit 2,5 m WT, wo Yachten ankern können.
Flachgehende Yachten können von hier aus sogar noch weiter aufwärts fahren; der Fluß fällt erst ab einer untiefen Stelle eben oberhalb von Morwellham trocken und soll Berichten zufolge bis hinauf nach Gunnislake schiffbar sein. Für diese Fahrt ist es ratsam, sich in Weir Head im linken Fahrwasser zu halten und die Regulierungsschleuse zu benutzen, um nicht auf die Fischwehre des Hauptfahrwassers zu geraten.

Looe

Gezeiten

HW -0538 Dover

MSpHW	MSpNW	MNpHW	MNpNW
5,4 m	0,6 m	4,2 m	2,0 m

Wassertiefen

Die Einfahrt und der Hafen von Looe fallen trocken; West Looe 2,4 m und East Looe 1,8 m.

Lage und Umgebung

Looe ist ein bedeutender Fischereihafen, der Yachten, die trockenfallen können, guten Schutz bietet. Bei ablandigen Winden kann man vor dem Hafen auf einer WT eigener Wahl ankern. Die Insel Looe Island bietet zusätzlichen Schutz. Bei auflandigen Starkwinden wird die Einfahrt gefährlich.
Der Ort ist sehr malerisch und im Sommer leider überlaufen. Geschichtlich betrachtet war Looe für seine schnellen robusten Lugger berühmt, die den Urtyp einer Vielzahl von Yachten mit Spiegelheck darstellen.

Ansteuerung und Einfahrt

Anhand der markanten kleinen Insel Looe Island (St. George's Island) ist Looe von See her schon frühzeitig auszumachen. Bei der Ansteuerung aus W bilden die Riffe, Ranney Rocks, die sich E- und SE-lich der Insel erstrecken, die größte Gefahr. Von ihnen heißt es gut Abstand halten. Bei guter Sicht ist das am besten zu bewerkstelligen, indem man den Turm auf Gribbin Head offen von den Kliffs vor Nealand Point, W-lich von Polperro, hält, bis der Molenkopf (Oc.WR.3s) in 305° peilt. Mit diesem Kompaßkurs steuert man dann geradewegs auf die

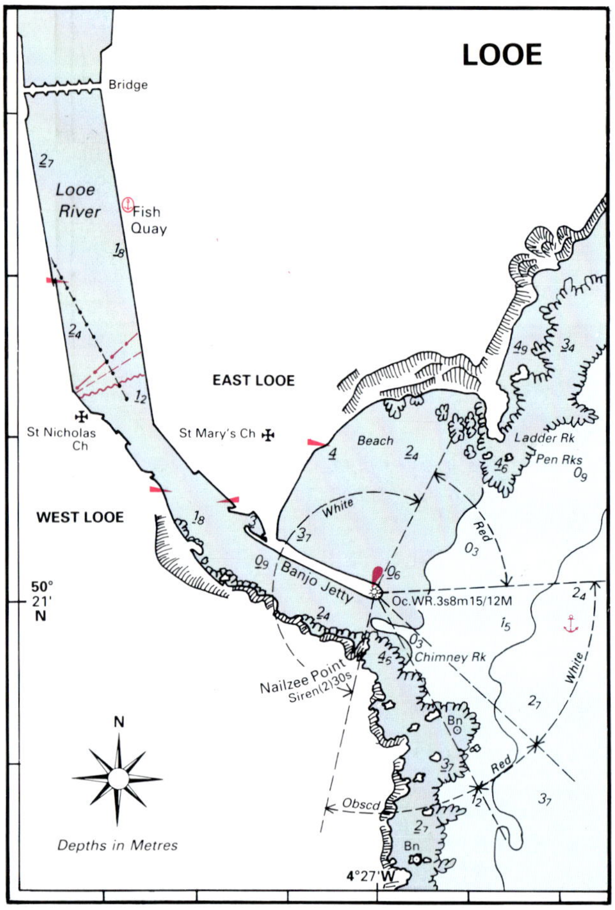

Pier zu; nach Einbruch der Dunkelheit hält man sich im weißen Sektor des Feuers. Bringt man bei der Tagansteuerung den Kirchturm von West Looe zur Deckung mit dem Molenkopf, ergibt sich ein Richtkurs, der einen von allen Gefahrenstellen freihält. Es sollte betont werden, daß es ohne Ortskenntnisse nicht ratsam ist, Looe bei Nacht anzusteuern. Man sollte dann besser vor Anker gehen und auf die morgendliche Flut warten. Ankerlicht nicht vergessen! Die Fischerboote laufen ein und aus, sowie sie aufgeschwommen sind.
Bei schwerem Wetter umgeht man die überbrechenden Seen S-lich von Looe am besten, indem man sich weiter seewärts hält. Für Ortsfremde gibt es keine Passage zwischen Looe Island und dem Festland.
Von E kommend, hält man Looe Island Backbord voraus, bis die Einfahrt auszumachen ist. Dann steuert man in die oben beschriebenen Richtlinie, um sich von den Riffen freizuhalten. Ein paar der Felsen sind zwar bezeichnet, trotzdem ist ein Kurs „mit gutem Abstand" für Ortsfremde empfehlenswert.

Jede sichere Einsteuerung setzt einen entsprechenden Tidenhub voraus, damit ausreichend WT vorhanden ist. Und es ist stets daran zu denken, daß die Gezeitenströme in der Einfahrt sehr hart setzen können, so daß ein Einlaufen unter Maschine empfehlenswert ist.

Liegeplätze

Für Gastyachten gibt es einen Liegeplatz zwischen den Fischerbooten, der sich am S-Ende des Kais von West Looe befindet und durch ein gelbes Zeichen markiert wird. Der Grund besteht aus festem Sand und Kieselsteinen. Bei der Ankunft beim Hafenmeister melden.
Bei auflaufendem Wasser setzt vor dem E-Kai Neerstrom. Man sollte nicht versuchen, hier festzumachen; die E-Seite ist für die Fischerboote reserviert.

Versorgung

Toiletten und eine Dusche. Reparaturen, Mechaniker. Gasflaschen beim Ausrüster. Diesel vom Tankwagen (im Hafenbüro nachfragen). Benzin per Kanister von der Tankstelle. Pubs, Restaurants sowie Geschäfte.

Polperro

Gezeiten

HW -0554 Dover

MSpHW	MSpNW	MNpHW	MNpNW
5,4 m	0,6 m	4,3 m	2,0 m

Wassertiefen

Der Hafen von Polperro fällt bis zu 2,3 m trocken, die WT bei MSpHW beträgt etwa 3,3 m, bei MNpHW ca. 1,5 m.

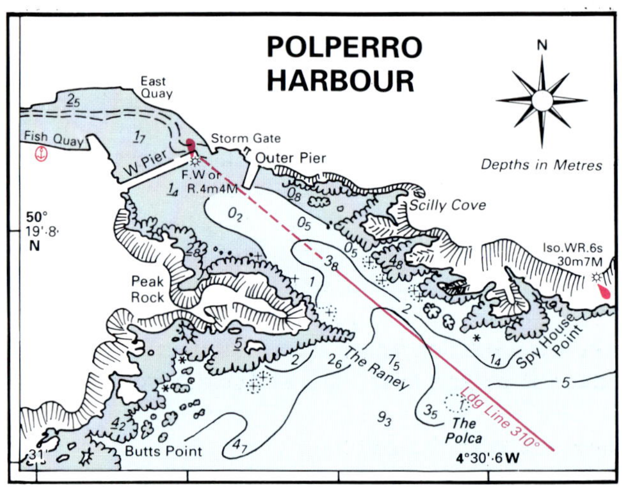

Die Hafeneinfahrt von Looe Harbour fällt bei NW zwischen dem Kopf der Pier (weißes Band) und Chimney Rocks (links) trocken.

Looe Harbour.

Die Tiefen am Ankerplatz vor dem Hafen reichen von 4,6 m bis zur trockenfallenden Einfahrt.

Lage und Umgebung

Diese geradezu „klassisch“ kornische Ortschaft erlebte ihre Glanzzeit, als die Bewohner ihren Lebensunterhalt noch mit Schmuggel verdienten. Heute wird das Einkommen des Fischerhafens zu einem guten Teil vom Tourismus aufgebessert.

Der Hafen liegt im Scheitel einer schmalen Bucht, die sich nach SE öffnet; die äußere Mole erstreckt sich etwa 1,5 kbl seewärts. Die Hafeneinfahrt, die weniger als 10 m breit ist, kann bei schwerem Wetter mit einem hydraulisch betriebenen Tor geschlossen werden. Die derzeit aktuelle Seekarte des Hafens basiert auf Original-Vermessungen der beiden Royal Navy-Kapitäne Williams und Bells von 1857! Daß sich seitdem kaum etwas geändert hat, konnten Fischer mehr als 130 Jahre später bestätigen. Außer bei Winden aus S oder SE ist der Schutz an den äußeren Moorings gut. Aber auch bei starkem Schwell kann es hier äußerst ungemütlich werden. Der Innenhafen bietet hervorragende Liegeplätze, an denen die Yacht bequem trockenfallen kann; ausgenommen bei schwerem Wetter mit Winden aus den bereits erwähnten Richtungen.

Ansteuerung und Einfahrt

Die Ansteuerung erfolgt aus SE-licher Richtung, sobald die Hafenmolen in Sicht kommen. Wie aus dem Hafenplan ersichtlich, lauert The Raney (fällt 0,8 m trocken) vor der Huk an der W-Seite der Einfahrt, und an der E-Seite am Fuß des Spy House Point liegen weitere Felsen. Mit Ausnahme einer felsigen Untiefe namens „East Polca“, die sich etwa 0,5 kbl SSW-lich der Einfahrt befindet, ist das Wasser bis zur schmalen Einfahrt in die Bucht tief. Auch wenn die WT bei East Polca nur 1 m beträgt, stellt die Untiefe bei gutem Wetter und ausreichend Tidenhub kein Problem dar. Ein weiteres Riff, etwa 30 m NE-lich von The Raney, braucht von den meisten Yachten, die klein genug

Polperro.

sind, um Polperro überhaupt anlaufen zu können, ebenfalls nicht beachtet zu werden, da 2,5 m Wasser darüber stehen. Bei frischen Winden aus S oder SE bzw. wenn Brandung in die Bucht steht, wird die Einsteuerung gefährlich, auch wenn die Bucht selbst von SW über W bis NE geschützt ist.
Wenn der Kopf der W-Mole in Linie mit dem Kopf der Außenmole 310° peilt, bleibt man in der Mitte der Bucht, von allen Gefahrenstellen frei und passiert N-lich der untiefsten Stelle von East Polca.
Die Außenmole bleibt mit gutem Abstand an Stb., während man in der Fahrwassermitte zwischen den beiden Innenmolen einläuft. Ein schwarzer Ball auf dem Kopf der W-Mole (nachts F.R) bedeutet, daß der Hafen geschlossen ist. Ist die Einfahrt offen, wird ein weißes Feuer gezeigt. Ortsfremde sollten auf gar keinen Fall versuchen, nachts einzulaufen.

Anker- und Liegeplätze
Der Ankerplatz vor dem Hafen reicht gerade für eine kleine Yacht aus. Der Tiefwasserbereich ist nur 25 m breit, und sollte einem diese Möglichkeit nicht zusagen, kann man eine der Mooringtonnen, die für Yachten bestimmt sind, die auf die nächste Flut warten und die seeseitig der Außenmole ausgelegt sind, aufnehmen. Die Festmachetonnen im Hafen sind den Einheimischen vorbehalten; hier kann man aber entlang des E-Kais unmittelbar hinter der Einfahrt festmachen und sich trockenfallen lassen. Es ist nicht verkehrt, wenn man sich im Hafenbüro, das sich beim Fischmarkt am W-Ufer befindet, meldet.

Versorgung
Lebensmittel, Banken und Pubs. Toilette gegenüber dem E-Kai. Wasser am Kai. Benzin per Kanister von der Tankstelle. Die Wartezeit bis zur nächsten Flut kann man sich mit einem Besuch im Schmuggler-Museum verkürzen.
Im „The Blue Peter“, der sich einen Häuserblock hinter der W-Mole befindet, wird ein phantastisches Bier ausgeschenkt, dem man bei hervorragendem Blues zusprechen kann. Durch die niedrigen Fenster des Pubs hat man einen schönen Blick auf die pittoreske „Piraten-Szenerie“ von Polperro. Zwei- oder dreihundert Meter die Hauptstraße hinauf ist das „Cottage Restaurant“, das erstklassige einheimische Fischgerichte und exzellenten Service bietet.

Fowey

Gezeiten
HW -0540 Dover

MSpHW	MSpNW	MNpHW	MNpNW
5,4 m	0,6 m	4,3 m	2,0 m

Wassertiefen
Der gesamte Hafen bietet Tiefwasser, und auch der Fluß Fowey ist bis 3 kbl oberhalb von Wiseman Point tief. Vor dem Ufer von Polruan sind die WT geringer, für die meisten Yachten aber vollkommen ausreichend. Wegen der Moorings sind Pont Pill und Mixtow Pill auf 2 m Tiefe gebaggert. Flußaufwärts von Wiseman's Reach nehmen die Tiefen ab; bei ausreichendem Tidenhub können Schwertboote aber noch bis hinauf nach Lostwithiel gelangen.

Lage und Umgebung
Fowey ist ein großartiger, geschäftiger Hafen, dessen Lebenskraft zu fast gleichen Teilen auf Handels- und Sportschiffahrt beruht. Im Mittelalter konnte man sich darauf verlassen, daß Fowey mehr Schiffe und bewaffnete Männer zur Unterstützung des jeweiligen Königs stellte als irgendein anderer Hafen im W des Kanals. Später kam der Ort durch Freibeuterei, Piraterie und Schmuggelei zu Ruhm. Fowey hat viele bedeutende Schriftsteller inspiriert; darunter Sir Arthur Quiller-Couch, Kenneth Grahame (Der Wind in den Weiden) und Daphne du Maurier, deren erster Roman „Die Frauen von Plyn“ angeblich um die alte Werft Slade's Yard in Polruan spielen soll, die noch heute unter ihrem derzeitigen Besitzer Tom erfolgreich

Der Hafen von Fowey, Polruan rechts im Bild.

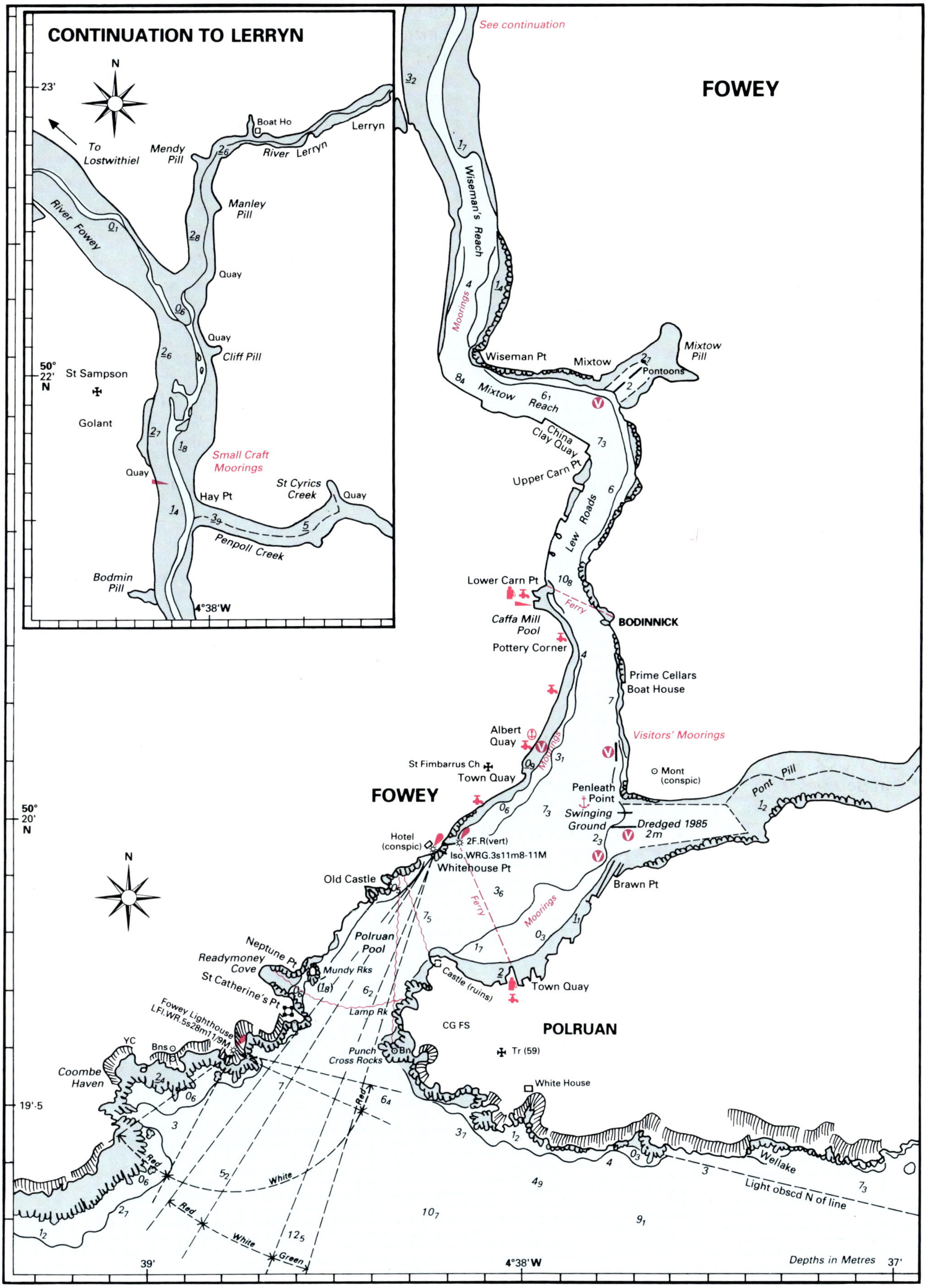
CONTINUATION TO LERRYN
N
23'
To Lostwithiel
Mendy Pill
Boat Ho
Lerryn
River Lerryn
Manley Pill
River Fowey
Quay
Quay
Cliff Pill
50° 22' N
St Sampson
Golant
Small Craft Moorings
Quay
St Cyrics Creek
Quay
Hay Pt
Penpoll Creek
Bodmin Pill
4°38'W
See continuation
FOWEY
Wiseman's Reach
Moorings
Wiseman Pt
Mixtow
Mixtow Pill
Pontoons
Mixtow Reach
China Clay Quay
Upper Carn Pt
Lew Roads
Lower Carn Pt
Ferry
BODINNICK
Caffa Mill Pool
Pottery Corner
Prime Cellars Boat House
Albert Quay
Visitors' Moorings
St Fimbarrus Ch
Town Quay
Mont (conspic)
Pont Pill
Penleath Point
Swinging Ground
Dredged 1985 2m
FOWEY
50° 20' N
Hotel (conspic)
2F.R(vert)
Iso.WRG.3s11m8-11M
Whitehouse Pt
Old Castle
Brawn Pt
Ferry
Moorings
N
Neptune Pt
Readymoney Cove
Polruan Pool
Mundy Rks
St Catherine's Pt
Castle (ruins)
Town Quay
Lamp Rk
Fowey Lighthouse LFl.WR.5s28m11/9M
CG FS
POLRUAN
YC
Bns
Punch Cross Rocks
Bn
Tr (59)
Coombe Haven
White House
19'.5
Red
Wellake
Light obscd N of line
Red
White
Red
White
Green
39'
4°38'W
Depths in Metres
37'

Ansteuerung von Fowey: Kardinaltonne S „Cannis Rock", 0,5 sm SW-lich vor Gribbin Head, auf dem ein weißer Turm mit roten Bändern steht. Der Hafen von Fowey liegt 1,5 sm NE-lich davon.

schwere Fischerboote aus Holz baut. Überträgt man den Namen „Slade", findet man auf dem Friedhof von Lanteglos – ein wunderschöner Spaziergang an einem langen Sommernachmittag – oberhalb von Polruan noch immer viele von Mauriers Figuren.

Der Schutz des Hafens, der bei jedem Wetter angelaufen werden kann, ist gut; bei Ebbstrom und auflandigem Starkwind ist die Ansteuerung allerdings eine rauhe Angelegenheit. Bei frischen S-lichen oder SW-lichen Winden steht Seegang hinein, der das Liegen im unteren Teil des Hafens recht ungemütlich macht.

Ansteuerung und Einfahrt

Fowey ist von See her leicht auszumachen – dank einem rot-weißen, 25,4 m hohen Turm, der sich auf Gribbin Head, etwa 1,25 sm SW-lich der Einfahrt, 71 m über dem Meer erhebt und eine unverwechselbare Landmarke bildet. Bei der Ansteuerung aus E ist der Udder Rock (fällt 0,6 m trocken) 3 sm E-lich der Einfahrt und mit einer unbefeuerten Glockentonne mit Kardinalzeichen S bezeichnet, eine Gefahrenstelle.

Befindet man sich bei der Nachtansteuerung im roten Sektor des Leuchtturms Fowey (LFl.WR.5s28m11/9M), steht man S-lich des Riffs. Das Feuer begrenzt nach N den sicheren Kurs.

Trockenfallende Felsen unmittelbar vor Pencarrow Head sind die einzige Gefahrenstelle zwischen Udder Rock und der Einfahrt.

Etwa 4 kbl SE-lich von Gribbin Head befindet sich der Cannis Rock (fällt 4,3 m trocken). Weitere Gefahrenstellen erstrecken sich S-lich der Huk bis zum Riff, die mit einer befeuerten Glockentonne mit Kardinalzeichen S bezeichnet sind. Um sich von den Riffen freizuhalten, hält man das Kreuz auf Dodman Point S-wärts offen vom 8 m hohen Gwineas Rock. Wenn man die Tonne *Cannis Rock* bei Dunkelheit verfehlt hat, steuert man im weißen Sektor des Leuchtturms Fowey (s.o.), dessen W-licher roter Sektor eben E-lich der Tonne sichtbar wird, und bleibt so frei von allen Gefahrenstellen.

Von W kommend, kann man in die Hafeneinfahrt eindrehen, sobald die *Cannis*-Tonne passiert ist. Bis dicht vor die Einfahrt sollte man zum W-Ufer aber guten Abstand halten, da hier Riffe lauern.

In der schmalen Hafeneinfahrt gibt es folgende Gefahrenstellen: Das Riff, Punch Cross, an der E-Seite der Einfahrt ist mit einer weißen Bake bezeichnet, die man mit wenigstens 60 m Abstand passieren sollte; Lamp Rock, ebenfalls mit einer weißen Bake markiert, liegt etwa 1 kbl weiter flußaufwärts und die Mundy Rocks an der gegenüberliegenden W-Seite.

Nachts führt der weiße Sektor des Leitfeuers auf Whitehouse Point (Iso.WRG.3s) sicher durch die Einfahrt. Eine Nachtansteuerung ist durchaus möglich, doch sollte man als Besucher genau wissen, wohin man möchte, wenn man erst im Hafen ist. Von den beiden roten Festfeuern (vert) abgesehen, die den Kopf des kurzen Anlegers der Polruan-Fähre ENE-lich von Whitehouse Point bezeichnen, gibt es keine weiteren verwendbaren Feuer.

Ankerplätze und Moorings

Hafen und Fluß werden vom Fowey-Hafenmeister beaufsichtigt. Sein Büro ist telefonisch (Tel. 01726-832471) zu erreichen, in jedem Fall meldet man sich aber entweder auf UKW-Kanal 12, Ruf: Fowey Harbour Radio (während der Dienstzeiten) oder auf UKW-Kanal 12, Ruf: Fowey Harbour Patrol (09.00–20.00 Uhr).

Kurzeitiges Festmachen bis zu 2 Std. ist vor dem Hafenbüro am Ankunftsschlengel am Albert Quay möglich. Wird dieses Sonderrecht mißbraucht, können empfindliche Strafen drohen, die bis zum Fünffachen der normalen Liegegebühr pro Tag reichen.

Oberhalb von Pont Pill sind an der E-Seite deutlich markierte gelbe und weiße Mooringtonnen sowie ein 30 m langer Schwimmsteg für Gastyachten ausgelegt. Einen ähnlichen Schlengel findet man auch in Pont Pill, wo es außerdem Moorings für Gäste gibt, an denen mit Bug- und Heckleinen festgemacht wird. Eventuell muß man im Päckchen liegen.

Ein weiterer Schlengel für Gastyachten befindet sich an der Einfahrt nach Mixtow Pill oberhalb von Bodinnick. Hier benötigt man für den Landgang zwar ein Dingi oder Wassertaxi, liegt dafür aber auch dann noch in absolut ruhigem Wasser, wenn es im unteren Hafenteil schon recht ungemütlich wird.

Yachten mit mehr als 12,5 m Lüa sollten sich vor dem Festmachen vom Hafenmeister oder der Hafenpolizei einen geeigneten Liegeplatz zuweisen lassen.

Ankerlieger werden hier nicht gern gesehen, aber abhängig vom Platzbedarf der Berufsschiffahrt ist es mit Genehmigung manchmal möglich, den Swinging Ground vor Pont Pill am Rande der Moorings zum Ankern zu benutzen.

Früher war Wiseman's Reach ein bevorzugtes Schwerwetter-Schlupfloch, nun wird dieser Bereich von einer Vielzahl von Moorings belegt, einige davon werden vom FHC (1 Gastmooring) verwaltet. Kimmkieler können aber immer noch hindurchschlüpfen und sich irgendwo flußaufwärts ein verschwiegenes Plätzchen im Schlick suchen.

Versorgung

Wassertaxi (UKW-Kanal 06). Wasser am Ponton am Albert Quay oder aus einem Hahn in Polruan. Treibstoff vom Bunkerfahrzeug „Fowey Refueller“ (UKW-Kanal 10 oder 16) oder per Kanister von der Tankstelle in der Lostwithiel Street in Fowey. Treibstoff für Außenborder und Diesel gibt es am Polruan Quay. Reparaturen an Außenbordern bei J.A. Marine. Butangas und Camping GAZ bei Upper Deck am Albert Quay. Camping GAZ gibt es auch beim Ausrüster am Polruan Quay. Banken in Fowey. Post in Fowey und Polruan. Größere Reparaturen und Auflegen bei Tom's (Tel. 870232) in Polruan, der auch Service für Bootsmotoren bietet. Außerdem Fowey Boatyard, Passage Street. Ganz in der Nähe ist ein Waschsalon. Entsorgungsmöglichkeit von Altöl und öligem Wasser bei der Werft FHC's Brazen Island Yard in Polruan. Abwasser-Entsorgung bei Berrill's Yard, wo der FHC weitere Versorgungsmöglichkeiten aufbauen will, wie Waschgelegenheit, Duschen, Trockner etc. sowie einen weiteren Schlengel mit Wasseranschluß.

Verkehrsverbindungen

Busse nach Par und Hauptstrecke der Bahn.

Charlestown

Gezeiten

HW etwa -0555 Dover

MSpHW	MSpNW	MNpHW	MNpNW
5,1 m	0,6 m	4,0 m	1,8 m

Die angegebenen Tidenhübe beziehen sich auf den Nachbarhafen Par, wo Kaolin (Porzellanerde) geladen wird. Charlestown ist ähnlich, aber nicht identisch.

Wassertiefen

Die Ansteuerung fällt trocken (0,9 m), mit trockenfallenden Stellen von 1,2 m unmittelbar außerhalb des Außenhafens. Die WT im Innenhafen ist für kleine Handelsschiffe ausreichend.

Lage und Umgebung

Der Hafen von Charlestown, der im 19. Jh. künstlich angelegt wurde, ist im Privatbesitz. Er wirkt etwas rauh, ist aber bis heute fast vollständig im Originalzustand erhalten geblieben und daher recht interessant. Bis heute wird der Hafen immer noch von kleinen Berufsschiffen angelaufen, um Porzellanerde zu laden. Die Einfahrt und die Ansteuerung fallen trocken; durch eine Dockschleuse kann man aber in ein Flutbecken gelangen. Im Hafen liegt man vollkommen geschützt; bei auflandigen Winden oder küstenwärts laufender See sollte man aber von der Einsteuerung absehen, da sich in solchen Fällen der Außenhafen in eine „Waschmaschine“ verwandelt.

Ansteuerung und Einfahrt

Bei der Ansteuerung der St. Austell Bay aus SW ist Charlestown E-lich von St. Austell zu erkennen. Die optimale Einsteuerung erfolgt mit einem Kurs von 287°, wobei der weiße Fleck an der W-Mole des Außenhafens mit der rechten Kante einer Reihe von Cottages, die über die Molenköpfe hinwegragen, zur Deckung gebracht wird. Auf diesem Richtkurs bleibt man von den Riffen beiderseits der Einfahrt frei. Im Außenhafen dreht man nach Stb. ein und hält auf das Schleusentor zu. Wenn man einen Liegeplatz im Innenhafen haben möchte, muß dies 24 Std. vor dem Einlaufen telefonisch oder über UKW-Kanal 14 mit dem Hafenmeister (Tel. 01726-67526) vereinbart werden. Geschleust wird gemeinsam mit anderen Schiffen.

Keine Ansteuerung bei Nacht versuchen, auch wenn auf dem S-lichen Anleger ein rotes Festfeuer, auf dem N-lichen ein grünes Festfeuer brennt. Das Schleusentor wird normalerweise 2 Std. vor HW geöffnet, wenn Handelsschiffe erwartet werden. Folgende Verkehrssignale werden gezeigt:

Grünes Feuer bei Nacht oder rote Flagge am Tag – der Hafen ist offen.

Rotes Feuer bei Nacht oder schwarzer Signalkörper am Tag – der Hafen ist geschlossen.

Für Gastyachten gibt es zwar ein paar Liegeplätze längsseits des Kais, man kann aber auch gleich E-lich der Molen ankern und mit dem Dingi an Land rudern. Pub und verschiedene andere Versorgungsmöglichkeiten.

Mevagissey

Gezeiten

HW -0600 Dover

MSpHW	MSpNW	MNpHW	MNpNW
5,4 m	0,7 m	4,3 m	2,0 m

Wassertiefen

Entlang des äußeren Kopfes der South Pier beträgt die WT mehr als 2 m, und selbst am Fuß der Pier findet man noch mindestens 1,5 m Tiefe. Von 2,5 m im Einfahrtsbereich nehmen die WT zum felsigen Ufer hin ab; binnenwärts einer Linie zwischen der Sliprampe des Rettungsbootes und einem Punkt, der 25 m vom Kopf der W-Mole entfernt ist, fällt der Hafen trocken.

Der Innenhafen, der für Gastyachten nicht zugänglich ist, fällt vollständig trocken.

Lage und Umgebung

Mevagissey bietet das Bild eines vollkommenen kornischen Fischerhafens. Kein Wunder also, daß sich hier im

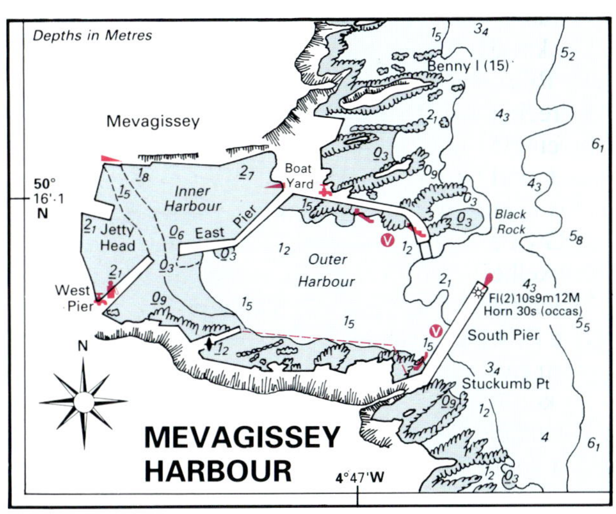

Par.

Charlestown: Die Schleuse ist an der rechten Seite des Außenhafens zu erkennen (oben). Mevagissey, ein typisch kornischer Fischerhafen.

Sommer Schwärme von Touristen tummeln. Die Geschäftemacherei, die mit solchen Erscheinungen einhergeht, konnte dem malerischen Zauber des Ortes, in dessen Hafen noch immer eine veritable Flotte von Fischerbooten beheimatet ist, nichts anhaben.
Fischerei ist denn auch immer noch die Hauptfunktion des Hafens. Je nach Tiefgang der Yacht und Gezeitenstand können Gastyachten in den Außenhafen einlaufen; besondere Ermunterungen dazu – wie z. B. zahlreiche Gastliegeplätze – gibt es jedoch nicht. Durch die Landabdeckung ist der Hafen gut vor Winden aus aus SSW bis NW geschützt. Von schwerem Wetter abgesehen, bietet die North Pier etwas Schutz nach N; bei E-lichen Winden steht Schwell in den Hafen. Bei auflandigen Starkwinden ist der Schutz des Hafens dürftig, und die Ansteuerung kann recht gefährlich werden. Die nächstgelegenen Zufluchtshäfen sind Fowey (7 sm) und Falmouth (14 sm).

Ansteuerung, Einfahrt und Liegeplätze

In der Ansteuerung gibt es bis auf Gwineas Rock im SSE keine Gefahrenstellen. Auch wenn es möglich ist, diesen Felsen binnenwärts zu passieren, sollten Ortsunkundige, die keine großmaßstäbigen Seekarten an Bord haben, E-lich der befeuerten Kardinaltonne E, die diese Felsgruppe bezeichnet, passieren.
Bei der Ankunft vor dem Hafen hält man auf den weißen Leuchtturm (Fl(2)10s9m12M) auf der South Pier zu. Der Hafen sollte nicht aus N oder NE angesteuert werden, da sich E-lich der North Pier der Black Rock Sand (fällt 0,3 m trocken) erstreckt. Man läuft zwischen den beiden Molen ein und sucht sich einen Liegeplatz; für gewöhnlich längsseits der South Pier. Manchmal muß man auch bei einer anderen Yacht oder nach Absprache an einem Fischerboot längsseits gehen. Ankern ist im Hafen verboten, gelegentlich ist aber eine Mooringtonne frei. Da der Platz so stark begrenzt ist, werden Gastyachten, falls das Wetter es zuläßt, gebeten, im Ansteuerungsbereich zu ankern. Hat man den Hafenmeister über Funk nicht erreicht, meldet man sich nach der Ankunft in seinem deutlich bezeichneten weiß getünchten Büro auf der North Pier. Das Hafenbüro ist auf UKW-Kanal 16 oder unter der Tel.-Nr. 01726-843305 (außerhalb der Dienstzeit 842406) zu erreichen.

Versorgung

Für Yachten gibt es Wasser und Treibstoff an der South Pier. Eine hervorragende traditionelle Werft, Waschsalon, Geschäfte, Banken (nur im Sommer geöffnet), Pubs, Cafés, Restaurants und ein kleines Fischerei-Museum.

Verkehrsverbindungen

Busverbindung nach St. Austell und zu dessen Bahnhof.

Portmellon

0,5 sm S-lich von Mevagissey öffnet sich die kleine Bucht Portmellon, zwischen deren Huken man einen guten Ankerplatz für einen kurzen Stopp findet. Man tastet sich vorsichtig in die Bucht hinein und sucht sich einen geeigneten Platz aus. Dieser Ankerplatz sollte nur bei gutem Wetter und ablandigem Wind angelaufen werden.

Falmouth und die Fal-Mündung mit Truro, St. Mawes und Penryn

Gezeiten

HW -0558 Dover

MSpHW	MSpNW	MNpHW	MNpNW
5,4 m	0,6 m	4,3 m	2,0 m

Lage und Umgebung

Falmouth gehört zu den besten Allwetter-Häfen der Britischen Inseln, der unter allen Bedingungen angelaufen werden kann. Bis auf schwere E-Stürme ist der Innenhafen bei jedem Wetter geschützt. Aber selbst bei solchen Stürmen bietet die Falmouth Yacht Marina immer noch Schutz, und vor St. Mawes hat man dann eine gute Windabdeckung. Der Fluß Fal bietet eine Reihe von Hurrikan-Schlupflöchern, in denen man jede Art garstiger Stürme in Ruhe und Frieden an sich vorbeiziehen lassen kann.
Die Stadt Falmouth hat ebenso wie die dazugehörigen Creeks und umliegenden Dörfer eine lange Seefahrtstradition. Jahrhundertelang wurde von hier aus Post ins Ausland versandt. Die Lokalzeitung erfreut sich heute wohl deshalb ihres illustren Namens „The Falmouth Packet". Und es ist noch gar nicht so lange her, daß Windjammer aus aller Welt auf der Reede von Carrick Roads vor Anker gingen, um auf die Order ihrer Agenten zu warten, wo sie ihre Ladung löschen sollten. Schließlich konnte die Ladung während der langen Reisen zum Zielhafen „Falmouth for Orders" zwei- bis dreimal weiterverkauft werden.
Falmouth hat einen wirtschaftlich blühenden Handelshafen, zu dem u.a. eine Flotte von Oyster Dredgers (Austern-Schleppnetzbooten) gehört, die immer noch unter Segeln fahren. Überhaupt kommen hier Liebhaber traditioneller Segelschiffahrt voll auf ihre Kosten: Während der Sommermonate finden mehrmals die Woche Regatten statt, an denen die schönsten Gaffelsegler Britanniens teilnehmen.
Falmouth ist außerdem ein beliebter Absprunghafen für Atlantiküberquerungen, aber auch Ausgangshafen für weniger ehrgeizige Fahrten. Ein 100 sm-Törn von hier hinüber nach Quessant ist für alle Solent-Segler ein Vergnügen, die sich normalerweise „250 sm Schlick an Luv" gegenüber sehen.

Ansteuerung und Einfahrt

Selbst bei den heftigsten Stürmen aus W sind die Ansteuerungen von Falmouth gut geschützt.
Langanhaltende Winde aus E erzeugen eine kabbelige See, die recht unerfreulich sein kann. Das Befahren des Reviers ist dann zwar gefahrlos, aber man hat wenig Freude daran.
Die Einfahrt befindet sich zwischen Pendennis Point mit der markanten Burg darauf und St. Anthony Head (19 m hoher, weißer Turm, Oc.WR.15s22/20M). Bei der Ansteuerung aus S und W gibt es keine Gefahrenstellen, wenn man die Kardinaltonne E Manacles erst an Bb. hinter sich gelassen hat. Hat man Schwierigkeiten, die Tonne auszumachen: Der rote Sektor des Leuchtturms St. Anthony Head deckt die Manacles ebenfalls ab. Von E kommend, kann man noch bis zu 1,5 sm vor Dodman auf überbrechende Seen treffen, die sich über den 6–7 m tiefen

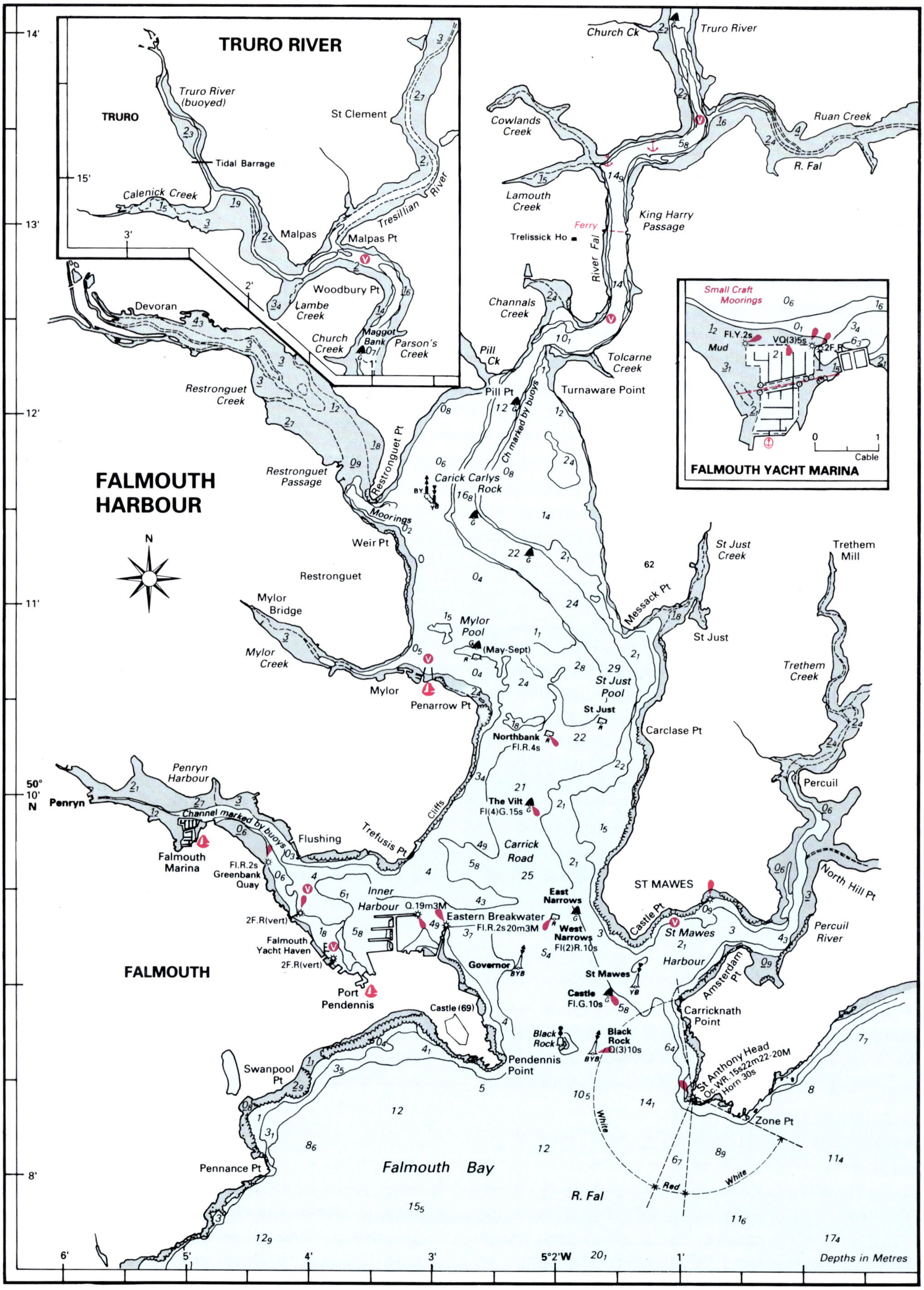
TRURO RIVER
TRURO
Truro River (buoyed)
St Clement
Tidal Barrage
Calenick Creek
Malpas
Malpas Pt
Tresillian River
Woodbury Pt
Lambe Creek
Church Creek
Maggot Bank
Parson's Creek
FALMOUTH HARBOUR
Devoran
Restronguet Creek
Restronguet Passage
Restronguet Pt
Moorings
Weir Pt
Restronguet
Mylor Bridge
Mylor Creek
Mylor
Mylor Pool
Penarrow Pt
Penryn Harbour
Penryn
Channel marked by buoys
Flushing
Trefusis Pt
Cliffs
Falmouth Marina
Fl.R.2s
Greenbank Quay
Inner Harbour
Q.19m3M
Eastern Breakwater
Fl.R.2s20m3M
Falmouth Yacht Haven
2F.R(vert)
FALMOUTH
Port Pendennis
Castle (69)
Pendennis Point
Swanpool Pt
Pennance Pt
Falmouth Bay
R. Fal
Church Ck
Truro River
Cowlands Creek
Ruan Creek
R. Fal
Lamouth Creek
King Harry Passage
Ferry
Trelissick Ho
River Fal
Channals Creek
Pill Ck
Pill Pt
Tolcarne Creek
Turnaware Point
Ch marked by buoys
Carick Carlys Rock
St Just Creek
Trethem Mill
Messack Pt
St Just
Trethem Creek
St Just Pool
Northbank
Fl.R.4s
Carclase Pt
The Vilt
Fl(4)G.15s
Carrick Road
Percuil
St Mawes
East Narrows
West Narrows
Fl(2)R.10s
Governor
Castle Pt
St Mawes Harbour
Amsterdam Pt
North Hill Pt
Percuil River
Castle Fl.G.10s
Black Rock
Q(3)10s
Carricknath Point
St Anthony Head
Oc.WR.15s22m22-20M
Horn 30s
Zone Pt
White
Red
Depths in Metres
5°2'W
50° 10' N
FALMOUTH YACHT MARINA
Small Craft Moorings
Fl.Y.2s
VQ(3)5s
2F.R
Mud
Cable

Felsbänken „The Field“ und „The Bellows“ aufbauen. Bis zu 3 kbl SSW-lich von Gull Rock (38 m hoch, eben E-lich von Nare Head) erstrecken sich „The Whelps“, die trockenfallen (4,6 m). Die „Bizzies“ (3,7 m und 4,6 m) liegen 2,5 sm NE-lich von St. Anthony Head und dehnen sich bis zu 1 sm ESE-lich von Greeb Point aus.
Bis auf den Black Rock, der dummerweise eben W-lich der Einfahrtsmitte liegt, lauern in der Einfahrt keine Gefahren. Der Black Rock, der bei Ebbe aus dem Wasser ragt, wird von einer unverwechselbaren schwarzen Bake mit zwei schwarzen Bällen als Toppzeichen markiert. Vorausgesetzt, es wird ein respektvoller Abstand gehalten, können Yachten beiderseits des Felsens passieren. Die untiefen Bereiche erstrecken sich bis zu 0,5 kbl N-lich und S-lich davon; eine Stelle mit 2,1 m (KN) dehnt sich fast 1 kbl E-wärts. Läßt man die dazugehörige befeuerte Kardinaltonne E an Bb., ist man auf der sicheren Seite. Nach Einbruch der Dunkelheit ist dieser Kurs für Ortsfremde in jedem Fall angeraten, da der Black Rock unbefeuert ist. Danach trifft man auf die Tiefwasserrinne, die durch verschiedene Hauptfahrwasser-Bezeichnungen markiert ist (s. Plan).
Bei der Ansteuerung von St. Mawes bleibt die grüne Tonne *Castle* (Fl.G.10s) mit gutem Abstand an Bb., während man nach der kleineren unbefeuerten Kardinaltonne S *St. Mawes* Ausschau hält. Sie bezeichnet den Lugo Rock (0,6 m) und sollte je nach Tiefgang der Yacht und Gezeitenstand an Bb. bleiben.
Beim Einlaufen in den Innenhafen von Falmouth lassen die meisten Gastyachten die Kardinaltonne E *Governor* an Bb., obwohl das nur bei sehr tiefgehenden Yachten wirklich notwendig wäre.
Anschließend rundet man den East Breakwater (2F.R.vert) und den North Arm der Queen's Jetty (Q). Nun steuert man einen W-lichen Kurs, bis sich die Einfahrt zum Innenhafen hinter dem Kopf des Queen's Jetty öffnet und hält dann in SW-licher Richtung auf den gewünschten Liegeplatz zu.
Wenn man zur Penryn River und der Falmouth Yacht Marina will, wird der East Breakwater und der North Arm, wie oben beschrieben, gerundet, bevor man auf einen WNW-lichen Kurs in Richtung Greenbank Quay geht, wobei der Pulk von Moorings an Bb. bleibt. Durch den Schriftzug des Greenbank Hotels, der in großen Buchstaben an die Mauer gemalt wurde sowie den Royal Cornwall Yacht Club eben S-lich davon, ist der Kai nicht zu verfehlen. Zwischen Greenbank und Flushing bleibt man in der Fahrwassermitte, bis die roten und grünen Fahrwassermarkierungen auszumachen sind, die flußaufwärts führen.
Bei halb aufgelaufener Flut ist es für die meisten Yachten kein Problem, in den Fal einzulaufen; zumal es im weiträumigen Teil des oberen Hafens außerhalb der Creeks keine trockenfallenden Bereiche gibt. Wahrschau vor dem Carick Carlys Rock (fällt 0,8 m trocken), der 3 kbl E-lich von Restronguet Point lauert. Er wird durch die beiden unbefeuerten Kardinalbaken S und N bezeichnet, die aber nicht immer leicht auszumachen sind. Die mit grünen Leuchttonnen bezeichnete Fahrrinne bietet bei jedem Tidenstand so große WT, daß ihr selbst tiefgehende Schiffe von Carrick Road flußaufwärts getrost bis Maggoty Bank folgen können. Ob man nun das Fahrwasser benutzt oder nicht, aus Sicherheitsgründen sollte die kleine befeuerte grüne Tonne (Fl.G.5s) NW-lich von Turnaware Point an Stb. bleiben, um die sich zwischen ihr und der Huk erstreckende trockenfallende Untiefe zu umgehen. Oberhalb von Turnaware Point fährt man bis nach Ruan Creek in der Fahrwassermitte. Danach hält man sich mehr zum E-lichen Ufer, bis die Tonne *Maggoty Bank* zu erkennen ist. Nachdem diese an Stb. passiert ist, kehrt man in die Fahrwassermitte zurück. Bis zu einem Punkt eben S-lich der Tonne beträgt die Mindesttiefe 2,1 m (KN).
Oberhalb von Maggoty Bank sind die Tiefen bis Malpas unterschiedlich; zwischen Malpas und Truro recht dürftig. Flachgehende Boote können aber, der Betonnung folgend, mit auflaufender Flut bis zur Stadt hinauf gelangen. Von 2 Std. vor bis 2 Std. nach HW ist Truro zu erreichen. Allen, die zwar die Vorzüge einer Stadt (inklusive einem großen Supermarkt dicht am Hafen) zu schätzen wissen, aber um den Kiel ihrer Yacht fürchten, sei ein Ankerplatz unterhalb von Maggoty Bank empfohlen, von dem aus man einen Dingitrip mit der Tide zur Stadt hinauf unternehmen kann. Die Fahrt ist problemlos und bietet einer Crew, die hier eingeweht festsitzt, eine willkommene Abwechslung.

Ankerplätze und Moorings

In Falmouth ankert man so vor dem Custom House Quay, daß mindestens 1 kbl Abstand zum Hafenbecken der Berufsschiffahrt bleibt. Auch wenn man hier eventuell wegen Schiffsverkehrs kurzfristig verholen muß, ist dies bis auf Starkwinde aus E oder SE ein bequemer und sicherer Liegeplatz. Auch N-liche Winde können gelegentlich den Hafen hinunterfegen. Die WT variieren zwischen 1,5 m und 2,5 m (KN). Zu den Docks hin nehmen die WT zu. Im Zweifelsfall meldet man sich auf UKW-Kanal 16, Arbeitskanal 12, Ruf: Falmouth Harbour Radio beim Hafenmeister oder fragt bei seiner Barkasse nach. In der Stadt gibt es eine kleine Marina (Falmouth Yacht Haven), die 40 Gastliegeplätze für Yachten bis zu 12 m Lüa und max. 1,8 m Tiefgang bietet. Der Hafenmeister kann über verfügbare Liegeplätze Auskunft geben.
Dingis können im Yacht Haven zurückgelassen werden. Zwischen Greenbank und der Prince of Wales Pier sind eine Reihe von Gastmoorings ausgelegt. *K1* bis *K6* und *T3* bis *T5* sind mit *FHC* gekennzeichnet, weitere 7 oder 8 mit *RCYC Visitor* (Gäste); sie werden vom Yachtclub unterhalten, der außerdem eine gute Sliprampe zum Anlanden und eine Barkasse (1000 – 1900 Uhr) hat, die auf UKW-Kanal 37 hörbereit ist. Oberhalb der Moorings, E-lich des Royal Cornwall Yacht Clubs, findet man einen Schlengel ohne Landzugang, an dem Gastyachten festmachen können. Bei geeigneten Bedingungen ist dies ein ruhiger Liegeplatz für Yachten bis 12 m Lüa.

Falmouth Marina

70 Gastliegeplätze. Die Ansteuerung erfolgt den Fluß Penryn hinauf, wobei darauf zu achten ist, daß man im bezeichneten Fahrwasser bleibt und ein Kardinalzeichen E, schwarz-gelbe Stange mit Kegeltoppzeichen (VQ(3)5s), ausmacht. Diese bleibt an Stb. und zwei rote Festfeuer oberhalb des N-lichen Kopfes eines privaten Schlengels an Bb. Dann steuert man auf den Ankunftsliegeplatz neben dem auffälligen Bunkerplatz zu, um Anweisungen zum Festmachen einzuholen. Man kann sich auch vor dem Ein-

Flushing: links der Anlegesteg.

Zwei Seemeilen flußaufwärts der Mündung: Mylor Yacht Harbour und die Moorings vor dem W-Ufer des Fal.

Ansteuerung von St. Mawes aus SW. Die grüne Leuchttonne „Castle" links, die Kardinaltonne S „St. Mawes" rechts vor der Ortschaft.

laufen auf UKW-Kanal 80 melden; das ist besonders ratsam, wenn die Yacht größer als 13 m Lüa ist. Oberhalb des Bunkerplatzes bezeichnet eine schwarz-gelbe Stange mit liegendem Kreuztoppzeichen (Fl.Y.2s) die NW-liche Kante der gebaggerten Fahrrinne. Auf dem letzten Abschnitt einer Nachtansteuerung hält man das Feuer dieses Seezeichens nach Bb. offen von der Kardinaltonne E.
Die WT an den äußeren Liegeplätzen ist für Yachten mit bis zu 2,4 m Tiefgang ausreichend.

St. Mawes

Man ankert vor dem Strand (bei HW überspült) an der N-Seite, so daß man gut frei von den Moorings und dem Fahrwasser der Fähre bleibt. Der St. Mawes Sailing Club hat im Percuil River drei Gastmoorings ausgelegt; die WT ist jedoch unsicher. Ohne genaue Ortskenntnisse sollte man besser erst beim Club anfragen (Tel. 01326-270686). Eventuell kann auch der Hafenmeister von St. Mawes (Tel. 01326-270553) mit einer Festmachetonne behilflich sein. Für flachgehende Yachten, die am Ankerplatz trockenfallen können, ist der Percuil ausgesprochen reizvoll. Wahrschau, hier gibt es Austernzuchtbänke.

Mylor

Der Mylor Yacht Harbour, an der S-Seite der Einfahrt zum Mylor Creek gelegen, hat vor den Schlengeln ein paar Moorings für Gastyachten ausgelegt. Während der Saison ist die Zufahrt von der Tiefwasserrinne aus mit roten und grünen Tonnen bezeichnet. Anmeldung auf UKW-Kanal 80, Ruf: Mylor Yacht Harbour während der Dienstzeit. Ansonsten macht man am äußeren Schlengel gut frei vom Bunkerplatz fest und fragt an Land nach. Der obere Teil des Creeks fällt trocken.

Restronguet

Tiefgehende Yachten können W-lich von Restronguet Point auf ca. 3 m WT ankern. Um den Ankerplatz sicher anlaufen zu können, muß die Höhe der Gezeit genau berechnet werden. Bei niedrigstmöglichem NW ist es egal, ob man den Carick Carlys Rock N-lich oder S-lich passiert: Die WT beträgt weniger als 1 m. Bei auflaufender Flut können flachgehende Yachten bis zum Schwimmsteg vor dem „Pandora Inn" am S-Ufer fahren (fällt ca. 1 m trocken). Der obere Teil des Creeks fällt trocken, und der Pool mit tiefem Wasser an der Einfahrt ist mit einheimischen Moorings voll belegt.

St. Just

Bei E-lichen Winden ankert man unmittelbar S-lich der Einfahrt des Creeks oder S-lich von Messack Point, gut

Falmouth: Blick flußaufwärts nach Penryn. Der Innenhafen ganz links, Greenbank Quay etwa in der Mitte des Fotos.

St. Mawes.

frei von den dortigen Moorings. An Stb.-Seite im Scheitel der schmalen Bucht kann man anlanden, und in der Nähe von Pascoe's Yard gibt es einen steinigen Strand. Im Sommer ist dieses Plätzchen außerordentlich schön.

River Fal

Nach Passieren von Turnaware Point, vor dessen N-Ausläufer eine kleine grüne Tonne liegt, die an Stb. bleiben *muß,* können Yachten mit entsprechendem Tiefgang in der Mündung des Channal's Creek ankern. Die Aussicht über die Rasenflächen hinweg zum Trelissick House ist einfach großartig! Flachere Boote können in der Einfahrt zum Tolcarne Creek einen trockenfallenden Liegeplatz finden; vor der Turnaware Bar ist ein Schlengel für Gastyachten im Tiefwasserbereich ausgelegt.

Etwa 1 sm oberhalb von Tolcarne, hinter der King Harry-Fähre zwischen einigen offensichtlich dauerhaft „eingemotteten" Handelsschiffen, macht der Fluß an der gemeinsamen Einfahrt zum Cowlands und Lamouth Creek eine scharfe Biegung nach E. Es ist ein Vergnügen, die beiden Creeks mit dem Dingi zu erkunden, während die Yacht – gut frei von den Moorings – auf ausreichender WT (Loten!) vor dem NW-Ufer ankert. Ankerboje nicht vergessen, denn die Grundgeschirre der Handelsschiffe, die bis dicht unter das Ufer heranreichen, können tückische Fallen stellen. Am S-Ufer 0,25 sm flußaufwärts steht das „Smugglers Cottage Restaurant" mit „Tea Shop". Unmittelbar oberhalb eines Schwimmstegs, der von Ausflugsbooten benutzt wird, sind Gastmoorings ausgelegt. Nach dem Festmachen kann man es sich im „Smugglers Cottage" gemütlich machen.

Der ***Ruan Creek*** ist bislang weitgehend unentdeckt geblieben. Flachgehende Yachten können sich im weichen Schlick trockenfallen lassen. Von Wasservögeln abgesehen stört hier absolut nichts die Ruhe.

Der folgende Wasserarm, Truro River, verläuft N-wärts auf die Maggoty Bank zu. Wer mag, kann hier ankern. Zum seichter werdenden W-Ufer hin muß gelotet werden. Die Tonne *Maggoty Bank* muß an Stb. bleiben. Oberhalb davon finden die meisten Yachten bis etwa 0,5 sm vor Malpas, wo die WT rapide abnimmt, ausreichend Raum zum Ankern. Ein auffälliger Schlengel, an dem flachgehende Boote gelegentlich einen Liegeplatz finden können, ist unterhalb der Werft in Malpas ausgelegt.

Malpas

Hier sind Moorings für Gastyachten ausgelegt, die mit V1, V2, V3 etc. gekennzeichnet sind.

Bis nach Truro hinauf ist das Fahrwasser lückenlos betonnt, und die Behörden sind sehr daran interessiert, daß Yachten zu einem Besuch nach Truro kommen und gern dabei behilflich, wenn ein größeres Boot die Fahrt den Fluß hinauf plant. Das Hafenbüro ist auf UKW-Kanal 12, Ruf: *Carrick One,* hörbereit. Der obere Flußabschnitt teilt sich in drei Arme, die alle „Sackgassen" sind. Im mittleren Arm kann man vor der Brücke oberhalb der Stufen an der Stb.-Seite festmachen. Das Hafenbüro, in dem man sich gemeldet haben sollte, bevor man im weichen Schlick trockengefallen ist, befindet sich am W-lichen Wasserarm. Bei den Stufen ist ein Pegel angebracht. Yachten mit geringem Tiefgang bleiben mehrere Stunden um HW herum aufgeschwommen.

Versorgung

In Falmouth und Penryn finden Skipper alles, was ihr Herz begehrt.

Wasser ist in beiden Marinas sowie im Mylor Yacht Harbour, am Town Quay, Truro, St. Mawes und Malpas erhältlich. Butangas- und Capmping GAZ-Flaschen können in der Falmouth Marina und bei Falmouth Chandlers in der Commercial Road in Penryn ausgetauscht werden. Treibstoff gibt es vom Bunkerboot „Ulster Industry", das gegenüber von Trefusis Point vermoort ist, in der Falmouth Marina (0700 – 2200 Uhr) und während der Saison im Falmouth Yacht Haven und Mylor Yacht Harbour. Duschen und Toiletten findet man in der Falmouth Marina, beim Royal Cornwall Yacht Club und dem St. Mawes Sailing Club. Einfache, nicht nach Geschlecht getrennte Duschen beim Custom House Quay. Waschsalons im Stadtzentrum, in der Falmouth Marina, Truro und Mylor Yacht Harbour.

Es gibt eine Reihe hervorragender Ausrüster sowie sehr gute Yachtwerften. Alle Versorgungsmöglichkeiten einer Stadt.

In Truro findet man alle Versorgungsmöglichkeiten inklusive Wasser, Abfallentsorgung, Duschen, Toiletten, Entsorgung von Chemietoiletten, Post, ein exzellentes Restaurant, Kinos und Geschäfte aller Art.

Verkehrsverbindungen

Bahnverbindung nach Truro, von dort Anschlüsse überall hin. Busverkehr.

Die Hauptstraße von Exeter nach Falmouth ist erstklassig ausgebaut; die Autofahrt ist zügig und führt den größten Teil der Strecke durch schöne Heidelandschaft.

Helford River

Gezeiten

HW -0613 Dover

Einfahrt

MSpHW	MSpNW	MNpHW	MNpNW
5,3 m	0,6 m	4,2 m	1,9 m

Wassertiefen

Tiefes Wasser im Ansteuerungsbereich, im Fluß nehmen die Tiefen 0,5 sm W-lich von Mawnan Shear bis auf 3,4 m ab, danach variieren sie. Vor Helford Point gibt es einen Pool mit tiefem Wasser. Zwischen diesem Punkt und dem Frenchman's Creek sollte man die WT auf der Seekarte genau studieren. Oberhalb von Frenchman's Creek nimmt die WT stetig ab; der obere Bereich von ca. 1 sm fällt trocken. Yachten mit bis zu 2 m Tiefgang können aber bei Springhochwasser bis hinauf zum Gweek Quay gelangen.

Lage und Umgebung

Der Helford River gehört zu den schönsten Revieren, die die englische Südküste zu bieten hat. Auch wenn die unteren Bereiche der Flußufer erschlossen und bebaut sind, hat

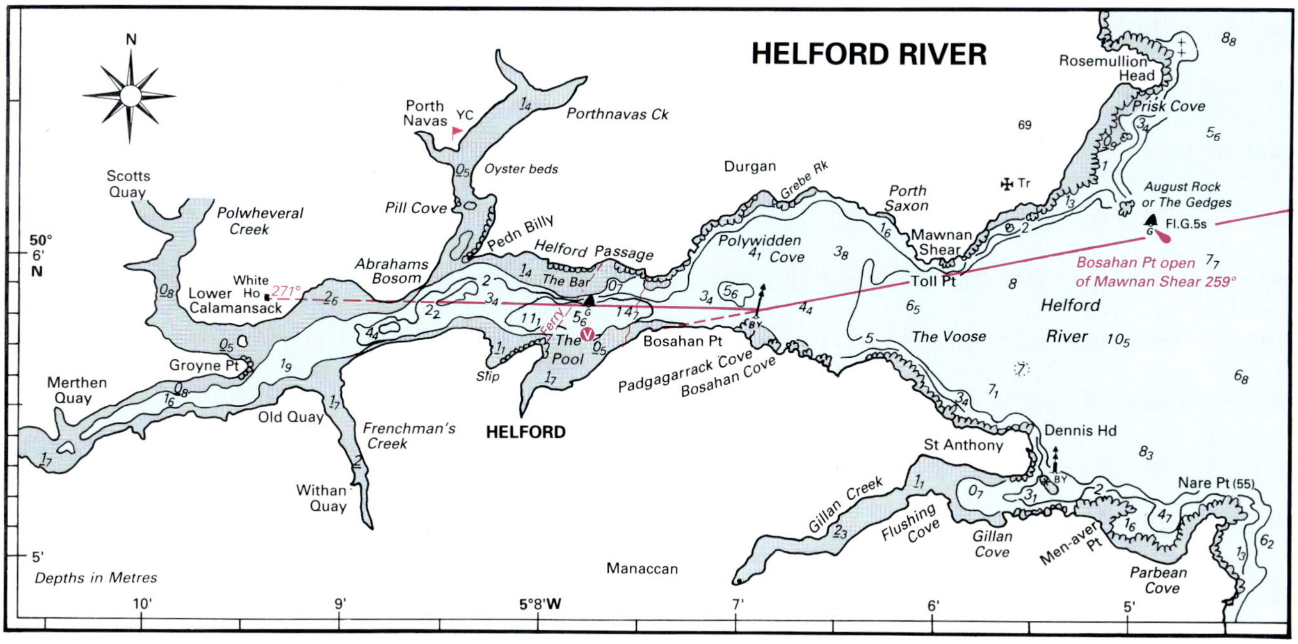

sich die Naturschönheit des Helford mit seinen Wäldern und den bezaubernden Creeks, die man mit dem Dingi erkunden kann, erhalten. Vor dem Besuch des Helford sollte man aber unbedingt den Roman „Die Bucht des Franzosen“ von Daphne du Maurier lesen, wenn man sich nicht um einen Teil des Vergnügens bringen möchte. So romantisch wie das Buch ist auch der Ort. Du Maurier hat die Atmosphäre wunderbar getroffen!

Der Schutz vor W-lichen Winden ist perfekt; aber bei Starkwinden aus E muß man sich auf eine unruhige Nacht einstellen, wenn man seinen Liegeplatz nicht ein gutes Stück flußaufwärts gewählt hat.

Ansteuerung und Einfahrt

Bei der Ansteuerung von Falmouth aus muß man sich von den gefährlichen Gedges Rocks, die mit einer grünen Spitztonne (Fl.G.5s) bezeichnet sind, gut frei halten. Die Tonne ist S-lich von Rosemullion Head im NE der Einfahrt ausgelegt und muß unbedingt an Stb. gelassen werden.

Von E kommend, hält man sich in der Mitte der Einfahrt, um Voose Rocks sicher an Bb. zu lassen. Diese Felsen sind mit einer unbefeuerten Kardinalbake N etwa 4 kbl. E-lich von Bosahan Point bezeichnet. Man fährt im schmalen Fahrwasser so, daß man der Untiefe, die sich an der N-Seite gegenüber dem Helford Creek erstreckt und mit einer grünen Tonne bezeichnet ist, ausweicht.

Bei der Ansteuerung aus W und S muß man sich von Nare Point und Dennis Head gut freihalten. Falls man die Absicht hat, Gillan Harbour anzulaufen, sollte man daran denken, daß der Felsen in der Einfahrt, der mit einer Kardinalbake E bezeichnet ist, weiter in der Bucht liegt, als man vermuten könnte. Zu beachten ist auch das ausgedehnte Felsriff (fällt 2,6 m trocken), das sich vor Menaver Point seewärts in alle Richtungen erstreckt. Leider sind die besten Stellen mit Moorings belegt, so daß nur flachgehende Yachten, die in den trockenfallenden Bereich einlaufen können, in den Genuß dieses schönen Hafens kommen.

Fährt man oberhalb des Frenchman's Creek den Helford River noch weiter aufwärts, teilt sich der Fluß eine gute sm oberhalb von Polwheveral Creek in zwei Arme; der S-liche führt nach Mawgan. Der N-liche Arm, der mit roten Stangen mit Zylindertoppzeichen an Bb. und grünen Stangen mit Kegeltoppzeichen an Stb. bezeichnet ist, führt nach Gweek. Bei MSpNW fällt das Fahrwasser vollständig trocken.

Ankerplätze und Moorings

Bei beständigem Wetter kann man in der flachen Bucht an der N-Seite der Einfahrt vor Porth Saxon ankern.

Im Pool vor der Ortschaft Helford ist eine Reihe von Gastmoorings mit grünen Greifbojen zum Aufpicken ausgelegt. Hier bitte nicht ankern. Entweder nimmt man eine freie Mooring auf und ruft den Verwalter der Festmachetonnen auf UKW-Kanal 80 oder 37 oder noch besser, man hält nach ihm und seiner Barkasse Ausschau.

Die einzige passable Tiefwasserstelle zum Ankern befindet sich weiter flußaufwärts vor Porthnavas Creek. Unmittelbar W-lich der Einfahrt an der S-Seite gibt es im Hauptarm mehrere Pools mit tiefem Wasser (mehr als 3 m), die sogar hier und da bis zu 6 m Tiefe aufweisen. Dieser Platz ist wunderschön, und für eine Ruderpartie „um die Ecke“ in den Frenchman's Creek liegt man geradezu ideal. Bei gutem wie bei schlechtem Wetter ein wirklich zauberhafter Platz.

Flachgehende Yachten finden eventuell einen Ankerplatz am Rande von Abraham's Bosom, einem Pool mit 2 m Tiefe an der Einfahrt zum Porthnavas Creek. Der Pool selbst ist mit Moorings belegt. Der Porthnavas Yacht Club befindet sich in einem schmalen Creek an W-Ufer, wo man eventuell längsseits festmachen und nach Absprache sogar trockenfallen kann. Der Club ist sehr gastfreundlich und bietet Bar und Restaurant. Weiter flußaufwärts findet man im Polwheveral Creek mehr WT oder fällt später trocken als im Frenchman's Creek. Für Kimmkieler gibt es hier ein paar wundervoll einsame Plätzchen.

In Gweek gibt es einen Kai und eine Werft, wo man gegen eine bescheidene Gebühr längsseits festmachen und trockenfallen kann.

Der Fluß Helford, rechts Mawnan Shear.

Helford River: Die Helford Passage und der Pool. In der Bildmitte sind die Gastmoorings, ganz links der Ankerplatz zu sehen.

Versorgung

Beim Helford River Sailing Club mit seinen hervorragenden Einrichtungen sind Gäste willkommen. Anlegestelle bei Helford Point am W-Ufer des Creeks, wo die Werft ein Geschäft, Restaurant, Treibstoff und Bootsvermietung hat. Die Ortschaft Helford bietet eine Post, Geschäfte, Lebensmittel und den strohgedeckten Pub „Shipwright's Arm". Auch ein Gourmet-Restaurant ist zu finden. Eine Fähre verbindet Helford Point mit Helford Passage und dem „Ferry Boat Inn", einem Hotel mit Restaurant.
Yachtwerften gibt es in Helford, Porthnavas und Gweek. Landestelle beim Ferry Boat Inn, dem auch der Parkplatz gehört.
Der Yachtclub in Porthnavas freut sich über Gäste. Der Club hat eine Bar, Restaurant, Anlegeplatz für Dingis und begrenzte Kranmöglichkeiten. Diesel ist erhältlich, und es gibt hier, von Gweek abgesehen, die einzige Zapfsäule für Benzin am Helford.
Kleinere Reparaturen nach Absprache. Lebensmittel erhältlich. Einheimische Austern bekommt man in einem Speicher am Anleger.

Verkehrsverbindungen

Hinter dem Inn auf der Kuppe des Hügels in Trebah ist eine Haltestelle, von der Busse nach Falmouth verkehren.

Coverack

Gezeiten

HW etwa + 0607 Dover

MSpHW	MSpNW	MNpHW	MNpNW
5,3 m	0,6 m	4,2 m	1,9 m

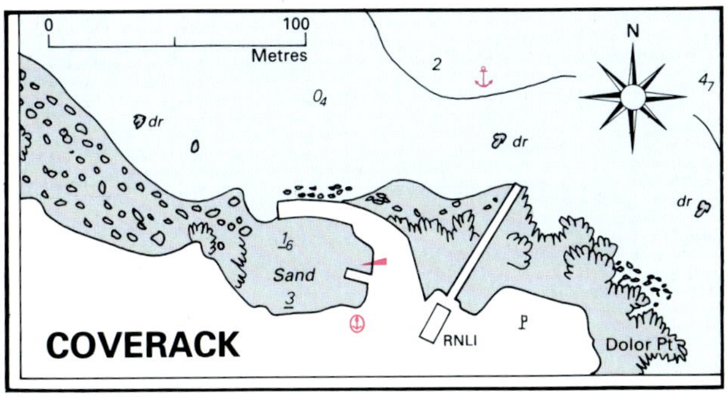

Wassertiefen

Der Hafen fällt vollständig trocken. Bei MNpHW beträgt die WT an der Pier mindestens 2,4 m, bei MSpHW sind es 3,5 m.

Lage und Umgebung

Coverack liegt eine gute Seemeile N-lich von Black Head sowie etwa dieselbe Entfernung S-lich von Lowland Point, SW-lich der berüchtigten Manacles Rocks.
Der winzige Hafen dieses bunten kleines Fischerortes wird durch eine malerische Hafenmauer aus dem 18. Jahrhundert gebildet, die sich von der N-Seite von Dolor Point zunächst seewärts, dann W-wärts erstreckt.

Ansteuerung und Einfahrt

Von N kommend, wird zunächst die Kardinaltonne E Manacles gerundet, bevor man Lowland Point und die vorgelagerten Riffe, die sich ca. 0,5 sm seewärts erstrecken, mit gutem Abstand passiert, um anschließend in die Bucht einzusteuern. Bei der Ansteuerung aus S ist Vorsicht geboten: 2 kbl vor der Huk Chynhalls Point, die sich in der Mitte zwischen Black Head und Coverack befindet, lauert der Fels Guthens.

Mullion Cove.

Rundet man die Hafenmauer bei „kritischem“ Tidenstand, findet man 10 m vor der Mauer das günstigste Fahrwasser. In jedem Fall sollte man so dicht wie möglich unter der Hafenmauer fahren, da an der W-Seite der Einfahrt Felsen lauern.

Anker- und Liegeplätze

Bei entsprechenden Wetterbedingungen können sich Yachten an der Innenseite der Hafenmauer trockenfallen lassen. Bei beständigem Wetter oder leichten ablandigen Winden ist der Schutz überraschend gut.
Falls kein Platz vorhanden ist oder man die Yacht nicht trockenfallen lassen möchte, gibt es eine ganze Reihe von Moorings, die im Ansteuerungsbereich ausgelegt sind. Sie gehören zwar einheimischen Booten, aber es ist kein Problem, wenn man an einer freien Mooring festmacht. Was die technische Verläßlichkeit der Mooring betrifft, gibt es natürlich keine Garantie; das muß man selbst entscheiden. Die Liegegebüren sind moderat. Ansonsten kann man an einem freien Plätzchen ankern.
Das Anlanden mit dem Dingi ist problemlos. An der Mole und an der Sliprampe sind Leitern angebracht.
Der Hafenmeister ist ein Mr. Carey, der telefonisch (Tel. 01326-280583) zu erreichen ist.

Versorgung

Wunderschöne Wandungen auf Kliffs sind möglich.
Der „Paris Hotel Pub“, der auch Zimmer vermietet, serviert Bier und warme Gerichte. Toiletten in der Nähe. Grundnahrungsmittel sind erhältlich. Die Eisdiele des Ortes offeriert eine unvergeßliche Spezialität mit Rum und Rosinen, die sich des hübschen Namens „Yo-ho-ho“ erfreut.
Kein Wasser und kein Treibstoff, es sei denn, man schleppt seine Kanister gern gute 3 Kilometer von der nächsten Tankstelle durch die Gegend.

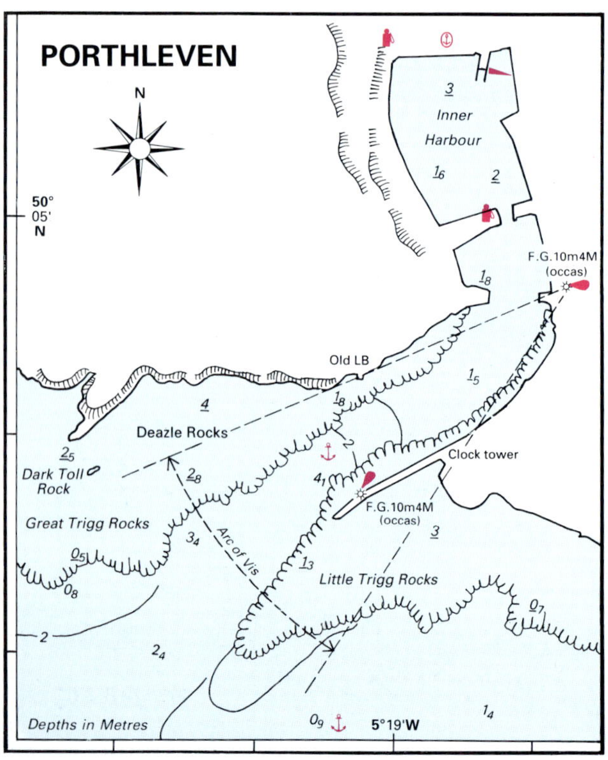

Porthleven

Gezeiten

HW +0551 Dover

MSpHW	MSpNW	MNpHW	MNpNW
5,5 m	0,8 m	4,3 m	2,0 m

Lage und Umgebung

Der Hafen von Porthleven wurde ursprünglich 1811 angelegt. Hier ist eine kleine Fischereiflotte beheimatet, und der Ort kann sich einer großen Bootsbaugeschichte rühmen. Selbst aus Wales kommen noch Eigner, um hier Segelboote von 50 ft. und länger in Auftrag zu geben, die sich durch Schnelligkeit, Seetüchtigkeit und Schönheit auszeichnen., Der Hafen, rund 8,5 sm NW-lich von Lizard Point gelegen, fällt trocken und ist nach SW hin vollkommen ungeschützt. Folglich wird er kaum von Yachten angelaufen, und nur selten drängen sich die Boote im Hafen. Auch die Ortschaft liegt abseits der Touristen-Pfade.

Ansteuerung und Einfahrt

Das Einlaufen in den Hafen erfolgt zwischen den Little Trigg Rocks vor dem S-lichen Molenkopf und den Deazle Rocks an der NW-Seite. Da die Einfahrt nur 60 m breit ist und die Deazle Rocks nicht bezeichnet sind, ist die Einsteuerung nicht ganz leicht. Es fehlen auch deutlich sichtbare Richtmarken, die in die Einfahrt führen. Außer am Tag und unter besonders guten Bedingungen bei ablandigem Wind ist es unklug, die Einsteuerung ohne den Rat Einheimischer zu unternehmen. Ohne detaillierte Ortskenntnisse wäre eine Nachtansteuerung schlichtweg „Wahnsinn“.
Die Ansteuerung erfolgt auf einem Kurs, der parallel zur Innenseite der Mole, etwa 20 m NW-lich davon, verläuft. Dieser Kurs führt über eine Barre, deren Lage veränderlich ist. In die Einfahrt ragen Felsriffe, die sich von der Mole 75 m und mehr seewärts erstrecken. Die Hafeneinfahrt verläuft zwischen diesen Riffen und den Deazle Rocks im W. In der Einfahrt beträgt die WT 2,4 m, danach 4,1 m, anschließend nimmt die WT schnell ab.
Der Außenhafen fällt zwischen 0,9 m und 1,8 m trocken, der Fuß der Mole wird von Riffen gesäumt. Der Innenhafen, der bei schwerem Wetter und im Winter mit Holzbalken verschlossen werden kann, fällt ebenfalls komplett trocken. Nach Absprache mit dem Hafenmeister (Tel. 01326-574270) können Yachten eventuell längsseits am Kai festmachen; bei MSpHW bietet der Liegeplatz mit der größten WT 3 m.
Der Grund besteht aus festem Sand, falls man die Yacht trockenfallen lassen möchte. Hat man keine Absprache getroffen, macht man an der Mauer des Innenhafens fest, wo es einem gefällt, und sucht dann den Hafenmeister auf, dessen Büro an der E-Seite des Innenhafens steht.
Auf der Mole, 30 m hinter dem Kopf, steht ein grünes Festfeuer, das nur brennt, wenn der Schiffsverkehr ein- und auslaufen kann. Für einlaufende Schiffe brennt im Bedarfsfall ein zweites grünes Festfeuer, das im Sektor von 033° bis 067° sichtbar ist. Dieses Feuer steht an der E-Seite des Hafens auf dem Sporn vor der Einfahrt zum Innenhafen.

Porthleven.

Versorgung

Wasser vom Angel-Zentrum an der W-Seite des Hafens. Treibstoff per Kanister von einer Tankstelle, die 50 m vom Kai entfernt ist. Kleiner Supermarkt ohne Alkoholverkauf. Pubs und Cafés. Busverbindungen nach Penzance und Falmouth.
Ablaufstellen: Trailerboote jeglicher Größe können von einer Sliprampe zu Wasser gelassen werden. Die Sliprampe im Scheitel des Innenhafens kann nur von kleinen Yachten um HW benutzt werden.

St. Michael's Mount

Gezeiten

HW + 0550 Dover

MSpHW	MSpNW	MNpHW	MNpNW
5,6 m	0,8 m	4,4 m	2,0 m

Wassertiefen

Der Hafen fällt zwischen 1,5 m und 3 m trocken; bei niedrigstmöglichem NW bietet der Ankerplatz eine WT von 2,5 m.

Lage und Umgebung

Die romantische, mit Türmchen versehene Silhouette der kleinen Insel St. Michael's Mount bildet eine ungewöhnliche Landmarke. Die Bedeutung des Handelshafens von St. Michael's Mount reicht bis in römische Zeit zurück, als man von hier aus mit Zinn handelte und blieb bis zum Bürgerkrieg jahrhundertelang erhalten. Für die Waffenschmuggler der Royalisten war St. Michael's Mount ein ideales Zentrum. Der Hafen wurde 1727 wieder aufgebaut, und die wirtschaftliche Blüte hielt erneut an, bis Penzance ihm mit seinen besseren Möglichkeiten endgültig den Rang ablief. Seit mehr als 300 Jahren ist die Insel die Heimat der Familie St. Aubyn.

Ansteuerung und Einfahrt

Die Insel sollte nie aus E oder N angesteuert werden, da der Grund hier durch vorgelagerte Untiefen unrein ist. Statt dessen läuft man sie aus der Penzance Bay kommend an; der Gear Rock (schwarze Bake mit Spindeltoppzeichen) peilt achteraus, der Kopf der N-lichen Hafenmole in 074°. Auf diesem Kurs bleibt man von dem unbezeichneten Riff Outer Penzeath Rock (überspült) frei, das sich etwa 0,5 sm E-lich der Hafeneinfahrt erstreckt sowie der ausgedehnten felsigen Untiefe Great Hogus Rock, die 4,9 m trockenfällt.
Zieht man es vor, die Insel an Stb. zu runden, ist Vorsicht vor dem Maltman Rock (fällt 0,9 m trocken) geboten, der fast 1 kbl SSW-lich der S-Huk der Insel lauert. E-lich davon erstreckt sich von der Insel aus eine 2,4 m trockenfallende Untiefe. Da diese Gefahrenstellen nicht bezeichnet sind, sollte man sie mit gutem Abstand passieren.
Die WT in der Einsteuerung nimmt allmählich bis auf 2,7 m 1 kbl W-lich der Einfahrt ab; anschließend nimmt die WT bis zum trockenfallenden Hafenbecken ab. Der Molenkopf sollte möglichst dicht passiert werden, da die Hogus Rocks N-lich davon nur 1 kbl entfernt sind.
Bei der Ansteuerung aus S folgt man, nachdem man die S-Huk mit gutem Abstand passiert hat (s. o.), der W-Küste mit einer Distanz von mindestens 1 kbl. Eventuell passiert

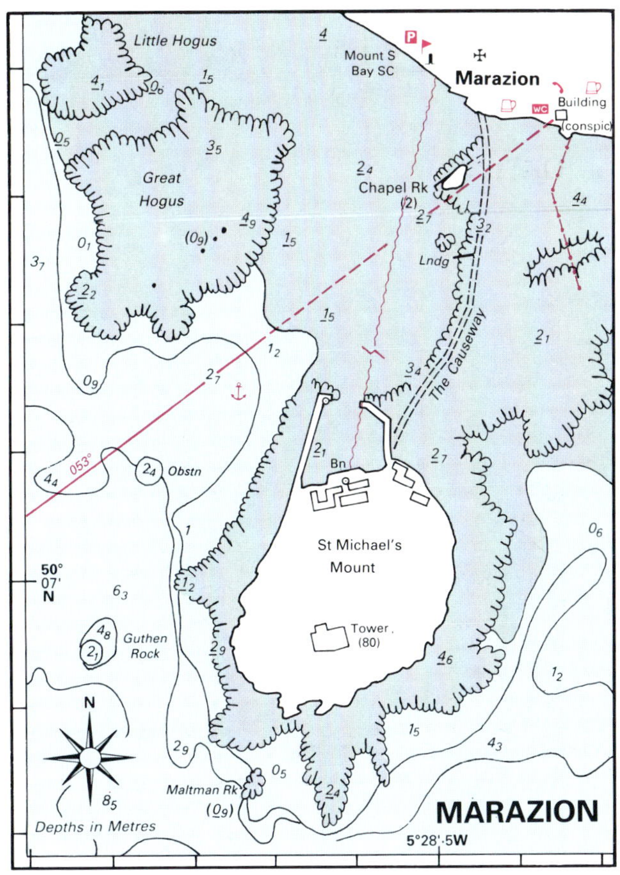

man auf diesem Kurs einen Felsen (2,1 m) sowie ein Schiffahrtshindernis (2,4 m), wenn man jedoch die Absicht hat, in den Hafen einzulaufen, ist ohnehin ein ausreichender Tidenstieg vonnöten, so daß diese beiden Stellen keine Gefahr darstellen.
Vorsicht, wenn man um NW herum ankern will. Wenn der Molenkopf in 060° peilt, oder besser noch, wenn der Chapel Rock in Linie mit dem auffälligen Gebäude E-lich vom Fuß des Dammes etwa 100 m dahinter in 053° peilt, ändert man den Kurs auf den Ankerplatz.
Für Ortsunkundige ist eine Nachtansteuerung nicht zu empfehlen.

Hafen und Ankerplätze

Einen wunderschönen Ankerplatz findet man etwa 1 kbl W-lich der W-Mole auf 2,7 m WT, der bei beständigem Wetter und leichten Brisen aus N über E bis SE benutzt werden kann. Wenn man in den trockenfallenden Hafen einläuft, macht man an der W-lichen Hafenmauer fest (fester Sandgrund) und meldet sich anschließend beim Hafenmeister, dessen Büro sich an der gegenüberliegenden Seite befindet. Der East Quay wird von Fähren und Barkassen benutzt.

Versorgung

Auf dem Mount selbst kaum Versorgung , die meisten Bedürfnisse lassen sich aber in Marazion befriedigen, das 0,5 sm N-lich liegt und bei NW zu Fuß über den Damm oder bei HW mit dem Dingi zu erreichen ist. Wasser und verschiedene Geschäfte. Mittwoch nachmittag geschlossen; im Sommer bleiben aber viele Läden geöffnet. Ablaufbahn mit dazugehörigem Parkplatz an der W-Seite von Marazion am Strand. Busse verkehren nach Penzance.

Die kleine Insel St. Michael's Mount.

Penzance

Gezeiten

HW -0635 Dover

MSpHW	MSpNW	MNpHW	MNpNW
5,6 m	0,8 m	4,4 m	2,0 m

Wassertiefen

1,8 m seewärts der South Pier. Das Fahrwasser, das dicht unter der South Pier entlang bis zur Schleuse führt, ist 0,6 m tief. Ansonsten fällt der Außenhafen zwischen 1,6 m und 2,1 m trocken. Von 2 Std. vor bis 1 Std. nach HW steht die Schleuse offen. Im Schleusenhafen beträgt die WT 1,5 m unter KN, was eine Tiefe von 5,8 m zu Nippzeiten bedeutet.

Lage und Umgebung

Auch wenn die wirtschaftliche Blüte, die der Hafen zu Beginn des 19. Jh. erlebte, inzwischen der Vergangenheit angehört, ist Penzance für Yachten ein reizvoller Liegeplatz geblieben. Der Schleusenhafen, der alle 12 Std. für 3 Std. geöffnet wird, gewährt vollkommenen Schutz, und der Hafenmeister, der unter den örtlichen Seglern gut bekannt ist, heißt Gäste gern willkommen. Hier kann man seine Yacht im Bedarfsfall zu einem moderaten Preis beruhigt zurücklassen, so daß bei langanhaltendem schweren Wetter einiges für Penzance spricht. Bei einer Ansteuerung mit Starkwinden aus S oder SE ist äußerste Vorsicht geboten. Das flache Wasser und die Leeküste von Mount's Bay können gefährlich werden.

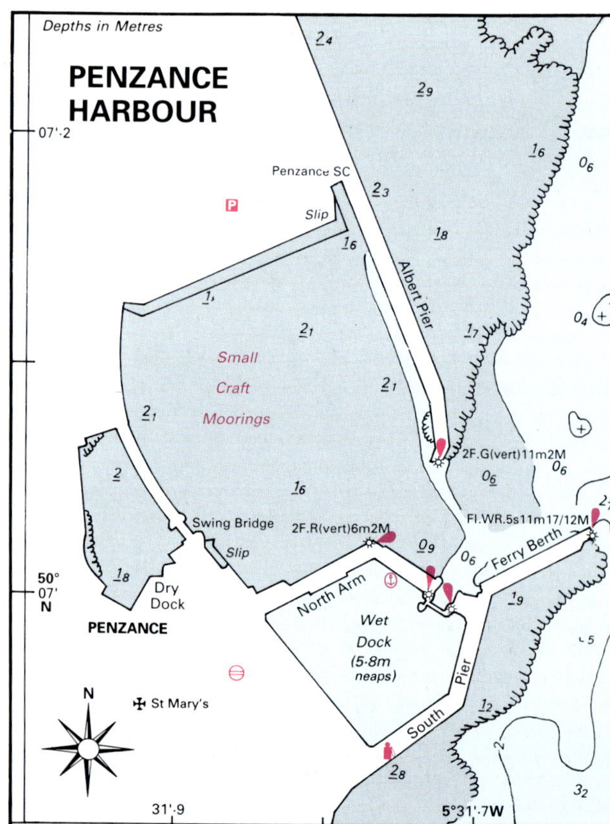

Penzance.

Ansteuerung und Einfahrt

Von Lizard kommend, hält man bei rauhem Wetter von dieser Huk 2 bis 3 sm Abstand, bevor man anschließend Boa, 3 sm weiter W-lich, seeseitig passiert. Dann passiert man S-lich der unbefeuerten Kardinaltonne S *Mountamopus,* um sich von den Untiefen vor Cudden Point freizuhalten. Danach steuert man auf die Hafeneinfahrt zu, wobei man sich von Gear Rock, der mit einem Einzelgefahrzeichen markiert ist, freihalten muß.

Bei der Nachtansteuerung hält der weiße Sektor des Feuers auf der South Pier (Fl.WR.5s11m17/12M) von allen Gefahrenstellen, inklusive Gear Rock und dem Felsriff zwischen Penzance und St. Michael's Mount, frei.

Bei der Ansteuerung aus W bleibt die Kardinaltonne S *Runnelstone* an Bb., während man sich noch 1 sm seewärts hält, bis St. Clement's Island passiert ist. Knapp 1 sm NNW-lich von St. Clement's Island ist die befeuerte Kardinaltonne E *Low Lee* ausgelegt, die Untiefen von 1,5 m und 1,8 m bezeichnet. Im Zweifelsfall läßt man diese Tonne an Bb.; bei entsprechendem Tidenstieg kann man sie aber auch einfach „übersehen". Mit einem Kurs von 345° auf den Kopf der South Pier bleibt man von Gear Rock (s. o.) und Battery Rocks, die eben E zu S vor der Einfahrt liegen, gut frei. Die Cressar Rocks, die durch eine

Die Hafeneinfahrt von Penzance aus E. Die Zufahrt zur Schleuse und zum Dockhafen wird hier von der Fährpier verdeckt, sie liegt etwa in Höhe des Glockenturms.

Kardinalbake S bezeichnet werden, lauern 4 kbl ENE-lich der Einfahrt.

Anker- und Liegeplätze

Bei beständigem Wetter oder ablandigem Wind ist es ausreichend sicher, während der Wartezeit auf die Schleusung 1 kbl oder mehr ENE-lich vom Kopf der Albert Pier (2F.G) auf bescheidener WT zu ankern. Die Innenseite der South Pier wird von der Fähre benutzt, die zu den Scilly Isles verkehrt; an Werktagen ist der Liegeplatz aber zwischen 0930 und 1830 Uhr frei. Ab Samstag mittag und den gesamten Sonntag ist die Fähre hier festgemacht, da sie dann nicht verkehrt. Falls man diesen Liegeplatz benutzen möchte, sollte man nahe der Leiter festmachen und nicht bei den Stufen bei der Schleuse, weil diese ununterbrochen bedient wird. Beim Hafenmeister kann man sich entweder persönlich, auf UKW-Kanal 09 und 12 oder Tel. 01736-66113 melden. Manchmal gestattet es der Hafenmeister, daß man sich längsseits der Albert Pier trockenfallen läßt. Ein Liegeplatz im Schleusenhafen ist im allgemeinen aber vorteilhafter; die Schleuse ist von 2 Std. vor bis 1 Std. nach HW geöffnet. Die Liegeplätze werden vom Kaimeister angewiesen, von ihm bekommt man auch den Schlüssel für die Duschen und Toiletten, die sich neben dem Hafenbüro am Schleusentor befinden.

Schleusensignale

Die Schleusensignale werden an einem Signalmast an der N-Seite des Hafentors angezeigt; für Yachten werden sie nicht immer gezeigt:
2F.R senkrecht übereinander – Hafen ist offen
Feuer R über G – Hafen geschlossen.

Versorgung

Wasser und Diesel nach Absprache mit dem Kaimeister. Benzin von der Tankstelle. Austausch von Butangas- und Camping GAZ-Flaschen beim Kaimeister im Hafen. Waschsalon am Bahnhof. Mechaniker, Elektrotechniker und Segelmacher in der Stadt. 8 t-Kran, aber begrenzte Reparaturmöglichkeiten. Alle Einrichtungen einer Stadt, große Auswahl an Pubs und Imbißgeschäften. Verschiedene Restaurants; darunter recht preisgünstige wie z. B. „The Bosun's Locker" und „The Waterside", beide am Hafen gelegen.

Verkehrsverbindungen

Fährverbindung zu den Scilly Isles. Bus- und Bahnverbindungen zu allen Teilen der Insel.

Newlyn

Gezeiten

HW +0600 Dover

MSpHW	MSpNW	MNpHW	MNpNW
5,6 m	0,8 m	4,4 m	2,0 m

Wassertiefen

In der Einfahrt und entlang des W-Seite der Mary Williams Pier, an der Gastyachten normalerweise festmachen, beträgt die Mindesttiefe 2,1 m. Größere WT (s. Plan) findet man im Gwavas Lake und SSW-lich der South Pier; beide Plätze eignen sich zum Ankern.

Lage und Umgebung

Newlyn kann bei fast jedem Wetter angelaufen werden; bei auflandigen Starkwinden bestehen aber die gleichen Vorbehalte wie bei Penzance. Weht es steif aus S oder SE, sollte der Zeitpunkt der Einsteuerung so dicht wie möglich um HW liegen. Bei heftigen Winden aus SE steht Schwell im Hafen, ansonsten liegt man in Newlyn gut geschützt, auch wenn der Hafen nicht für Yachten eingerichtet ist. Newlyn ist in erster Linie ein Handelshafen, vorwiegend Fischerei. Kurze Besuche oder ein Übernachtungsstopp sind aber meistens nach Absprache möglich und werden bereitwillig gewährt.

Ansteuerung und Einfahrt

Die Ansteuerung erfolgt zunächst wie bei Penzance beschrieben. Wenn der Kopf der South Pier (Fl.5s9M Sirene 60s) genau W peilt, ändert man den Kurs auf Newlyn. Zwischen der South und der North Pier (F.WG) dreht man ein und steuert so, daß der Kopf der Mary Williams Pier (2F.R) an Stb. bleibt. Steuerbord voraus liegt nun eine unbefeuerte rote Spierentonne, die das Ende der Sliprampe bezeichnet. Der W-liche Teil des Hafens fällt trocken; entlang der Mole gibt es aber eine gebaggerte Fahrrinne (2,1 m und mehr).

Anker- und Liegeplätze

Bei mäßigen ablandigen Winden können Yachten im Gwavas Lake oder SSE-lich vom Kopf der South Pier ankern. Ankerlicht setzen. Die WT ist für die meisten Yachten ausreichend.

Im Hafen macht man am Fuß der Mary Williams Pier an der SW-Seite der Mole an einem Fischerboot fest. In diesem Bereich können Boote auch für Reparaturen aufgelegt

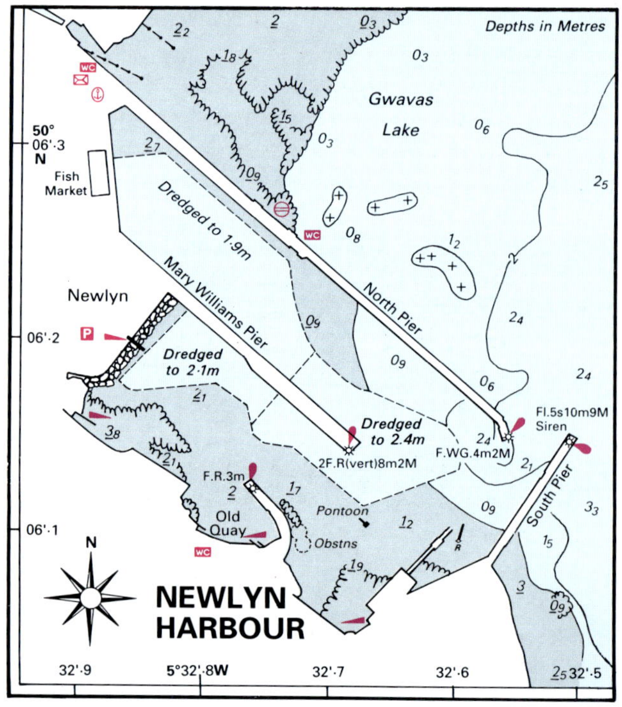

Newlyn: In der Hafenmitte erstreckt sich die Mary-Williams-Pier.

werden. Man meldet sich beim Hafenmeister, der stets sein bestes tut, um die Yachten unterzubringen. Er ist unter Tel. 01736-62523 oder auf UKW-Kanal 09 und 12 zu erreichen.

Versorgung
Wasser am Kai. Diesel in begrenzter Menge nach Absprache mit dem Hafenmeister. Benzin von der Tankstelle. Duschen und Toiletten findet man für beiderlei Geschlecht bei der Royal National Mission to Deep Sea Fishermen auf der North Pier. Reparaturwerften sind in erster Linie auf Fischereifahrzeuge eingestellt, könnten aber im Notfall weiterhelfen. Es gibt zwar keinen Yachtclub, dafür aber eine Menge Pubs und Speiselokale. Waschsalon in der Penzance Road. Alle Einrichtungen einer Stadt.

Verkehrsverbindungen
Busse verkehren nach Penzance, von dort Anschlüsse an weitere Bus- und Bahnlinien.

Mousehole

Gezeiten
HW +0550 Dover

MSpHW	MSpNW	MNpHW	MNpNW
5,6 m	0,8 m	4,4 m	2,0 m

Wassertiefen
Das N-liche Fahrwasser um St. Clement's Island herum ist untief, obwohl man mit genauen Ortskenntnissen bei NW noch 2,1 m Tiefe in der Mitte zwischen dem Festland und der Insel finden kann. An der S-Seite der Insel sind die Tiefen stattlicher. Der Bereich unmittelbar vor der Einfahrt fällt 1,3 m trocken, an der Innenseite der Molenköpfe 1,9 m.

Lage und Umgebung
Mousehole (gesprochen „Maussel") stellt mit seinen mächtigen, gut erhaltenen Granitmolen, der schmalen Einfahrt, die nur von halb aufgelaufender Tide an passiert werden kann, das typische kornische Fischerdorf dar. Auch lange nach der Glanzzeit des Ortes als Zentrum des Makrelen- und Sardinenfangs – damals lagen soviele Boote dicht an dicht im Hafen, daß man trockenen Fußes hindurch laufen konnte – hat sich Mousehole sein eigenwilliges Flair und seinen außergewöhnlichen Charme erhalten. Bei beständigem Wetter kann man zwischen St. Clement's Island und der S-Mole ankern. Für Yachten, die trockenfallen können, bietet der Hafen reinen Sandgrund und guten Schutz, bis auf Winde aus E oder SE. Winde aus E hatten in diesem Teil des Landes schon immer einen so schlechten Ruf, daß die Fischer, als es noch keinen Wetterbericht gab, behaupteten, wenn sich die Schnecken im Garten in ihre Häuschen zurückziehen, ist E-Wind zu erwarten. Da bei diesen Wetterlagen auch die Fische fortzogen, waren sie eine gute Gelegenheit für Gartenarbeiten.

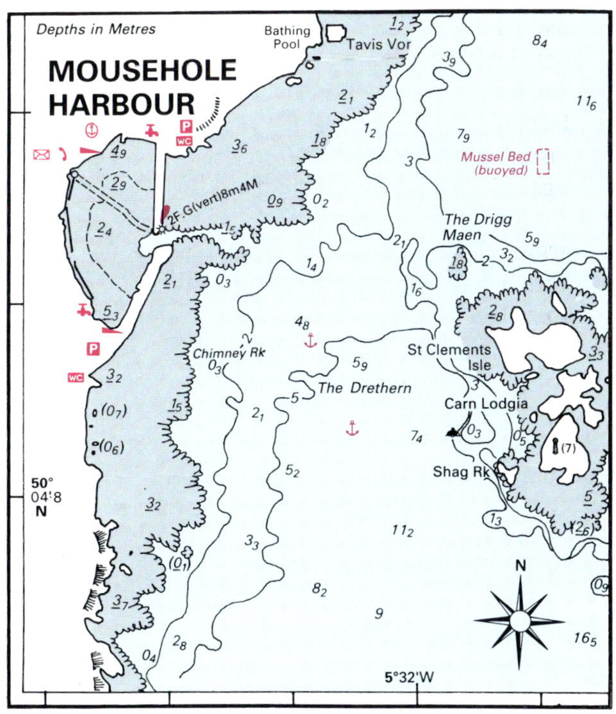

Mousehole.

Der Hafenmeister von Mousehole genehmigt neuerdings auch Motorbooten das Einlaufen in den Hafen. Für Skipper solcher Boote ist aber besondere Vorsicht angebracht, weil auch heute noch Kinder im Hafen schwimmen, wie sie es schon immer getan haben.

Ansteuerung und Einfahrt

Von See her ist Mousehole an der kleinen Insel St. Clement's Island zu erkennen, auf der ein Obelisk bei Tag eine gute Landmarke bildet. Es ist zu beachten, daß seine angegebene Höhe von 7 m über MSpHW die Insel selbst mit einschließt. Der „Obelisk" ist in Wirklichkeit kaum mehr als ein Steinhaufen mittlerer Höhe. Die Ansteuerung um die N-Küste der Insel herum sollte nur mit allergrößter Vorsicht vorgenommen werden, wobei exakt darauf geachtet werden muß, daß man genau zwischen der Küste und der Insel bleibt. Dieser Kurs bietet eine Mindesttiefe von 2,1 m (KN). Zu beiden Seiten der Passage lauern Riffe. Bleibt die Insel aber an Stb., gibt es keine Probleme, solange man mehr oder weniger in der Mitte zwischen Insel und Festland steuert. Wenn der Shag Rock, der bei jedem Tidenstand von der Insel getrennt liegt, mit dem Kopf der S-Mole zur Deckung kommt, wird eingedreht und der Felsen achteraus gehalten. Bis auf die Riffe, die sich dicht unter den Molen selbst (s. Plan) erstrecken, sind nun keine Gefahrenstellen mehr zu befürchten. Man rundet den Kopf der S-Mole und steuert ein. Auf dem Kopf der N-Mole brennt zwar ein Feuer 2 F.G (vert), aber eine Einsteuerung bei Nacht ist ohne Ortskenntnisse keine besonders gute Idee.

Anker- und Liegeplätze

Am oben erwähnten Ankerplatz findet man gut haltenden Grund, er ist aber gegen Winde aus S oder SE nicht geschützt. Und selbst W-liche Winde können hier Schwell erzeugen. Beständig schönes Wetter ist also wünschenswert, wenn man auf ungestörte Nachtruhe aus ist.
Hinter der Einfahrt macht man je nach Tidenstand, Tiefgang der Yacht und freiem Platz an der S-Mole fest. Die WT im Hafen ist von halbaufgelaufener Flut an ganz ordentlich. Es gibt kein offizielles Hafenbüro, aber der Hafenmeister meldet sich zu gegebener Zeit. Von November bis April ist die Hafeneinfahrt mit Holzbalken verschlossen. Ein Feuer (F.R) zeigt an „Hafen geschlossen".

Versorgung

Alle Einrichtungen einer Stadt. Wasser. Toiletten am Kai. Tankstelle. Nette Pubs und ein berühmtes Restaurant, „The Lobster Pot". Busse verkehren nach Newlyn und Penzance.

Isles of Scilly

Gezeiten

HW etwa +0607 Dover
St. Mary's Roads

MSpHW	MSpNW	MNpHW	MNpNW
5,7 m	0,7 m	4,3 m	2,0 m

Wassertiefen

2,1 m im St. Mary's Pool, weiter vom Strand entfernt nehmen die Tiefen zu; z. B. vor Porth Cressa bis 3 m. In der N-lichen Passage um St. Mary's herum findet man in der Crow Bar nur 0,8 m WT, während aus S-lichen Richtungen via St. Mary's Sound kommend, das Wasser tief ist. Im New Grimsby Sound zwischen Tresco und Bryher variieren die WT zwischen 11 m vor Hangman's Island und 3,6 m innen; noch weiter S-lich in der Passage gibt es trockenfallende Stellen. Auf dem empfohlenen Kurs kann man sicher davon ausgehen, daß die Tresco Flats S-lich New Grimsby Sound in Richtung auf St. Mary's sowie etwas S-lich davon trockenfallen (1,4 m über KN).

Lage und Umgebung

Zu den Isles of Scilly gehören 48 Inseln, die weit draußen im Atlantik eine Wunderwelt – halb See, halb Land – für sich bilden. Bei schönen Wetter sind sie ein Paradies für Segler, bei mäßiger Brise ein interessanter Zwischenstopp. Wenn aber schwere Stürme toben und die Gischt über die Felsriffe schäumt, sollten Ortsfremde dieses Gebiet meiden wie der Teufel das Weihwasser.

Die Inselbewohner haben die See im Blut; hier werden Boote benutzt wie auf dem Festland das Auto. Kein Wunder also, daß die meisten Familien eng mit dem Meer verbunden sind. Geschichtlich gesehen, bedeutete das Meer für die Insulaner alles, und zu den in den West Countries üblichen Einkünften aus Fischerei, Handel und Schmuggelei konnten die Bewohner der Scillys noch einen kräftigen Beitrag aus dem Strandgut beziehen, das von der unaufhörlichen Parade von Schiffen, die auf den vorgelagerten Riffen strandeten, angespült wurde. Zu diesen Schiffen gehörten ein paar der berühmtesten Schlachtschiffe der Royal Navy, die unter dem Kommando von Sir Cloudesley Shovell in einem ungeheuerlichen Schauspiel unter vollen Segeln auf die Klippen liefen – mit einem enormen Verlust an Menschenleben und Material.

Nur fünf Inseln sind bewohnt; alle unterscheiden sich sehr stark von ihren Nachbarinseln: St. Mary's, St. Martin's, Tresco, Bryher und St. Agnes. Die größte und bekannteste ist St. Mary's mit der „Hauptstadt" Hugh Town.

Man kann eine recht beachtliche Zeit damit verbringen, dieses faszinierende Archipel zu erkunden. Hat man Zeit und eine flachgehende Yacht, die trockenfallen kann, kann man hier einen ganzen Sommer verbringen. Die detaillierten Informationen, die für ein solches Unternehmen nötig sind, würden natürlich den Rahmen dieses Werkes sprengen. Es gibt aber eine Reihe von Spezialführern für die Scilly Isles, die entweder auf dem Festland „in allen guten Buchhandlungen" oder in Hugh Town zu bekommen sind. Wir beschränken uns auf die Beschreibung von Hugh Town, Porth Cressa (bei bestimmten Wetterbedingungen dessen „Hinterhof") und New Grimsby Sound zwischen den Inseln Tresco und Bryher. Für die meisten Yachten findet man zwischen diesen Inseln unter normalen Bedingungen Ankerplätze, an denen man zwar sicher, nicht aber immer sonderlich komfortabel liegt: Die Dünung des Atlantiks ist nicht fern! Die Scillys sind für Segler, die mit entsprechendem Grundgeschirr ausgerüstet sind, ein lohnendes Revier. Wer eine Garantie für ungestörte Nachtruhe braucht, sollte auf dem Festland bleiben.

Vorgelagerte Gefahrenstellen

Alle Gefahrenstellen sind in den Seekarten verzeichnet und haben die Angewohnheit, aus Tiefwasserbereichen steil emporzusteigen. Die Crim Rocks (2 m) sowie ein paar weitere Felsen in ihrer Nähe, etwa 1,5 sm N-lich von Bishop Rock, sind wegen ihrer abgeschiedenen Lage weit im W eine besondere Erwähnung wert. Die übrigen Riffe sind so zahlreich, daß sie hier nicht alle aufgeführt werden können. Ohne genaue Detailkarten sollte dieses Revier nicht befahren werden!

Bei schwerem Wetter ist das Segeln in diesem Bereich extrem gefährlich. Wenn weiter entfernte Richtmarken nicht eindeutig identifiziert werden können, ist äußerste Vorsicht angebracht. Vor einem ersten Besuch sollte man die aktuelle Wetterlage genau studieren und im Zweifelsfall von einem Anlaufen absehen.

Ansteuerung von St. Mary's aus E

Im allgemeinen ist die Ansteuerung aus E durch den St. Mary's Sound zu empfehlen, weil dieser recht tief sowie ausreichend betonnt ist; bei entsprechend passendem Wetter und Tidenstand kann man auch durch den Crow Sound einlaufen. Nachts ist es hilfreich zu wissen, daß der verdeckte Bereich des Feuers von Peninnis (Fl.20s36m17M) bei einer Peilung von etwa 231° beginnt. Für Ortsunkundigen ist das Befahren des Archipels bei Nacht nicht zu empfehlen.

Crow Sound

Der Flutstrom setzt in diesem Bereich auf die Küste zu; hat man also die Eastern Rocks mit ihren umliegenden Riffen in einem Abstand von mindestens 0,5 sm passiert, läßt man die unbefeuerte Kardinaltonne S Hats dicht an Stb., um das Riff (fällt 1,6 m trocken) vor Innisidgen Island (8 m hoch) mit gutem Abstand an Bb. zu lassen. Von der Tonne *Hats* hält man mit einem Kurs von 289° auf Green Island zu, einem 4 m hohen Riff, das vor der nächstgelegenen Huk von Tresco liegt. Wenn Bar Point, die N-lichste Spitze von St. Mary's, querab peilt, ändert man den Kurs auf 260° und läßt die schwarz-rot-schwarze Einzelgefahr-Bake mit zwei schwarzen Bällen als Toppzeichen, die Crow Rock bezeichnet, mit gutem Abstand an Bb. Die in den Seekarten angegebenen Tiefen über Crow Bar Sands, früher 0,8 m, stimmen vermutlich nicht mehr; den Abstand also nicht zu knapp bemessen. Die Einfahrt sollte nur bei ausreichender Tide erfolgen. Oft findet man das beste Fahrwasser dort, wo Sand und Seegras vorhanden sind; das ist im klaren Wasser durch Augapfelnavigation auszumachen. Ist der Crow Rock passiert, ist es sicherer, den Kurs nach SW auf die tiefen Wasser der St. Mary's Road zu ändern.

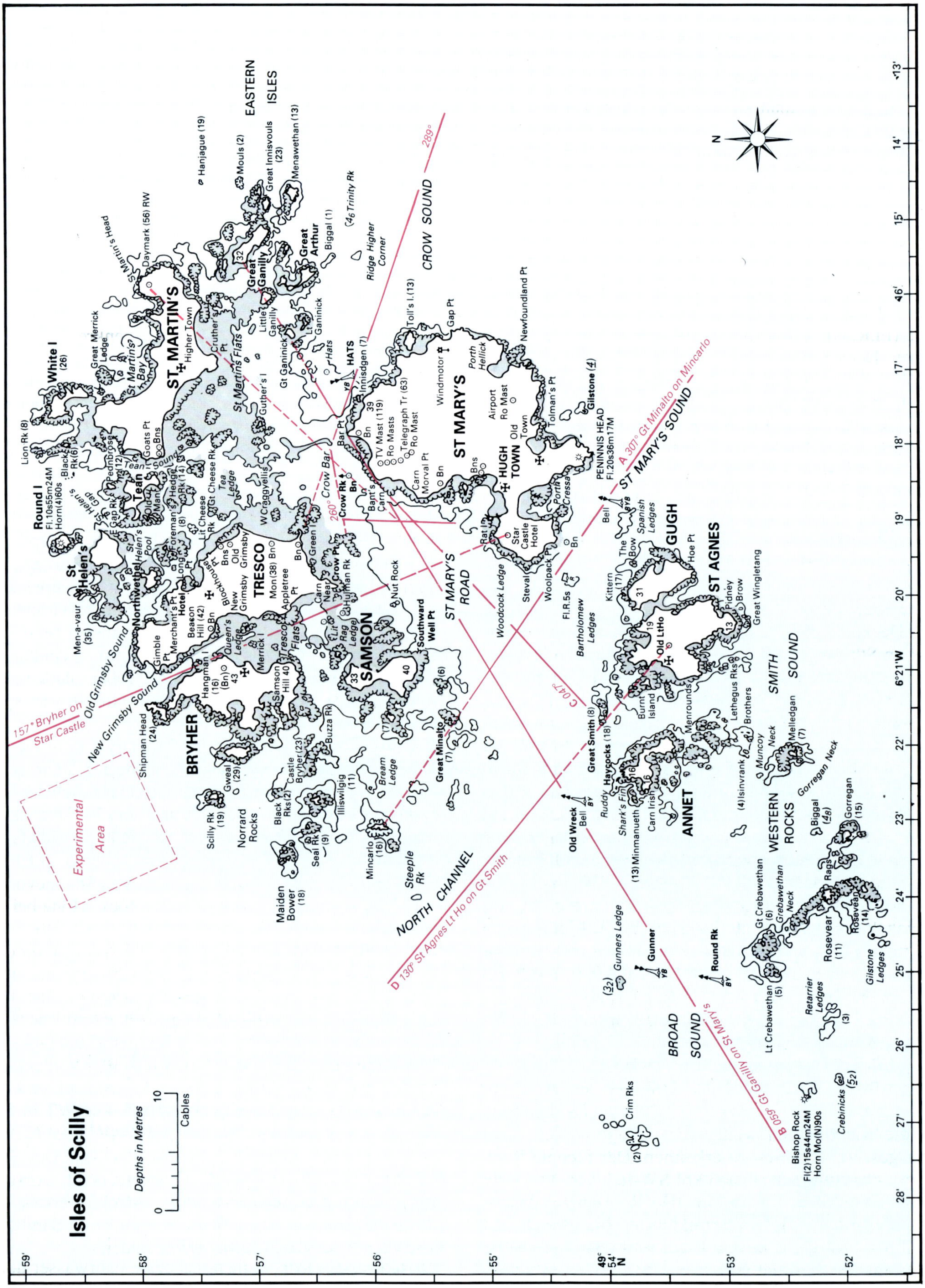

Isles of Scilly
Depths in Metres
0
10
Cables
Experimental Area
157° Bryher on Star Castle
New Grimsby Sound
Old Grimsby Sound
BRYHER
TRESCO
SAMSON
ST MARTIN'S
ST MARY'S
HUGH TOWN
ST AGNES
GUGH
ANNET
WESTERN ROCKS
EASTERN ISLES
St Helen's
Tean
Round I
Fl.10s55m24M
Horn(4)60s
White I
(26)
Lion Rk (8)
Men-a-vaur
(35)
Northwethel
Shipman Head
(24)
Scilly Rk
(19)
Norrard Rocks
Maiden Bower
(18)
Mincarlo
(16)
Steeple Rk
NORTH CHANNEL
D 130° St Agnes Lt Ho on Gt Smith
Great Minalto
Southward Well Pt
Nut Rock
ST MARY'S ROAD
Woodcock Ledge
Crow Bar
260°
Crow Rk
HATS
CROW SOUND
289°
Ridge Higher Corner
Trinity Rk
Biggal (1)
Great Arthur
Great Ganilly
Great Innisvouls
(23)
Menawethan (13)
Mouls (2)
Hanjague (19)
Daymark (56) RW
St Martin's Head
Higher Town
St Martin's Flats
Toll's I. (13)
Newfoundland Pt
Gap Pt
Porth Hellick
Windmotor
Airport
Ro Mast
Old Town
Tolman's Pt
Gilstone (4)
PENINNIS HEAD
Fl.20s36m17M
A 307° Gt Minalto on Mincarlo
ST MARY'S SOUND
Spanish Ledges
Bell
Star Castle Hotel
Woolpack Pt
Steval
Fl.R.5s
Bartholomew Ledges
C 047°
Old LtHo
Great Smith (8)
Haycocks (18)
Old Wreck
Bell
Gunners Ledge
Gunner
Round Rk
BROAD SOUND
B 059° Gt Ganilly on St Mary's
Bishop Rock
Fl(2)15s44m24M
Horn Mo(N)90s
Crim Rks
Crebinicks
Gilstone Ledges
Retarrier Ledges
Rosevear
(11)
Gorregan
(15)
Melledgan
(7)
SMITH SOUND
Great Wingletang
Hoe Pt
Kittern
6°21'W
49° 54' N

St. Mary's Sound

Bei der Ansteuerung des St. Mary's Sound stellt der Gilstone (fällt 3,9 m trocken), der knapp 4 kbl in einer Peilung von 095° vom Peninnis Feuer entfernt liegt, die größte Gefahr dar. Solange man sich bei der Ansteuerung S-lich dieser Gefahrengrenze hält, braucht man sich wegen des Riffs nicht zu sorgen. Die empfohlenen Richtmarken der Deckpeilung A („Transit A" s. Plan S. 180) können für Ortsfremde schwer auszumachen sein; aber dicht S-lich der Huk Peninnis Head mit dem weißen Leuchtturm, der wie ein Pfefferstreuer aussieht und auf einem schwarzen Gittersockel steht (Fl.20s36m17M), gibt es reichlich tiefes Wasser. Die unbefeuerte Glockentonne mit Kardinalzeichen E *Spanish Ledges* und die befeuerte rote Stumpftonne (Fl.R.5s) auf Bartholomew Ledges müssen an Bb. bleiben. Der Kardinalbake S *Woolpack* S-lich von Garrison Hill sollte man gut Raum geben, weil sich 0,5 kbl. W-lich davon eine Untiefe von 0,6 m befindet.

Nachdem die Tonne *Bartholomew* an Bb. passiert ist, dreht man stetig nach NNW ein. Tiefgehende Yachten, die um NW herum einlaufen, werden vermutlich „Transit C" bevorzugen, weil diese Deckpeilung an dem Riff Woodcock Ledge, über dem ca. 2,7 m Wasser stehen, mit weitem Abstand vorbeiführt.

Ansteuerung von St. Mary's aus W

Broad Sound

Die „Deckpeilung B", auf der der Leuchtturm Bishop Rock an Stb. bleibt, führt mit 059° zur St. Mary's Road; die Richtmarken sind aber mehr als 7 sm entfernt und möglicherweise nicht auszumachen. Zum Glück ist das Fahrwasser mit unbefeuerten Kardinalzeichen markiert. Bishop Rock, gefolgt von der Kardinaltonne N *Round Rock* N-lich von Great Crebawethan wird mit einem Abstand von 0,5 sm an Stb. gelassen. Die Kardinaltonne S *Gunner* läßt man mit gutem Abstand an Bb., anschließend geht man auf einen Kurs von etwa 060°, der einen gut frei von den Riffen NW-lich von Annet sowie dem Old Wreck Rock hält. Die Glocken-Kardinaltonne N *Old Wreck* sollte dicht an Stb. bleiben, damit man vom Jeffrey Rock (0,9 m) SW-lich davon gut freibleibt. Jetzt sollten die Richtmarken zu erkennen sein. Wenn man sie immer noch nicht ausmachen kann, steuert man mit einen Kurs von 059° auf Bants Carn auf der NW-lichen Spitze von St. Mary's zu. Es ist stets daran zu denken, daß die Gefahr von seitlichem Versatz besteht.

North Channel

„Transit D" mit 130°. An dieser Stelle sei nochmals vor quer setzendem Strom gewarnt! Auf dieser Deckpeilung sind die Richtmarken wenigstens, einigermaßen Sicht vorausgesetzt, beizeiten zu erkennen. Der Steeple Rock (0,1 m), der etwas mehr als 6 kbl SW-lich von Mincarlo und weniger als 2 kbl an Bb. des Richtkurses lauert, stellt die größte Gefahrenstelle dar. Bis der Broad Sound und damit „Transit B", bei normaler Sichtweite in diesem Bereich leicht auszumachen, erreicht ist, behält man den Kurs der Deckpeilung bei. Dann ändert man den Kurs auf 059° und läuft in die St. Mary's Road ein, die über ihre gesamte Länge tiefes Fahrwasser bietet.

Einfahrt in den St. Mary's Pool und Hafen

Zwischen der St. Mary's Road und dem Pool gibt es zwei Hauptgefahrenstellen: Bacon Ledge (0,3 m) und Cow (fällt 0,6 m trocken). Die meist benutze Einfahrt erfolgt auf „Transit E" mit einem Kurs von 097°, für den die beiden weißen Richtbaken N-lich von Porth Mellon zur Deckung gebracht werden. Die Unterbake trägt ein dreieckiges Toppzeichen, die Oberbake ein Kreuztoppzeichen. Beide Baken sind mit F.R befeuert. Mit einem Kurs von 151° führt „Transit F" aus NW zwischen Cow und Bacon Ledge hindurch in den Hafen. Bei dieser Deckpeilung bringt man den gedrungenen Turm „Buzza Mill", der auf einer Anhöhe hinter der Stadt Hugh Town steht, zur Deckung mit einem kleinen Wartehäuschen an der Strandpromenade, das an seinem weißem Dach sowie senkrechten weißen Streifen an beiden Hauskanten zu erkennen ist.

In St. Mary's sind 38 stabile Gastmoorings ausgelegt, die sich binnenwärts des vermurten Rettungsbootes befinden. Die beiden äußeren Reihen sind für größere Yachten bis zu 18 m Lüa. Sind die Moorings alle belegt, kann man abseits der Trots ankern. Zwischen den Moorings sollte nicht geankert werden, weil diese mit langen Grundketten verbunden sind, in denen sich das Grundgeschirr leicht vertörnt. An der Hafenmauer sind oft trockenfallende Liegeplätze zu bekommen. Egal, welchen Liegeplatz man bevorzugt, in jedem Fall ist es besser, wenn man sich beim Hafenmeister auf UKW-Kanal 16, Arbeitskanal 14, vor dem Einlaufen anmeldet. Für die „Scillonian"-Fähre muß immer ausreichend Raum freigehalten werden. Im übrigen ist daran zu denken, daß Kai und Hafen von einer Vielzahl großer, stark motorisierter Schiffe angelaufen wird, die die Inseln versorgen.

Porth Cressa

Bei NW-lichen Winden ist der St. Mary's Pool ziemlich ungemütlich, der Ankerplatz vielleicht unhaltbar. In solchem Fall bietet Porth Cressa, unmittelbar S-lich der Landenge von Hugh Town, guten Schutz und leichten Zugang zur Stadt. Von St. Mary's kommend, bleibt die unbefeuerte Kardinalbake S *Woolpack* mit gutem Abstand an Bb., die rote Stumpftonne *Bartholomew Ledges* an Stb., bevor man den Kurs so absetzt, daß der Biggal Rock (Höhe bei MSpHW 0,4 m) in vernünftiger Entfernung an Bb. bleibt. Nach dem Runden von Biggal Rock dreht man auf einen Kurs ein, der nur wenige Striche W zu N liegt und steuert den Ankerplatz so an, daß der Wras Rock (fällt 3,4 m trocken) an Bb. bleibt. Zu dem großen, 4,9 m trockenfallenden Felsriff, das den E-lichen Teil der Bucht einnimmt, sollte man in respektvollem Abstand bleiben. Glücklicherweise liegt der Raven Rock (Höhe 4,6 m) noch innerhalb des SW-lichen Ausläufers dieses Riffs. Die WT in Porth Cressa, das Schutz vor Winden aus WNW über N bis W bietet, ist für die meisten Yachten ausreichend. Der Grund ist tadellos und der Ankerhalt entsprechend, vorausgesetzt, man hat ausreichend Kette gesteckt. Versorgungsmöglichkeiten wie Hugh Town. Am sauberen Sandstrand im Scheitel der Bucht kann man anlanden.

Weitere Ankerplätze

Kündigt sich ein Sturm aus SW an, sollen große Yachten SE-lich der Tonne *Hats* vor Watermill Cove im NE der Insel St. Mary's im Crow Sound ankern können. Das dürfte zwar nicht allzu gemütlich, dafür aber sicher sein.

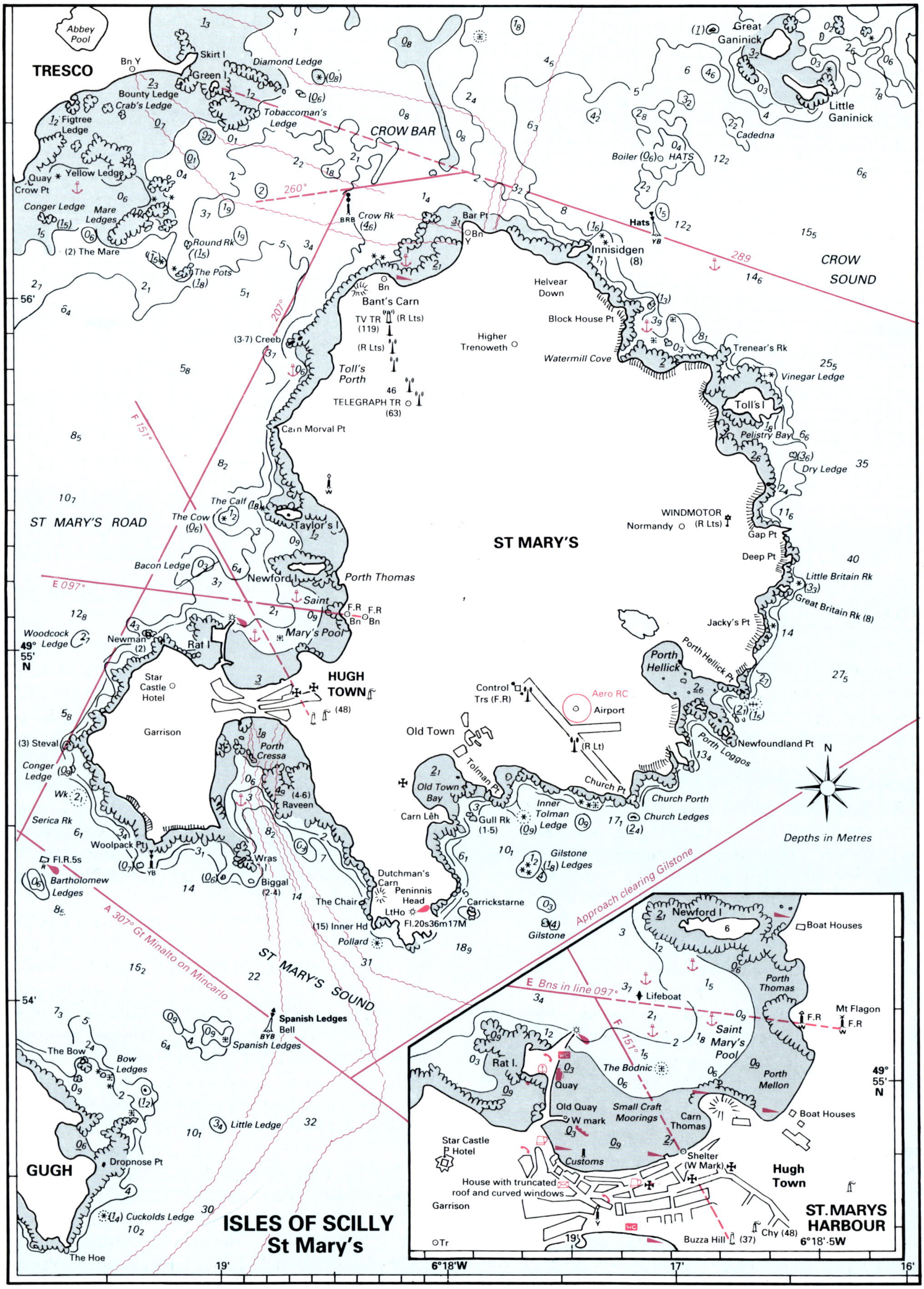

ISLES OF SCILLY
St Mary's
TRESCO
Abbey Pool
Skirt I
Green I
Diamond Ledge
Bounty Ledge
Crab's Ledge
Figtree Ledge
Tobaccoman's Ledge
CROW BAR
Yellow Ledge
Quay
Crow Pt
Conger Ledge
Mare Ledges
(2) The Mare
Round Rk
The Pots
Crow Rk
Bar Pt
Innisidgen
Helvear Down
Block House Pt
Higher Trenoweth
Watermill Cove
Trenear's Rk
Vinegar Ledge
Toll's I
Pelistry Bay
Dry Ledge
Great Ganinick
Little Ganinick
Cadedna
Boiler
HATS
Hats
CROW SOUND
Bant's Carn
TV TR (R Lts) (119)
(R Lts)
Toll's Porth
TELEGRAPH TR (63)
(3·7) Creeb
Carn Morval Pt
ST MARY'S ROAD
The Calf
The Cow
Taylor's I
Bacon Ledge
Newford I
Porth Thomas
Saint Mary's Pool
F.R Bn
Woodcock Ledge
Newman (2)
Rat I
Star Castle Hotel
Garrison
HUGH TOWN
(48)
(3) Steval
Conger Ledge
Wk
Serica Rk
Woolpack Pt
Fl.R.5s
Bartholomew Ledges
Porth Cressa
(4·6) Raveen
Wras
Biggal (2·4)
The Chair
Dutchman's Carn
Peninnis Head
LtHo
Fl.20s36m17M
(15) Inner Hd
Pollard
Carrickstarne
Gilstone
Gilstone Ledges
ST MARY'S
WINDMOTOR (R Lts)
Normandy
Gap Pt
Deep Pt
Little Britain Rk
Great Britain Rk (8)
Jacky's Pt
Porth Hellick
Porth Hellick Pt
Control Trs (F.R)
Aero RC
Airport
(R Lt)
Old Town
Old Town Bay
Tolman Pt
Carn Lêh
Gull Rk (1·5)
Inner Tolman Ledge
Church Pt
Church Porth
Church Ledges
Porth Loggos
Newfoundland Pt
N
Depths in Metres
Approach clearing Gilstone
ST MARY'S SOUND
A 307° Gt Minalto on Mincarlo
Spanish Ledges Bell
Spanish Ledges
Little Ledge
The Bow
Bow Ledges
GUGH
Dropnose Pt
Cuckolds Ledge
The Hoe
E 097°
F 151°
207°
260°
289
56'
49° 55' N
54'
19'
6°18'W
17'
16'
ST. MARYS HARBOUR
6°18'·5W
Newford I
Boat Houses
Porth Thomas
E Bns in line 097°
Lifeboat
F.R
Mt Flagon
Saint Mary's Pool
Rat I.
The Bodnic
Quay
Old Quay
W mark
Small Craft Moorings
Carn Thomas
Porth Mellon
Star Castle Hotel
Customs
Shelter (W Mark)
Hugh Town
House with truncated roof and curved windows
Garrison
Tr
Buzza Hill (37)
Chy (48)

Die Insel St. Mary's: Die „Hauptstadt" Hugh Town der Isles of Scilly aus S. Im Vordergrund die Bucht Porth Cressa, im Hintergrund die Inseln Tresco und Round Island.

Versorgung

In Hugh Town auf St. Mary's findet man die meisten Versorgungsmöglichkeiten, inklusive Post, Drogerie, Krankenhaus, Lebensmittelgeschäfte, Banken, Hotels und Bistros. Das „Mermaid" ist übrigens ein Mekka für alle Seefahrer. Wasser und Treibstoff am Kai. Gute Duschen gibt es im Quay Building dicht beim Büro des Hafenmeisters. Ausrüster, Reparaturwerkstätten, Segelmacher und Zoll. Im Sommer tägliche Hubschrauberflüge sowie regelmäßige Abfahrten der Fähre (jeden Nachmittag) nach Penzance. Der Hafenmeister ist telefonisch (Tel.: 01720-422768) zu erreichen. Yachtclub: Isle of Scilly Yacht Club.

New Grimsby Sound – Tresco/Bryher

Auch wenn es so aussehen mag, als sei der New Grimsby Sound nach NNW hin ungeschützt, ist er der vermutlich beste Allwetter-Hafen der Inselgruppe. Außer bei schwerem Wetter aus N-lichen Richtungen ist dies der brauchbarste Anlaufhafen bei der Einsteuerung von See her. Seine zweite Einfahrt ist vollständig tidenabhängig.

Ansteuerung und Einfahrt

Von NW oder W kommend, läßt man Shipman Head einfach an Stb., bevor man Kurs auf Hangman's Island absetzt, einen unverkennbaren „Felshaufen", der sich 16 m hoch erhebt. Gekrönt wird das Ganze von einem gutgepflegten Galgen – heutzutage wird er wohl nur noch von Skippern benutzt, denen die Geduld mit ihren Crewmitgliedern endgültig ausgegangen ist. Die Insel bleibt an Stb., und der Kurs wird bis zum Ankerplatz beibehalten.
Von E kommend, bleiben White Island und Lion Rock (Höhe 8 m) mit ihren dazugehörigen Gefahrzeichen mit gutem Abstand an Bb. Dann rundet man die Insel Round Island, die ihren Namen ihrer Form verdankt und auf der ein klassischer weißer Leuchtturm (Fl.10s55m24M, Horn (4)60s) steht. In der Mitte zwischen Lion Rock und Round Island liegen die beiden Riffe Tide Rock (fällt 2,3 m trocken) und Black Rock (Höhe 6 m). Deep Ledges, mit nur 0,6 m und 2,7 m Wassertiefe darüber, erstreckt sich bis zu 1 kbl seewärts, so daß Ortsfremde zur eigenen Sicherheit versuchen sollten, mindestens 0,5 sm N-lich von Lion Rock zu bleiben.
Nachdem man den mächtigen Men-a-vaur Rock passiert hat, steuert man etwa WSW-lichen Kurs, indem auf oder N-lich einer Deckpeilung fährt, die man erhält, wenn man die N-Kante des Felsen mit dem N-Ufer der Round Island zur Deckung bringt. Auf diesem Kurs bleibt man von weiteren Gefahrenstellen frei. Die Deckpeilung, die auf der BA-Seekarte zum Anlaufen des New Grimsby Sound empfohlen wird, ist für Ortsunkundige schwer auszumachen. Man sollte daher besser auf dem Richtkurs Men-a-vaur – Round Island bleiben, bis Cromwell's Castle (18 m hoher runder Turm, nicht zu verwechseln mit King Charles' Castle auf der Hügelkuppe dahinter) gut offen zu Gimble Point peilt, dann dreht man in den letzten Abschnitt der Ansteuerung ein, wobei man sich mehr an der Shipman Head-Seite halten sollte, um von der Felsgruppe unmittelbar NNW-lich von Gimble Point frei zu bleiben. Wenn Gimble Point querab peilt, bleibt man in der Fahrwassermitte und läßt Hangman Island an Stb. Im Fahrwasser setzen die Gezeitenströme mit bis zu 2 kn; ihre Richtung wird durch den nicht überspülten Teil der Tresco Flats beeinflußt.

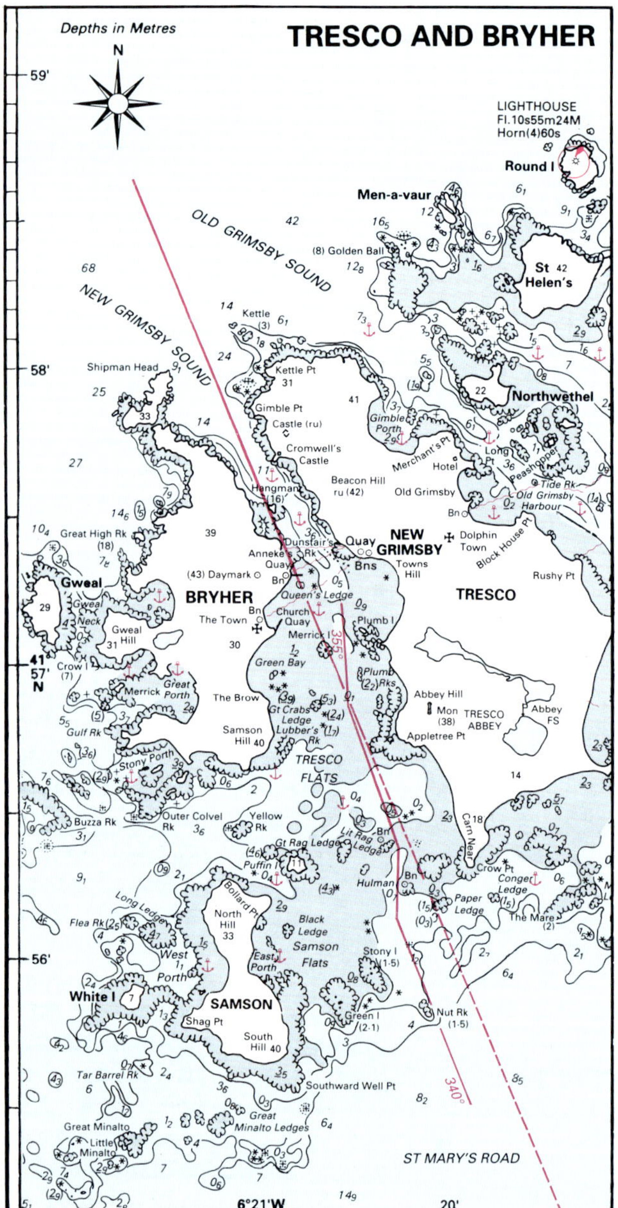

Tresco Flats

Die Passage zwischen St. Mary's und Tresco ist nicht annähernd so kompliziert, wie man bei einem Blick auf die Karte vermuten könnte. Die Sände entlang dieser Route fallen ca. 1 m trocken, geht man von 1,4 m aus, ist man auf der ganz sicheren Seite.

Von St. Mary's kommend, umgeht man Bacon Ledge (s. St. Mary's) und setzt seinen Kurs auf Nut Rock (Höhe bei MSpHW 1,5 m) ab, der leichter zu erkennen ist, als man denkt. Der Felsen bleibt mit ca. 50 m Abstand an Bb., bevor man auf einen Kurs von 340° geht, der *The Hulman* (eine Plattform mit Gitter-Toppzeichen) an Stb.-Bug bringt (Entfernung ca. 4 kbl). *The Hulman* bleibt mit mindestens 10 m Abstand an Stb., bevor man nach Stb. eindreht, um Little Reg Ledge mit seiner roten Bake mit Toppzeichen 15 m bis 20 m an Bb. zu lassen. Nun steuert man einen Kurs von 340°, auf dem Merrick Island zur Deckung mit Hangman's Island kommt, bis, bei der Ansteuerung von Merrick Island, der Fuß des Tresco Quay (auffällig ist das gegabelte Ende des Quay Shops) zur Deckung mit der linken Kante von Plumb Island kommt. An dieser Stelle sollte man in der Mitte zwischen Merrick und Plumb Island mit etwa 355° steuern. Wenn Plumb Island querab peilt, hält man auf die Gastmoorings an der E-Seite des „Fahrwassers" zu. Auf diese Weise bleibt man von Queen's Ledge (fällt 2,5 m trocken) frei.

Ankerplätze und Moorings

Bei beständigem Wetter können tiefgehende Yachten seewärts von Hangman's Island sowie SSW-lich von Cromwell's Castle ankern. SSE-lich der Insel findet man besseren Schutz; man tastet sich vorsichtig vor, bis man die passende WT (s. Plan) über gut haltendem Sandgrund gefunden hat. An der Tresco-Seite des Fahrwassers ist eine Reihe von Gastmoorings ausgelegt, die von Tresco verwaltet werden. Liegegebühren werden von einem Bootsführer kassiert.

Anlanden am Kai (nie das Dingi zum Ende des Kais hin zurücklassen) von Tresco oder am hölzernen Anleger von Bryher. Barkassen benutzen beide Anlegemöglichkeiten. Daher ist es ratsam, Anweisungen einzuholen, bevor man sein Dingi unbewacht zurückläßt.

Wasser ist am Kai von Tresco erhältlich. Tresco hat auch einen brauchbaren Dorfladen, den man vom „New Inn" den Hügel hinauf erreicht. Außerdem Hubschrauberflüge. Auf Bryher gibt es keinen Pub, dafür aber ein Geschäft, das überraschenderweise von hervorragender Qualität ist und das genau N-lich vom Anlandeplatz versteckt liegt. Am Wegrand kann man einheimische Produkte erwerben. Ein paar Blumenzwiebeln für den Garten sind zu empfehlen – solche Urlaubserinnerungen halten jahrelang!

Dieses Plätzchen ist für Dingi-Fahrten ideal. Sollte der Treibstoff knapp werden, kann man nach Absprache auf Tresco von der Gutswerkstatt etwas kaufen. Im selben Gebäudekomplex gibt es auch eine Wäscherei.

Zu einer der besten Abendveranstaltungen, die im Englischen Kanal geboten werden, gehört die Fahrt vom Tresco Quay aus auf einem „Unterstützungs"-Boot zur abendlichen Gigboot-Regatta (Ruderboot-Regatta) vor St. Mary's. Anfragen zu den Terminen vor Ort. Die Preise sind moderat, und eine Flotte von Ruderbooten, die zum Teil über 100 Jahre alt und mit sechs Riemen ausgestattet sind, auf einer offenen Seestraße rudern zu sehen, ist schon allein einen Besuch auf den Scillys wert.

Die französische Küste Dünkirchen bis L'Aber-Wrac'h

Wichtige Landspitzen und Huken

Von zwei wichtigen Ausnahmen abgesehen, sind die Kaps an der französischen Küste sehr viel weniger bedeutend als ihre britischen Gegenüber. Dafür gibt es zwei Gründe: E-lich der Halbinsel von Cherbourg verläuft die Küstenlinie im wesentlichen ohne hervorspringende Landzungen. W-lich vom Fuß dieser Halbinsel sind der Küste zahlreiche Gefahrenstellen und Inseln vorgelagert. Das macht eine Fahrt dicht unter der Küste – auch wenn sie stellenweise möglich ist – zu einem Unternehmen, das über den Rahmen dieses Buches hinausgeht. Trotzdem sind die beiden großen Kaps im NE und NW dieser Landmasse für den Navigator von größter Wichtigkeit. Die Gezeitenerscheinungen, die von den beiden Kaps hervorgerufen werden, gehören zu den spektakulärsten im Englischen Kanal. Um Ungenauigkeiten zu vermeiden, sind die Tidenströme in Bezug auf die HW-Zeiten in Cherbourg oder St. Malo angegeben.

Hinweis: HW Cherbourg entspricht -0308 HW Dover
HW St. Malo entspricht -0506 HW Dover.

Falls britische Unterlagen benutzt werden, bitte andere Zeitzone beachten !

Pointe de Barfleur

Gezeitenströme in der Ansteuerung

NW-setzender Strom beginnt 3 Std. nach HW Cherbourg und setzt bis 3 Std. vor HW.

Zu Springzeiten kann der Strom in beide Richtungen bis zu 5 kn. erreichen. Dicht unter der Küste kentert der Strom, sowohl der E-setzende wie auch der W-setzende, bis zu 2 Std. früher. Dies ist insbesondere wichtig zu wissen, wenn zum Ende des W-setzenden Stroms sich E-setzender Neerstrom mehr und mehr seewärts ausbreitet, bis der Haupt-Tidenstrom im Kanal kentert.

In der Tat können vor Pointe de Barfleur recht häßliche Stromkabbelungen entstehen, insbesondere dann, wenn NW-laufende Tide auf Starkwinde aus W oder NW trifft und somit gefährliche Seen entstehen. Diese werden nicht nur durch den Meeresgrund bedingt, sondern auch von einem N-setzenden Strom, der aus der Richtung St. Vaast kommt und auf den allgemein W-setzenden Strom trifft. Unter solchen Bedingungen sollte man diesen Bereich weiträumig meiden.

Das Kap ist flach, und der 75 m hohe graue Leuchtturm Gatteville mit seinem schwarzen Dach (Fl(2)10s29M) bildet die auffälligste Landmarke. Er steht dicht unter der Küste, mit der er durch einen Damm verbunden ist. Es gibt ein Nebelschallsignal (Zungenhorn(2)60s), und bei einer Peilung von weniger als 088° wird das Feuer verdeckt. Gleich N-lich des Leuchtturms erhebt sich der graue, 27 m hohe alte Leuchtturm mit Flachdach, heute Signalstation, auf dem ein Mast steht.

Cap de la Hague

Gezeitenströme

Bei diesen Gezeitenströmen ist stets die Nähe des benachbarten Race of Alderney zu berücksichtigen, wo der Strom Geschwindigkeiten von mehr als 8 kn erreichen kann.

Dicht unter der Küste setzen die Ströme mit schier unglaublichen 10 kn und mehr. Der NE-setzende Strom beginnt 1 Std. vor HW St. Malo, der SW-setzende 5 Std. später mit starkem W-setzendem Neerstrom, der an der N-Küste bis zu 2 Std. früher einsetzt.

Cap de la Hague ist wahrscheinlich das Kap im Kanal, das von den Gezeitenströmen am härtesten umtost wird. Portland Bill kommt dem zwar recht nah, aber hier liegen die Gefahrenstellen weiter seewärts im Race. Dicht unter der Küste von Cap de la Hague gibt es unzählige Felsen und Riffe, über die die Gezeitenströme mit einer derartigen Kraft setzen, daß es kleinen Yachten – selbst unter Motor und bei gutem Wetter – unmöglich ist, ihnen zu entkommen. Wenn die Gezeitenströme ihre volle Stärke erreicht haben, zumal bei schwerem Wetter, sollte dieses Gebiet mit gutem Abstand passiert werden. Ansonsten ist es mit größtmöglichem Respekt zu behandeln.

Der Leuchtturm steht unmittelbar vor der Küste auf einem Fels, der Gros du Raz heißt. Im französischen Seehandbuch ist ein Fahrwasser zwischen Felsen und Festland genannt, in dem man den stärksten Tidenströmen entgehen können soll; genaue Einzelheiten werden aber nicht beschrieben. Es sei daher an dieser Stelle erwähnt – mehr nicht. Der Autor, dessen Yacht einen Tiefgang von 2,44 m hat und die ihm lieb und teuer ist, verspürte keinen Drang, dieses Fahrwasser auf eigene Faust zu erkunden.

Das Feuer (Fl.5s48m23M Horn 30s) brennt auf einem 51 m hohen grauen Turm mit weißem Dach.

Steuert man Cap de la Hague bei guter Sicht aus N her an, wird zunächst das große quadratische Gebäude des Atomkraftwerkes mit dem dazugehörigen Schornstein etc. sichtbar. Es steht etwas erhöht unweit eines Sendemastes SE-lich des Leuchtturms. Nachts sind diese mit F.R SE-lich des Leuchtturms befeuert.

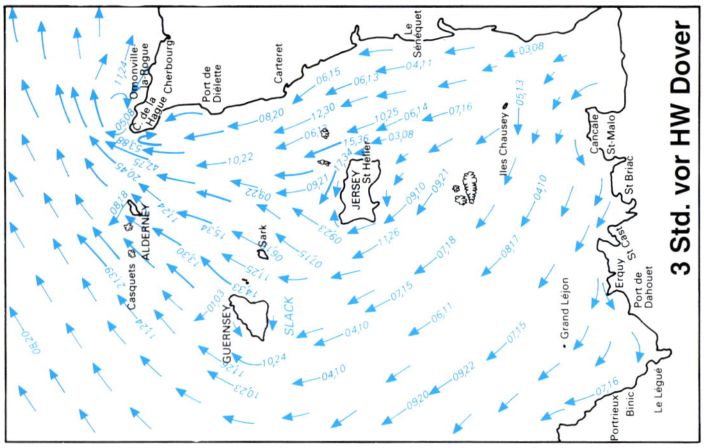
3 Std. vor HW Dover
Omonville-la-Rogue
Cherbourg
de la Hague
Port de Diélette
Carteret
Le Sénéquet
Casquets
ALDERNEY
GUERNSEY
Sark
JERSEY
St Helier
Iles Chausey
Cancale
St-Malo
St Briac
St Cast
Erquy
Port de Dahouet
Grand Léjon
Portrieux
Binic
Le Légué
SLACK

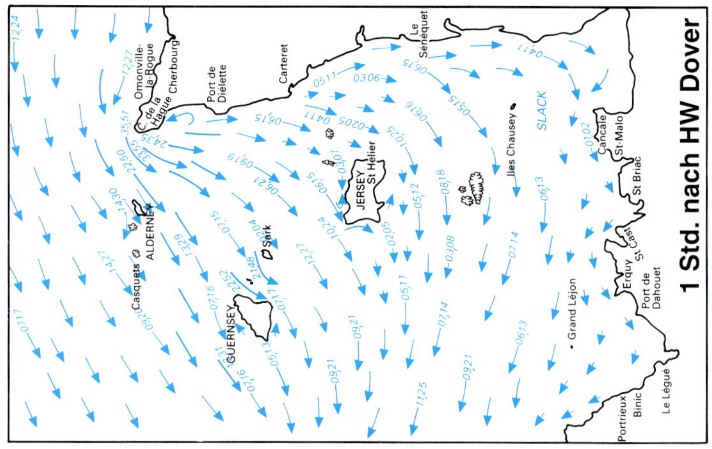
1 Std. nach HW Dover
Omonville-la-Rogue
Cherbourg
de la Hague
Port de Diélette
Carteret
Le Sénéquet
Casquets
ALDERNEY
GUERNSEY
Sark
JERSEY
St Helier
Iles Chausey
Cancale
St-Malo
St Briac
St Cast
Erquy
Port de Dahouet
Grand Léjon
Portrieux
Binic
Le Légué
SLACK

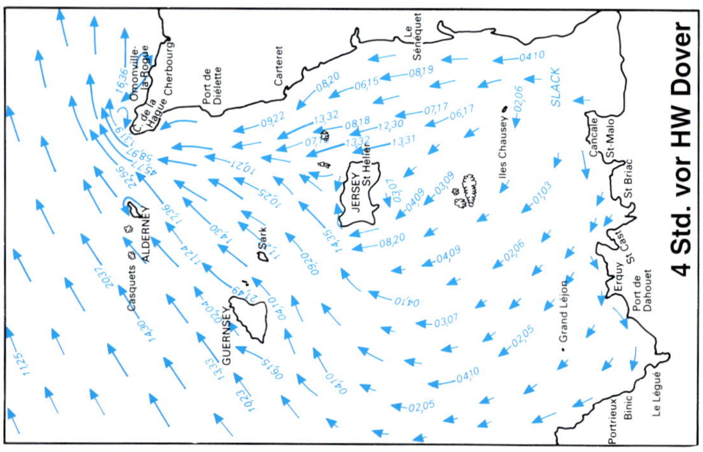
4 Std. vor HW Dover
Omonville-la-Rogue
Cherbourg
de la Hague
Port de Diélette
Carteret
Le Sénéquet
Casquets
ALDERNEY
GUERNSEY
Sark
JERSEY
St Helier
Iles Chausey
Cancale
St-Malo
St Briac
St Cast
Erquy
Port de Dahouet
Grand Léjon
Portrieux
Binic
Le Légué
SLACK

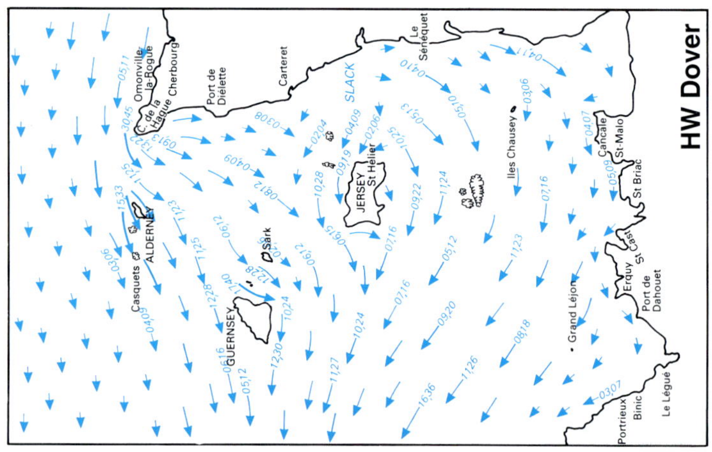
HW Dover
Omonville-la-Rogue
Cherbourg
de la Hague
Port de Diélette
Carteret
Le Sénéquet
Casquets
ALDERNEY
GUERNSEY
Sark
JERSEY
St Helier
Iles Chausey
Cancale
St-Malo
St Briac
St Cast
Erquy
Port de Dahouet
Grand Léjon
Portrieux
Binic
Le Légué
SLACK

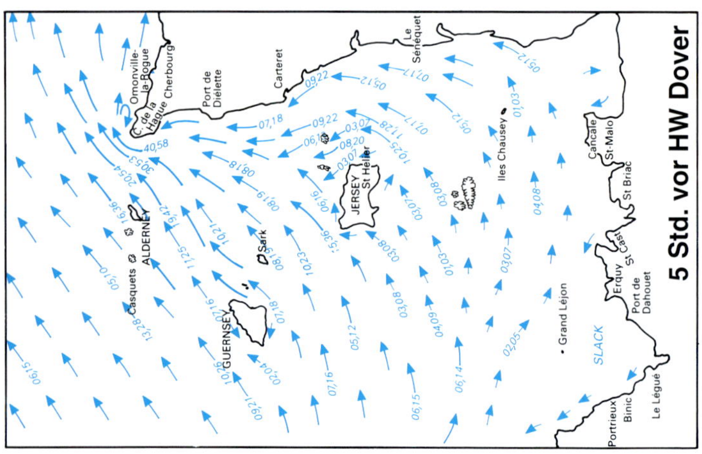
5 Std. vor HW Dover
Omonville-la-Rogue
Cherbourg
de la Hague
Port de Diélette
Carteret
Le Sénéquet
Casquets
ALDERNEY
GUERNSEY
Sark
JERSEY
St Helier
Iles Chausey
Cancale
St-Malo
St Briac
St Cast
Erquy
Port de Dahouet
Grand Léjon
Portrieux
Binic
Le Légué
SLACK

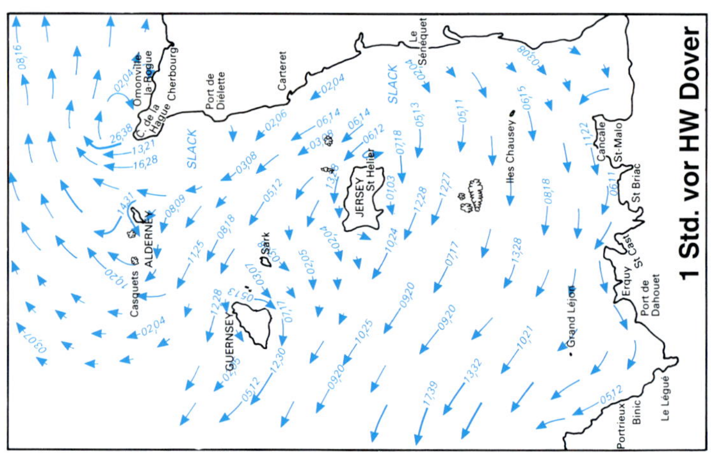
1 Std. vor HW Dover
Omonville-la-Rogue
Cherbourg
de la Hague
Port de Diélette
Carteret
Le Sénéquet
Casquets
ALDERNEY
GUERNSEY
Sark
JERSEY
St Helier
Iles Chausey
Cancale
St-Malo
St Briac
St Cast
Erquy
Port de Dahouet
Grand Léjon
Portrieux
Binic
Le Légué
SLACK

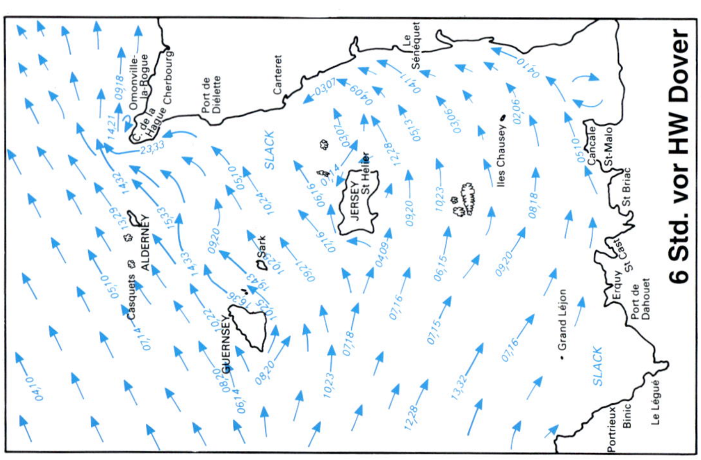
6 Std. vor HW Dover
Omonville-la-Rogue
Cherbourg
de la Hague
Port de Diélette
Carteret
Le Sénéquet
Casquets
ALDERNEY
GUERNSEY
Sark
JERSEY
St Helier
Iles Chausey
Cancale
St-Malo
St Briac
St Cast
Erquy
Port de Dahouet
Grand Léjon
Portrieux
Binic
Le Légué
SLACK

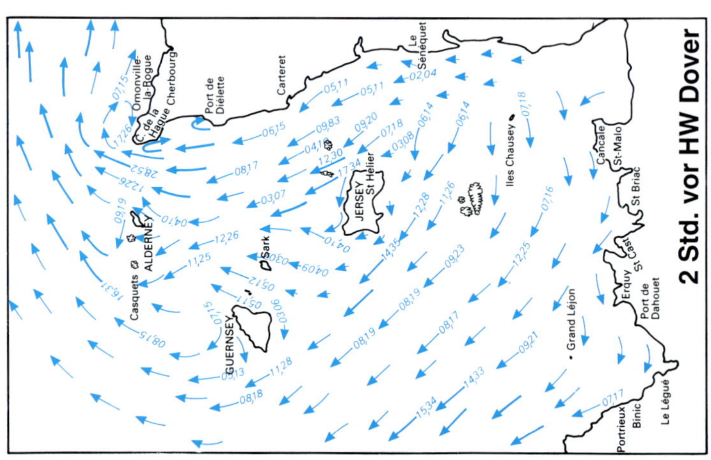
2 Std. vor HW Dover
Omonville-la-Rogue
Cherbourg
de la Hague
Port de Diélette
Carteret
Le Sénéquet
Casquets
ALDERNEY
GUERNSEY
Sark
JERSEY
St Helier
Iles Chausey
Cancale
St-Malo
St Briac
St Cast
Erquy
Port de Dahouet
Grand Léjon
Portrieux
Binic
Le Légué

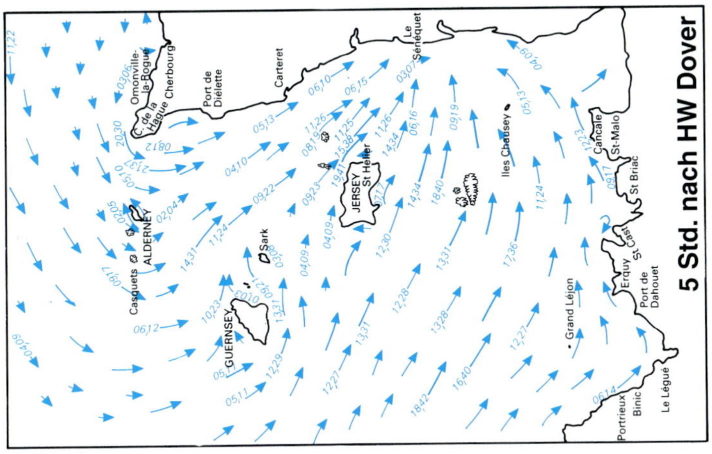
5 Std. nach HW Dover

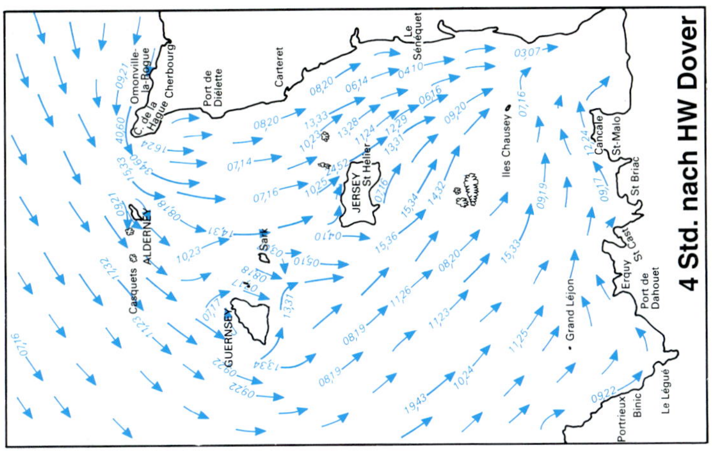
4 Std. nach HW Dover

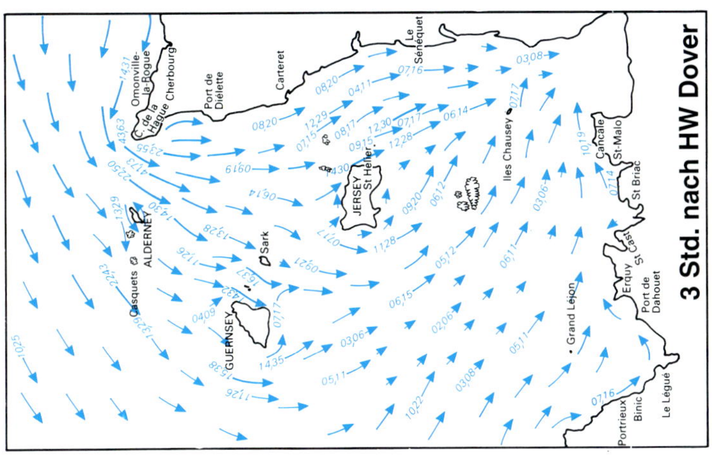
3 Std. nach HW Dover

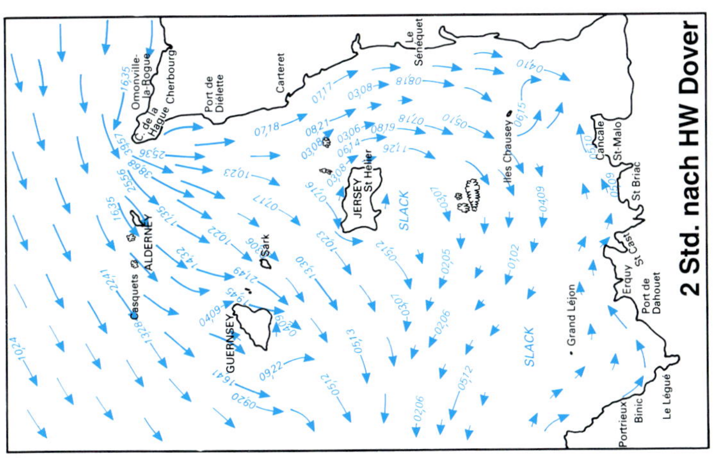
2 Std. nach HW Dover

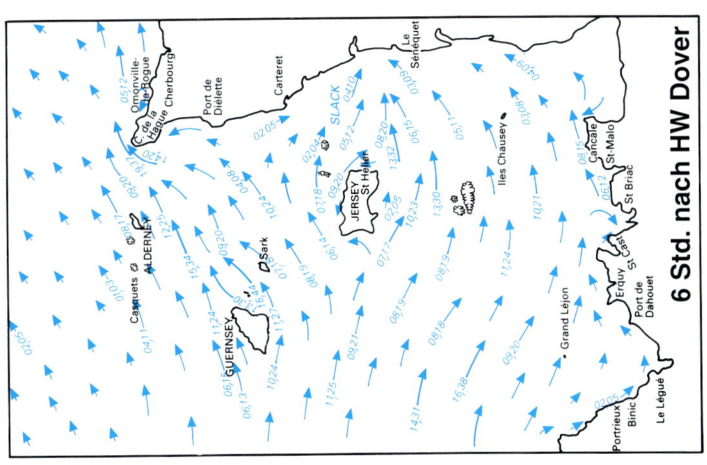
6 Std. nach HW Dover

Hafenbeschreibungen

Dünkirchen (Dunkerque)

Gezeiten

HW +0050 Dover

MSpHW	MSpNW	MNpHW	MNpNW
5,8 m	0,7 m	4,9 m	1,4 m

Gezeitenströme

In der Ansteuerung setzen sehr harte Gezeitenströme, die bei Springzeiten bis zu 3,5 kn erreichen können.
ENE-setzender Strom beginnt -0140 Dover
WNW-setzender Strom beginnt +0415 Dover

Wassertiefen

Dünkirchen ist ein Tiefwasserhafen mit tidenunabhängigen Schleusenhäfen. Im gezeitenabhängigen Yachthafen beträgt die WT bei niedrigstmöglichem Gezeitenwasserstand 2 m; in den Schleusenhäfen der Handelsschiffahrt sind 4 m WT vorhanden.

Lage und Umgebung

Mit Dünkirchen wird sich immer die Evakuierung der Soldaten des britischen Expeditionskorps 1940 verbinden, und es wird behauptet, daß es ohne dieses Wunder keine

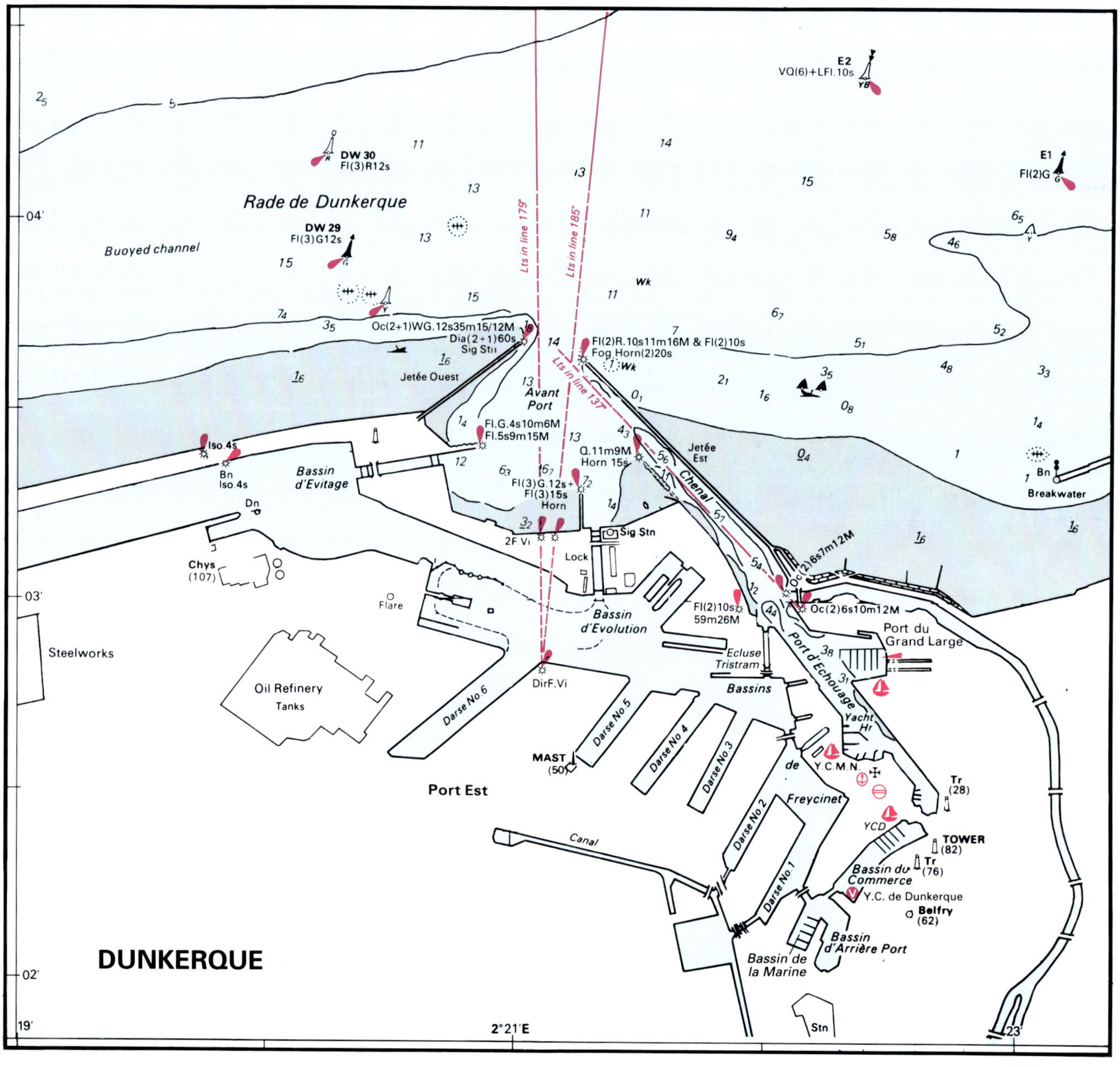

Dunkerque: Die E-Mole ist mit roten Feuern bezeichnet (A), der große Leuchtturm (B). Zwischen diesen beiden Punkten öffnet sich die Einfahrt für Yachten.

Große Kielyachten im Bassin du Commerce, das nur durch eine Schleuse und zwei Klappbrücken zu erreichen ist.

britische Armee, keinen Kampf um England und kein Überleben gegeben hätte. Noch heute weckt ein Besuch der Strände und Wellenbrecher von Dünkirchen Erinnerungen an jene Zeit vor gut 50 Jahren. Insbesondere sollte auch jener „Little Ships" gedacht werden, die mit ihren bescheiden im Hintergrund gebliebenen Besatzungen zu Recht Legende geworden sind.
Heute gehört Dünkirchen zu den Haupt-Industriestädten Frankreichs, und selbst die größten Schiffe können in den Hafen einlaufen. Die Stadt, die sich immer noch einen gewissen „Rest-Charme" bewahrt hat, ist ein geschäftiges Zentrum, das immer noch mit den außergewöhnlichen Vorzügen seiner Küste sowie einem Hafen aufwartet, der bei jedem Tidenstand und fast jedem Wetter angelaufen werden kann.

Ansteuerung

Von E kommend, hält man sich von der Nieuwpoort Bank frei und beginnt die Ansteuerung an der befeuerten Kardinaltonne W *Nieuwpoortbank.* Ein Kurs von 235° führt zum 4 sm entfernten Tonnenpaar *E12* und *E11. E12* ist eine befeuerte Kardinaltonne S, *E11* eine große grüne Tonne (Fl.G), die vom Fahrwasser aus an Bb. bleibt (Die Betonnungsrichtung verläuft von W nach E; *nicht* auf die Hafeneinfahrt von Dünkirchen zu).
Von hier hält man ungefähr SSW, bis die unbefeuerte rote Stumpftonne *E10* an Bb. passiert ist, dann steuert man auf das nächste befeuerte Tonnenpaar *E8* (rote Bakentonne, Fl(3)R, Heuler, bleibt an Stb.) und *E7* zu (grüne Bakentonne, Fl(3)G, bleibt an Bb.). Die rote *E6* (Q.R), die an Stb. bleibt, ist etwas mehr als 1 sm entfernt. Anschließend führt der Kurs die Küste entlang zur roten *E4* (Fl.R) und von dort zur grünen *E1* (Fl(2)G), die an Bb. bleibt. Die befeuerte Kardinaltonne S *E2* liegt nun an Stb.-Bug voraus; von dieser Tonne beträgt die Entfernung zur Hafeneinfahrt, die in SW-licher Richtung peilt, 1,25 sm.
Von W kommend, hält man auf die rot-weiße Dunkerque-Fahrwassertonne *(DKA,* LFl.10s) und von dort mit einem E-lichen Steuerkurs auf *DW6* (rote Bakentonne, Q.R) und *DW5* (grüne Bakentonne, Q.G) zu. Nachdem man zwischen diesem Tonnenpaar passiert hat, folgt man dem betonnten Fahrwasser (rot an Bb., grün an Stb.), bis das Paar *DW30* (Fl(3)R) und *DW29* (Fl(3)G) erreicht ist, anschließend steuert man in SE-licher Richtung auf die Hafeneinfahrt zu.

Einfahrt

Man sollte daran denken, daß der wirklich riesige, 59 m hohe Leuchtturm (Fl(2)10s26M) 8 kbl SE-lich der Einfahrt *im* Hafen steht. Der W-liche Hafendamm, der an Stb. gelassen wird, trägt einen 35 m hohen Leuchtturm (Oc(2+1)), der aufgrund seiner drei unverwechselbaren tellerförmigen Ringe unterhalb des Laternenhauses schon von weitem gut zu erkennen ist. Er ist mit einem Nebelschallsignal (Dia(2+1)60s) ausgestattet und zeigt die üblichen Verkehrssignale.
Die E-Mole trägt einen weißen, 11 m hohen Gitterturm mit roter Spitze (Fl(2)R.10s16M Horn(2)20s).
Zur Unterstützung der Lotsen, die die großen „Pötte" auf einem Kompaßkurs von 179° bis 185° in den Hafen bringen, wurde ein violettes Leitfeuer mit verstärktem Sektor (s. Plan) eingerichtet. Das kann recht hilfreich sein, um die eigene Position hinsichtlich Stromversatz und Abdrift zu kontrollieren. Das kann aber auch anhand der beiden unterbrochenen weißen Richtfeuer geschehen, die an der Einfahrt zum Wateringuet Canal unmittelbar gegenüber dem großen Leuchtturm aufgestellt sind und in Linie 137° peilen. Wenn man nicht die Absicht hat, durch die

Schleuse zu fahren, geben diese Richtfeuer den Kurs innerhalb des Hafens zur Marina an, die sich im Port d'Echouage befindet und vom Yacht Club de la Mer du Nord (Tel. 03 28 66 79 90) betrieben wird. Man macht zunächst am Außenschlengel fest und hält sich zum Verholen bereit, falls dies angewiesen wird. Es gibt 70 Gastliegeplätze für Yachten bis zu 13 m Lüa. Die Schlengel oberhalb der Marina sind Gastyachten nicht zugänglich.
Auch in der zweiten Marina, die vom Yacht Club de Dunkerque (Tel. 03 28 66 11 06) betrieben wird, sind Gäste willkommen. Man erreicht sie durch die Schleuse Trystram, nachdem man sich entweder auf UKW-Kanal 73 oder 12 angemeldet, sein Horn geblasen hat, oder einfach vor der Schleuse aufgekreuzt ist, die rund um die Uhr bedient wird. Hinter der Schleuse mit Klappbrücke fährt man auf direktem Weg, der unter zwei weiteren Klappbrücken hindurch führt, zum Bassin. Die Marina ist privat und gewöhnlich nicht besetzt. Ist niemand zu erreichen, steckt man die Liegegebühren in einen Umschlag mit dem Namen der Yacht und wirft diesen in den Briefkasten des Büros. Die Liegegebühren sind auf einer Tafel in Englisch angeschlagen; die erste Nacht ist kostenlos.

Versorgung

Yachtwerft und Kielbank. Mastenkran sowie fest installierter 24 t-Kran im Bassin du Commerce. Sliprampe im Port du Pêche. Wasser, Strom, Duschen und Toiletten in den Marinas. Waschsalon in der Stadt, wo man auch Bars, Restaurants, Banken etc. findet. Die Verkehrsanbindungen sind, von Autostraßen abgesehen, überraschenderweise gering.

Port Quest

Dieser Hafen, 7 sm W-lich von Dünkirchen gelegen, wirkt zwar sehr verlockend, ist aber ausschließlich für die Handelsschiffahrt bestimmt. Nur in dringenden Notfällen darf er von Yachten angelaufen werden.

Gravelines: Der auffällige alte Leuchtturm am Petite Fort Philippe an der E-seite des Hafens. Sein Feuer ist verloschen.

Gravelines

Gezeiten

HW +0045 Dover

MSpHW	MSpNW	MNpHW	MNpNW
5,9 m	0,4 m	4,8 m	1,7 m

Gezeitenströme

In der Ansteuerung setzten sehr harte Ströme. Einzelheiten s. Dünkirchen, das sehr ähnliche Verhältnisse hat.

Wassertiefen

Das Einfahrtsfahrwasser fällt 1,5 m trocken. Der Drempel der Schleuse, die zum Dockhafen führt, kann von Yachten mit bis zu maximal 2 m Tiefgang passiert werden. Zwischen 45 Minuten vor bis 45 Minuten nach HW ist die Schleuse zu Nippzeiten, von 1,5 Std. vor bis 1,5 Std. nach HW zu Springzeiten geöffnet. Auch trockenfallende Liegeplätze sind vorhanden. Es gibt einen Pegel, der den Wasserstand anzeigt.

Lage und Umgebung

Sir Francis Drake jagte die Spanische Armada einst mit seinen Brandern auf die vorgelagerten Untiefen von Gravelines, das heute ein Vorort von Dünkirchen ist. Der Ort, der der „Blüte Spaniens" nichts zu bieten hatte, lockt den Yachtskipper von heute mit seiner kleinen, aber alten und von einer Stadtmauer umgebenen Stadt mit dem hervorragend erhaltenen Fort Vauban. Unmittelbar NE-lich des Hafens erhebt sich an der gleichförmigen Küste ein riesiges Atomkraftwerk.
Auch wenn der Fischfang in den vergangenen 100 Jahren stark zurückgegangen ist, ist hier noch immer eine recht effiziente Fangflotte beheimatet, die ihre reichen Fänge angeblich den verrottenden Holzschiffen der Spanischen Armada verdankt.
Will man Gravelines einen Besuch abstatten, sollte dies nur bei leichter, auflandiger Brise geschehen, weil die Einfahrt bei Starkwinden aus W über N bis E äußerst gefährlich wird.

Ansteuerung

Die Ansteuerung wird von einer sicheren Position aus, weit von der Küste entfernt, begonnen. Am Tag erfolgt die Einsteuerung auf der Deckpeilung mit 142°, indem der alte Leuchtturm von Petit Fort Philippe (gelöscht) zur Deckung mit dem auffälligen Wasserturm links neben dem Kirchturm gebracht wird. Der Leuchtturm ist spiralförmig schwarz-weiß wie eine Zuckerstange gemalt und nicht zu übersehen. Nachts steuert man im weißen Sektor des Feuers auf der W-Mole, deren Kopf bei HW möglicherweise überspült wird.
Bei der Ansteuerung aus W hält man sich vom grünen Sektor (078° – 085°), der die der Küste vorgelagerten Untiefen abdeckt, gut frei. Eine weiße, 9 m hohe Stahlrohr-Konstruktion mit rotem zylinderförmigem Laternenhaus trägt das Feuer (Fl(2)WG.6s) sowie Windmesser etc. Der Unterbau des Feuers (Fl(3)R.12s) auf der E-Mole, deren Kopf ebenfalls überspült werden kann, ist unauffälliger.

Einfahrt und Liegeplätze

Zwischen den beiden Wellenbrechern läuft man um HW

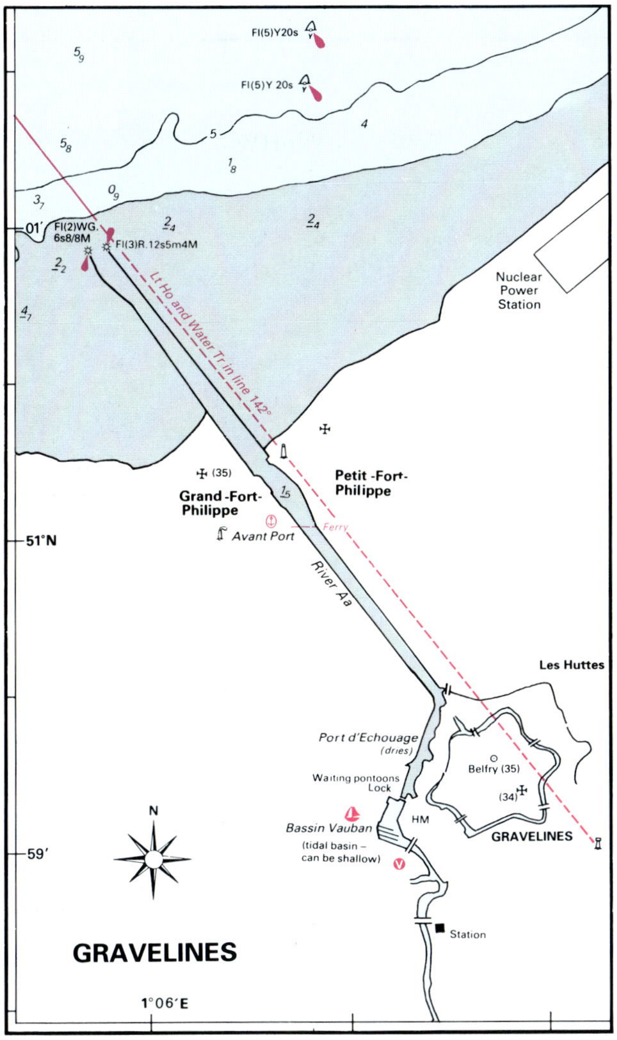

Gravelines: Warteschlengel vor dem Bassin Vauban ganz links im Bild.

durch das schmale Ansteuerungsfahrwasser ein, wobei man sich mehr an der W-lichen Seite halten sollte. Dicht unter der Küste ist das tiefere Wasser mit unbefeuerten roten und grünen Baken bezeichnet. Fast 2 sm hinter der Einfahrt wendet sich das Fahrwasser nach Stb. und dort, etwa 4 kbl voraus, öffnen sich die Schleusentore zum Bassin Vauban. Im Fahrwasser sind zahlreiche Schwimmstege ausgelegt, die trockenfallen; davon sind 40 Gastliegeplätze. Der Grund besteht aus weichem Schlick. Für Yachten, die auf eine Schleusung warten, sind an der E-Seite des Port d'Echouage vor der Schleuse Warteschlengel ausgelegt. Oft sind diese an einem grün-gelben Rettungsboot zu erkennen, das mit „SNSM" beschriftet ist und hier längsseits festgemacht hat.
Öffnungszeiten der Schleusen wie angegeben (s. „Wassertiefen"). Sie sind auf UKW-Kanal 09 um HW herum zu erreichen. Man sollte daran denken, daß die Hubbrücke von Hand bedient wird und bei schwerem Wetter geschlossen bleibt. Im Allgemeinen steht sie im Juli und August sowie an den Wochenenden offen. Ist die Brücke geschlossen, setzt man sich mit dem Schleusenwärter in Verbindung oder meldet sich im Postamt (ganz in der Nähe).
Vorsicht vor ausströmendem Wasser innerhalb und um die Schleusentore herum.

Versorgung
Wasser an den Schlengeln und am Kai. Schiffsausrüster. Duschen und Toiletten. Die Stadt hat 20000 Einwohner und entsprechende Versorgungsmöglichkeiten: Waschsalon, Restaurants, Banken etc. 3 t-Kran im Bassin Vauban, 14 t-Mobilkran auf Anfrage beim Hafenbüro. Kielbank und Yachtwerft. Kein Treibstoff. Nur Reparaturwerkstatt.

Verkehrsverbindungen
Von Dünkirchen West verkehren Fähren nach Ramsgate. Zugang zu den französischen Binnenwasserstraßen vom Bassin Vauban aus möglich; der Mast muß allerdings gelegt werden.

Gravelines: Der Blick vom W-Ufer zeigt die numerierten Fahrwasserbaken (A) sowie die alte Rettungsboot-Station (C) rechts im Bild. Am Tag bildet der markante Wasserturm (B) in Linie mit dem alten Leuchtturm die Einsteuerungs-Richtlinie.

Calais

Gezeiten

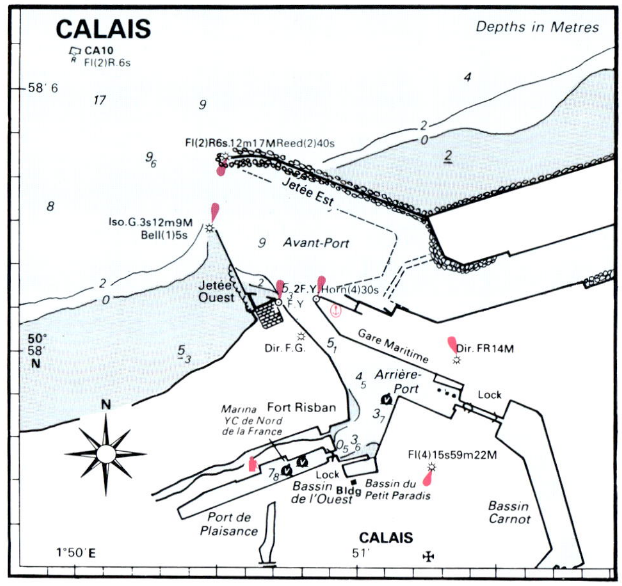

HW +0048 Dover

MSpHW	MSpNW	MNpHW	MNpNW
7,1 m	1,0 m	6,0 m	2,0 m

Gezeitenströme
3 Std. nach HW Dover beginnt ein W-setzender Strom, der bis zu 3 kn erreichen kann. 3,5 Std. vor HW Dover beginnt E-setzender Strom.

Wassertiefen

Die Untiefe „Ridens de la Rade" erstreckt sich 0,5 sm N-lich der Einfahrt parallel zur Küste, ihre Tiefen variieren, stellenweise fällt sie bis zu 0,5 m trocken. Der Avant Port ist auf 9 m Tiefe gebaggert, die WT nimmt aber zur Schleuse zum Bassin de l'Ouest, wo sich der Yachthafen befindet, bis auf 0,5 m ab. Die gebaggerte Tiefe des Schleusenhafens beträgt größtenteils 7,8 m und bietet Liegeplätze für Yachten mit 2,5 m bis 5,0 m Tiefgang.

Lage und Umgebung

Sir Francis Drake versetzte 1588 die hier vor Calais ankernde Spanische Armada in Angst und Schrecken, indem er nachts eine Flottille Brander auf sie zu treiben ließ. Der Rest ist Geschichte. Während des Ersten Weltkrieges geriet Calais zwar ungemütlich nah an die Frontlinie, wurde aber nicht eingenommen. 1940 verhinderte die beherzte Aktion einer Nachhut der Green Jackets, daß deutsche Panzer Dünkirchen von W her einkesselten, bevor die letzten Soldaten einer britischen Pioniereinheit evakuiert waren. Heutzutage werden täglich bis zu 140 Schiffsbewegungen registriert, die die Nähe zu England, die Calais immer hatte, nutzen; die Straße von Dover ist hier nur 21 sm breit.
Ausreichenden Tidenstieg vorausgesetzt, um die Schleuse zum Bassin de l'Ouest zu erreichen, könnte Calais ein Allwetter-Hafen sein, wenn nicht Stürme aus N-lichen Richtungen die Einfahrt äußerst ungemütlich machen und Dünung bis zu 1,5 m Höhe im Avant Port erzeugen würden. Unter solchen Bedingungen wäre das Einlaufen in den Hafen mit einer Yacht sehr unklug.

Ansteuerung und Einfahrt

Bei vernünftigem Wetter stellt die Passage der Untiefe „Ridens de la Rade" W-lich der roten Tonne *CA10* (Fl(2)R) während der oberen Hälfte einer Tidenperiode keine Gefahr dar. Um ganz sicher zu gehen, bleibt die Tonne *CA8*, die etwa 1 sm W-lich der Hafeneinfahrt ausgelegt ist, an Bb. Wenn einem das Seegangsbild nicht gefällt, kann man auch geradewegs nach W auf die Tonne *CA6* (VQ.R) zuhalten, die weitere 2 sm W-lich in tieferem Wasser ausgelegt ist.
Im Stadtzentrum steht ein mächtiger achteckiger weißer Leuchtturm (Fl(4)15s), der 59 m hoch ist. Man kann ihn fast von der englischen Küste her ausmachen. Von der W-lichen Hafeneinfahrt Dover führt ein konstanter Kurs von 114° vor die Tonne *CA8*. Nachdem die W-Mole mit dem großem Leuchtturm in Linie 138° peilt, kann bei der Tagansteuerung das Einfahrtsfahrwasser verlassen werden. Nachts nimmt man von *CA8* Kurs auf *CA10*, bis der verstärkte Sektor des Feuers (F.R.14M) auf dem Gare Maritime zur Deckung mit dem W-Wellenbrecher (Iso.G.3s12m9M) kommt. Am Tag wird der W-Wellenbrecher von einem weißen Turm mit grüner Spitze bezeichnet. Als Nebelschallsignal trägt er eine Glocke. Auf dem E-Wellenbrecher steht ein 12 m hoher grüner Turm mit roter Spitze (Fl(2)R.6s12m17M). Bei Nebel zeigt das Feuer auf dem W-Wellenbrecher ein weißes Feuer (Iso.3s).
Zwischen den Köpfen der Wellenbrecher (vom W-lichen gut freihalten, der Grund ist dort unrein) läuft man in den Hafen ein und hält schnurstracks auf den Arrière Port zu.

Calais: Feuer auf dem E-Wellenbrecher (A), Kopf der W-Pier (B) und der große, weiße achteckige Leuchtturm (C).

Um auf eine Schleusung zu warten, kann man an einer der Mooringtonnen, die auf 0,5 m bis 3 m WT vor der Schleuse ausgelegt sind, festmachen. Das Liegen ist hier aber nicht sonderlich gemütlich. Das Hafenbecken, das den unpassenden Namen „Bassin du Petit Paradis“ trägt, fällt trocken und ist durch „künstlerisch verstreut“ liegende Hindernisse unrein. Es ist daher zu empfehlen, sich mit den Öffnungszeiten der Schleuse vertraut zu machen: Sie ist zwischen 1,5 Std. vor bis 0,5 Std. nach HW geöffnet. An Samstagen, Sonn- und Feiertagen ist die Schleuse von 2 Std. vor bis 1 Std. nach HW geöffnet.
Nach Absprache können Yachten in das Bassin Carnot einlaufen, den Mast legen und auf den französischen Binnenwasserstraßen weiterfahren.

Liegeplätze

In der Marina im Bassin de l'Ouest (UKW-Kanal 12, Tel. 0321345523). Es gibt zahlreiche Liegeplätze für Gäste, die hier willkommen sind. Ohne vorherige Absprache beträgt die max. Größe 20 m Lüa. Tiefgang siehe „Wassertiefen“. In der Schleuse macht man zunächst an Stb.-Seite fest und meldet sich im Büro. Die WT an den Warte-Tonnen beträgt wie bereits beschrieben 0,5 m bis 3 m. Festmachen maximal 24 Std.

Verkehrssignale

Von der Capitainerie, die sich auf dem Quai de Mareé nahe des Gare Maritime befindet, werden Verkehrssignale gezeigt. Ein zusätzliches Feuer WRG (vert) zeigt an, daß der Verkehr im Hafen absoluten Vorrang hat.
Schleusentore zum Bassin de l'Ouest:
F.Y – 10 Minuten bis zur nächsten Öffnung
F.R – jeglicher Schiffsverkehr verboten
F.G – Freie Fahrt
4 Signaltöne – Erbitte Erlaubnis zur Einfahrt.
Vor dem Auslaufen sollte man den Brückenwärter von dieser Absicht in Kenntnis setzen.

Versorgung

Duschen, Toiletten, Wasser und Treibstoff in der Marina. Waschsalon im N der Stadt (Rue de Thermes). Alle Reparaturmöglichkeiten, jedoch kein Segelmacher. Yachtwerft und Kielbank, die 3,2 m trockenfällt, für Yachten bis zu 26 m Lüa. Anfragen bei der Capitainerie. Ausrüster. Viele nette Bars, in unmittelbarer Nähe des Hafens sind Restaurants leider selten. 3 t-Kran vorhanden.

Verkehrsverbindungen

Schnelle und „normale“ Fähren verkehren nach Dover und Folkstone. Bahnverbindung nach Paris etc.

Boulogne

Gezeiten

HW wie Dover. Falls britische Unterlagen benutzt werden, andere Zeitzone beachten!

MSpHW	MSpNW	MNpHW	MNpNW
8,9 m	2,25 m	7,2 m	2,75 m

Wassertiefen

Das Einfahrtsfahrwasser ist auf eine Mindesttiefe von 5 m gebaggert. Gastliegeplätze im Port de Marée, wo die WT ebenfalls mindestens 5 m beträgt.

Lage und Umgebung

Boulogne ist Frankreichs betriebsamster Fischereihafen. Im Lauf der Geschichte war der Hafen des öfteren Schauplatz von Invasionsvorbereitungen gegen England: unter Napoleon Bonaparte und Julius Caesar, um nur zwei der bekanntesten Kandidaten zu nennen. Der alte Stadtkern mit der Stadtmauer aus dem 13. Jh. dominiert das Stadtbild; ebenso gehört die markante Kuppel der Kathedrale Notre Dame aus dem 19. Jh. zur Silhouette der Stadt. Die Kathedrale wurde erbaut, um die während der französischen Revolution zerstörte Vorgängerin zu ersetzen. Eine 143 m hohe Säule, der Grande Armée gewidmet, ist das Vermächtnis Napoleons an die Stadt.
Der Hafen, der bei fast jedem Wetter und ungeachtet des Tidenstandes angelaufen werden kann, ist an einer Küste, die in dieser Beziehung nicht gerade viel zu bieten hat, ein wahrer Segen. Der Außenhafen, Rade Carnot, umfaßt ein Areal von mehr als 10 Quadratkilometern. Der N-liche Teil ist weitgehend untief, der S-liche wird von der Berufsschiffahrt beansprucht. Gastyachten können in den Port de Marée einlaufen, in dem man gut geschützt auf tiefem Wasser liegt.

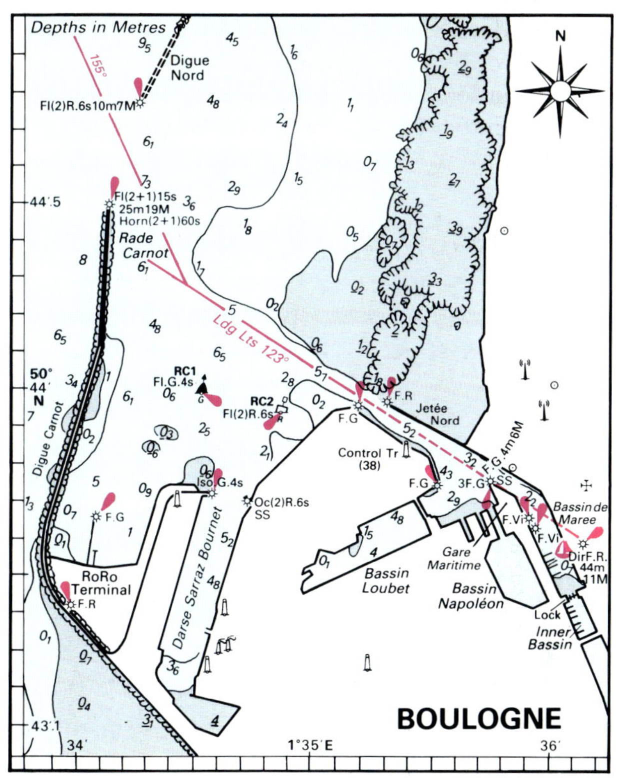

Boulogne Hafeneinfahrt, rechts die Digue Carnot. Der käfigförmige Kopf der Digue Nord, deren Ende überspült ist, links im Bild. Im Hintergrund die Hafeneinfahrt.

Ansteuerung und Einfahrt

Für Yachten und kleine Boote gibt es in der Ansteuerung keine bedeutsamen Gefahrenstellen. Von N kommend, sind die Wellenbrecher gut auszumachen. Kommt man von S her die Küste hinauf, sind sie erst zu erkennen, nachdem Cap d'Alprech querab peilt. Das mächtige Feuer von Cap Gris Nez (Fl.5s72m29M) steht 8 sm weiter N-lich; das Feuer auf Cap d'Alprech (Fl(3)15s62m24M), das übrigens noch immer ein Funkfeuer, Kennung: PH auf 294 kHz hat, ist aber auch nicht gerade schwach. Falls immer noch Zweifel über die Lage der Hafeneinfahrt bestehen, braucht man nur die Fähren zu beobachten.

Man sollte sich nicht davon verwirren lassen, daß das äußere Ende der der N-Mole überspült wird. Der Kopf dieser Mole wird von einem rechteckigen käfigförmigen Gebilde mit einem kleinen roten Leuchtturm darauf (Fl(2)R.6s6M) bezeichnet und ist nicht zu übersehen. Man sollte dieses Feuer unbedingt an Bb. lassen – ganz gleich welchen Kurs einheimische Boote nehmen –, da man so der Gefahrenstelle sicher ausweicht.

Die S-Mole trägt einen konventionellen weißen Leuchtturm (Fl(2+1)15s19M), der sich 25 m über dem Meeresspiegel erhebt. Bei der Einsteuerung bleibt dieser natürlich an Stb.; nachts gibt ein Horn das Signal (2+1) alle Minute ab. Sowie die Molenköpfe passiert sind, geht man auf einen Kurs von etwa 170°, der 0,5 sm beibehalten wird, um ganz sich zu gehen, daß die Untiefe an der N-Seite der Rade achteraus liegt. Hat sich die innere Hafeneinfahrt vollständig geöffnet (nachts führen Richtfeuer mit 123°, ein Dir.F.R hinter dem Quai Gambetta und ein F.G in einem Dreieck vor dem Kopf der Mole N-lich des Gare Maritime in den Hafen), steuert man zwischen den beiden Innenmolen ein. Die SW-liche trägt eine Signalstation (F.G Horn 30s), die NE-liche ein Feuer (F.R). Zum Yachthafen im Port de Marée folgt man der Mole an seiner Bb.-Seite. Bis zum hintersten Schlengel ist ausreichend WT vorhanden; dahinter lauern Felsen. Wenn der Fluß Liane Hochwasser führt, können hier recht lebhafte Strömungen auftreten.

Verkehrssignale

Die international üblichen Verkehrssignale sind zu beachten. Zusätzlich werden folgende Signale gezeigt:

G W R (vert) – Keine Ein- oder Ausfahrt, mit folgenden Ausnahmen:

F.G – Einlaufen nur mit besonderer Erlaubnis

F.R – Auslaufen aus dem Innen- oder Außenhafen nur mit besonderer Erlaubnis

2F.R – Auslaufen aus dem Innenhafen nur mit besonderer Erlaubnis.

Liegeplätze

Die Marina gehört nicht gerade zu den angenehmsten am Englischen Kanal, bietet aber 114 Liegeplätze, davon 17 für Gastyachten mit einer maximalen Größe von 10 m Lüa. Wer mag, kann sich auf UKW-Kanal 09 anmelden (Hafenmeister, Tel. 0321317001). Während der Saison (Mai – September) ist ein zusätzlicher 100 m langer Schwimmsteg unmittelbar stromabwärts der Marina am gegenüberliegenden E-Ufer ausgelegt (gegenüber dem Gare Maritime). Hier können bis zu 30 weitere Gastyachten (bis 20 m Lüa) untergebracht werden.

In der Marina sollte man einen der äußeren Liegeplätze wählen oder innen bis zum 5. Finger an Ponton 1, bis zum 7. an Ponton 2 gehen; die innersten beiden an Ponton 3 und an der Außenkante nur an Ponton 4 können ebenfalls benutzt werden.

Versorgung

Toiletten, Duschen und Wasser gibt es nur während der Bürostunden. Selbsttanken mit Kreditkarte am Kai. Waschsalon in der Nähe. 50 t-Kran auf Anforderung. Kielbank etwas aufwärts der Marina. Die meisten Einrichtungen einer Yachtwerft mit Reparaturmöglichkeiten, Ausrüstung und Mechaniker vorhanden. Austausch von Camping GAZ.

Verkehrsverbindungen

Erstklassig! Schnellzüge nach Paris (2 Std.), Fährverbindung nach Folkstone und Dover. Flughafen Le Touquet.

Boulogne: Einfahrt in den Port de Marée: die Kathedrale Notre Dame (A), das Kasino (B) und die Verkehrssignale (C).

Le Touquet/Etaples

Gezeiten

HW -0010 Dover

MSpHW	MSpNW	MNpHW	MNpNW
9,6 m	1,2 m	7,7 m	3,0 m

Gezeitenströme

In der Ansteuerung setzt der Tidenstrom von 2,5 Std. vor HW Dover nach N, kentert 3,5 Std. danach und setzt dann nach S. Der Strom kann bis zu 3 kn erreichen.

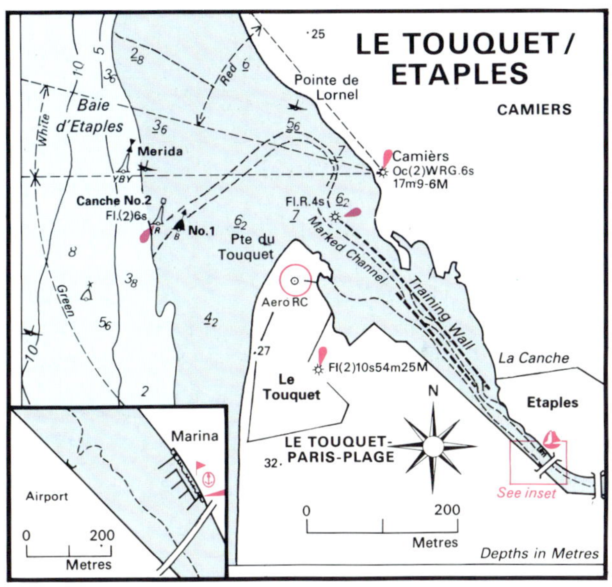

Wassertiefen

Bis auf ein Rinnsal fällt der Fluß Canche bis zu 2 sm vor der Küste trocken. Bei MSpHW beträgt die WT bis zur kleinen Marina in Etaples hinauf recht verläßlich 3 m. Vor Ort werden größere WT angegeben. Bei Nippzeiten verringert sich die WT auf 1,2 m. Le Touquet fällt vollständig trocken. Bei MSpHW ist eine Tiefe von 1,5 m wahrscheinlich, zu Springzeiten ist die WT deutlich größer.

Die Mündung des Canche bei NW. Der Flughafen Le Touquet (A).

Lage und Umgebung

Bei HW wirkt der Canche recht verlockend, bei NW läßt sein Anblick allerdings – außer bei hartgesottenen Entdeckernaturen – das Blut gerinnen. Sicher hat Le Touquet mit seinem Flair von Jetset und Kasinos für manchen seinen Reiz. Leider fällt aber das gesamte Küstenvorland trocken, und hier und da gibt es Stellen mit Treibsand, die dem vergnügungssüchtigen Skipper den Bummel auf der Strandpromenade weit abenteuerlicher vergelten können, als ihm lieb ist. Der Yachtclub, der gut 1 km von der Stadt entfernt ist, ist trotzdem ein angenehmer Aufenthaltsort.

Die Marina von Etaples, im Zentrum der hübschen kleinen Stadt gelegen, fällt trocken und ist eher für kleine Yachten geeignet. Am Hafen hat jeder Fischer (Pêcheur) seinen eigenen Verkaufsstand, und über die Straße hinweg befindet sich ein kleiner Fischmarkt, der für jeden Gourmet ein Vergnügen ist. Die Coquilles St. Jacques (Jakobsmuscheln), die vor den Augen der Käufer gesäubert werden, sind grandios.

Ansteuerung

Für den Fall, daß man das Fahrwasser bei HW nicht findet, sollte man seinen ersten Besuch so einrichten, daß man 1 Std. vor HW ankommt.

Man sollte Ausschau nach dem 54 m hohen, achteckigen orangefarbigen Leuchtturm mit braunem Band und grünweißer Spitze (Fl(2)10s25M) halten, der 1 sm S-lich der Pointe du Touquet steht. Eventuell ist auch der rote Turm des Feuers von Camiers auf dem E-Ufer des Flusses auszumachen. Die Lage der Einfahrtsrinne verändert sich häufig, der Beginn dieses Fahrwassers liegt nicht immer im weißen Sektor dieses Feuers. Ortsunkundigen sei daher dringend empfohlen, das Gebiet bei Dunkelheit zu meiden.

Die am weitesten draußen liegenden Fahrwassertonnen sind 4 kbl SSE-lich der unbefeuerten Kardinaltonne W *Merida,* die ein Wrack an der Wattkante markiert, ausgelegt. Das Paar besteht aus der befeuerten roten Bakentonne *Canche No.2* und der unbefeuerten grünen Spitztonne *No.1.* Anschließend wendet sich das betonnte Fahrwasser nach NE auf die Küste zu. Der Tonnenstrich ist genau zu beachten. Nach ca. 1 sm wendet sich die Fahrrinne nach Stb. auf ein Leuchtfeuer (Fl.R.4s) NE-lich der Pointe du Touquet zu. Weiter in Richtung Etaples endet die Betonnung, und rote und grüne Baken weisen den Weg. Oberhalb des Yachtclubs verläuft das Fahrwasser geradeaus. Da es von Leitdämmen begrenzt wird, die bei HW überspült sind, darf das Fahrwasser auf keinen Fall verlassen werden. Der äußere Teil der Fahrrinne ist ständigen Veränderungen unterlegen. Am wichtigsten bei der Ansteuerung ist es, die Tonne *Canche No.2* auszumachen und dann der Betonnung sklavisch zu folgen.

Le Touquet: Die Schwimmstege vor Etaples.

Liegeplätze

Wenn man nach Etaples hinauf kommt, passiert man eine Schiffswerft mit ihrer Sliprampe am linken Ufer und den langen Stadtkai, der für Fischerboote reserviert ist. Flußaufwärts unmittelbar vor der Brücke sind die 5 Schwimmstege der schlichten, trockenfallenden Marina ausgelegt. Vor HW setzt der Strom sehr hart auf die Brücke zu, so daß man bereit sein muß, entsprechend zu reagieren. Der Platz zum Wenden ist sehr begrenzt, trotzdem sollte man längsseits mit Bug zur See festmachen, weil die auflaufende Flut manchmal recht ungestüm den Fluß „hinaufdonnert". Außerdem ist man so klar zum Auslaufen. Der Grund besteht aus weichem Schlick.

Versorgung

Die schmucke moderne Capitainerie und das Clubhaus befinden sich unmittelbar neben den Schwimmstegen; dort gibt es auch Duschen und Toiletten. Die Schiffswerft kann auch Bootsreparaturen ausführen, ein 8 t-Kran ist vorhanden. Nach Absprache kann Treibstoff auch an den Liegeplatz geliefert werden (Tel. 03 21 94 66 96). Gute Lebensmittelgeschäfte in der Stadt, deren Spezialität wie bereits beschrieben Fisch und Meeresfrüchte sind. Um HW können kleine Yachten auf einer Betonrampe zu Wasser gelassen werden. Die Capitainerie ist auf UKW-Kanal 09 und 77 (oder Tel. 05 12 77 – 21 05 59 77) von 2 Std. vor bis 1 Std. nach HW zu erreichen.

Le Crotoy

Gezeiten

Gezeitenhöhen und -zeiten ähnlich wie St. Valéry-sur-Somme am anderen Ufer der Flußmündung (s. Seite 196)

Wassertiefen

Die Ansteuerungen sind ähnlich wie die von St. Valéry-sur-Somme; im Schleusenhafen beträgt die WT bei NW 1,5 m.

Lage und Umgebung

Le Crotoy ist ein bezauberndes Fischerdorf (2500 Einwohner), das sich sowohl eines Kasinos wie eines wunderschönen Badestrandes, einer Reihe guter Restaurants und eines gut geschützten Hafens rühmen kann. Yachten mit moderatem Tiefgang bleiben hier aufgeschwommen.

Ansteuerung und Einfahrt

Die unmittelbare Einsteuerung beginnt E-lich Pointe du Hourdel an der Fahrwassergabelung in Höhe der Kardinaltonne W (wie bei St. Valéry-sur-Somme beschrieben). Man steuert in den NE-wärts führenden Arm. Die Lage der Fahrrinne nach Le Crotoy verändert sich so rasant, daß man, was die Tonnen (die Nummern beginnen alle mit C) anbelangt, auf der Hut sein muß. 1 Std. vor HW findet man bei mittlerer Tide 2 m WT. Bei einem ersten Besuch sollte man möglichst ein paar Tage vor Springhochwasser einlaufen, um der Gefahr zu entgehen, festzusitzen.

Der Leuchtturm Le Hourdel ist eine gute Landmarke.

An der Stelle, an der die Betonnung endet, hat man es schon fast geschafft, so daß der Kai angesteuert werden kann (eventuell liegen hier ein oder zwei Fischerboote). Von dort fährt man an der Hafenmauer entlang und um „die Ecke" herum in das Bassin à Flot, dessen Zugang auf jeweils auf 1,5 Std. bis 2 Std. vor bis nach HW begrenzt ist. Es gibt 130 Liegeplätze, die alle mit Yachten belegt sind, deren Eigner Mitglieder des örtlichen Segelclubs sind. Meistens sind aber mindestens 10 Yachten abwesend, so daß diese Plätze für Gastyachten zur Verfügung stehen. Am besten man meldet sich telefonisch an. Der Hafenmeister ist unter der Tel. 03 22 27 81 59 und der Yachtclub unter Tel. 03 22 27 86 05 zu erreichen. Der Schutz des Hafens ist hervorragend. Vom Schleusentor etwas stromaufwärts der Hafeneinfahrt sollte man sich nicht verwirren lassen.

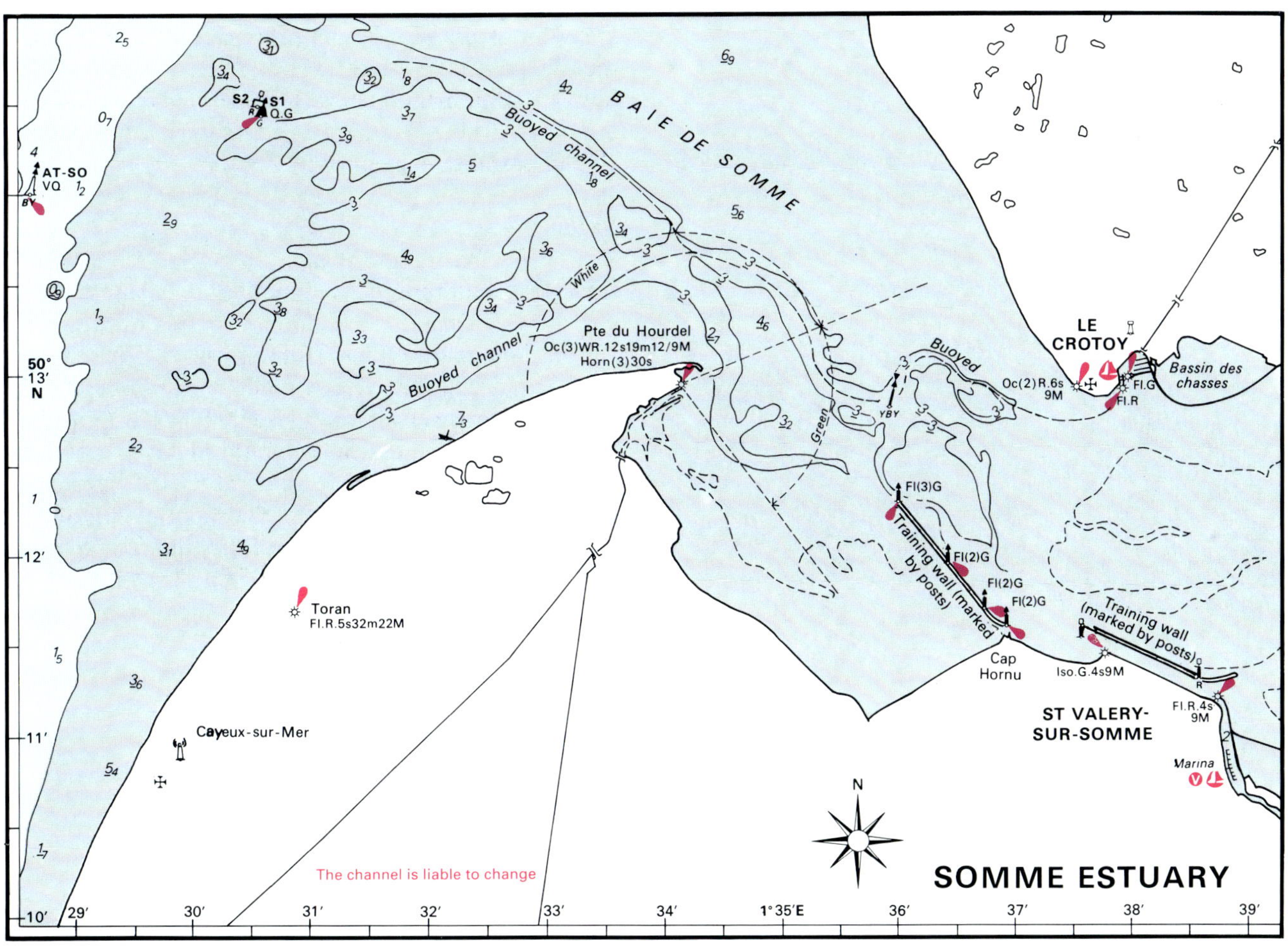

Le Crotoy: Um von der Untiefe freizubleiben, hält man sich dicht unter der Hafenmauer an Bb.-Seite.

Versorgung
Wasser am Schlengel. Kein Treibstoff. Reparaturwerft und 3,5 t-Kran. Gute Restaurants und für Gourmets die preiswertesten Muscheln in ganz Nordfrankreich.

St. Valéry-sur-Somme

Gezeiten
HW -0020 Dover

MSpHW	MSpNW	MNpHW	MNpNW
10,0 m	—	8,0 m	—

Wassertiefen
2 m bei HW, nimmt in den Ansteuerungen ab. In der Marina beträgt die Mindesttiefe 2 m.

Lage und Umgebung
Die jüngste Geschichte der Somme ist leider nur allzu bekannt, um hier weiter erwähnt zu werden („Schlacht an der Somme"). Weniger bekannt dagegen ist, daß Wilhelm der Eroberer sich in St. Valéry einschiffte, um „die Sachsen davonzublasen", oder daß Jeanne d'Arc, die Jungfrau von Orléans, nach ihrer Gefangennahme durch die Engländer von Le Crotoy hierher gebracht wurde.
Le Hourdel, unmittelbar hinter der W-Huk der Pointe du Hourdel, liegt am Ende eines stark gewundenen Fahrwassers, hat keinen Platz für Gastyachten und ansonsten wenig zu bieten. Le Crotoy (s. Seite 195) ist eine interessante kleine Stadt. St. Valéry selbst ist sowohl historisch wie auch landschaftlich mit seinen Steilhängen und schönen Ausblicken sehr reizvoll und einen Besuch wert.
Die Fahrwasser in der Somme fallen zwar weitgehend trocken, sind aber wesentlich tiefer und weniger gefährlich als ihr Nachbarfluß Canche.

Wenn man diesen Küstenabschnitt erkunden möchte, sollte man aber um den Authie, 9 sm N-lich der Somme, einen Bogen machen. Der trockenfallende Grund ist unrein und dafür berüchtigt. Es gibt eine Reihe unerfreulicher Beispiele von Kielyachten, die hier beim Trockenfallen ernste Probleme bekamen.

Ansteuerung der Somme
Die Ansteuerung ist gefahrlos, sieht man einmal davon ab, daß der gesamte Küstenabschnitt flach ist. Der kritische Punkt ist die Kardinaltonne N, die grob geschätzt 4 sm W-lich der Pointe du Hourdel ausgelegt und mit AT S0 bezeichnet ist. Einheimische betonen, daß es unerläßlich ist, dieses Seezeichen auszumachen. Die Tonne ist befeuert (VQ) und liegt im roten Sektor des Leuchtturms (Oc(3)WR.12s95m18/14M). Eine Nachtansteuerung ist für Ortsunkundige hier wie die in den Canche völlig unrealistisch.
Auch bei starken auflandigen Winden ist eine Einsteuerung in die Somme kein guter Gedanke. Es trotzdem zu versuchen, wäre eine absolute Dummheit! Aber wer Gezeitentafeln lesen kann und gute Augen hat, für den ist die Einsteuerung bei gutem Wetter kein Problem. Ein oder zwei Std. vor HW kann man seelenruhig einlaufen.
Von der Tonne *AT S0* sollte man versuchen, das Einfahrtsfahrwasser auszumachen. Sind die Tonnen nicht zu erkennen, steuert man E-wärts, bis man auf 5 m bis 6 m WT und der weitere Weg klar zu erkennen ist. *S1* (befeuert, grün) und *S2* (unbefeuert, rot) bilden das erste Tonnenpaar. Das Fahrwasser verläuft nun hinter der Pointe du Hourdel binnenwärts, bis es sich an einer kleinen, aber markanten Kardinaltonne W gabelt.
Das Fahrwasser nach St. Valéry verläuft von der Kardinaltonne aus rechter Hand und ist mit mehr als 2 m WT zu Nippzeiten das tiefere der beiden. Man folgt aufmerksam

der Fahrrinne, bis die befeuerte grüne Bake (Fl(3)G), die den Beginn eines Leitdammes an Stb.-Seite bezeichnet, erreicht ist. Der Damm endet am Ufer. Von hier gibt es mehrere grüne Baken sowie zusätzlich ab und an Tonnen, gefolgt von den Moorings kleiner Boote. Auf den letzten 0,75 sm bis zur Einfahrt folgt ein zweiter Leitdamm an Bb., der mit roten Pfählen bezeichnet ist und weiter seewärts wie der erste überspült wird. Die Gezeiten brausen dieses Fahrwasser geradezu hinauf und herunter.
Auf dem Kopf der E-lichen Hafenmauer trägt ein weißer Unterbau das rote Feuer (Fl.R.4s). In der Fahrwassermitte steuert man flußaufwärts zur Marina, wo die WT an den Liegeplätzen bei NW 2 m beträgt und Yachten bis zu 15 m Lüa untergebracht werden können. Es gibt hier 30 Liegeplätze. Die Marina wird vom Club Nautique Valéricain (Tel. 03 22 26 91 64, UKW-Kanal 09) unterhalten. Von der äußeren Ansteuerungstonne benötigt man bei einer Geschwindigkeit von 5 kn durchs Wasser knapp 2 Std.

Versorgung

Wasser an den Schwimmstegen. Treibstoff per Kanister. Im Club stehen rund um die Uhre vornehme Toiletten und kostenlose Duschen zur Verfügung. Zufahrt zum Canal de la Somme (Schleusen-Tel. 03 22 60 80 23). 6 t-Kran, Yachtwerft mit Mechaniker, Ausrüster etc. Bars und Restaurants. Die Stadt ist sehr interessant und bietet schöne Spazierwege am Fluß entlang, die entweder zur mittelalterlichen Stadt hinaufführen oder auch die Strandpromenade entlang mit Blick auf die Somme.

Le Tréport

Gezeiten

HW -0025 Dover

MSpHW	MSpNW	MNpHW	MNpNW
9,4 m	0,7 m	7,4 m	2,4 m

Wassertiefen

Die Einfahrtsrinne fällt trotz Baggerungen 2 m trocken. Der Yachthafen (Port de Plaisance) befindet sich im

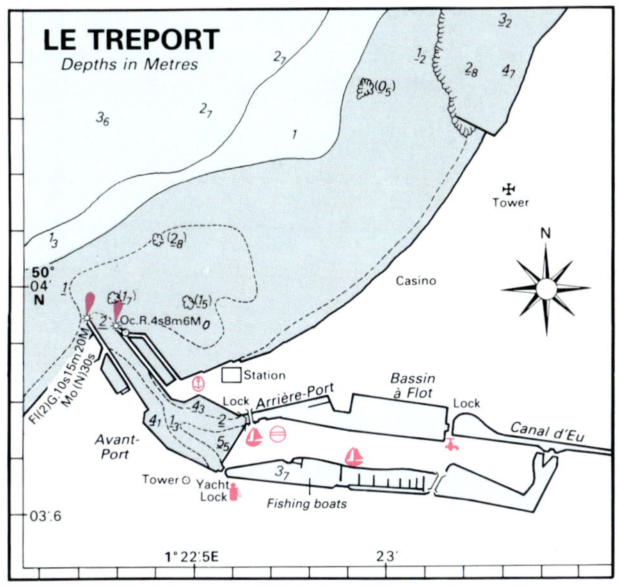

Der Hafen Le Tréport.

Schleusenhafen „Bassin de Pêche“ mit 3,7 m WT. Es gibt ein paar Liegeplätze für Yachten mit bis zu 4 m Tiefgang.

Lage und Umgebung

Auf halber Strecke zwischen Dieppe und der Somme, an der Mündung der Bresle, liegt der Fischerhafen Le Tréport. Die örtlich ansässige Industrie wird von Kümos beliefert, die bis zu 4,5 m Tiefgang haben, obwohl der Außenhafen mehr als 1 kbl seewärts der Wellenbrecher trockenfällt. Aus unerfindlichen Gründen erfreut sich der Kieselstrand E-lich der Stadt (Mers-les-Bains) bei Urlaubern, die in der Nähe zelten, größter Beliebtheit. Auf Yachtskipper wirkt die Küstenszenerie nicht sonderlich reizvoll, insbesondere dann nicht, wenn sie ihre Yacht fast 0,5 sm außerhalb der Stadt festmachen müssen. Mit den Liegeplätzen im Bassin de Pêche hat die Stadt einiges an Reiz gewonnen.
Rund 4 km landeinwärts liegt die alte Stadt Eu mit einer Abtei aus dem 12. Jh., die kurioserweise Notre Dame und St. Laurent O' Toole geweiht ist; letzterer war irgendwann einmal Primas von Irland.

Ansteuerung

Die Ansteuerungen von Le Treport sind frei von Gefahrenstellen. Zwischen den hohen weißen Klippen wirkt die Hafeneinfahrt 4 sm SE-lich des Feuers Ault (Oc(3)WR.12s95m18/14M) wie ein schmaler Spalt. Unmittelbar S-lich der Einfahrt steht ein auffälliges Kruzifix auf einer 91 m hohen Anhöhe. Ebenfalls gut zu erkennen ist der viereckige Kirchturm in der Stadtmitte.
Auf dem Kopf des W-Wellenbrechers steht ein weißer Turm mit grüner Spitze, dessen Feuer (Fl(2)G.10s15m20M) bei Nacht eine gute Navigationshilfe ist. Er trägt außerdem einen Nebelschallsender (Morse Code N alle 30 Sekunden). Auf dem E-Wellenbrecher trägt eine 7 m hohe weiße Säule das Feuer (Oc.R.4s6M); daneben werden die Verkehrssignale angezeigt. Wahrschau: quersetzender Strom.
Die Schleuse zum Bassin de Pêche ist von 3 Std. vor bis 3 Std. nach HW geöffnet, und man sollte seine Ankunftszeit entsprechend berechnen. Sollte das nicht klappen, muß man eine recht heikle Zeit in den trockenfallenden Ansteuerungsbereichen verbringen. Die Wartetonnen im Avant Port sind nicht zu empfehlen. Bei auflandigen Starkwinden wird es im Avant Port ziemlich ungemütlich; Ortsunkundige sollten unter solchen Bedingungen gar nicht erst versuchen, den Hafen anzulaufen.

Liegeplätze

Nach dem Einlaufen in den Avant Port nimmt man Kurs auf die S-liche Schleuse, die zunächst verdeckt ist. In die N-liche Schleuse, die zum Bassin à Flot führt, sollte man nicht einlaufen, da sie für die Berufsschiffahrt reserviert ist. Hat man die Schleusentore erreicht, meldet man sich auf UKW-Kanal 72 oder Tel. 02 35 50 63 06. Vorsicht, aus einer unmittelbar S-lich gelegenen Spülschleuse strömt gelegentlich Wasser mit erheblichem Druck aus.
Die Yachtliegeplätze befinden sich hinter der Dockschleuse an Stb.-Seite am oberen Ende des Hafenbeckens. 20 Gastliegeplätze.

Versorgung

Wasser an den Stegen. Duschen und Toiletten. Kein Treibstoff im Schleusenhafen; Benzin per Kanister in 200 m Entfernung. Diesel in begrenzter Menge vom Tankwagen (Tel. 02 35 86 15 33) – „SHIPP“. Waschsalon in der Stadt nahebei. Ausrüster, Mechaniker. Stangeneis auf dem Fischmarkt. 6 t-Kran beim Yacht Club de la Bresle im Avant Port. Verschiedene Mobilkräne auf Anfrage. Kleine Boote können am steinigen Strand geslippt werden.
Die Capitainerie ist telefonisch (Tel. 02 35 86 17 91) zu erreichen.

Dieppe

Gezeiten

HW -0011 Dover

MSpHW	MSpNW	MNpHW	MNpNW
9,35 m	0,85 m	7,35 m	2,65 m

Wassertiefen

Einfahrt und Avant Port sind auf 5 m WT gebaggert. Das Bassin Duquesne bietet 4 m WT, im Avant Port de Plaisance ist es erheblich mehr.

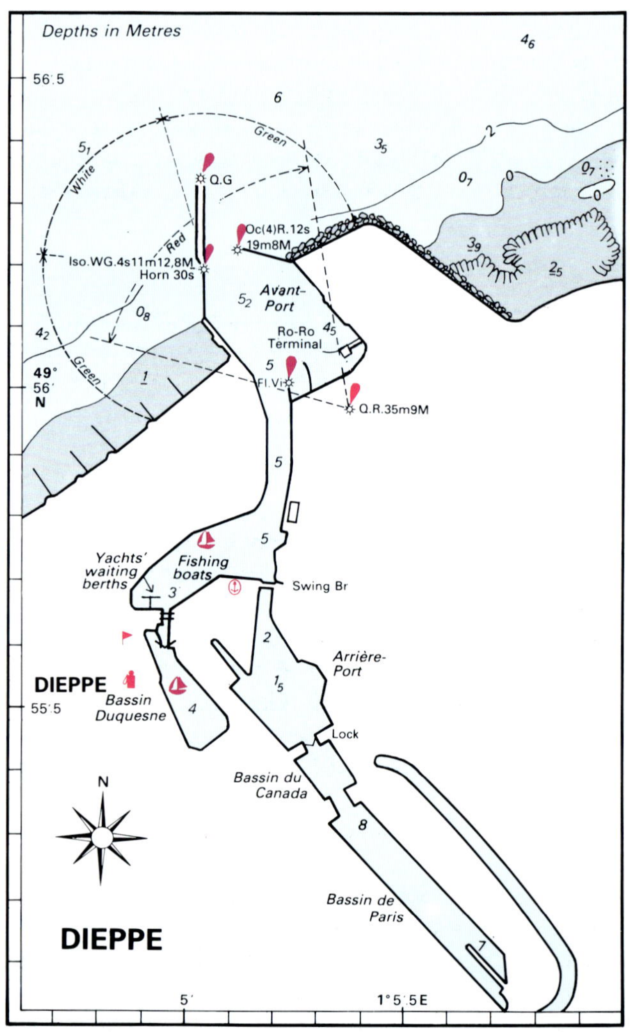

Dieppe mit dem neuen Fährterminal (Bildmitte).

Lage und Umgebung

Durch die Jahrhunderte hatten die Engländer ein recht erhebliches Interesse an Dieppe. Von 1420 bis 1435 hielten sie es unter Heinrich II., der den Bau der Kirche St. Jacques in Auftrag gab, sogar besetzt. Oscar Wilde, Aubrey Beardsley, Sickert und Whistler kamen hierher, um zu schreiben und zu malen. Im Zweiten Weltkrieg verloren hier viele ihr Leben und wurden auf dem Soldatenfriedhof beigesetzt.

Leider sind die Möglichkeiten, Dieppe und seine vielfältigen Attraktionen auf eigenem Kiel zu besuchen, nicht die erfreulichsten. Die Fähren sind nun an ihre neuen Liegeplätze im E-Teil des Beckens hinter den Molen gezogen. Die Einfahrt wurde verbreitert, die Fahrrinne tiefer gebaggert, und die Wellenbrecher erstrecken sich sich 250 m N-wärts; der Allwetter-Schutz hat sich so erheblich verbessert.

Ansteuerung

Von einem Wrack, über dem 1 m Wasser steht, einmal abgesehen, gibt es in den Ansteuerungen von Dieppe keinerlei Gefahrenstellen. Das Wrack wird von einer befeuerten Kardinaltonne N bezeichnet, die etwa 1,5 sm vor der markanten Huk Pointe d'Ailly mit ihrem weißen viereckigen Leuchtturm (Fl(3)20s95m31M) ausgelegt ist. Das Feuer auf der Pointe d'Ailly trägt außerdem ein Funkfeuer mit einer Reichweite von 50 sm, Kennung AL auf 305,5 kHz. Die Einfahrt nach Dieppe liegt in einer recht breiten Spalte zwischen den 30 m hohen Kliffs. Auf den Klippen E-lich der Einfahrt erhebt sich die Kirche Notre Dame de Bon-Secours, deren Turm mit der abgestumpften Spitze eine deutliche Landmarke darstellt. Ganz in der Nähe befindet sich eine Signalstation. Man kann den Hafen vor dem Einlaufen auf UKW-Kanal 12 rufen, sollte aber unbedingt folgende Verkehrssignale beachten:

3 rote Blitzfeuer – ernster Notfall; jegliche Schiffsbewegungen untersagt.

2 grüne über 1 weißen Feuer – Einfahrt frei.

3 rote Festfeuer – eventuell kein Schiffsverkehr.

3 grüne Feuer – „Einbahnverkehr", Schiffsbewegungen nur aus der Richtung, aus der die Feuer sichtbar sind.

Grün-weiß-grün – Fahrt nur mit besonderer Genehmigung.

Der Kopf des W-Wellenbrechers (Iso.WG.4s8M) bleibt an Stb., während man nach dem Einlaufen nach S steuert. Der Kopf der E-Mole ist mit Iso.R.4s8M befeuert. Das weittragende Warnfeuer (Q.25m12M) *Falaise du Pollet*, das nahe der Kirche Notre Dame de Bon-Secours steht, stellt nachts eine gute Orientierungshilfe dar.

Beim Einlaufen in die Fahrwasserenge S-lich des neuen Fährterminals bleibt das violette Blitzfeuer an Bb., man behält den Kurs bei und läuft in den Port de Plaisance vor dem ehemaligen Fähranleger ein. Die Marina befindet sich im NW des Hafen am alten Fähranleger. Man sucht sich einen passenden Liegeplatz und meldet sich nach dem Festmachen im Marina-Büro. Oder man wartet auf die Öffnung der Schleuse (2 Std. vor bis 1 Std. nach HW) zum Bassin Duquesne. In diesem Dockhafen stehen unmittelbar hinter der Einfahrt an Stb. 20 Gastliegeplätze zur Verfügung. Die Liegeplätze dicht an den Schleusentoren gehören dem Cercle de la Voile de Dieppe und haben den Vorteil, daß man hier vollkommen geschützt liegt.

Versorgung

Duschen und Toiletten im Clubhaus. Wasser am Kai. Waschsalon in der Stadt. Treibstoff per Kanister; bei einer Abnahme von 500 l und mehr kann Diesel von einem Tankwagen angeliefert werden (Tel. 02 35 82 79 79). 6 t-Kran im Yachtclub. Ausrüster, Camping GAZ, Mechaniker, Segelmacher, etc. vorhanden. Stangeneis ist erhältlich, und der freundliche Segelclub ist stets mit Rat und Tat zur Stelle (Tel. 02 35 84 32 99).

Schon seit langem ist Dieppe für seine guten Restaurants bekannt, die meisten davon findet man nahe des Quai Duquesne. Lebensmittel etc. sind erhältlich.

Verkehrsverbindungen

Fähren nach Newhaven. Einige Flüge nach Shoreham. Zugverbindungen nach Paris und Rouen.

St. Valéry-en-Caux

Gezeiten

HW -0044 Dover

MSpHW	MSpNW	MNpHW	MNpNW
8,8 m	1,0 m	7,1 m	2,4 m

Wassertiefen

Ansteuerung und Einfahrt fallen bis zu 1 kbl seewärts der Wellenbrecherköpfe bis 2,5 m trocken. An den Gastliegeplätzen beträgt die WT im Bassin à Flot 3 m, ansonsten überwachte 2 m.

Lage und Umgebung

St. Valéry ist eine hübsche kleine Stadt mit 5300 Einwohnern. Da das Stadtzentrum während des Zweiten Weltkrieges zerstört wurde, sind die Gebäude überwiegend modern. Trotzdem hat der Ort, der zwischen Klippen geschmiegt ist, Charakter und eine gemütliche Atmosphäre. Der ehemalige Fischerhafen gehört heute weitgehend dem Yachtsport. Insgesamt stehen in dem langen schmalen Hafenbecken 580 Liegeplätze zur Verfügung.

Ansteuerung und Einfahrt

Die Ansteuerung birgt keinerlei Gefahren, trotzdem sollte die Einfahrt bei Starkwinden aus N-lichen, noch schlimmer NE-lichen Richtungen gemieden werden. Der Gezeitenstrom setzt mit bis zu 2,8 kn quer zur Einfahrt. Um die schmale Spalte zwischen den Klippen von See her auszumachen, bilden ein Kraftwerk 3 sm W-lich davon sowie ein auffälliges braun-blaues Gebäude auf einer Anhöhe, das in 180° peilt, wenn die Hafeneinfahrt voraus liegt, gute Landmarken. Nachts sollte erst das Feuer auf dem Kopf des W-Wellenbrechers eindeutig ausgemacht sein, gefolgt von seinem Gegenstück (Fl(2)R.6s) auf der E-Mole.

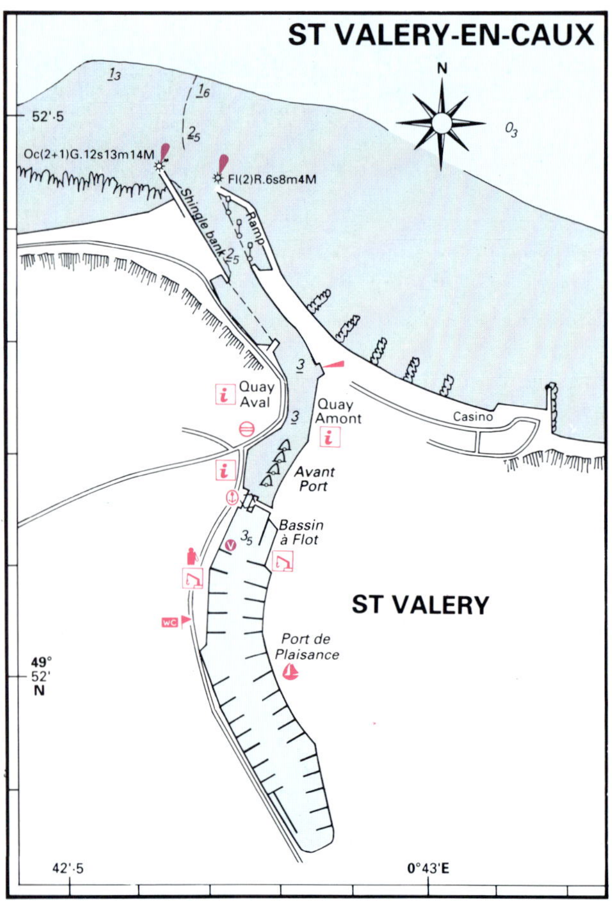

Wie aus dem Plan ersichtlich, läuft man in den Hafen ein, wobei man sich etwas mehr an der E-Seite hält, um von der Kiesbank freizubleiben, die sich vor der Innenseite der W-lichen Hafenmauer gebildet hat. Läßt man die 3 roten Pfähle, die eine Rampe am äußeren Ende der E-Mole bezeichnen, dicht an Bb., bleibt man davon frei.
Hinter der Einfahrt steuert man in der Fahrwassermitte auf die Dockschleuse zu. Vor der Schleuse ist eine Reihe von Wartetonnen ausgelegt, an denen man festmachen kann, wenn man zu früh angekommen ist. Bei halber Tide beträgt die WT im Fahrwasser 2 m; im Zweifelsfall läuft man näher zu HW ein. Bei auflandigen Starkwinden müssen die Wartebojen verlassen werden.

Liegeplätze

Die meisten Yachten können nach halb aufgelaufener Flut die Einfahrt passieren. Tagsüber ist die Schleuse von 2,5 Std. vor bis 2,5 Std. nach HW geöffnet. Die Klappbrücke hinter der Schleuse wird tagsüber alle halbe Std. geöffnet; nachts nur auf Anforderung.
Der Port de Plaisance ist zwischen 0800 und 1800 Uhr oder um HW telefonisch (Tel. 02 35 97 01 30) oder auf UKW-Kanal 09 zu erreichen. Am Haus des Schleusenwärters, das gleichzeitig auch als Capitainerie dient, ist eine Tafel mit Anweisungen für Gastyachten in englischer Sprache angebracht. Zunächst macht man unmittelbar hinter der Schleuse an Stb. fest. Falls man länger als 24 Std. bleiben möchte, muß man eventuell weiter in das Becken hinein verholen. Wahrschau: Etwa auf halber Höhe des Hafenschlauchs stehen die deutlich bezeichneten Überreste einer ehemaligen Brücke. Im hinteren Hafenteil nehmen die WT ab; deshalb den Hafenmeister über den Tiefgang der Yacht informieren. Der Wasserspiegel im Hafenbecken kann bei geschlossenen Schleusentoren, an denen ein Gezeitenpegel angebracht ist, fallen.

Versorgung

Alle Treibstoffarten erhältlich, allerdings nur bei der örtlichen Tankstelle. Bei Abnahme von 500 l und mehr kann die Anlieferung von Diesel per Tankwagen vereinbart werden. Duschen und Toiletten im neuen Gebäude des Yachtclubs. Waschsalon bequem zu erreichen. Mobilkräne bis zu 6 t und 10 t. Ausrüster, Mechaniker, Stangeneis und Austausch von Camping GAZ-Flaschen. Alle Versorgungsmöglichkeiten einer Kleinstadt: Lebensmittel, Bars, Restaurants und Bank.

St.-Valéry-en-Caux. Deutlich erkennbar: An der rechten Seite der Hafeneinfahrt lagert sich Kies ab.

Frécamp.

Fécamp

Gezeiten

HW -0044 Dover

MSpHW	MSpNW	MNpHW	MNpNW
8,4 m	1,2 m	6,85 m	2,95 m

Wassertiefen

In der Einfahrt mindestens 1,4 m bei NW. Der Avant Port hat eine Solltiefe von 1,5 m, stellenweise treten aber Versandungen auf. Im Dockhafen beträgt die WT 5 m und mehr.

Lage und Umgebung

Fécamp ist für seine große Flotte an Hochsee-Trawlern bekannt. Auch wenn die Fischerei heutzutage rückläufig ist, kann sich die Stadt immer noch ihres Benediktiner-Likörs rühmen. Das Museum, das im ehemaligen Kloster untergebracht ist, ist einen Besuch wert.
Fécamp kann bei fast jeden Tidenstand angelaufen werden. Bei auflandigen Winden wird die Einfahrt schwierig, wenn nicht gar gefährlich. Im Zweifelsfall erfolgt die Einsteuerung um HW; bei Sturm sucht man sich besser einen anderen Hafen.

Ansteuerung und Einfahrt

Abgesehen von einem Riff, das sich von der Pointe Fagnet ca. 1,5 kbl seewärts erstreckt, gibt es vor der Küste keine Gefahrenstellen. Von See her ist die Stadt gut an einem auffälligen Wasserturm zu erkennen, der sich SW-lich der Einfahrt in der Nähe der Kirchen St. Etienne und La Trinité erhebt. Die Kirche Notre Dame du Salut, die von einer schönen goldenen Statue gekrönt wird, steht auf der E-lichen Anhöhe.
Bei der Ansteuerung aus W (Richtfeuerlinie 085°, s. Plan) hält man sich bei der Einsteuerung zwischen den Molenköpfen mehr an Stb. Kommt man schon einige Zeit vor HW an, ist mit N-setzenden Strom zu rechnen.
Der graue Turm mit roter Spitze auf dem N-Wellenbrecher trägt das Feuer (Fl(2)10s16M). Der grüne Turm auf der S-Mole zeigt ein Feuer (Q.G.9M). Dieses Feuer in Linie mit dem roten „Feu des Pilotes" (Q.R) an der N-Seite eben hinter der Hafeneinfahrt führt mit 085° in den Hafen. Der N-Wellenbrecher trägt außerdem einen Nebelschallsender, der alle 60 Sekunden 2 Pfeiftöne abgibt.
Die Verkehrssignale, die auf der S-Mole angezeigt werden, sind zu beachten:
Grün-weiß-grün senkrecht übereinander – Einfahrt nur mit Genehmigung.
Weiß – Hafen offen.

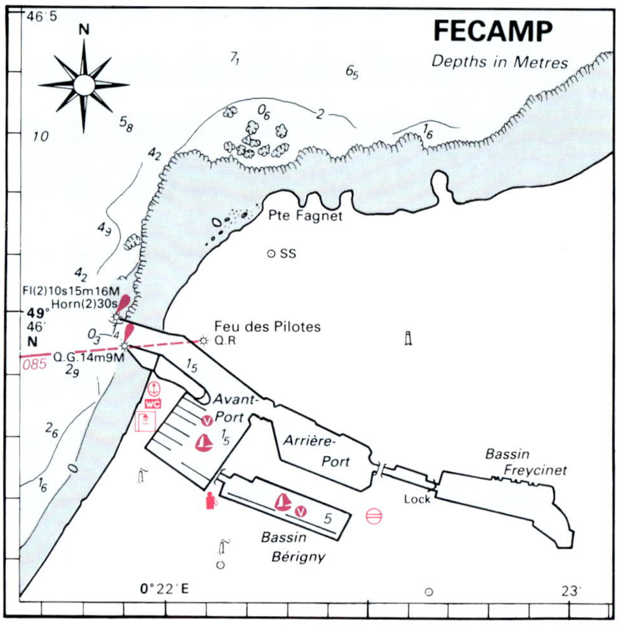

3 rote Festfeuer senkrecht übereinander – keine Einfahrt.
Der Hafen kann auf UKW-Kanal 09 gerufen werden.
Egal ob man in der Marina im Avant Port oder hinter der Schleuse im Bassin Bérigny festmachen möchte, sobald sich der Avant Port öffnet, muß hart nach Stb. eingedreht werden.

Liegeplätze

40 Gastliegeplätze am Schlengel C (der 4. an der rechten Seite) im Avant Port. Theoretisch können Yachten bis zu 10 m Lüa und einem Tiefgang von 2 m (zu Nippzeiten etwas mehr) festmachen, obwohl auch größere Yachten gelegentlich untergebracht werden können. Die Dockschleuse und Brücke zum Bassin Bérigny ist telefonisch (Tel. 02 35 28 25 53) oder auf UKW-Kanal 09 zu erreichen. In den 2 Std. vor HW können größere Yachten in dieses Bassin schleusen.
Bei starken auflandigen Winden steht im Avant Port unangenehmer Seegang. Das Bassin Bérigny ist nicht nur vollkommen geschützt, es ist auch preiswerter.

Versorgung

Treibstoff. Wasser an den Kais und an den Schlengeln. Schlichte Duschen und Toiletten in der Capitainerie. Waschsalon in der Stadt. Mobilkräne bis 35 t, Ausrüster, Mechaniker, Austausch von Camping GAZ-Flaschen, Stangeneis und allgemeine Reparaturmöglichkeiten. Restaurants, Bars etc. Sliprampe im Avant Port.

Verkehrsverbindungen

Bahnverbindung nach Le Havre, Rouen und Paris.

Le Havre

Gezeiten

HW -0103 Dover

MSpHW	MSpNW	MNpHW	MNpNW
7,9 m	1,2 m	6,6 m	3,0 m

Wassertiefen

In den Ansteuerungen Tiefwasser. Der Port de Plaisance ist am Schlengel mit den Gastliegeplätzen auf eine Tiefe von 3 m (LAT) gebaggert.

Lage und Umgebung

1517 wurde auf Befehl des Königs Franz I. der „Havre de Grace“ angelegt, und Le Havre ist heute noch der drittgrößte Hafen Europas, der hauptsächlich wirtschaftlichen Interessen dient und große Containerschiffe abfertigen kann. Am benachbarten Tanker-Terminal von Antifer herrscht reger Verkehr. 1944 war die Stadt stark zerstört worden, und 4000 Zivilisten waren umgekommen. Heute bietet sich ein weitgehend modernes Stadtbild. Fähren, eine Allwetter-Marina sowie eine Hafeneinfahrt, die bei jedem Tidenstand Zugang zur Tiefwasser-Marina gewährt, ergänzen die Vorzüge.

Le Havre bietet außerdem Zugang zum Canal de Tancarville, auf dem man nach 25 km die Seine und nach 115 km Rouen sowie nach weiteren 235 km Paris erreicht. Diese Durchfahrt erspart einem die Fahrt durch das gefährliche Mündungsgebiet der Seine.

Ansteuerung und Einfahrt

Der 32 m hohe weiße, achteckige Leuchtturm mit roter Spitze, Cap de la Hève (Fl.5s24M), erhebt sich auf den Klippen 123 m über dem Meer. In der Nähe steht ein auffälliger Funkturm mit einer Parabolantenne. Eben E-lich der Richtfeuerlinie 107° für die Hafeneinfahrt stehen zwei 247 m hohe Schornsteine.

Yachten von weniger als 19,8 m Lüa ist es verboten, das 10 sm lange Einfahrtsfahrwasser zu benutzen. Ist man dazu gezwungen, wird dieses Fahrwasser im rechten Winkel gekreuzt, notfalls unter Maschine. Diese Anweisung ist bei der Ansteuerung aus SW wichtig. Bei jeder Einsteuerung, die etwas N zu W erfolgt, sollte man sich zunächst am Cap de la Hève orientieren, dann S-wärts auf die roten Tonnen *LH14* (Q.R) oder *LH16* (VQ.R) zusteuern. Von hier aus kann die Digue Nord mit ihrem 15 m hohen weißen Leuchtturm (Fl.R.5s21M Horn 15s) gerundet werden. Als nächstes bleibt der kurze Wellenbrecher, der von der Digue Nord innen abzweigt, an Bb. (Fl(2)R.6s), dann dreht man nach N ein, um den Kopf des S-Wellenbrechers des Yachthafens an Stb. zu lassen. Dieser trägt auf einem Eisenmast ein schwaches Feuer (Q(2)G.5s).

Nachdem der Wellenbrecher gerundet ist, dreht man nach Stb. und macht an der Außenseite des ersten Schlengels, den man erreicht, fest. Das ist Ponton O. Ist dort kein freier Platz, meldet man sich telefonisch (Tel. 02 35 21 23 95) oder auf UKW-Kanal 09 bei der Capitainerie. Oder man sucht sich woanders einen Liegeplatz und meldet sich dann. Der Schutz des Hafens ist hervorragend.

Le Havre: Der Yachthafen vorne links, im Hintergrund die markanten Schornsteine.

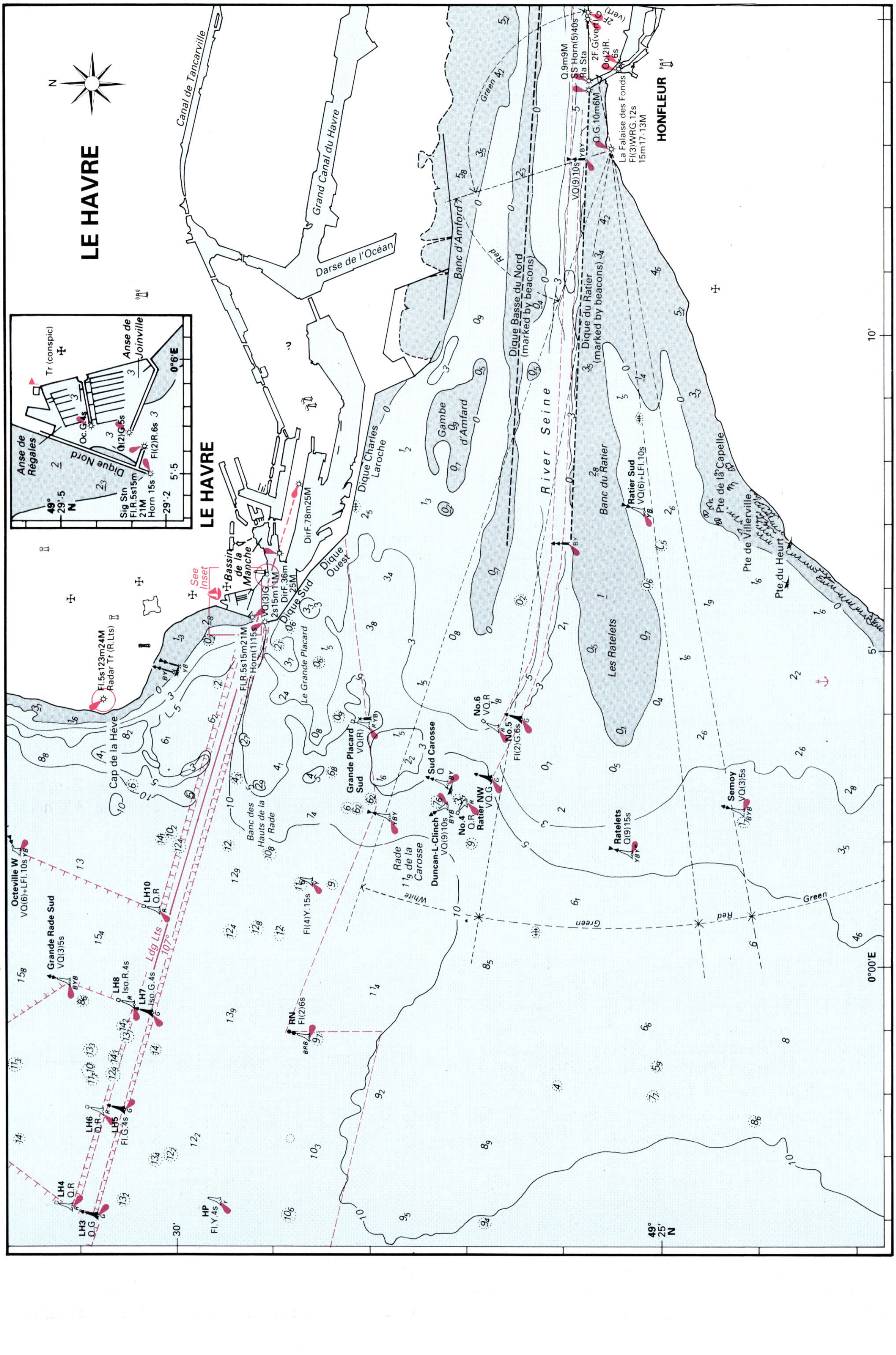
LE HAVRE
HONFLEUR
River Seine
Canal de Tancarville
Grand Canal du Havre
Darse de l'Océan
Banc d'Amford
Digue Basse du Nord (marked by beacons)
Digue du Ratier (marked by beacons)
Banc du Ratier
Les Ratelets
Gambe d'Amfard
Digue Charles Laroche
Digue Sud
Digue Ouest
Bassin de la Manche
Cap de la Hève
Le Grande Placard
Banc des Hauts de la Rade
Rade de la Carosse
Pte de la Capelle
Pte de Villerville
Pte du Heurt
La Falaise des Fonds
See Inset
Anse de Régales
Anse de Joinville
Digue Nord
Tr (conspic)
Octeville W
Grande Rade Sud
Grande Placard Sud
Sud Carosse
Duncan-L-Clinch
Ratier NW
Ratier Sud
Ratelets
Semoy
Ldg Lts 107°
49° 25' N
0°00'E
30'
5'
10'

Über dem Yachthafen Anse de Joinville erhebt sich der markante Turm der St. Josephs Kirche.

Der Kontrollturm der Hafenbehörde an der N-Einfahrt zum Bassin de la Manche, aus dem man in den Canal de Tancarville gelangen kann, der nach Paris oder Rouen führt.

Erfolgt die erste Ansteuerung bei Nacht, empfehlen die französischen Schiffahrtsbehörden, vorab die entsprechenden Seekarten genau zu studieren. Es gibt eine Vielzahl von Feuern, die sorgfältig identifiziert werden müssen. Aber davon abgesehen, sollte es eigentlich keine Probleme geben.

Versorgung
Zum Einkaufen ist Le Havre sehr viel unbequemer, als man vielleicht gedacht hat. Die Geschäfte sind zwar vorhanden, aber um dorthin zu gelangen, braucht man Wanderschuhe. Andere Einrichtungen sind näher. Wasser und Treibstoff im Yachthafen. Duschen und Toiletten. Waschsalon leider in der Stadt. Ausrüster, Mechaniker, Reparaturmöglichkeiten und 4 t-Kran vor Ort. Kielbank, die 3 m trockenfällt, vor den Clubs. Sliprampe in der Anse des Régates. 30 t-Travellift. Stangeneis erhältlich. Austausch von Camping GAZ-Flaschen.
Der freundliche Club Sport Nautique du Havre hat seine Bar allabendlich (außer montags) geöffnet. Bei der Société des Régates du Havre (das W-lichste Clubhaus) ist man etwas förmlicher, und Gäste müssen entsprechend gekleidet sein. Das Restaurant der Société ist erstklassig, und so ist es verständlich, daß die Club-Mitglieder erwarten, daß man mit „Schlips und Kragen" kommt.

Zwei Häuserblocks von der Hafenpromenade entfernt findet man in der Rue Augustin Normand Nr. 114-120 Segelmacher (Tel. 02 35 43 16 70), einen Mechaniker (Tel. 02 35 42 00 41) sowie einen Ausrüster.

Verkehrsverbindungen
Fähren verkehren nach Portsmouth, Bahnverbindung zu allen europäischen Städten; Paris ist in 2 Std. zu erreichen. Nationale wie internationale Flugverbindungen vom Flughafen Le Havre/Octeville.

Canal de Tancarville
Wie bereits erwähnt, kann man bei schlechtem Wetter über diesen Kanal die Mündung der Seine umgehen. Leider ist auch dieser Wasserweg nicht ganz unproblematisch: Der Mast muß gelegt werden, aber das muß man sowieso, wenn man die Seine hinauf nach Paris fahren möchte. Und es gibt eine ganze Reihe von Brücken und Schleusen, die geöffnet werden müssen. Genaue Informationen erhält man bei der Société des Régates sowie bei der Capitainerie.

Honfleur

Gezeiten

HW -0135 Dover

MSpHW	MSpNW	MNpHW	MNpNE
7,9 m	1,2 m	6,6 m	3,0 m

Bis zu 5 kn stark kann der Strom vor Honfleur setzen; flußauf- bzw. -abwärts je nach Hoch- oder Niedrigwasser.

Wassertiefen
Im Vieux Bassin beträgt die WT mindestens 2 m; nahe der Einfahrt 2,8 m. Im Avant Port betragen die WT nach Fertigstellung der neuen Schleuse ca. 3 m.

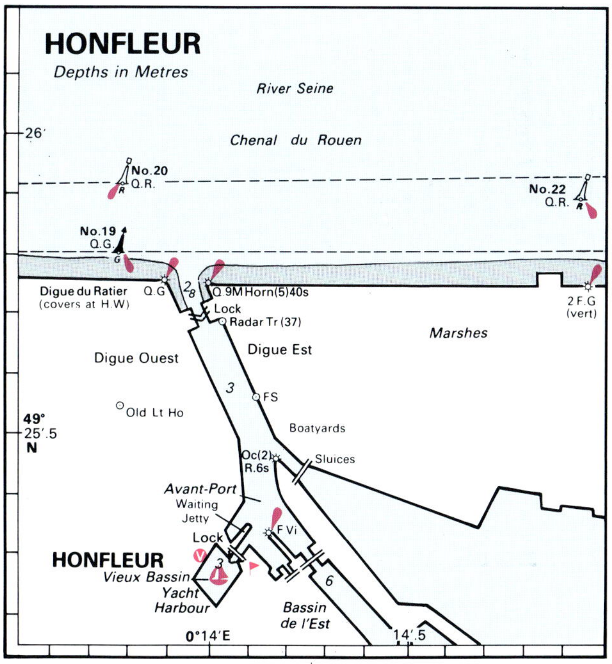

Honfleur: Das malerische Vieux Bassin rechts im Bild.

Lage und Umgebung
Honfleur ist vielleicht der malerischste Hafen der Normandie. Durch die neue große Schleuse ist der Hafen bei jedem Tidenstand zugänglich, und falls man einen Platz findet, kann man direkt im Zentrum dieser mittelalterlichen Stadt festmachen. Ihre Glanzzeit erlebte die Stadt, als Jacques Cartier und später Samuel de Champlain von hier aus W-wärts in die Neue Welt aufbrachen. Das Haus „La Lieutenance“ aus dem 16. Jh., das heute als Hafenbüro dient, war früher der Sitz des Gouverneurs. Es steht gleich neben der alten Schleuse zum Vieux Bassin. Die Kirche St. Cathérine, ebenfalls aus dem 16. Jh., wurde von Schiffszimmerleuten vollständig aus Holz errichtet. Von oberhalb der Stadt hat man phantastische Ausblicke über die Seine-Mündung.

Ansteuerung und Einfahrt
Honfleur liegt am S-Ufer der Seine-Mündung. Für die Ansteuerung wird der Chenal de Rouen benutzt, der an seiner N-Seite durch den bezeichneten Digue Basse du Nord, mit dem nicht zu spaßen ist, begrenzt wird.
0,75 sm W-lich vor der Hafenzufahrt zum Chenal de Rouen steht der weiße rechteckige Leuchtturm Falaise des Fonds (Fl(3)WRG.12s). Der weiße Sektor des Feuers führt nur in etwa zum seeseitigen Beginn des Fahrwassers, während der grüne die Banc du Ratier S-lich davon abdeckt. Im o. a. weißen Sektor steuert man am besten die rote Tonne *No.4* (Oc(2)R.6s) an, die etwa 0,5 kbl SE-lich der befeuerten Kardinaltonne W mit dem klangvollen Namen *Duncan Clinch* ausgelegt ist. Von hier aus ist das Fahrwasser deutlich betonnt, vielfach sogar befeuert. Es verläuft zunächst in ESE-licher Richtung, dann auf der gesamten 7,5 sm langen Strecke bis zur Hafeneinfahrt zwischen der Digue Basse du Nord und der Digue du Ratier/Digue Ouest 1° oder 2° S zu E. Die Einfahrt befindet sich unmittelbar oberhalb der befeuerten grünen Tonne *No.19* an Stb.-Seite. Die Einfahrt ist an der W-Seite mit Q.G, an der E-Seite mit Q.W sowie einem Nebelschallsignal (Horn(5)40s) bezeichnet.
Bis 1944 waren nur das Vieux Bassin und das Bassin de l'Est durch eine Schleuse abgeschlossen und nur von 1 Std. vor bis 2 Std. nach HW zu erreichen. Das änderte sich erst mit der großen neuen Schleuse, die quer über den Einfahrtskanal gebaut wurde und die bei jedem Tidenstand bedient wird. Sie ist auf UKW-Kanal 73, Ruf: *Honfleur Radio*, zu erreichen. Nach dem Passieren dieser Schleuse fährt man idealerweise zum Vieux Bassin.

Liegeplätze
Die Gastliegeplätze im Vieux Bassin befinden sich am E-lichen Ende der N-lichen Hafenmauer (s. Plan). Besonders schöne Yachten, die das Wohlwollen des Hafenmeisters erregen, werden eventuell eingeladen, gleich neben der Einfahrt an Stb. unterhalb der Lieutenance festzumachen. Diese „Rosine“ von Liegeplatz steht aber vermutlich nur im August zur Verfügung, wenn die Fischereiflotte zum Fang auf See ist.
Yachten, die leider zu groß sind, um im Vieux Bassin festzumachen, finden vielleicht im Bassin de l'Est einen Platz. Am besten fragt man den Hafenmeister nach genauen Details.
Im Bassin Carnot, am S-lichen Ende des Bassin de l'Est, ist der Bau eines neuen Yachthafens mit Clubhaus geplant. Ein armseliger Ersatz für jene, die zu spät kommen, um noch einen Liegeplatz im Vieux Bassin zu ergattern, doch der Ort ist immer noch einen Besuch wert, und der Weg zum Stadtzentrum ist nicht weit. Pech aber auch für die Fotografen, die so um die Gelegenheit kommen, ihre Yacht vor der Kulisse der farbenfrohesten Häuser der Normandie zu verewigen.
Hafenmeister ist telefonisch (Tel. 02 31 89 20 02) zu erreichen.

Versorgung

Wasser am Kai. Schlichte Duschen und Toiletten neben dem Haus „Le Lieutenance“, komfortablere Sanitäranlagen sind geplant. Diesel in begrenzter Menge vom Tankwagen der Firma Taupin (Tel. 02 31 88 09 43). Ausrüster und Mechaniker, gute Yachtwerft am E-lichen Hafenbecken.
Die alte Stadt mit ihrem Geschäften, Restaurants etc. ist ganz bezaubernd. Touristen, Künstler und Yachtcrews, die ihr einen Besuch abstatten, lieben den Ort.

Verkehrsverbindungen

Bahnhof, Busverbindungen nach Le Havre und Deauville, das man, nebenbei gesagt, von Honfleur aus (oder umgekehrt) auch auf eigenem Kiel erreichen kann, weil die beiden Schleusen offenstehen.

Der Kontrollturm an der Seine-Mündung.

Deauville/Trouville

Gezeiten

HW -0130 Dover

MSpHW	MSpNW	MNpHW	MNpNW
7,75 m	1,1 m	6,4 m	2,8 m

Wassertiefen

Das Einfahrtsfahrwasser verläuft über vorgelagerte Sandbänke und fällt bis zu 1,8 m trocken. Im gesamten Yachthafen hinter der Schleuse werden 3 m WT gehalten.

Lage und Umgebung

Deauville und Trouville gelten schon seit langem als mondäne Erholungsorte für „bessere Leute“. Die Doppelstadt wird nur vom Fluß Touques getrennt, der jedoch trockenfällt. Der Strand von Trouville ist den Fischern vorbehalten, deren Verkaufsstände hier vor der Kulisse feiner Restaurants und Geschäften einen langen Fischmarkt bilden. Die Flußmündung wird von einem barocken Kasino-Gebäude beherrscht, in dem man ebenso Thalassotherapien wie Kultfilme geboten bekommt.
Deauville, am W-Ufer des Flusses gelegen, ist der bevorzugte Badeort des Jet-Set. Hier kann man den Grausamkeiten des Fahrten- oder Regattasegelns entfliehen und seine Habe zwischen Reichen und Bohemiens am Spieltisch oder auf der Rennbahn verlieren. Man kann auch einen Spaziergang auf dem „Les Planches“ genannten Strand entlang zu „Ciro’s Beach Bar“ unternehmen, wo man dann eine „schnelle“ Flasche Dom Perignon leert...
Liegeplätze findet man im Port Deauville oder im alten Hafen von Deauville/Trouville. Erstgenannter ist eine der typischen modernen Marina-Anlagen mit Designer-Wohnungen, die etwa 0,5 sm vom Stadtzentrum entfernt ist, hat aber den Vorteil, daß man von 2 Std. vor bis 2 Std. nach NW einlaufen kann. Da jedoch keine Yacht größeren Formats die untiefe Einfahrt um NW passieren kann, bedeutet das im Endeffekt nur, daß die Marina geöffnet ist, wenn man auch dorthin gelangen kann. Der alte Hafen ist sehr viel einfacher erreichbar, die Schleusenöffnungszeiten sollen aber recht unzuverlässig sein. Liegegebühren und WT sind in beiden Hafenbecken gleich, aber selbst an einem Tag mit günstigen Gezeiten ist es unwahrscheinlich, daß die alte Schleuse länger als 2,5 Std. vor bzw. nach HW geöffnet ist.

Ansteuerung und Einfahrt

Bei auflandigen Starkwinden kann die Einfahrt gefährlich werden. Eine Nachtansteuerung ist bei gutem Wetter durchaus machbar. Jede Ansteuerung sollte aber mit entsprechendem Tidenstieg erfolgen.
Von See her ist das Kasino bereits frühzeitig auszumachen; das Oberfeuer (Oc.R.4s10M) der Richtfeuer steht unmittelbar rechts daneben auf einem weißen Metallturm. Das Unterfeuer (Fl(4)WR.12s7/4M) wird von einem weißen Turm mit roter Spitze getragen, der auf dem Kopf des E-Wellenbrechers steht.
Der W-Leitdamm erstreckt sich um fast 2 kbl weiter seewärts als sein E-liches Gegenstück und mündet in einer 16 m hohen weißen Säule auf einem Dalben (Fl.WG.4s9/6M). Beide Leitdämme werden bei halb aufgelaufener Flut überspült und sind deshalb mit roten und grünen Pfählen gekennzeichnet.

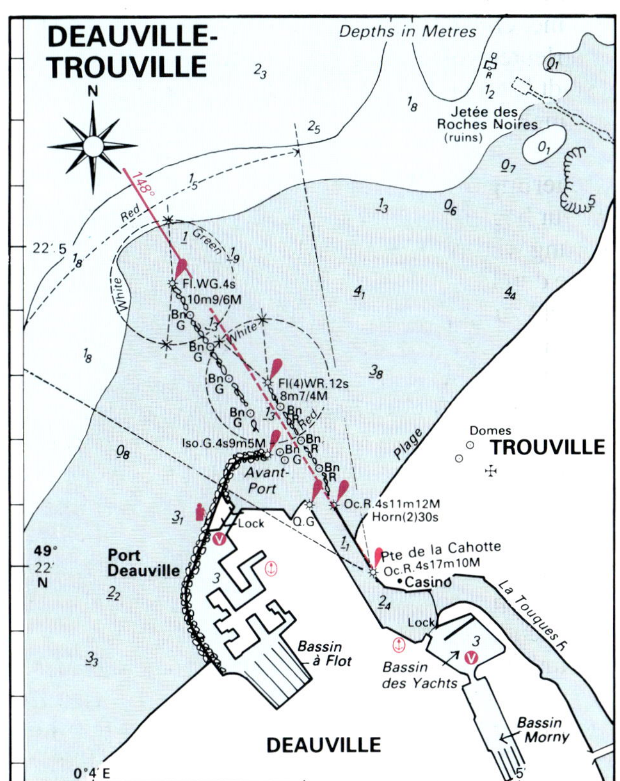

Deauville bei Niedrigwasser. Die Ansteuerung mit dem Leitdamm, der bei HW überspült wird.

Die Marina Port de Deauville.

Die Einsteuerung sollte mit einem Kurs von 148° erfolgen; nachts führen die Richtfeuer mit diesem Kurs in den Hafen. Der weiße Sektor des Unterfeuers ist in einigen Bereichen auch rechts und links der Richtlinie zu sehen.
Bei der Ansteuerung aus N oder E muß man sich von den Untiefen Banc du Ratier und Les Ratelets, die sich ein gutes Stück seewärts erstrecken, gut freihalten.
Egal aus welcher Richtung die Ansteuerung erfolgt, der befeuerten Kardinaltonne E (VQ(3)5s), die 2,2 sm NNW-lich der Einfahrt und an der Richtlinie ausgelegt ist, ist besondere Beachtung zu schenken. Sie bezeichnet Wracks, die etwas seewärts ihrer Position liegen und selbst bei LAT überspült sind und muß unbedingt an Stb. gelassen werden.

Liegeplätze

Port Deauville

Der Hafen liegt einlaufend an Stb. hinter dem W-Wellenbrecher, der am Kopf einen grünen Pfahl mit einem Feuer (Iso.G.4s) trägt. Die grünen Pfähle vor dem Wellenbrecher sollten unbedingt an Stb. gelassen werden. Weiter binnenwärts sind unbefeuerte Tonnen (rot an Bb., grün an Stb.) ausgelegt. Wenn der Tidenstieg mindestens 4 m beträgt, wird die Schleuse geöffnet, und es ist daran zu denken, daß es sich um eine „richtige“ Schleuse mit zwei Schleusentoren handelt. Freie Durchfahrt nur um HW. Gastliegeplätze gibt es am langen Schlengel an Stb. Größere Yachten können eventuell vor der Kaimauer der Marina liegen. Die Schleuse ist auf UKW-Kanal 09 zu erreichen. Es werden rote und grüne Verkehrssignale gezeigt.

Bassin des Yachts und Bassin Morny im Vieux Port

Zwischen den E-lichen und W-lichen inneren Wellenbrechern (Oc.R und Oc.G) fährt man geradeaus und läßt Port Deauville rechter Hand liegen. Hat man das Kasino passiert, liegt die Dockschleuse zu den beiden Hafenbecken voraus. Sie wird automatisch geöffnet oder geschlossen, wenn der Tidenstieg 5,5 m erreicht hat. Das kann insbesondere zu Nippzeiten bedeuten, daß sie geschlossen bleibt. Verkehrssignale werden an einem Mast an der SW-Seite der Schleuse angezeigt. Die besten Liegeplätze findet man an den Schlengeln im SE des Bassin des Yachts. Nach Absprache mit dem gastfreundlichen Deauville Yacht Club kann man vielleicht auch in das Bassin Morny einlaufen.

Versorgung

Wasser an den Schlengeln. Diesel von einer Zapfsäule im Port Deauville, sonst per Kanister. 8 t-Kran nahe des Yachtclubs. Duschen und Toiletten im Port Deauville, am Bassin des Yachts und im Yachtclub. Sliprampe im Avant Port, 100 t-Trailerbahn. Sämtliche Reparaturmöglichkeiten inklusive Segelmacher. Ausrüster, Austausch von Camping GAZ-Flaschen und Stangeneis. Zwei gute Restaurants findet man nahe der Fußgängerbrücke beim Yachtclub.

Verkehrsverbindungen

Schnellzüge nach Paris (2 Std.), Busverbindung nach Le Havre (knapp 2 Std.) und von dort Fähren nach Portsmouth. Auch von Ouistreham verkehren regelmäßig Fähren nach Portsmouth. Vom Flughafen St. Gatien (7 km entfernt, Tel. 02 31 88 31 28) gehen Flüge nach Nizza, London und während der Saison nach Jersey.

Dives-sur-Mer/Port Guillaume

Gezeiten

HW -0135 Dover

MSpHW	MSpNW	MNpHW	MNpNW
7,45 m	0,85 m	6,1 m	2,4 m

Wassertiefen

Die Einfahrtsrinne fällt 2,6 m trocken; der Tiefwasserbereich endet 1 sm vor der Einfahrt. Der Port Guillaume bietet eine Mindesttiefe von 2,5 m.

Lage und Umgebung

Lange Zeit war der Hafen, der heute eine bescheidene Bedeutung als Yachthafen erlangt hat, die trockenfallende Mündung des Flusses La Dives. Für Herzog Wilhem („der Eroberer“) war er jedoch von größter Bedeutung: 1059 erkämpfte er sich hier in einer bemerkenswert blutigen Schlacht seine Unabhängigkeit vom französischen König. Sieben Jahre später soll er ebenfalls hier seine Schiffe und Truppen ausgerüstet haben, die er für die erfolgreiche Invasion der britischen Inseln benötigte. Da solche Häfen in der Normandie fast ebenso zahlreich sind wie englische Pubs mit der Tafel „König Charles übernachtete hier“, kann es also sein, daß Dives diese Geschichte zu Recht für sich beansprucht.
Während des 19. Jh. entwickelte sich Dives um sein Kasino herum zu einem Badeort. Überraschenderweise überstand ein Großteil dieses bizarren Gebäudes unver-

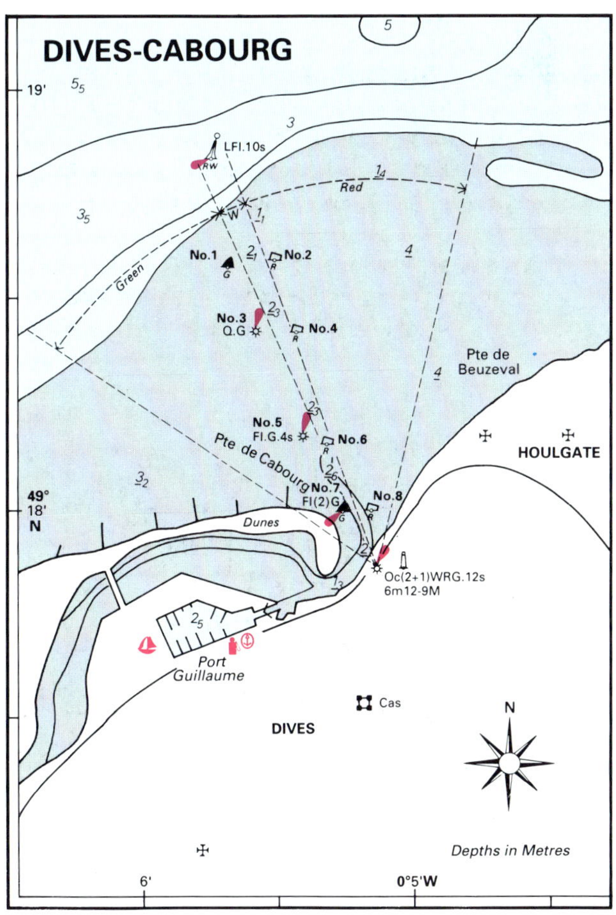

Der Fluß Dives: Von See her windet sich das Fahrwasser im Uhrzeigersinn in den Hafen. Die Kirche Houlgate (A) und Stb.-Fahrwasserbake (B).

sehrt den Zweiten Weltkrieg. Heute sorgen „Stadtentwickler" dafür, daß Dives allmählich seinen besonderen Charakter verliert. Mit dem neuen Port Guillaume besteht für Gastyachten zum ersten Mal eine realistische Möglichkeit, den Ort zu besuchen.
Scharfen Beobachtern wird es nicht entgehen, daß die Einfahrt beileibe nicht bei jedem Wetter ein Kinderspiel ist, auch wenn flachgehende Yachten bei halb aufgelaufenem Wasser und guten Wetterbedingungen einlaufen können. Tiefergehende Yachten müssen den Zeitpunkt ihrer Ankunft mehr zu HW hin wählen. Gefährlich wird die Einfahrt bei Winden aus NW bis NE mit Stärken von Bft 5 und mehr.

Ansteuerung und Einfahrt
Bei Tag hält man Ausschau nach der Spalte zwischen Houlgate (bewaldet und hügelig mit auffälliger Kirche am Meer) und Calbourg, wo hohe Appartementhäuser bis zu ca. 800 m an die Sanddünen heranreichen, die sich W-lich davon erstreckenden. Nachts steuert man im 5° breiten weißen Sektor des Leuchtturms (Oc(2+1)WRG.12s) mit einem Kurs von ca. 160° bereits von weit seewärts her ein. Etwa 1 sm von der Küste entfernt trifft man im weißen Sektor auf die rot-weiße Mitte-Fahrwassertonne *DI* (LFl.10s). Das unbefeuerte Tonnenpaar *No.1* und *No.2* ist auf halber Strecke vor dem Hafen ausgelegt. Anschließend folgen die grüne Bake *No.3* (Q.G) und die unbefeuerte rote Tonne *No.4* sowie die grüne Bake *No.5* (Fl.G.4s) und die unbefeuerte rote *No.6*, bis man schließlich die grüne Tonne *No.7* (Fl(2)G) und die letzte unbefeuerte rote *No.8* erreicht. Das Feuer wird aus einer rötlich-braunen Hütte mit einem auffälligen weißen Streifen gezeigt. Nachts verläßt man an der Tonne *No.3* den weißen Sektor und folgt den befeuerten grünen Seezeichen. Eine Nachtansteuerung ist bei einem ersten Besuch jedoch nicht empfehlenswert.
Die Ansteuerung der Küste erfolgt dicht bis zur Leuchthütte, dann wird eingedreht und parallel dicht unter der Küste gesteuert, an der eine Straße und eine Bahnlinie verlaufen, die nachts von einer Reihe von Straßenlaternen beleuchtet werden. Nun steuert man so, daß der Fischereikai dicht an Bb. bleibt; an der N-Seite des Fahrwassers markieren zwei grüne Pfähle einen überspülten Leitdamm vor der Mündung des Flusses Dive mit seinen trockenfallenden Moorings. Stattdessen sollte man Ausschau nach einer grün-rot-grünen Tonne (IQ(2+1)G) sowie vier grünen Pfählen halten: Diese bleiben auf dem WSW-lichen Kurs an Stb. und führen vor die Schleusentore. An der S-Seite der Schleuse steht das auffällige, achteckige Gebäude der Capitainerie mit seinem grauen kegelförmigen Dach. An Stb. steht ein Mast mit einem rot-weißen Windsack.

Liegeplätze
Bei einem Tidenstieg von 4,5 m, was im allgemeinen bei halber Tide der Fall ist, wird die Schleuse geöffnet; die WT über dem Süll beträgt dann 2 m. Yachten mit einem Tiefgang von maximal 1,5 m können von 2,5 Std. vor bis 2,5 Std. nach HW einlaufen. Eine genaue Berechnung des Tidenstiegs ist dringend angeraten. Im Schleusenhafen kann man an beiden Seiten festmachen. Anmeldung auf UKW-Kanal 09 oder telefonisch (Tel. 02 31 24 48 00).

Versorgung
Alle Einrichtungen einer guten Marina inklusive Reparaturmöglichkeit, Treibstoff, Ausrüster etc. vorhanden. Duschen, Toiletten und Waschsalon in der Marina können rund um die Uhr benutzt werden. Sliprampe am Fischereikai sowie 30 t-Travellift. 1,5 t-Mobilkran am Kai, an dem Yachten mit bis zu 2,5 m Tiefgang festmachen können. Die Einrichtungen an Land sind nicht gerade aufregend, aber vielleicht werden ja noch Ergänzungen gebaut.
Das Flußfahrwasser soll zu Springzeiten eine Tiefe von 3 m haben, so daß Yachten bis hinauf nach Cabourg gelangen können. Der Grund, auf dem man trockenfällt, ist hart, der Yachtclub aber sehr gastfreundlich.

Ansteuerungsbereich der Flußmündung Dives: Alle Baken und Tonnen sind zu erkennen.

Port Guillaume.

Ouistreham/Caen

Gezeiten

HW -0118 Dover

MSpHW	MSpNW	MNpHW	MNpNW
7,6 m	0,95 m	6,35 m	2,75 m

Wassertiefen

Bis zum Fährterminal ist das Einfahrtsfahrwasser auf 6 m Tiefe gebaggert. Dahinter beträgt die WT bis zur Yachtschleuse und dem Warteschlengel 3 m. In der Marina ist die Tiefe 3,5 m. Der Canal de Caen ist 8 m tief, an den Gastliegeplätzen in der Stadt sind es 4 m.

Lage und Umgebung

Ouistreham ist heute als Fährhafen bestens bekannt; vielfach allerdings unter dem Namen Caen. Die Stadt mit der Kathedrale liegt am Ende des Canal de Caen, der parallel zum Fluß Orne verläuft.
Nachdem die Alliierten 1944 in der Normandie gelandet waren, war dieses Gebiet Schauplatz erbitterter Kämpfe. Neben dem Pub auf der W-Seite der Pegasus-Brücke, die seinerzeit von britischen Fallschirmjägern gesichert wurde, gibt es dazu ein kleines Museum.
Der Hafen von Ouistreham hat für Vergnügungssuchende, die zu faul sind, die 1,5 km zur Stadt zu laufen, wenig zu bieten. Man kann den Hafen aber bei jedem Tidenstand und fast jedem Wetter (außer bei Starkwinden aus NE) bis zum Warteschlengel anlaufen.

Ansteuerung und Einfahrt

Bei der Ansteuerung aus W ist es wichtig, mindestens 3 sm Abstand von der Küste zu halten, um vom Plateau du Calvados freizubleiben und gut nach den beiden unbefeuerten Spierentonnen (Kardinalzeichen E) *Roseberry* und *Essarts de Lagrune* (Kardinalzeichen N) Ausschau zu halten. In den NW-lichen Ansteuerungen der Kardinaltonne E *Ouistreham* sind 2 weitere Spierentonnen (Kardinalzeichen E), *Luc* und *Lion* ausgelegt, die an Stb. gelassen werden müssen, weil sie Wracks markieren, die dicht unter der Wasseroberfläche liegen.
Die einzige Landmarke, die an der Küste auszumachen ist, ist eine Reihe von Hütten am Strand von Riva Bella W-lich der Einfahrt. Diese Hüttenreihe endet abrupt am W-Ufer des Kanals. Ein weißer, 37 m hoher Leuchtturm (Oc.WR.4s) steht dicht an der Schleuse.
Die Entfernung von der *Ouistreham*-Tonne bis zum ersten Tonnenpaar *No.1* (Q.G) und *No.2* (Q.R) der Einfahrtsrinne beträgt nur etwas mehr als 1 sm in S-licher Richtung. Von hier aus folgt man den Richtfeuern (Oc(3+1)R.12s), die auf ihren roten Gittertürmen weit nach seewärts sichtbar sind und in Linie mit 185° in den Hafen führen.
Das Fahrwasser ist gut betonnt (s. Plan). Wahrschau: Die beiden Köpfe der Wellenbrecher werden überspült. Der an Bb.-Seite (St. Medard) ist mit einer 16 m hohen roten Turmbake (Oc(2)R.6s) bezeichnet, gegenüber ist die Tonne *Barnabe No.5* (Iso.G.4s) ausgelegt. Auf dem *sichtbaren* Ende des W-Wellenbrechers steht ein weißer Turm

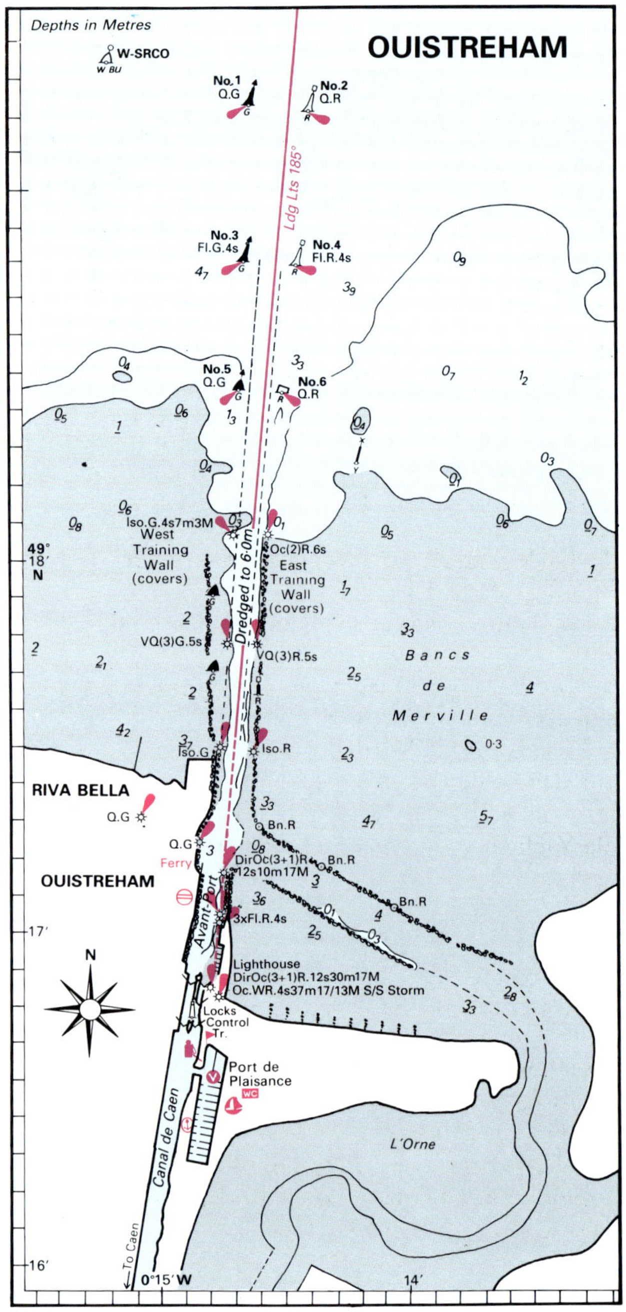

(Iso. G.4s7M), dessen Horn bei Bedarf alle 10s ertönt. Von den zahlreichen Fähren muß man sich gut freihalten, insbesondere dann, wenn sie an der W-Seite An- und Ablegemanöver fahren.
Kommt man für die Schleusung durch die E-liche Schleuse (die einzige, die Yachten benutzen dürfen) zu früh oder zu spät an, macht man am Warteschlengel fest, der etwas mehr als 1 kbl oberhalb des Fährterminals ausgelegt ist und gute WT bietet. Der Liegeplatz ist nicht besonders toll und oft vollbelegt mit Booten, deren Seemannschaft, was Leinen betrifft, zu wünschen übrig läßt, so daß man sich bereithalten sollte, falls Böen auftreten.
Je nach Tidenstieg wird die Schleuse von 3 Std. vor bis 3 Std. nach HW geöffnet. Zum Ende einer Gezeitenperiode hin sollte man eine Schleusung nicht erzwingen, da sich die Schleuse nur sehr langsam füllt, insbesondere in Zeiten von Trockenheit. Um HW ist die Schleuse auf UKW-Kanal 12 und 68 hörbereit. Die Capitainerie ist ebenfalls

Das erste französische Haus, das im Juni 1944 befreit wurde. Heute beherbergt es ein Museum für die Luftlandetruppen und eine Gaststätte.

auf UKW-Kanal 68 zu erreichen oder telefonisch (Tel. 02 31 85 85 85).
An der Schleuse werden folgende Verkehrssignale angezeigt:
Grün-weiß-grün senkrecht mit einem weiteren Weiß neben der Gruppe – Einlaufen gestattet.
Die Einfahrt zum Yachthafen befindet sich 1 kbl binnenwärts der Schleuse an Bb. Deutlich markierte Gastliegeplätze findet man an Bb.-Seite oder direkt voraus. Sind viele Yachten im Hafen, muß man eventuell im Päckchen liegen.

Versorgung
Wasser an den Schlengeln. Treibstoff in der Marina, die 30 Minuten vor der Schleuse geöffnet wird. Duschen und Toiletten im Yachtclub; auch öffentliche Einrichtungen in Verbindung mit den Schleusen. Kein Waschsalon. Alle Ausrüstungs- und Reparaturmöglichkeiten, die man sich wünschen kann. Verschiedene Kräne und eine Sliprampe in der Nähe vom Port de Pêche. Eine weitere Yachtwerft mit vielen Einrichtungen inklusive guter Sliprampe findet man in Caen 2 sm den Kanal hinauf.

Caen
Der 15 km lange Canal de Caen ist, von verschiedenen Brücken abgesehen, problemlos zu befahren. Verständlicherweise können die Brücken nicht für einzelne Yachten öffnen, und so müssen Konvois gebildet werden; die Passage ist kostenlos. Die Konvois verlassen Ouistreham normalerweise am Nachmittag und kehren am Morgen aus Caen zurück. Die Abfahrtszeiten kann man an der Schleuse erfragen. Wenn man an die See zurückkehren möchte, erhält man in der Capitainerie in Caen Auskunft.
Nach dem Passieren der letzten Brücke findet man sich im Bassin Saint-Pierre wieder, das den waagerechten Arm eines T bildet. Man wendet sich nach Stb. und macht in der Marina fest. In der Capitainerie gibt es gute Duschen und Toiletten. Wasser am Liegeplatz. Der Waschsalon ist bequem zu erreichen.
Auch wenn Caen während des Zweiten Weltkrieges weitgehend zerstört wurde, sind noch ein paar alte Gebäude erhalten geblieben. Treibstoff und die meisten Versorgungsmöglichkeiten sowie Restaurants sind vorhanden.
Der Hafenmeister ist auf UKW-Kanal 12 und 68 oder telefonisch (Tel. 02 31 95 24 47) zu erreichen.
Der Yachtclub von Caen (S.N. de Caen et du Calvados) ist in der Rue Basse Nr. 132.

Verkehrsverbindungen
Regelmäßige Bahnverbindungen nach Bayeux, einer ungemein liebenswerten Stadt, in der man den berühmten Teppich bewundern kann. Er ist wirklich überwältigend. Der Bahnhof ist nur 500 m von der Marina entfernt. Von Ouistreham verkehren Fähren nach Portsmouth.

Caen: Die Klappbrücke La Fonderie führt zum Bassin St. Pierre. Die Yacht-Liegeplätze befinden sich an Stb.

Die Pegasus-Brücke in Bénouville, 2,5 sm flußaufwärts. Man macht am E-Ufer (links) fest, um auf die Öffnung zu warten.

Der Canal de Caen in Ouistreham. Die Warteschlengel sind an der linken Seite der Einfahrt ausgelegt; dahinter der Port de Pêche und die Schleuse.

Courseulles-sur-Mer bei NW, der Leitdamm ist gut zu erkennen.

Courseulles

Gezeiten

HW -0300 Dover

MSpHW	MSpNW	MNpHW	MNpNW
7,4 m	1,1 m	6,15 m	2,85 m

Wassertiefen
Das Einsteuerungsfahrwasser fällt bis zu 0,8 sm seewärts 2,6 m trocken. Die WT im Bassin Joinville beträgt 3 m, an den Yachtliegeplätzen (keine Gastliegeplätze) im Bassin de l'Ile de Plaisance sind es 1,5 m. Dieses Bassin ist über ein Süll zu erreichen, das 3 m trockenfällt. Der Fluß Seulles oberhalb davon fällt bis zur beweglichen Brücke 2,8 m trocken.

Lage und Umgebung
Der Ort Courseulles wurde um die Mündung des Flusses Seulles herum erbaut. Die umliegenden Strände („Juno Beach") waren 1944 Schauplatz der Landung der Alliierten. Heute ist Courseulles ein ruhiger Ferienort, der mit seinen Sandstränden lockt. Das Château, dessen Geschichte mehr als 500 Jahre zurückreicht und das von Heinrich V. erstürmt wurde, ist einen Besuch wert. Der Hafen bietet mehr als 750 Yachten Platz; darunter sind 30 Gastliegeplätze. Bei starken Winden aus N oder NE wird die Einfahrt gefährlich.

Ansteuerung, Einfahrt und Liegeplätze
Nachts führt das starke Feuer Pointe de Ver (Fl(3)15s42m26M) in den Hafen; am Tag ist der niedrige Turm nur schwer auszumachen. Dafür gibt es aber drei unverwechselbare Kirchen, die, durch die Perspektive bedingt, im gleichen Abstand voneinander zu stehen scheinen. Die Einfahrt scheint wiederum W-lich der W-lichsten der drei Kirchen ebenfalls im gleichen Abstand wie diese zueinander zu liegen. Die rot-weiße Ansteuerungstonne (Iso.4s) ist in einer Peilung von ca. 166° und einer Entfernung von 9 kbl zur W-Mole ausgelegt. Nachts hält der weiße Sektor des Feuers (Iso.WG.4s) auf dem Kopf der W-Mole von den gefährlichsten Felsriffen frei, die sich vor der Küste erstrecken. In Linie mit dem Feuer (Oc(2)R.6s) auf dem Knie der E-Mole weiter binnenwärts erhält man eine sichere Richtlinie zum Einlaufen. Das Feuer auf der W-Mole bleibt an Stb., während man auf das Feuer (Oc.R) zuhält, das an Bb.-Seite bleibt, wenn man in den Avant Port einläuft.
Die äußeren Wellenbrecher werden überspült, was in der Normandie nichts ungewöhnliches ist. In einem solchen Fall erscheint der Feuerträger auf der W-Mole dann als einzelner Dalben, der einen durchscheinenen Turm trägt. Dieser muß an Stb. bleiben. Dahinter sind beide Molen mit roten und grünen Pfählen mit Toppzeichen markiert. Von See her findet man das beste Einsteuerungsfahrwasser, wenn man den Leuchtturm auf dem E-Wellenbrecher (s. o.) zur Deckung mit dem Dalben bringt. Die Ansteuerung mit der größten WT findet man, wenn der Leuchtturm (Oc.R) in Linie mit der roten Bake in 198° peilt. Es kann nicht genug betont werden, daß die Küste vor Courseulles mit einer Vielzahl von Unterwasserhindernissen gespickt ist, die z. T. trockenfallen oder bei MSpNW nur eben überspült werden. Umsichtige Navigation und ein ausreichender Tidenstieg sind lebenswichtig, wenn man keinen Wert auf Grundberührung legt.

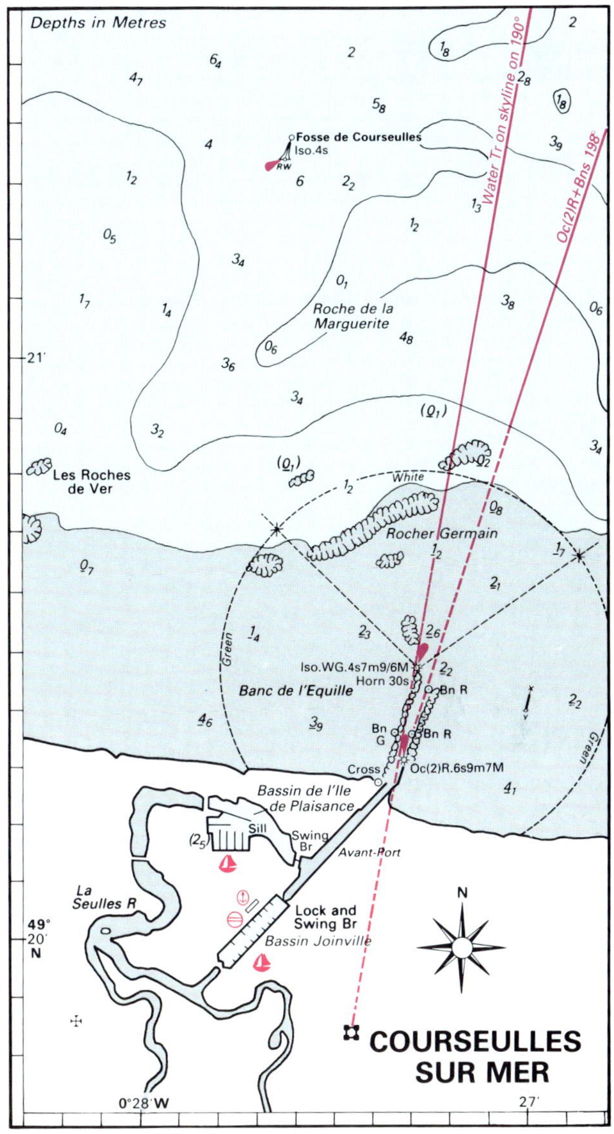

Im Hafen steuert man den Avant Port hinauf zur Schleuse, die zum Bassin Joinville führt. Sie wird von 2 Std. vor bis 2 Std. nach HW gemeinsam mit der dazugehörigen Brücke geöffnet. Für Instruktionen kann man sich auf UKW-Kanal 09 bei der Hafenbehörde melden. Ansonsten sucht man sich einen Liegeplatz und meldet sich anschließend.
Im neueren Hafen des Bassin de l'Ile de Plaisance gibt es keine Gastliegeplätze. Die Ankunftszeit sollte auf die Schleusenöffnungszeiten abgestimmt werden.

Versorgung
Wasser an den Schlengeln. Treibstoff per Kanister von der Citroen-Werkstatt. Waschsalon in der Stadt. Schöne Duschen und Toiletten in der Capitainerie.
Brauchbare Yachtwerft (Chantier de la Seulles, Tel. 02 31 37 42 34) in der Nähe, die mit den meisten Reparaturen fertig wird und auch Ausrüstung verkauft. Der Yachtclub freut sich über Gäste. Alle Versorgungsmöglichkeiten, die man in einem „piekfeinen" Badeort auch erwarten würde; inklusive exzellentem Fischrestaurant und zahlreichen Hotels.
Taxi (Tel. 02 31 96 54 07 oder 02 31 37 15 15) zum Bahnhof Caen etc.

Arromanches

Gezeiten ähnlich wie Courseulles.

Lage und Umgebung
In Arromanches, das 6,5 sm W-lich von Courseulles liegt, kann man ein bemerkenswertes Zeugnis jüngerer Geschichte bewundern. Die überlaufene Ortschaft hat zwar keinen Hafen, dafür wurde hier 1944 ein Küstenschutz besonderer Art geschaffen: Eine große Anzahl von 60 m langen Senkkästen aus Beton wurde ringförmig vor der Küste versenkt, um über diesen „Hafen" Nachschub- und Versorgungsgüter der alliierten Landungstruppen an Land zu bringen.

Ansteuerung
Wenn die zahlreich ausgelegten Spierentonnen genau beachtet werden und zum Rochers du Calvados ein respektvoller Abstand gehalten wird, ist es durchaus möglich, zwischen ein paar kleinen unbefeuerten roten und grünen Tonnen in den „Hafen" einzulaufen. Ungeachtet der ungefähren E – W-Ausrichtung der „Hafenmauer" sind die grünen Tonnen jeweils genau N-lich der roten ausgelegt, so daß man auf einem SW-lichen Kurs einläuft.

Ankerplatz
Der offizielle Ankerplatz auf rund 6 m WT befindet sich W-lich der Einfahrt an der Innenseite des Walls; etwas dichter unter Land liegt man möglicherweise geschützter. Man sollte mit größter Vorsicht zu Werke gehen, den Plan genau beachten und den Anker mit einer Ankerboje versehen, da immer noch beachtliche Mengen von Trümmern den Grund unrein machen.
Bei ruhigem Wetter kann ein Übernachtungsstopp in Arromanches ganz stimmungsvoll sein; es darf jedoch lediglich eine ganz leichte Brise wehen oder Flaute sein. Hier einen Mittagsstopp auf dem Törn von Courseulles nach Port-en-Bessin einzulegen, sollte für Geschichtsinteressierte ein „Muß" sein.

Versorgung
Wenig. Nur die Einrichtungen eines kleinen Dorfes, das pflichtbewußt seine Besucher informiert. Das Museum ist sehr interessant.

Port-en-Bessin

Gezeiten

HW -0215 Dover

MSpHW	MSpNW	MNpHW	MNpNW
7,2 m	1,1 m	5,9 m	2,6 m

Wassertiefen
Der Außenhafen fällt 2 m trocken. Im ersten Schleusenhafen beträgt die WT 3,5 m, im zweiten 2,5 m.

Lage und Umgebung
Port-en-Bessin gehört zu den wenigen Häfen der Normandie, an denen der Strom der Yachten vorbeigezogen ist. Er ist kaum als Fischerhafen zu bezeichnen, aber gut geschützt und kann ein paar Gastyachten, die ihren Besuch nicht zu lange ausdehnen, aufnehmen. Am Sonntag morgen findet ein Markt statt. Es gibt nette Resturants, und die Veranstaltung „Pêche à Pied" ist ein besonderes Vergnügen, bei der Gäste mit den gewitzten Einheimischen wetteifern können, wer die meisten Meeresfrüchte, die die letzte Flut in den kleinen Teichen zwischen den Felsen zurückgelassen hat, einsammeln kann.

Ansteuerung und Einfahrt
Bei Stürmen aus N oder NE kann dieser Hafen nicht angelaufen werden. Bei heftigen Winden sollten Ortsunkundige den Zeitpunkt ihrer Ankunft in die Zeit zwischen 1 Std. vor bis 1 Std. nach HW legen.
In den Ansteuerungsbereichen gibt es keine Gefahrenstellen. Die Richtmarken, ein weißes Haus in 42 m Höhe oberhalb einer weißen Säule mit grüner Spitze, die unmittelbar hinter dem Kai steht, peilen in Linie 204°. Beide zeigen ein Oc(3)12s; die Säule trägt für den Bedarfsfall außerdem eine Sirene (20s).

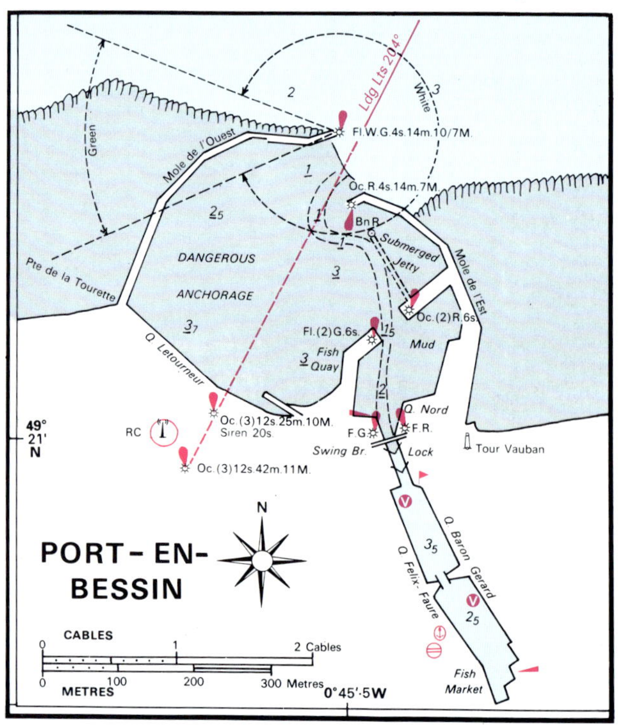

Port-en-Bessin.

Grandcamp-Maisy.

Auf dem W-Wellenbrecher steht ein Sektorenfeuer (Fl.WG.4s), dessen grüner Sektor die Riffe W-lich der W-Mole abdeckt. Auf dem Kopf der E-Mole steht ein roter Turm (Oc.R.4s14m7M). Man passiert zwischen diesen beiden Molenköpfen und steuert zwischen den beiden Pierköpfen, die mit Fl(2)G.6s an Stb. und Oc(2)R.6s an Bb. befeuert sind, in den Innenhafen ein. Die W-liche Hälfte des Außenhafens ist aufgrund gefährlicher Klippen unrein. An der Außenseite der E-lichen Innenmole erstreckt sich ein überspülter Anleger, dessen N-liches Ende von einer roten Bake bezeichnet wird.
Ist die Schleuse geschlossen, macht man am N-lichen Ende der W-lichen Innenmole an der Seite fest, die näher zur Schleuse hin liegt. Das S-liche Ende wird von einer Sliprampe eingenommen, deren seitliche Begrenzung als weißer Streifen auf die Kaimauer gemalt ist.

Verkehrssignale

Rot über grün (Feuer oder Flaggen) – Hafenbecken geschlossen.
In der Mitte der Schleusentore wird ein rotes Festfeuer gezeigt, wenn die Schleuse geschlossen ist. Die roten Festfeuer zu beiden Seiten sind keine Verkehrssignale.

Liegeplätze

Im Außenhafen kann man auf weichem Schlick trockenfallen, was jedoch nur bei gutem Wetter zu empfehlen ist. Der Schleusen- und Brückenwärter ist 2 Std. vor bis 2 Std. nach HW auf UKW-Kanal 18 zu erreichen, um Schleusen- und Brückenöffnung anzuweisen. Eventuell weist er auch den Liegeplatz zu. Wird keine Anweisung gegeben, macht man dort fest, wo es sinnvoll erscheint und meldet sich anschließend im Hafenbüro, das auf der Mitte des zweiten Hafenbeckens an der W-Seite zu finden ist. Von dem kleinen Bereich, der mit „Plaisance" gekenntzeichnet ist, sollte man sich fernhalten; er wird von kleinen einheimischen Yachten benutzt. Der Hafenmeister ist telefonisch unter der Nr. 02 31 21 70 49, die Schleuse unter der Nr. 02 31 21 71 77 zu erreichen.

Versorgung

Wasser am E-Kai. Es gibt zwei Yachtwerften, die Holz- und GFK-Reparaturen ausführen können, und im Hafen sind mindestens zwei Mechaniker. Bei LK Electronique am Innenhafen sind Reparaturen an der Elektronik nach Absprache möglich. Ausrüster mit begrenztem Sortiment in Hutrel, 5 Rue le Fournier, einen Häuserblock W-lich des Innenbeckens.
Alle Versorgungsmöglichkeiten einer Stadt, die kaum vom Tourismus berührt ist. In den vergangenen Jahren waren kurze Besuche von wenigen Tagen kostenfrei.

Grandcamp-Maisy

Gezeiten

HW -0220 Dover

MSpHW	MSpNW	MNpHW	MNpNW
7,2 m	1,3 m	5,9 m	2,7 m

Die Gezeitenhöhen sind nur Schätzwerte, da in Grandcamp besondere Tidenverhältnisse zu beobachten sind.

Wassertiefen

Der Ansteuerungsbereich fällt bis zu 2 kbl seewärts der Schleuse 2 m trocken. Im Hafenbecken beträgt die WT 2,5 m, an den Gastliegeplätzen sind es bei HW mindestens 2 m. Bei NW nimmt die WT auf 1,5 m ab.

Lage und Umgebung

Grandcamp-Maisy ist ein beliebter Urlaubsort mit einer Fischerflotte von beachtlicher Größe. Der Schleusenhafen ist fast immer zu erreichen, entsprechenden Tidenhub vorausgesetzt. Bei auflandigen Starkwinden, inbesondere aus NE, kann die Einsteuerung gefährlich werden.

Ansteuerung und Einfahrt

Aus unerklärlichen Gründen entsprechen die Gezeiten in Grandcamp-Maisy exakt den Tidenzeiten von Dünkirchen. Die offiziellen Schleusenöffnungszeiten sind von 3 Std. vor bis 3 Std. nach dem örtlichen HW und entsprechen damit genau der Flutperiode in Dünkirchen. Man kann also vermutlich zwischen NW Dünkirchen (Schleusen werden geöffnet) bis HW Dünkirchen (Schleusen werden geschlossen) zu jeder Zeit einlaufen.
Unmittelbar S-lich des Hafens steht der 12 m hohe Leuchtturm Maresquerle(Oc.4s28m12M), der in Linie mit dem Feuer Perré (Oc.4s8m13M), das von einem 7 m hohen grünen Mast auf einem weißen Haus am Strand getragen wird, eine Richtlinie von 221° angibt. Dicht unter Land ist diese Deckpeilung zwar nicht sehr sinnvoll, kommt man aber aus NE, ist sie eine gute Navigationshilfe.
Die beste Einsteuerung beginnt zwischen den beiden unbefeuerten Spierentonnen (Kardinalzeichen N) *No.5* und *No.3*. Dort kann man die beiden Richtfeuer in Linie 146°, Unterfeuer Q.9m15M, Oberfeuer Q.12m15M, ausmachen, die zwischen den beiden befeuerten Köpfen der E- und der W-Mole (s. Plan) in den Hafen und vor die Innenmolen führen. Dort geht man auf einen Kurs, der S zu E liegt und steuert auf das Schleusentor zu. Sind die Richtfeuer am Tag nicht auszumachen, keine Sorge. Jede Einsteuerung, die auf einem Kurs zwischen SE und SW erfolgt, ist sicher, da das Felsriff Grandcamp flach und eben wie ein Billardtisch ist. Die Köpfe der beiden Molen werden überspült, nur ihre Leuchtfeuer ragen aus dem Wasser. Zufriedenstellende Warteplätze gibt es im Hafen nicht, daher sollte man versuchen, während der Schleusenöffnungszeit einzulaufen. Das Hafenamt ist auf UKW-Kanal 09 oder telefonisch (Tel. 02 31 22 63 16) zu erreichen.

Liegeplätze

Zu beiden Seiten des langen N-lichen Schlengels, der an Stb.-Seite der Einfahrt ausgelegt ist, kann man an

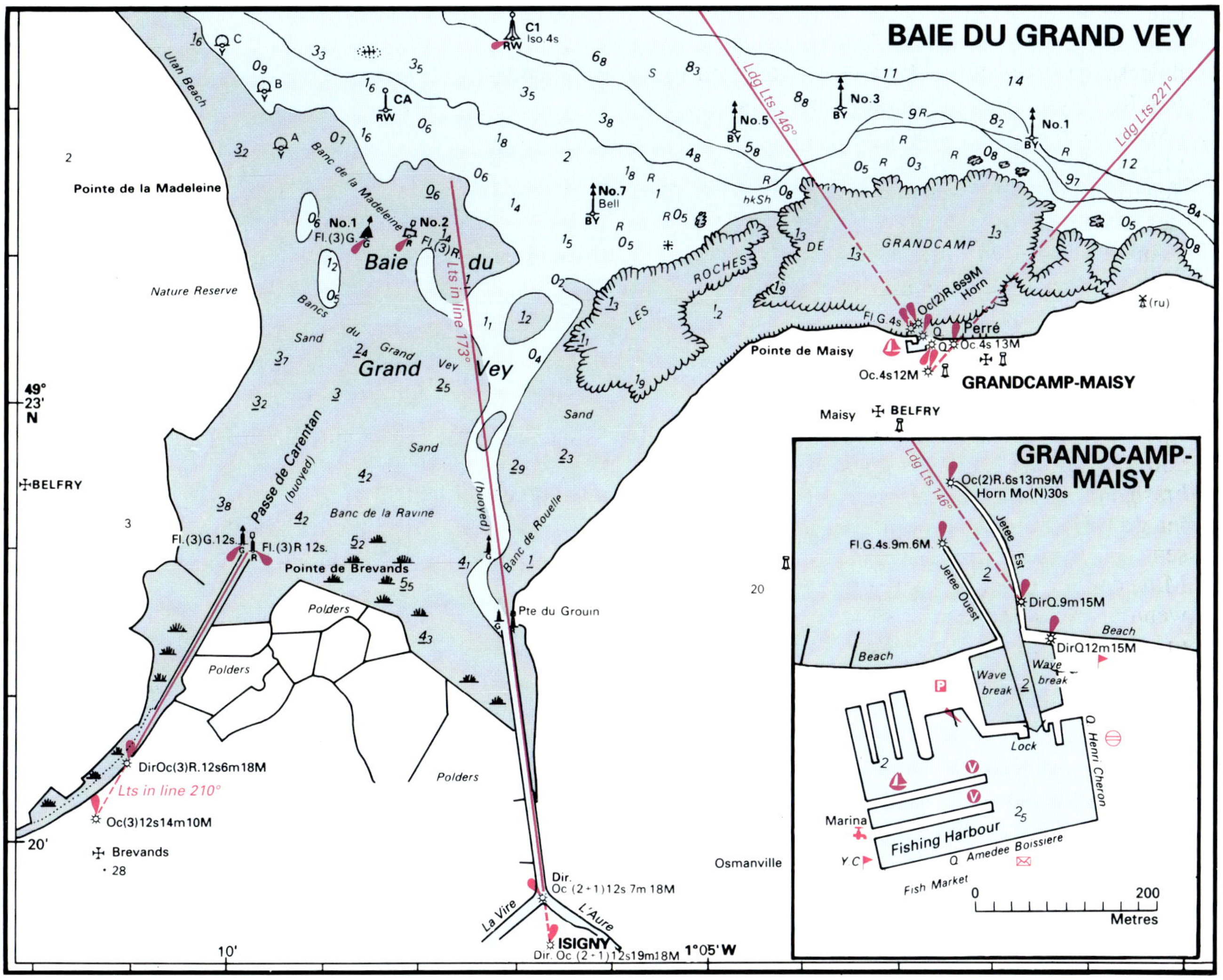

den äußeren 12 Liegeplätzen festmachen. Am Kopf des Stegs wird längsseits festgemacht, ansonsten mit Bug zum Steg und Heckleine an einer entsprechenden Mooring.

Versorgung

Das Hafenbüro befindet sich im SW des Hafens und hat Duschen und Toiletten. Wasser an den Schlengeln. Treibstoff am E-lichen Fischereikai (Henri Chéson). Restaurant etc. sind durchschnittlich; im „La Mareé" an der E-Seite des Hafenbeckens soll allerdings ganz ausgezeichneter frischer Fisch serviert werden.

Ein paar Ausrüstungs- und Reparaturmöglichkeiten. Kleiner Yachtclub, der nur am Wochenende geöffnet hat. Die große Sliprampe an der N-Seite des Beckens, wo einheimische Boote liegen, ist zum Trockenfallen für Gastyachten nicht verfügbar.

Isigny-sur-Mer

Gezeiten

HW -0225 Dover

MSpHW	MSpNW	MNpHW	MNpNW
7,3 m	fällt trocken	6 m	fällt trocken

Wassertiefen

Yachten mit bis zu 1,8 m Tiefgang können zu Nippzeiten von 1,5 Std. vor bis 1,5 Std. nach HW in den Hafen einlaufen. Höherer Tidenstieg zu Springzeiten. Sämtliche Liegeplätze fallen trocken.

Lage und Umgebung

Isigny ist ein verschlafenes kleines normannisches Städtchen, und seiner Hafenpromende fehlt jegliche Art von „Plaisance", ohne die viele Leute nicht leben können. Isigny ist daher der geeignete Anlaufhafen für „unerschrockene Entdecker", die ein echtes Stück Frankreich kennenlernen möchten. Sämtliche Liegeplätze fallen trocken; der Grund ist zwar einigermaßen weich, aber uneben. Es empfiehlt sich, den Grund zunächst einmal in Augenschein zu nehmen, bevor man seine Yacht hier trockenfallen läßt.

Ansteuerung und Einfahrt

Aus N kommend, hält man auf die rot-weiße Tonne *C1* zu, die mit Iso.4s befeuert ist. Sie ist nicht immer leicht auszumachen, weshalb man sein Fernglas bereithalten sollte. Steuert man von St. Vaast aus an, muß man sich beeilen. Wer unbekümmert bummelt, dem kann es passieren, daß er erst nach HW ankommt. Dann steuert man auf die unbefeuerte Kardinaltonne N *No.7* zu, wo man zumeist mit

Der kleine Hafen Isigny.

anderen Yachten zusammentrifft, die aus E kommen und entweder das Riff Grandcamp (fällt 2 m trocken) passiert haben oder den anderen Kardinalzeichen N gefolgt sind, die sich N-lich der Untiefe E-wärts erstrecken.
Von *No.7* aus läuft man einen SSW-lichen Kurs und hält nach einem unbefeuerten Fahrwasser-Tonnenpaar Ausschau, dem weitere folgen. Sie führen in fast gerader Linie zu einer grünen Bake mit Toppzeichen an Stb.-Seite, gefolgt von einer roten an Bb.-Seite. Die beiden Baken markieren die Köpfe von Leitdämmen. Das Fahrwasser, das nun genau dazwischen mit einem Kurs von 173° verläuft, wird für Einheimische nachts durch verstärkte Leitfeuer bezeichnet, die an der Gabelung des Flusses aufgestellt sind (DirOc(2+1)12s18M).
Eine auffällige weiße Bake trägt das Unterfeuer, das an der Gabelung an Bb. bleibt. Von hier aus hält man sich in der Fahrwassermitte, bis man die Stadt erreicht hat.

Liegeplätze
Liegeplätze, die trockenfallen, werden an Schwimmstegen oder eben oberhalb der Bootswerft an Stb.-Seite zugewiesen. Um die Klampen nicht über Gebühr zu beanspruchen, sollten die Leinen nicht zu kurz gesteckt sein. Der Grund ist weich, aber uneben.
Wenn man Glück hat, kann man einen Liegeplatz etwas flußaufwärts der Stadt im winzigen Dockhafen an Stb.-Seite neben dem Fluß ergattern. Hier kann man sich auf hartem, sanft abfallendem Grund trockenfallen lassen. Zu beiden Seiten gibt es Kaimauern, an die man die Yacht lehnen kann. Und da die WT neben dem Flußbett abnimmt, können Kimmkieler sich in der Mitte bequem trockenfallen lassen, solange sie dies im rechten Winkel zum Strom mit Bug zum Ufer hin tun.
Liegeplätze weiter aufwärts nahe der Brücke sind nicht zu empfehlen, da der Grund stellenweise unrein ist und dort, wo er es nicht ist, haben trockengefallene Fischerboote „Löcher“ hinterlassen. Die oberen Liegeplätze sind nicht zufriedenstellend, es sei denn, man hat den Grund bei NW erkundet.

Versorgung
Nette einheimische Restaurants und Geschäfte. Die Yachtwerft kann einige Reparaturen ausführen. Wasser in der Werft.

Carentan

Gezeiten

HW -0225 Dover

MSpHW	MSpNW	MNpHW	MNpNW
7,2 m	1,3 m	5,9 m	2,7 m

Wassertiefen
Das Ansteuerungsfahrwasser fällt vollständig trocken; Yachten mit bis zu 1,5 m Tiefgang können aber von 2 Std. vor bis 2 Std. nach Nipp-HW einlaufen. 1 Std. vor bis 1 Std. nach MSpHW könnte der Tidenstieg auch für Yachten mit bis zu 2,4 m Tiefgang ausreichen. Um ganz sicher zu gehen, sollte man die Tidengraphik weiter unten studieren. Bei NippHW steht 1,8 m Wasser über dem Schleusensüll. In der Marina hinter der Schleuse ist ausreichend WT vorhanden.
Unmittelbar vor dem Kanal an der Biegung des betonnten Fahrwassers befindet sich die untiefste Stelle der Einsteuerung. Ist diese Untiefe passiert, hat man es geschafft.

Lage und Umgebung
Carentan ist eine sehr attraktive Kleinstadt, die in den letzten Tagen des Zweiten Weltkrieges stark zerstört wurde. Die Kirche ist aus dem 15. Jh., und einige Geschäfte haben steinerne Arkaden, die die Bombardements nach der Landung der Alliierten überstanden haben.
Heute bietet sich Fahrtenseglern hier eine angenehme Atmosphäre. Der Schutz im Hafen ist hervorragend, die Einrichtungen in der ruhigen Marina sind gut, und in der Stadt findet man schöne Geschäfte und Restaurants.

Ansteuerung
Sowohl Carentan wie auch Isigny sollten beim ersten Mal auf keinen Fall bei Nacht angesteuert werden, da das Fahrwasser gewunden und weitgehend unbefeuert ist. Feuer s. Plan.
Zunächst trifft man auf die rot-weiße Mitte-Fahrwassertonne *C1* und befindet sich hier querab vom ehemaligen „Utah Beach“. Von hier aus steuert man ca. 1,25 sm mit Kurs 215°, bis man das erste Tonnenpaar, *1* (grün, Fl(3)G.12s) und *2* (rot, Fl(3)R.12s), des Fahrwassers erreicht hat. Die WT nimmt nun ab. Bei auflandigem Stark-

wind kann es klüger sein, das Unternehmen an dieser Stelle abzubrechen. Ansonsten folgt man dem gut betonnten Fahrwasser, dessen Lage sich jedoch ständig verändert. Etwa 2,5 sm binnenwärts vom Tonnenpaar *1* und *2* erreicht man je eine rote und grüne Leuchtbake, die an Bb. bzw. Stb. gelassen wird. Man steuert nun in der Richtfeuerlinie 210°. Hat man das Unterfeuer passiert, dreht man nach Stb. ein und fährt zwischen sanften Schilfufern flußaufwärts. Der Tiefwasserbereich wird durch Pricken markiert, bis die Schleuse voraus liegt.
Die Schleuse wird von 2 Std. vor bis 3 Std. nach HW geöffnet und ist auf UKW-Kanal 09 (Tel. 02 33 71 10 85) zu erreichen. Hinter der Schleuse steuert man das lange schlanke Hafenbecken hinauf. In der Marina stehen mindestens 50 Gastliegeplätze am Ende des Hafenbeckens zur Verfügung. Es gibt aber Platz für sehr viel mehr. Man macht entweder an einem freien Platz fest und meldet sich bei der Capitainerie oder ruft diese auf UKW-Kanal 09 (Tel. 02 33 42 24 44).
Auf dem Weg nach Carentan kommt man nur allzuleicht ins Trödeln und muß dann das Fluß-Fahrwasser bei einsetzendem Ebbstrom in Angriff nehmen. Da der Strom sehr hart setzt, hat man dann kaum noch eine Chance. Man sollte spätestens 1 Std. vor HW an der Tonne *C1* sein, besser noch 1,5 oder 2 Std.

Versorgung
Wasser, Treibstoff und ein gut sortierter Ausrüster am Kopf des Hafenbeckens. Duschen etc. in der Capitainerie. Waschsalon in der Stadt.
Lebensmittel, Restaurants und Postamt im Stadtzentrum, das zu Fuß in 10 Minuten zu erreichen ist. Am Hafen gibt es eine ganz nette Bar, wenn man am Abend noch einen „Café et Calvados“ zu sich nehmen möchte.
Falls es möglich ist, kann die Yacht nach Absprache mit den Hafenbehörden, die ausgesprochen freundlich und hilfsbereit sind, für ein paar Wochen hier zurückgelassen werden.

CARENTAN TIDEN-GRAFIK

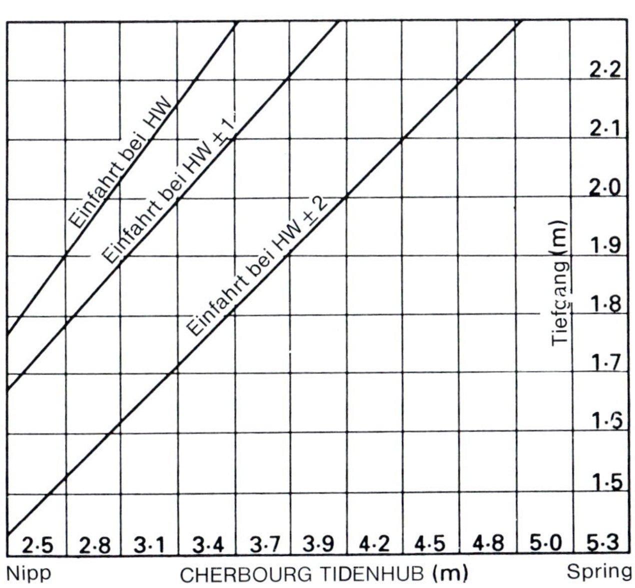

Carentan: Das Büro des Hafenmeisters befindet sich am linken Arm des „T“.

St. Vaast-la-Hougue

Gezeiten

HW -0240 Dover

MSpHW	MSpNW	MNpHW	MNpNW
6,65 m	0,9 m	5,4 m	2,3 m

Wassertiefen
Der Ansteuerungsbereich N-lich der Mole Grande Jetée fällt 1,8 m trocken. Bei HW beträgt die WT im Hafen mehr als 2,5 m. An den Gastliegeplätzen sind es bei NW 2,5 m. Der Grund ist hart. Die WT in der Marina, wo man gut liegt, beträgt 2,3 m.

Lage und Umgebung
Obwohl gewisse Gezeiten-Beschränkungen (s. „Ansteuerung“) bestehen, ist St. Vaast-la-Hougue ein schöner Hafen, der perfekt geschützt und bei fast jedem Wetter, ausreichenden Tidenstieg vorausgesetzt, zu erreichen ist. St. Vaast ist ein Fischereiort, und auch wenn der Zustrom der Yachten, der seit 1982, als der Hafen gebaggert und mit einer Schleuse abgeschlossen wurde, anhält, hat sich der Ort nicht verändert.
Ein Spaziergang über den Damm hinüber zur Insel Ile de Tatihou bei MSpNW enthüllt die Ausmaße der Austernzuchtanlagen. Der Markt am Sonntag morgen gehört zu den besten Nordfrankreichs. Die Bars und Bistros entlang der Hafenmeile genügen auch höheren Ansprüchen.
Die Einheimischen sind sehr freundlich, außerdem hat sich St. Vaast zu einem jener Häfen entwickelt, in denen man nur lange genug am Kai herumlümmeln muß, um jeden Segler, den man einmal kennengelernt hat, wiederzutreffen.

St. Vaast-la-Hougue.

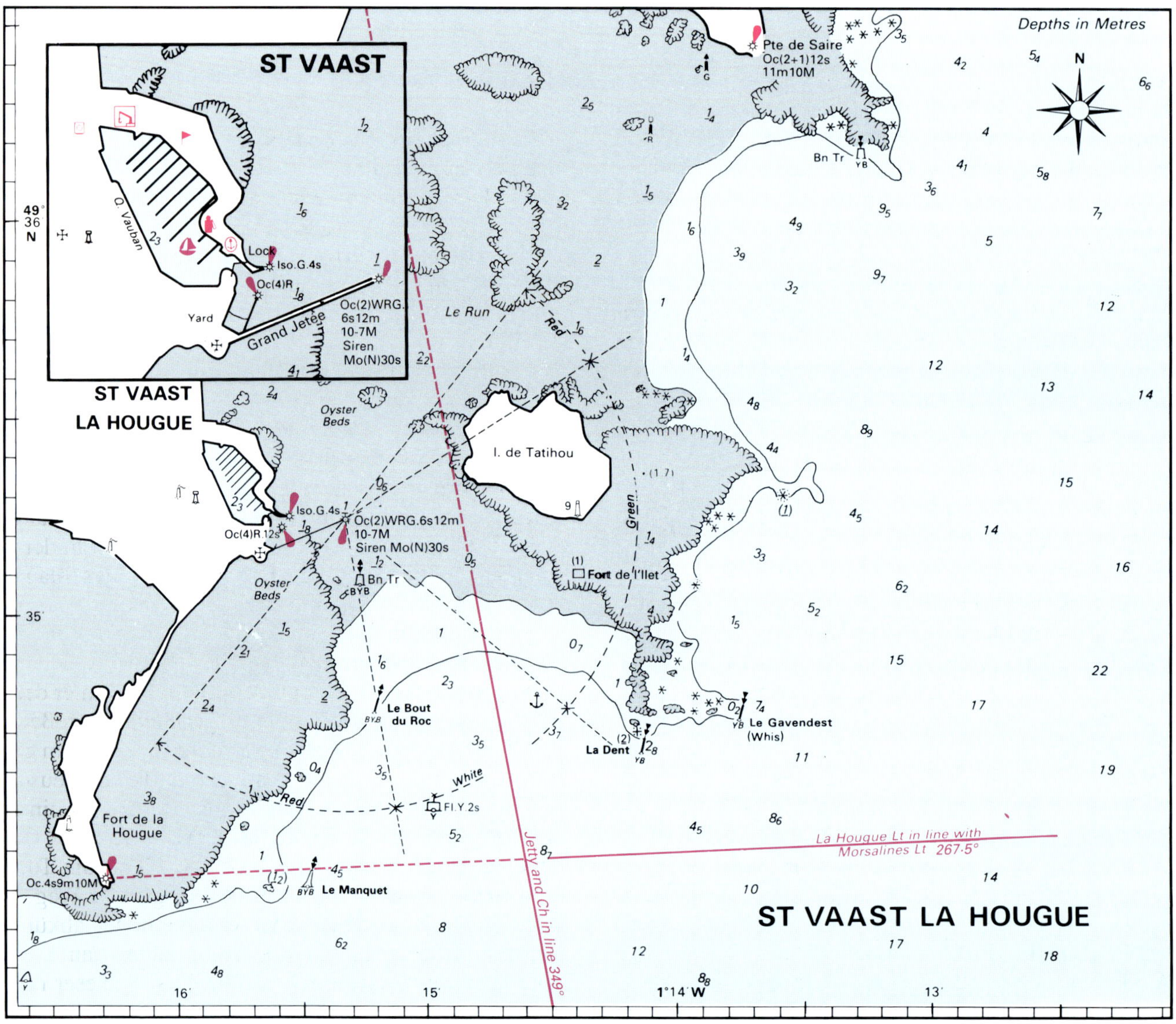

Fort de la Hougue (A) und der Leuchtturm Morsalines (B), der 1,7 sm landeinwärts steht.

Um in die Schleuse einzulaufen, rundet man den Kopf der St. Vaast Grande Jetée. Am Fuß der Mole steht die Kirche Chapelle des Marins.

Ansteuerung

Von N kommend, rundet man die Pointe de Barfleur in einem Mindestabstand von 1,5 sm. Sollte der Wind gegen eine Springtide stehen, gehört diese Ecke zu den gefährlichsten des Englischen Kanals. Mit dem Feuer querab behält man einen SSE-lichen Kurs etwa 6 sm bei, bis die Pointe de Saire (10 m hoher weißer Turm, Oc(2+1)12s10M) in 295° peilt und zur Deckung mit der Kirche von Reville kommt. Nun ändert man den Kurs auf 200°, bis die Ile de Tatihou mit ihrem charakteristischen Fort mehr achterlich als dwars peilt und die unbefeuerte Heultonne (Kardinalzeichen S) *Le Gavendest* steuerbord voraus liegt. Man läßt sie an Stb. und geht auf einen Kurs von 260°, um die zweite unbefeuerte Kardinaltonne S *La Dent* zu runden.
Nachts halten die Richtfeuer auf Fort de la Hougue (Oc.4s9m10M) und Morsalines (Oc(3+1)12s11M) in Linie 267° gut frei von den Gefahrenstellen S-lich von Ile de Tatihou. Diese Deckpeilung sollte auch benutzt werden, wenn man bei Dunkelheit ausläuft. Ist man erst im weißen Sektor des Feuers der Grande Jetée (s. Plan), kann man auf einem Kurs, der diese Mole dicht an Bb. läßt, sicher einsteuern. Am Tag steuert man in den Hafen ein, ausreichenden Tidenstieg vorausgesetzt, wenn *La Dent* etwa 1 kbl achteraus peilt. Die besten WT der Ansteuerung sollen aber auf einem Kurs liegen, auf dem der Molenkopf in 335° peilt.
Von S kommend, kann man am Tag die Ile de Tatihou sowie das kleine Märchen-Fort de la Hougue ausmachen. Das Fort bleibt an Bb., die Insel an Stb., bis man dicht genug herangekommen ist, um die beiden Kardinaltonnen S *La Dent* (s. oben) und E *Le Manquet* erkennen zu können. Diese müssen ebenso an Bb. bleiben wie das Kardinalzeichen E *Le Bout du Roc*, das knapp 0,5 sm NNE-lich liegt. Von *Le Bout du Roc* kann man auf den Molenkopf zu halten, wobei die Turmbake mit Kardinalzeichen E *Le Creux de Bas* mit gutem Abstand an Bb. bleiben muß. Nachts hält der weiße Sektor des Feuers auf dem Molenkopf frei von allen Gefahrenstellen.
Ortsunkundige sollten unter gar keinen Umständen versuchen, die Insel Tatihou an ihrer N-Seite zu runden, auch wenn dies bei richtigem Tidenstand und genauer Ortskenntnis durchaus möglich ist.

Einfahrt

Nach dem Runden des Molenkopfes der Grande Jetée steuert man auf das einzelne Schleusentor zu, das sich hinter den inneren Wellenbrechern befindet. Einlaufende Schiffe haben Vorfahrt. Wahrschau vor Strudeln und kräftigem Strom, der einen nach binnen wie nach seewärts versetzen kann. Der Hafenmeister ist auf UKW-Kanal 09 zu erreichen. Auf einer Tafel an der Capitainerie an der rechten Innenseite der Schleuse ist aber auch angeschlagen, an welchem Schlengel man festmachen kann.

Liegeplatz

Am großen Schlengel, der sich unmittelbar hinter der Einfahrt an Bb. befindet, sind die Liegeplätze für große Yachten. Die übrigen wie oben beschrieben. Die WT am großen Schlengel beträgt ca. 2,5 m, wenn die Schleusentore geschlossen sind. Wenn das letzte Fischerboot ein- oder ausläuft, kann es passieren, daß große Yachten Grundberührung haben; allerdings nur kurz. Sind die Tore geschlossen, gibt es keine Probleme. Sogar der Weg in die Stadt läßt sich über die Schleusentore hinweg abkürzen.
An der N-Seite der Grande Jetée kann man sich auf schlammigem Grund trockenfallen lassen, dieser fällt 1,4 m – 1,8 m trocken.

Um auf die Schleusung zu warten oder bei beständigem Wetter einfach nur eine ruhige preiswerte Nacht zu verbringen, findet man E-lich oder S-lich der Tonne *Bout du Roc* einen guten Ankerplatz über reinem Sandgrund. Ein Ankerlicht ist unerläßlich, weil man hier de facto im Fahrwasser liegt.
Auf der Linie zwischen *Bout du Roc* und *Le Manquet* findet man eventuell mehr Ruhe.

Versorgung
Wie bereits angesprochen, findet der Fahrtensegler in St. Vaast so ziemlich alles, was sein Herz begehrt. Wasser im Hafen, Duschen und Toiletten im Yachtclub und in der Capitainerie. Waschsalon NW-lich des Hafens. Gute Werft, wo Reparaturen an Yachten ausgeführt werden können. Austausch von Camping GAZ-Flaschen und begrenztes Sortiment an Ausrüstung. Mechaniker vor Ort, Diesel am Kai, 15 t-Mobilkran und Sliprampe neben der Capitainerie am seeseitigen Ende des Hafens.
Für Lebensmitteleinkäufe ist die Stadt mit ihren vielen kleinen Geschäften „ein Paradies auf Erden". Und nur einen Häuserblock hinter dem Quai Vauban befindet sich das Nobel-Imperium des berühmten M. Gosselin: Hier gibt es sämtliche Delikatessen, die das Herz eines Gourmets höher schlagen lassen, dazu eines der besten Weinlager der Normandie. Die kostbarsten Weine werden in einem dunklen Raum im hinteren Teil des Geschäftes gelagert, und wenn man kein ausgesprochener Weinkenner ist, kann man hier unbesorgt hindurcheilen. Für den weniger erlesenen Geschmack bietet M. Gosselin auch selbstabgefüllte Weine zu moderaten Preisen an.
Auf gar keinen Fall sollte man aber den Wochenmarkt am Samstag morgen verpassen.
Entlang des Hafens gibt es eine ganze Reihe Bars und Bistros, die für ein schnelles Mahl wie „Moules et Frites" ganz akzeptable Qualität bieten. Für ein feines Abendessen ist man aber mit dem „Hôtel des Fuchsias" gut beraten; man wird mit Sicherheit nicht enttäuscht.

Verkehrsverbindungen
St. Vaast ist von Cherbourg nicht weit entfernt; von dort Bahn- und Fährverbindungen.

Die Fischerboote machen am alten Stadtkai hinter der Dockschleuse fest.

Barfleur

Gezeiten
HW -0208 Dover

MSpHW	MSpNW	MNpHW	MNpNW
6,5 m	1,2 m	5,3 m	2,6 m

Wassertiefen
Der Tiefwasserbereich der Ansteuerungen nimmt zur Einfahrt hin, die 0,6 m trockenfällt, sehr schnell ab; die Liegeplätze entlang der Kais fallen bis zu 2 m trocken.

Lage und Umgebung
Von Liegeplätzen mit guter WT einmal abgesehen, bietet Barfleur alles, wovon auch ein kritischer Fahrtensegler nur träumen kann.
Die Stadt ist ruhig und wird von Yachten wegen der ungünstigen Festmachemöglichkeiten nur wenig besucht. Eine Folge davon ist, daß man in den Bars der einheimischen Fischer als „Sehenswürdigkeit" gilt, was einen aber nicht daran hindern sollte, sich zu amüsieren. Die Stadt

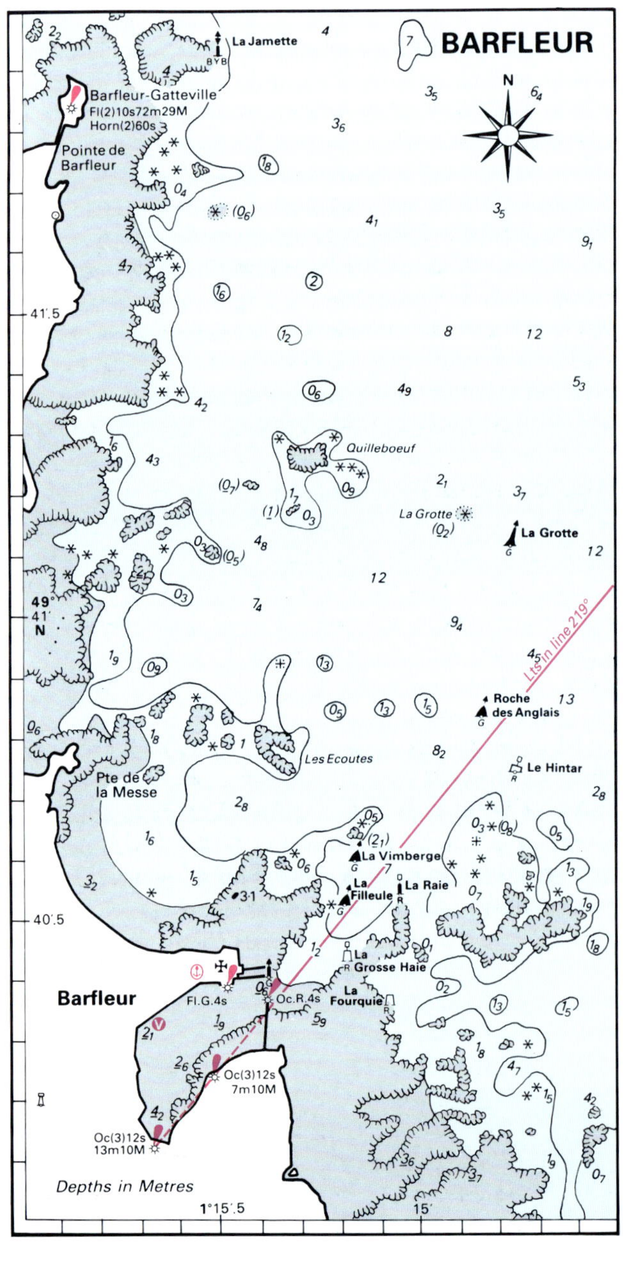

Barfleur.

bietet mit ihren Häusern aus grauem Granit das typische Bild eines normannischen Fischerortes, der sich im Lauf der Zeit kaum verändert hat.
Der Grund am NW-Kai ist zum Trockenfallen rein, und bis auf Winde aus E oder NE ist der Schutz gut. Wird man allerdings im Hafen von solchen Wetterbedingungen überrascht, heißt es sofort auslaufen, sowie die Yacht aufgeschwommen ist.

Ansteuerung und Einfahrt

Barfleur früher als 2 Std. vor HW anzulaufen, ist für Ortsfremde nicht ratsam.
Im Ansteuerungsbereich setzt der Gezeitenstrom mit bis zu 3 kn (vor der berüchtigten Pointe de Barfleur ein paar sm weiter N-lich noch sehr viel stärker). Der N-setzende Strom beginnt in Cherbourg 2 Std. 15 Min. vor HW, S-setzender Strom 4,5 Std. nach HW Cherbourg.
Der Atlas der Gezeitenströme sollte genau studiert werden, damit an der Pointe de Barfleur, wo E-lich des Feuers häßliche Stromkabbelungen entstehen, keine Fehler unterlaufen.
Selbst bei gutem Wetter sollte man einen Mindestabstand von 1 sm zur Küste halten, bis die unbefeuerte grüne Spitztonne mit Toppzeichen *La Grotte* sichtbar wird. Nachdem diese gerundet ist, steuert man einen SW- lichen Kurs und passiert zwischen der unbefeuerten grünen Tonne *Roche des Anglais* und ihrer roten Partnerin *Le Hintar*. Zwei weiße viereckige Türme tragen gleichgängige Richtfeuer (Oc.(3)12s), die in Linie mit 219° vor den Hafen führen. Das Unterfeuer steht auf einem Parkplatz im unteren Teil der Stadt, während das dazugehörige Oberfeuer auf dem Dach eines auffälligen Hauses im Scheitel des Hafens steht. Die Richtfeuerlinie führt eigentlich nach Bb. zum Kopf der S-Mole; hat man aber die grüne Tonne *La Vimberge, La Filleule* (ebenfalls grün), *La Raie* (rote Bake)

Barfleur: Das Unterfeuer neben dem Campingplatz.

Barfleur: Die Ansteuerung erfolgt mit Kurs 219°. Am Tag bildet der viereckige Kirchturm eine gute Landmarke.

und *La Grosse Haie* (rote Bake) passiert, steuert man sicher auf die Hafeneinfahrt zu. Der S-liche Wellenbrecher ist mit Oc.R.4s befeuert: Vor dem Kopf des N-Wellenbrechers steht eine grüne Bake, das grüne Blitzfeuer (Fl.G.4s) steht auf dem Kopf der inneren N-Mole.

Liegeplätze

Bei entsprechenden Windverhältnissen kann man unmittelbar vor der Hafeneinfahrt ankern, um auf ausreichenden Tidenstieg zu warten, mit dem man dann einen Liegeplatz im Hafen erreicht. Der beste Platz ist an der NW-Mauer, wo man auf reinem Sand oder Kies trockenfällt. Die Mauer ist mit Leitern ausgestattet.
Die SW-Mauer wird von einheimischen Booten benutzt und ist teilweise mit runtergekommenen Booten überbelegt. Der Platz vor der SE-Mauer ist durch Felsen unrein.

Versorgung

Wasser, gute Geschäfte und Bars, Mechaniker für Bootsmotoren (Tel.: 02 33 54 02 66). Schlichte Toiletten. Treibstoff per Kanister. Am Hafen hat werktags ein Bistro geöffnet, und in nettes Hotel mit Restaurant findet man in der Rue de St. Thomas à Becket (Erzbischof von Canterbury). Ein weiteres exzellentes Restaurant findet man am Place Charles de Gaulle, eine Seitenstraße hinauf in Richtung des Oberfeuers für die Hafeneinfahrt.
Ebenso wie St. Vaast ist Cherbourg, wo weiterführende Reisemöglichkeiten bestehen, von Barfleur aus gut zu erreichen.

Cherbourg

Gezeiten

HW -0308 Dover

MSpHW	MSpNW	MNpHW	MNpNW
6,35 m	1,15 m	5,05 m	2,55 m

Wassertiefen

Im Tiefwasserhafen von Cherbourg kann jede Yacht bei jedem Tidenstand festmachen. Die Ansteuerungen sind ebenfalls tief.

Lage und Umgebung

Für den normalen Fahrtensegler ist Cherbourg der wichtigste Hafen an diesem Küstenabschnitt. Strategisch günstig auf halber Strecke des Englischen Kanals gelegen, ist er wegen der sich N-wärts erstreckenden Halbinsel von der englischen Südküste am schnellsten zu erreichen. Mit seinen gut bezeichneten breiten Einfahrten und dem geschützten Innenhafen ist Cherbourg bei absolut jedem Wetter und jedem Tidenstand anlaufbar. Im Chantereyne-Yachthafen liegt man vollkommen geschützt, und die Petite Rade bietet für all jene, die nicht bereit sind, „le Prix" zu bezahlen, einen hervorragenden Ankerplatz ohne Gedränge.
Die massiven Befestigungsanlagen von Cherbourg wurden zu Zeiten König Ludwigs XVI. angelegt, aber erst 1853 fertiggestellt. An der W-Seite der Petite Rade befindet sich heute ein Marine-Stützpunkt. Der Fährterminal, der den ehemaligen Übersee-Terminal ersetzt, von dem 1869 der erste fahrplanmäßige Linienverkehr nach New York eingerichtet wurde, ist an der E-Seite. Die Chantereyne Marina wird von einem weiteren Wellenbrecher geschützt, und noch weiter landeinwärts findet man den Avant Port, wo Yachten direkt im Herzen der Stadt festmachen können. Am Ende des Avant Port geht es durch eine Schleuse in den Dockhafen, „Bassin à Flot", wo selbst große Yachten nach Absprache zurückgelassen werden können.
Auch wenn die eingefleischten „Kanal-Segler" über Cherbourg die Nase rümpfen, bietet die Stadt bei schlechtem Wetter doch alles, was man sich wünschen kann, von ländlicher Idylle einmal abgesehen. Das Stadtzentrum ist von der Marina knapp 800 m entfernt, der Spaziergang ist aber ganz angenehm. Falls es regnet – was hier offensichtlich ziemlich häufig der Fall ist – kann man mit dem Taxi zum Supermarkt fahren.
Ein weiterer unschätzbarer Vorteil ist, daß man hier in Cherbourg bestmöglich aufgehoben ist, wenn sich das Wetter nicht bessert. Zur Not kann man die Yacht zurücklassen und mit der Bahn oder Fähre die Heimreise antreten. Bis zum nächsten Besuch bleibt die Yacht im Hafen vollkommen sicher.

Ansteuerung und Einfahrt

An der Halbinsel von Cherbourg brausen die Gezeitenströme im besten Sinne des Wortes so stark vorbei, daß man, egal aus welcher Richtung die Einsteuerung erfolgt, diese in erster Linie berücksichtigen muß.
Bei der Ansteuerung aus N muß der Versatz durch den Tidenstrom mit einbezogen werden, bis man die Hafeneinfahrt wirklich erreicht hat. Um genug vorzuhalten, sollte man seinen Kurs stets auf einen Punkt absetzen, der 1 oder 2 sm gegen den Tidenstrom seitlich der Einfahrt liegt. Ein-

Die E-liche Einfahrt nach Cherbourg. Das Feuer auf dem Kopf der Digue Centrale mit dem Fort Centrale rechts im Bild. Die W-liche Einfahrt liegt 3700 m entfernt vor dem W-Kopf der Mole.

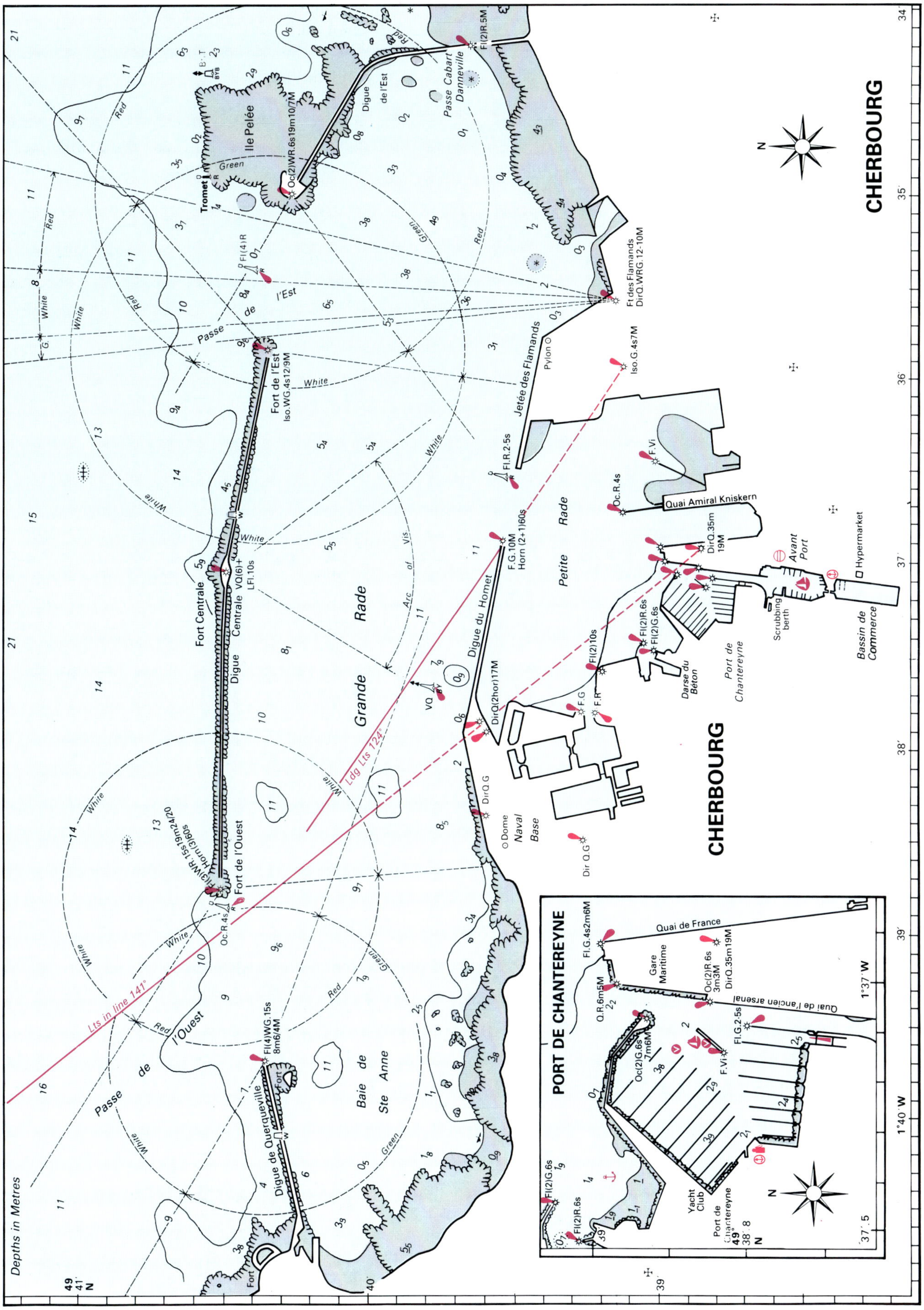
CHERBOURG
Depths in Metres
Ile Pelée
Digue de l'Est
Passe Cabart Danneville
Passe de l'Est
Fort de l'Est
Fort Centrale
Digue Centrale
Grande Rade
Petite Rade
Digue du Homet
Jetée des Flamands
Ft des Flamands
Fort de l'Ouest
Passe de l'Ouest
Digue de Querqueville
Baie de Ste Anne
Naval Base
Quai Amiral Kniskern
Avant Port
Darse du Béton
Port de Chantereyne
Bassin de Commerce
Hypermarket
Scrubbing berth
Ldg Lts 124°
Lts in line 141°
PORT DE CHANTEREYNE
Quai de France
Gare Maritime
Quai de l'ancien arsenal
Yacht Club

Cherbourg: Der Kopf der Digue du Homet. Die weißen Gebäude im Hintergrund gehören zum Marine-Stützpunkt.

Einfahrt in den Chantereyne Yachthafen, links der alte Übersee-Anleger.

fach direkt auf die Einfahrt zuzuhalten, kann unglaublich frustrierend sein.

Bei guter Sicht ist Cherbourg von See her zunächst als „eine Kerbe" im Land auszumachen, die sich links der höheren Küste hinter dem Cap de la Hague befindet, dessen riesiges Atomkraftwerk besonders leicht auszumachen ist; besonders bei Nacht. Die Fähren aus Poole oder dem Solent laufen schnurgerade auf den Hafen zu und geben so zusätzliche Gewißheit über den eigenen Standort. Im Ansteuerungsbereich gibt es keine besonderen Gefahrenstellen, sieht man von verschiedenen Riffen unter der Küste (insbesondere in der Umgebung von Barfleur und Ormonville) einmal ab; sie sind aber alle deutlich mit Tonnen und Baken bezeichnet. Von der Insel Ile Pelée vor der E-Einfahrt sollte man respektvollen Abstand halten.

Der wichtigste Leuchtturm steht auf dem Fort de l'Ouest (Fl(3)WR.15s24/20M). Erfolgt die Ansteuerung aber aus N, kommt zunächst das Feuer Cap de la Hague oder Barfleur in Sicht. Um einen sicheren Abstand zur Pointe de Querqueville zu halten, muß man dem roten Sektor des Feuers Fort de l'Ouest fernbleiben. Zwischen dem Fort und dem Kopf des Wellenbrechers Digue de Querqueville beträgt der Abstand ca. 60 m. Die rote Tonne (Oc.R.4s), die eben binnenwärts der Digue Centrale ausgelegt ist, muß an Bb. bleiben.

Zieht man zum Einlaufen die E-liche Einfahrt vor, deckt der grüne Sektor des Feuers Fort de l'Est (Iso.WG.4s12/9M) die Insel Ile Pelée ebenso ab wie die rote Tonne (Fl(4)R.15s) in der Einfahrt, die an Bb. gelassen wird. Der weiße Sektor des Feuers Ile Pelée (Oc(2)WR.6s11/8M), dessen roter Sektor nur in den W-lichsten Teilen der Ansteuerungen abgedeckt ist, wird sichtbar, sobald man die Tonne passiert hat. In dieser Einfahrt sollte man sich mehr an der W-Seite halten; Schutt und Trümmer machen den Grund etwa 100 m um das Fort herum unrein. Am Tag sollte die unbefeuerte rote Bake *La Truite*, die auf der NW-Spitze der Felsriffe von Ile Pelée steht, mit gutem Abstand passiert werden.

Die S-liche Grenze des weißen Sektors des Feuers Ile Pelée führt nun vor die Einfahrt der Petite Rade, auch wenn man besser daran tut, seinen Kurs auf das Feuer (F.G.10m8M) auf dem Kopf der Digue du Homet und die rote Tonne (VQ.R) unmittelbar vor dem unbefeuerten Jetée des Flamands mit etwa 220° abzusetzen.

Es gibt eine ganze Reihe von Leitfeuern und Richtlinien, die eingerichtet wurden, um den Schiffen die Einsteuerung in eine der beiden Einfahrten zu erleichtern. Diese Navigationshilfen sind aus dem Plan ersichtlich und ausgesprochen wertvoll, um Abdrift und Versatz zu kontrollieren

Cherbourg ist wie der vielzitierte Tannenbaum befeuert, so daß man gut daran tut, zu entscheiden, welche Feuer für die Ansteuerung nun wichtig sind und an welche man sich bei der Navigation halten muß. Die oben beschriebenen reichen vollkommen aus.

Vom Fort de l'Ouest zur Petite Rade ist das Fahrwasser wunderbar einfach: Man steuert in der Richtfeuerlinie 124° des F.G der Digue du Homet und dem Oberfeuer Iso.G.4s7M, läßt die befeuerte Kardinaltonne N *La Tenarde* (VQ) an Stb. und segelt direkt vor die Einfahrt der Petite Rade.

Am Tag ist dieses Procedere ganz eindeutig und kann selbst von einem Anfänger bewältigt werden; natürlich ist der Strom immer zu berücksichtigen.

Ist die Petite Rade erreicht, steuert man rund 6 kbl mit einem Kurs von etwa 200° auf den unverwechselbaren alten Übersee-Terminal zu, an dem sehr wahrscheinlich eine Fähre festgemacht hat. Nachts richtet man sich nach dem Feuer Q.R (nicht dem Fl.G links davon; das bezeichnet den Fährterminal). Nach dem Passieren des roten Feuers (Oc.R.4s) auf der großen Pier an Bb. kommt der Wellenbrecher der Marina mit seinem Feuer (Oc(2)G.6s) in Sicht, das von einem weißen Pfeiler getragen wird. Man dreht nach Stb. ein und hält auf die Marina zu, die nachts gut beleuchtet ist.

Hinter dem Marina-Wellenbrecher ist selbst für größte Yachten ausreichend Platz, um bei Starkwind hier aufzudrehen und die Segel zu bergen.

Liegeplätze

Die offiziellen Gastliegeplätze befinden sich am Schlengel

G, dem zweiten von N. Größere Yachten können gelegentlich mit Bug oder Heck zum N-lichen Schlengel und Leinen zur entsprechenden Mooring festmachen. Gastyachten werden manchmal aber auch an den äußeren Plätzen der Schlengel J bis Q, die von der S-lichen Kaimauer N-wärts verlaufen, untergebracht. In der Marina-Mitte ist ein Warteponton ausgelegt, von dem man bequem mit dem Dingi an Land rudern kann. Es stehen 300 Gastliegeplätze zur Verfügung, inklusive spezielle Festmachemöglichkeiten für Multihulls und große Yachten.

An der N-Seite des Marina-Wellenbrechers befindet sich in der Petite Rade ein gut geschützter Ankerplatz mit entsprechender WT, für den keine Liegegebühren erhoben werden. Die Preise in der Marina sind nicht mehr so günstig, wie sie es einmal waren. Ankern innerhalb der Marina ist verboten.

Versorgung

Hier gibt es absolut alles, was man braucht. Die Duschen und Toiletten in der Capitainerie der Marina sind vom Feinsten. Dagegen lassen jene bei den neuen Liegeplätzen an der S-Seite zu wünschen übrig. Um in die Stadt zu gelangen, schlägt man die Richtung zum auffälligen Reiterstandbild Napoleons ein und geht von dort die breite Straße entlang, die vom Hafen weg führt. Am Ende dieser Straße wendet man sich nach links und folgt seiner Nase. Bonne chance!

Um zum Verbrauchermarkt zu gelangen, marschiert man am Wasser entlang zum alten Bassin de Commerce und überquert an dessen N-Seite die Brücke. Der Großmarkt befindet sich am E-Ufer und ist leicht an den vielen Briten zu erkennen, die vollbeladene Einkaufswagen mit Bergen von Schnaps und anderen Wohltaten vor sich her schieben. Will man das unvermeidliche Taxi voller Flaschen umgehen, kann man hier von 2 Std. vor bis 2 Std. nach HW auch mit dem Dingi anlegen. Verpaßt man diese Zeit, bleibt nur der peinliche Transport des vollbepackten Dingis durch die Straßen.

Ormonville-la-Rogue

Gezeiten

HW -0330 Dover

MSpHW	MSpNW	MNpHW	MNpNW
6,2 m	1,1 m	5,0 m	2,6 m

Wassertiefen

Längsseits der Mole fallen die Liegeplätze trocken, es gibt aber Moorings, an denen die WT mehr als 3,5 m (LAT) beträgt.

Lage und Umgebung

Der „Hafen" von Ormonville ist nur etwas mehr als eine Reede, die von einem kleinen steineren Wellenbrecher geschützt wird. Bei gutem Wetter, wenn der Wind nicht aus W und höchstens schwach aus N weht, kann man hier einen taktischen Zwischenstopp auf dem Weg nach Alderney einlegen. Die Ortschaft mit ihren kleinen Restaurants und Geschäften, die etwa 1,5 km entfernt liegt, ist sehr schön. Am Fuß der Pier gibt es auch eine Bar mit Bistro, die hauptsächlich von Einheimischen, die hier Muscheln essen, besucht wird. Ganz in der Nähe ist ein erstklassiges Fischrestaurant, dessen Erscheinungsbild eher bescheiden wirkt. Man sollte sich davon aber nicht täuschen lassen. Die „Sanitaires", zu denen auch ein Wasserhahn mit Trinkwasser gehört, sind sehr schlicht. Kein Treibstoff, nicht einmal per Kanister. Alle Versorgungsmöglichkeiten einer Stadt sowie Busverbindungen nach Cherbourg findet man in Beaumont-Hague, das 5 km landeinwärts liegt.

Ansteuerung und Einfahrt

Bis man den weißen Sektor des Feuers (Iso.WRG.4s) im Scheitel der Bucht erreicht hat, muß man nachts guten Abstand zur Küste halten. Der weiße Leitsektor peilt in ca. 255° und führt sicher zur unbefeuerten grünen Turmbake *Le Tunard.* Hat man diese querab an Stb., dreht man ca. 40° nach Stb. und hält auf die Moorings zu. Für Ortsfremde ist eine Nachtansteuerung nicht zu empfehlen.

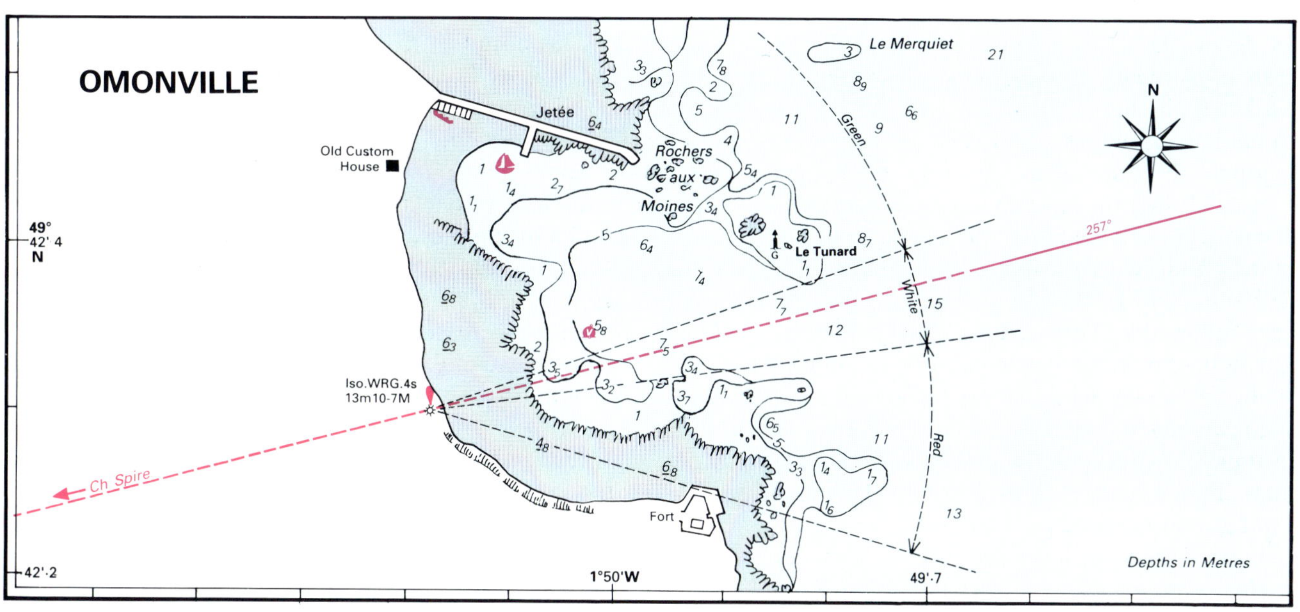

Von E kommend, hält man am Tag eine Distanz von 1 sm zur Küste; die unbefeuerte Kardinalbake N *Raz de Bannes* bleibt mit gutem Abstand an Bb. Oberhalb der kleinen Häuser am Hafen entlang erhebt sich auf dem dahinter ansteigenden Land die Kapelle von Ormonville aus dem 13. Jh. mit ihrem kleinen Turm. Der Kirchturm in Linie mit dem Leitfeuer der weißen Gitterbake mit roter Spitze im SE des Hafens führt mit 257° hinein, bis die Bake *Le Tunard* querab an Stb. liegt. Nun steuert man auf die Moorings oder den Innenkai zu.

Von W oder N kommend, führt die Turmbake Le Tunard in Linie mit dem alten Fort auf der S-Huk der Bucht mit 195° in den Hafen. Die Mauern des Forts umschließen einen kleinen Wohnblock. Le Tunard weicht man nach Bb. aus, dreht dann nach Stb. ein und hält auf die Moorings zu. Am Fuß des Wellenbrechers, der 1 m trockenfällt, besteht der Grund aus reinem Sand. Falls dieser Platz nicht mit Fischerbooten belegt ist, kann man sich hier trockenfallen lassen. Bei unsicherer Wetterentwicklung aber ist nachdrücklich davon abzuraten. Bei Seegang aus E-lichen Richtungen kann es sehr ungemütlich werden.

An den Gastmoorings liegt man da schon sicherer, weil man von dort aus die Möglichkeit hat, bei Wetterverschlechterung seewärts das Weite zu suchen. Das ist selbst bei Dunkelheit machbar, wenn man den weißen Sektor des Feuers benutzt. Diese „Flucht" ist selbst einer ganzen Reihe von Yachten gelungen, deren Skipper zuvor in dem gemütlichen Restaurant ausgiebig gegessen und getrunken hatten.

Diélette

Gezeiten

MSpHW	MSpNW	MNpHW	MNpNW
12,2 m	1,6 m	9,2 m	4,3 m

Wassertiefen

Der neue Yachthafen, der 1997 eröffnet wurde, kann mit folgenden WT aufwarten: Das Fahrwasser wurde auf KN gebaggert, das Süll fällt 5,5 m trocken. Bei geöffneten Schwingtoren liegt der Drempel auf 4,0 m WT.

Lage und Umgebung

Diélette ist ein gut ausgestatteter kleiner Hafen, der vor der Eröffnung der neuen Marina für Yachten nicht sonderlich interessant war. Ähnlich wie Carteret im S bietet der neue Yachthafen viel Platz für Gäste. Für Yachten, die zwischen den Kanalinseln und dem Festland kreuzen oder Törns im Revier vor St. Malo unternehmen, ist er aus strategischer Sicht von einigem Interesse. Diélette ist zwar stärker von den Gezeiten abhängig als Carteret; die Ansteuerung ist aber – vernünftiges Wetter und einen entsprechenden Tidenhub vorausgesetzt – genauso einfach.

Die wechselvolle Geschichte der Stadt wurde in erster Linie von wirtschaftlichen Aspekten bestimmt: zunächst durch den Granit-Steinbruch, später durch seine Eisenerzmine und heute durch das Atomkraftwerk. In den Gebäuden der Stadt spiegelt sich die Historie wider. Noch ist der Hafenrand etwas „unterentwickelt", was sich mit der neuen Marina aber ändern dürfte.

Im Hafen ist das Atomkraftwerk übrigens nicht zu sehen.

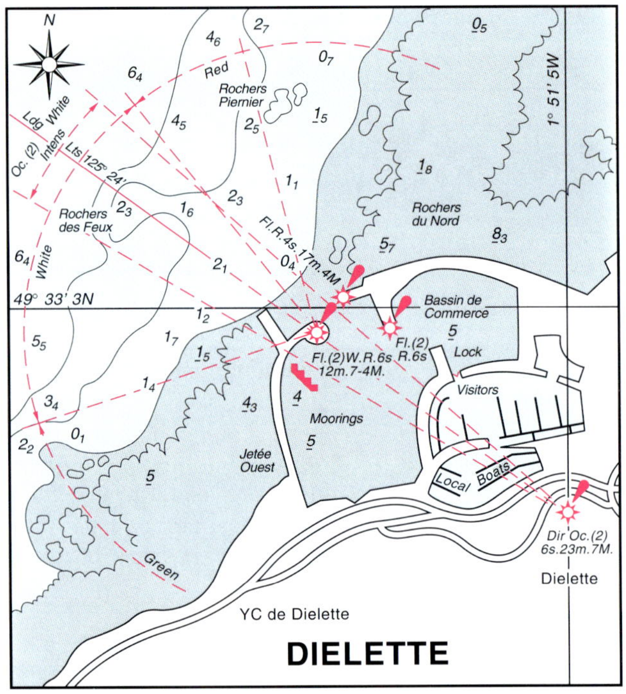

Ansteuerung und Einfahrt

Hat man sichergestellt, daß die Gezeitenhöhe ausreichend ist und auflandige Winde und Seegang die Ansteuerung nicht allzu schwierig machen, steuert man die Molenköpfe mit einem Kurs von 125° an, der einen von allen Gefahrenstellen freihält. Ein Sperrgebiet, das sich 5 kbl seewärts von Diélette zum Cap de Flamanville erstreckt, ist zu beachten.

Auf der W-Mole, Jetée Ouest, steht ein weißer Turm mit grüner Spitze (Iso.4s22m7M), während sich auf dem Kopf der N-Mole, Digue Nord, ein roter Feuerträger (Fl.R.4s17m) erhebt.

Nach dem Einlaufen in den Hafen macht man entweder zunächst am Warteschlengel im Handelhafen an Bb. fest oder fährt – falls es der Tidenstand erlaubt – gleich zum Dockhafen weiter. Ob es hier Verkehrssignale oder einen Pegel gibt, war bei Drucklegung des Werkes zwar noch nicht bekannt. Es ist aber anzunehmen, daß bei der Eröffnung des Yachthafens im Juni 1997 entsprechende Einrichtungen vorhanden sein werden.

Der äußere „Handels"-Hafen ist für Schiffe mit bis zu 1,5 m Tiefgang ab Mittelwasser zugänglich; bei mittlerer Springtide ist er rund 10 Std. erreichbar.

Yachten mit 2 m Tiefgang sollten den Schleusendrempel in der Zeit von 2 Std. vor bis 2 Std. nach HW passieren. Diese Angaben sind aber ein wenig von den tatsächlichen Wasserständen abhängig. Yachten bis 1,5 m Tiefgang wird der Zugang zum Dockhafen von 3 Std. vor bis 3 Std. nach HW garantiert – unabhängig von der Gezeitenhöhe.

Versorgung

Im Moment findet man in Diélette nur Möglichkeiten für Grundversorgung: Lebensmittelgeschäft, Bar und Hotel mit Restaurant. In der Marina sollen Treibstoff, Wasser und Ausrüstung erhältlich sein.

In der Ortschaft Flamanville, etwa 1,5 km landeinwärts, gibt es Versorgungsmöglichkeiten aller Art sowie ein hübsches Château.

Alderney / Braye (Kanalinseln)

Gezeiten

HW -0400 Dover

MSpHW	MSpNW	MNpHW	MNpNW
6,3 m	0,8 m	4,7 m	2,6 m

Wassertiefen

Tiefes Wasser in den Ansteuerungen. Für kleine Yachten sind die Moorings gewöhnlich auf 4 m WT und mehr ausgelegt. Am Ankerplatz in der Braye Bay beträgt die WT ca. 7 m, die zu den trockenfallenden Liegeplätzen am Sandstrand hin abnimmt.

Lage und Umgebung

Für die meisten Yachten ist Alderney von der Isle of Wight aus in 12 Std. zu erreichen. Von der SW-Küste Englands aus bedarf es meist lediglich einer Nachtfahrt. Die Bevölkerung der Insel, die gut 10 qkm groß ist, besteht im Winter aus rund 2000 Einwohnern. Und wie die meisten Insulaner sind auch die Bewohner von Alderney sehr freundlich zu Yachtcrews.

Alderney kam bereits unter Wilhelm dem Eroberer unter englische Verwaltung. Was Steuern auf Alkoholika und andere lebenswichtige Notwendigkeiten angeht, ist die Insel heute weitgehend unabhängig, und die Schankzeiten der Pubs sind gefährlich flexibel. Es gibt hier keine Mehrwertsteuer und – das sei betont – keine Eile!

Dafür hat man hier hervorragende Gastmoorings und einen exzellenten Service der Wassertaxis, so daß all jene, die den vielfältigen Vergnügungen der Insel nachgehen möchten, nicht gezwungen sind, zurück an Bord mit dem Dingi zu rudern.

Mit Ausnahme von Starkwinden aus NE ist Braye Harbour bei jedem Wetter sicher. Bei Winden aus NW bis NE kann es im Hafen aber ziemlich ungemütlich werden. Von diesen Einschränkungen einmal abgesehen, ist Braye Harbour ein Allwetterhafen, der bei jedem Tidenstand erreichbar ist.

Hier stellt sich die Frage, wer eigentlich für den Erhalt des Wellenbrechers zuständig ist. Die Regierung in London hat ihre Unterstützung im Rahmen der Sparmaßnahmen gestrichen, und die Insel kann aus verschiedenen Gründen die nötigen Gelder nicht aufbringen.

Ansteuerung der Insel

Auf Alderney dreht sich alles um die Gezeitenströme. Die Insel liegt vor einer der am stärksten von Ebbe und Flut umtosten Halbinseln, und der Strom zwischen der Insel und dem Festland ist international berüchtigt, setzt er doch laut Stromkarten bis zu 5 km, ggf. bis zu 9 km.

Stauwasser tritt 1 Std. vor HW Dover ein. Dann beginnt SW-setzender Strom, der 5,5 Std. anhält, bevor er kentert und die folgenden 6 Std. bis zum nächsten HW Dover nach NE setzt; das nächste Stauwasser tritt erst wieder 5 Std. später ein. Von Cherbourg kommend, ist Cleverness entscheidend – sonst landet man auf Guernsey. Auch bei der Ansteuerung aus S ist sorgsamste Planung unerläßlich. Auch die Passage „The Swinge“ zwischen Burhou und der N-Küste von Alderney ist nicht zu unterschätzen: Obwohl sie voll brechender Seen und mit Felsen gespickt ist, läßt sie sich meistern. Der Atlas der Gezeitenströme sollte genau studiert werden.

Läuft man die Insel aus NW an, sollte man sich frühzeitig entscheiden – bevor man den strahlend weißen Leuchtturm Casquets (Fl(5)30s37m24M) mit seinen Nebengebäuden erreicht –, ob man die direkte Einsteuerung N-lich von Burhou nehmen will oder, falls der Tidenstand dies schwierig macht, Alderney an Bb. läßt und dann aus S-licher Richtung ansteuert. Das sind nur 3 sm mehr, die aber viel Zeit sparen können: Während der meisten Zeit des E-setzenden Stroms setzt unter der N-Küste der Insel W-Neerstrom.

Von SW (Guernsey) kommend, kann man sich, 1 Std. bevor das Race unpassierbar wird, durch die rauhen Seen des Ortac Channel zwischen Burhou und dem Leuchtturm Casquets kämpfen, um dann von N her einzusteuern. Das ist zwar auch kein Zuckerschlecken, aber immer noch besser als die Alternative.

Feuer

Noch bevor der graue Leuchtturm (Fl.5s48m23M) Cap de la Hague in Sicht kommt, kann man den Klotz des Atomkraftwerks auf den Hügeln dahinter ausmachen. Vom Solent kommend, kann dieses bedrohliche Monster bei einer Nachtansteuerung der erste Hinweis auf Land im S sein.

Der Leuchtturm Alderney (Fl(4)15s28M), ein 37 m hoher runder weißer Turm mit schwarzem Band, steht nahe der E-Huk der Insel.

Cap de la Hague aus N. Der 51 m hohe Leuchtturm steht deutlich von der hohen Küste entfernt. Er bezeichnet die E-Seite des Race of Alderney.

Der Leuchtturm Alderney an der W-Seite des Race aus N.

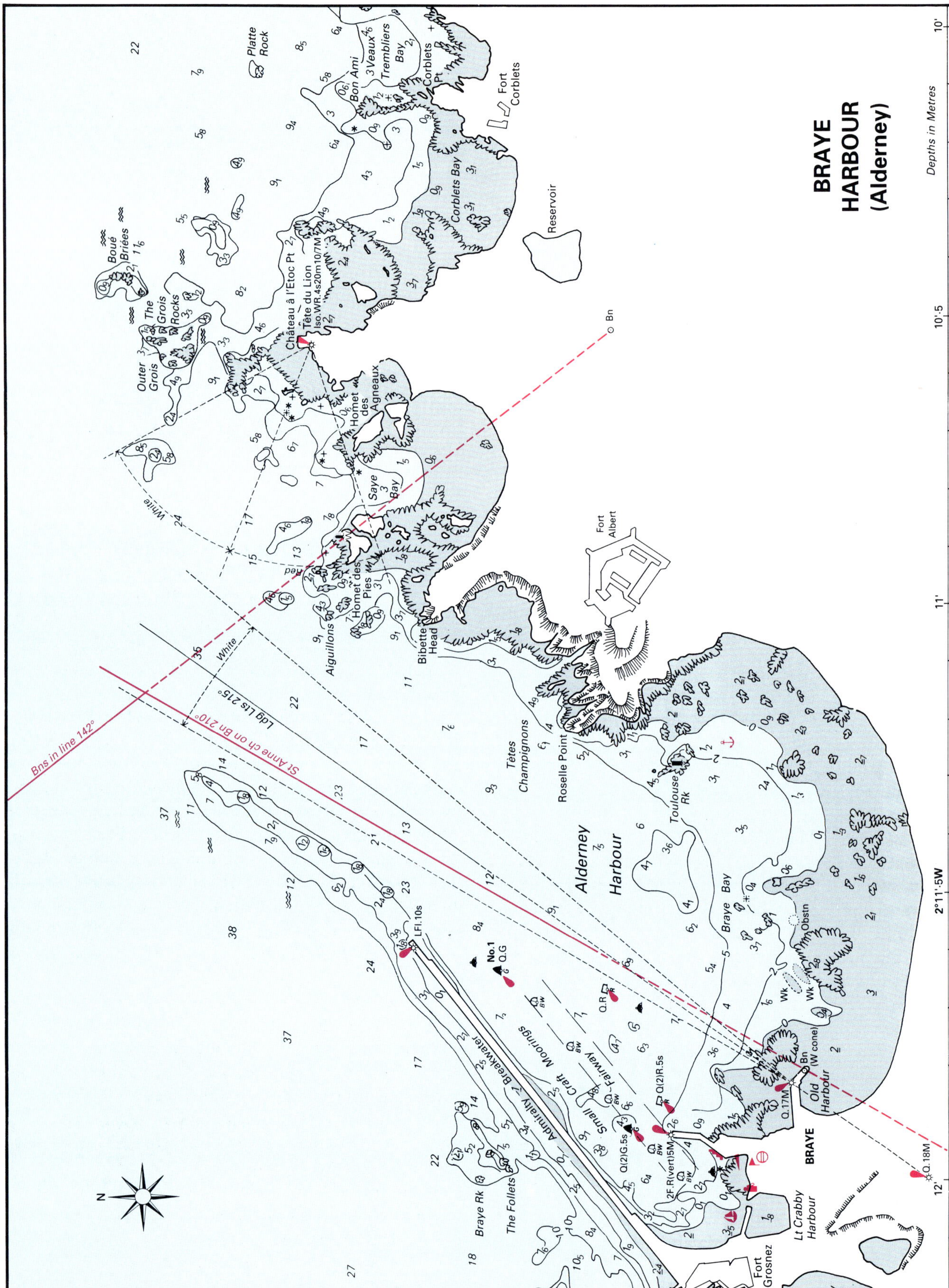
BRAYE HARBOUR (Alderney)
Depths in Metres
Alderney Harbour
Braye Bay
Admiralty Breakwater
Small Craft Moorings
Fairway
Toulouse Rk
Roselle Point
Têtes Champignons
Bibette Head
Fort Albert
Aiguillons
Homet des Pies
Saye Bay
Homet des Agneaux
Château à l'Etoc Pt
Tête du Lion
Outer Grois
The Grois Rocks
Boué Briées
Platte Rock
Bon Ami
Veaux
Trembliers Bay
Corblets Pt
Fort Corblets
Corblets Bay
Reservoir
Braye Rk
The Follets
Galle Rk
Fort Grosnez
Crabby Bay
Lt Crabby Harbour
BRAYE
Old Harbour
Bn (W cone)
Obstn
Wk
LFl.10s
No.1 Q.G
Q.R
Q(2)R.5s
Q(2)G.5s
2F.R(vert)5M
Q.17M
Q.18M
Iso.WR.4s20m10/7M
Bns in line 142°
St Anne ch on Bn 210°
Ldg Lts 215°
White
Red
Bn
2°11'·5W
11'
10'·5
10'
44'
49° 43'·5 No.

Braye: Die Gastmoorings links im Bild.

0,5 sm W-lich seines starken Feuers ist das Feuer Château à l'Etoc (Iso.WR.4s10/7M), das von einer weißen Säule getragen wird, sichtbar. Im weißen Sektor (111° – 151°) dieses Feuers bleibt man vom versunkenen Kopf des Wellenbrechers von Braye frei; ganz sicher ist der Abstand, wenn dieses Feuer in Linie mit dem Leuchtturm Alderney 111° peilt. Das Hauptfeuer von Alderney trägt außerdem ein Nebelschallsignal (Siren (4)60s), ebenso das Feuer Casquets (Horn(2)60s).
Der Kopf des Wellenbrechers ist mit einem Feuer (LFl.10s) bezeichnet.

Ansteuerung Braye Harbour

Bei Tag steuert man auf der Deckpeilung St. Anne's Church (rechteckiger Turm, nicht zu verwechseln mit dem Wasserturm daneben) in Linie 210° mit einer weißen kegelstumpfförmigen Bake auf dem Kopf des Douglas Quay im alten Hafen. Dieser Kurs hält einen nicht nur von sämtlichen Riffen frei, sondern auch von der unbezeichneten Gefahrenstelle der Trümmer des äußeren Wellenbrechers. Kann man diese Richtzeichen nicht ausmachen, hält man auf die Mitte der Hafeneinfahrt zu. Dabei ist aber daran zu denken, daß die Untiefe, die sich vor dem Wellenbrecher 3 kbl erstreckt, an manchen Stellen nur 1,2 m WT hat und überbrechende Seen verursacht.
Nachts führt die Richtlinie der Feuer (Q.17M) auf dem Wellenbrecher des alten Hafens in Linie mit dem Feuer (Q.18M) dahinter mit 215° in den Hafen. Die Feuer sind nur in einem relativ schmalen Sektor sichtbar.

Liegeplätze

Die gesamte Innenseite des großen Wellenbrechers entlang findet man gut verwaltete Gastmoorings. Zu beachten sind die grüne Tonne (Q.G) – bleibt an Stb. – eben binnenwärts des Wellenbrecherkopfes sowie die rote Tonne (Q.R), die ein ganzes Stück binnenwärts der Hafeneinfahrt ausgelegt ist. Letztere muß mit gutem Abstand an Bb. bleiben. Man nimmt eine freie Mooring auf; bei gutem Wetter kann man auch im Päckchen liegen. Egal woher man kommt, beim Einlaufen ist die gelbe Signalflagge „Q" zu setzen; der Hafenmeister kommt dann kurze Zeit später an Bord. Die Formalitäten sind zwar einfach, müssen aber eingehalten werden, und der Vertreter des Hafenmeisters erledigt sie in sehr netter Form.
Yachten dürfen an den Anlegern nicht festmachen, weil diese für die Berufsschiffahrt reserviert sind. Außerhalb des Fahrwassers und gut frei von den Moorings (was immer schwieriger wird, da sich die Moorings unentwegt vermehren) darf überall geankert werden. Der beste Liegeplatz für kleine Yachten (das absolute Maximum für die Moorings ist 16 m Lüa) befindet sich E-lich des Fahrwassers. Flachgehende Kreuzer können sich am Strand problemlos trockenfallen lassen; beim ersten Besuch sollte man den gewählten Liegeplatz aber zunächst genau inspizieren. Es gibt nähmlich eine ganze Reihe einzelner Felsen.

Versorgung

Wasser, Duschen und Toiletten in der Nähe des Hafenbüros und des Yachtclubs. Diesel und Ausrüstung bei der Firma Mainbrayce in Crabby Harbour (s. Plan). Für Yachten mit 2 m Tiefgang von 3 Std. vor bis 3 Std. nach HW erreichbar. Anfragen vorab auf UKW-Kanal 80. Butangas in der Braye Street. Schwimmsteg zum Anlanden mit dem Dingi nahe der Hafeneinfahrt Crabby Harbour; kleiner Supermarkt und der berühmte „Diver's Pub", wo *man* sich trifft, in der Nähe. Außerdem „The First and Last Restaurant", das ebenfalls im Revier bestens bekannt ist. In Braye gibt es hervorragende „Fish & Chips" zum Mitnehmen oder sofortigem Verzehr.
St. Anne ist eine bezaubernde Ortschaft mit allen Versorgungsmöglichkeiten einer Kleinstadt, die den eher moderaten Aufstieg durchaus wert ist. Überhaupt bietet die Insel wunderschöne Möglichkeiten für Wanderungen. Aus der Besatzungszeit durch die deutsche Wehrmacht vor gut 50 Jahren sind noch viele Zeugnisse sichtbar.

Carteret

Gezeiten

HW -0440 Dover

MSpHW	MSpNW	MNpHW	MNpNW
11,2 m	1,4 m	7,9 m	4,0 m

Wassertiefen

Die Ansteuerung fällt trocken; bis zu 3,7 m am Molenkopf. Die Liegeplätze entlang der Hafenmauer fallen ebenfalls trocken: 5,5 m bis 7 m. Auch die Fahrrinne zum Yachthafen fällt trocken: 5 m. Im Schleusenhafen der Marina ist die WT auf 2,3 m ausgebaggert. Das Süll fällt 5,5 m trocken, und über dem Drempel der geöffneten Schleusentore steht von 2,5 Std. vor bis 2,5 Std. nach HW 1,3 m Wasser.

Lage und Umgebung

Da Ansteuerung und Hafen schnell trockenfallen, ist Carteret für die meisten Gastyachten ein zweifelhaftes Vergnügen. Durch die Eröffnung der neuen Marina in einem Schleusenhafen hat sich die Situation aber etwas entspannt. Die Ansteuerung des Hafens ist einfach und problemlos; es sei denn, es bläst kräftig aus S oder SW. Bei solchen Wetterlagen kann man ein Anlaufen von Carteret vergessen! Die Stadt ist recht hübsch, und wenn man 1 Std. vor oder nach HW einläuft, kann ein Besuch hier durchaus seinen Reiz haben.

Ansteuerung und Einfahrt

Von See ist Carteret leicht an seinem gut sichtbaren 15 m hohen rechteckigen grauen Leuchtturm zu erkennen, der auf den Klippen des Cap de Carteret unmittelbar W-lich des Wellenbrechers steht. Sein Laternenhaus befindet sich 81 m über dem Meeresspiegel und zeigt (Fl(2+1)15s26M, Horn (3)60s).

Davon abgesehen, daß der Küstenbereich allgemein untief ist, sind die vorgelagerten Gefahrenstellen in den Seekarten eingetragen. Der W-liche Wellenbrecher mit seinem abgeknickten, halbüberspülten seeseitigen Ende wurde erst 1993/94 nach SE verlängert; er erstreckt sich in N-S-Richtung. Sein Kopf ist mit einer weißen Bake mit roter Spitze (Oc.R.4s) bezeichnet. Etwa 100 m weiter binnenwärts steht auf dem Knie der Mole der kleine gedrungene Leuchtturm. Etwa ab halber Höhe des Wellenbrechers erstreckt sich an der E-Seite der Einfahrt ein Leitdamm, der bei halber Tide überspült wird. Sein äußerstes Ende ist mit einer grünen Leuchtbake (Fl(2)G.5s) bezeichnet. Das auffällige weiße Hotel eben E-lich des W-Wellenbrechers bildet eine gute Landmarke. Bringt man das Hotel mit der Bake auf dem E-Leitdamm zur Deckung, erhält man eine recht brauchbare Deckpeilung.

Bei starken auflandigen Winden, insbesondere bei ablaufendem Wasser, ist eine Ansteuerung ohne genaue Ortskenntnisse nicht zu empfehlen. Bei Stürmen aus SW baut sich eine rauhe See auf, die bei der Ansteuerung an Bb.-Seite noch erheblich ungemütlicher ist als an Stb.-Seite.

Nach der Einsteuerung in den Hafen hält man auf ein rot/grünes Bakenpaar zu, das 900 m binnenwärts des Molenkopfes steht. Am Fuß des Kais bezeichnet eine Bake mit Bb.-Toppzeichen unreinen Grund, der sich bis zu 20 m weit seewärts erstreckt. Vor der Bake ist die Hafenmauer steil, dahinter wird sie bis zum auffälligen weißen Hotel an der Flußschleife von Geröll gesäumt. In Höhe des Leuchtbakenpaares dreht man langsam nach Stb. ein, bis voraus die Verkehrssignale der Marina zu erkennen sind. Das Süll, das sich rechts davon öffnet, wird durch je eine Leuchtbake mit rotem bzw. grünem Blitzfeuer bezeichnet. Man sollte sich nicht von den Yachten irritieren lassen, die an der Bb.-Seite festgemacht sind, bevor man die Verkehrssignale erreicht hat: Diese Liegeplätze gehören zu trockenfallenden Trots und haben mit der Marina nichts zu tun.

Liegeplätze

Liegemöglichkeiten findet man bereits entlang des Kais

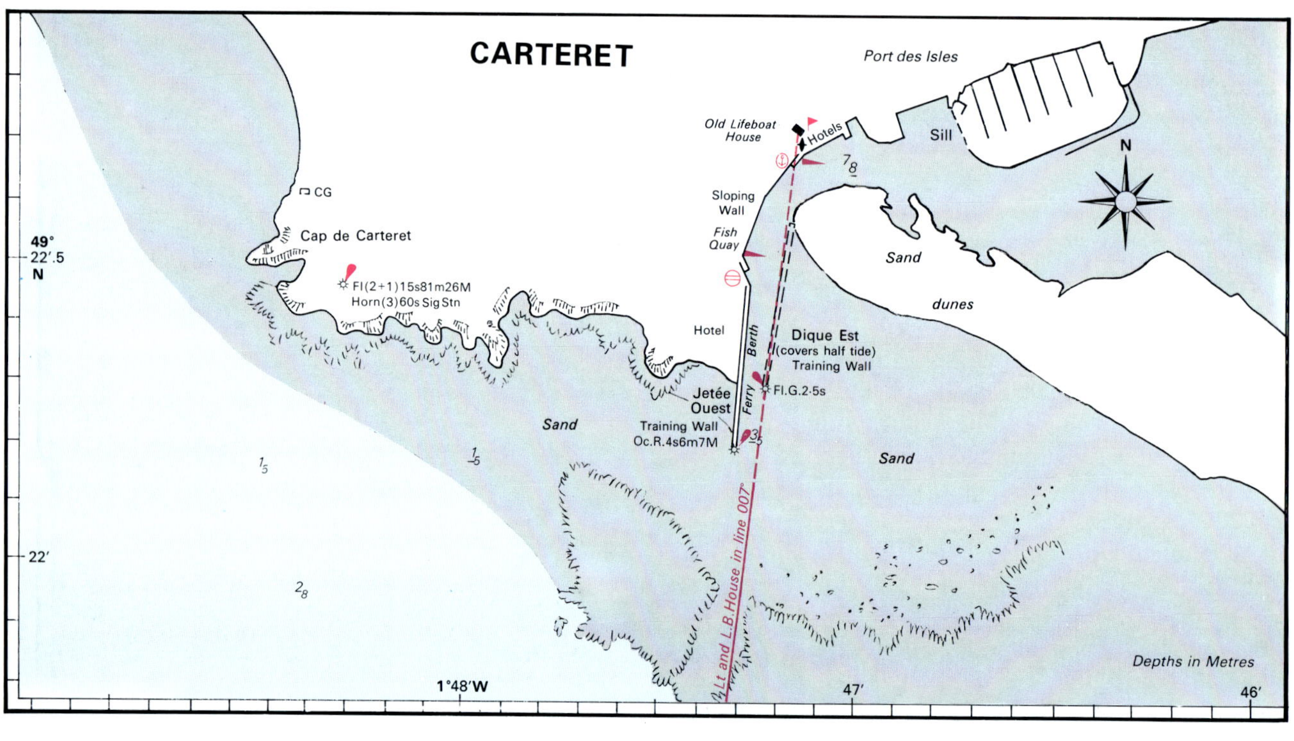

Carteret.

Portbail, einlaufend an Bb. ist der Leitdamm zu erkennen.

gegenüber der grünen Bake, die den Kopf des Leitdamms bezeichnet. Diese Liegeplätze sind ziemlich ungeschützt und nur bei ruhigem beständigem Wetter brauchbar. Es ist darauf zu achten, daß der Anlegeplatz der Fähre freibleibt. Man läuft in die Marina ein und steuert auf den hintersten (E-lichsten) Schlengel zu, an dessen E-licher Seite rund 20 Gastliegeplätze (längsseits) zur Verfügung stehen. Im Notfall muß man im Päckchen liegen.

Versorgung
Fähren zu den Kanalinseln. Von einfachen Duschen im gastfreundlichen Yachtclub, der der Marina angeschlossen ist einmal abgesehen gibt es keine besonderen Einrichtungen. Gemessen an der Größe des Ortes sind die Versorgungsmöglichkeiten aber gut.

Portbail

Gezeiten
HW -0440 Dover

MSpHW	MSpNW	MNpHW	MNpNW
10,9 m	1,1 m	7,9 m	3,9 m

Wassertiefen
Ebenso wie im benachbarten Carteret kann man eigentlich nicht von Wassertiefen reden. Der gesamte Hafen und seine Ansteuerungsbereiche fallen schnell trocken. In der günstigsten Einsteuerung fällt die Einfahrt 5 m trocken. Der Fluß außerhalb der „Marina" fällt 5 m trocken, so daß für flachgehende Yachten selbst zu Nippzeiten ausreichend WT vorhanden ist. Sogar Yachten mit 1,8 m Tiefgang sind hier schon gegen die Hafenmauer gelehnt trockengefallen.
Im Allgemeinen ist es aber nur flachgehenden Yachten, die aufrecht stehend trockenfallen können, zu empfehlen, in Portbail einzulaufen: Es besteht die Gefahr, daß man im Päckchen liegen muß.

Lage und Umgebung
Portbail ist ganz zweifellos „anders". Der Schutz im Hafen ist gut, trotzdem sollte er bei starken auflandigen Winden nicht angelaufen werden, weil einem dann die von der Hafenmauer rücklaufende Brandung zum Verhängnis

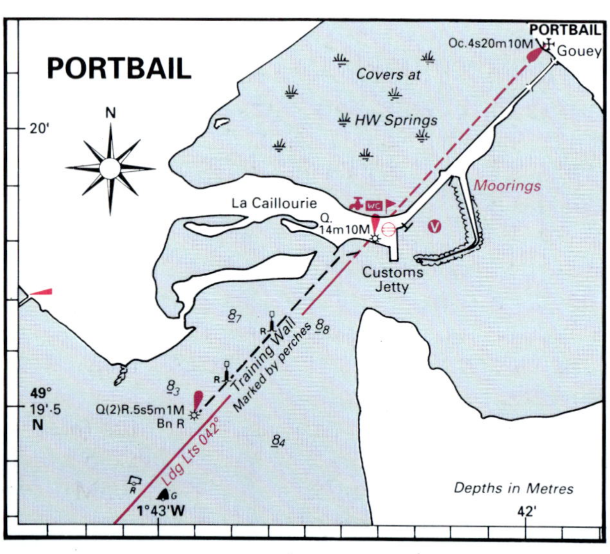

werden kann. Die Ortschaft, die vom Hafen aus zu Fuß über einen Damm zu erreichen ist, ist noch ursprünglich, und die Möglichkeit, auf den trockenfallenden Sänden nur in Gesellschaft von Seevögeln zu ankern, sagt vielen Seglern zu, die mit einem entsprechendem Boot ausgestattet sind.

Ansteuerung und Einfahrt
Vor der Küste von Portbail ist das Wasser untief, aber durchaus zu befahren, wenn ein entsprechender Tidenstieg die Einsteuerung möglich macht. Das ist von 1 Std. vor bis 1 Std. nach HW der Fall; nicht nur um sicherzugehen, daß man aufgeschwommen bleibt, sondern auch, um die stärksten Tidenströme zu umgehen, die zu Springzeiten bis zu 5 kn erreichen können.
Unmittelbar N-lich der Einfahrt steht ein auffälliger Wasserturm, der von der Fahrwassertonne *Portbail* (unbefeuert, rot-weiß) aus in 030° peilt. Von der Tonne steuert man die Leuchtbake (Q(2)R.5s5m1M) an, die den Kopf des Leitdammes bezeichnet (s. Plan). Schon bald sind die unbefeuerten grünen und roten Einfahrtstonnen auszumachen, zwischen denen man in den Hafen einläuft. Der Leitdamm, der vermutlich überspült ist, wird von einer Reihe von Stangen markiert. Ein paar Bootslängen dahinter steuert man in den Hafen ein. Auf der ersten kbl hält man sich mehr an der grün betonnten Seite, indem man von der grünen Tonne aus direkt auf das Richtfeuer am Strand (s. Plan) zuhält. Von der vorletzten Stange steuert man auf den Kopf der kurzen Mole zu, rundet diese und läuft in den Hafen ein. Wahrschau vor der Sliprampe am Fuß der Mole und dem Fähranleger unmittelbar „um die Ecke".
Richtfeuer führen mit 042° in den Hafen: Ein weißer Mast mit roter Spitze trägt das Unterfeuer (Q), ein auffälliger Glockenturm in der Stadt das Oberfeuer (Oc.4s).

Liegeplätze
Hinter dem Fähranleger an der Innenseite der Hafenmauer ist für Gastyachten ein Schwimmsteg ausgelegt. Der Grund ist weich. Die „Marina" bietet 200 Liegeplätze, 15 davon für Gäste. Die Moorings sind hier an Greifbojen. Nimmt man eine Boje auf, findet man zwei Aufholer für Bug- und zwei für Heckleinen. Jedes Paar kann zusammengefaßt werden, so daß nur 2 Leinen an Bord kommen: eine vorn, eine achtern. Entsprechend festmachen. Die Größe der Yacht kann maximal 9 m Lüa betragen. Um in die Marina einzulaufen, steuert man direkt auf den Kopf der Mole zu, da man so eine Schlickbarre umfährt, die sich parallel zur Mole abgelagert hat.
Flußaufwärts hat man viele Möglichkeiten, einen netten Platz in völliger Abgeschiedenheit zu finden, an dem man sich trockenfallen lassen kann. Zu empfehlen ist das aber nur, wenn man den Grund zuvor bei Ebbe genau inspiziert hat; es gibt hier nämlich vereinzelt Felsen.

Versorgung
Ein kurzer ungewöhnlicher Spaziergang bringt einen zu dieser wunderhübschen Ortschaft mit den üblichen Geschäften und Restaurants etc. Wasser an der Mole, Duschen, Toiletten und Münzfernsprecher. 50 m von der Mole entfernt findet man eine Bar/Bistro.

Guernsey (Kanalinseln)

Gezeiten

HW -0449 Dover

MSpHW	MSpNW	MNpHW	MNpNW
9,0 m	1,0 m	6,7 m	3,5 m

Wassertiefen
Unterschiedlich – siehe Plan.

Lage und Umgebung
Die Insel ist der Sitz der Regierung von Bailiwick of Guernsey, die auch die Inseln Alderney, Jethou, Herm und Sark mit einschließt. Etwa 55 000 Menschen leben ständig auf den Inseln; dazu kommen rund eine halbe Million Besucher pro Jahr, die von den Stränden, den Hotels und den Duty-free-Shops dieser romantischen Inseln angezogen werden.
Normalerweise ist in St. Peter Port, wo man entweder im Stadtzentrum oder in der Marina festmachen kann, genug Platz. Der Hafen ist tief, gut befeuert und geschützt, auch wenn es bei E-lichen Winden recht „lebhaft" werden kann. Er kann Tag und Nacht bei jedem Tidenstand angelaufen werden.
Die Entfernung zwischen dem Race of Alderney und den Needles ist überraschend gering; tatsächlich beträgt die Distanz von Weymouth aus nur 65 sm.
An den Moorings liegt man unter den meisten Wetterbedingungen ruhig. Yachten, die hier keinen Liegeplatz finden, weichen auf den Ankerplatz in der Havelet Bay aus, die bei W-lichen Winden eigentlich ein ruhiger Platz ist, auch wenn die Yacht bei Grundseen etwas rollen kann. Bei Winden aus E ist dieser Platz unhaltbar, und man muß sich an einen anderen Ankerplatz verholen: Die Grande Grève oder Havre Gosselin auf Sark bieten, wenn es nicht allzu stürmisch ist, erfreuliche Alternativen. Eine weitere Möglichkeit ist die Beaucette Marina an der N-Küste von Guernsey.
Vor allem aber ist St. Peter Port ein netter Aufenthaltsort.

Ansteuerung
Die Insel sieht wie ein flaches Plateau aus. Wenn die Sonne „richtig" steht, kann man die Gewächshäuser von „Guernsey Tom" schon lange bevor die Strände der Insel auszumachen sind, blitzen sehen. Das Flugfunkfeuer (Kennung: GRB auf 361 kHz/A2A), das 1 sm NE-lich der SW-Huk der Insel steht, hat eine Reichweite von 30 sm. Der Wellenbrecher von St. Peter Port trägt übrigens eine clevere Funk-Erfindung. Das Seefunkfeuer Castle Breakwater (Kennung: GY auf 304,5 kHz/A1A, Reichweite: 10M) arbeitet wie folgt: Die Kennung GY wird viermal gegeben, anschließend ein langer Ton von 27 Sekunden. Die Anzahl der Sekunden vom Beginn des Tons des Seefunkfeuers bis zum Eintreffen des Tons des Luftnebelschallsenders, multipliziert mit dem Faktor 0,18, entspricht dem Abstand in Seemeilen. Offenbar sind dem wunderbaren Erfindungsgeist des Menschen keine Grenzen gesetzt.
Vom Race of Alderney kommend, ist der Little Russel Channel die beste Route. Auf diesem Kurs bleibt man von der Banc de la Schôle frei, die wirklich sehr untief ist und

Der achteckige weiße Leuchtturm Platte Fougère ist 25 m hoch und trägt ein schwarzes Band. Er steht N-lich Little Russel, ca. 1,5 sm NE-lich Beaucette.

über der sich eine üble See aufbauen kann. In diesem Fahrwasser setzen die Gezeitenströme ziemlich hart; im N-lichen Teil muß mit quer setzendem Strom gerechnet werden. 1,5 Std. vor HW Dover beginnt der Ebbstrom nach SW zu setzen, 6 Std. später kentert er wieder.
Nachts ist das Feuer des 15 m hohen weißen Leuchtturms mit schwarzem Band *Platte Fougère* (Fl.WR.10s16M) das erste Feuer, das auszumachen ist. Sein roter Sektor deckt die NW-lich liegenden Riffe ab; seine Radarantwortbake hat das Kennzeichen P. Stb. vorauskommt nun die befeuerte, senkrecht schwarz-weiße gestreifte Turmbake *Tautenay* (Q(3)WR.6s) in Sicht, deren roter Sektor (215° – 050°) diverse Gefahrenstellen im NE abdeckt. Wenn man es nicht geschafft hat, bei Tageslicht einzulaufen, sollte man sicherstellen, daß das Feuer in 215° oder weniger peilt.
Der 8 m hohe Stahlgitterturm von Roustel (Q.7M) steht in der Fahrwassermitte und kann problemlos an beiden Seiten passiert werden. Wenn er in Linie mit dem 19 m hohen flachen Fort auf Brehon (Iso.4s9M) in 198° peilt, steuert man durch die Gefahrenstellen bis nach Roustel einen wirklich sicheren Kurs.
Eine weitere Möglichkeit bietet die Deckpeilung Brehon in Linie in 208° mit dem Leuchtturm auf St. Martin's Point S-lich von St. Peter Port.
Brehon bleibt an Stb., und wenn man letztere Deckpeilung benutzt, sollte dies ohne Zeitdruck geschehen, da knapp 2 kbl W-lich von Brehon Felsen lauern. Kurz bevor Roustel erreicht ist (bleibt auf diesem Kurs an Stb.), kommt das markante Belvedere House in Sicht, das auf einer 57 m hohen Anhöhe S-lich der Stadt thront. Es wird zur Deckung mit einem weißen Fleck an der E-Seite des Castle Cornet S-lich der Hafeneinfahrt in 223° gebracht. Man behält diesen Kurs bei, bis sich die Hafeneinfahrt öffnet. Hat man Roustel bei der Einsteuerung an Bb. gelassen, hält man einfach auf das Castle Cornet zu, indem man einen Teil davon zur Deckung mit einem markanten Punkt eigener Wahl im Hintergrund bringt.
Auf allen Einsteuerungskursen bleibt *La Platte* (*nicht* zu verwechseln mit *Platte Fougère*) an Stb. Diese 6 m hohe grüne kegelförmige Turmbake (Fl.WR.3s7/5M) steht 8 kbl ENE-lich von St. Sampson.

Brehou Fort befindet sich 1 sm SW-lich der Turmbake „Roustel", genau W-lich vor Herm.

Der Leuchtturm Les Hanois auf der SW-Huk der Insel Guernsey ist ein 36 m hoher Turm mit Hubschrauber-Landeplattform.

Bei anständiger Sicht kann man die Richtfeuer nachts einfach nicht verfehlen. Die hervorragende Befeuerung peilt in 220° und hält von allen Gefahrenstellen frei: Oberfeuer (Oc.10s61m14M) – kleiner Turm mit orangefarbenen Streifen nahe Belvedere House, Unterfeuer (Al.WR.10s14m16M). In Linie peilen diese Feuer, die auch am Tag leicht auszumachen sind, fast auf der Deckpeilung der beiden Radiomasten, die rote Festfeuer zeigen. Der Kopf des N-Wellenbrechers ist mit einem Feuer (Oc.G.5s) bezeichnet, das eine Reichweite von 14 sm hat. Der S-Wellenbrecher trägt das Unterfeuer der beiden Richtfeuer (s. o.).

Auf der Seekarte kann das Fahrwasser Little Russel beunruhigend wirken, es ist aber breiter als man denkt, und bei guter Sicht ist die Passage kein Problem.

Der sicherere Kurs führt durch den Big Russel Channel zwischen den Inseln Herm und Sark. Falls Nebel herrscht, oder die Gefahr von Nebel besteht, sollte man mit der Ansteuerung von Guernsey warten, bis sich die Wetterverhältnisse gebessert haben: Bei Nebel ist es nämlich äußerst schwierig, Guernsey anzulaufen. Hat man sich also für Big Russel entschieden, hält man zunächst auf das starke Feuer Sark (Fl(4)WR.15s8M) zu, bis man sicher auf die befeuerte Kardinaltonne S *Lower Heads* oder St. Martin's Point zusteuern kann. Nach dem Runden von *Lower Heads* läuft man in den Hafen ein.

Von S kommend, ist die Ansteuerung problemlos. Man läßt St. Martin's Point an Bb. und hält auf das Castle Cornet zu.

Bei der Ansteuerung aus NW – falls die Gezeiten mitspielen – bleibt das furchteinflößende Feuer Les Hanois (Fl.(2)5s33m20M) an Bb., während die Ansteuerung etwa S-lich erfolgt. Les Hanois muß mit weitem Abstand passiert werden; nicht nur wegen der sich seewärts erstreckenden Riffe, sondern weil dies eine der „rauheren Ecken" des Kanals ist. Der Leuchtturm trägt eine auffällige Hubschrauberlandeplattform.

Entlang der S-Küste setzt der Strom vorwiegend in E-W-Richtung.

Liegeplätze in St. Peter Port

Von der Hafenbarkasse, auf die man beim Einlaufen wahrscheinlich trifft, erhält man Anweisungen, wo man festmachen kann. Dabei hat man die Wahl zwischen einer Mooringtonne, an einem Schwimmsteg im Päckchen oder in der Victoria Marina, die einen sehr betriebsamen Ankunftsschlengel unterhält. Eventuell muß man auf einen Liegeplatz in der Marina warten. Das Süll fällt 4,20 m trocken; bei halber Tide steht etwa 1 m Wasser darüber. An der Einfahrt ist ein Pegel angebracht. Die Liegedauer ist auf maximal 14 Tage begrenzt.

Sagt einem St. Peter Port nicht zu, fährt man durch das gut betonnte Fahrwasser langsam weiter und dreht erst dort nach Stb. ein, wo Gastyachten an Moorings vertäut liegen. Wenn man die „Ecke abkürzt", kann es leicht passieren, daß man auf Schiet sitzt.

Ist der Besuch für mehr als 4 Tage geplant, kann man um die Erlaubnis bitten, in die Queen Elizabeth II. Marina (s. Plan) einzulaufen, die früher North Beach Marina hieß. Hier findet man gut versorgte Liegeplätze, auch wenn der Fußweg in die Stadt etwas länger ist; das ist aber auch für durstige Skipper kein Problem. In der Marina hinter dem Süll beträgt die WT 4,5 m, ansonsten mindestens 2 m. Die Ansteuerung erfolgt dicht von der befeuerten Kardinaltonne S *Reffée* mit einem Kurs von 270° im weißen Sektor des Leitfeuers (DirOc.WRG.3s5m6M). Tagsüber bringt man eine dreieckige gelbe Tafel zur Deckung mit einer orangefarbenen rechteckigen Tafel dahinter.

Versorgung in St. Peter Port

Außer vielleicht größere Reparaturen – die werden „nebenan" in St. Sampson erledigt – kann man hier alles bekommen, was das Herz begehrt. Das Stadtzentrum von Guernsey ist für Familiencrews ebenso wie Kegelbrüder ein lohnendes Ziel, weil man hier in zivilisierter, aber entspannter Atmosphäre den Annehmlichkeiten des Lebens frönen kann. Leider sind die Zeiten vorbei, als man sich hier noch mit den besten Pullovern zu äußerst niedrigen Preisen eindecken konnte. Die Bordvorräte lassen sich aber immer noch zu sehr günstigen Preisen aufstocken.

Channel Island Yacht Marina, Vale

Ein ausgebauter, gefluteter Steinbruch im NE der Insel, besser bekannt unter dem Namen „Beaucette Yacht Marina". Der Zugang zum Steinbruch, der nun ein vollkommen geschützter Yachthafen mit 200 Liegeplätzen ist, wurde mit Dynamit in die Felsen gesprengt.

Man erreicht das Einsteuerungsfahrwasser etwa auf halber Höhe zwischen Platte Fougère und Roustel. Beim ersten Mal ist die Einfahrt nicht ganz leicht zu erkennen, sie öffnet sich aber ca. 2 kbl S-lich des auffälligen Fort Doyle.

Das Fahrwasser beginnt im S der befeuerten Kardinalbake S *Petite Canupe* (eine lange dünne Stange mit winzigem Toppzeichen und den Buchstaben PC; bei Tag schwer aus-

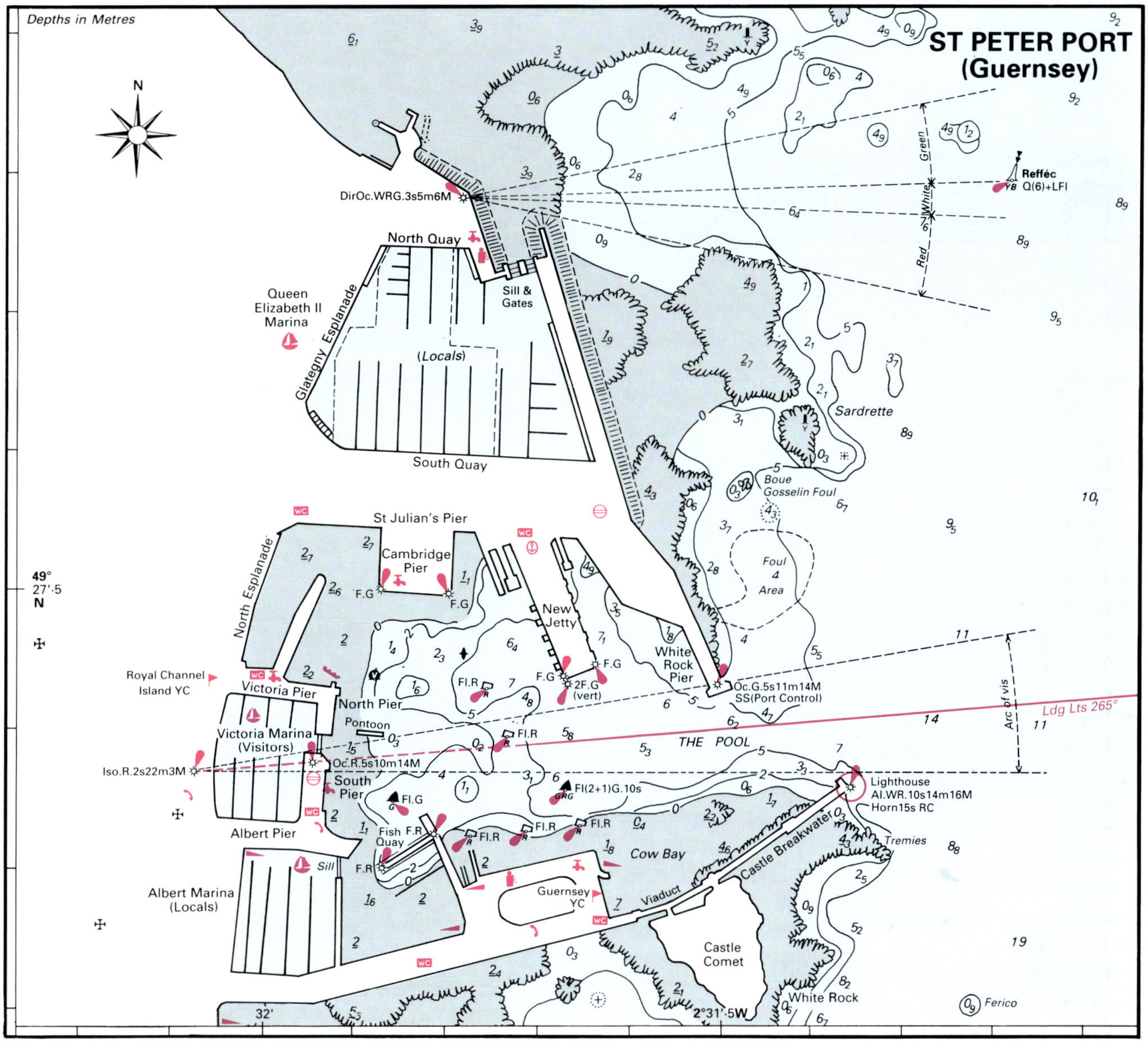

St. Peter Port (Guernsey).

Beaucette Yacht Harbour: Die Einfahrt ist nur 18 m breit. Richtmarken: Roter Farbstreifen im weißen rechts neben der Einfahrt, Oberbake ist der Flaggenmast mit Windsack rechts vor dem Clubhaus.

zumachen) an einer grünen Leuchttonne (VQ.G); es verläuft in 276° und ist gut bezeichnet. Außerdem gibt es Richtzeichen: Untermarke – ein breiter senkrechter roter Streifen im weißen Feld an der N-Seite der Einfahrt; Obermarke – der Mast auf dem weißen Clubhaus trägt eine weiße Tafel mit senkrechtem roten Streifen. Beide Marken zeigen nachts rote Festfeuer. Sehr malerisch: an der Obermarke ist ein Windsack angebracht.

Das Süll der Marina fällt 2,4 m trocken. Vor der Einfahrt ist ein Pegel angebracht und dahinter eine Reihe von Warteschlengeln ausgelegt. Die beste Zeit zum Einlaufen ist zwischen 3 Std. vor bis 3 Std. nach HW, auch wenn die Einfahrt selbst bei halber Tide nur 8 m breit ist. Wer sich davon nicht schrecken läßt: 2 Std. vor bis 2 Std. nach NpNW stehen noch 1,9 m WT über dem Süll. Zu Springzeiten muß man etwas länger warten. Ein Blick auf den Pegel gibt Auskunft.

Um sich von den Riffen, die mit einer Bake bezeichnet sind, freizuhalten, ist ein letztes Ausweichmanöver nach Bb. nötig. Wenn man in den Hafen einläuft, bleibt der Wellenbrecher aus alten Traktorenreifen an Stb. Im Hafen beträgt die WT mindestens 18 m.

Es stehen 50 Gastliegeplätze zur Verfügung, und das Marinapersonal ist bemüht, für jeden einen passenden Liegeplatz zu finden.

Der Hafen ist auf UKW-Kanal 80 zu erreichen. Der Hafenmeister hat die Telefon-Nr. 01481 45000.

Die Versorgungsmöglichkeiten umfassen Wasser, Treibstoff, Lebensmittel, Ausrüstung und einen schwimmenden Waschsalon. Kleinere Reparaturen nach Absprache. Am Hafen findet man auch ein berühmtes Restaurant, das wegen seiner kulinarischen Kreationen gefeiert wird. Lange Taxifahrten nach St. Peter Port und zum Flughafen. Die Marina ist aber eine kleine Ortschaft für sich, und die benachbarte Bucht L'Ancresse Bay soll einen der schönsten Strände der Insel haben. Sie ist hervorragend geeignet, um mit der Familie baden zu gehen.

Verkehrsverbindungen

Flug- und Fährverbindungen zu den anderen Kanalinseln oder Frankreich. Schnellfähren nach Weymouth.

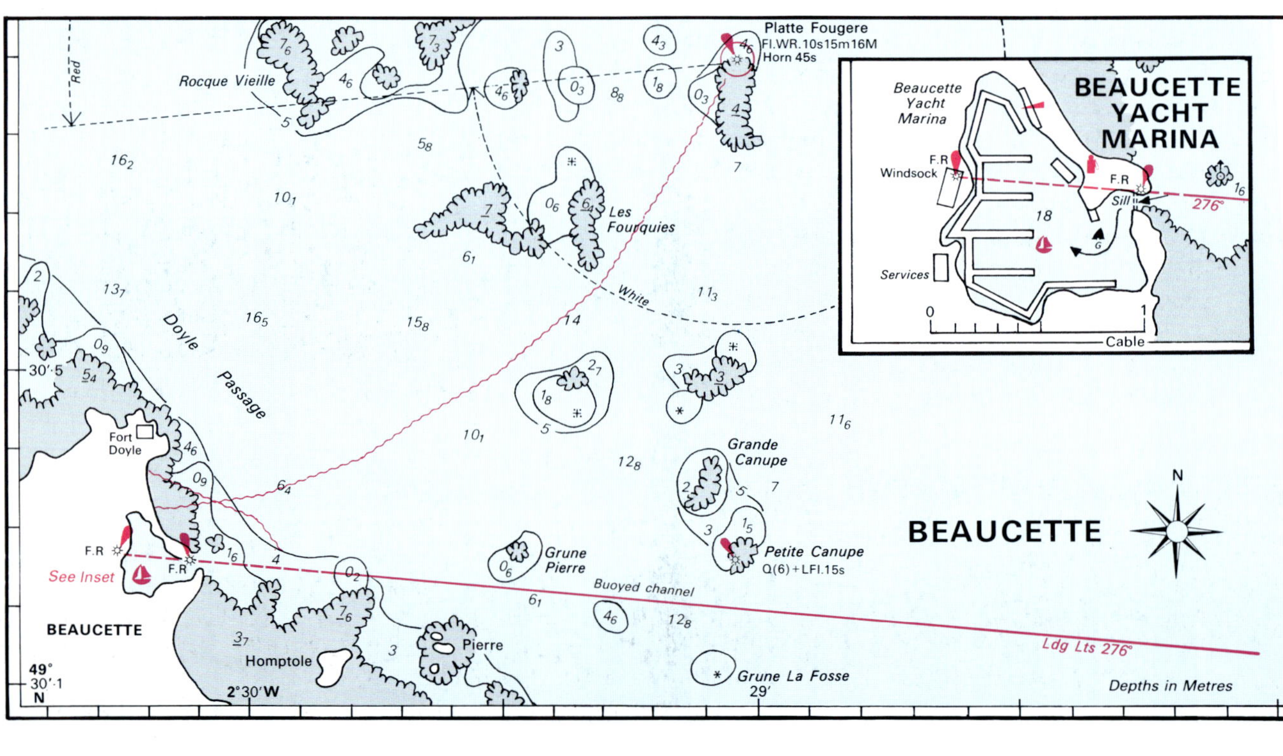

Die Beaucette Yacht Marina.

St. Sampson

Ein Handelshafen, der eben hinter der Einfahrt trockenfällt. Hier können größere Reparaturen durchgeführt werden. Die Ansteuerung erfolgt von einem Punkt, der etwa auf halber Höhe zwischen Platte und Brehon liegt. Wenn die Richtmarken auf dem Pfahl auf dem Kopf der S-Mole (F.R.3m5M) und der 12 m hohe Glockenturm (F.G) an der S-Seite in der Nähe der Hafeneinfahrt in Linie 286° peilen, steuert man richtig. Der Kopf der N-Mole ist mit F.G.3m5M befeuert.

Die Kardinalbake S „Petite Canoupe“ vor dem Beaucette Yacht Harbour.

Jersey / St. Helier (Kanalinseln)

Gezeiten

HW -0455 Dover

MSpHW	MSpNW	MNpHW	MNpNW
11,1 m	1,3 m	8,1 m	4,1 m

Wassertiefen (St. Helier)

Tiefwasser in den Ansteuerungen, 2,7 m WT auf der Richtlinie in der schmalen Straße und 2,2 m im New Harbour. Das Süll der Marina fällt 3,5 m trocken; die WT in der Marina beträgt 2,1 – 2,4 m. Das Hafenbecken La Collette ist auf 1,8 m gebaggert.

Lage und Umgebung

Mit rund 116 Quadratkilometern ist Jersey die größe Kanalinsel. Zu den 80 000 Einwohnern kommen jährlich etwa 800 000 Besucher. Außer dem Tourismus sind Bankgeschäfte die wichtigste Einnahmequelle der Insel, die auf eine reichhaltige Geschichte zurückblicken kann: Von prähistorischen Bewohnern über Wilhelm den Eroberer bis hin zur Besatzungszeit 1940–45 durch die deutsche Wehrmacht.

Jersey liegt zwar nur etwas mehr als 12 sm W-lich der Halbinsel Cherbourg und von St. Malo nur 36 sm entfernt, aber erst seit der Eröffnung der Tiefwasser-Marina im Herzen von St. Helier wird die Insel auch von Gastyachten angelaufen. Das ist allerdings kaum überraschend, denn der Tidenhub beträgt hier 10 m...

Ansteuerung von St. Helier

Die meisten Yachten können für gewöhnlich mit halber Tide in die Hauptmarina einlaufen. Für alle, die das Süll passieren wollen, ist ein Warteschlengel auf 2,2 m WT ausgelegt. Im La Collette Yacht Basin beträgt die WT bei MSpNW 3,1 m.

Von N kommend, rundet man Point Corbière (Iso.WR.10s36m18/16M). Dabei ist zu beachten, daß die Gezeitenströme von 3 Std. nach HW Dover (= 4,5 Std. nach HW St. Helier) S-wärts setzen und bis 5 Std. vor HW Dover (= HW St. Helier) entlang der S-Küste mit großer Geschwindigkeit nach E setzen. Diese günstigen Bedingungen ermöglichen es, daß man vom Race of Alderney mit einer Tide nach St. Helier gelangen kann.

Corbière ist eine ähnlich garstige Ecke wie sein Gegenstück Les Hanois auf Guernsey. Sein 19 m hoher (36 m über dem Meeresspiegel) weißer Steinturm sollte mit großem Abstand passiert werden. Sein Nebelhorn sendet alle 60 s den Morsebuchstaben C, und sein Seefunkfeuer (Kennung: CB auf 295,5 kHz/A1A) hat eine Reichweite von 20 sm und kann zur Entfernungsmessung (Einzelheiten s. „Nautischer Funkdienst“) verwendet werden. Falls man seinen Kurs nachts zu dicht unter Grosnez Point abgesetzt hat oder sich auf die gewagte Sache mit dem betonnten Fahrwasser oberhalb von St. Brelade’s Bay eingelassen hat, warnt der rote Sektor dieses Feuers.

Nachts bleibt man von den Pierres de Lecq frei, indem man sich außerhalb des roten Sektors des Feuers Grosnez (Fl(2)WR.15s50m19/17M) hält. Am Tag hält man Point

Der Leuchtturm La Corbière vor der SW-Huk der Insel Jersey aus N. Ein Damm verbindet die Insel mit dem Felsen.

Corbière gut offen zu Grosnez und bleibt so mit gutem Abstand W-lich der Gefahrenstelle. Sehr hilfreich bei der Navigation ist auch die befeuerte Kardinaltonne W *Desormes,* die 4 sm NNW-lich von Grosnez Point ausgelegt ist. Nachdem Corbière gerundet ist, steuert man die nächsten 3 sm mit einem Abstand von etwa 0,5 sm parallel zur Küste. Der 18 m hohe schwarz-weiß gestreifte Turm auf Noirmont Point (Fl(4)12s13M) wird dicht seeseitig passiert. An Stb. ist die befeuerte Kardinaltonne N *Les Fours* auszumachen, die vor der Untiefe Grand Fours warnt. Sie sollte *nicht* mit der befeuerten Kardinaltonne N *Passage Rock* verwechselt werden, die den Beginn des W-lichen Fahrwassers markiert, in das man nun einsteuert. Diese Tonne bleibt mit gutem Abstand an Stb., dann wird der Kurs auf 082° geändert und eine unbefeuerte rote Tonne, dann eine rote Leuchttonne (Fl(2)R.6s) an Bb. sowie eine befeuerte grüne Tonne (Fl.G.3s) an Stb. gelassen. Nun hat man die erste Richtlinie erreicht: Unterfeuer (Oc.5s14M), Oberfeuer (Oc.R.5s12M). Am Tag sollte die weiße Stange mit Ball auf Dogs Nest Rocks auszumachen sein, die mit der roten senkrechten Tafel am 20 m hohen weißen Turm 1 sm oder mehr dahinter zur Deckung gebracht wird. 2 kbl davon ist eine befeuerte grüne Tonne (Q.G) ausgelegt, die den East Rock bezeichnet; sie liegt ebenfalls in der Deckpeilung.

Kurz vor dieser Tonne ändert man den Kurs nach Bb. auf die sogenannte „rot-grüne" Deckpeilung, die mit 023° die letzten 7 kbl vor die Einfahrt führt. Unterfeuer (Oc.R.5s12M) auf rotem Turm, Oberfeuer (Oc.G.5s11M) auf weißer Tagmarke. Die rote Gitterbake *Platte Rock* (Fl.R.1,5s) bleibt an Bb., nachdem man die rot-weiße Bake *Oyster Rocks* mit gutem Abstand an Bb. gelassen hat.

Noirmont Point aus W.

Wenn die beiden Richtfeuer F.G. (oder am Tag die Hafeneinfahrt) sichtbar werden und in 078° peilen, verläßt man die Richtlinie und dreht nach Stb. ein. Anschließend hält man entweder wieder nach Stb. auf La Collette zu oder fährt in den New Harbour an Bb.-Seite ein, passiert das Süll oder macht am Warteschlengel fest.

Von SW – etwa den Minquiers – kommend, hält man auf die befeuerte Kardinaltonne N *Passage Rock* vor St. Brelade's Bay zu. Das Seezeichen ist 2 sm vom Leuchtturm Corbière entfernt und peilt 125°. Man läßt es an Stb. und folgt dem W-lichen Fahrwasser wie oben beschrieben. Alternativ kann man den gelb-schwarzen Leuchtturm Demie de Pas (Mo(D)WR.12s14/10M Horn(3)60s) ansteuern.

Man hält Ausschau nach der oben beschriebenen „rot-grünen" Deckpeilung, die man etwa 1,5 sm vor Demie de Pas erreicht. Wenn die Feuer oder Tagmarken in Sicht kommen, steuert man auf die Deckpeilung ein und ist auf sicherem Kurs. Auch wenn an Stb. Riffe lauern, weicht man nicht davon ab. Der Kurs führt über eine Untiefe, über der sich bei LAT nur 1,2 m WT befinden.

Aus E oder E-lichen Richtungen über die Minquiers kommend, steuert man so, daß Demie de Pas (s.o.) etwa 2 oder 3 kbl an Stb. bleibt und hält mit Kurs 314° auf eine schwarz-weiße Richtmarke auf St. Aubin Fort zu. Die rote Stumpftonne *Hinguette* (Fl(4)R) bleibt an Bb., und der Kurs 314° wird beibehalten, bis die „rot-grüne" Deckpeilung (s.o.) erreicht ist.

Egal welche Passage man nimmt, es ist stets daran zu denken, daß die Gezeitenströme zu Springzeiten mit bis zu 3,5 kn, zu Nippzeiten bis zu 1,5 kn setzen können. Das Hafenbüro ist auf UKW-Kanal 14 hörbereit.

Liegeplätze in St. Helier

La Collette Yacht Basin: Der Dalben bleibt an Stb. und die beiden roten Tonnen an Bb., dann steuert man entweder den Warteschlengel Stb. voraus oder einen festen Liegeplatz an Bb. an.

Verkehrssignale

Grün – Einlaufen erlaubt, Auslaufen verboten

Rot – Auslaufen erlaubt, Einlaufen verboten

Rot und Grün – Hafen in beide Richtungen gesperrt

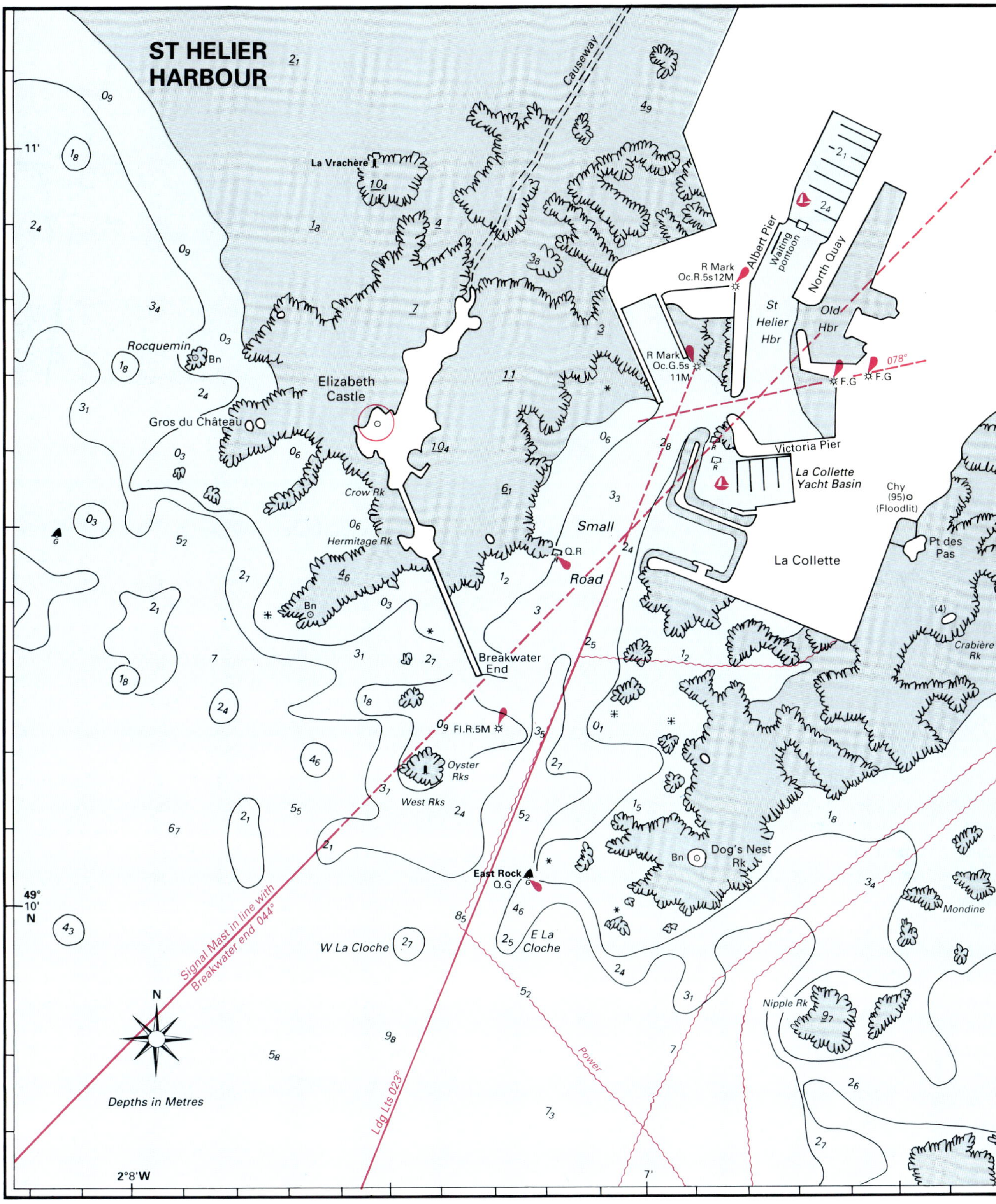
ST HELIER HARBOUR
Causeway
La Vrachère
Elizabeth Castle
Rocquemin
Bn
Gros du Château
Crow Rk
Hermitage Rk
Breakwater End
Fl.R.5M
Oyster Rks
West Rks
East Rock
Q.G
E La Cloche
W La Cloche
Q.R
Small Road
R Mark Oc.R.5s12M
R Mark Oc.G.5s 11M
Albert Pier
Waiting pontoon
North Quay
St Helier Hbr
Old Hbr
F.G
078°
Victoria Pier
La Collette Yacht Basin
Chy (95) (Floodlit)
Pt des Pas
La Collette
Crabière Rk
Dog's Nest Rk
Mondine
Nipple Rk
Power
Signal Mast in line with Breakwater end 044°
Ldg Lts 023°
Depths in Metres
N
11'
49° 10' N
2°8'W
7'

Der Leuchtturm La Grève d'Azette an der Küste, 1 sm SE-lich von St. Helier.

Einfahrt in den Old Harbour bei HW.

Q.Y – Fahrzeuge unter 25 m Lüa dürfen unabhängig vom Hauptsignal ein- oder auslaufen.
Für gewöhnlich findet man an den Schwimmstegen F oder G, die am weitesten von der Einfahrt entfernt sind, einen Liegeplatz. Yachten, die länger als 12,5 m sind oder mehr als 2 m Tiefgang haben, können eventuell an Ponton A nahe der Einfahrt festmachen. Hafenbüro: Tel. 01534-34451 (Hafenmeister), Marina: Tel. 79540. Die meisten Benutzer der Marina La Collette müssen auf einen Platz und den entsprechenden Tidenstieg warten, um in die neue Marina einlaufen zu können.
Die Einrichtungen umfassen Toiletten und Wasser. Diesel ist im nahen Yachtclub an der Biegung der South Pier erhältlich, wo man auch Butangas-Flaschen austauschen kann. La Collette ist nur einen Spaziergang von der Stadt entfernt.
St. Helier Marina: Diese Marina ist durch eine Schleuse und ein Süll von den Gezeiten abgeschlossen; die WT beträgt aber nur 0,8 m. Ein Feuer (Fl.R) zeigt an, wenn die Marina geschlossen wird. Wenn das rote Blitzfeuer brennt, sollte man keine gewagten Manöver mehr unternehmen, um noch in die Marina zu schlüpfen.
In dieser erstklassigen Anlage sind die Gastliegeplätze gut sichtbar gekennzeichnet. In jedem Fall bekommt man aber einen passenden Platz zugewiesen. Alle Einrichtungen, die man sich wünschen kann. Dem freundlichen Yachtclub, der am Wochenende leider geschlossen ist, sollte man einen Besuch abstatten.
St. Catherine: Dieser recht ungeschützte Tiefwasserhafen befindet sich an der NE-Küste der Insel. Nach E bis SSE ist der Hafen weit offen, und man muß vor Anker liegen. Die Versorgungseinrichtungen an Land sind begrenzt. Die Ansteuerung erfolgt genau aus E oder etwas N-lich davon. Das Feuer auf dem Kopf des Wellenbrechers (Fl.1,5s18m13M) ist das einzige in der Umgebung. Nachdem man es gerundet hat, ankert man etwa 1 kbl vom Strand entfernt auf 3,5 m WT. Wahrschau vor dem Pillon Rock (0,9 m), der knapp 2 kbl ENE-lich des Feuers liegt.
Gorey: Dieser Hafen liegt 1,5 sm S-lich von St. Catherine. Er fällt 4,9 m trocken und bietet wenig Platz. Dafür ist dieser Ort am Fuß der Burg Mont Orgueil, die nachts angestrahlt wird, besonders stimmungsvoll. Während die Yacht im Hafen hoch und trocken liegt, sorgt an Land eine ganze Reihe von Gaststätten für Unterhaltung.
Aus welcher Richtung die Ansteuerung auch erfolgt, der Abstand zur Küste sollte mindestens 0,5 sm betragen, bis die Richtmarken in Linie 298° peilen: Das sind der Leuchtturm auf dem Molenkopf (Oc.RG.5s) und Goreys Kirchturm (Oc.R.5s). Ohne genaue Ortskenntnisse sollte man nicht einmal daran denken, hier bei Nacht einzusteuern. Das Fahrwasser verläuft von St. Helier aus via Violet Channel, der leicht zum Härtetest für den Navigator werden kann. Die befeuerte Kardinaltonne *Canger Rock* ist 2,75 sm SSW-lich des Martello-Turms auf dem La Rocque Point (und „Rock" ist wörtlich zu nehmen) ausgelegt. Während der Kurs mit gut 075° auf die rot-weiße Mitte-Fahrwassertonne (LFl.10s), die 2 sm weiter folgt, abgesetzt wird, bleibt die Kardinaltonne dicht an Stb. Anschließend ändert man den Kurs auf 010° und kann somit sicher sein, daß man die folgende Richtlinie mit 332° erreicht: Verclut Point am Fuß des Wellenbrechers von St. Catherine wird zur Deckung mit dem Türmchen auf Coupe Point, der rechten Uferkante 0,5 sm dahinter, gebracht. Auf dieser Deckpeilung von 332° steuert man die nächsten 3 sm so, daß das Türmchen eben offen zu Verclut Point bleibt, bis die Einsteuerungs-Richtlinie (s. o.) auszumachen ist.
Die unbefeuerte Tonne *Le Giffard* bleibt unterwegs an Bb.
St. Aubin: Der reizvolle Heimathafen des Royal Channel Islands Yacht Club fällt bis zu 0,5 sm vor der Einfahrt trocken. Der Hafen ist brechend voll. Wenn man ihn trotzdem besuchen möchte, wartet man, bis die Flut halb aufgelaufen ist und steuert dann von der roten Tonne *Diamond Rock* (Fl(2)R.6s) aus 1 sm mit NNW-lichem Kurs ein. Dann sollten die kleinen Tonnen, die das Einsteuerungsfahrwasser bezeichnen, auszumachen sein. Am North Quay kann man längsseits festmachen und sich trockenfallen lassen. Der Yachtclub ist sehr gastfreundlich.

Der Hafen von St. Helier.

Gorey Harbour.

Iles Chausey

Gezeiten

HW -0500 Dover

MSpHW	MSpNW	MNpHW	MNpNW
12,9 m	1,9 m	9,8 m	4,9 m

Wassertiefen

Nach N fallen die Ansteuerungen trocken, im S-lichen Teil der Ansteuerung ist das Wasser untief (0,3 m). Immerhin ist es am Ankerplatz möglich, auf ca. 2 m WT und mehr (LAT) aufgeschwommen zu bleiben.

Lage und Umgebung

Die Iles Chausey sind ein imposantes Revier mit Felsen und Riffen, das sich über 12 Quadratseemeilen erstreckt. Die Felsformationen, die bei HW überspült sind, wirken bei NW wie eine Mondlandschaft.

Die Grande Ile wird von rund 100 Seelen bewohnt, die vom Fischfang leben und in Grandville die Touristen „melken".

Die „Wirtschaft" ist auf den SE der Insel konzentriert, wo sich folglich auch die Moorings und Ankerplätze befinden. Auf den Seekarten wirkt dieses Revier furchteinflößend, aber mit der nötigen Vorsicht und exakter Berechnung der Tiden sind die beiden Hauptfahrwasser zum Ankerplatz kein Problem.

Ansteuerung

Von N kommend, bleibt das befeuerte Kardinalzeichen E *Northeast Minquiers* an Stb., während der Kurs quer zu den stark setzenden Gezeitenströmen um die W-lichen Felsen der Iles Chausey herum führt, die mit gutem Abstand passiert werden sollten. Die Kardinalbake S *Cancalaise* nahe der SW-Huk der Insel ist hier das einzige Seezeichen. Wenn diese in 110° peilt, sol!te der Kurs geändert werden, damit die Bake mit wenigsten 1 kbl Abstand an Bb. passiert werden kann. Auf diese Weise geht man sicher, daß man von einem Riff (fällt 1 m trocken) WSW-lich davon freibleibt. Ein Kurs von 095° hält von weiteren Gefahrenstellen frei, bis der rechteckige 19 m hohe Leuchtturm Pointe de la Tour in 035° peilt. Danach hält man auf die drei Stangen mit Kardinalzeichen E an der Spitze der Insel – alle bleiben an Bb. – zu. Die erste dieser Stangen ist 1,5 kbl SSW-lich des Feuers ausgelegt. Es sollte bedacht werden, daß eine Untiefe von 2,3 m zu passieren ist. Stellt dies ein Problem dar, steuert man erst die befeuerte Gitterbake *La Crabière* (Oc.WRG.) an, die in Linie mit dem schwarzweißen Turm auf L'Enseigne in 332° peilt. Der Kurs dieser Deckpeilung kann bei jedem Tidenstand benutzt

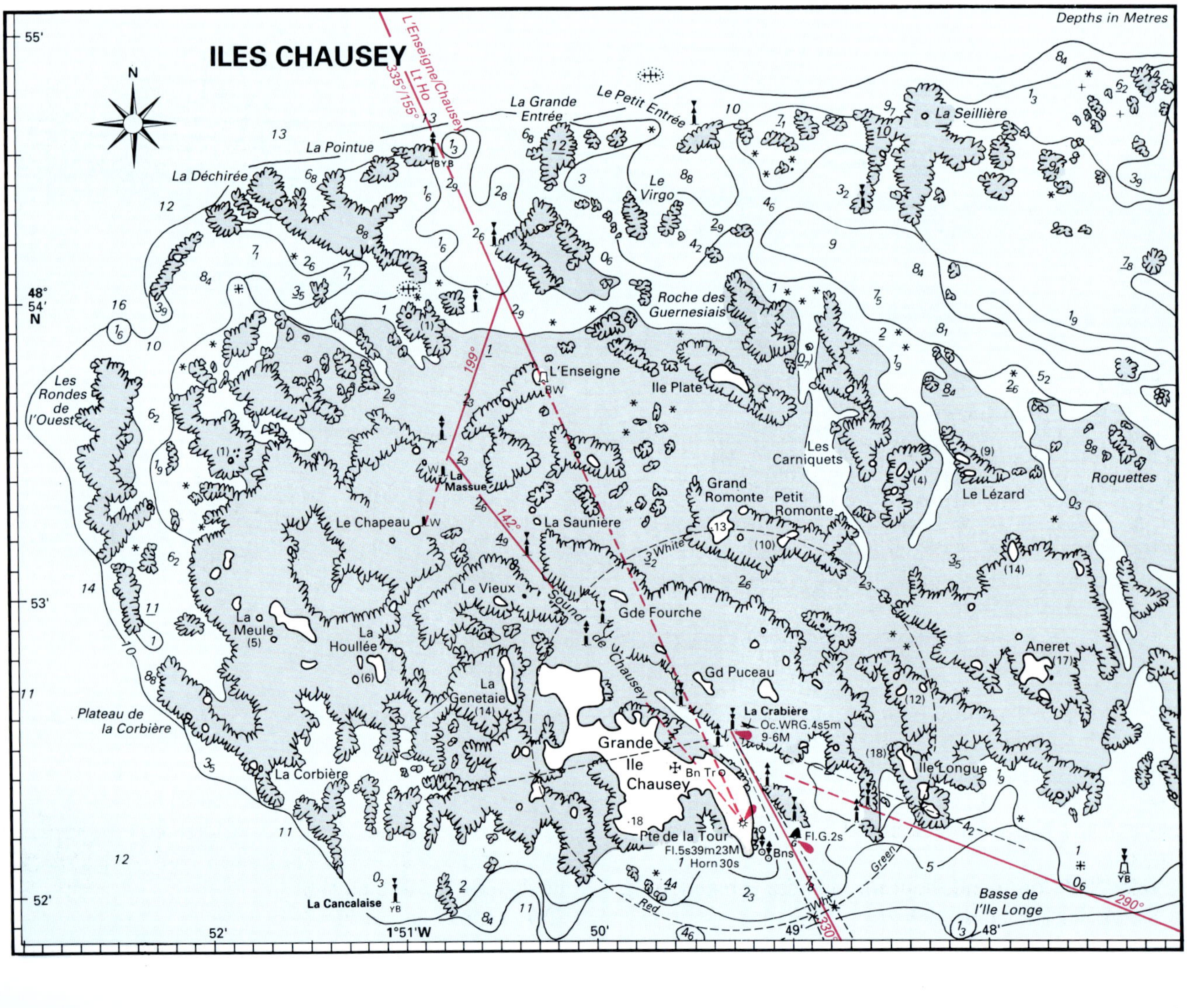

Die Iles Chausey bei HW. Der Leuchtturm auf der Pointe de la Tour (A), der Tiefwasser-Ankerplatz „The Sound" gegenüber der Landestelle (B), das Hotel mit Restaurant (C).

Der Leuchtturm bei der Ansteuerung aus SE. Die Kardinalbaken E müssen an Bb. bleiben.

Die Kardinalbake N vor Crabière mit den Moorings einheimischer Boote.

werden. Einzige Ausnahme ist die Untiefe, die sich eben hinter der grünen Tonne in der Einfahrt von W her in den Richtkurs erstreckt. Man hält sich etwas „rechts" des Richtkurses, bis man die Bake *Crabière* an Stb. passiert hat und in das Tiefwasserbecken mit 3 – 5 m Tiefe eingelaufen ist.

Von S oder SW kommend, beginnt man die Einsteuerung etwas S-lich der Pointe de la Tour.

Von 2,5 Std. vor HW Dover setzen die Gezeitenströme an der W-Seite von Chausey mit bis zu 3,5 kn nach SW; 5 Std. später kentert der Strom. Dicht N-lich und S-lich der Inseln setzt der Tidenstrom 2,5 Std. nach HW Dover beginnend 7 Std. nach E, kentert dann und setzt die folgenden 5 Std. nach W. Am Ankerplatz setzt der Strom mit weniger als 3 kn 9 Std. lang nach NW, anschließend für höchstens 3,5 Std. nach S.

Der Northwest Channel

Beim ersten Mal ist dieses Fahrwasser am einfachsten

La Cabrière E: Hier findet man die besten Ankerplätze.

zu finden, indem man bei den Moorings beginnt; deshalb ist es hier auslaufend beschrieben. Da das Fahrwasser 4 m trockenfällt, sind entsprechende Tidenberechnungen nötig.
Man verläßt den Ankerplatz mit einem Kurs von 310° und passiert zwischen einem Paar E- und W-Kardinalbaken, das etwa 1 kbl NE-lich der N-Huk von Grand Ile ausgelegt ist. Von hier steuert man etwa 9 kbl mit einem Kurs von 325° – die Kardinalbake E *Grunes de la Massue* gut Stb. voraus und die weiße Turmbake an Bb. –, wobei eine Kardinalbake W, die 50 m an Stb. steht, passiert wird. Eine weitere weiße Turmbake *Le Chapeau* ist in ca. 2,5 kbl an Bb. auszumachen.
Hat man *Grunes de la Massue* dicht voraus, dreht man auf 018° nach Stb. ein und bringt die weiße Bake zur Deckung mit der dahinterliegenden *Le Chapeau*. Die Kardinalbake E bleibt an Bb.; 3 – 4 kbl nach Kursänderung peilt die schwarz-weiße Turmbake von *L'Enseigne* querab an Stb. Man bleibt auf diesem Kurs, bis die schwarz-weiße Turmbake *L'Enseigne* und der Leuchtturm auf Pointe de la Tour in 155° peilen. In diese Richtlinie dreht man nach Bb. ein, segelt mit 335° weiter und passiert eine Kardinalbake W an Stb. sowie eine Kardinalbake E an Bb. Anschließend befindet man sich wieder in tiefem Wasser und kann die Korken knallen lassen.

Liegeplätze und Versorgung

Der Yacht Club Granville hat im Tiefwasserbecken ein paar Moorings ausgelegt. An den Trots wird mit Bug- und Heckleinen festgemacht. Eventuell muß man im Päckchen liegen; es ist auf die WT zu achten. Die Ausflugsboote bleiben für gewöhnlich nicht über Nacht, so daß man ihre Mooringtonnen benutzen kann. Wenn möglich, macht man an einer Mooring fest, ansonsten ankert man, wo Platz ist, N-lich des Anlegers. Am Anleger oder der Sliprampe sollte man nicht festmachen, da Yachten hier nicht gern gesehen werden. Nicht vergessen, das Dingi mit einer extra langen Vorleine zu versehen: Der Springtidenhub beträgt 11,3 m!
Im kleinen Geschäft ist ein begrenztes Lebensmittelangebot erhältlich, und das gastfreundliche Hotel hat ein anständiges Restaurant.

Granville

Gezeiten

HW -0510 Dover

MSpHW	MSpNW	MNpHW	MNpNW
13,0 m	1,4 m	9,8 m	4,6 m

Wassertiefen

Von der Bake *Le Loup* an fallen die Ansteuerungen bis zu 4 m trocken. Das Süll an der Einfahrt zum Yachthafen fällt 5,25 m trocken. An den Gastliegeplätzen im Yachthafen beträgt die WT ca. 2,5 m.

Lage und Umgebung

Das von einer alten Stadtmauer umschlossene Granville wurde auf einer 50 m hohen Landzunge erbaut, die von der ansonsten geraden Küste nach W vorspringt. Der Hafen ist in erster Linie als Yachthafen bekannt, auch wenn noch ein paar wenige Fischerboote verblieben sind. An die große Zeit der dreimastigen Bisquinen erinnert der Originalnachbau der „Granvillaise". Das Tempo, das diese „Renn-Maschine" vorlegt, bevor sie ganz entschwindet, können selbst moderne Yachten nur wenige Minuten halten. Welch geringe Hoffnung müssen da erst die armen britischen Zöllner gehabt haben, Schmuggler aufzubringen, die in mondloser dunkler Nacht über den Kanal segelten, ihre Bisquinen mit Konterbande beladen und mit Crews bemannt, die direkt aus dem Roman „Die Bucht des Franzosen" stammen könnten.

Ansteuerung und Einfahrt

Der 16 m hohe graue Leuchtturm auf der Pointe du Roc (Fl(4)15s23M) ist die erste Landmarke, die von Granville auszumachen ist. 1,5 kbl NW-lich davon befindet sich die rote Turmbake *La Fourchie,* die auch ein Nebelschallsignal (Horn(4)60s) trägt. Von der Huk sollten mindestens 3 kbl Abstand gehalten werden, während der Kurs SW-lich auf das Einzelgefahrzeichen *Le Loup* (schwarz-rot-schwarze Turmbake mit zwei schwarzen Bällen als Toppzeichen, Fl(2)6s8m11M) zu führt. Es bleibt etwa 1 kbl S-lich, während man nun in der Richtlinie 057° segelt: weißer Turm auf dem Kopf des Wellenbrechers der Hérel Marina (Fl.R.4s) und kleines Château mit grüner Rasenfläche davor auf dem Hügel oberhalb. Bei ausreichendem Tidenstieg ist dieser Richtkurs kein Problem.
Hat man vor, die Yacht trockenfallen zu lassen, läuft man in den Avant Port ein, nachdem sich die Einfahrt zwischen den Wellenbrecherköpfen öffnet (s. Plan). Es ist aber empfehlenswerter, in die Marina einzulaufen.
Ein Süll und ein Schleusentor halten das Wasser in der Marina. Das Süll fällt 6 m, das Tor 5,25 m trocken. Sie öffnen sich erst, wenn 0,65 m WT darüber stehen. Yachten mit einem Tiefgang von 1,4 m können folglich bei Öffnung der Marina einlaufen. Die Flut steigt anschließend beachtlich schnell, und größere Boote können einlaufen.
Eine beleuchtete Tafel an der Hafenmauer zeigt die WT zu beiden Seiten des Schleusentors an; also für ein- und auslaufenden Verkehr. Ist das Tor geschlossen, zeigt die Tafel

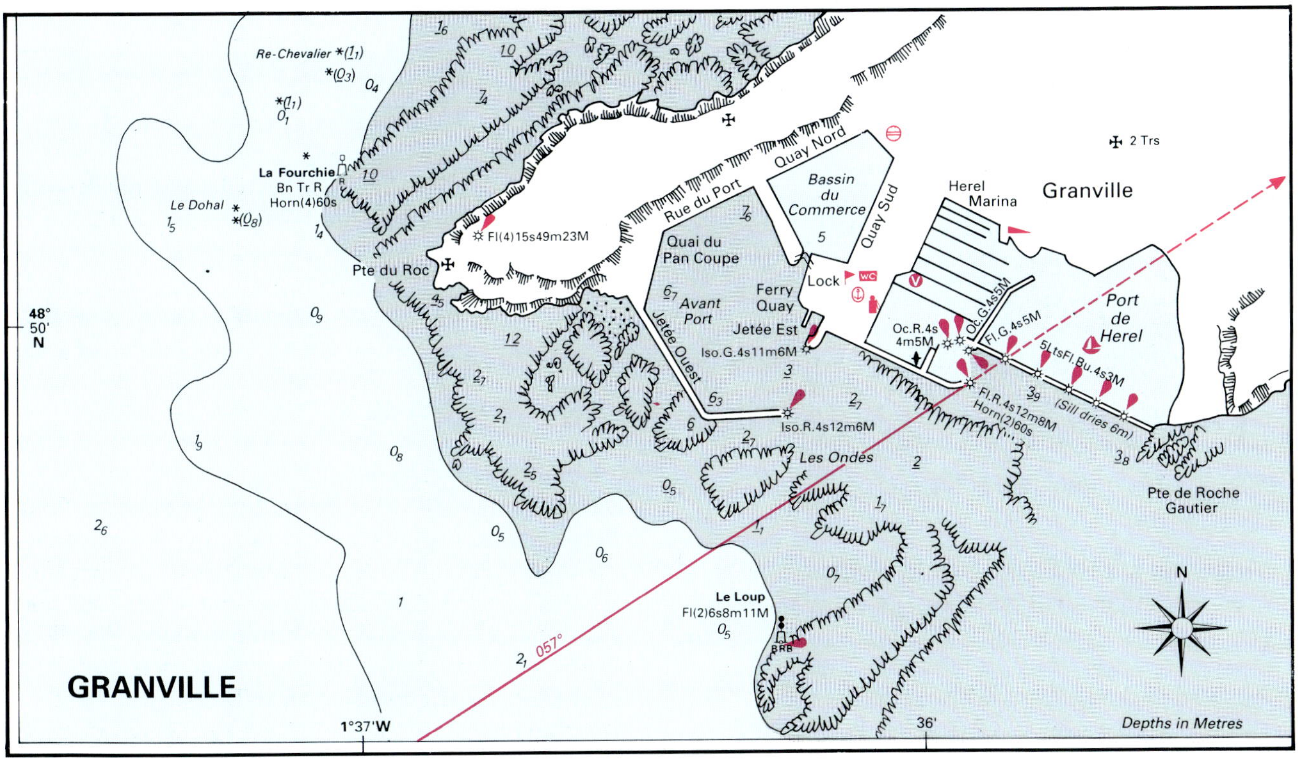

„0" an. Die erste Anzeige nach der Öffnung dürfte so bei 1,4 m liegen. Zeigt der Pegel „0" an, ist das Passieren des Schleusentors strengstens untersagt.
Um das Schleusentor zu erreichen, rundet man den Wellenbrecher (s. o.) und dreht dann hart nach Bb. ein. Ein kurzer Wellenbrecher (Fl.G.4s) liegt an Stb.-Seite, und voraus sind ein roter und ein grüner Dalben (Oc.R und Oc.G) auszumachen, die bei Springhochwasser 4 m hoch sind. Man passiert zwischen ihnen und nimmt Kurs auf die Gastliegeplätze an den Schwimmstegen F und G (s. Plan). Von den insgesamt 1000 Liegeplätzen der Marina sind 150 für Gastyachten reserviert. Während der Dienstzeit ist die Marina auf UKW-Kanal 09 oder telefonisch (Tel. 02 33 50 20 06) zu erreichen.
Sehr große Yachten können nach Absprache mit dem Hafenmeister in das Bassin à Flot schleusen, das 5 m WT bietet. Die Schleuse ist 1,5 Std. vor bis 1 Std. nach HW geöffnet.

Granville: Das überspülte Süll wird von roten und grünen Stangen bezeichnet

Granville: Die Turmbake „Le Loup".

Granville: Am Tag führt die Richtlinie 057° in den Hafen.

Versorgung

Im hervorragenden Yachtclub lassen sich die meisten Bedürfnisse befriedigen. Wasser an den Schwimmstegen. Treibstoff ebenfalls in der Marina. Die Sliprampe im Avant Port fällt 7 m trocken. Verschiedene Mobilkräne und eine Kielbank. Exzellente Einkaufsmöglichkeiten. Ausrüster, Mechaniker und Yachtwerft. Außerdem kann man seine Brieftasche im Kasino erleichtern oder mit den Kindern ins Aquarium gehen. Gute Restaurants in der Stadt. Fährverbindungen nach Jersey und den Iles Chausey.

Cancale

Gezeiten

HW -0500 Dover

MSpHW	MSpNW	MNpHW	MNpNW
13,3 m	2,0 m	10,3 m	5,1 m

Wassertiefen

Fällt ausgedehnt trocken.

Lage und Umgebung

Cancale ist für seine Austern berühmt und unter seefahrendem Volk für seine dreimastigen Bisquinen bekannt. Die „Cancalaise" hat hier ihren Liegeplatz, an dem sie bei jedem NW trockenfällt. Liebhaber alter Segelschiffe sollten einen Abstecher machen, um sie zu besuchen. Das lohnt sich insbesondere dann, wenn um die Mittagszeit HW ist. Dann kann man vor der „Cancalaise" ankern oder an der „Môle" (2 Std. vor bis 2 Std. nach HW) festmachen, an Land gehen und in einem der wunderschönen Restaurants oder Austern-Bars an der Hafenpromenade kulinarische Köstlichkeiten genießen.

N-lich der Stadt hat das Hotel „Continental" Mooringtonnen ausgelegt, die aufgeschwommen bleiben; der Gezeitenstrom setzt aber so hart, daß das An-Land-kommen zum Problem werden kann. Man tut besser daran, den Schutz der markanten Môle de la Fenêtre zu suchen. Nachdem man sich vorsichtig herangetastet hat, kann man ankern oder an der Môle festmachen.

Hat man die Ile des Rimains mit ihrem alten Fort gerundet – Mindestabstand 0,5 sm –, dreht man stetig nach Stb. ein und hält auf den Molenkopf zu, der etwa 1,5 sm entfernt ist. Bei rechtzeitiger Ankunft gibt es keine weiteren Schwierigkeiten.

Außer bei wirklich gutem Wetter, wenn auch nicht die leichteste Brise aus E weht, ist ein Übernachtungsstopp nicht empfehlenswert. Sind die Umstände aber entsprechend gut, kann man sich durchaus trockenfallen lassen; eventuell an die Hafenmauer gelehnt.

Für Fahrtenyachten gibt es keine Versorgungsmöglichkeiten. Will man aber Austern einkaufen, ist dies der richtige Ort: Nirgends sonst bekommt man sie so frisch wie hier.

St. Malo/St. Servan/Dinard

Gezeiten

HW -0506 Dover

MSpHW	MSpNW	MNpHW	MNpNW
12,25 m	1,5 m	9,25 m	4,4 m

Wassertiefen

Das Hauptfahrwasser ist tief. An den Gastliegeplätzen im Basin Sablons hinter dem Süll beträgt die Mindesttiefe 3 m. Das Süll fällt 2 m trocken. Port Vauban (in der Stadtmitte) ist durch Schleusen geschützt; 7 m WT. Zur Marina führt eine gebaggerte Fahrrinne mit 4 m WT (LAT).

Lage und Umgebung

Dinard und St. Malo werden von einer Reihe felsiger Untiefen und Riffe, die sich 3 sm vor der Küste erstrecken, geschützt. Die beiden Häfen könnten nicht unterschiedlicher sein: In Dinard ist noch der Reichtum vergangener Zeiten spürbar, als Yachten vor Anker fast ihre Masten abwarfen, während deren Eigner ihr Glück am Spieltisch versuchten.

St. Malo, dessen Stadtzentrum (Ville Intra Muros) von einer Mauer geschützt wird, wurde 1944 zerstört und dem Erdboden gleichgemacht. Anschließend wurde die Stadt aber liebevoll wieder aufgebaut, so daß das heutige Stadtbild die geschichtliche Tradition aus Handel und Seeräuberei widerspiegelt. Es scheint, als gäbe es nichts, was man hier nicht kaufen oder essen könnte. Wer Städte mag, wird diese lieben! Es ist schwer zu glauben, daß St. Malo

Cancale.

St. Malo: Anse des Bas-Sablons rechts, die Schleuse zum Bassin Vauban unmittelbar „oberhalb“ des Molenkopfes.

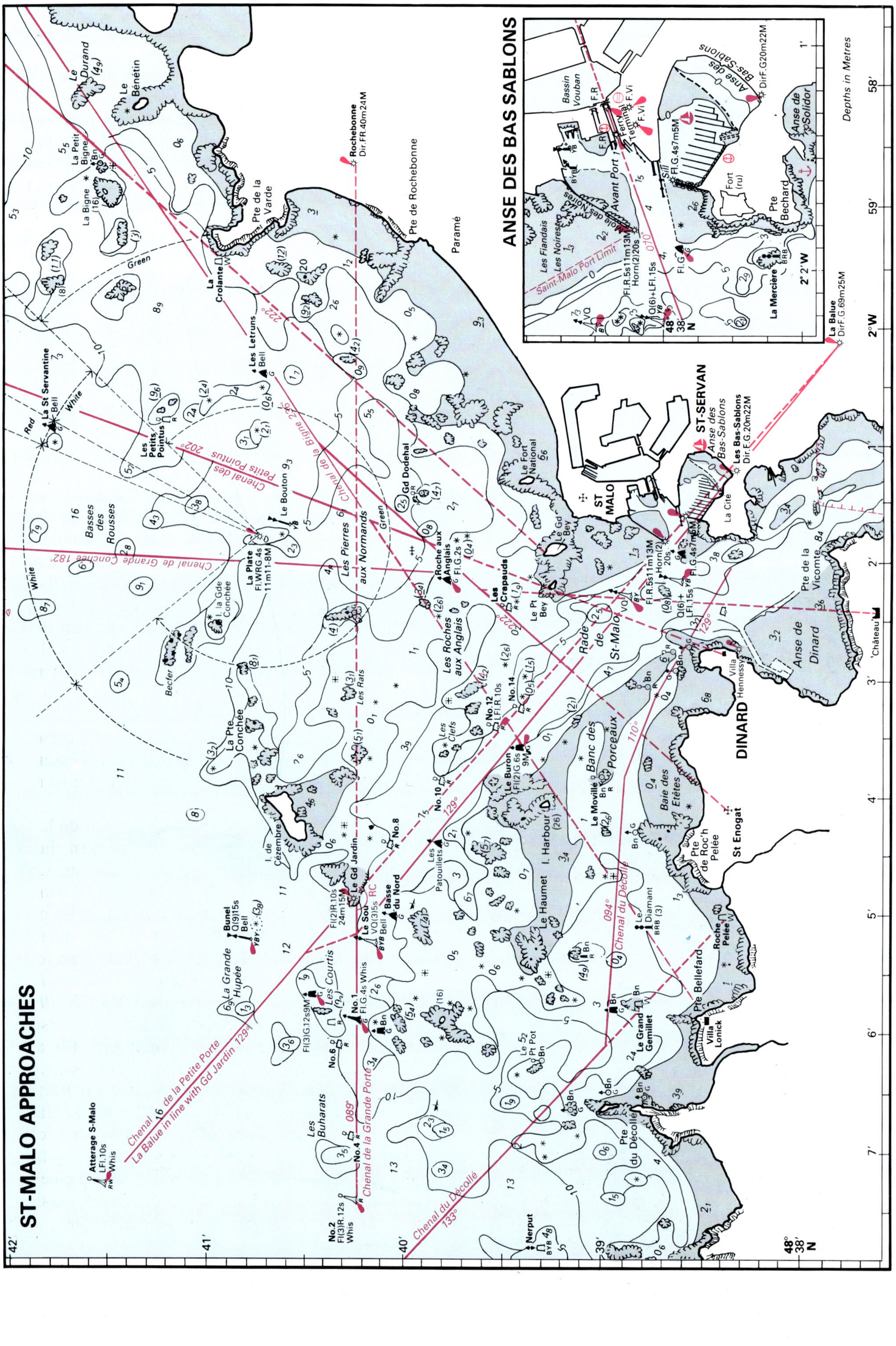
ST-MALO APPROACHES
ANSE DES BAS SABLONS
Depths in Metres
ST MALO
ST-SERVAN
DINARD
Paramé
Pte de Rochebonne
Pte de la Varde
Le Bénétin
La Crolante
Les Letruns
La St Servantine
Les Petits Pointus
Chenal des Petits Pointus 202°
Chenal de la Bigne 236°
Chenal de Grande Conchée 182°
Basses des Rousses
La Plate
Le Bouton
Gd Dodehal
Les Pierres aux Normands
Roche aux Anglais
Les Roches aux Anglais
Les Crapauds
Le Fort National
Rade de St-Malo
Banc des Porceaux
Baie des Etêtes
Anse de Dinard
Pte de la Vicomte
Villa Hennessy
La Cité
Les Bas-Sablons
Anse des Bas-Sablons
Anse de Solidor
Pte Bechard
La Mercière
La Balue
I. de Cézembre
La Pte Conchée
Le Sou
Le Gd Jardin
Basse du Nord
Le Buron
Les Patouillets
I. Harbour
Le Haumet
Le Grand Genillet
Le Diamant
Chenal du Décollé 094°
Chenal du Décollé 133°
Chenal de la Grande Porte 089°
Chenal de la Petite Porte
La Baïue in line with Gd Jardin 129°
Les Buharats
La Grande Hupée
Les Courtis
Bunel
Attérage S-Malo
Nerput
Pte du Décollé
Pte Bellefard
Villa Lonick
Roche Pelée
Pte de Roc'h Pelée
St Enogat
Bassin Vauban
Avant Port
Môle des Noires
Les Fiandais
Les Noires
Saint-Malo Port Limit
Fort (ru)
48° 38' N
2°W
2° 2' W

noch vor 50 Jahren eine einzige Ruine war. Macht man einen Spaziergang die Alleen entlang, hat man den Eindruck, als wäre alles mindestens zehnmal so alt.
St. Malo und das benachbarte St. Servan sind mit zwei hervorragenden Marinas ausgestattet, und Dinard ist wieder in Vergessenheit geraten – jedenfalls was den Yachtsport betrifft.

Ansteuerung aus W

Chenal de la Petite Porte: das Hauptfahrwasser. Von Nebel abgesehen, lauern hier keine Gefahrenstellen. Und wenn man die Alternativen noch unsympathischer findet, sollte dieses Fahrwasser eigentlich kein navigatorisches Problem darstellen.
Die Ansteuerung beginnt in der Nähe der Fahrwassertonne *St. Malo* oder man kürzt den Weg bis zum nächsten Punkt ab. Wahrschau: Die Kardinaltonne W *Le Bunel* bezeichnet einen Felsen, der 3,8 m trockenfällt. Der grüne Turm auf *Les Courtis* (Fl(3)G.12s14m8M) bleibt an Stb., während man auf die Insel Le Grand Jardin (Fl(2)R.10s15M) mit ihrem grauen Turm zuhält, die 0,5 sm SW-lich der auffälligen Insel Ile de Cézembre liegt. Le Grand Jardin und die rote Bake werden etwa 1 kbl an Bb. passiert. Bei Nacht weisen die Richtfeuer (s. Plan) mit 129° den Weg. Das Oberfeuer (F.G) der Deckpeilung ist verstärkt.

Der Leuchtturm Le Grand Jardin.

Le Buron: eine grüne Turmbake auf halber Strecke zwischen Le Grand Jardin und der Hafeneinfahrt.

Die grüne Turmbake „Le Courtis", 0,5 sm NW-lich von Le Grand Jardin, muß an Stb. bleiben.

Anschließend folgt eine Reihe von Tonnen (s. Plan) und der gedrungene 14 m hohe grüne Turm *Le Buron* (Fl(2)G.6s8M), der ebenso an Stb. bleibt wie die grünen Tonnen und die Spierentonne mit Kardinalzeichen N, die das Plateau de la Rance bezeichnet. Diese wird mit einem Abstand von 3 kbl passiert, bevor man den Hauptwellenbrecher, Môle des Noires, erreicht. Auf dem Kopf des Wellenbrechers steht ein 11 m hoher weißer Turm mit roter Spitze, der das Feuer (Fl.R5s13M) trägt. Beim Einsteuern, ob am Tag oder in der Nacht, sollte man darauf achten, daß man durch quersetzenden Strom nicht seitwärts auf das Plateau de la Rance oder seine Tonnen zu versetzt wird.
Nach dem Runden der Mole geht man auf einen Kurs von 070°, der einen direkt vor die Schleusentore zum Bassin Vauban führt. Nachts leiten die Richtfeuer (s. Plan). Um zur Bas-Sablons Marina zu gelangen, dreht man nach Stb. ein; s. „Liegeplätze" unten.
Chenal de la Grande Porte: Dieses Fahrwasser spart bei der Ansteuerung aus W etwas Zeit. Die rote Bakentonne *No. 2* (Fl(3)R.12) bleibt an Bb., gefolgt von den roten Tonnen *No. 4* und *No. 6.* Die grüne Bakentonne *No. 1* (Fl.G.4s) bleibt an Stb. Die ganze Zeit steuert man einen Kurs von 089° auf die Insel Le Grand Jardin (s. o.) zu. Nachts wird das Feuer Le Grand Jardin mit dem Feuer Rochebonne (DirF.R.40m24M), das E-lich an der Küste steht, zur Deckung gebracht. Dreht man 1 kbl vor Le Grand Jardin nach Stb. auf 129° ein, erreicht man das Fahrwasser Chenal de la Petite Porte mit seinen Hauptrichtfeuern.
Le Chenal du Décollé: Für Ortsfremde ist dieses Fahrwasser schwer zu erkennen. Es ist daher besser, es zunächst auslaufend zu benutzen. Die Fahrrinne ist nicht befeuert.
SSW-lich der roten Tonne *No. 2* (s. Chenal de la Grande Porte) versucht man, die beiden weißen Baken, die in 134° peilen, auszumachen. Die Unterbake steht auf Le Grand Gemillet, einem Felsriff, die Oberbake auf dem Roche Pélée, einer Huk an der Küste. Dieser Kurs wird beibehalten, bis das Inselchen vor Pointe du Décollé querab peilt. Dann ändert man den Kurs auf 105°, und man folgt dem bezeichneten Fahrwasser zur Pointe de Dinard, die ca. 2,5 sm ESE-lich liegt. Die grüne Bake *Le Petit Genillet* bleibt an Stb., die rote *Le Petit Buzard* an Bb. Nun passiert man eine Untiefe mit 0,8 m WT und dreht nach Bb. auf 094° ein, um die grüne *Le Rochardieu* an Stb. zu lassen. 0,25 sm weiter liegt die rote *Le Mouillé* weitab an Bb.; sie bezeichnet ein ausgedehntes Riff, das 12 m trockenfällt. Peilt sie querab, ändert man den Kurs auf 110° und folgt dem Fahrwasser, bezeichnet von einer roten Bake, gefolgt von einer grünen, einer weiteren roten sowie noch einer grünen unmittelbar vor Pointe de Dinard. Eventuell passiert man kurz vor dem Ziel die Kante einer Sandbank, die 2 m trockenfällt.

Ansteuerung aus E

Alle Fahrwasser enden mit der Passage einer Untiefe von

Das Fort de la Grande Conchée am seeseitigen Beginn des Fahrwassers Chenal de la Grande Conchée bleibt an Stb.

0,5 m WT, die sich NW-lich des Petit Bey Fort erstreckt. Die Fahrwasser sind alle unbefeuert und beim ersten Mal schwer auszumachen. Auch wenn sie bis zu 3 sm kürzer sind, sollte man sie zunächst auslaufend erkunden.
Chenal de la Bigne: Die Kardinaltonne E *Basse aux Chiens* bleibt an Stb., und die weiße Turmbake *La Crolante* vor Pointe de la Vardel wird mit der N-Spitze der Insel Le Grand Bey zur Deckung 222° gebracht. Das Fort auf Le Petit Bey ist offen zur Deckpeilung rechts daneben auszumachen. Der Kurs führt bis zur grünen Bake *Le Petite Bigne,* die an Stb. bleibt. Man behält die Richtlinie bei, bis die weit entfernte Villa Lonik an der geweißten Pointe Bellefard zur Deckung mit *Le Buron* (gedrungener grüner Turm) kommt. Dieser Kurs führt vor die Pointe de la Varde und eine grüne Tonne, die 0,75 sm weiter ausgelegt ist und die an Stb. passiert wird. Nun ist es sicherer, wenn man in SW-liche Richtung steuert und die rote Bake auf Grand Dodehal an Bb. sowie die befeuerte grüne Tonne, die vor den Roches aux Anglais warnt, an Stb. läßt. Dann hält man auf das Hauptfahrwasser zu, wobei die unbefeuerte rote *Les Crapauds du Bey* an Bb. bleibt. Nach dem Runden der Insel Le Petit Bey ist das Hauptfahrwasser erreicht.
Chenal des Petits Pointus: Die grüne Tonne *St. Servantine* bleibt an Stb., die nachfolgende rote Turmbake *Les Petits Pointus* an Bb. Nun wird die rechte Kante des Forts auf Le Petit Bey mit Point du Dinard zur Deckung gebracht. Nahe der Roches aux Anglais erreicht man das Fahrwasser Chenal de la Bigne.
Chenal de la Grande Conchée: Auf einem Steuerkurs von 182° bleibt die befestigte kleine Insel La Grande Conchée 3 kbl an Stb. Kurz danach wird die Bake *La Platte* und die Kardinaltonne S *Le Bouton* an Bb. passiert. Immer noch den Kurs von 182° steuernd, vergewissert man sich, daß die grüne Bake auf Les Pierres aux Normands und die grüne Tonne der Roches aux Anglais an Stb. bleiben, dann steuert man in das Fahrwasser Chenal de la Bigne ein.
Im Zweifelsfall wählt man den Chenal de la Petite Porte; nach E auslaufend, ist der Chenal des Petits Pointus aber problemlos, wenn für die gut erste Seemeile ausreichend WT vorhanden ist.

Liegeplätze

Port Vauban (UKW-Kanal 09, Tel. 02 99 56 51 91). Hier ist ausreichend Platz vorhanden, und der Hafenmeister ist bemüht, Yachten jeglicher Größe einen passenden Liegeplatz anzuweisen. Nach Absprache mit dem Hafenmeister können große Yachten im Bassin Bouvet festmachen. Vor der Schleuse sind drei Warte-Moorings ausgelegt, die mit „Vauban" gekennzeichnet sind. Diesel in begrenzter Menge vom Tankwagen nach telefonischer Bestellung (Tel. 02 99 81 30 71). Duschen und Toiletten. Wasser am Kai und an den Schlengeln. Kleiner Mastkran etc. Alle Reparaturmöglichkeiten, Ausrüster und Service. In der Ville Intra Muros findet man mehr Restaurants, als man auf einem Abendspaziergang zählen kann. Port Vauban ist sehr günstig zur Stadt gelegen.
Port des Bas-Sablons (UKW-Kanal 09, Tel. 02 99 81 71 34) Alle Versorgungseinrichtungen, die man von einer zweckmäßigen modernen Marina erwarten kann, inklusive Diesel am Schwimmsteg. Am Kai von Dinard ist Treibstoff in der Zeit von 3 Std. vor bis 3 Std. nach HW erhältlich. St. Servan selbst ist eine sehr hübsche Stadt mit wunderschöner Hafenzeile, die sich zur Rance hin öffnet. Hier findet man den berühmten Solidor-Turm und zahlreiche nette Hafen-Bistros etc. Ausgenommen bei steifen NW-lichen Winden, die die Gastliegeplätze in der Nähe des Sülls ziemlich ungemütlich machen, ist der Hafen in der Tat recht ansprechend. Wer möchte, kann mit dem Taxi zur Ville Intra Muros fahren. Zu Fuß sollte man den Weg allerdings nicht machen.

La Rance

Wassertiefen

Bis hinauf nach St. Suliac mindestens 2 m WT. Die folgenden 6 sm bis zur Schleuse Châtelier fallen stellenweise trocken. Die Schleuse wird gewöhnlich bei einer WT von 8,5 m (KN) geöffnet. An den Gastliegeplätzen der Marina „Port du Lyvet" hinter der Schleuse Châtelier beträgt die WT gut 2 m. Von der Schleuse bis nach Dinan beträgt die Fahrwassertiefe nur wenig mehr als 1 m; bei längerer Trockenheit kann es weniger sein. Die Hängebrücke in Port Hubert hat eine lichte Höhe von 23 m, die Eisenbahnbrücke 1 sm oberhalb von Mordreve 19 m.
Eine Hochspannungsleitung mit einer lichten Höhe von 16 m quert den Fluß unterhalb von Dinan.
Das HW auf der Rance tritt im allgemeinen 2,5 bis 3 Std. nach HW St. Malo ein.

La Rance: Straßenbrücke und Schleuse an der W-Seite des Sperrwerks können von Yachten passiert werden.

Lage und Umgebung
Das Gezeitenkraftwerk der Rance, 1,5 sm S-lich von St. Malo, hat eine Schleuse, die von Yachten benutzt werden kann. Sie bietet den Zugang – wenigstens für flachgehende Yachten – zu einem ausgedehnten Segelrevier sowie der historischen Stadt Dinan, die sich 12 sm oberhalb der Schleuse befindet. Eine weitere Schleuse gibt es in Le Châtelier.
1395 wurde das von Mauern umschlossene Dinan während einer kriegerischen Auseinandersetzung mit den Engländern durch den einheimischen Turnierkämpfer Du Guesclin gerettet, indem dieser einen Einzelkampf-Wettbewerb gegen Canterbury, den Gefolgsmann des Duke of Lancaster, gewann. Dinan gehört zu den bretonischen „Bilderbuchhäfen". Der Hafen ist malerisch in eine tiefe Schlucht eingebettet, während sich die Stadt selbst an den Hängen oberhalb davon ausbreitet. Vom „English Garden", der innerhalb der Wehrmauern angelegt wurde, hat man einen wunderschönen Blick. Von diesem Hafen aus können flachgehende Yachten, die ihren Mast legen können, die Passage durch Schleusen hindurch auf Binnenwasserwegen zum Golf von Biskaya unternehmen.

Gezeitenkraftwerk und Einfahrtsschleusen
Am besten klärt man die Öffnungszeiten des Gezeitenkraftwerks mit dem Hafenbüro in einer der Marinas in St. Malo ab. Da stets eine gewisse WT gehalten werden muß, wirken die Öffnungszeiten des Gezeitenkraftwerks auf Laien sonderbar. Die Hafenbüros in St. Malo und St. Servan geben Gezeitentafeln der „Electricité de France" aus, an die sich die Schleusenwärter aber nicht sklavisch halten, da ihre Aufgabe darin besteht, einen ausreichenden Wasserstand für die Stromerzeugung zu halten. Eine telefonische Bandansage (Tel. 02 99 16 37 37) informiert ebenso über die aktuellen Öffnungszeiten wie eine Meldung in der Zeitung „Ouest France". Die oben genannten Behörden informieren auch über die Öffnungszeiten der Schleuse Châtelier und verteilen ein Faltblatt mit Verhaltensmaßregeln für den Aufenthalt im Kraftwerksbereich.
Es gibt zwar eine englische Version, aber man sollte die hervorragende „Carte Guide Navigation Fluvial" Nr. 12 , die detaillierte Informationen gibt, an Bord haben. Die Kraftwerksgesellschaft ist auf UKW-Kanal 13 (Tel. 02 99 46 21 81) zu erreichen.
Als Kurzinformation sei gesagt, daß die Schleuse bei einer WT von 4 m über KN geöffnet wird, was eine Mindesttiefe von 2 m in der Schleuse bedeutet. Wenn in St. Suliac, 3 sm weiter flußaufwärts, im Rance Basin die WT 4 m beträgt, wird die Schleuse gewöhnlich alle Stunde geöffnet. Die Hubbrücke wird während der ersten Viertelstunde nach einer vollen Stunde geöffnet. Die Schleuse wird zwischen 0700 und 2100 Uhr Ortszeit bedient.
An den Dalben gibt es Warteplätze, und man tut gut daran, wenn man 20 Minuten vor der „Öffnungszeit" da ist. Ansonsten vertreibt man sich in Sichtweite der Schleusentore die Zeit.
Unter gar keinen Umständen sollte man es sich einfallen lassen, zwischen den Dalben hindurchzufahren! Sie sind durch einen hölzernen Lattenzaun verbunden, der bei der Ankunft durchaus überspült sein kann.

Ansteuerung
Von St. Malo aus steuert man direkt auf das W-Ufer des Flusses zu, wo man die rote Bake findet, die den Felsrücken Bizeux bezeichnet, der der Pointe de la Vicomté gegenüber liegt. Das Inselchen Bizeux bleibt an Bb., während man S-wärts steuert, wobei die roten Tonnen an Bb. und die 6 m hohe, befeuerte grüne Turmbake *La Jument* an Stb. bleibt.
Unmittelbar vor der Schleuse stehen zwei unbefeuerte grüne Baken. Die Schleusenöffnung wird durch Verkehrssignale angezeigt.
Flußabwärts der Schleuse gibt es ein Sperrgebiet, das mit Bb.-Zeichen und Drahtseilen gekennzeichnet ist.
Hat man das Gezeitenwehr passiert, ist auf die Betonnung zu achten. Es gibt mehrere Ankerplätze, von denen insbesondere St. Suliac wegen des Restaurants an der Uferpromenade zu erwähnen ist. Ankern oder Mooring (s. „Liegeplätze und Versorgung"). In Mordreuc kann man, nachdem man sich rücksichtslos hineingedrängt hat, auf 1,5 m Tiefe längsseits festmachen. Hier gibt es Treibstoff und einen wunderschönen Blick auf das Château gegenüber. Der Fluß wird nun sehr schmal.
Das Fahrwasser zur Schleuse Châtelier ist mit unbefeuerten roten und grünen Baken gut bezeichnet. Die Schleuse sollte aber nur bei einem „Tidenstieg" von 8,5 m angelaufen werden. Genaue Informationen zu den Öffnungszeiten bekommt man vor Ort, da sich diese nicht über größere Zeiträume voraussagen lassen. Um ganz sicher zu gehen, sollte man den Schleusenwärter vorab auf UKW-Kanal 14 oder unter der Tel.-Nr. 02 96 39 55 66 anrufen.

Ansteuerung von St. Suliac, 3 sm flußaufwärts des Gezeitensperrwerks.

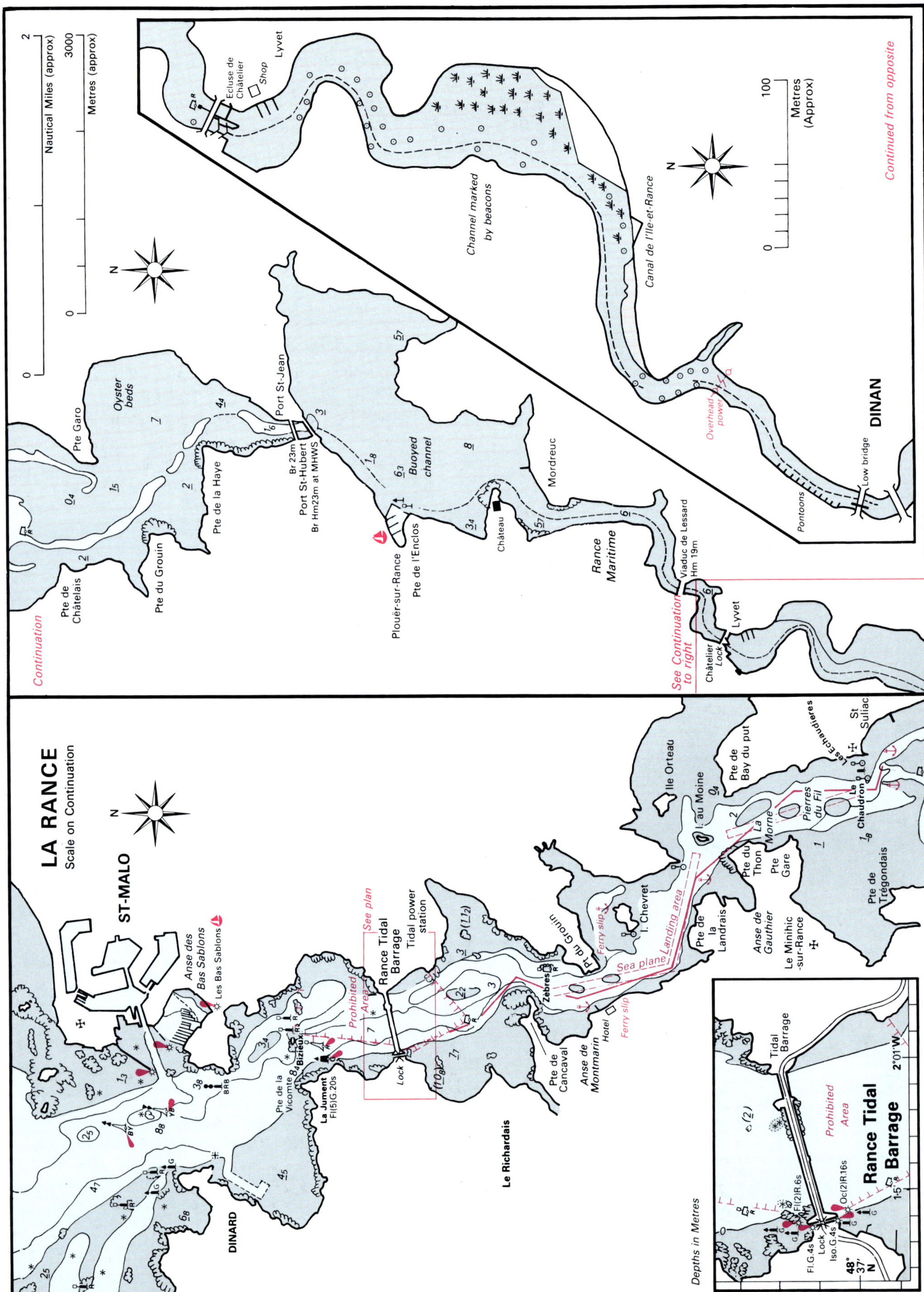

LA RANCE
Scale on Continuation
ST-MALO
DINARD
Le Richardais
Anse des Bas Sablons
Les Bas Sablons
Pte de la Vicomte
La Jument
Fl(5)G.20s
Bizeux
Rance Tidal Barrage
Tidal power station
See plan
Prohibited Area
Lock
Pte de Cancaval
Anse de Montmarin
Hotel
Ferry slip
Zebres
Sea plane
Landing area
Pt du Grouin
I. Chevret
Ile Orteau
I. au Moine
Pte de Bay du put
Pte de la Landrais
Anse de Gauthier
Le Minihic -sur-Rance
Pte du Thon
Pte Gare
La Morne
Pierres du Fil
Le Chaudron
Les Echaudières
St Suliac
Pte de Trégondais
Depths in Metres
Tidal Barrage
Prohibited Area
Rance Tidal Barrage
Fl.G.4s
Lock
Iso.G.4s
Fl(2)R.6s
Oc(2)R.16s
48° 37' N
2°01'W
Nautical Miles (approx)
Metres (approx)
Continuation
Pte de Châtelais
Pte du Grouin
Pte de la Haye
Pte Garo
Oyster beds
Port St-Jean
Port St-Hubert
Br 23m
Br Hm23m at MHWS
Buoyed channel
Plouër-sur-Rance
Pte de l'Enclos
Château
Mordreuc
Rance Maritime
Viaduc de Lessard
Hm 19m
See Continuation to right
Châtelier Lock
Lyvet
Ecluse de Châtelier
Shop
Channel marked by beacons
Canal de l'Ile-et-Rance
Metres (Approx)
Continued from opposite
Overhead power
Low bridge
Pontoons
DINAN

Die Brücke in Port St. Hubert; lichte Höhe 23 m.

Liegeplätze und Versorgung

Beim Ankern in der Rance ist zu beachten, daß die WT recht unterschiedlich sein kann und die Gezeitentafeln nicht in der üblichen Art und Weise benutzt werden können. Ratschläge können zwar hilfreich sein, aber im Zweifelsfall sollte man sich lieber auf das Echolot verlassen und sich auf das Schlimmste gefaßt machen, denn oft sinkt der Wasserspiegel, besonders nachts, auf alarmierende Weise ab.

St. Suliac ist eine hübsche große Ortschaft mit begrenzten Versorgungsmöglichkeiten, aber einem guten Restaurant an der Uferpromenade. Man ankert außerhalb des Mooringfeldes oder nimmt eine freie Mooring auf. Zum Anlanden gibt es eine lange steinerne Sliprampe und einen groben Strand.

Port de Plouer wird durch ein Süll geschützt, das bei einem Wasserstand von 8,5 m passiert werden kann. Pegel an der Einfahrt. Einige Gastliegeplätze. Die Versorgungsmöglichkeiten sind hier etwas dünn, immerhin gibt es aber eine Bar.

Unmittelbar hinter der Schleuse Châtelier liegt die Marina „Port du Lyvet" mit 250 Liegeplätzen. Gegenüber sind Moorings ausgelegt. Die Marina bietet Duschen, Strom, Wasser, einen Kiosk mit Grundnahrungsmitteln, ein oder zwei Bars und Restaurants. Die nette kleine Stadt Viscomtes liegt 1 km entfernt und bietet alle Versorgungsmöglichkeiten; allerdings kaum Bootszubehör.

Die Schleuse Châtelier, 3 sm vor Dinan.

In Dinan macht man am Kai fest. Gute Einkaufsmöglichkeiten. Treibstoff nach Absprache in der „Bar des Vedettes". Toiletten und Duschen am Kai. Verschiedene nette Restaurants an der Uferpromenade, inklusive dem „Relais Corsaires". Trotz der englischen „Untertitel" auf den Speisekarten ist das Essen erstklassig.

St. Briac

Gezeiten

HW -0515 Dover

MSpHW	MSpNW	MNpHW	MNpNW
11,2 m	1,3 m	8,5 m	4,1 m

Wassertiefen

Der Hafen fällt zwischen 1,2 m und 6 m trocken. Kein Festmachen längsseits möglich.

Lage und Umgebung

Von St. Malo nur eine bequeme Tagesetappe mit Mittagsstopp entfernt ist St. Briac. Der Hafen ist nach NW hin offen, ansonsten aber entsprechend geschützt. Die Ruhe und Naturschönheit werden durch Wassersport-Enthusiasten leider etwas gestört; nichtsdestotrotz ist St. Briac einen kleinen Zwischenstopp wert. Wer über Nacht bleiben möchte, muß sich in der Hafenmitte auf Sandgrund trockenfallen lassen.

Ansteuerung

Von E (St. Malo) kommend, hat man zwei Möglichkeiten: Entweder man kämpft sich um die Pointe de Dinard herum und folgt dem mit Riffen gespickten Fahrwasser Chenal du Décollé, wo man oberhalb der Pointe du Décollé mit ihren diversen Baken zu guter Letzt die Richtlinie 314° erreicht, oder man steuert das Hauptfahrwasser, den Chenal de la Petite Porte, bis Le Grand Jardin hinaus. Erst wenn diese Insel achterlicher als dwars peilt und nicht vorher, steuert man zwischen der grünen Tonne *No. 1* und der roten *No. 6* nach W. Die beiden Tonnen *No. 4* und *No. 2* bleiben anschließend an Stb., die Turmbake mit Kardinalzeichen E *Nerput* an Bb. Danach läßt man die beiden roten Baken *Ile Agot* und *Les*

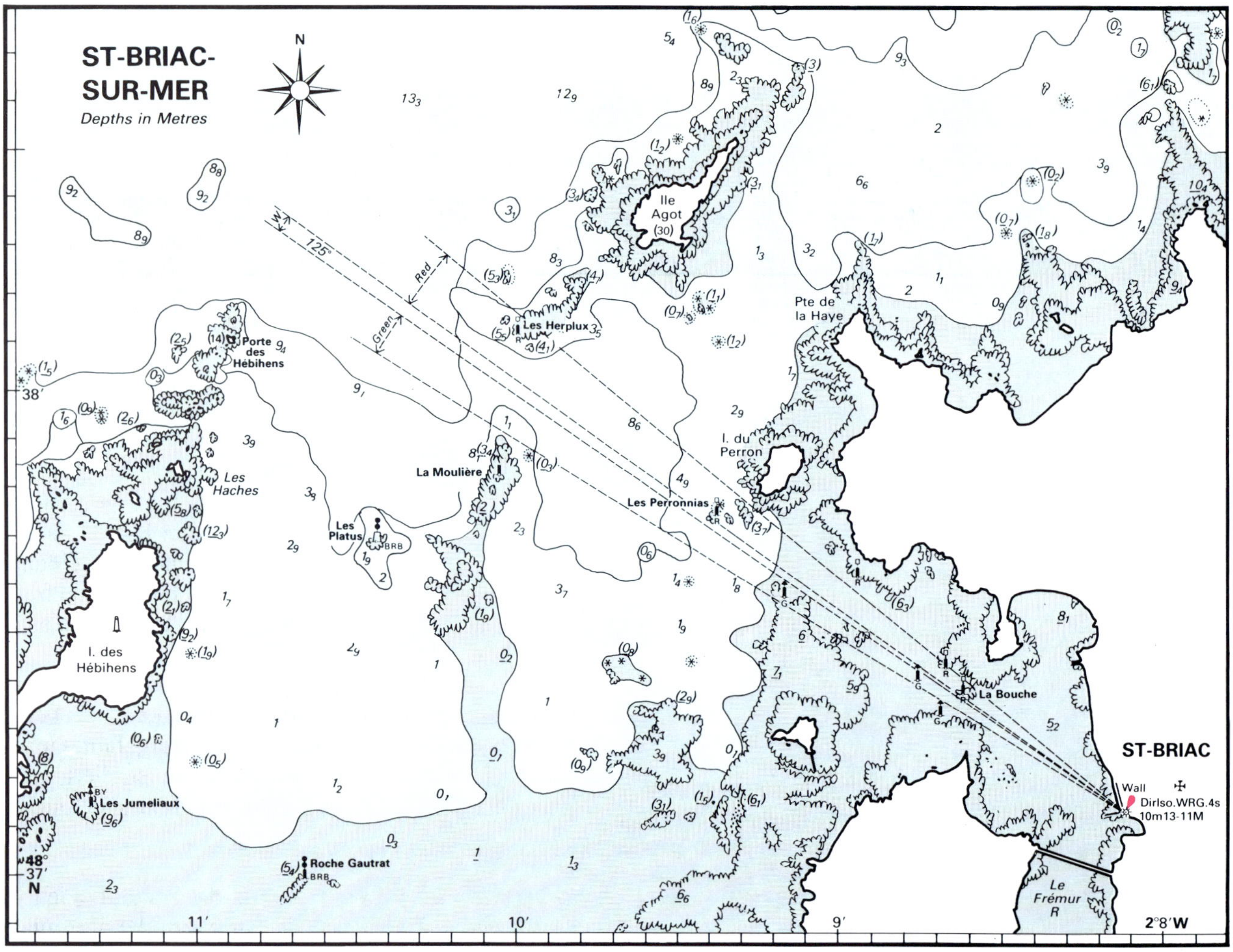

St. Briac: Blick vom trockenfallenden Ankerplatz auf das NW-liche Einsteuerungs-Fahrwasser.

Herplux an Bb. (so ist es einfacher) und steuert die Einfahrt mit 125° an. Falls es der Tidenstand erforderlich macht, passiert man *Les Herplux* mit weitem Abstand. 1,25 kbl N-lich der Bake lauert ein Fels, der 5,3 m trockenfällt. Die Kardinalbake N *La Moulière* bleibt an Stb., danach läßt man die roten Baken an Bb. und die grünen an Stb., wie es aus dem Plan ersichtlich ist.

Von W kommend, bleibt die unbefeuerte Kardinaltonne E *Les Bourdinots* an Stb., während man auf die Insel Ile Agot zuhält, bis man die Richtbaken für die Einsteuerung in 125° ausmachen kann.

Ankerplatz

Je nach Wetterlage kann man beiderseits einer kleinen Landspitze an der N-Seite eben unterhalb der letzten roten Bake ankern. Wegen Riffen muß man seeseitig der Bake bleiben, und die Huk darf nicht angelaufen werden! Man kann auch eine Mooring aufnehmen; sie sind in ausreichender Zahl vorhanden.

Versorgung

Strandcafé und örtlicher Yachtclub mit Duschen und Toiletten. Es gibt ein vietnamesisches Restaurant, ein paar Geschäfte und einige Hotels.

Der Leuchtturm auf dem Cap Fréhel aus ESE vor St. Cast: Der 33 m hohe viereckige graue Turm erhebt sich 85 m über dem Meer.

St. Cast

Gezeiten

HW -0515 Dover

MSpHW	MSpNW	MNpHW	MNpNW
11,2 m	1,3 m	8,5 m	4,1 m

Wassertiefen

An den Tonnen und längsseits der Mole beträgt die WT 1,5 m.

Lage und Umgebung

St. Cast an der Smaragdküste, der Côte d' Emeraude, gehört mit seinem wunderschönen langen Sandstrand zu den klassischen Badeorten. Der Raum zum Ankern ist zwar begrenzt, aber der freundliche Hafenmeister scheint immer mit einer Mooring behilflich sein zu können. Das Ankern ist zu beiden Seiten der Huk Point du Garde, wo sich auch der Yachtclub befindet, möglich. Man muß aber aufpassen, daß man nicht die Austernbänke mit dem Ankergeschirr beschädigt.
Bei Winden aus N bis SE wird dieser Liegeplatz ungemütlich.

Ansteuerung

Wahrschau vor dem Riff Les Bourdinots, das mit einer unbefeuerten Spierentonne mit Kardinalzeichen E bezeichnet ist. Am besten läßt man es an Stb., aber es ist ausreichend Raum vorhanden, um zwischen der Tonne und der Pointe de St. Cast zu passieren. Man muß sich nur in der Mitte der Passage halten, um von den Felsen zu beiden Seiten freizubleiben. Nachts steuert man im weißen Sektor des Feuers und bleibt von den Gefahrenstellen frei. Um vor der Pointe de la Garde zu ankern, tastet man sich aus NE hinein.
Die rote Bake *Bec Rond* bleibt an Bb., damit der Kopf des Wellenbrechers an Stb. passiert werden kann. Zu beachten ist außerdem das rot-schwarz-rote Einzelgefahrzeichen *La Feuillade*. Die Seekarte sollte genau studiert werden, wenn beim Einlaufen die Gefahrenstellen überspült sind.

Auffällige Signalstation auf der Pointe de St. Cast.

Liegeplätze

Von der Mole aus gesehen, sind die ersten beiden Mooring-Reihen für Fischerboote reserviert, die dort mit Bug- und Heckleinen festmachen. Man sucht sich eine freie Yacht-Mooring, von denen 10 mit „Visiteurs“ (Gäste) gekennzeichnet sind. Anschließend meldet man sich beim Hafenmeister. Außerhalb von Bec Rond sind Warte-Tonnen ausgelegt, die man zunächst aufnehmen und mit dem Dingi an Land rudern kann, um zu fragen, wo man festmachen darf. Im Hafen können Yachten bis zu 13,5 m Lüa festmachen. Ein Tiefgang von 2 m stellt kein Problem dar.

Versorgung

Wasser, Benzin und Diesel am Kai. Duschen und Toiletten, kleine Yachtwerft und Ausrüster. Der Ort, in dem man weitere Versorgungsmöglichkeiten wie z. B. einen Waschsalon findet, ist rund 1,5 km entfernt.

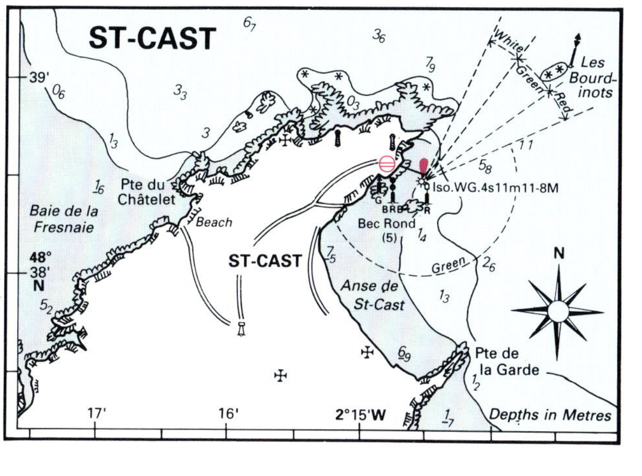

Dahouet

Gezeiten

HW -0520 Dover

MSpHW	MSpNW	MNpHW	MNpNW
11,35 m	1,25 m	8,65 m	4,05 m

Wassertiefen

Die WT im Hafenbecken beträgt 2,5 m. Die Einfahrt fällt bis zu 5 m trocken, das Süll 5,5 m.

Lage und Umgebung

Das ursprüngliche, zauberhafte Fischerdorf hat einen Schleusenhafen, in dem sich eine Marina mit Gastliegeplätzen befindet. Der Hafen kann von 2 Std. vor bis 2 Std. nach HW von Yachten angelaufen werden, deren Crews sich nach einem ruhigen Zwischenstopp mit schlichtem Essen und schönen Wanderungen auf den Klippen sehnen.

Ansteuerung

Bei auflandigen Starkwinden brechen sich die Seen in der Einfahrt, und das Anlaufen des Hafens ist nicht zu empfehlen. Yachten mit einem Tiefgang von 1,5 m können von 2 Std. vor bis 2 Std. nach HW gefahrlos einlaufen. Tiefergehende Yachten sollten um HW herum einsteuern.
Das Inselchen Verdelet, das 1,5 sm NNE-lich der unbefeuerten Kardinaltonne N *Le Dahouet* liegt, hat eine markante Kegel-Form. Man läßt die Tonne an Stb. und steuert mit einem Kurs von etwa 115° auf die weiße Turmbake mit grüner Spitze *La Petite Muette* (Fl.WRG.4s10m9-6M) zu, die ein Sektorenfeuer trägt. Nachts führt der weiße Sektor des Feuers sicher vor die Einfahrt und hält einen vom Plateau des Jaunes im N (roter Sektor) und der Untiefe Le Dahouet und weiterer Untiefen (grüner Sektor) frei.
Der einzelne Felsen von *La Petite Muette* bleibt an Stb. und die rote Stange mit gutem Abstand an Bb. Nachts kann man die grüne Bake in der Einfahrt (Fl(2)G) ausmachen, nachdem man *La Petite Muette* passiert hat; man kann sie als nächste Ansteuerungsmarke verwenden. Am Tag setzt man seinen Kurs auf die grüne Bake ab, wenn man auf halber Höhe zwischen *La Petite Muette* und der pagodenförmigen Kirche Notre Dame de la Garde ist.

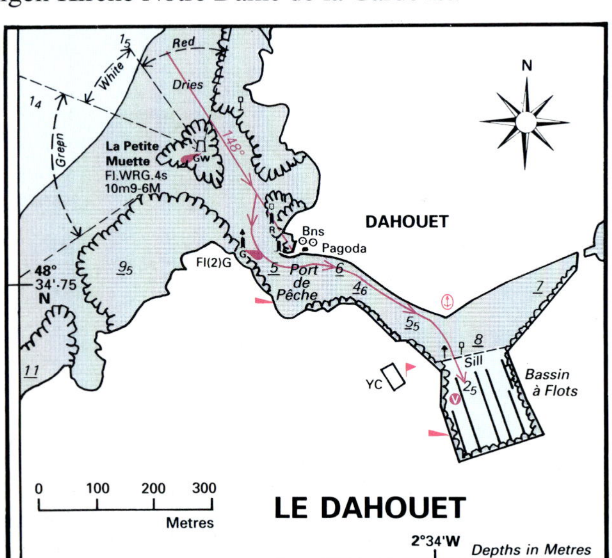

Es gibt zwei Richtlinien in der Einfahrt, die aber beide keinerlei Hilfe darstellen. Zum einen steht auf den Klippen ein weißes Bakenpaar, das stark verwittert ist und vermutlich die vorgelagerten Untiefen bezeichnet. Die andere Richtlinie, die genau in der Einfahrt von zwei kleinen weißen Pfählen gebildet wird, hat immer wieder für Verwirrung gesorgt. Offensichtlich leiten sie in eine Zufahrt, die SW-lich von *Muette* verläuft. Vor einer Ansteuerung durch dieses riskante Fahrwasser sei nachdrücklich gewarnt! Selbst die Einheimischen raten dringend davon ab.
Wenn das grüne Leuchtfeuer ein oder zwei Bootslängen querab an Stb. peilt, dreht man nach Bb. ein und fährt am Kai entlang, bis man die Einfahrt zum Süll an der W-Seite der Marina ausmachen kann, die mit einem roten und einem grünen Pfahl bezeichnet ist. Dann läuft man bei ausreichendem Tidenstieg ein.

Liegeplätze

In der Marina macht man am W-lichsten Schwimmsteg fest. Man kann sich auch E-lich der Capitainerie gegen den Quai des Terre-Neuvas (fällt 7 m trocken) gelehnt trockenfallen lassen. In diesem Bereich sind zahlreiche Moorings ausgelegt, die trockenfallen. Die Capitainerie ist auf UKW-Kanal 09 (oder Tel. 02 96 72 82 85) während der Dienstzeiten zu erreichen.

Versorgung

An der Hafenpromenade gibt es ein oder zwei Bistros und einen gut sortierten Ausrüster. Die Marina bietet Duschen und Toiletten. Alle weiteren Versorgungsmöglichkeiten findet man in der alten Ortschaft, die nur einen kurzen Bummel vom Hafen entfernt ist. Treibstoff am Quai des Terre-Neuvas (fällt 7 m trocken). Unmittelbar vor dem Schleusenhafen gibt es eine Kielbank, die 6,5 m trockenfällt und daher zu Nippzeiten nicht der Hit ist. Es gibt 4 t- und 6 t-Kräne, außerdem Mechaniker und ein paar Reparaturmöglichkeiten. Austausch von Camping GAZ-Flaschen und Stangeneis in der Nähe.

Le Légué (St. Brieuc)

Gezeiten

HW -0520 Dover

MSpHW	MSpNW	MNpHW	MNpNW
11,45 m	1,4 m	8,7 m	4,1 m

Wassertiefen

Bis 2 sm nach seewärts fällt die Einfahrt bis zu 6 m trocken; bei auflandigen Starkwinden wird sie äußerst gefährlich. Laut örtlicher Behörden sollten NW-Winde der Stärke 5 für kleine Yachten das Äußerste sein. Im Schleusenhafen, der vollkommen geschützt ist, beträgt die WT 4 m (Süll fällt 5 m trocken). Die Umgebung ist leider nicht die Schönste.

Lage und Umgebung

Le Légué ist der Hafen der Provinzhauptstadt St. Brieuc, die auf der anderen Uferseite des Flusses liegt. Die Liegeplätze an den Stadtkais sind perfekt geschützt, tagsüber

La Dahouet: Die Marina wird von einem Süll begrenzt, die Einfahrt befindet sich an der W-Seite.

La Légué.

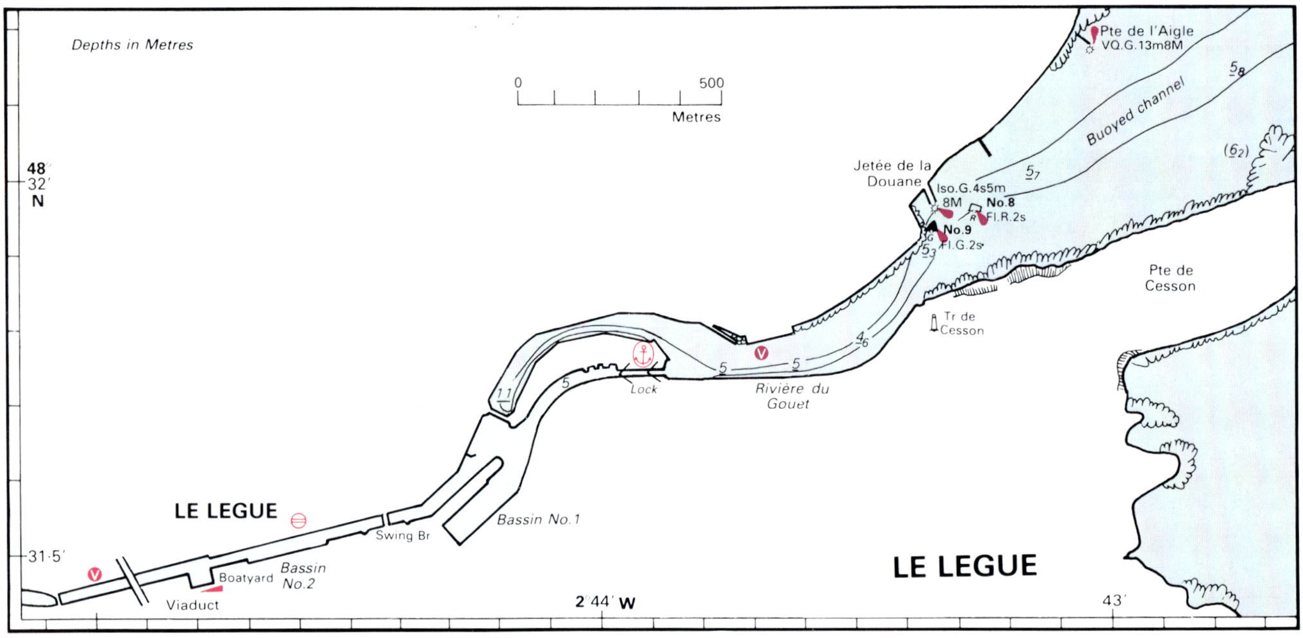

aber ziemlich laut und bei trockenem windigem Wetter ist das Deck schnell mit einer Schicht Sandstaub bedeckt. In den 80er Jahren wurde der Hafen hauptsächlich von Fischerbooten und Küstenfrachtern angelaufen; heute gibt es 20 Gastliegeplätze für Yachten bis zu 15 m Lüa im Bassin No. 2. Je nach Gemütslage kann der Anblick des Einfahrtskanals bei NW ebenso Zufriedenheit wie Magendrücken verursachen.

Ansteuerung

Die Ansteuerungen von Le Légué können bei Winden von mehr als Bft 5 aus NE-lichen Richtungen gefährlich werden. Am Tag steuert man die rot-weiße Heultonne *Le Légué* (Mo(A)10s) an. Aus ihrer Nähe hält man mit einem Kurs von 200° auf die unbefeuerte grüne Tonne *No. 1* zu, die ein paar sm entfernt liegt. Nun folgt man dem Tonnenstrich, die grünen an Stb., die roten an Bb., bis die Schleuse voraus liegt. Der steinerne alte Leuchtturm mit grünem Laternenhaus Pointe de l'Aigle (s. Plan) steht auf dem Kopf einer sehr kurzen Mole. Die Bake auf der Jetée de la Douane (Iso.G) ist weiß und hat eine grüne Spitze. Wenn man auf die Öffnung warten muß, macht man am besten an der S-lichen Hafenmauer unmittelbar vor der Schleuse fest. Die Schleuse ist auf den UKW-Kanälen 12 und 16, um HW auf Kanal 09 oder telefonisch (Tel. 02 96 33 35 41) zu erreichen. Die Schleuse wird, abhängig vom Tidenhub, 1 Std. vor bis 1 Std. nach HW geöffnet.

Nachts steuert man auf einem Kurs, der sich an einer Linie zwischen Pointe à l'Aigle (Q.G.13m8M) und der Kardinalbake W *Rohein* (VQ(9), die 7,5 sm NNE-lich davon ausgelegt ist, orientiert. Pointe à l'Aigle peilt dann in ca. 208°. Bei der Annäherung an die Küste sollten die unbefeuerten Fahrwasserbezeichnungen ausgemacht werden. Der Zollpier Jetée de la Douane trägt ein Feuer (Iso.G.4s), die davor ausgelegte rote Tonne *No. 8* ist befeuert (Fl.R.2s); die grüne *No. 9* eben hinter der Mole zum Strand hin ist mit Fl.G.2s befeuert. Danach verläuft das Fahrwasser SW-lich zum linken Ufer hin und von dort W zu S auf die Schleuse zu.

Liegeplätze

Hat man die Schleuse passiert, fährt man zum Bassin No. 2 (s. Plan). Tatsächlich ist dies ein „kanalisiertes" Stück des Flusses Gouet. Die Hubbrücke wird nur selten bedient, zwischen 21.00 und 7.00 Uhr überhaupt nicht. Hat man diese passiert, macht man an Stb.-Seite vor dem Viadukt fest, wenn man keinen Liegeplatz zugewiesen bekommt.

Versorgung

Alle Reparatur- und Service-Einrichtungen vorhanden. Wasser von einer Zapfstelle am Kai W-lich des Viaduktes. Treibstoff von einer Tankstelle am Kai. Öffentliche Duschen und Toiletten. Eine Busfahrt von 7 Minuten (etwa alle Stunde, Abfahrt an der Haltestelle W-lich des Viaduktes an der N-Seite des Kais) bringt einen nach St. Brieuc, wo man viele Möglichkeiten hat, seinen Durst zu löschen. Sparsamere Naturen können einen Spaziergang zur Pte. de l'Aigle unternehmen, wo es ein absolut „echtes" Küstendorf zu entdecken gibt. Zur Mittagszeit bieten die Bars sehr preisgünstige Mahlzeiten an. Gut sortierter Ausrüster.

Binic

Gezeiten

HW -0525 Dover

MSpHW	MSpNW	MNpHW	MNpNW
11,45 m	1,4 m	8,7 m	4,1 m

Wassertiefen

Die Ansteuerungen fallen bis zu 0,75 sm seewärts 4,5 m trocken. Im Schleusenhafen beträgt die WT zwischen 1,4 m und 2 m. In der Nähe des N-lichen Endes des Gäste-Schlengels gibt es WT bis 3,5 m.

Lage und Umgebung

Der ehemalige Fischerhafen gehört heute weitgehend dem Yachtsport, der mit dem Bau des Schleusenhafens kam.

Der Hafen von Binic.

Der Yachthafen St.-Quay-Portrieux.

Bei Starkwinden aus E bis SE wird die Einfahrt fragwürdig. Die Schleuse wird offiziell nur dann geöffnet, wenn die Höhe der Gezeit 9,5 m erreicht. Folglich sind die Öffnungen zu Nippzeiten ziemlich kurz, wenn überhaupt geöffnet wird. Bei mittlerem HW oder darüber wird die Schleuse von 1 Std. vor bis 1 Std. nach HW geöffnet. Yachten mit mäßigem Tiefgang können den Hafen von halber Flut an anlaufen.

Ansteuerung

Die Ansteuerung von See her ist frei von Gefahrenstellen, vorausgesetzt, der Wasserstand reicht aus, um den Hafen zu erreichen. Die Roches de Saint Quay verlangen jedoch einige Vorsicht. Da sie deutlich bezeichnet sind, können sie aber beidseitig umfahren werden (s. Plan S. 265). Die binnenseitige Passage ist allerdings die bessere Wahl, da die schmalste Stelle hier immer noch 0,5 sm breit ist.
Bei der Ansteuerung wird zunächst der 12 m hohe weiße Leuchtturm (Oc(3)12s12M) auf dem Kopf des N-Wellenbrechers von Binic sichtbar. Die Richtlinie – der weiße Leuchtturm in Linie 275° mit dem Kirchturm – hält von allen möglichen Gefahrenstellen frei, selbst wenn der Ansteuerungsbereich trockengefallen ist; für die Navigation ist diese Deckpeilung aber nicht unbedingt erforderlich.
Auch die Ansteuerung bei Nacht sollte eigentlich keine Probleme bereiten, wenn man die bei Dunkelheit einfachere Passage benutzt, die S-lich an den Roches de Saint Quay vorbeiführt. Im weißen Sektor der Kardinalbake W *Roheim* (VQ(9)WRG.10s13m11-18M) bleibt man S-lich der Gefahrenstellen, und man kann die Leuchtbake solange achteraus ca. 060° peilen, bis das Feuer Binic auszumachen ist. Nachdem der Wellenbrecher passiert ist, hält man auf die Schleuse zu oder macht kurzfristig fest, wobei das Echolot beobachtet werden sollte. Ein grünes Licht bedeutet „Einfahrt frei“, ein rotes „keine Einfahrt“. Die Schleuse selbst ist zwar nicht auf UKW zu erreichen, dafür ist der Port de Plaisance während der Dienstzeiten auf UKW-Kanal 09 hörbereit (Tel. 02 96 73 61 86).

Liegeplätze

Der Schwimmsteg, den man beim Einlaufen zuerst erreicht, ist offiziell für Gäste reserviert; man sollte die Chance, hier einen Liegeplatz zu ergattern, beim Schopf packen. Mißt die Yacht mehr als 10 m Lüa wird man eher an einen Liegeplatz mit größerer WT an der Kaimauer (hinter dem Schleusentor) als an einen Schwimmsteg dirigiert. An der Innenseite des Wellenbrechers kann man sich 4,5 m auf Sand und Schlick trockenfallen lassen.

Versorgung

Duschen und Toiletten. Wasser an den Schwimmstegen. Treibstoff nur per Kanister. Gut sortierter Ausrüster, Reparaturmöglichkeiten, Austausch von Camping GAZ-Flaschen und Stangeneis. Für Vergnügungssuchende, insbesondere auch junge Familien mit Kindern, bietet Binic alle Möglichkeiten eines Ferienortes mittlerer Größe, eine malerische Hafenzeile sowie wunderschöne Strände, die vom Hafen aus bequem zu erreichen sind.
Alles in allem gehört Binic zu den schönsten Ferienorten an der N-Küste der Bretagne.

St. Quay-Portrieux

Gezeiten

HW -0520 Dover

MSpHW	MSpNW	MNpHW	MNpNW
11,4 m	1,4 m	8,6 m	4,1 m

Wassertiefen

Tiefwasser in den Ansteuerungsbereichen und der Marina. Die WT an den Liegeplätzen ist auf 3,5 m gebaggert.

Lage und Umgebung

An diesem Küstenabschnitt gehört St. Quay-Portrieux zu den wenigen Allwetter-Häfen, die bei jedem Tidenstand angelaufen werden können, was ihm entsprechende Bedeutung verleiht. Die Ortschaft bietet wundervolle Strände, gute Restaurants und Geschäfte, ein Kasino sowie eine Kette felsiger Riffe, die, 2,5 sm vor der Küste gelegen, einen idealen Lebensraum für Hummer darstellen, die hier auf die richtige „Topfgröße“ heranwachsen können.
Der Hafen kann bei Tag und Nacht angelaufen werden; eine Tatsache, die einen etwas für die ziemlich kühle und ungemütlich „neue“ Atmosphäre des Hafens entschädigt.

Ansteuerung aus N

Am Tag beginnt die Ansteuerung an der Kardinalbake W *Madeux,* die mit gutem Abstand an Bb. bleibt. Dann steuert man einen S-lichen Kurs, damit die Kardinalbake E *Moulières de Portrieux* an Stb. bleibt. Bei guter Sicht ist in der Ferne ein Wasserturm zu erkennen. Bringt man diesen mit der Bake Moulières zur Deckung, erhält man die Richtlinie 172°, anhand derer man seine Abdrift feststellen kann. Wenn die Kardinalbake S *Herflux* in Linie 119° mit der entfernten Kardinalbake S *La Longue* peilt, steuert man diesen Kurs, bis der Wellenbrecher der Marina in S peilt. Nun verläßt man die Richtlinie und hält auf den Wellenbrecher zu, dreht dann hart nach Stb. ein, um in die Marina einzulaufen. Kann man *La Longue* nicht ausmachen, sollte man wenigstens sicherstellen, daß *Moulières* mit einem Abstand von mindestens 2 kbl an Stb. bleibt, wenn Mittelwasser schon überschritten ist.
Nachts steuert man im weißen Sektor des Leitfeuers Port de Portrieux (DirIso.WRG.4s15-11M). Dabei sollte man den roten Sektor des Feuers *Herflux* (DirFl(2)WRG.6s) im Auge behalten. Hat man nämlich den weißen Sektor dieses Feuers erreicht, steuert man mit ca. 120° weiter, bis der schmale weiße Sektor des Feuers Ile Harbour (Oc(2)WRG.6s) achteraus peilt. Nun kann man sicher auf den Molenkopf (Fl(3)G.12s) eindrehen, der dann an Stb. gerundet wird. Der S-Wellenbrecher (Fl(3)R.12s) bleibt an Bb., und man hat es geschafft !

Ansteuerung aus S

Am Tag bleiben die befeuerten Kardinaltonnen E *Caffa, La Longue* (Kardinalbake S) und *La Roselière* (Kardinaltonne W) mit gutem Abstand an Stb., bevor man mit etwa 317° auf die Hafeneinfahrt zuhält. Die einzelne Kardinal-Spierentonne E bleibt an Bb. Auf diesem Kurs liegen Untiefen von 0,3 m. Auf der Richtlinie 317° – die weiße Bake *La Hergue* in Linie mit der weißen Spitze

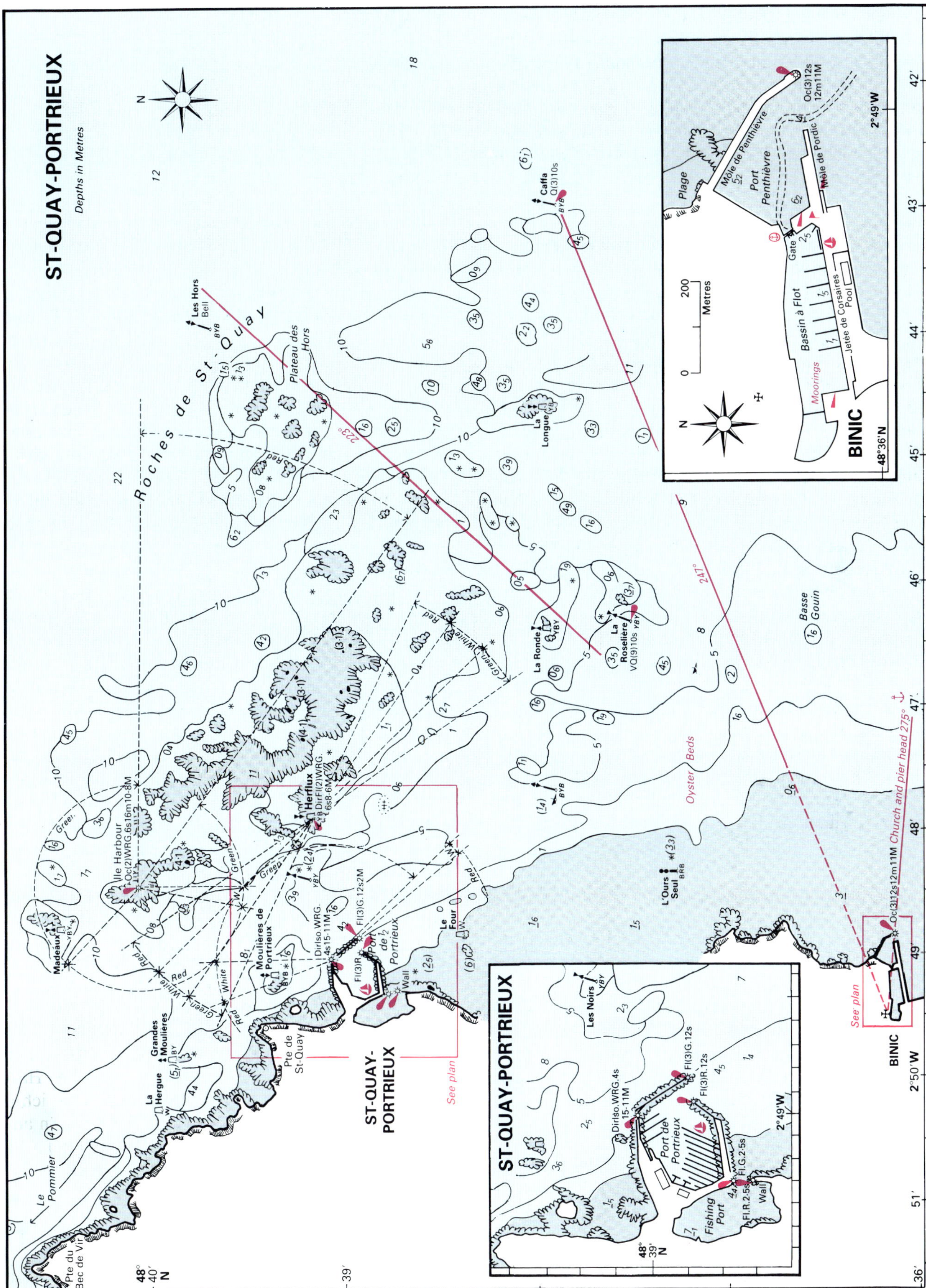
ST-QUAY-PORTRIEUX
Depths in Metres
Roches de St-Quay
Plateau des Hors
Les Hors
Bell
Caffa
Q(3)10s
La Longue
La Ronde
La Roselière
VQ(9)10s
Basse Gouin
Oyster Beds
Church and pier head 275°
L'Ours Seul
Herflux
DirFl(2)WRG
Ile Harbour
Oc(2)WRG.6s16m10-8M
Madeaux
Moulières de Portrieux
Grandes Moulières
La Hergue
Pte du Bec de Vir
Le Pommier
Pte de St-Quay
Le Four
Port de Portrieux
ST-QUAY-PORTRIEUX
See plan
BINIC
See plan
Oc(3)12s12m11M
Les Noirs
Fl(3)G.12s
Fl(3)R.12s
DirIso.WRG.4s 15-11M
Fishing Port
Fl.G.2·5s
Fl.R.2·5s
Wall
2°49'W
2°50'W
48°39'N
48°40'N
Plage
Môle de Penthièvre
Port Penthièvre
Môle de Pordic
Oc(3)12s 12m11M
Gate
Bassin à Flot
Jetée de Corsaires
Pool
Moorings
Metres
48°36'N

der kleinen Insel Le Pommier, die fast 3 sm NW-lich davon liegt – findet man aber das beste Fahrwasser (1,1 m). Die Nachtansteuerung ist einfach. Nachdem man *Caffa* (befeuerte Kardinaltonne E) und *La Roselière* (befeuerte Kardinaltonne W) mit gutem Abstand gerundet hat, steuert man im weißen Sektor des Leitfeuers Portrieux (DirIso. WRG.4s15-11M), das vor die Hafeneinfahrt führt, ein. Die Molenköpfe sind mit Fl(3)G.12s und Fl(3)R.12s befeuert.

Liegeplätze

Für Yachten bis zu 18 m Lüa und einem Tiefgang bis zu 3,5 m stehen Gastliegeplätze an Ponton 7 zur Verfügung. Das Hafenbüro ist auf UKW-Kanal 09 während der Saison rund um die Uhr hörbereit (Tel. 02 96 70 49 51). Falls der Tidenstand es erlaubt, kann man auch S-lich der S-Mole ankern, indem man sich mit eingeschaltetem Echolot langsam hineintastet.

Versorgung

In der Marina gibt es Wasser und Treibstoff sowie großzügige Sanitäranlagen und einen Waschsalon. Für die Yacht stehen sämtliche Serviceeinrichtungen zur Verfügung, inklusive Ausrüster und Mechaniker. Austausch von Camping GAZ-Flaschen und Stangeneis. 25 t-Kran und Sliprampe im alten Hafen, wo man sich auch trockenfallen lassen kann, nachdem man sich zuvor im Hafenbüro angemeldet hat.

Verkehrsverbindungen

Busse verkehren nach St. Brieux, wo man Anschluß an die Bahn hat. Von St. Brieux kann man nach Paris fliegen.

Paimpol

Gezeiten

HW -0525 Dover

MSpHW	MSpNW	MNpHW	MNpNW
10,95 m	1,45 m	8,35 m	3,95 m

Wassertiefen

Das Einfahrtsfahrwasser fällt bis zu 2 sm weit seewärts 3 m bis 4,6 m trocken. Im Hafenbecken, das durch eine Schleuse abgeschlossen ist, beträgt die WT 4 m. Zu Nippzeiten können Yachten mit bis zu 3 m Tiefgang die Schleuse benutzen; zu Springzeiten kann der Tiefgang bis zu 4 m betragen.

Lage und Umgebung

Paimpol ist ein Fischereihafen, der auch heute noch von der Kabeljau-Fischerei vor Island und Neufundland lebt. Bis 1935 war hier eine Flotte von Schonern und Ketschen beheimatet, die von den Einheimischen als „Dundees" bezeichnet wurden. Diese Boote fuhren im Frühjahr hinaus aufs Meer, um den Sommer in subarktischen Gewässern mit Leinenfischerei zu verbringen. Im Herbst kehrten sie dann mit Mengen von eingesalzenem Fisch zurück.

Heute bietet diese malerische Stadt, die sich ihrer geschichtlichen Tradition stark verbunden fühlt, Gastyachten einen angenehmen Aufenthalt. In den vergangenen Jahren fanden hier sehr erfolgreiche maritime Festivals statt.

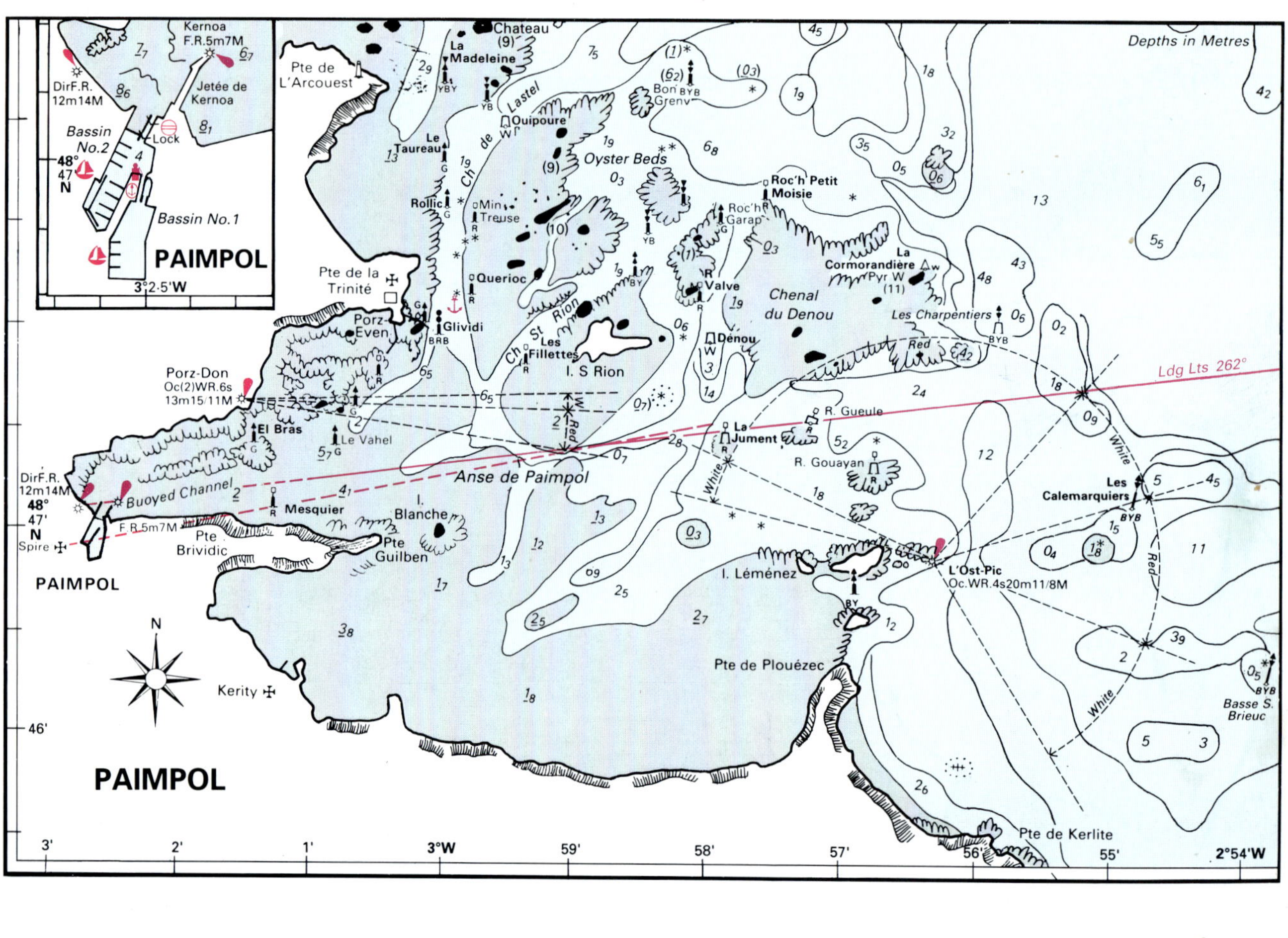

Der Ansteuerungsbereich von Paimpol.

Der Hafen Paimpol.

Ansteuerung und Einfahrt

In den Hafen von Paimpol führt eine Reihe von Nebenfahrwassern, von denen zwar keines mehr als 4 sm spart, die bei der Navigation aber einiges Feingefühl verlangen. Ein paar sind auf dem Plan verzeichnet. Das Hauptfahrwasser, Chenal de la Jument genannt, ist einfach und unkompliziert.

Zunächst muß die Turmbake mit Kardinalzeichen E *Les Charpentiers*, die seewärts der Roches du Roho ausgelegt ist, ausgemacht werden. 0,5 sm NW-lich davon steht die weiße Pyramide *La Cormorandière*. Bei der Ansteuerung aus E ist der Leuchtturm Lost Pic, der 1 sm SSW-lich davon steht, möglicherweise zuerst zu sehen. Der charakteristische 20 m hohe, eckige weiße Turm mit roter Haube zeigt das Feuer (Oc.WR.4s11/8M). Nachts steuert man zunächst im NE-lichen weißen Sektor des Feuers, bis *Les Charpentiers* querab peilt und der rote Sektor des Feuers sichtbar wird.

Am Tag gibt es eine sehr brauchbare Deckpeilung, die bis zur roten Tonne *Gueule* führt. Dazu bringt man das einzelne weiße Haus auf der Pointe Porz-Don mit einer Säule am Horizont in 269° zur Deckung. Das Feuer Porz-Don (Oc(2)WR.6s13m15/11M) zeigt einen 3° schmalen weißen Sektor (269° – 272°). Die N-liche Begrenzung dieses Sektors, eben innerhalb des roten Sektors, stimmt mit der Deckpeilung überein. Kann man die Deckpeilung am Tag nicht ausmachen, bringt man ein weißes Gebäude auf der Pointe Brividic mit dem Kirchturm von Paimpol in 260° zur Deckung; dieser Kurs führt vor die Tonnen *Gueule* und *La Jument*.

Schließlich steuert man auf der Richtlinie 264° ein. Unterfeuer: F.R, eine weiße Hütte mit rotem Dach auf dem Kopf des Kernoa-Hauptwellenbrechers, Oberfeuer: DirF.R.12m14M, ein 9 m hoher weißer Gitterturm ebenfalls mit roter Spitze, das Oberfeuer zeigt einen verstärkten Leitsektor 260° – 264°. Der letzte 0,5 sm lange Abschnitt des 30 m breiten Fahrwassers ist mit Tonnen und Stangen markiert, von denen die letzte grüne Tonne befeuert ist.

Man dreht nach Bb., rundet den Kopf der Jetée de Kernoa und steuert auf die Schleuse zu, die zu Springzeiten von 2,5 Std. vor bis 2,5 Std. nach HW, bei Nippzeiten von 2 Std. vor bis 2 Std. nach HW geöffnet wird. Der Schleusenwärter ist zu HW auf UKW-Kanal 09 zu erreichen, der Kaimeister unter Tel.: 02 96 20 47 65. Während der Saison wird die Schleuse von 0600 – 2300 Uhr Ortszeit bedient; im Winter von 0700 – 2200 Uhr.

Liegeplätze

Im Hafen von Paimpol stehen 300 Liegeplätze an Schwimmstegen und Kais zur Verfügung; 20 davon sind Gastliegeplätze. An den Fingerstegen ist die maximale Größe 11 m Lüa. Yachten bis zu 15 m Lüa können am Quai Loti festmachen; teilweise muß man hier im Päckchen liegen. Liegeplätze für Yachten zwischen 15 m und 50 m Lüa sollte man vorab mit dem Hafenamt abstimmen; gelegentlich stehen Plätze zur Verfügung. Die meisten Gastliegeplätze befinden sich im Bassin No. 2, wo die Plätze nach dem Prinzip „Wer zuerst kommt…" vergeben werden. Nach dem Festmachen meldet man sich im Hafenbüro (Quai Neuf), das sich auf dem Kai zwischen den Bassins befindet. Kurzzeitig können Yachten hier sicher verwahrt zurückgelassen werden.

Ankerplätze

Vor Porz-Even ankert man auf 2,7 m WT eben E-lich der Moorings. Das Einzelgefahrzeichen (schwarz-rot-schwarze Bake mit zwei schwarzen Bällen als Toppzeichen) peilt in ca. 190°. Ein guter Ankerplatz bei passenden Wetterverhältnissen.

Versorgung

Wasser an den Schwimmstegen. Treibstoff am Kai. Duschen und Toiletten (24 Std.). Ausrüster, Werft-Einrichtungen, Segelmacher, Austausch von Camping GAZ-Flaschen und Stangeneis. Waschsalon in der Rue de la Benne 4. Beim Bassin No. 2 gibt es einen hervorragenden Supermarkt sowie sämtliche Versorgungsmöglichkeiten einer Stadt, inklusive einer Schiffahrtsbuchhandlung und Restaurants für jeden Geschmack und jeden Geldbeutel.

Im „L'Islandais" werden nicht nur ungewöhnliche Menus serviert, sondern auch Weine zu erschwinglichen Preisen kredenzt. Man diniert hier in interessanter Umgebung, während Madame höchstselbst darüber wacht, daß es dem Gast an nichts fehlt. Die Zimmer sind geradezu aufsehenerregend, und wer einmal der Enge seiner Kajüte entfliehen möchte, dem bietet sich hier die beste Gelegenheit.

Verkehrsverbindungen

Interessante Busfahrten zu den benachbarten Küstenorten. Bahnverbindung nach St. Malo oder Brest.

Ile de Bréhat

Gezeiten

HW -0525 Dover

MSpHW	MSpNW	MNpHW	MNpNW
10,4 m	1,1 m	8,0 m	3,6 m

Wassertiefen

Unterschiedlich: von trockenfallenden Bereichen bis zu Tiefwasser bei SpringNW. Detaillierte Informationen s. Plan und „Ankerplätze" weiter unten.

Lage und Umgebung

Das felsige Archipel Bréhat ist besonders bei Eignern flachgehender Yachten, Künstlern und Tagesausflüglern beliebt. Die Insel wird regelmäßig von Ausflugsbooten angelaufen. Auch bei Ruhesuchenden ist Bréhat beliebt; Autos sind auf der Insel verboten.

Ansteuerung

In der Nähe der Insel sollte sehr sorgfältig navigiert werden. Die Gezeitenströme können hier mit bis zu 5 kn setzen, und so ist es unerläßlich, stets auf die Position der Yacht zu achten. Von N kommend, steuert man auf einen Punkt zu, der 1 sm E-lich des Leuchtturms Le Paon

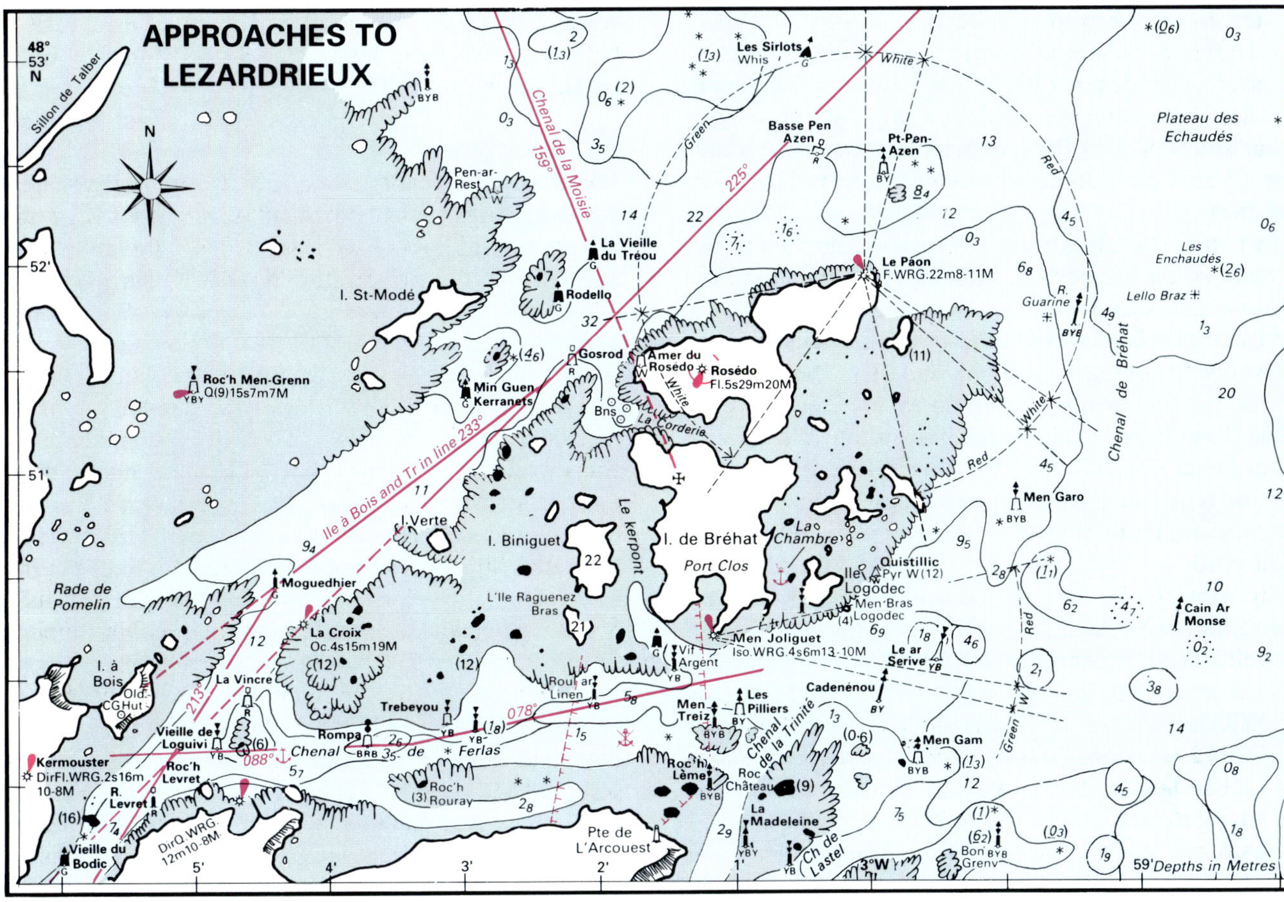

Port Clos auf der Insel Ile de Bréhat aus N.

(F.WRG.12-8M) liegt, einem 12 m hohen gelben Fachwerkturm, der sich 22 m über dem Meer erhebt.
Auf einem Kurs von 168° bleibt das Plateau de la Horaine mit seinen zahlreichen Seezeichen an Bb., die Turmbake mit Kardinalzeichen N *Petit Pen-Azen* mit gutem Abstand an Stb. – und man erreicht das Fahrwasser Chenal de Bréhat. Um die unbefeuerte Kardinaltonne E *Rc. Guarine* dicht an Stb. und die Turmbake mit Kardinalzeichen E *Men Garo* mit gutem Abstand an Stb. zu passieren, muß der Kurs eventuell geändert werden. Voraus liegt nun die unbefeuerte Kardinaltonne N *Cain-ar-Monse.* 2 oder 3 kbl davor ändert man den Kurs in WSW-liche Richtung, um die Kardinalbake S *Lel-ar-Serive* an Stb. zu lassen. Dann geht man auf einen Kurs von 290° und hält auf die Bakentonne mit Kardinalzeichen S genau S-lich vor Ile Logodec und dem Ankerplatz La Chambre zu oder geht auf Kurs 278°, um zur Kardinalbake W *Men Joliguet* zu gelangen, die das Sektorenfeuer Iso.WRG.4s6m13/10M Port Clos trägt.
Der Chenal de Ferlas bietet Yachten, die von Lézardrieux kommen, eine weitere Ansteuerungsmöglichkeit. In diesem Fall bleibt die Kardinalbake *S V. de Loguivy* mit gutem Abstand an Bb., während man mit Kurs 088° auf das Einzelgefahrzeichen *Rompa* (schwarz-rot-schwarze Bake mit zwei schwarzen Bällen als Toppzeichen) zusteuert. *Rompa* bleibt an Bb., während man mit 078° die Turmbake *Trebeyou* (Kardinalzeichen S) sowie die Kardinalbake S 1,5 sm ESE-lich davon an Bb. läßt. Man folgt diesem Kurs, auf dem 3 weitere Baken sowie *Men Joliguet* an Bb. und die Turmbake *Les Piliers* (Kardinalzeichen N) an Stb. bleiben. Jetzt steht man S-lich von La Chambre.

Ankerplätze

La Chambre ist mit roten und grünen Pricken mit Toppzeichen bezeichnet. Das Wasser an der Einfahrt ist tief – falls man Platz findet. Nachdem man die Tide berechnet hat, tastet man sich vorsichtig hinein. Landeplatz für Dingis vorhanden.
Port Clos fällt bis zur Einfahrt hin trocken. Hier befindet sich der Anleger der Ausflugsboote.
La Corderie kann vom Hauptfahrwasser des Flusses Pontrieux aus angesteuert werden, bis die weiße kegelstumpfförmige Turmbake, *Amer du Rosédo,* auf der W-lichsten Spitze der N-lichen Inselhälfte auszumachen ist. Man steuert auf diese Bake zu, bis die grüne Bake *Men Robin* erreicht ist; sie bleibt mit gutem Abstand an Stb., während man nach SSE steuert. Nun bleiben die roten Baken an Bb., die grünen an Stb., bis sich die Bucht öffnet. N-lich der grünen Bake *Kaler* ist das Wasser tief. Um den Gezeitenströmen zu entgehen, sollte man sich aber so weit wie möglich in die Bucht hineinzwängen. Der Grund fällt erst bei 2,5 m trocken, zu Nippzeiten also ein hervorragender Ankerplatz. Mit dem Dingi kann man zur S-lichen Inselhälfte rudern, auf der man einen wunderschönen Spaziergang nach Le Bourg unternehmen kann.

Versorgung

Im Grunde gar keine, was den Platz aber nicht schlechter macht. Das „Paradies" ist zwar wegen der Tagesausflügler nicht unberührt, aber der Platz hat seinen Zauber und bietet zur „richtigen" Zeit auch himmlische Ruhe.

Lézardrieux/Pontrieux

Gezeiten

HW -0510 Dover
HW an der Schleuse Pontrieux schätzungsweise -0505 Dover; fällt mit dem HW St. Malo zusammen.

MSpHW	MSpNW	MNpHW	MNpNW
10,55 m	1,35 m	8,05 m	3,8 m

Wassertiefen

Bis hinauf nach Lézardrieux Tiefwasser. Angaben für Pontrieux s. dort.

Lage und Umgebung

Lézardrieux hat den großen Vorteil, nur etwas mehr als eine Gezeitenperiode von Guernsey entfernt zu sein. Der Hafen kann bei jedem Wetter und jedem Tidenstand angelaufen werden. Die Liegeplätze sind hervorragend geschützt. Die Stadt, die nur einen kurzen Spaziergang den flachen Hügel hinauf entfernt liegt, ist recht hübsch.

Ansteuerung

Mit entsprechendem Tidenhub aus E oder SE kommend, passiert man S-lich der Ile de Bréhat (s. unter „Ile de Bréhat") und steuert in den Fluß ein. Von N kommend, bestimmt man, nachdem man die Roches Douvres, Barnouic oder die Riffe, die sich von der Flußmündung des Tréguier seewärts erstrecken, anhand der Feuer Les Heaux de

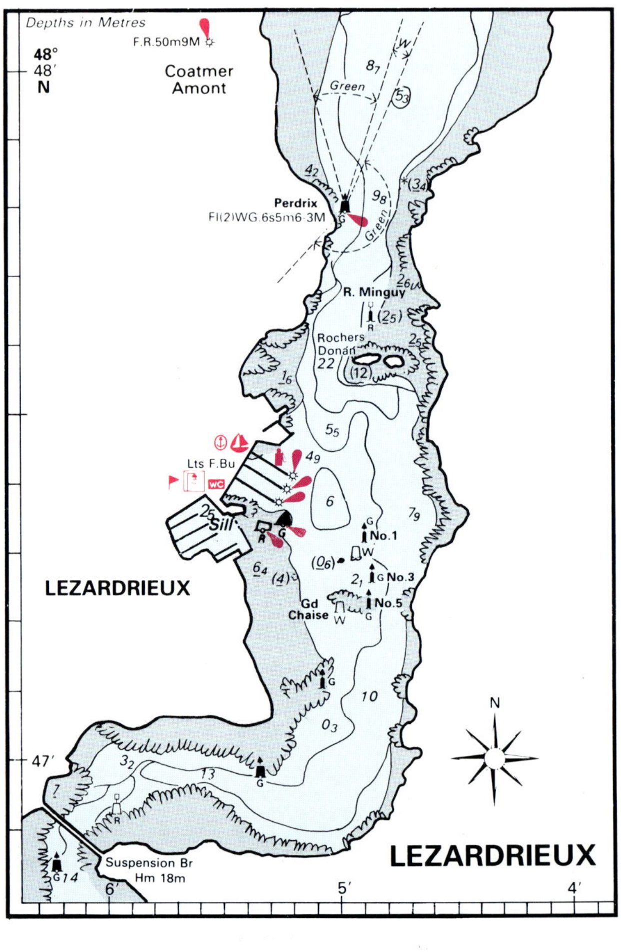

Die Mündung des Flusses Trieux.

Lézardrieux.

Der Leuchtturm Les Heaux, der auf einem Riff zwischen den Mündungen der beiden Flüsse Tréguier und Pontrieux 2 sm vor der Küste errichtet wurde, ist 57 m hoch.

Der 12 m hohe, viereckige gelbe Leuchtturm Le Paon erhebt sich 22 m über dem Meer. Er steht auf der N-Spitze der Insel Bréhat.

Auf der NW-Huk der Ile de Bréhat, in der Nähe der Einfahrt zum Ankerplatz La Corderie, steht die weiße kegelstumpfförmige Bake Rosédo (A). Das Fahrwasser La Moisie führt auf einem Kurs mit 159° aus NW auf die Chapel de St. Michael (B).

Die Leuchtbake „La Croix“ an der E-Seite der Mündung.

Die rote Turmbake „Le Vincre“, 0,5 sm flußaufwärts von Le Croix.

Die Kardinalbake W „Vielle de Loguivy" steht am Abzweig der Fahrwasser nach Lézardriex und dem Ferlas-Fahrwasser nach Port Clos.

Der auffällige Leuchtturm Bodic am W-Ufer des Flusses.

Bréhat (Oc(3)WRG.12s48m17/12M) und La Horaine (Fl(3)12s13m11M) seine Position. Das erstgenannte wird von einem 57 m hohen grauen Turm getragen, das zweite von einem achteckigen schwarzen Turm von etwa 20 m Höhe. Auch der Leuchtturm Rosédo (Fl.5s29m20M) ist auszumachen. Dieser 13 m hohe Turm im N-Teil der Insel erhebt sich 29 m über dem Meer. Die kegelstumpfförmige Turmbake L'Amer de Rosédo auf der W-lichsten Huk im N Bréhats wurde von übereifrigen deutschen Wehrmachtssoldaten zerstört, in der Zwischenzeit aber wieder aufgebaut und weiß angestrichen. Auch wenn sich die Ansteuerung kompliziert anhört, in der Praxis ist sie es nicht.

La Horaine bleibt mit ca. 1 sm an Bb. (Ausguck nach der unbefeuerten Kardinaltonne N Horaine halten), während man mit einem Kurs von 225° steuert. Nachts wird jetzt statt des roten Sektors von Les Heaux der weiße sichtbar, der anzeigt, daß man sich nun auf der „Landebahn" befindet. Die Richtfeuer der Bake La Croix (Oc.4s19M), einem weißen Turm mit flachem roten Dach und das Leitfeuer von Bodic (DirQ.21M), einem rechteckigen weißen Turm mit pyramidenförmigem grünen Dach am Horizont, sollte jetzt auszumachen sein. Bei Tageslicht sind diese Bauten deutlich zu erkennen. Zu beiden Seiten der Richtlinie von 225° sind die Feuer verstärkt. Passiert man La Croix 1 kbl an Bb., ist die Richtfeuerlinie Coatmer in 219° auszumachen. Sie wird von zwei Häusern mit weißen Giebeln auf dem W-Ufer gebildet. Das Unterfeuer zeigt F.RG.9/8M, das Oberfeuer ein F.R. Beide sind nur in einem schmalen Sektor sichtbar: das Unterfeuer +/- 25°, das Oberfeuer +/- 22,5°. Auf dieser Richtlinie werden verschiedene Baken (s. Plan), inklusive der Turmbake V. de Loguivy, die an Bb. bleiben muß, wenn man in das Fahrwasser S-lich von Bréhat einlaufen möchte, passiert.

Nachts steuert man den weißen Sektor des Feuers Les Perdix (Fl(2)WG.6s) auf einem Kurs von 198° an, bevor die Richtfeuer einen bis nach Coatmer bringen. Wird der grüne Sektor von Perdix sichtbar, solange man noch auf der Richtlinie steuert, muß hart nach Bb. eingedreht werden, um wieder in den weißen Sektor zu gelangen; dann hält man weiter auf den Leuchtturm Perdix zu. Am Tag orientiert man sich nach der Seekarte und den Baken; die Einfahrt ist einfach und problemlos. Von Perdix aus hält man auf die Marina zu.

Liegeplätze

Wer mag, kann außerhalb des Fahrwassers ankern, wo es ihm passend erscheint; dabei ist allerdings auf Moorings zu achten. Weiter abwärts ist das Fahrwasser bestens. Im Perdix-Arm sind Gast-Moorings ausgelegt, vor der Marina macht man an Trots fest. Während der Saison bietet die Marina 80 Gastliegeplätze an Schlengeln mit einer WT von 2,5 m bei MSpNW. Die Marina ist während der Bürostunden auf UKW-Kanal 09 oder telefonisch (Tel. 02 96 20 14 22) zu erreichen. Kann man niemanden erreichen, macht man am Schlengel No. 3 fest und wartet auf Anweisungen. An den Köpfen der Schlengel gibt es keine Festfeuer mehr! Statt dessen wird das Gebiet nun von starken Peitschenlaternen ausgeleuchtet, in deren Licht man die Gegebenheiten sehr viel deutlicher erkennt.

Versorgung

Wasser und Treibstoff in der Marina. Der Bunkerplatz befindet sich binnenwärts unterhalb des Hafenbüros; die WT beträgt bei Springniedrigwasser 1 m. Duschen und Toiletten in der Capitainerie oder dem Yachtclub. Die Marina ist während der Bürozeiten auf UKW-Kanal 09 oder Tel. 02 96 20 14 22 zu erreichen.

Im Port du Commerce gibt es eine Kielbank, außerdem Ausrüster, Reparaturmöglichkeiten, Austausch von Camping GAZ-Flaschen etc. Eben unterhalb der Yachtwerft ist das bereits erwähnte Restaurant sowie eine Crêperie zu finden. Ansonsten geht es die Anhöhe hinauf zur Stadt. Sliprampe (fällt 2 m trocken) vorhanden.

Pontrieux

Pontrieux bietet eine angenehme Abwechslung zu den Turbulenzen auf See, und entlang der Kais findet man jede Menge Platz zum Festmachen. Gute Restaurants und Geschäfte und sogar eine nächtliche Prozession bei Licht von Taschenlampen (3. Sonntag im Juli) mit Jahrmarkt und anderen Attraktionen machen einen Besuch des Ortes reizvoll. Von Juni bis August finden im Château de la Roche-Jagu kulturelle Veranstaltungen statt.

Die Durchfahrtshöhe des Viaduktes beträgt mindestens 18 m, und auch wenn der Fluß nicht kartographiert ist, finden selbst Yachten ansehnlicher Größe bei auflaufender Flut noch ausreichend Wasser, um ihn zu befahren. Für die Navigation auf den Flußarmen benötigt man lediglich gesunden Menschenverstand; ihre Einfahrten sind zumeist tief und die Uferböschungen steil, im Inneren sind sie dann untief und schlammig.

Zu Springzeiten beträgt die WT um HW herum 4 m, zu Nippzeiten 3 m. Eben unterhalb des Château sind im Tiefwasserbereich Moorings ausgelegt, an denen man festmachen kann (eventuell muß man im Päckchen liegen), um auf die Schleusung zu warten. Flußaufwärts kann der Grund felsig sein; Erkundungen sollten daher nur bei ausreichendem Tidenstieg erfolgen. Von 2 Std. vor bis 1 Std. nach HW wird die Schleuse geöffnet; die Schleusentore befinden sich etwa 1,5 km unterhalb der Stadt. Bis zur Schleuse ist der Fluß betonnt. Das Süll hat eine Höhe von 3,5 m über KN. Von den Industrieanlagen, die man gleich hinter der Schleuse an Bb.-Seite passiert, sollte man sich nicht abschrecken lassen. Sie sind ein „Einzelfall" und schnell vergessen.
Am Kai macht man so weit wie möglich flußaufwärts längsseits fest. Der Hafenmeister ist auf UKW-Kanal 12 und 16 oder telefonisch (Tel. 02 96 95 64 66) zu erreichen. Im Hafenbecken findet man alle üblichen Versorgungseinrichtungen, inklusive Treibstoff (Hafenmeister) für Yachten. Boote können hier aufgelegt werden.
Es gibt verschiedene nette Cafés und Restaurants, und in der Stadt selbst, wo sich auch die meisten anderen Versorgungsmöglichkeiten befinden, gibt es noch einige weitere.

Verkehrsverbindungen

Bahnverbindung mit Anschlüssen nach Roscoff und St. Malo und den Fähren sowie nach Paris.

Tréguier

Gezeiten

HW -0540 Dover

MSpHW	MSpNW	MNpHW	MNpNW
9,8 m	1,1 m	7,5 m	3,3 m

Wassertiefen

Tiefwasser in den Ansteuerungen. Der Fluß ist ebenfalls tief: bei MSpNW sind es mindestens 5 m. Die letzten 3 oder 4 kbl bis zur Marina sind auf eine WT von 2 m (LAT) gebaggert; was bei MSpNW einer Tiefe von 3,1 m entspricht. Die Liegeplätze der Marina sind für Yachten mit max. 3 m Tiefgang geeignet.

Lage und Umgebung

Tréguier kann zu jeder Tages- oder Nachtzeit, bei jedem Wetter und bei jedem Tidenstand angelaufen werden. Der Fluß, der außergewöhnlich schön ist, bietet Ankerplätze vor den unterschiedlichsten Kulissen. Überraschenderweise wird die wunderschöne mittelalterliche Stadt selbst weit weniger von Touristen heimgesucht als Vannes oder Quimper, deren historische Gebäude ebenfalls erhalten geblieben sind. Besonders bemerkenswert ist die spätgotische Kathedrale mit ihrem ungewöhnlich filigranen Turm, die das Grab des Heiligen St. Yves, dem Patron der Juristen und der Armen, beherbergt. Ihm zu Ehren findet jedes Jahr im Mai eine Prozession statt.

Ansteuerungen

Nachts bieten die zahlreichen Leuchttürme, die alle deutlich auf den Seekarten verzeichnet sind, bei vernünftiger Sichtweite gute Orientierungsmöglichkeiten. Bei dichtem Nebel ist eine Fahrt entlang dieser felsigen Küste nicht zu empfehlen. Idealerweise beginnt man den Landfall an der hell befeuerten roten Bakentonne *Bs. Crublent* (Fl(2)R.6s), möglicherweise trifft man aber erst auf *La Jument* (Kardinalzeichen N mit Glocke). *Bs. Crublent* bleibt an Bb., während man das Fahrwasser Grande Passe mit einem Kurs von 137° ansteuert. Das ist bei guter Sicht nachts durchaus einfacher, weil die Feuer mit ihrer Reichweite von 3 sm deutlicher zu erkennen sind als die bekanntermaßen schlecht auszumachenden Turmbaken. Folgende Richtfeuer in Linie 137° werden gezeigt: Unterfeuer Port de la Chaine (Oc.4s12m12M) auf einem weißen Haus; Oberfeuer Ste. Antoine (Oc.R.4s34m15M, 134° –

Die Leuchtbake „La Corne", 0,5 sm flußaufwärts von Men Noblance bezeichnet den schmalsten Fahrwasserabschnitt.

Ansteuerung der Flußmündung Tréguier: Bake „Men Noblance" (A) in Linie mit einer weißen Mauer mit senkrechten schwarzen Streifen (B). Die Kirche von Plougrescant links (C).

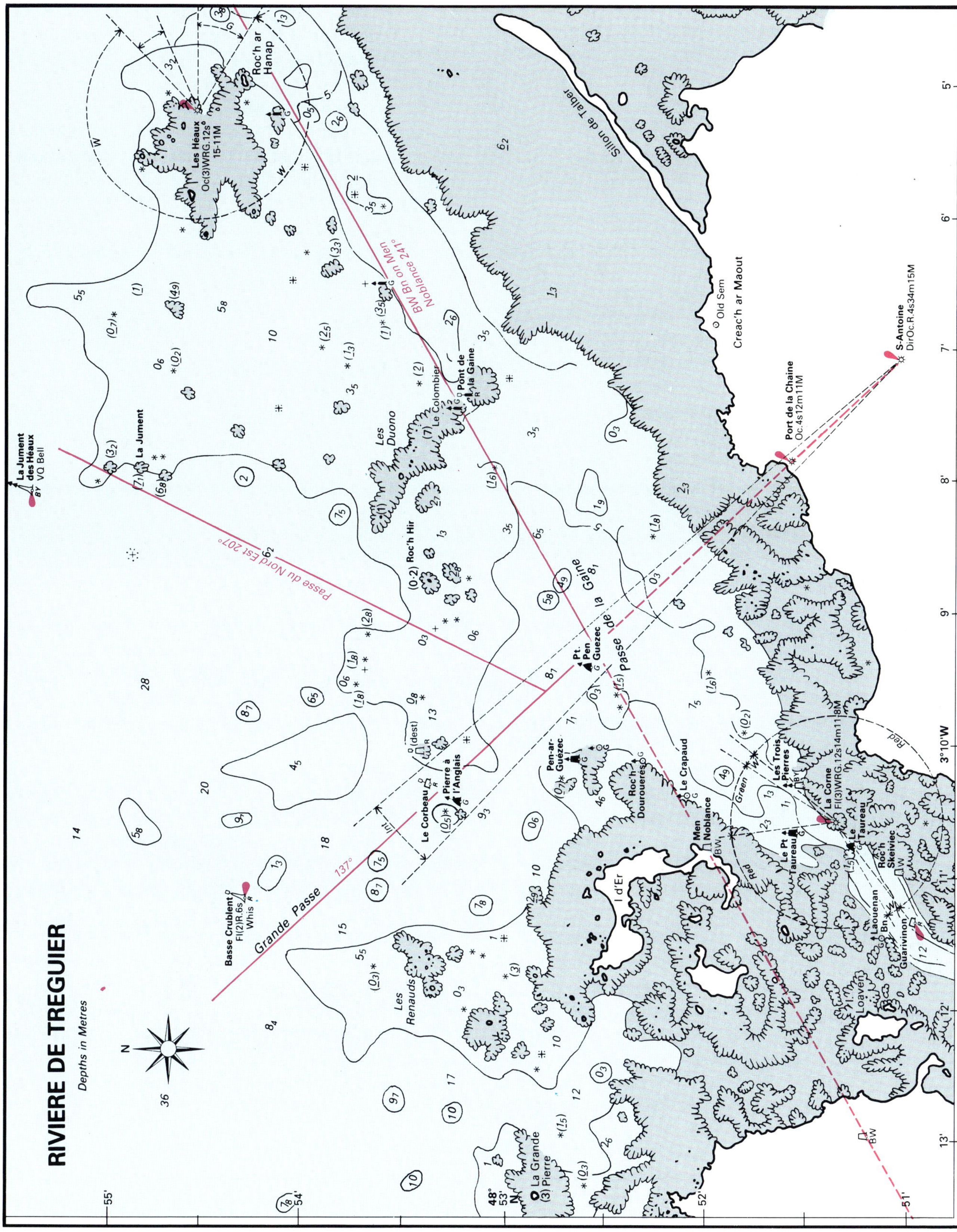
RIVIERE DE TREGUIER
Depths in Metres
N
Les Héaux
Oc(3)WRG.12s
15-11M
Roc'h ar Hanap
Sillon de Talber
BW Bn on Men
Noblance 241°
Old Sem
Creac'h ar Maout
S-Antoine
DirOc.R.4s34m15M
Port de la Chaine
Oc.4s12m11M
La Jument
des Héaux
VQ Bell
La Jument
Les Duono
Le Colombier
Pont de la Gaine
Roc'h Hir
Passe du Nord Est 207°
Passe de la Gaine
Pt. Pen Guezec
Pen-ar-Guézec
Roc'h Dourouères
Le Crapaud
Les Trois Pierres
La Corne
Fl(3)WRG.12s14m11-8M
Men Noblance
Le Pt Taureau
Le Taureau
Roc'h Skeiviec
Laouenan Bn
Guarivinon
Loaven
I d'Er
Le Corbeau
Pierre à l'Anglais
Basse Crublent
Fl(2)R.6s
Whis
Grande Passe 137°
Les Renauds
La Grande (3) Pierre
Green
Red
3°10'W
5'
6'
7'
8'
9'
11'
12'
13'
55'
54'
48° 53' N
52'
51'

Der Fluß Tréguier bei NW.

Die Marina Tréguier; die Liegeplätze an der Innenseite können trockenfallen. Die Capitainerie unten rechts im Bild.

Roche Skeiviec, 0,5 sm flußaufwärts der Leuchtbake „La Corne“.

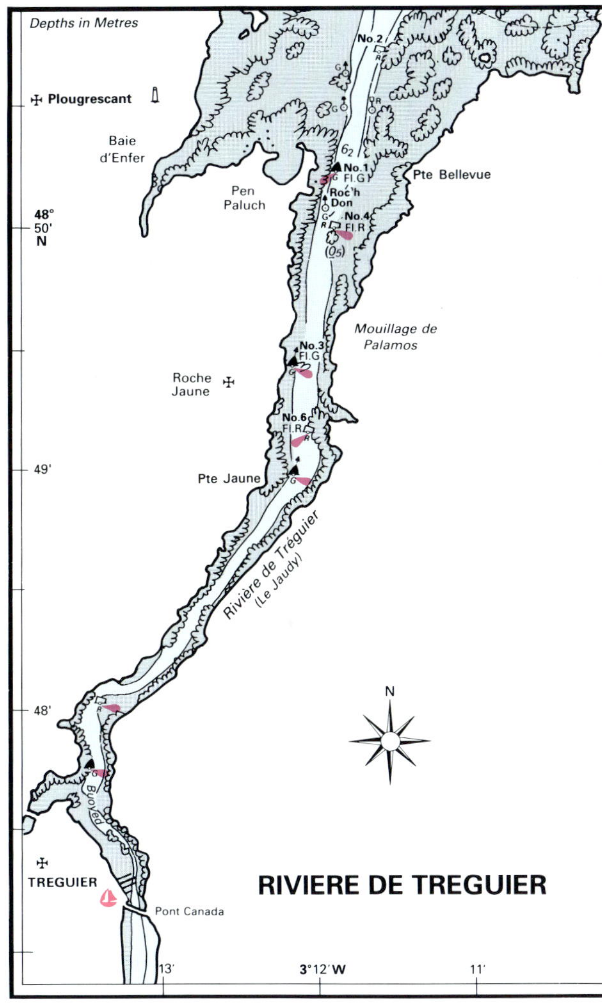

137° verstärkt) ebenfalls auf einem weißen Haus, dieses Mal mit rotem Dach.
Sind die Richtmarken am Tag nicht auszumachen, achtet man auf die Rückpeilung der *Bs. Crublent*, bis die rote Tonne *Le Corbeau* (bleibt an Bb.) sowie ihre grüne Stb.-Partnerin, *Pierre à l'Anglais,* zu erkennen sind. Man muß zwischen diesem Tonnenpaar passieren; dann steuert man weiter mit 137°, immer noch auf dem Richtkurs und läßt die grüne Tonne *Pen-ar-Guezec* an Stb. Auf der gesamten Strecke ist auf eventuelle Abdrift zu achten.
Bei Nacht wird der Kurs nun nach Stb. geändert und auf das Feuer La Corne zugehalten, aus dessen grünen Sektor (Fl(3)WRG.12s) man an diesem Punkt in den weißen segelt. Ist der rote Sektor zu sehen, ist man schon zu weit gefahren. Am Tag hält man den weißen pfeffermühlenförmigen Leuchtturm La Corne eben offen zur linken Seite der weißen Turmbake *Skeiviec,* die ca. 0,5 sm dichter unter der Küste steht, um mit einem Kurs von etwa 215° zu steuern. Bevor man La Corne (bleibt an Bb.) erreicht, werden verschiedene Baken (s. Plan) passiert. Die grüne Fahrwassertonne bleibt an Stb., wenn man auf 235° (nachts in den S-lichen weißen Sektor des Feuers La Corne) einschwenkt. Die rote Tonne *Le Guarivinou* (Fl.R) wird an Bb. passiert, dann dreht man auf 210° ein und hält auf die nächste rote Tonne zu. Auf diese Weise arbeitet man sich das gesamte betonnte und befeuerte Fahrwasser hinauf, bis man den angestrebten Ankerplatz oder die Marina erreicht hat. Die letzte befeuerte grüne Tonne *No. 17* ist 50 m vor den Schlengeln ausgelegt. Die vorletzte grüne Tonne (unbefeuert) bezeichnet Le Grand Rocher, der 3,7 m trockenfällt; niemals an der Innenseite passieren!
Unter der Küste gibt ein Fahrwasser, das man von NE kommend, aber nur *tagsüber* benutzen kann, den Passe de la Gaine. Bei der Ansteuerung von Lézardrieux oder aus E erspart dieses Fahrwasser ca. 1,5 sm. Es verläuft über einer Untiefe von 0,5 m, die sich 1 kbl von verschiedenen trockenfallenden Felsen erstreckt und ist allgemein sehr schmal. Gutes Wetter, ausreichender Tidenstieg und gute Sicht sind daher unerläßlich.
Auslaufend findet man dieses Fahrwasser, indem man an der grünen Tonne *Pen-ar-Guezec* nach Stb. auf einen Kurs von 062° dreht; dabei bringt man achteraus die schwarzweiße Turmbake *Men Noblance* mit einer weißen Mauer mit einem senkrechten schwarzen Streifen 2 sm entfernt zur Deckung. Dieser Kurs führt sicher an Les Heaux sowie verschiedenen Baken (s. Plan) vorbei. Wenn Les Heaux mehr achterlicher als dwars peilt, verläßt man die Richtlinie, nachdem man die Seekarte genau studiert hat.

Tréguier: Der Handelskai liegt flußabwärts der Marina.

Eventuell benötigt man ein Fernglas, um die Deckpeilung am Ende der Strecke noch ausmachen zu können.

Liegeplätze

Im Fluß sind zahlreiche Moorings ausgelegt, von denen man gelegentlich eine freie aufnehmen kann; auch gelten die ungeschriebenen Gesetze der Höflichkeit, die zu beachten sind, wenn man an der Mooring eines anderen festmacht. Es ist weitaus empfehlenswerter, in diesem wunderschönen Fluß zu ankern, und es gibt einige Stellen, die sehr ansprechend sind. Am W-Ufer unterhalb des Château, 0,75 sm N-lich der Stadt, ist ein solcher Platz.
Die Marina bietet 100 Gastliegeplätze, man macht nahe der Außenseite fest und meldet sich an.

Versorgung

Wasser, Duschen und Toiletten in der Marina. Waschsalon in der Rue St. André in der Stadt. Treibstoff am Schlengel. Sliprampe und 30 t-Kran am Kai, bei MSpHW beträgt die WT hier 5 m.
Oberhalb der Marina, nur über die Brücke hinweg, befindet sich einer der besten Ausrüster Europas. Unbedingt einen Besuch wert, auch wenn man eigentlich gar nichts kaufen will, sondern nur die Atmosphäre dort genießen möchte. Yachtwerft, Mechaniker, Austausch von Camping GAZ-Flaschen, Stangeneis etc.
Unten am Kai findet man Bars und Restaurants, und die Stadt bietet Annehmlichkeiten im Überfluß. Einen Besuch der Stadt oder einen Gang über den Markt, der einmal die Woche stattfindet, sollte man auf keinen Fall versäumen.

Port Blanc

Gezeiten

HW -0550 Dover

MSpHW	MSpNW	MNpHW	MNpNW
9,4 m	1,0 m	7,0 m	3,2 m

Wassertiefen

Selbst bei NW reicht die WT für kleine Yachten aus, um im äußeren Pool zu ankern. Zu Nippzeiten können flachgehende Yachten dicht genug unter die Küste kommen, um hier die Nacht zu verbringen (s. Plan). Der Kai fällt übrigens schwindelerregende 9 m trocken!

Lage und Umgebung

Port Blanc ist einen Besuch wert; insbesondere bei schönem Wetter um die Mittagszeit, allein nur um die rosa schimmernden Granitfelsen zu bewundern. Für Vergnügungssuchende gibt es an Land kaum Verlockendes. Am 8. September findet hier aber jedes Jahr eine Prozession, „Pardon" genannt, statt. Wer in Port Blanc einen Übernachtungsstopp plant, obwohl der Platz mit Fug und Recht als „ungeschützt" bezeichnet werden kann, sollte sich auch nicht davon schrecken lassen, daß es hier angeblich spukt: Einheimischen Geschichten zufolge geht hier eine geisterhafte Frauengestalt um, die eine Kolonne ertrunkener Seeleute anführt. Die gesamte Crew kann auf St. Gilda an Land gehen, um „einen zu nehmen", während die Yacht an ihrem Ankerplatz dümpelt.

Port Blanc: Die weiße Lichtbarke auf der Ile du Château Neuf führt mit 150° vor die Einfahrt (A). Links im Bild der Tiefwasser-Ankerplatz vor Run Glas.

Geschützer Ankerplatz N-lich der Sliprampe von Ile St. Gildas, der jedoch trockenfällt.

Trockenfallen entlang des Kais von Port Blanc.

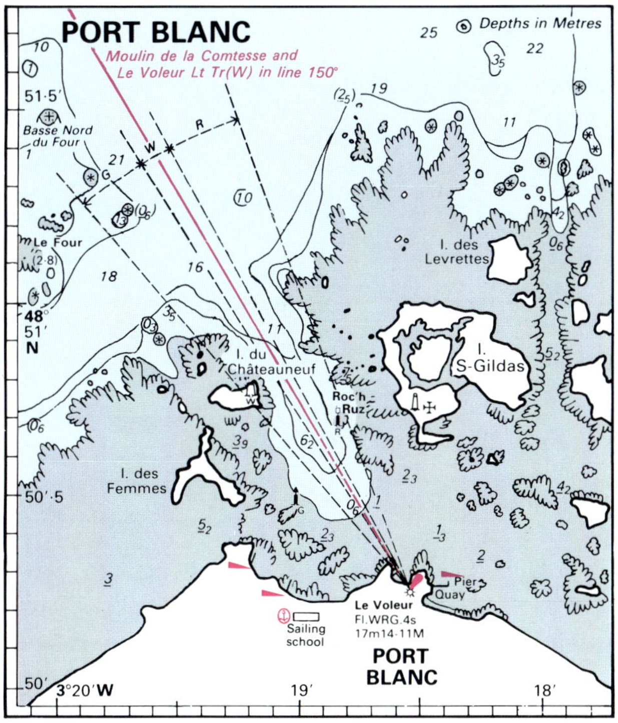

Ansteuerung, Einfahrt und Ankerplatz

Ca. 0,5 sm NE-lich der roten Heultonne *Guazer* versucht man, in diese Deckpeilung 150° zu segeln: Untermarke weißer Leuchtturm Le Voleur (DirFl.WRG.4s17m19/11M), Obermarke Ruine der Mühle Moulin de la Comtesse, ca. 1500 m landeinwärts auf einem Hügel.

Nachts ist der weiße Sektor des Leitfeuers sichtbar von 148° – 152°.

Auch wenn die Mühle in der Zwischenzeit von einem optimistischen Investor wieder aufgebaut sein sollte, ist es besser, wenn man den weißen Turm des Leuchtfeuers in 150° peilt, wobei die markante weiße Turmbake auf der Ile du Château Neuf an Stb. offen gelassen wird. Anschließend hat man die rote Bake *Rc. Ruz* an Bb. Hat man die grüne Bake *Run Glas* an Stb.-Seite erreicht, sucht man sich einen Ankerplatz, wenn man das nicht bereits getan hat. Ein paar Gast-Moorings sind ausgelegt.

Kimmkieler können sich auch zu einem schönen Liegeplatz zwischen den Felsen vortasten und dort trockenfallen. Es ist jedoch wärmstens zu empfehlen, von einem „aufgeschwommenen" Ankerplatz aus den gewünschten Platz zu erkunden.

Versorgung

Für Gastyachten gibt es keinerlei Versorgungsmöglichkeiten. An Land findet man ein paar einfache Geschäfte sowie einige Hotels.

Das Hafenbüro ist in der örtlichen Segelschule untergebracht. Hier gibt es auch Duschen, Toiletten und Wasser per Kanister.

Perros-Guirec

Gezeiten

HW -0550 Dover

MSpHW	MSpNW	MNpHW	MNpNW
9,4 m	1,25 m	7,3 m	3,5 m

Wassertiefen

Das Fahrwasser fällt bis zu 1 sm von der Marina entfernt 3,5 m trocken. In der Marina beträgt die WT 2,5 m.

Lage und Umgebung

Perros-Guirec ist ein bedeutender Badeort mit wundervollen Stränden. Nachdem hier ein duch eine Schleuse abgeschlossener Yachthafen angelegt wurde, ist der Ort durchaus einen Besuch wert. Im Marinabereich findet man Bars, Diskotheken und Geschäfte mit Sportgeräten. Hotels und Restaurants sind an den N-lichen Stränden um das Kasino geschart. Die Bucht fällt bis mindestens 1 sm weit seewärts trocken.

Ansteuerung und Einfahrt

Der Zeitpunkt des Einlaufens nach Perros-Guirec muß unbedingt so gelegt werden, daß man mit ausreichendem Tidenstieg – um die trockenfallenden Untiefen in der Bucht zu passieren – zur Öffnung des Schleusentors eintrifft. Bei W-lichen Winden sollte man draußen vor der Küste warten; was aber in diesem untiefen und ungeschützten Revier nicht das reine Vergnügen ist. Zu Springzeiten wird die Schleuse 2 Std. vor bis 1,5 Std. nach HW geöffnet, bei mittlerem HW von 1,5 Std. vor bis 1 Std. nach HW, zu Nippzeiten kann sich die Öffnungszeit auf 1 Std. um HW verkürzen. Bei sehr schwachen Nipptiden wird eventuell gar nicht geöffnet. Im Zweifelsfall ruft man den Hafenmeister auf UKW-Kanal 09 oder telefonisch (Tel. 02 96 23 19 03).

Von NE kommend (Passe de l'Est), bleibt die rote Stumpftonne *Guazer,* NW-lich von Port Blanc, an Bb., während man auf einen Kurs von 224° dreht, der die folgenden 5 sm beibehalten wird. Wenn Ile Tomé querab peilt, sollten die Richtfeuer (Unterfeuer Le Colombier, Oc(4)12s28m15M, auf einem weißen Giebelhaus und Oberfeuer Kerprigent, Q.79m22M, auf einem weißen Turm) auszumachen sein. Nachts führen die Richtfeuer direkt vor den Hafen, bis das Feuer auf dem Kopf des Wellenbrechers (Fl(2)G.6s) weniger als 1 kbl W-lich peilt. Nun wird eingedreht, um den Wellenbrecherkopf zu runden. Dabei ist auf die rote Tonne (Fl.R) zu achten, die unbedingt an Bb. bleiben muß, wenn man auf das Sperrtor zu steuert. Am Tag sind die Richtmarken deutlich auszumachen; sollten sie aber bei schlechter Sicht nicht eindeutig zu erkennen sein, muß man sorgfältig auf die diversen Seezeichen achten, die auf dem Plan verzeichnet sind. Die roten bleiben an Bb., die grünen an Stb.; die große schwarz-rot-schwarze Turmbake Pierre du Chenal mit zwei schwarzen Bällen als Toppzeichen bleibt ebenfalls an Stb., und man ist auf dem richtigen Weg.

Perros-Guirec.

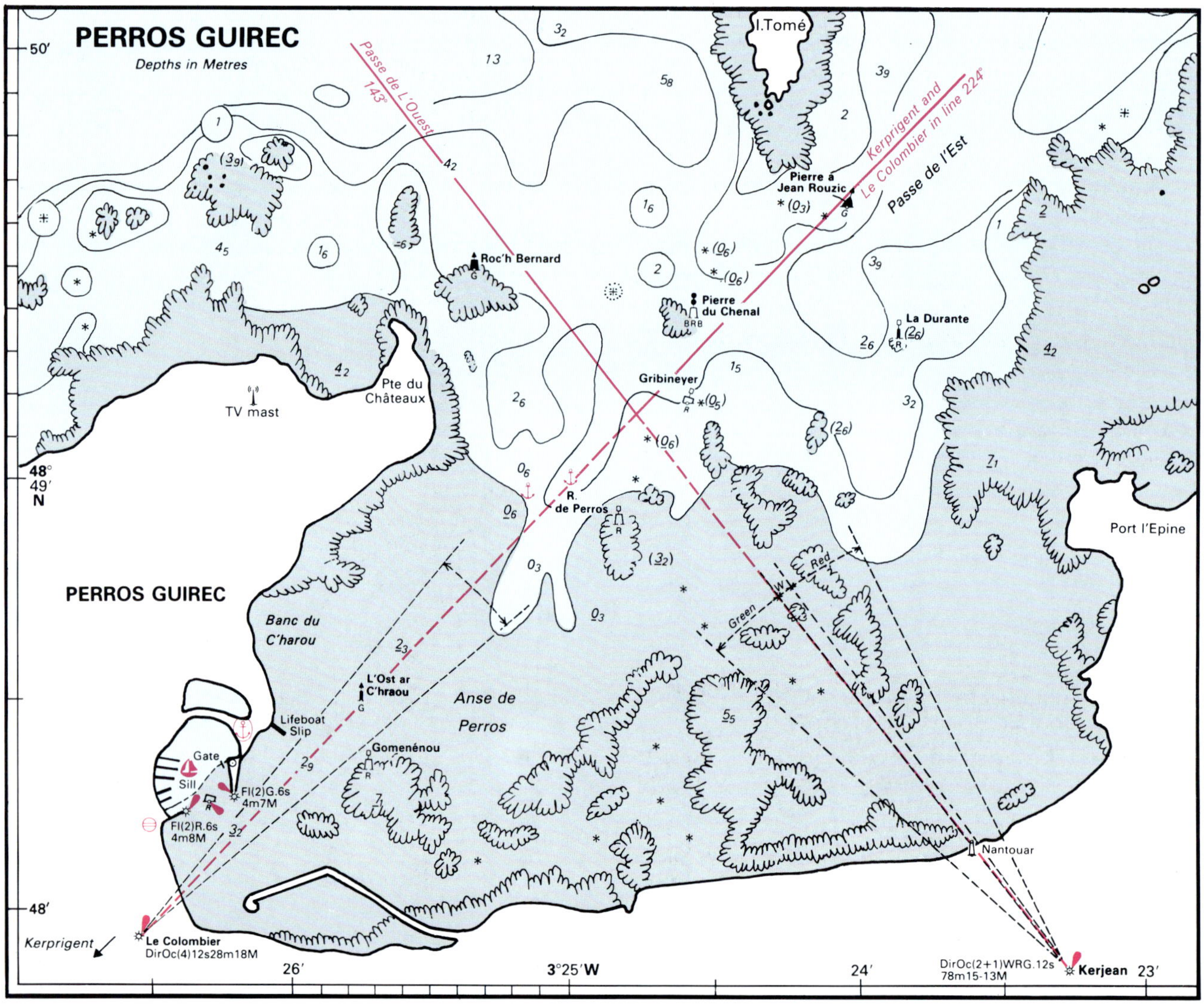

Von NW(Passe de l'Ouest) kommend, steuert man eine Position an, die ca. 1 kbl SW-lich der roten Turmbake *Petit Bilzic* steht, die die Spitze eines Riffs bezeichnet, das sich von der Ile Tomé aus erstreckt. Bei der Ansteuerung aus N sollte man sicherstellen, daß die unbefeuerte Kardinaltonne W *Les Couillons* an Bb. bleibt. Nachts führt dieser Kurs in den schmalen weißen Leitsektor (143° – 144°) des Feuers Kerjean (DirOc(2+1)WRG.12s78m15-13M). Man bleibt im weißen Sektor des Feuers, bis man auf die Richtfeuer des Passe de l'Est trifft und man auf deren Richtlinie einschwenken kann.
Am Tag ist dieses Fahrwasser unkompliziert, die unbefeuerte grüne Tonne *La Fronde* und die grüne Turmbake *Roche Bernard* bleiben an Stb. Auf halbem Weg zwischen dieser und der roten Turmbake *R. de Perros* kann man langsam nach Stb. eindrehen. Bevor man den Wellenbrecher erreicht, muß die grüne Bake *L'Ost-ar-C'hraou* an Stb. gelassen werden.
Der Liegeplatz wird eventuell vom Schleusenwärter zugewiesen.

Versorgung
Wasser an den Schwimmstegen. Duschen und Toiletten stehen rund um die Uhr zur Verfügung (in der Capitainerie können Wertmarken gekauft werden). Waschsalon auf dem Kai. Verschiedene Slipmöglichkeiten und Kräne zwischen 7 t und 20 t. Möglichkeiten zum Unterwasserschiff-Schrubben findet man an der W-Mole; vorab aber erst nach geeignetem Liegeplatz erkundigen.
Treibstoff an einem Schwimmsteg hinter der Schleuse; die Öffnungszeiten sind auf die der Schleuse abgestimmt.
Es gibt einen Ausrüster und einfache Reparaturen nach Vereinbarung. Austausch von Camping GAZ-Flaschen und Stangeneis.
Die eigentliche Stadt mit ihrer Kirche aus dem 12. Jh. ist ca. 1,5 km entfernt. Für alle, die nicht zu den besonders sportlichen Spielern und Erbauern von Sandburgen gehören, sind das Kasino und die besonders schönen Strände mit einer kurzen Taxifahrt zu erreichen.

Verkehrsverbindungen
Busse verkehren nach Lannion, wo es einen Bahnhof gibt.

Ploumanac'h: Der viereckige rosafarbene Leuchtturm Mean Ruz steht inmitten der bizarren rosa Granit-Felsblöcke 26 m oberhalb der Einfahrt.

Ploumanac'h

Gezeiten

HW -0550 Dover

MSpHW	MSpNW	MNpHW	MNpNw
9,0 m	1,1 m	7,1 m	3,4 m

Wassertiefen
Die Einfahrt fällt 1,6 m trocken; das Süll 2,25 m. Bei NW beträgt die WT im Hafenbecken 1,5 m, der Grund besteht aber aus weichem Schlick, so daß auch tiefgehende Yachten die Ebbe „aufrecht" überstehen. Verschiedenen Berichten zufolge soll die WT größer sein.

Lage und Umgebung
Ploumanac'h ist ein lebhaftes kleines Küstenstädtchen mit fast allen Versorgungsmöglichkeiten, zahlreichen Bistros und Restaurants. Der Badeort an der Côte Granit Rose

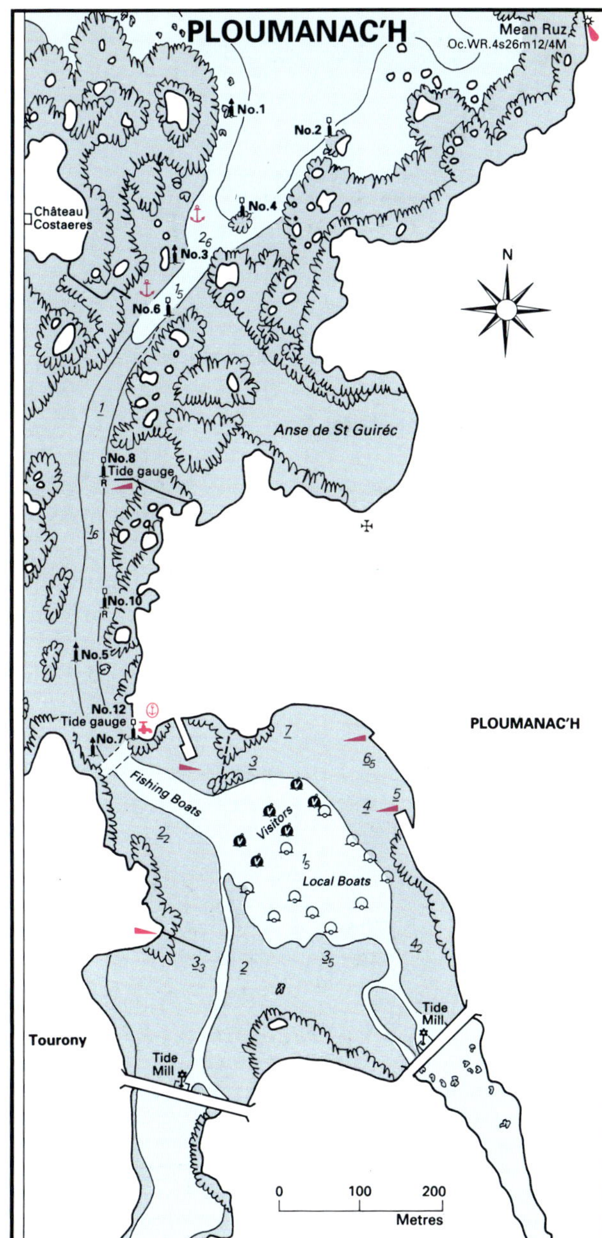

Die Hafeneinfahrt Ploumanac'h ist gut bezeichnet. Château Costaérès und die Bake „No.1" an Stb.-Seite.

wirkt wie auf Hochglanz poliert; an seine Vergangenheit als Fischerhafen erinnert kaum noch etwas. Der Hafen versteckt sich hinter einer Einfahrt, die an ihrer E-Seite von bizarr geformten rosa-roten Granitfelsen geschützt wird. Die W-Seite wird vom eleganten Château de Costaérès bewacht, das auf seiner eigenen kleinen bewaldeten Felsinsel thront.

Offiziell ist die Größe der Gastyachten, die an einer der 20 Besuchermoorings festmachen können, auf 10 m Lüa beschränkt. Die weit größeren historischen Gaffelsegler werden aber zur alljährlichen „Fête de Mer" ausgesprochen herzlich willkommen geheißen.

Der Schutz im Hafen ist bei jedem Wetter hervorragend; bei heftigen Winden aus N und NW kann die Einfahrt aber recht ungemütlich werden.

Ansteuerung

Bei einem ersten Besuch ist eine Ansteuerung bei Nacht nicht empfehlenswert. Außerdem muß der für die Yacht notwendige Tidenstieg für die Passage des Sülls (fällt 2,25 m trocken) berechnet werden. Hat man seine Hausaufgaben gemacht, ist die Einsteuerung kein Problem.

Zunächst muß die Pointe de Méan Ruz mit ihrem rechteckigen rosa-roten Leuchtturm (Oc.WR.4s26m13/10M) identifiziert werden. Von See her ist das Château besser auszumachen. Man rundet Méan Ruz mit gutem Abstand und hält auf die beiden unbefeuerten Einfahrtsbaken, *No.1* und *No.2* – rot an Bb., grün an Stb. – zu. Bei der Ansteuerung aus NW steuert man außerhalb der Gefahrenzone auf den Leuchtturm zu, bis der Spalt zwischen den Baken etwa 165° peilt. Erst dann wird eingedreht. Die Einsteuerung erfolgt, wie aus dem Plan ersichtlich, zwischen den beiden Baken und hält keine garstigen Überraschungen bereit, solange man keiner der beiden Baken zu nahe kommt, die auf spitzen Felsen stehen. Das Süll liegt unmittelbar oberhalb der grünen *No. 7* und der roten *No. 9.* Die vierte Bb.-Bake (*No. 8*) trägt einen Pegel, und an der Stb.-Seite des Sülls gibt es einen Wasserstandsanzeiger, der die aktuelle WT über dem Süll anzeigt.

Wenn man auf entsprechenden Tidenstieg warten muß, ankert man am besten in der Einfahrt der Bucht Anse de St. Guirec bei der roten Bake *No. 6.* Hier sind ein paar Gastmoorings auf einer Mindesttiefe von 1,5 m ausgelegt, die aber eigentlich nur als Warteposition für die Passage des Sülls interessant sind; es sei denn, man beabsichtigt, die Yacht unter diesen etwas kritischen Umständen trockenfallen zu lassen. In jedem Fall muß in diesem Bereich auf einzelne Felsen geachtet werden.

Auch wenn die Ortschaft ganz auf Tourismus eingestellt ist, locken die Strände mit feinem Sand, und hervorragende, unkomplizierte Wanderwege laden zum Erkunden der Klippen ein.

Liegeplätze

Die Bojen bestehen aus zwei Fendern, die mit einer Aluminiumstange verbunden sind. Man nimmt eine auf und macht längsseits daran fest. Die äußere Reihe ist für Gastyachten reserviert, an der Reihe C soll die WT (2 m) jedoch größer sein. Das Hafenbüro ist auf UKW-Kanal 09 und 16 hörbereit oder unter Tel. 02 96 23 37 82 zu erreichen.

Versorgung

Wasser per Kanister vom Quai Bellevue. Duschen (24 Std.) auf dem Kopf der Pier beim Süll; dort kommt man auch bequem an Land. Waschsalon am Hafen. Sliprampe am Quai Bellevue. Ausrüster und Mechaniker stehen zur Verfügung; es können aber keine größeren Reparaturen ausgeführt werden. Kein Austausch von Camping GAZ-Flaschen, kein Stangeneis.

Es gibt eine hilfsbereite Tankstelle mit Werkstatt, die auch Bootsreparaturen durchführt.

Verschiedene phantastische Klippenwanderwege führen in Richtung Guirec und darüber hinaus.

Trébeurden

Gezeiten

HW -0600 Dover

MSpHW	MSpNW	MNpHW	MNpNW
9,1 m	1,3 m	7,2 m	3,6 m

Wassertiefen

Die WT in der Ansteuerung, die trockenfällt, scheint mit der über dem Süll übereinzustimmen; sie kann aber auch größer sein. Die Hafeneinfahrt wird von einem Schwingtor mit Süll, das geöffnet 2 m trockenfällt, geschützt. Yachten mit moderatem Tiefgang können den Hafen rund 7 Std. während eines 12stündigen mittleren Nipphochwassers

Ploumanac'h.

Das Château Costaérès.

anlaufen; bei mittlerem Springhochwasser zu jedem Tidenstand. Die WT variieren zwischen 3,5 m an der Außenmole und 3 m im Inneren des Hafenbeckens. In einem Tiefwasserbecken vor dem Hafen sind zehn gelbe Wartemoorings ausgelegt. Will man an einer dieser Moorings über das nächste NW hinaus festmachen, ist es in jedem Fall empfehlenswert, die WT mit dem Echolot zu kontrollieren.

Lage und Umgebung

Die Küste, die sich zwischen der Mündung des Morlaix und Perros-Guirec erstreckt, gehört zu den spektakulärsten des Englischen Kanals. So ist es nicht verwunderlich, daß sie auch bei den Franzosen als Urlaubsziel äußerst beliebt ist. Campingplätze unter Pinien, Pony-Reiten, Surfen und Segeln vor den feinen Sandstränden, die zwischen den felsigen Huken liegen, gehören zu den Attraktionen. Da nur Lannion, Ploumanac'h und Plougasnou bedingt für Yachten zugänglich waren, ist es nur zu verständlich, daß in Trébeurden zwischen zwei kleinen Molen, die durch einen massiven Wellenbrecher verbunden wurden, eine neue Marina gebaut wurde.

Die Stadt selbst gehört zu den Badeorten der gehobenen Klasse; hier findet man Drei-Sterne-Hotels und einen Golfplatz mit 18 Löchern.

Die gut geführte Marina ist für einen Zwischenstopp hervorragend geeignet und sicher genug, um die Yacht für eine Weile zurückzulassen.

Ansteuerung

Bei ausreichendem Tidenstieg kann der Hafen Tag und Nacht angelaufen werden (s. „Wassertiefen").

Am Tag bleibt die Tonne *Ar Gouredec* (VQ(6)+LFl.15s) bei der Ansteuerung an Bb., bevor man auf E-lichen Kurs geht und zwischen der ersten Bb.-Tonne und der N-Huk der Insel Milliau passiert. Bei entsprechenden Wetter-

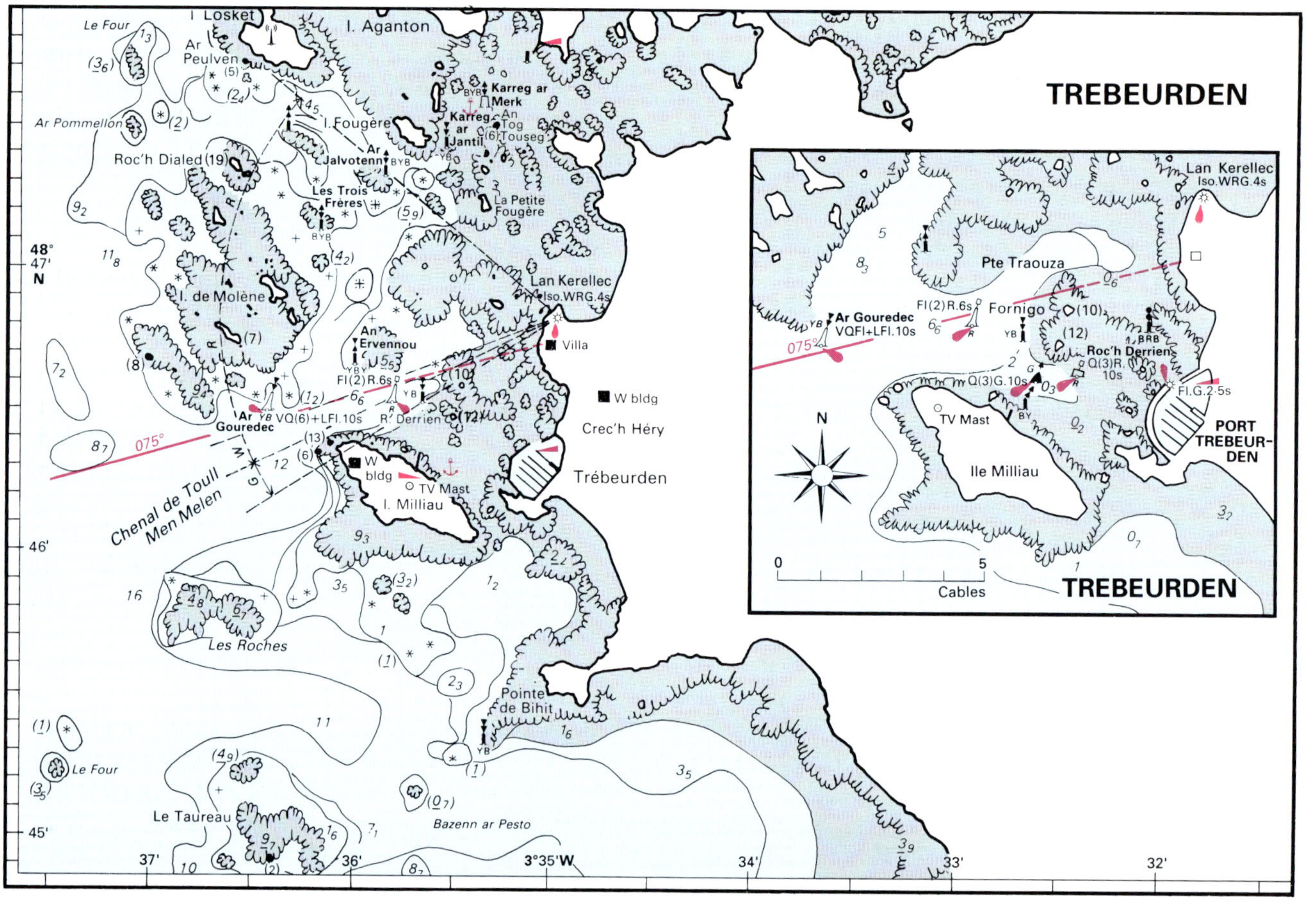

Trébeurden: Die Einfahrt über das Süll ist dicht hinter dem Kopf des Wellenbrechers.

bedingungen ist hier ein hervorragender Tiefwasser-Ankerplatz. Nun ist eine grüne Tonne an Stb.-Bug sowie eine Kardinalbake S voraus oder etwas backbords auszumachen. Man passiert zwischen diesen beiden und läßt die nächste rote Tonne *Roc'h Derrien* an Bb. Von hier aus hält man auf den Kopf der Mole zu, vor dem drei unbefeuerte Baken, zwei grüne und eine rote, stehen. Beim Runden des Molenkopfes hält man nach den roten und grünen Baken Ausschau, die das Süll bezeichnen. Den Anweisungen der Verkehrssignale folgend, steuert man zwischen diesen Baken hindurch und hält auf die Schlengel zu, die durch Pfähle mit blauer Spitze markiert sind.
Der feste Teil des Sülls, der mit Baken bezeichnet ist, fällt 3,5 m trocken.
Bei der Ansteuerung aus N darf nicht zu früh auf die befeuerte Kardinaltonne *Ar Gouredec* eingedreht werden, da die Felsen, die die winzigen Inseln Ar Veskieg Vraz und Ar Veskieg Kriez umgeben, als „Yacht-Killer" berüchtigt sind.
Nachts leitet das Feuer Lan Kerellec (Iso.WRG.4s), das ca. 4 kbl N-lich des Sülls steht, vor den Hafen. Der weiße Sektor (064° – 069°) führt bis oberhalb der befeuerten Kardinaltonne S *Ar Gouredec* und hält von der Ile Milliau frei. Hat man diese erst passiert, hält man nach der befeuerten roten Tonne (Fl(2)R.6s) Ausguck, die an der Grenze zum grünen Sektor des Feuers ausgelegt ist. Sie bleibt an Bb., dann dreht man nach Stb. ein, verläßt das Sektorenfeuer und steuert so, daß die nächste Tonne (Q(3)G.10s) an Stb. bleibt. Ein paar Grad S zu E davon liegt die rote Tonne (Q(3)R.10s), die dicht an Bb. bleibt. Nun fährt man so, daß der Molenkopf (Fl.G.2,5s) dicht an Stb. bleibt. Weiterfahrt wie bei Tagansteuerung beschrieben.

Liegeplätze und Versorgung

Von 0600 bis 0000 Uhr ist das Hafenbüro auf UKW-Kanal 09 oder telefonisch (Tel. 02 96 23 64 00) zu erreichen. Insgesamt stehen 560 Liegeplätze für Yachten bis maximal 16 m Lüa zur Verfügung; ein guter Teil davon sind Gastliegeplätze.
Duschen und Toiletten. Strom, Treibstoff und Wasser sind erhältlich. Kran und örtliche Bootswerft, die Reparaturen durchführt. Waschsalon in der Rue de Trozoul. In Hafennähe findet man Geschäfte und Restaurants aller Preisklassen. Wunderschöne Sandstrände.

Verkehrsverbindungen

Flüge vom Flughafen Lannion. Bahnverbindung nach Paris (3 Std.). Taxi (Tel. 02 96 47 48 49).

Lannion

Gezeiten

HW -0605 Dover

MSpHW	MSpNW	MNpHW	MNpNW
9,1 m	1,3 m	7,2 m	3,5 m

Wassertiefen

Außerhalb der schmalen Fahrrinne fällt der Fluß bis zum Ankerplatz vor Le Yaudet bis zu mehr als 2,5 m trocken. Weiter flußaufwärts soll es noch Becken mit ausreichend Wasser geben, in denen umsichtig verankerte Yachten selbst bei NW aufgeschwommen bleiben. Der Grund ist stellenweise unrein, so daß besondere Vorsicht geboten ist.

Lage und Umgebung

4 sm von der Mündung des Flusses Le Léguer entfernt, erstreckt sich die hübsche Kleinstadt Lannion auf sanften Hügeln oberhalb des Hafens. Der bezaubernd schöne Fluß fällt trocken, aber sein Grund ist an vielen Stellen unrein. Die Kais sind zum Teil zerstört und stellen für Fahrtenyachten leider auch keine passende Möglichkeit zum Trockenfallen dar. Ob mit der Yacht oder dem Dingi, ein Besuch bietet sich nur um HW an.
Bei Winden aus WNW und NW wird die Einfahrt – insbesondere bei ablaufendem Wasser – gefährlich. Bei entsprechenden Wetter- und Gezeitenbedingungen steht starker Schwell in den Hafen.

Ansteuerung

Eine Nachtansteuerung ist ebenso wenig empfehlenswert wie das Einlaufen um NW herum oder vor halber Flut. Man navigiert zunächst zu einem Punkt, der ein paar Seemeilen S-lich der unbefeuerten Kardinaltonne W *Le Crapaud* liegt und versucht, das weiße Haus auf der Pointe Bec-Léguer, das das Leuchtfeuer Bec-Léguer (Oc(4) WRG.12s) trägt, eben N-lich der Einfahrt auszumachen. Tagsüber ist es zwar nicht ganz leicht zu erkennen, es kann aber hilfreich sein, zu wissen, daß es in 60 m Höhe steht. Man hält mit einem Kurs von ca. 095° darauf zu. Kann man das Leuchtfeuer nicht ausmachen, hält man sich S-lich der Linie, um sich sicher von Le Taureau (fällt 9,7 m trocken) freizuhalten. Stattdessen hält man nach der unbefeuerten grünen Glockentonne *Kinierbel* Ausschau, die 8 kbl WNW-lich der Pointe de Dourvin ausgelegt ist. Auf dem direkten Kurs von dieser Tonne zur Einfahrt muß ein trockenfallender Felsen (0,1 m) passiert werden, so daß man besser daran tut, den zuerst genannten Kurs zu benutzen. Bei ruhigem Wetter und von halb aufgelaufener Flut an bereitet der Felsen aber den wenigsten Yachten Probleme.
Hat man Bec-Léguer ausgemacht, steuert man mit einem Kurs von 095° ein, bis die beiden grünen Turmbaken an der S-Seite der Einfahrt zur Deckung kommen; dann ändert man den Kurs auf 122° und hält sich eben N-lich der Deckpeilung. Beide Turmbaken müssen mit einem Abstand von mindestens 50 m passiert werden, um den Riffen, auf denen sie stehen, zu entgehen. Nun steuert man mit 122° ein, bis das S-Ufer fast erreicht ist, dreht dann nach Bb. ein und hält auf die rote Bake am N-Ufer zu. Von hier an hält man sich in der Fahrwassermitte, bis man die Sliprampe am S-Ufer in Le Yaudet passiert hat. Hier ankert man auf ca. 2,75 m Tiefe (LAT), wenn man nicht weiter flußaufwärts fahren möchte. Von diesem Punkt an nimmt die Tiefe im Fluß langsam ab; er kann nun bis 6 m trockenfallen.
Der Ankerplatz vor Le Yaudet ist gut geschützt, und die Ortschaft, die abseits der Touristenpfade liegt, recht inter-

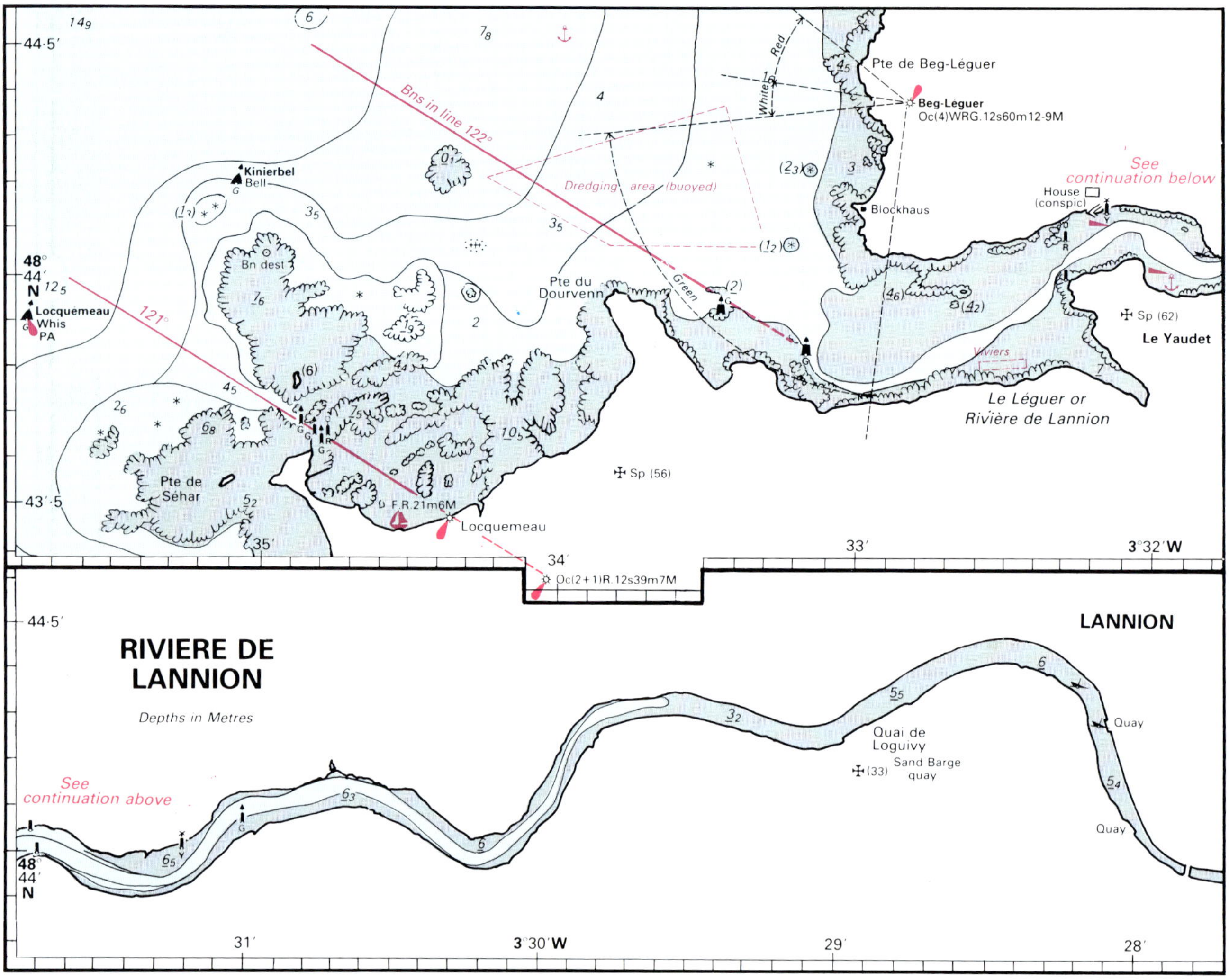

essant. Von der winzigen Anlandestelle aus kann man sie über einen zwar steilen, aber nicht halsbrecherischen Klippenpfad erreichen. Die Kirche des Ortes kann sich eines einzigartigen Altarbildes rühmen. Außerdem kann man hier eine ganze Reihe alter Votivschiffe bewundern, die von den Deckenbalken herabhängen.
Es gibt zwei Hotels, in denen auch Mahlzeiten serviert werden.

Primel-Trégastel

Gezeiten

HW -0620 Dover

MSpHW	MSpNW	MNpHW	MNpNW
8,5 m	1,2 m	6,7 m	3,0 m

Wassertiefen

Tiefwasser in den Ansteuerungen, 1,5 m am Ankerplatz NE-lich von Roc'h an Trez Braz. In einem 50 m breiten gebaggerten Bereich hinter dem Wellenbrecherkopf beträgt die Tiefe zwischen 0 und 1 m. Dicht unterhalb des Leuchtturms am Kopf des Wellenbrechers sind 2 m Tiefe vorhanden. Der Rest fällt trocken; der Grund ist unrein oder der Bereich nicht zugänglich.

Lage und Umgebung

Primel ist ein Naturhafen, der zusätzlich von einem Wellenbrecher geschützt wird. Die Einfahrt ist recht einfach und schon von weitem zu erkennen. Bei auflandigen Starkwinden wird sie allerdings gefährlich.
Im Hafen ist eine kleine Fischereiflotte beheimatet. Für Gastyachten stehen ein paar Mooringtonnen zur Verfügung. Die Ortschaft ist völlig unverdorben und im besten Sinne des Wortes ein „echter“ bretonischer Fischerhafen.

Ansteuerung

Am Tag ist zunächst die unbefeuerte Kardinaltonne W *Meloine* auszumachen, die das Riff Les Trepieds bezeichnet. Die Einfahrt öffnet sich etwa 3 sm S-lich von dort. Bei der Ansteuerung benutzt man die auffälligen Richtbaken (weiß mit roten Mittellinien) in Linie 152°. Peilt die Pointe de Primel achterlicher als dwars, wird der Felsen Ar Zammeguez an Stb. passiert, der eine grüne Farbmarkierung in weißem Feld trägt und von einer roten und grünen Bake gefolgt wird. Bis zum Wellenbrecher bleibt man in der Richtlinie. Nachts leiten die Richtfeuer (F.R) hinein. Der sichtbare Sektor der Feuer ist sehr schmal (134° – 168°). Berichten zufolge soll das Oberfeuer schwächer sein, was vielleicht daran liegt, daß die Bäume in der Umgebung zu stark gewachsen sind. Das Unterfeuer ist dafür sehr hell. Im Spätsommer 1996 brannten beide Feuer einwandfrei.

Lannion. Links im Bild die Ortschaft Le Yaudet.

Primel.

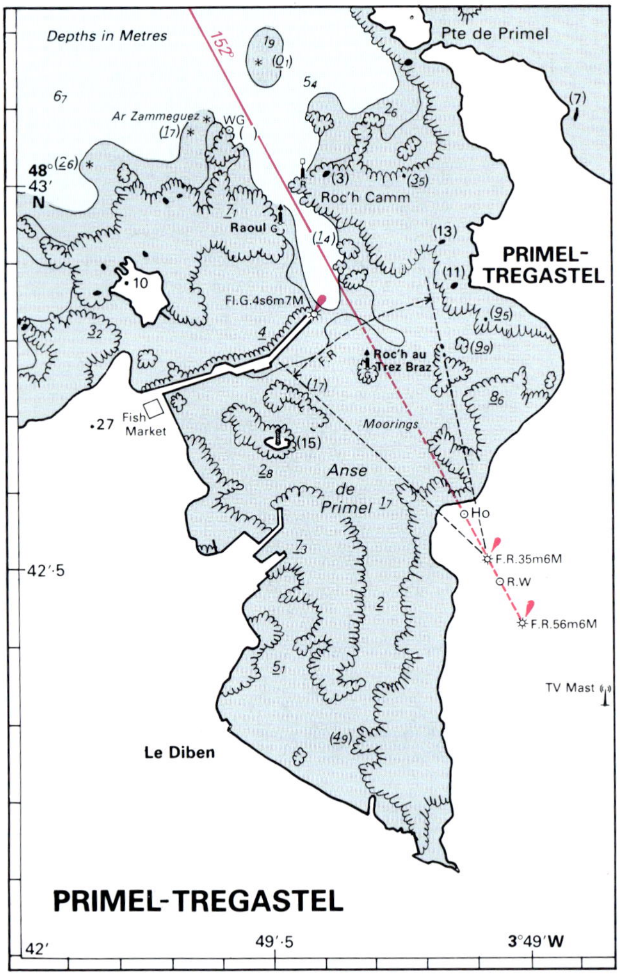

Liegeplätze

Im leidlich tiefen Wasser E-lich von Roc'h an Trez Braz ist eine ganze Reihe von Gastmoorings ausgelegt. Kleine Yachten finden hier reichlich Platz; für Yachten bis zu 12 m Lüa ist der Platz ausreichend, größere Boote müssen jedoch sehr vorsichtig sein. Falls es der Platz erlaubt, kann man am E-lichsten Teil der Mole (s. „Wassertiefen") festmachen. Vorsicht vor Fischerbooten, die zu jeder Tages- oder Nachtzeit ein- und auslaufen. Am mittleren Abschnitt der Mole sollte nicht angelegt werden.
Der Schutz an den Moorings ist nur mittelprächtig. Schweres Wetter aus W-lichen Richtungen läßt die Yacht hier rollen. Bei auflandigem Wind ist der Schutz kaum ideal.

Versorgung

In der Nähe des Fischmarktes, wo man frischen Fisch und „Crustaces" (Schaltiere) kaufen kann, gibt es Wasser aus einem Hahn. Es gibt einen Strand, und in der Werft für die Fischerboote findet man einen ausgezeichnet sortierten Ausrüster. Geschäfte mit Grundnahrungsmitteln und eine „Crêperie". Man kann zu beiden Seiten der Bucht anlanden; wobei die „Molen-Seite" die bessere Wahl ist. Das „Hotel de l'Abesse" im Scheitel der Bucht hat einen Swimmingpool, und im „English Pub" wird Guinness ausgeschenkt.

Morlaix

Gezeiten

HW -0610 Dover

MSpHW	MSpNW	MNpHW	MNpNW
9,0 m	1,3 m	7,0 m	3,5 m

Blick auf die Ile Louet und das Château du Taureau aus SW. Das Fahrwasser Grand Chenal führt zwischen diesen beiden hindurch.

Alternativ kann man das Fahrwasser benutzen, das mit gutem Abstand NW-lich vor der Ile Noir mit dem Turm verläuft, bevor man das Hauptfahrwasser erreicht.

Wassertiefen
Tiefwasser in den Ansteuerungen; die WT nimmt zum Fluß hin, der bis zu 5 m trockenfällt, ab. Im Hafenbecken hinter den Schleusen gibt es ausgedehnte Versandungen. Yachten mit 1,8 m Tiefgang oder mehr sollten an der W-Seite und – je nach Platz – so dicht wie möglich zu den Schleusen hin festmachen; in jedem Fall aber N-lich vom Büro des Hafenmeisters bleiben. Dort bekommt man Auskunft über die neuesten Entwicklungen. Die WT an den Schlengeln mit den Gastliegeplätzen, die unmittelbar N-lich des Hafenbüros ausgelegt sind, beträgt derzeit nur noch 1,5 m; zur Stadt hin nehmen die Tiefen sogar noch ab.

Lage und Umgebung
Die Stadt Morlaix wurde im 16. Jh. an der Quelle des gleichnamigen Flusses erbaut. Unterhalb der Schleuse wird der Fluß nun von einer Autobahnbrücke überspannt, während oberhalb des Schleusenhafens das Stadtbild von einem alten Viadukt beherrscht wird. Der durch eine Schleuse abgeschlossene Yachthafen bietet vollkommenen Schutz. Die Marina gehört vielleicht nicht zu den allerschönsten, ist aber – nur 60 sm von Chenal du Four entfernt – so sicher, daß man die Yacht für einige Zeit zurücklassen oder einen Crew-Wechsel machen kann.

Ansteuerung
Die Flußmündung zwischen Pen Lann und Barnénez stellt den schwierigsten Teil der Einsteuerung dar. Das Château du Taureau wurde 1542 direkt in der Einfahrt erbaut, um die Stadt gegen die Briten verteidigen zu können, nachdem 10 Jahre zuvor 600 Plünderer in ihren Lagern flußaufwärts „ausgeschaltet" werden konnten. Ist das Château passiert, führt ein gut betonntes Fahrwasser zwischen den Austernbänken hindurch in den Fluß.
Es gibt zwei Hauptfahrwasser:
2 sm WSW-lich der Pointe de Primel beginnt der *Chenal de Tréguier* an der grünen Bake *La Pierre Noire*. Die Navigation ist problemlos: Die grünen Baken bleiben an Stb., die roten an Bb. (s. Plan), bis der *Grand Chenal* erreicht ist. Dazu dreht man nach Stb. auf einen SW-lichen Kurs ein; die grüne Turmbake *La Chambre* bleibt an Stb. Im Zweifelsfall bringt man *La Chambre* achteraus mit der roten Turmbake *Petit Arémen* zur Deckung und behält diese Deckpeilung bei, bis die Tonne *No. 1* erreicht ist. Da zwei trockenfallende Felsen (fallen bis zu 0,5 m trocken) in diesem Fahrwasser lauern, sollte man es nur mit ausreichendem Tidenstieg benutzen. Die Benutzung dieses Fahrwassers bei Nacht ist ohne genaue Revierkenntnisse nicht zu empfehlen.
Das Fahrwasser *Grand Chenal*, das zwischen der unbefeuerten roten Tonne *Stolvesen* und der grünen Turmbake *La Vieille* beginnt, bietet eine Wassertiefe von mindestens 3 m. Wahrschau vor dem Plateau des Duons, das sich weiter seewärts erstreckt. Das Oberfeuer der Richtfeuerlinie, die mit 176° vor den Hafen führt, ist der markante eckige Leuchtturm des Feuers La Lande (Fl.5s85m23M). Das Unterfeuer wird vom eckigen weißen Leuchtturm mit schwarzer Haube Ile Louet (Oc(3)WG.12s) gezeigt, der auf seinem Inselchen vor Pen Lann thront. Diese Richtlinie führt sicher zwischen der Ile Ricard mit ihren

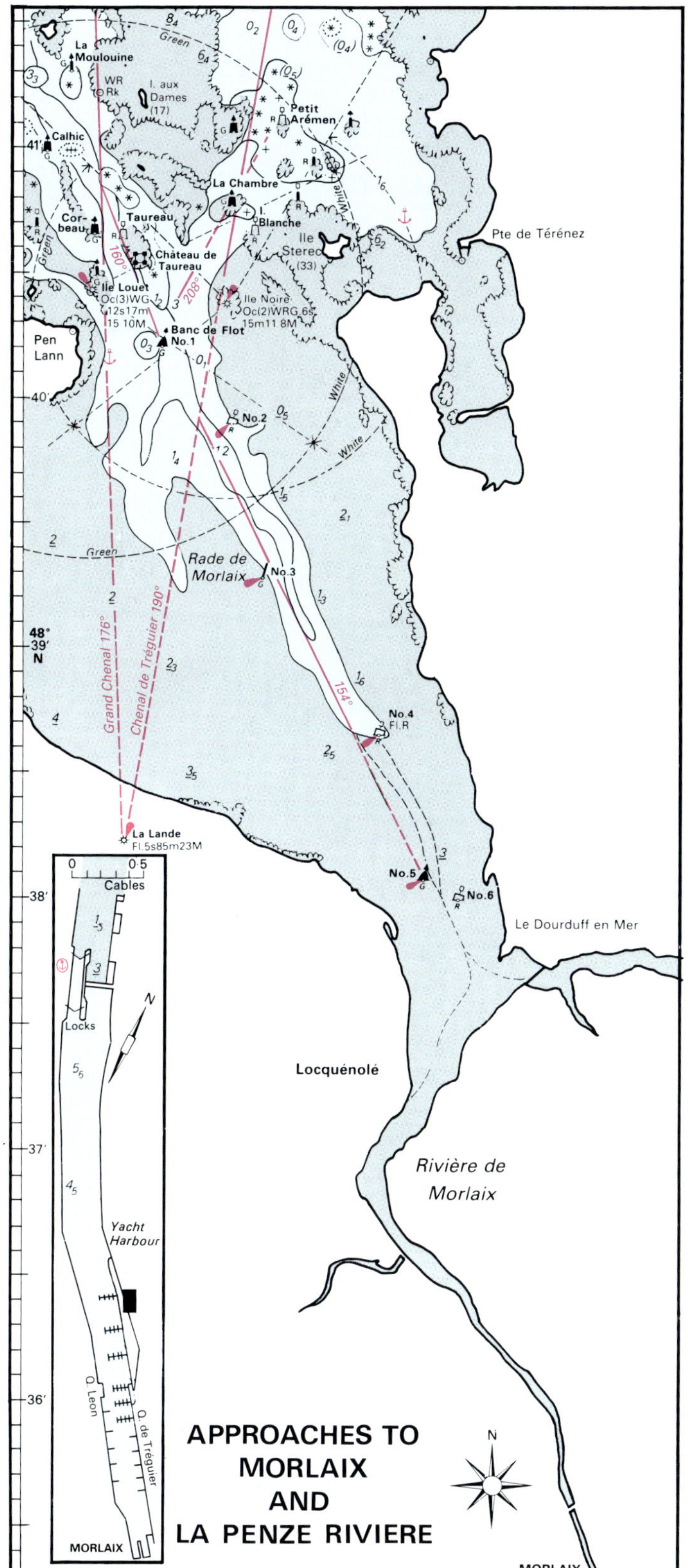

Gefahrenstellen an Stb. sowie diversen Scheußlichkeiten an Bb. hindurch.
Hat man die grüne Turmbake *Calhic* an Stb. passiert, wird der Kurs auf 160° geändert, um zwischen der grünen Turmbake *Le Corbeau* und ihrer roten Partnerin hindurchzufahren, die eben vor dem Château ausgelegt sind. Ist das Château an Bb. passiert, hält man nach der grünen Tonne *No. 1 – La Banc de Flot* Ausschau. Sie bleibt an Stb.,

Morlaix.

während man zwischen den Fahrwassertonnen weiterfährt.
Das Fahrwasser und anschließend der Fluß sind mit Tonnen und Stangen bestens bezeichnet. 0,75 sm vor der Schleuse endet die Betonnung; von hier an fährt man in der Flußmitte weiter.
Im Bereich von Dourduff, nahe der Tonne *No.7,* gibt es ein oder zwei private Moorings, die zeitweise aber nicht belegt sind. Um auf die Schleusung (UKW-Kanal 09 und 16, Tel. 02 98 62 13 14) zu warten, kann man eine der Moorings aufnehmen oder in der Nähe ankern. Die Schleuse wird dreimal bedient: 1,5 Std. vor HW, um HW sowie 1 Std. danach. Zu diesen Zeiten sollten mindestens 2,5 m WT über dem Süll stehen. Im Winter wird die Schleuse nur in der Zeit von 0800 bis 1700 Uhr bedient.
Im Hafenbecken hinter der Schleuse findet man dem Tiefgang der Yacht entsprechende Liegemöglichkeiten (s. „Wassertiefen"). Die offiziellen Gastliegeplätze befinden sich am Schlengel, der einlaufend quer an Bb.-Seite ausgelegt ist, bevor man das Büro des Hafenmeisters erreicht.

Liegeplätze

Zunächst macht man dort fest, wo Platz ist und meldet sich anschließend. Es ist nicht empfehlenswert, im Fluß zu ankern. Aber vielleicht hat man vor Dourduff Glück; Wagemutige können es in den unteren Wasserarmen versuchen.

Versorgung

Wasser und Diesel am Kai. Toiletten und Duschen im Bureau de Plaisance. Die Stadt bietet jegliche Reparaturmöglichkeit und Ausrüstung. Austausch von Camping GAZ-Flaschen etc. Neben den üblichen Annehmlichkeiten einer Stadt kann Morlaix mit einer mittelalterlichen Altstadt mit ungewöhnlichen Fachwerkhäusern aufwarten.

Verkehrsverbindungen

Nach Roscoff verkehren Busse und Züge; Fähren außerdem nach Brest. Auch nach St. Malo gibt es eine Bahnverbindung, bei der man aber umsteigen muß.

Roscoff – Port Bloscon

Gezeiten

HW -0605 Dover

MSpHW	MSpNW	MNpHW	MNpNW
8,9 m	1,3 m	7,0 m	3,45 m

Wassertiefen

Roscoff fällt vollständig trocken; entlang der N-Mole sind es bis zu 3,2 m, im Innenhafen bis zu 5 m. Auch die Ansteuerungen fallen trocken, allerdings nicht so schnell wie innen. Port Bloscon bietet einen begrenzten Ankerplatz mit Tiefwasser.

Lage und Umgebung

Roscoff ist heute als Fährhafen bekannt. Früher war der Ort Ausgangspunkt der bretonischen Zwiebelverkäufer, die mit ihren gestreiften Hemden und Fahrrädern, die mit Girlanden von Zwiebeln geschmückt waren, nach England hinüberfuhren.
Auch wenn der Hafen von Roscoff trockenfällt, ist er allemal einen Besuch wert. Außer malerischen Ansichten gibt es hier einen schönen Ankerplatz sowie verschiedene Sehenswürdigkeiten, zu denen unter anderem der größte Fischweiher (Vivier) Frankreichs gehört.
Die Ansteuerungen von Roscoff, insbesondere aus W, können recht knifflig werden. Dagegen ist die Ansteuerung von Bloscon verhältnismäßig einfach und dessen Reede, die teils von der Küste, teils von einem Wellenbrecher geschützt wird, bietet bei W-lichen Winden guten Schutz. Trotzdem darf nicht vergessen werden, daß es sich in erster Linie um einen Fährhafen handelt, in dem Yachten nur außerhalb des Manövrierbereichs der Fähren geduldet werden.

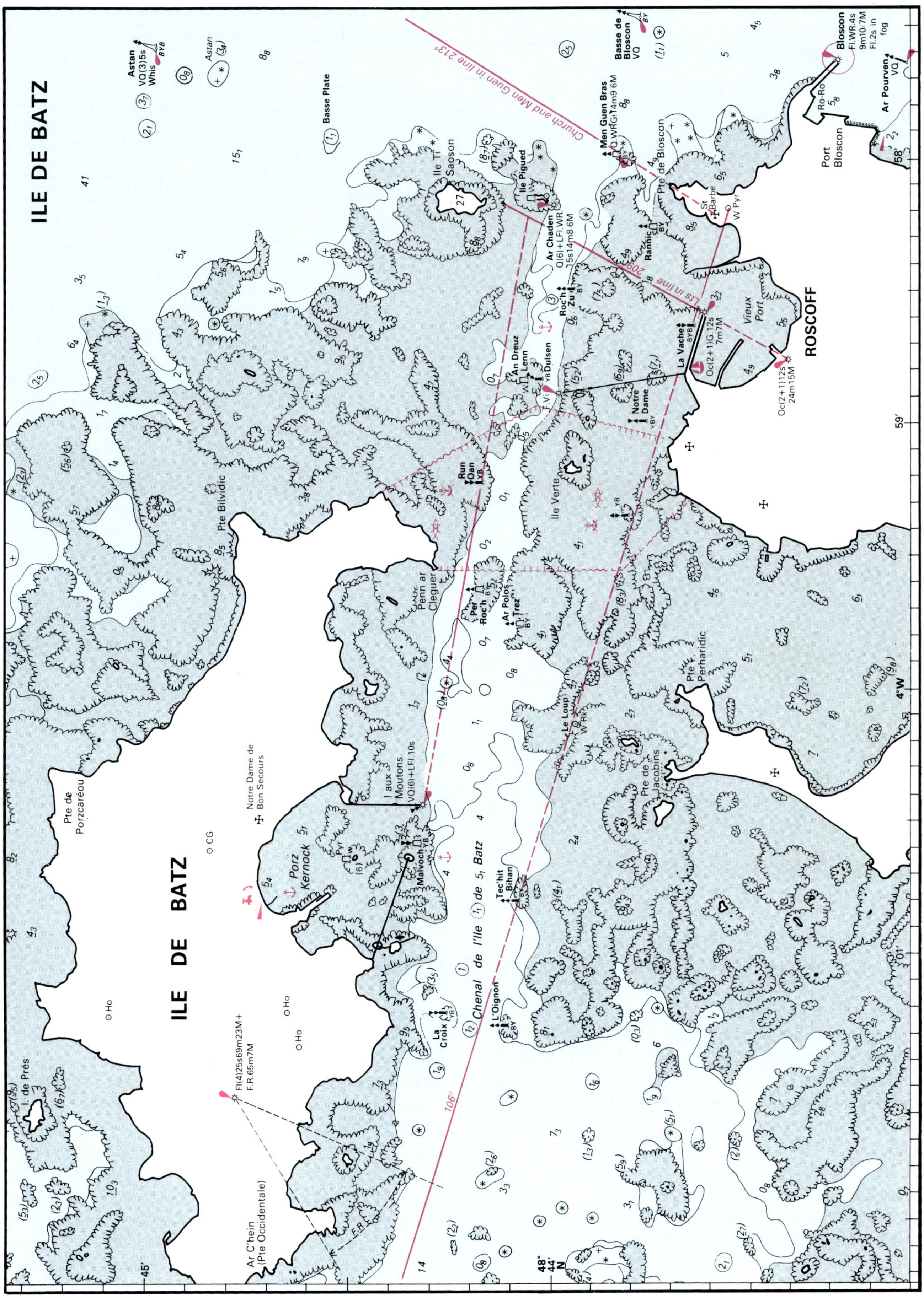
ILE DE BATZ
ILE DE BATZ
ROSCOFF
Port Bloscon
Vieux Port
Pte de Bloscon
Ile Verte
Pte Perharidic
Pte de Jacobins
Chenal de l'Ile de Batz
Porz Kernock
Notre Dame de Bon Secours
Pte de Porzcaréou
Pte Bilvidic
Penn ar Cleguer
Ile Ti Saoson
Ile Pigued
Basse Plate
Astan
Men Guen Bras
Basse de Bloscon
Ar Chaden
La Vache
Notre Dame
Le Loup
Malvoch
I aux Moutons
La Croix
L'Oignon
Tec'hit Bihan
Run Oan
Ar Pourven
Bloscon
Ar C'hein (Pte Occidentale)
I. de Prés
Church and Men Guen in line 213°
Lts in line 209°
106°

Roscoff: Der alte Leuchtturm (A), der Wellenbrecher des Bassin de Vieux Port (B).

Ansteuerung

Jede Ansteuerung von Roscoff sollte während der letzten beiden Stunden vor HW erfolgen:

Von W kommend, hat man die Wahl zwischen zwei Möglichkeiten. Passiert man die Ile de Batz seeseitig, wird man mit einer problemlosen Reise belohnt. Wer statt dessen aber 3 sm „sparen" möchte, steuert in das Fahrwasser Chenal de l'Ile de Batz, ein mit Felsen gespicktes und von den Gezeiten durchtostes Schreckensloch, ein, das nur am Tag, bei guter Sicht und beständigem Wetter sowie ausreichendem Tidenstieg befahren werden sollte.

Innere Route: Hat man sich für den Chenal entschieden, müssen zunächst die Gezeitentafeln studiert werden. Bis die Turmbake mit Kardinalzeichen N *Basse Plate* in etwa 100° peilt, hält man den mächtigen Leuchtturm auf der Ile de Batz in ca. 070°. Mit einem Kurs von rund 106° steuert man so, daß die Turmbake ca. 0,5 kbl an Stb. bleibt. Auf diesem Kurs peilt Le Loup, ein steiler Felsen mit weißem Fleck N-lich der Pointe des Jacobins, in Linie mit einer entfernt stehenden weißen kegelstumpfförmigen Turmbake bei St. Barbe unmittelbar rechts neben einer Baumgruppe. Diese Deckpeilung führt bis zur Kardinalbake N *L'Oignon,* die an Stb. bleibt. Nun dreht man auf einen Kurs ein, der etwa 1° oder 2° N zu E peilt und hält auf die Turmbake mit Kardinalzeichen N *Per Roc'h* zu.

Man bleibt auf diesem Kurs, bis der Fähranleger von Ile aux Moutons (mit befeuertem Kardinalzeichen S vor seinem Kopf), der ca. 1 kbl E-lich der Turmbake mit Kardinalzeichen S *Malvoch* endet, in N peilt. Jetzt ändert man den Kurs auf 080° Richtung Pen ar Cleguer, der SE-Spitze von Ile de Batz. In diesem Bereich liegt im Fahrwasser ein trockenfallender (0,8 m) Felsen. Man steuert weiter auf Pen ar Cleguer zu, bis die Kardinalbake S *Run Oan* in Linie 100° mit der weißen kegelstumpfförmigen Turmbake *Ile Pigued* peilt. Man bleibt in dieser Deckpeilung und passiert Per Roc'h 0,5 kbl an Stb. Auf halbem Weg zwischen *Per Roc'h* und *Run Oan* dreht man auf den Kopf des Fähranlegers Roscoff/Batz (violettes Feuer) ein, läßt diesen an Stb. und die Kardinaltonne S *Duslen* mit einem Abstand von ca. 50 m an Bb. Auch *Run Oan* bleibt bei diesem Kurswechsel an Bb. Nun kann man gefahrlos auf den Leuchtturm Ar Chaden (Kardinalzeichen S) zusteuern, der etwa 1 kbl S-lich der Ile Pigued steht; von dort an findet man vergleichsweise freies Wasser.

Ist man auf dem Weg nach Roscoff, bleibt die Kardinalbake S *Roc'h Zu* an Stb., während man mit Ar Chaden Bb. voraus weiterfährt, bis man in die Deckpeilung 210° für die Einfahrt gesegelt ist. Sie wird aus der 7 m hohen weißen Säule (grüne Spitze) auf dem Kopf der NW-Mole und dem markanten rechteckigen weißen Leuchtturm (24 m hoch) am Hafen gebildet. Nachdem man den Kopf der Mole gerundet hat, steuert man in den Innenhafen oder den Vieux Port ein.

Äußere Route: Um sich von den zahlreichen Gefahrenstellen vor der Ile de Batz freizuhalten, hält man etwa 1,5 sm Abstand zu ihr, bis die befeuerte Kardinaltonne E *Bes Astan* in SE peilt. Dann ist es vollkommen sicher, den Kurs so zu ändern, daß die Insel an Stb. bleibt – solange man den Versatz durch Tidenstrom und Abdrift berücksichtigt! Von hier aus steuert man S-wärts auf die befeuerte Kardinaltonne *Basse de Bloscon* zu, bis die weiße kegelstumpfförmige Turmbake N-lich der Kardinalbake S *Duslen* in Linie mit dem Leuchtturm Ar Chaden in 277° peilt. Nun steuert man auf *Roc'h Zu* zu, bis man in die Deckpeilung 210° für die Einfahrt (s. oben) gesegelt ist.

Von NE kommend, bleibt man, um sich vom Plateau des Duons freizuhalten, auf einer Linie, die den 20 m hohen Leuchtturm Men Guen Bras (Kardinalzeichen N) mit dem Glockenturm der Kirche am rechten Stadtrand verbindet. Wenn Ar Chaden zur Deckung mit der weißen kegelstumpfförmigen Turmbake N-lich der Kardinalbake S *Duslen* in 227° kommt, verläßt man die Deckpeilung und folgt den Navigationshinweisen der „äußeren Route".

Port Bloscon

Will man in Bloscon einlaufen, steuert man wie unter „Von NE kommend" beschrieben und rundet den Kopf der Mole. Dann fährt man unter sorgsamster Beachtung der ausgelegten Tonnen und Baken (s. Plan) weiter. Wahrschau vor den Fähren, die unbedingtes Wegerecht haben. Man bleibt im S-Teil des Hafens und steuert von der Kardinaltonne N *Ar Pourven* etwas S zu E. Mit eingeschaltetem Echolot tastet man sich vorsichtig bis S-lich des Wellenbrechers hinein. Bei starken W-lichen und SW-lichen Winden findet man hier ausgezeichneten Schutz.

Liegeplätze

In Port Bloscon ankert man wie bereits beschrieben. Bei W-lichen Winden findet man hier im Fahrwasser zwar einen guten Ankerplatz, der jedoch recht abgelegen ist. An Land gibt es leider auch nichts, was zu einem Besuch verlocken könnte. Anlanden am S-Ende des Parkplatzes vom Fähranleger. An der Außenseite der öffentlichen Toilette gibt es einen Wasserhahn und ein Hinweisschild mit „Supermarché 500 m", was allerdings geschwindelt ist.

In Roscoff läßt man sich an der alten Außenmole im Innenhafen trockenfallen. Die Mole des Außenhafens ist meist mit einheimischen Booten belegt, deren Skipper ihr Revier zu verteidigen wissen!

Der Ankerplatz im Fahrwasser der Insel des Batz ist wegen der starken Gezeiten kein sehr glückliches Unterfangen. Recht ansprechend wirkt der Platz SE-lich der Turmbake *Malvoch,* ist er eigentlich auch, aber wehe der Wind kommt aus W-lichen Richtungen…

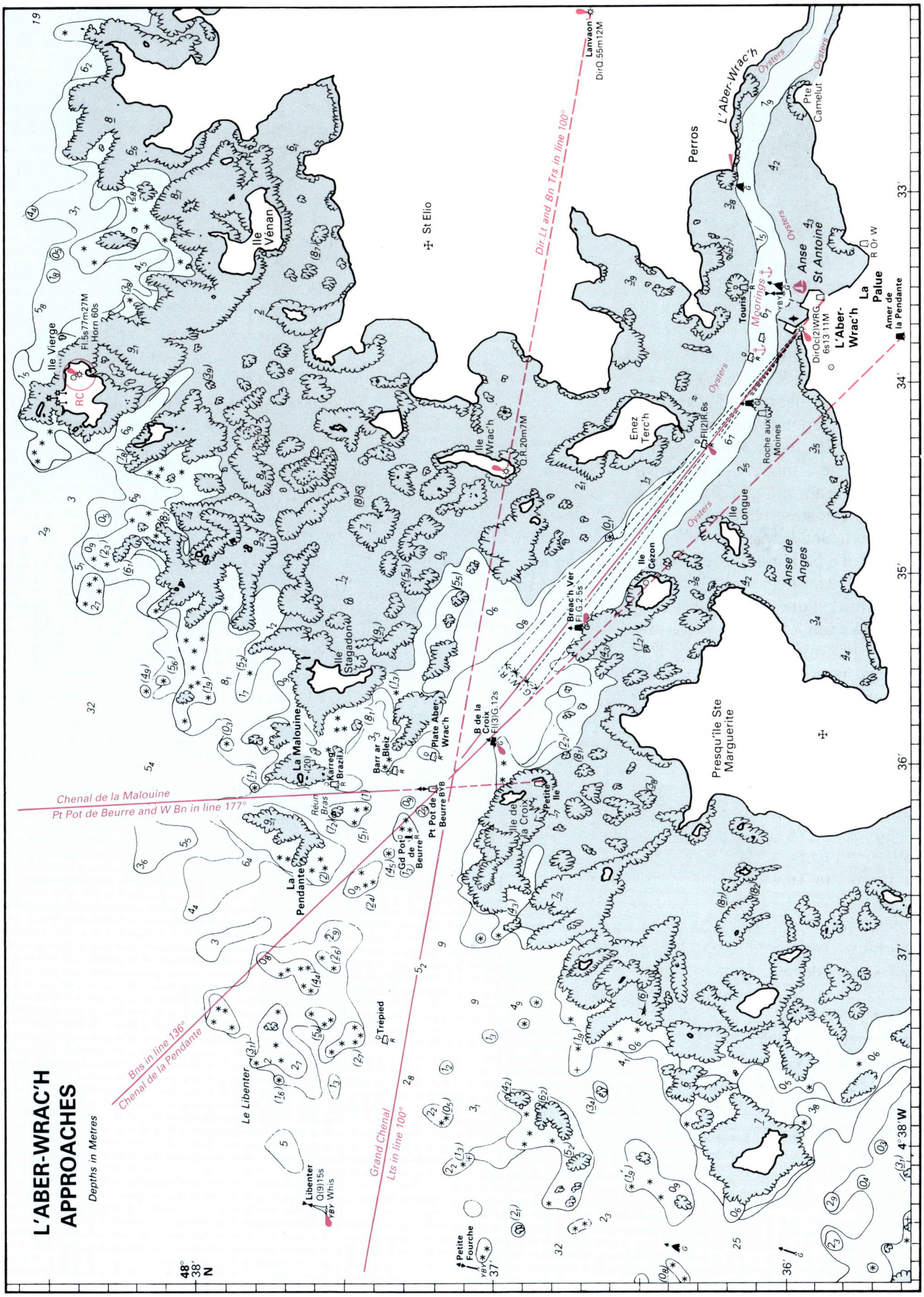

L'ABER-WRAC'H APPROACHES
Depths in Metres
Le Libenter
Libenter Q(9)15s Whis
Grand Chenal Lts in line 100°
Bns in line 136° Chenal de la Pendante
Chenal de la Malouine
Pt Pot de Beurre and W Bn in line 177°
La Pendante
La Malouine
Trepied
Petite Fourche
Gd Pot de Beurre
Pt Pot de Beurre
Plate Aber Wrac'h
Barr ar Bleiz
B de la Croix Fl(3)G.12s
Ile de la Croix
Petite Ile
Ile Stagadon
Ile Vierge
Fl.5s77m27M Horn 60s
Ile Vénan
St Elio
Ile Wrac'h
Q.R.20m7M
Dir.Lt and Bn Trs in line 100°
Lanvaon DirQ.55m12M
Breac'h Ver Fl.G.2.5s
Ile Cezon
Enez Terc'h
Fl(2)R.6s
Ile Longue
Roche aux Moines
Presqu'ile Ste Marguerite
Anse de Anges
L'Aber-Wrac'h
DirOc(2)WRG 6s13 11M
Amer de la Pendante
La Palue
Anse St Antoine
Moorings
Oysters
Perros
Pte Camelut
48° 38' N
4° 38' W

Versorgung

Port Bloscon

Am S-lichen Ende des Parkplatzes vom Fährterminal landet man an einer kleinen Sliprampe am Fuß der Hafenmauer an. Von hier aus sind es nur 500 m zum Kasino und einem überteuerten Weindepot mit ärmlichem Angebot. Roscoff ist etwa 1 km entfernt.

Das Hinweisschild, das einen Supermarkt „die Straße hinauf" ankündigt, sollte einen nicht dazu verleiten, ihm zu folgen. Der Autor, der diesen Supermarkt aufsuchen wollte, konnte ihn selbst nach einem Fußmarsch von mehr als 1,5 km nicht entdecken.

Roscoff

Wasser nach Absprache aus einem Hydranten oder einem Wasserhahn bei der Toilette. Unvorstellbar aber wahr: In Roscoff ist kein Treibstoff zu erhalten. Für die Fischerboote gibt es zwar steuerfreien Diesel, aber ehrlicherweise sollte man sich nicht die Tanks der Yacht mit den Geldern französischer Steuerzahler füllen. Öffentliche Duschen und Toiletten am Gare Maritime am Vieux Port. „Jetons" zum Duschen erhält man in der Touristeninformation (Maison de Tourisme).

Es gibt einen Ausrüster, einen guten Mechaniker, einen Segelmacher etc. sowie verschiedene Mobilkräne. Austausch von Camping GAZ-Flaschen und Stangeneis in der Nähe. Wie bereits erwähnt, kann man in der Stadt ganz hervorragend Essen (und Trinken) gehen.

Der Leuchtturm Ile Vierge.

L'Aber-Wrac'h

Gezeiten

HW +0547 Dover

MSpHW	MSpNW	MNpHW	MNpNW
7,8 m	1,05 m	6,1 m	2,85 m

Wassertiefen

Tiefwasser bis oberhalb von La Palue sowie flußaufwärts bis Paluden, wo eine Straßenbrücke das Ende der Schiffbarkeit darstellt. Eben oberhalb der letzten Biegung nach S wird der Fluß bei Springniedrigwasser untief. Yachten mit bis zu 2,4 m Tiefgang können aber eben W-lich dieser Biegung mit kurz gesteckter Ankerkette und Reitgewicht selbst bei Springniedrigwasser ankern. In der Nähe der Flußbiegung liegen Überreste eines Citroen im Schlick. Vielleicht ist das farbenfrohe Wrack aber in der Zwischenzeit entfernt worden oder – was viel wahrscheinlicher ist – vollständig verrottet.

Lage und Umgebung

L'Aber-Wrac'h ist ebenso für seine strategisch günstige Lage wie auch den guten Schutz und die gute Zugänglichkeit (außer bei heftigen Stürmen aus NW) berühmt. Die Versorgungsmöglichkeiten sind begrenzt, aber der Ort ist ideal, um Kräfte zu sammeln für die Passage des Chenal du Four. Flußaufwärts kann man unweit der Bequemlichkeiten von Le Relais de L'Aber-Wrac'h in wundervoller Ruhe Erholung tanken.

Ansteuerung und Einfahrt

Der riesige Leuchtturm auf der Ile Vierge (Fl.5s77m28M, Horn 60s), 3 sm ENE-lich der Kardinaltonne W *Libenter,* sorgt dafür, daß man bei anständiger Sichtweite L'Aber-Wrac'h weder am Tag noch in der Nacht verfehlen kann. Ile Vierge trägt außerdem ein Funkfeuer (Kennung: VG auf 314 kHz/A1A, 70M), das Yachten ohne moderne Navigationssysteme beim Einlaufen unter schlechten Sichtverhältnissen nutzen können. Bei Nebel ist das Anlaufen des Hafens nicht zu empfehlen!

Grand Chenal: Dieses Fahrwasser ist die bei weitem einfachste und nachts überhaupt die *einzige* Möglichkeit. Die befeuerte Kardinaltonne W *Libenter* wird mit S-lichem Kurs gerundet, um sicher zu gehen, daß man sich von der Untiefe Libenter freihält. Man bleibt auf dem Kurs, bis man in die folgende Deckpeilung 100° eingesegelt ist: weißer rechteckiger Turm mit Giebeldach und roter Spitze auf der Insel Wrac'h (Q.R.20m7M) und das markante Feuer Lanvaon, das 2 sm weiter küstenwärts steht. Der 27 m hohe, rechteckige Turm wirkt wie ein venezianischer Kampanile (freistehender Glockenturm), der sein Feuer (Q.12M, verstärkt 090,5° – 110,5°) 55 m über dem Meer zeigt. Die von See aus sichtbare Seite ist weiß. Weiter landeinwärts steht – haargenau in der Deckpeilung – der Glockenturm Plouguernou. Man bleibt in dieser Deckpeilung, bis die auffällige Turmbake mit Kardinalzeichen E *Petit Pot de Beurre* erreicht ist. Sie bleibt an Stb., dann ändert man den Kurs auf 128°, läßt die grüne Bake *Breac'h Ver* (Fl.G.2,5s) an Stb. und kann zwei weniger auffällige

La Palue, L'Aber-Wrac'h: unten links die Rettungsboot-Station. Gastmoorings oberhalb und rechts davon.
Le Passage: Ankern in der letzten Flußbiegung möglich (unten).

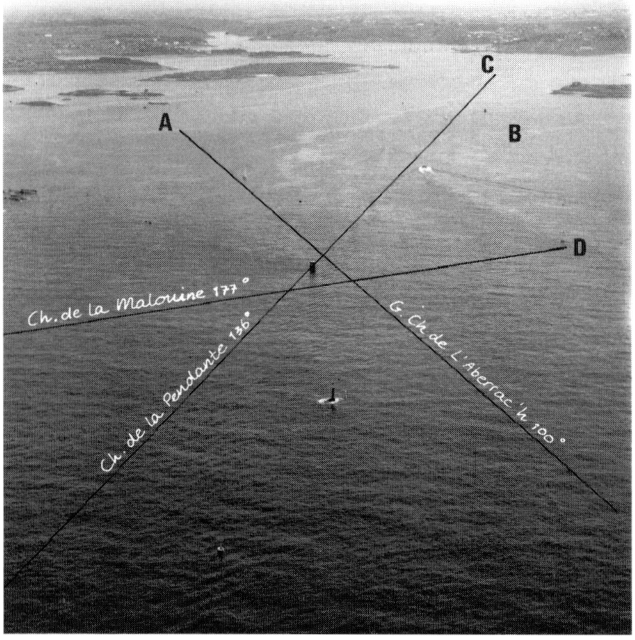

Ansteuerung L'Aber-Wrac'h: Ile Wrac'h (A) auf der Richtlinie 100° des Grand Chenal. Die grüne Turmbake „Breac'h Ver" (B) bleibt an Stb. L'Aber-Wrac'h (C), das Fahrwasser Chenal de la Malouine (D) führt mit 177° bevor es auf die anderen beiden Fahrwasser trifft.

Blick auf La Palue vom N-Ufer aus: Bb.-Turmbake „Le Touris" (A), Ablauframpe des Rettungsboots (B), Landstellplätze während der Wintermonate, wenn die Schwimmstege eingezogen sind (C).

rote und weiße Baken, die etwas mehr als 1 sm voraus in der Nähe des Rettungsboot-Schuppens stehen, ausmachen. Nachts leitet ein Leitfeuer in den Hafen. Sind die Richtmarken tagsüber nicht auszumachen, braucht einen das nicht zu beunruhigen. Hält man sich an *Breac'h Ver* und die rote Leuchttonne *Ile d'Ehre,* die an Bb. bleibt, erreicht man die grüne Bake *Roche aux Moines,* die an Stb. gelassen wird. Die unmittelbar dahinter folgende unbefeuerte rote Tonne bleibt an Bb., bevor man auf die Moorings oder den Schlengel zusteuert, wobei die rote Turmbake *Touris* an Bb. bleibt.

Chenal de la Malouine: Die Turmbake *Petit Pot du Beurre* wird zur Deckung mit der weißen kegelstumpfförmigen Turmbake auf der Petit Ile, unmittelbar SE-lich der Iles de la Croix, gebracht. Man muß sich in dieser Deckpeilung 177° halten, denn die Passage ist sehr schmal und führt über eine Untiefe von 0,6 m. Sie ist daher nur mit größter Vorsicht und entsprechendem Tidenstieg zu befahren. Dieses Fahrwasser, das an der *Petit Pot du Beurre* in den Grand Chenal führt, erspart 3 sm Fahrt. Man kann es am besten erspähen, wenn man durch die Lücke zwischen den beiden Felsen, La Malouine und La Pendante, nach S hindurchschaut.

Von See her kommend, steuert man dieses Fahrwasser normalerweise aus E oder NE an. Ist die weiße kegelstumpfförmige Turmbake nicht gleich zu sehen, ist das kein Grund zu Beunruhigung. Beide Richtmarken sind erst auszumachen, wenn man schon fast auf der Deckpeilung ist. Mit einer Peilung von 177° kann man kontrollieren, ob man auch die „richtigen" Richtmarken vor sich hat. Die Deckpeilung führt ziemlich dicht an den Riffen vorbei, die sich S-lich von Réun Bras erstrecken und über denen sich die Seen brechen können. Hält man sich unbeirrt an die Richtlinie, kann gar nichts schiefgehen.

Chenal de la Pendante: Dieses Fahrwasser verläuft NE-lich der Untiefe Libenter. Eine weiße Turmbake auf der Ile Cezon in Linie 136° mit einer weiteren weißen Bake, 3 kbl S-lich der Rettungsboot-Station, führen zur Turmbake *Petit Pot du Beurre,* wo das Hauptfahrwasser erreicht wird.

Flußaufwärts

Man folgt der Fahrwasser-Betonnung so weit, wie sie ausgelegt ist, dann fährt man in der Flußmitte weiter. Bei der Wahl des Ankerplatzes ist auf Moorings zu achten, die hier zahlreich ausgelegt sind.

Liegeplätze

An Gast-Moorings vor La Palue oder mit Bug zum Schwimmsteg (Yachten bis max. 11 m Lüa). Notfalls muß man an den Moorings im Päckchen liegen. Ansonsten fährt man flußaufwärts und ankert dort.

Versorgung

Nur das Nötigste. La Palue erweckt mehr den Eindruck einer Sommerfrische als einer Stadt, die das ganze Jahr über bewohnt ist. Es gibt ein kleines Bistro, etwas Ausrüstung und einfache Reparaturmöglichkeiten. Im Zweifelsfall fragt man bei der Segelschule nach. Von 2 Std. vor bis 2 Std. nach HW gibt es Diesel am Kai. Im kleinen Yachtclub bei der Capitainerie am Fuß des Schlengels findet man einen Waschsalon. Grundnahrungsmittel sind in der Ortschaft Landéda zu bekommen, die aber ein gutes Stück entfernt ist.

Gegen eine Gebühr kann man im Yachtclub duschen. Austern zum Mitnehmen bei „Belon des Abers".

Ist man flußaufwärts gefahren, sollte man sich die Gelegenheit nicht entgehen lassen, im „Le Relais de l'Aber" an der Brücke Essen zu gehen. Das ist zwar nicht gerade preiswert, aber unschlagbar gut. Eine Tischreservierung ist empfehlenswert, da das Restaurant von Einheimischen stark besucht wird.

Anhang

Register

Alderney/Braye 231
Anvil Point 23
Arromanches 216
Axmouth 122

Barfleur 224
Barn Pool 149
Bassin Morny 209
Beachy Head 18
Beaucette Yacht Marina 238
Beaulieu River 90
Beer 122
Beer Head 26
Bembridge 71
Berry Head 26
Binic 262
Birdham Pool 59
Bolt Head 27
Bolt Tail 27
Bosham 60
Boulogne 191
Braye 231
Bridport 118
Brighton 46
Brixham 131
Bull Hill 125

Caen 213
Calais 190
Cancale 250
Cap de la Hague 183
Carentan 220
Carteret 234
Cattewater 151
Channel Island Yacht Marina 238
Charlestown 159
Cherbourg 226
Chichester 53
Chichester Yacht Basin 59
Christchurch 102
Cobb's Quay Marina 111
Courseulles 215
Coverack 169
Cowes 77
Cowes Yacht Haven 79

Dahouet 260
Dart Marina 137
Darthaven Marina 135
Dartmouth 133
Deauville/Trouville 207
Diélette 230
Dieppe 198
Dinard 250
Dittisham 137
Dives-sur-Mer/Port Guillaume 209
Dodman Point 28
Dover 34
Drake's Island 149
Dungeness 18
Dünkirchen (Dunkerque) 186
Durlston Head 22

East Cowes Marina 81
East Head 59
Eastbourne
(Sovereign Yacht Harbour) 43
Embankment 137
Emsworth 60
Etaples 193
Exe, Fluß 125
Exeter Canal 126
Exmouth 122
Exmouth, Ankerplatz 125

Falmouth 161
Falmouth Marina 163
Fareham Lake 69
Fécamp 202
Fishbourne – Wootton Creek 75
Fluß Exe 125
Fluß Tamar 153
Fluß Yealm 141
Folkstone 37
Fountain Lake 70
Fowey 156

Golden Cap 26
Gorey 244
Gosport Cruising Club 70
Gosport Marina 70
Grandcamp-Maisy 218
Granville 248
Gravelines 188
Guernsey 237

Hamble Point Marina 84
Hamble River 81
Hardway Sailing Club 70
Haslar Creek 69
Haslar Marina 70
Helford River 166
Hengistbury Head 22
Honfleur 205
Hythe Marina Village 89

Ile de Bréhat 268
Iles Chausey 246
Isigny-sur-Mer 219
Island Harbour 81
Isles of Scilly 177
Itchenor 59

Jersey/St. Helier 241

Keyhaven 100
Kingswear 135

L'Aber-Wrac'h 294
La Collette Yacht Basin 242
La Rance 254
Land's End 29
Langstone Harbour 61
Langstone Marina 64
Lannion 285
Le Crotoy 195
Le Havre 203
Le Légué/St. Brieuc 260
Le Touquet/Etaples 193
Le Tréport 197
Lézardrieux/Pontrieux 270
Littlehampton 51
Lizard Point 28
Looe 153
Lulworth Cove 113
Lyme Regis 119
Lymington 97

Malpas 166
Mayflower International Marina 151
Mercury Yacht Harbour 84

Mevagissey 159
Morlaix 288
Mousehole 175
Mylor 164

Needles Rocks 19
Newhaven 45
Newlyn 174
Newton River 92
North Foreland 18
Northney Marina 59

Ocean Village Marina 89
Ormonville-la-Rogue 229
Ouistreham/Caen 212

Paignton 130
Paimpol 266
Penryn 161
Penzance 172
Perros-Guirec 279
Peveril Ledges 22
Peveril Point 22
Ploumanac'h 281
Plymouth 144
Pointe de Barfleur 183
Polperro 154
Pontrieux 270, 273
Poole 105
Poole Yacht Club Yacht Haven . . . 111
Port Blanc 278
Port Bloscon 290
Port Guillaume 209
Port Quest 188
Port Solent Marina 70
Port-en-Bessin 216
Portbail 236
Portchester Lake 69
Porth Cressa 179
Porthleven 170
Portland Bill 23
Portland Harbour 116
Portmellon 161
Portsmouth 64
Prawle Point 27
Primel-Trégastel 286
Prince William Marina 132

Queen Anne's Battery 151

Rame Head 28
Ramsgate 30
Restronguet 164
River Itchen 87
River Test 87
Roscoff 290
Ruan Creek 166
Ryde 74
Rye 39

Salcombe 138
Salterns Marina 110
Sandwich 33
Selsey Bill 19
Shamrock Quay 89
Shepard's Wharf 79
Shoreham 48
Smalls Cove 141
South Foreland 18
Southampton 85
Sovereign Yacht Harbour 43
Sparke's Yacht Harbour 60
St. Alban's Head 22, 23
St. Anthony Head 28
St. Aubin 244
St. Briac 257
St. Brieuc 260
St. Cast 259
St. Catherine 244
St. Catherine's Point 19
St. Helier Marina 244
St. Just 164
St. Malo 250
St. Mary's Pool 179
St. Mawes 161, 164
St. Michael's Mount 171
St. Quay-Portrieux 264
St. Sampson 241
St. Servan 250
St. Vaast-la-Hougue 221
St. Valéry-en-Caux 200
St. Valéry-sur-Somme 196
Starcross 126
Starehole Bay 140
Start Point 26
Sunny Cove 141
Sutton Marina 151
Swanage 112
Swanwick Marina 84

Tamar, Fluß 153
Tarquin Yacht Harbour 59
Teignmouth 127
The Bag 141
The Camber 69, 70
The Owers 19
Topsham 126
Torquay 130
Totnes 137
Town Quay Marina 88
Trébeurden 282
Tréguier 274
Tresco/Bryher 181
Trouville 207
Truro 161
Turf Lock 126

UK Sailing Centre 79

Weymouth 114
Wicor Marine 70

Yarmouth Harbour 94
Yealm, Fluß 141

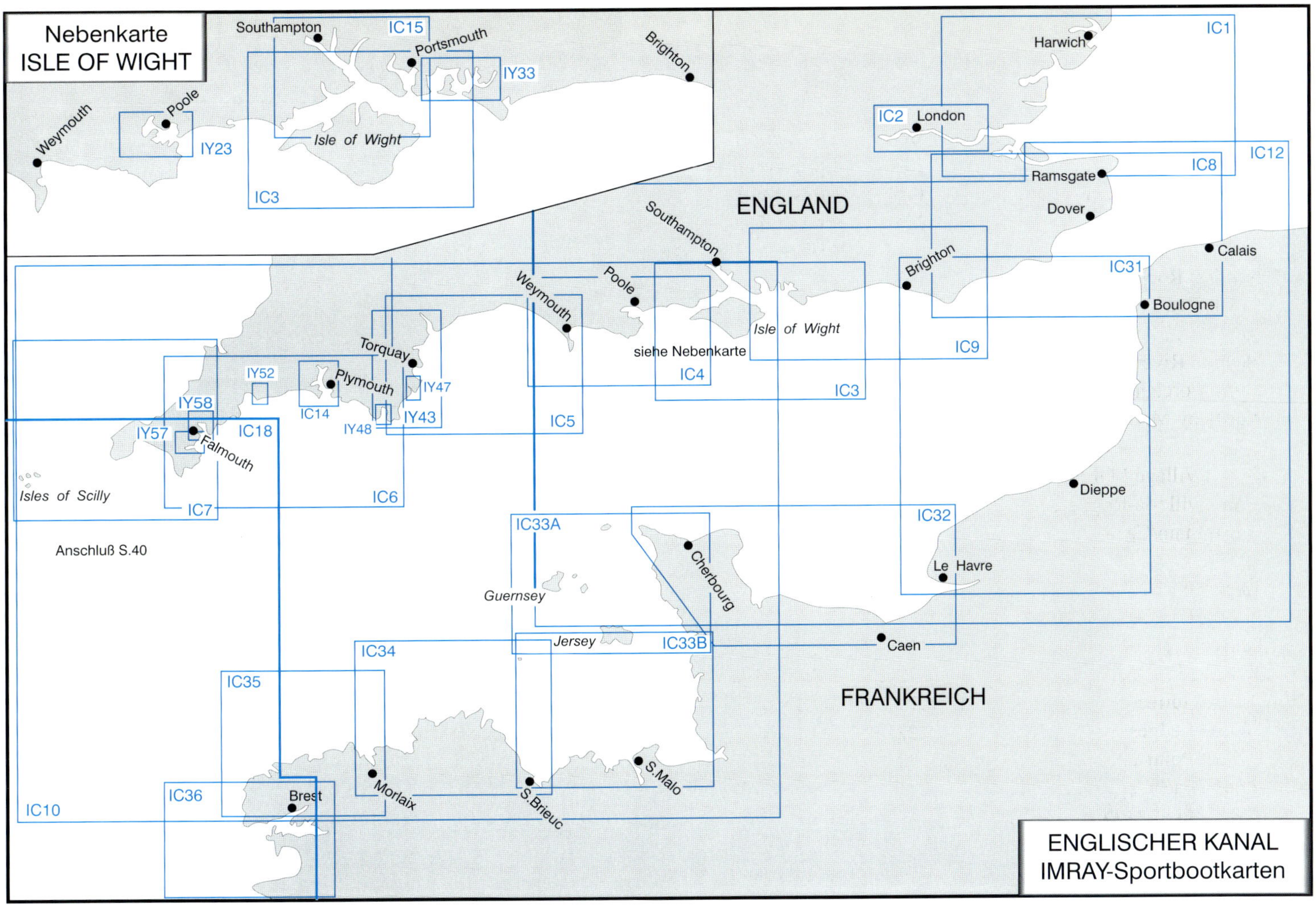

Beide Übersichten der Seekarten sowie auf der folgenden Seite wurden abgedruckt mit freundlicher Genehmigung von Bade & Hornig, Hamburg

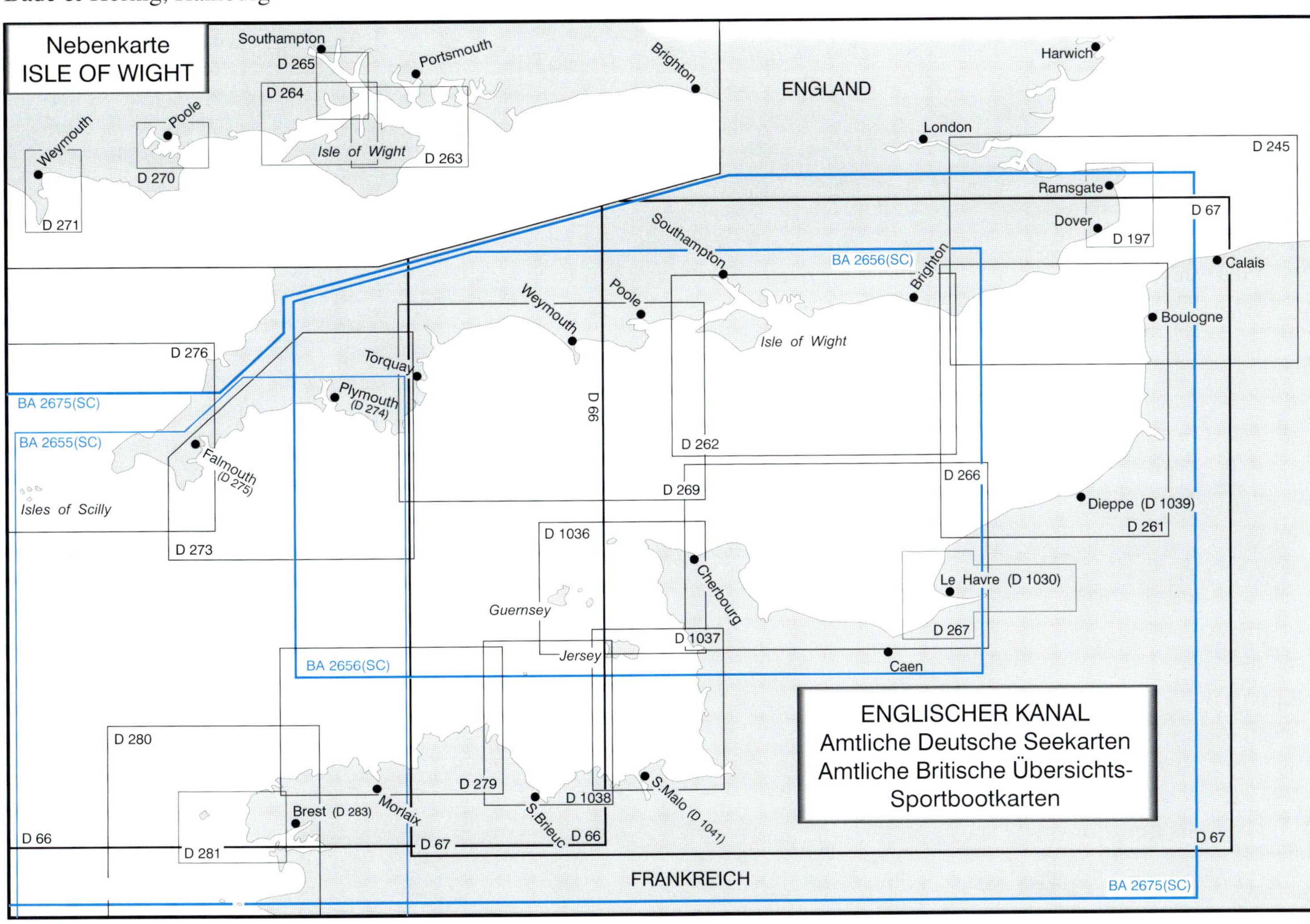

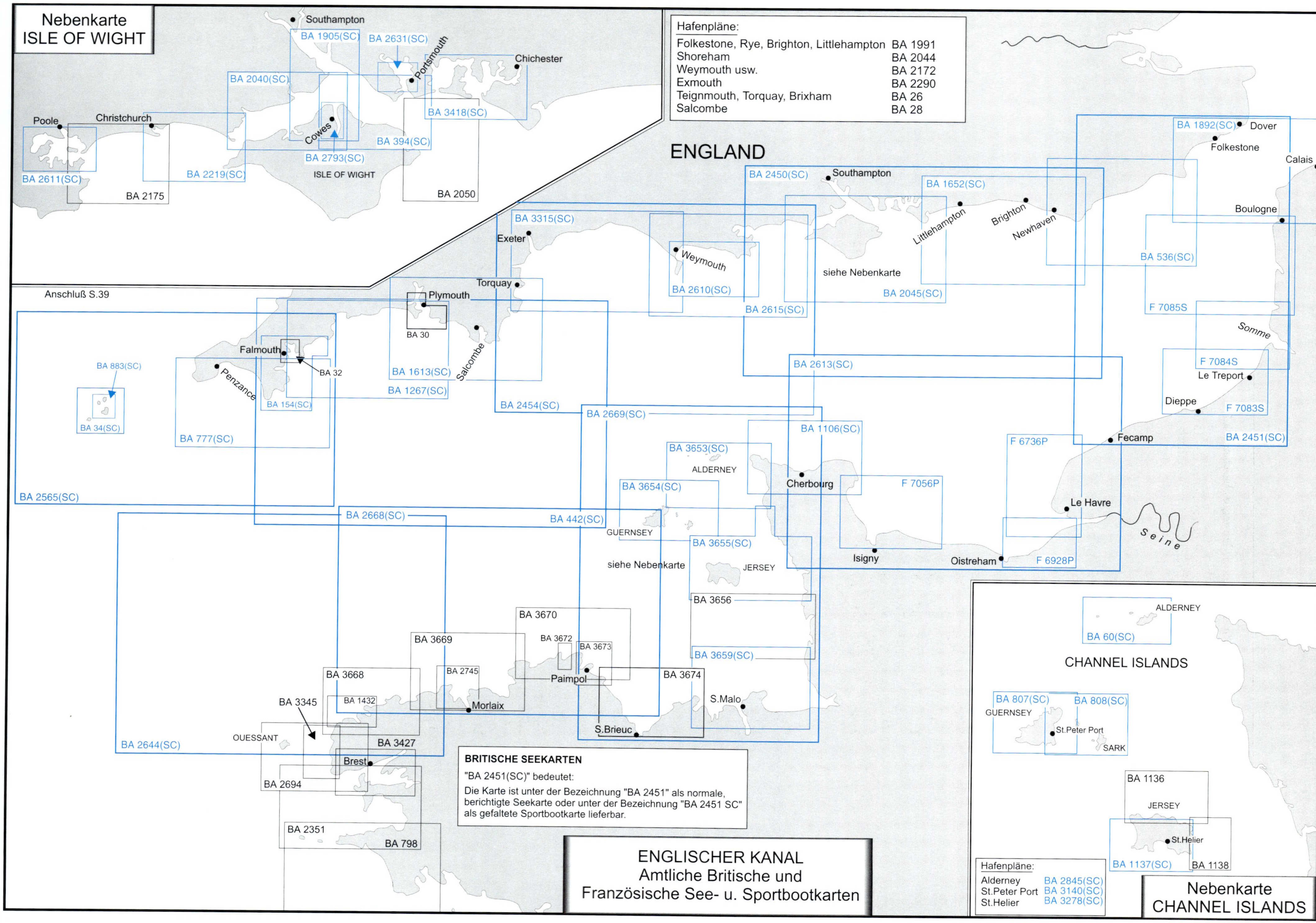
ENGLISCHER KANAL
Amtliche Britische und
Französische See- u. Sportbootkarten
Nebenkarte
ISLE OF WIGHT
Hafenpläne:
Folkestone, Rye, Brighton, Littlehampton BA 1991
Shoreham BA 2044
Weymouth usw. BA 2172
Exmouth BA 2290
Teignmouth, Torquay, Brixham BA 26
Salcombe BA 28
ENGLAND
Southampton
Chichester
Portsmouth
Poole
Christchurch
Cowes
ISLE OF WIGHT
BA 1905(SC)
BA 2631(SC)
BA 2040(SC)
BA 3418(SC)
BA 394(SC)
BA 2793(SC)
BA 2219(SC)
BA 2611(SC)
BA 2175
BA 2050
Anschluß S.39
BA 2450(SC)
BA 1652(SC)
Littlehampton
Brighton
Newhaven
BA 3315(SC)
Exeter
Weymouth
BA 2610(SC)
siehe Nebenkarte
BA 2045(SC)
BA 2615(SC)
Torquay
Plymouth
BA 30
Salcombe
Falmouth
BA 32
Penzance
BA 883(SC)
BA 34(SC)
BA 154(SC)
BA 1613(SC)
BA 1267(SC)
BA 777(SC)
BA 2454(SC)
BA 2565(SC)
BA 2669(SC)
BA 2613(SC)
BA 1892(SC)
Dover
Folkestone
Calais
Boulogne
BA 536(SC)
F 7085S
Somme
F 7084S
Le Treport
Dieppe
F 7083S
Fecamp
BA 2451(SC)
BA 1106(SC)
BA 3653(SC)
ALDERNEY
Cherbourg
F 7056P
F 6736P
Le Havre
Seine
F 6928P
Oistreham
Isigny
BA 3654(SC)
GUERNSEY
BA 2668(SC)
BA 442(SC)
siehe Nebenkarte
BA 3655(SC)
JERSEY
BA 3656
BA 3659(SC)
BA 3670
BA 3669
BA 3672
BA 3673
BA 2745
Paimpol
BA 3674
BA 3668
BA 1432
Morlaix
S.Malo
S.Brieuc
BA 3345
OUESSANT
BA 3427
Brest
BA 2644(SC)
BA 2694
BA 2351
BA 798
BRITISCHE SEEKARTEN
"BA 2451(SC)" bedeutet:
Die Karte ist unter der Bezeichnung "BA 2451" als normale, berichtigte Seekarte oder unter der Bezeichnung "BA 2451 SC" als gefaltete Sportbootkarte lieferbar.
ALDERNEY
BA 60(SC)
CHANNEL ISLANDS
BA 807(SC)
BA 808(SC)
GUERNSEY
St.Peter Port
SARK
BA 1136
JERSEY
St.Helier
BA 1137(SC)
BA 1138
Hafenpläne:
Alderney BA 2845(SC)
St.Peter Port BA 3140(SC)
St.Helier BA 3278(SC)
Nebenkarte
CHANNEL ISLANDS

Entfernungstabelle für Törns an der englischen Kanalküste zwischen Häfen (in Seemeilen)
Die loxodromischen Distanzen wurden zwischen den Einfahrten zu den Häfen bzw. den davorliegenden Barren ermittelt

	Ramsgate	Brighton	Chichester	Portsmouth	Cowes	Lymington	Poole	Weymouth	Dartmouth	Salcombe	Plymouth	Fowey	Falmouth	Penzance	Scilly
Ramsgate															
Brighton	78														
Chichester	112	34													
Portsmouth	119	41	7												
Cowes	125	47	15	8											
Lymington	132	56	24	17	9										
Poole	152	74	42	35	27	19									
Weymouth	173	97	64	57	49	40	27								
Dartmouth	212	135	107	100	92	84	70	52							
Salcombe	220	144	117	110	103	95	81	64	14						
Plymouth	241	165	135	132	123	115	98	82	35	17					
Fowey	255	178	152	144	139	129	116	96	48	36	20				
Falmouth	271	194	168	160	152	143	130	113	63	50	38	20			
Penzance	295	219	190	183	176	168	155	135	88	74	64	48	32		
Scilly	322	246	218	211	204	195	183	163	116	102	92	76	60	37	

Entfernungstabelle für Törns an der englischen Kanalküste zwischen bedeutenden Kaps (in Seemeilen)
Die loxodromischen Distanzen wurden jeweils im sicheren Passierabstand vor den Kaps ermittelt

	N Foreland	Dungeness	Beachy Head	Owers	St Catherine's	Anvil Point	Portland Bill	Berry Head	Start Point	Bolt Head	Rame Head	Dodman	Lizard	Runnel Stone	Bishop Rock
N Foreland															
Dungeness	36														
Beachy Head	66	30													
Owers	101	65	35												
St Catherine's	125	89	59	24											
Anvil Point	150	114	84	49	25										
Portland Bill	170	134	104	69	45	20									
Berry Head	210	174	144	109	85	60	40								
Start Point	218	182	152	117	93	68	48	13							
Bolt Head	224	188	158	123	99	74	54	19	6						
Rame Head	242	206	176	141	117	92	72	36	23	17					
Dodman	263	227	197	162	138	113	93	57	45	39	24				
Lizard	282	246	215	181	156	132	111	75	62	56	44	22			
Runnel Stone	300	265	234	200	175	151	130	94	81	75	63	42	19		
Bishop Rock	330	294	263	229	204	180	159	123	111	105	93	71	48	32	

Entfernungstabelle für Törns im Revier der Kanalinseln (in Seemeilen)
Die Entfernungen wurden für sichere Törnrouten zwischen den Wellenbrechern vor den Häfen und/oder den Flußmündungen ermittelt

	Cherbourg	Alderney	St Peter Port	St Helier	Chausey (S)	Granville	St Malo	Lézardrieux
Cherbourg								
Alderney	21							
St Peter Port	41	23						
St Helier	57	40	26					
Chausey (S)	77	60	48	24				
Granville	83	66	53	29	9			
St Malo	83	66	52	30	15	21		
Lézardrieux	81	65	41	41	47	56	7	

Entfernungstabelle für Törns den Englischen Kanal querend zwischen englischen und französischen Häfen (in Seemeilen)
Die Entfernungen wurden für sichere Törnrouten zwischen den Wellenbrechern vor den Häfen und/oder den Flußmündungen ermittelt

	N Foreland	Dungeness	Beachy Head	Nab Tower	Needles	Anvil Point	Portland Bill	Berry Head	Rame Head	Lizard	Bishop Rock
Boulogne	39	25	51	97	125	137	157	196	227	269	318
Dieppe	90	58	58	91	115	126	144	182	211	246	294
Le Havre LtV	130	96	75	76	88	94	106	140	165	198	246
Grandcamp	158	122	94	78	80	82	89	116	140	175	223
Cherbourg	164	128	98	66	60	57	60	84	106	141	188
Alderney	180	144	114	74	61	53	49	65	85	118	167
St Peter Port	201	165	134	96	83	73	65	70	90	112	157
St Helier	219	183	151	113	101	94	87	94	108	130	173
St Malo	245	209	178	140	127	120	113	117	138	145	183
Lézardrieux	243	207	175	134	123	113	102	92	100	108	146
Morlaix	274	238	206	169	149	138	124	106	100	92	123
L'Aber-Wrac'h	300	264	231	195	171	159	146	117	103	84	104
Le Conquet	325	289	252	216	192	179	161	136	120	98	110
Brest	342	306	269	233	209	196	178	153	137	115	127

	Ramsgate	Dunkerque	Calais	Boulogne	Le Touquet/Etaples	St Valéry/Le Crotoy	Brighton
Ramsgate							
Dunkerque	39						
Calais	27	20					
Boulogne	37	41	20				
Le Touquet/Etaples	48	51	32	12			
St Valéry/Le Crotoy	66	69	50	30	19		
Brighton	81	96	78	65	97	71	

Entfernungstabelle für Törns an der französischen Kanalküste zwischen Yachthäfen (in Seemeilen)
Die Entfernungen wurden seeseitig im sicheren Passierabstand vor den Île de Bréhat und Île de Batz ermittelt

	St Malo	Binic	Paimpol	Tréguier	Perros-Guirec	Morlaix	Roscoff	L'Aber-Wrac'h	Le Conquet	Brest
St Malo										
Binic	33									
Paimpol	38	19								
Tréguier	57	39	26							
Perros-Guirec	62	64	31	20						
Morlaix	92	71	59	48	32					
Roscoff	85	64	52	41	26	13				
L'Aber-Wrac'h	117	96	84	73	58	46	33			
Le Conquet	133	112	100	89	74	61	48	23		
Brest	150	129	117	106	91	78	65	40	17	

Nautischer Almanach Nordsee

Dänemark - Deutschland - Niederlande - Belgien

Zum ersten Mal in deutscher Sprache liegt nun ein Standardwerk vor, das anhand von detaillierten und umfassenden Informationen das beliebte Revier der Nordsee mit den Küsten von Dänemark, Deutschland, den Niederlanden und Belgien vorstellt.
Durch die übersichtliche Strukturierung wird ein schneller Zugriff auf die benötigten Informationen ermöglicht: Gezeitentafeln, Stromkarten, Tidenkurven, Leuchtfeuer, Frequenzen und Sendezeiten von Wetterberichten mit Vordrucken zum Eintragen der Vorhersagen sowie Angaben zum Seefunkverkehr.
Im ausführlichen Revierteil findet der Skipper neben zahlreichen zweifarbigen Hafenplänen und den dazugehörigen Informationen wie Ansteuerung und Liegeplatz, Service- und Reparaturmöglichkeiten auch Übersichtskarten, eine umfassende Liste mit Wegepunkten und eine Fülle von Hinweisen zu nautischen Besonderheiten des Reviers.
Weitere Kapitel behandeln Themen wie Seemannschaft, Sicherheit an Bord, Seenotsituationen und das Absetzen von Notrufen, Versicherung und Registrierung sowie gesetzliche Bestimmungen.

276 Seiten, 120 zweifarbige Pläne, Format 30 x 21 cm,
Spiralbindung mit Umschlag;
ISBN 3-89225-324-2

Nautischer Almanach Kanal / Atlantik

Frankreich - Kanalinseln - Spanien-Portugal

Ein nautischer Almanach gehört für englischsprachige Skipper schon seit langer Zeit zur unentbehrlichen navigatorischen "Grundausrüstung" an Bord.
Zum ersten Mal in deutscher Sprache liegt nun ein solches Standardwerk für die europäische Atlantikküste vor: Das aktuelle Kompendium stellt anhand ausführlicher nautischer Informationen ein Fahrtgebiet vor, das außer der französischen Küste und der ihr vorgelagerten britischen Kanalinseln auch die Westküste von Spanien sowie die portugiesische Küste vorstellt.
Die übersichtlichen Kapitel ermöglichen den schnellen Zugriff auf die gewünschten Informationen: Gezeitentafeln, Stromkarten, Tidenkurven, Leuchtfeuer, Zeiten, Sender und Frequenzen der Wetterberichte mit Vordrucken zum Eintragen der Vorhersagen sowie Angaben zum Seefunk.
Im ausführlichen Revierteil findet der Skipper zahlreiche zweifarbige Hafenpläne mit den dazugehörigen Informationen zu Ansteuerung und Liegeplätzen, Service- und Reparaturmöglichkeiten.

326 Seiten, 157 zweifarbige Pläne, Format 30 x 21 cm,
Spiralbindung mit Umschlag;
ISBN 3-89225-325-0

überall im Buchhandel erhältlich